中山先生與國際人士

張家鳳 著

日本：萱野長知（事蹟參頁 583）　　　英國：康德黎博士（事蹟參頁 450）

委任狀：宮崎寅藏（事蹟參頁 299.578）

右起：中山先生與清森章太郎、平山周、宮崎滔天、內田良平、末永節

中山先生與菲律賓彭西攝於橫濱
（彭西事蹟參頁 410）

山田良政先生
墓先良山
碑生政田

山田良政先生弘前
人也庚子又八月革
命軍起惠州先生挺
身赴義遂戰死鳴呼
其人道之犧牲與亞
之先覺也身雖殞滅
其志不朽矣

民國二年二月廿七日
孫文敬書

中山先生親書山田良政先生墓碑
（事蹟參頁 61）

於天津陣亡之谷村幸平太、中日同志舉行追悼會

前排右起：中山先生、宋慶齡、三田純三郎夫人。後排右起：菊池良一、戴季陶、島田
經一、宮崎震作、萱野長知、宮崎龍介、山田純三郎

Dr. Sun's note to Hirayama Shu

Dr. Sun's note to Miyazaki Toten.

Dr. Sun's note to Miyazaki Toten.

上排右起：中山先生致宮崎滔天函、平山周函。中排：中山先生致宮崎滔天函。下排右起：中山先生致平山周函、犬養毅函

本書圖片均翻印自：萱野長知著，《中華民國革命秘笈》，日本東京，皇國青年教育協會出版，1941年。特此致謝。

前　言

　　一、本書係以多年前舊作：《國父革命與國際人士》一書，今再經約一年半時間加以增補多量資料，並略加刪減而成。都四十六萬言。對資料之蒐集，胥本於原始者優先，如不可得，則退而求其次，力求確實、完善為圭臬。誠然，以一己之棉力、陋知，其舛誤、疏漏、與闕失當所難免。幸祈高明，有以教之、正之。

　　二、茲本書前對中山先生尊稱國父，今稱中山先生或孫先生。但凡所徵引有關文獻、著作等，則仍依其原文稱謂，不予更動，以存其真。

　　三、中山先生能以一介書生，赤手空拳領導革命，除以中山先生革命精神與我國人之犧牲奮鬥，華僑之慷慨解囊為主外，而國際人士襄助之功，殆亦不可沒。由史料而知，國際人士襄助革命者，共 585 人，而以日本人士之奉獻者為最多，依本書統計日人所贊助者達 503 人，佔總數的 85.98%。是編著者所僅見之資料中，乃是空前於其有關資料之統計。惟凡是衹有其姓名，而無具體事蹟者，概不列記，雖感遺珠，惟以求其實。亦如萱野長知於其所著：《中華民國革命秘笈》一書中謂：「孫先生倡導革命成功，固然是由於孫先生的領導有方，黃興等熱血志士的共同奮鬥，以及南洋、歐美各地華僑的慷慨解囊、熱烈支援所促成，但日本人的功勞是不可抹煞的。日本朝野有志人士本於俠義，在暗中援助，即可測知此熱烈支援。孫文之革命雖然中途遭受挫折，但逐步上軌道。勿論在

物質的、精神的對孫文及其革命同志，日本之善意的鼓舞與激勵是可知的。」^註

四、本書之成，承蒙中央研究院近代史研究所及國家圖書館等單位提供有關資料予以蒐輯，惠我良多，殊深銘感。此外，諸多惠予協助人士，併此致謝忱，恕不一一。

五、中山先生締造中華民國迄今，行已百歲，茲敬謹以本書為之千秋萬載壽。

中華民國九十八年元月

著者　張家鳳（鳴之）謹書於臺北市

民國一〇七年七月再校訂

註　萱野長知著：《中華民國革命秘笈》，頁 357-359。即：〈革命秘話〉一節之〈革命步上軌道〉文。

目　次

第一章　緒論

　　中山先生倡導革命，歷經險阻艱辛，能於萬分困厄之中，逐漸獲得少數親友，由恐懼、排斥革命，而至瞭解與同情，進而全力贊助，此端賴於中山先生之堅毅不拔意志，遠大之見解，與閎達之胸懷，以為救中國於苦難，不再受當時列強無理之百般欺凌，力圖自立自強之精神所致。

　　中山先生非僅是亞洲第一個民主共和國──中華民國之創造者，亦是亞洲各民族獨立自由運動之肇始者，因之，中山先生不惟在國內有其無數堅貞不貳的擁護者，依照他的革命理想與主張去努力奮鬥，即在海外之華僑及外國友人，受他此種精神感召，為中國革命與前途光明而犧牲奉獻。中山先生所持之革命主張與堅忍精神，以及他之偉大人格，除為我國人與華僑所景仰外，也為外國人士所景從。如中山先生所稱為亦師亦友的康德黎博士（Dr. James Cantlie）[1]。在其所著《孫逸仙與新中國》（Sun Yat-Sen and the Awakening of China,1912）一書中曾指出，有些歐洲人與中山先生有密切交往，聽聞過中山先生「慎思明辨」之判斷，不偏不倚之論據，日常公正而合邏輯之言談，均同樣信服。該書不僅揭出中山先

---

[1]　中山先生英文著作：The International Development of China （實業計畫）之封面所題「此書至誠獻與曾一度營救本人的尊師而兼摯友的康德黎先生及其夫人」（This work is affectionately dedicated to Sir James and Lady Cantlie, my revered teacher and devoted friends to whom I once owed my life.）載於《國父全集》（全六集），第五集（英文著述）（中國國民黨中央委員會黨史委員會編訂，民國 62 年 6 月出版），頁 126。

生偉大之革命人格,而且將中山先生領導革命之目的和建設新中國
之要點和步驟,亦一一說明,使世人對中山先生和新中國之前途,
有更真切之了解與同情[2]。

又如:「孫先生的真正朋友,特別是宮崎滔天氏。」[3]宮崎曾云:
「孫逸仙先生是一代的大人物。很慚愧,在今日日本還沒有能夠跟
他相比的人物。無論在學問、見識、抱負、膽力、忠誠、和操守,
他都比今日的任何日本人高超一等。惟有在十數年如一日地貫徹其
清廉這一點,犬養毅始能跟他比肩。而日後的歷史家,如果要用
成語來評估孫先生的話,我堅信他們將說:『其仁如天,其智如
地』。」[4]宮崎對中山先生之傾心敬佩,曾謂「孫文有高尚的思想,
卓拔的見識,遠大的抱負,在我國(日本)之中能有幾人可與相
比?他實在是東亞的瑰寶,我願以自己的身心相許,協助他的革
命事業」[5]。

中國革命成功之因素甚多,在先賢先烈的犧牲奮鬥下之貢獻,
固然功不可沒。惟中山先生在國內無法活動,而能在國外從事革命
工作,進行能順利者,得自華僑之助甚多,且獲得國際人士之協助
更亦不甚少也。國際人士直接或間接贊助中國革命者,除有親詣革
命之行動,捐輸其財力、人力者外,更亦有為中國革命而捐軀殉難
於中國國土之上者。彼等襄助中國革命成功的功勞,亦是不容抹殺
的。亦是值得吾人正視之史實。

2   羅香林著:《國父與歐美之友好》(中央文物供應社印行,民國40年5月),
     頁 59-60。
3   陳鵬仁譯著:《孫中山先生與日本友人》(大林書店印行,民國62年5月出
     版,臺北),頁 1,陳著「自序」。
4   同前註,頁 1;宮崎滔天著:〈孫逸仙其仁如天〉。
5   宮崎滔天著,宋越倫譯:《三十三年落花夢》(臺灣中華書局印行,民國66
     年9月初版),頁 109-110。

　　溯自中山先生於 1887 年 1 月，自廣州博濟醫院附設醫科學校轉入香港新創之西醫書院，鼓吹革命益力。於 1890 年 1 月為陳少白報名入西醫書院。迺與少白、尤烈、楊鶴齡等倡言革命，時人稱為「四大寇」。課餘往來港、澳，發表反滿言論，提出「勿敬朝廷」口號。1892 年 7 月，中山先生乃第一名畢業於西醫書院。旋即設中西藥局於澳門，為貧病義診。因醫術高明，遭葡籍醫師之忌，於翌年（1893 年）春，遷廣州改名東西藥局繼續施藥贈醫，並與鄭士良、陸皓東、尤烈、陳少白、程光奎等商討革命進行方針，決定由士良結納會黨，連絡防營，以樹立革命基礎。革命運動遂由醞釀而漸入實行階段。

　　中山先生雖已實際從事革命工作，但仍寄望清廷能力圖振作，重建中國聲威，抗拒列強侵凌，遂於 1894 年 5 月（西曆 6 月）偕陸皓東北上至天津，上書李鴻章，力陳救國大計，提出「人盡其才，地盡其利，物盡其用，貨盡其流」四綱，作針砭之言，惜李鴻章未能採納。中山先生乃決積極從事革命。同年 10 月（西曆 11 月），開始組織興中會於檀香山，欲糾合海外華僑為之助，不意風氣未開，人心錮塞，在檀鼓吹，應者寥寥，僅得德彰公、鄧蔭南及親友 20 餘人從而和之，乃初具組織雛形。未久，自檀返香港，翌年（1895 年）1 月 27 日（西曆 2 月 21 日）設興中會總機關於香港，以擴大革命組織。於 2 月 16 日（西曆 3 月 12 日），除何啟在香港《德臣西報》著文鼓吹革命外，此際即有《德臣西報》（China Mail）主筆黎德（Thomas H. Reid）及《士蔑西報》（Hong Kong Telegraph）主筆鄧勤（Chesney Duncan）二英籍人士，在報上對於清朝政治之抨擊不遺餘力。興中會於外交事件頗得其助。並曾預印討滿檄文及英文對外宣言，準備於發難時頒布中外，檄文由朱淇起草，對外宣言則由何啟、鄧勤、黎德等任之。（或由黎德及英人高文〔Tom Cowen〕二人起草，由何啟、謝纘泰修訂之。此 1895 年 9 月 21 日

〔西曆 10 月 9 日〕事也)。鄧勤曾因鼓吹華人反對清政府,為香港民政長官傳往告誡[6]。此為歐美人士贊助中國革命之始。

　1895 年 9 月 9 日(西曆 10 月 26 日),原定於廣州起義,以香港接濟未至,事洩而失敗,陸皓東等殉難。中山先生自廣州脫難至香港,9 月 26 日(西曆 11 月 12 日),偕鄭士良、陳少白赴日本神戶,旋往橫濱組織興中會分會。12 月(1896 年 1 月),斷髮改裝,赴檀香山,留陳少白於日本。中山先生介紹前於 1894 年冬,在檀島結識之日籍基督教傳教師菅原傳,與少白相識。由菅原傳介紹曾根俊虎與少白。由俊虎而識宮崎彌藏(即宮崎寅藏之兄),因而結識更多日本人士。中山先生謂:「此為革命黨與日本人士相交之始也。」[7]至於中山先生與日本政界人士,及其民間有力人士結識,係於 1896 年 9 月(西曆 10 月),於英倫被難,經康德黎與孟生(Partrick Manson)奔走營救脫險後,繼續留英,潛心研究三民主義。翌年七月東返抵橫濱。8 月(西曆 9 月)由日本民黨領袖犬養毅,派宮崎寅藏、平山周來橫濱迎往東京相會,一見如故,相談甚歡。由犬養介紹外相大隈重信,及大石正已、尾崎行雄等人相識。中山先生稱之:「此為予與日本政界人物交際之始也。」[8]隨而結識副島種臣及其在野之士如頭山滿、平岡浩太郎等等,對革命事業有所奔走,先後多所資助。此外,中山先生環行世界,得與各國有心人士相結交,獲得彼等之贊助。從而可知,中山先生奔走革命得力於國際人士之力,應予詳述以彰顯彼等之貢獻也。

---

[6] 黎德、鄧勤、高文等贊助中國革命一事,見馮自由著:《革命逸史》(臺灣商務印書館印行,民國 65 年 11 月台三版)第一集,頁 18,〈興中會之討滿檄文〉。及馮著:《中華民國開國前革命史》(一)(世界書局印行,民國 73 年 8 月三版),頁 11-12。

[7] 《國父全集》(全三集)(中國國民黨中央黨史委員會編,民國 69 年 8 月三版)第一集,頁參、162-163。

[8] 同前註,頁參-164。

第二章 中山先生倡導革命之時代背景

第一節 滿清政府之衰頹

滿清政府統治中國兩百六十八年（自清世祖福臨順治元年至溥儀宣統 3 年，1644 至 1912 年清帝遜位共十主）。清代極盛於乾隆之六十年，嘉、道以降則為中衰之世，如軍備之廢弛，財用之耗斁，下情之壅遏，海內之困窮，實皆始於乾隆中葉以後。而弘曆於四十年後尊寵和珅，致官吏貪黷成風，紀綱敗壞，尤為嘉慶朝白蓮教等變亂之主因所在。[1]

清代建立君主制度，令臣子視君主為天神，具有無上權威。為官者多為身家之謀，而唯唯諾諾，敢言者極易招禍，故無不遇事敷衍，漸養成官僚習氣。於政治負責者均為官僚習氣之人。

抑且，康熙雖倡導理學，推崇朱子，惟對朱子之「天下為己任」精神則亟力排斥，而以朱子之名，八股取士，禁士子與問滿族政治。乾隆朝既獎勵考據學，復大興文字獄。遂使學者絕口不言朝政，為純學術考訂，為學問而學問，捨棄經世致用之精神，徒令學術變質，不能指引政治社會前行，復不能培植正直之士，滋生貪庸無恥之士大夫，養成「模稜兩可」，似是而非的習性。

清廷政治之敗壞，除普用其親私外，貪污腐化情形更是每況愈下，清廷明訂鬻官價格，甚而赦免康、梁黨人之政治措施亦需行賄。

---

[1] 繆鳳林著：《中國通史要略》，第三冊，（臺灣商務印書館印行，民國 37 年 8 月四版），頁 76。

總理大臣奕劻和郵傳大臣盛宣懷，均以貪婪出名。況且，盛宣懷得獲郵傳大臣職務即向奕劻賄賂而來[2]。因之，1895 年 1 月 24 日〈香港興中會宣言〉中，對滿清之政治窳敗，陳之甚切。如：「中國積弱，至今極矣！上則因循苟且，粉飾虛張；下則蒙昧無知，鮮能遠慮。堂堂華國，不齒於列邦；濟濟衣冠，被輕於異族。有志之士能不痛心！夫以四百兆人民之眾，數萬里土地之饒，本可發奮為雄，無敵於天下。乃以政治不修，綱紀敗壞，朝廷則鬻爵賣官，公行賄賂；官府則剝民刮地，暴過虎狼。盜賊橫行，饑饉遍野，民不聊生，嗚呼慘矣！」[3]。中山先生於英文著作〈倫敦被難記〉（譯文）中亦曾指出清廷政治專制及貪瀆腐化情形，如：「至中國現行政治，可以數語賅括之曰：無論為朝廷之事，為國民之事，甚至為地方之事，百姓均無發言或與聞之權。其身為官吏者，操有審判之全權，人民身受冤枉，無所籲訴。且官場一語，等於法律。上下相蒙相結，有利則各飽其私囊，有害則各委其責任。貪婪勒索之風，已成習慣，賣官鬻爵，賄賂公行，間有一二被政府懲治或斥革者，皆不善自謀者。然經一番之懲治或斥革之後，而其弊害乃尤甚。至官場俸額之微，真非英人所能夢及。如兩廣總督所治區域，人口之眾，過於全英，然其一歲俸祿，合英金六十鎊而已。所以一行作吏，即以婪索及枉法為事。就教育而言，士惟以科第為榮，姓名一登榜上，即有做官之望，於是納賄當道，出而任事。彼既不能以官俸自養，而每年之貢獻於上官者又至多，安得不貪乎？況有政府以為其貪黷之後盾，設非癡騃，更安肯清廉？且宦囊既飽，不數年又可斥其一分之資，以謀高位。為計之便，無過於此。……當時兩廣總督李翰章，

2　梁敬錞著：〈一九一一年的中國革命〉，收入張玉法主編：《中國現代史論集》，第三輯，《辛亥革命》（聯經出版事業公司印行，民國 71 年 7 月第二次印行），頁 9。

3　《國父全集》（全三冊），第二冊，〈倫敦被難記〉（譯文），頁肆-2。

即李鴻章之弟，在粵桂兩省之內創行一種新例：凡官場之在任或新補缺者，均須納官費若干於督署，是又一間接剝奪民脂民膏。官吏既多此額外之費，勢不得不取償於百姓。中國官場且每逢誕辰，其僚屬必集資以獻。時兩廣官場以值李督生日，醵金至一百萬兩以充賀禮。此一百萬兩者，無非以誘嚇兼施，笑啼並作之法，取於人民之較富者。而同時督署中，又有出賣科第，私通關節等事，每名定費三千兩。因此而富者怨，學者亦憤。以上所述，皆足以增興中會勢力而促吾黨起事者也。」[4]

中山先生就讀之香港西醫書院倡辦人何啟博士，在書院擔任生理學及法醫學講授。[5]於興中會初期即協助中山先生革命，而不列名於興中會會籍。曾於 1897 年（丁亥，光緒 13 年），著論發表於香港《德臣西報》，駁斥清大臣曾紀澤之〈中國先睡後醒論〉（"China the Sleep and the Awakening"）（曾於 1887 年 1 月《亞細亞評論季刊》〔Asiatic Quarterly Review〕發表），[6]後復與其友胡禮垣君，合譯為中文。文中指陳中國最大病症在政治、社會道德衰微與罪惡習氣。且一再指責滿清官吏貪贓枉法，弄權納賄，愚弄人民之罪行，遠勝於豺狼盜賊，此亦正為中山先生於香山、廣州所耳聞目睹之官場醜陋形象。全文長萬數千言，題為〈書曾襲侯中國先睡後醒論後〉。茲略錄其與革命思想有關者如次：

> 西曆 2 月 8 日（1887 年），香港《德臣西報》刊有曾襲侯所撰〈中國先睡後醒論〉一篇，且列之四季錄中，將以此論翻印，因敬書論，以邀侯覽，且以諗侯之同志者。……侯之論

4　同前註，頁柒-2-3。
5　羅香林著：《國父之大學時代》（臺灣商務印書館印行，民國 56 年 10 月增訂臺灣二版），頁 13-14。
6　吳相湘編著：《孫逸仙先生傳》上冊（臺灣遠東圖書公司印行，民國 71 年11 月初版），頁 52。

固曰中國醒矣。試問中國果醒矣乎？在侯必以中國為真醒大醒，妙悟豁然，無復有睡之意矣。醒必有據，而侯所執此為據者，則曰中國今時，用其全力整頓海防，使鐵艦堅固，戰船得力也。又曰：中國現將衛固海疆，水陸軍務，逐漸推廣，以目前鐵路等事，凡可以富國利民者，在所應為，然尚可期諸異日也。又曰：國內政令在所應改者，存以有待，今可不言；如居室者先須繕葺垣牆，修理局鍵，壁宇完固，方可修理家規也；治國亦然，先須國勢盛強，藩籬鞏固，外侮既絕，方可內修國政。……凡此皆侯之所謂醒也。……自古及今，自今及往，凡所謂上國名邦，神州帝宅者，其肇基王跡，尊厥宏謨，所恃者無他焉，公平之政令而已。然則公與平者，即國之基址也。公者無私之謂也，平者無偏之謂也。公則明，明則以庶民之心為心，則君民無二心矣；平則順，順則以庶民之事為事，則君民無二事矣。措置妥貼，眾志成城，此其所以植萬年之基，享百世無疆之業也。今者中國政則有私而無公，令則有偏而無平也。庶民如子，而君上薄之不啻如賤奴也；官吏如虎，而君上縱之不啻如鷹犬也。基已削矣，址已危也，而欲建層臺，起岑樓，吾不知其可也。……中國惟有此敝政，故見削已於強鄰，惟有此敝政而不修，故積弱而難返。夫敝政之流也，其患豈特不能外禦強敵已哉，即內治亦深覺其不可。何則？而國之本在於民，而民之身家在於官，官不保民，而民危矣，官反害民，而民愈危矣。今之從政者，非理煩也，非治劇也，奔競而已，趨承而已；今之牧民者非休養也，非生息也，營私而已，受賄而已。如此，則民危，而澆陵刻薄之徒，讒面諂諛之輩，又復從而助虐之，搜剔之，則是豺狼噬人也猶有飽時，而官府之私囊無時可飽也；盜賊之劫人也，猶有法治，而官府之剝民無法可治也。

如此則民愈危，根本浮動，國何可安？……今夫國之所以自
立者，非君之能自立也，民立之也，國之所以能興者，非
君之能自興也；民興之也，然則為君者其藏在於保民，使民
為之立國也；其事在於利民，使民為之興國也。……

（《清經世文三編》卷十四）

　　就以上何氏所論，目的在轉移清季士大夫對滿清政府之觀念，
引起其同情革命。故以溫和之口氣出之。而其持論則謂滿清政府雖
表面上正肆力洋務，而究之並非誠意，即有誠意，而不變更民本政
體，終亦無以拯救國家之衰亡；中國必以實行革命為覺醒，非以試
辦洋務為覺醒。故所論之影響頗鉅，實為針砭時局之高論。[7]

　　中山先生倡導革命原動力之一，首在深感滿清政府之腐敗無
能，因其腐敗無能而招致列強環伺。惟革命思想之發源地乃在香
港。如中山先生於民國 12 年（1923 年）2 月在香港大學演講：〈革
命思想之產生〉中述之甚明。摘其主要為：

我以前從未能予此問題以一相當答覆，而今日則能之。問題維
何？即我於何時及如何而得革命思想及新思想是也。我之思想
發源地即為香港，至於如何得之，則三十年前在香港讀書，暇
時輒閒步市街，見其秩序整齊，建築閎美，工作進步不斷，腦
海中留有甚深之印象，我每年回故里香山二次，兩地相較情形
迥異，香港整齊而安穩，香山反是。我在里中時竟須自作警察
以自衛，時時留意防身之器完好否？恒默念香山、香港相距僅
五十英里，何以如此不同？外人能在七八十年間在荒島上成此
偉績，中國以四千年之文明乃無一地如香港，其故安在？

---

[7]　同註 5，頁 90-92。

我曾一度勸鄉中父老為小規模之改良工作如修橋造路等，父老趨之，但為無錢辦事，我於放假時自告奮勇，並得他人之助，冀以自己之勞力貫澈主張。顧修路之事涉及鄰村土地，頓起糾葛，遂將此計畫作罷。未幾我又呈請於縣令，縣令深表同情，允於下次假期中助之進行。迨假期既屆，縣令適又更迭，新縣官乃行賄五萬元買得此缺者，我無復希望，祇得回港。由市政之研究進而為政治之研究，研究結果，知香港政府官員皆潔己奉公，貪贓納賄之事絕無僅有，此與中國情形正相反；蓋中國官員以貪贓納賄為常事，而潔己奉公為變例也。我至是乃思向高級官員一試。迨試諸省政府，知其腐敗尤勝於官僚。最後至北京，則又見滿清政治下之齷齪，更百倍於廣州。於是覺悟鄉村政治乃中國政治中之最清潔者，愈高愈齷齪。

又聞諸長老，英國及歐洲之良政治並非固執者，乃人經營而改變之耳。從前英國政治亦復腐敗惡劣，顧英人愛自由，僉曰：「吾人不復能忍耐此等事，必有更張之。」有志竟成，卒達目的，我因遂作一想曰：「曷為吾人不能改革中國之惡政治耶？」

中國對於世界他處之良好事物皆可模仿，而最要之先著厥為改變政府。現社會中最有力之物，即為組織一良好政府，中國則並無良好之政府，數百年來祇有敗壞一切之惡政府，我因此於大學畢業之後即決計拋棄其醫人生涯，而從事醫國事業，由此可知我之革命思想完全得之於香港也。[8]

　　為達到袪除當時政治政治腐化情形，遂導致實際革命行動焉。中山先生以後復明確指出「革命所遭反對元素甚多：第一、為滿人，

8　同註3，頁捌-156。

力圖撲滅新思想；第二、為官僚，務與革命黨為敵；第三、則為軍閥。必此等阻力悉除，中國始能永久平安。」[9]

第二節　列強帝國之侵凌

　　中國數千年來閉關自守之帝王統治，迄至清季中葉而完全瓦解。迺係清廷之妄自尊大，更以顢頇腐化，官吏知識幼稚，對國際局勢無知，招致國勢日頹。其自嘉慶、道光以降之外患，亦與內亂相表裏，而其爆發，則始於道光20年（1840年）中英之鴉片戰爭。緣自乾隆10年及嘉慶10年（1805年）英廷二次恭備表文貢物，由在粵英商齎呈。嘉慶21年（1816年），又遣使來華，期望於商業利益有所裨補；然英使至北京後，未及觀見，清帝即以不合禮制遣歸。清廷又以教徒海寇，騷亂十餘載，以為宗教迷信與海上貿易，是致亂召寇之媒介，由是對於歐人布教收徒，固嚴厲禁止，即粵海通商，亦益採嚴格防範政策，防夷之法則條例，層出不窮。英人既習知清廷上下虛誕的習性，益啟輕視中國朝野之念，英廷固不再派遣使節，英商態度亦日趨強硬。道光朝，曾屢次故違禁例，甚或以兵船要挾於官吏憲令，視之篾如。其時英商貿易，以販賣鴉片為大宗，道光3年（1823年）以前，每歲已達銀數百萬兩，自後年有增加，道光14年（1835年），以後，僅粵關一口，每歲幾達三千萬兩。有所謂「以中土有用之財，填海外無窮之壑，易此害人之物，漸成病國之憂」者，其禍真烈於洪水猛獸矣！其時中外臣工，紛請禁煙；湖廣總督林則徐疏云：「鴉片不禁絕，則國日貧、民日弱，十餘年後，豈唯無可籌之餉，盡且無可用之兵。」言之尤其剴切。道光元年（1821年），申禁鴉片煙。且以則徐能深識遠慮，19年（1839

---

[9]　同註3，頁捌-157，即前之〈革命思想之產生〉。

年），特派則徐至粵查禁。則徐飭令英商盡出所蓄鴉片二萬二百八十三箱，就虎門焚毀。英人不自反省其販售鴉片之有背人道，反建議其政府興師以雪焚煙之恥，中英第一次不名譽之鴉片戰爭於焉開始。20 年（1940 年）英人進犯廣州，明年，沿海北侵閩浙，繼又溯江陷鎮江，犯江寧。清廷以力不敵，先遣戍則徐，復再與英國訂南京條約（1842 年），乃割香港，賠煙款軍費等二千一百萬圓，開廣州、廈門、福州、寧波、上海五港，允許英國商民通商居住。而鴉片則公然開禁，一任國民吸食，而由英人販賣。

於南京條約訂立之明年，中英復訂五口通商章程，許英人以關稅協定權。因之美國、法國諸國，紛紛援例與我國訂約；道光24 年（1844 年），先後在澳門黃埔締結中美、中法條約。清廷至是，遂確認諸國為平等政體之列邦，公文照會，俱禁用夷字。後太平軍洪秀全起事，攻城為亂。不久以粵民禁阻英國人入廣州城，廣西又有殺害法國教士案，英、法協力圖謀清室。咸豐 7 年（1857 年），遂有英法聯軍之役。聯軍初陷廣州，劫持粵督葉名琛以去。繼復乘清室有髮捻之亂。8 年，遂訂中英、中法天津條約。10 年（1860 年），英人堅持率軍入北京面清帝換約，清廷拒之，聯軍進陷京師，盡劫圓明園珍物，再縱火焚園。咸豐帝避逃熱河，由弈訢等與西人續訂中英、中法北京條約，且增開牛莊、登州、臺灣、潮洲、瓊州、天津、漢口、九江諸商埠，割九龍半島予英，償英、法軍費各八百萬兩，准洋人入內地自由設教堂傳教，及互派公使，此後兩國官吏辦公交涉，按品位准用平等禮式。此外，如領事裁判權與觀審會審權，關稅協定與關稅管理權，沿海貿易、軍艦行駛停泊及內地航行權，以及畫訂租界及最惠國條款等等主要不平等條約，凡外人思慮所及，認為與己國有利者，無不於諸約中一一規定焉。英、法之迫害如此，而俄人乘間侵略，其陰鷙險狠，尤遠過英、法。

　　自尼布楚明訂界約後，道光末季，俄人已乘中國多事，侵略黑龍江北岸地，置兵屯守。咸豐 5 年（1855）俄西伯利亞總督率艦隊下黑龍江要我更訂界約，未遂。及英法釁起，俄人移兵黑龍江口，肆意要脅，清廷遂命黑龍江將軍奕山與俄督訂璦琿條約（1858年）：「黑龍江、松花江左岸，由額爾古納河至松花江海口，為俄國屬地，右岸順江流至烏蘇里河，為中國屬地，由烏蘇里河至東海岸之地，為兩國共管地。」於是尼布楚條約所訂屬我之大興安嶺以南，迄黑龍江以北之廣大領土，割為俄國所有。而雍正 5 年（1727 年）之恰克圖條約明定兩國共有之烏特河流域，更無論矣。英法天津條約締成，俄亦要我訂天津條約，自恰克圖條約所定陸路通商仍舊外，並得在上海等五口及臺灣、瓊州二處通商設領事館，停泊兵船，並以「若別國再有在沿海增添口岸，准俄國一例照辦。」「日後中國若有優待他國通商等事，俄國一律享有。」迨聯軍陷京師，俄人以斡旋和議有功，復乘機要索訂璦琿條約所定烏蘇里河以東兩國共管地為報酬，清廷不能拒，遂繼北京條約後，與俄續訂北京續約，兩國以烏蘇里及松阿察二河為界，其二河以東之地屬俄國，二河以西屬中國，兩國再由瑚布圖河口順琿春河至海，中間之嶺至圖們江口，其東皆屬俄國，其西皆屬中國，及該江口相距不過二十里。自璦琿條約舉黑龍江以北大興安嶺以南之廣大區域割讓俄人之後，不三年，復依此約舉烏蘇里河以東九十萬三千方里之地，全部割隸於俄，計清室割讓者，東西廣及二十餘經度，南北長及於十餘緯度。俄人不損一兵一卒，欺滿人之懦弱，肆其鯨吞；再以中俄天津條約之援最惠國條款，悉得享受英法天津條約中所獲之多項權利，更無論矣。但是俄人之野心與兇狠，猶不止此。自道、咸以來，一向屬於中國之蔥嶺以西中亞細亞各回部，若浩罕、布魯特、哈薩克、布哈爾諸邦，俄人既先後以兵力吞噬，置諸行省。同治中，新疆回亂起，俄人又乘機入據伊犁。光緒初，回亂平息，俄人不欲還我侵地，

交涉再四,至光緒 7 年(1881 年),訂還付伊犁條約,除許俄人在
蒙古、新疆商務利益外,復償俄盧布九百萬。並割地予俄。而其所
返還者,僅伊犁及其南部地,而霍而果斯西三萬二千方里之地,則
俄人已攫奪以去,隸於七河省矣。

　　清代中葉以後之外患如此。自鴉片戰爭後,朝野上下,一切如
故,最初並未因外患而有所變革。其有所變革者,當自咸豐 10 年
(1860 年),英法聯軍入北京,帝避退熱河後始。有滿人工部侍郎
文祥偕恭親王弈訢等通籌洋務全局,奏擬善後章程六條:一、京師
立總理各國事務衙門;二、分設南北口岸大臣;三、新立稅關,派
員專理:四、各省辦理外國事件,將軍督撫互相知照;五、廣東、
上海各擇通外國語言文字者二人來京,仿俄羅司館教習例,選八旗
子弟,年十三四以下者學習;六、各海口內外商情,並外國新聞紙,
按月咨報各國事務衙門等。清廷允許。遂即設置並派大臣擔任。同
治元年(1862 年),京師復設同文館。蘇督李鴻章亦在上海設立廣
方言館,並召集士子學習泰西語文及學術,而雇西人教習。時曾國
藩總制兩江,因廷臣有採買外洋船砲之議,謂不如購其機器,自行
製造,經費較省,新舊懸殊;3 年(1864 年),遂遣粵人容閎出洋
採辦機器。是年,洪楊之亂亦平,國藩益致思於洋務,以力求自強
為己任,競競於綢繆未雨之計。4 年(1865 年),國藩首設江南製
造總局於上海。5 年(1866 年),清廷又以閩浙總督左宗棠之請,
在閩建船政局,試造輪船,容閎所購機器百數十種,於是年至滬,
即併入製造總局。南京天津亦先後設立機器局。以國藩、鴻章議,
遣幼童出洋留學赴美。11 年(1872 年),設招商局,購置輪船。國
藩卒,遂多由鴻章負責籌辦此後洋務,而至 13 年(1874 年),日
本興師犯臺灣番社,海防之議起,清廷議興海軍,籌設沿海防務。
不久,同治帝載淳卒,光緒載湉立,而年甫四歲,入承大統,仍為
皇太后聽政。凡海陸防務,及練兵購械諸端,仍一委李鴻章。鴻章

亦傾心考求西法，日事仿傚，如派遣武弁往德國學習水陸軍械技藝，購買新式槍砲，各營學習洋操等。奏辦上海織布局，既開平煤礦；修築沿海要隘，如旅順、威海等處砲壘，創設天津學堂，既武備學堂，其於購買鐵甲兵船，建立北洋海軍，尤其竭全力以赴。其餘疆臣，如沈葆楨、丁寶楨、左宗棠、劉坤一、張之洞等，亦多喜談洋務，言富強。然而外患相繼不絕，朝野仍然無術相抗。光緒5年（1879年），日本入侵琉球，夷為沖繩縣，俘虜其王及世子而去；我五百餘年之藩屬，終於坐視為倭人所滅而不能救。其時左宗棠收復新疆，清廷以俄人久據伊犁不歸，命侍郎崇厚赴俄國交涉，但是訂喪權辱國條約以歸，朝野大譁。翌年（1880年）再命出使大臣曾紀澤赴俄力爭，求返伊犁。明年（1881年），訂還付伊犁條約，除許俄人在蒙古、新疆商務利益外，復償俄盧布九百萬，並割地如前述。左宗棠雖然以西征全勝之兵威，清廷則不敢命移師前往以奪回失地。9年（1883年），法國侵我越南，清廷命李鴻章與法交涉，初議分界保護。10年（1884年）清之滇桂軍援越南者，但為法人所敗，鴻章與法人再訂和議，委屈求全，認越南全歸法保護。但法人復借故廢約，分途進犯臺灣、福建。陷臺北、基隆，燬福州船廠，殲我海軍於馬江。11年（1885年），復由越南攻我廣西鎮南關，提督馮子材率軍力戰。戰敗法軍並乘勝光復諒山，然而清廷仍依鴻章以定和議；雖關外大捷而越南之自秦世已隸中國者，終於拱手讓諸法人，一任宰割。英國亦乘機取我緬甸，作為印度之屬地。至於暹羅雖以英、法交爭得以倖存，朝貢亦不入於中國。我中南半島諸藩邦，至是盡脫羈絆矣。試觀清廷自光緒立，那拉氏再聽政，日肆荒淫，光緒10年（1884年）以恭親王奕訢「委靡因循」而罷之。改任奕譞，而奕譞委蛇保榮，因循壅蔽，更甚於奕訢。大臣自滿人福錕崑岡以下，眾至十餘人，俱多不知外事。朝野均倚恃李鴻章。鴻章也知有兵事，而不知有民政，知有外交，而不知有內政，知有朝廷，而不知有國民，知有洋務，而不知

有國務,且於中西立國根本,初未了了,亦不能舉國中積弊,——
革新,徒然仿襲西政皮毛,以粉飾耳目。凡所興革創新,遂皆淮橘
為枳,若存若亡,不能實收其效。諸滿族對於西法皆懵懂無所知。

1894 年甲午中日之戰開始。緣朝鮮東學黨之亂,日本海陸軍先發
制人,其船械亦較清軍犀利,清軍既遭失敗,由朝鮮退至遼寧,大東
溝一戰,海艦亦幾乎盡沒,後來旅順、大連、威海衛諸要塞,日人上
陸攻取,輕易攻佔。李鴻章二十年經營之淮練各營與海軍海防,一戰
而盡。清廷以日人勢將進逼遼寧、瀋陽,遂決命鴻章赴日,甘願割地
償銀,以為苟安之計。光緒 21 年(1895 年)3 月,訂馬關條約,既將
箕子舊封之朝鮮,劃為日人保護國,復割我遼東半島及臺灣澎湖島,
償軍費二百兆兩,開沙市、重慶、蘇州、杭州為通商口岸,並一任日
本人在內江自由通航,內地從事製造。倭寇之禍,實前史所未有也。

馬關條約初成,俄人以日倭占遼東,甚嫉羨之,即糾合德、法
二國威脅日人還我遼東。清廷既增付賠款三千萬兩,俄人再索取厚
酬於清,清廷不能拒。於 22 年(1896 年)俄王行加冕禮,清廷遣
李鴻章使俄,與俄訂密約,許其以東三省築路權。23 年(1897 年),
德人籍口山東鉅野二教士被殺害,強佔我膠州灣,以山東為其勢力
範圍。俄人亦強佔我旅順、大連灣,以東三省為其勢力範圍。明年,
英人亦與滿清締結揚子江沿岸不割讓他國之約;繼而又佔我威海
衛,並索取香港對岸地,拓展其舊佔九龍界。法國則初約海南島不
割讓於他國。日本亦約福建不割讓於他國。乃至意大利亦欲援均勢
主義,索我三門灣,其駐使且提最後通牒,而清廷拒絕,並擲還哀
的美敦書,此事始罷。乃自開秦皇島、吳淞、三都澳(屬閩)等地
為商埠,以杜各國之要求,然海疆要隘,頃刻殆盡,失地失權之事,
紀不勝紀。其勢正如風掃殘葉,不可收拾。

時光緒載湉親政已數年,那拉氏移居頤和園仍穩握大權。載湉
憤國勢阽危,決意發憤圖強,乃於戊戌(1898 年)年頒行新政。

但終夭折，於是那拉氏復垂簾聽政，且時思廢載湉而立之，但為顧忌各國駐使責言，不敢倉卒廢帝。26 年庚子（1900 年），白蓮教餘裔義和團興起山東，起初以仇視耶教為名，劫殺不已，蔓延滋害，後即以扶清滅洋為號召。那拉氏輕信其術，思倚靠其鋤敵而立威。有疏諫義和團不當者即借端殺害。拳匪更擊殺德國公使克林德及日本使館書記，包圍各國使館，一再搗毀教堂，殺害教民，株連無辜，釀成庚子之拳亂，終於召致各國聯軍入京之禍。那拉氏偕光緒帝西遁至西安，仍然依賴李鴻章與各國交涉折衝。27 年辛丑（1901 年）正月，成和議。除賠款四萬五千萬兩，遣專使至德、日謝罪，毀大沽砲台及天津城，並撤京津間軍備，拓展京城各國使領界，不准華人雜居，改總理各國事務衙門為外務部。首禍各臣皆予處死。於是守舊者奪氣。惟庚子之亂，俄人除參與聯軍進佔天津外，復大興師佔據東三省。辛丑和議完成，各國遵約撤兵，而俄人之據關東者，籍口與中國有特別關係，獨遷延不撤兵；並以海陸軍向朝鮮侵略。日人以俄人劍及履及，既與英國締結同盟以為聲援，復與俄國協議分割我東北三省利益，俄人則將我東北全部劃出日本勢力圈外，且圖染指朝鮮。光緒 29 年（1903 年）12 月，日遂與俄國開戰，而以我遼東作為戰場，清廷不敢置一詞，惟僅守所謂「局外中立」。及俄人敗北，31 年（1905 年）9 月，日俄之朴資茅斯條約議成，我人民生命財產之損失與毀傷者，皆置之不論，並且強劃我東北三省為南北兩部，由兩國分區經營。此後日人侵暴，層出不窮，清廷雖在關東各地設官，推行新政，亦形同守府。由此可見清廷之顢頇無能[10]。

---

[10] 本段以上係自同註 1，頁 80-92。並參閱：臺灣中華書局編輯，《辭海》下冊附錄：〈中外歷代大事年表〉（臺灣中華書局印行，民國 61 年 12 月大字修訂本台六版）。

茲再將清季各國列強侵凌我國之大事列之如後：[11]

公元	清紀元	大事
1839	道光 19 年己亥	林則徐查燬英商鴉片，英軍陷舟山，侵寧波，鴉片戰爭爆發。（庚子 1940 年）。
1841	道光 21 年辛丑	英人復陷定海。
1842	道光 22 年壬寅	中英鴉片戰爭終，訂立南京條約，中國賠英 1200 萬元，割讓香港，開五口為商埠。
1843	道光 23 年癸卯	中英續訂虎門條約，為南京條約附錄，更詳訂領事裁判權、協定關稅、內河航行權，租界之確立，最惠國待遇等
1844	道光 24 年甲辰	美、法相繼與中國訂立商約，在中國與英人先享同等權利。
1846	道光 26 年丙午	與英訂立不割讓舟山群島條約成。
1847	道光 27 年丁未	與瑞典、挪威訂條約通商。
1858	咸豐 8 年戊午	美法聯軍陷大沽、旋與美、法、俄、美四國訂天津條約。與俄訂璦琿條約，割讓黑龍江北岸等。
1860	咸豐 10 年庚申	美法聯軍入北京，帝避難熱河，旋訂天津續約以和，增開天津商埠，割九龍與英，賠款八百萬兩，法傳教師得租買田地，建造自便。中俄訂北京條約，割烏蘇里江東岸。
1871	同治 10 年辛未	命李鴻章與日本締修好約於天津。俄佔伊犁。
1879	光緒 5 年己卯	日本併我琉球，崇厚使俄，與訂交還伊犁條約，失地、賠佔領費五百萬盧布，朝野大譁。
1881	光緒 7 年辛己	曾紀澤使俄，求返伊犁。改訂約，允商務利益及賠款九百萬盧布。
1884	光緒 10 年甲申	與法宣戰，法封鎖臺灣。

---

[11] 參閱同前註，及中國近代史教學研討會編著：《中國近代史》（幼獅文化事業公司印行，民國 57 年 9 月再版）；傅啟學編著：《中國外交史》（作者印行，民國 49 年 8 月再版）；張忠紱編著：《中華民國外交史》（一）（正中書局印行，民國 50 年 9 月台三版），各有關章節。

1885	光緒 11 年乙酉	法侵福建、臺灣，尋議和，安南歸法。訂中法新約於天津。與日本締天津條約。允日進入朝鮮。
1886	光緒 12 年丙戌	與英訂緬甸條約。
1894	光緒 20 年甲午	朝鮮東學黨亂起，遣兵平之，遂與日本開戰，海陸軍皆敗。
1895	光緒 21 年乙未	與日訂馬關條約，賠軍費二萬萬兩，割遼南、臺灣、及澎湖列島，放棄朝鮮宗主權等。俄、德、法迫日歸遼南。日增索賠三千萬兩。
1897	光緒 23 年丁酉	德強占膠州灣。與法立約允不割讓瓊州島與他國。
1898	光緒 24 年戊戌	德租膠州灣，囊括山東全省路權及礦務權。俄租旅順、大連，宣言東三省及蒙古為其勢力範圍。英租九龍及威海衛，以揚子江為其勢力範圍。
1899	光緒 25 年己亥	法租廣州灣，宣言雲南、兩廣為其勢力範圍。美國務卿海約翰發表中國門戶開放宣言，不干涉各國在中國之「利益範圍」。
1900	光緒 26 年庚子	義和團叛起，八國聯軍陷津京，太后挾帝奔西安。俄軍強占東北。
1901	光緒 27 年辛丑	與聯軍各國和議，訂辛丑條約，遣專使至德、日致意，各國得駐兵各地。償各國款四百五十兆兩，保諸國人事安全，允通商，行船便利等。
1902	光緒 28 年壬寅	與俄訂：交收東三省條約，俄提無理要求，視東北為殖民地。英日同盟，視中國為禁臠。
1903	光緒 29 年癸卯	日俄宣戰，我國宣言局外中立。
1904	光緒 30 年甲辰	日俄以我國為戰場開戰。
1905	光緒 31 年乙己	俄戰敗，日俄訂朴資茅斯和約，俄確認日獨占朝鮮利益，將一切權益讓與日本。美國定禁止華工苛例，東南各省抵制美貨運動起。
1906	光緒 32 年丙午	中美戰爭。（1907 年終）。

　　自鴉片戰爭後國勢日蹙，1895 年乙未馬關條約訂約以後，為清室日趨滅亡時期。中山先生於 1894 年甲午之戰一起，創興

中會於檀香山，以期救國圖存。在〈檀香山興中會成立宣言〉中
有言：

> 中國積弱非一日矣，上則因循苟且，轉飾虛張；下則蒙昧無
> 知，鮮能遠慮。近之辱國喪師，強藩壓境，堂堂華夏，不齒
> 於鄰邦；文物冠裳，被輕於異族。有志之士能無撫膺。夫以
> 四百兆蒼生之眾，數萬里土地之饒，固可發憤為雄，無敵於
> 天下。乃以庸奴誤國，荼毒蒼生，一蹶不興，如斯之極。方
> 今強鄰環列，虎視鷹瞵，久垂涎於中華五金之富，物產之饒，
> 蠶食鯨吞，已效尤於接踵；瓜分豆剖，實堪慮於目前。有心
> 人不禁大聲疾呼，亟拯斯民於水火，切扶大廈之將傾。用特
> 集會眾以興中，協賢豪而共濟，抒此時艱，尊我中夏。仰諸
> 同志，盍自勉旃。

旨哉斯言，切中肯綮，是乃興「傾覆清廷，創建民國」宏願之
源。尤於《孫文學說》第八章中，更確切指明所以興革命之決心，
如：「予自乙酉（按為 1885 年）中法戰敗之年，始決傾覆清廷，創
建民國之志，由是以學堂為鼓吹之地，借醫術為入世之媒，十年如
一日。……及予卒業之後，懸壺於澳門、羊城兩地以問世，而實則
為革命運動之開始也。……至甲午中東戰起，以為時機可乘，乃赴
檀島、美洲，創立興中會，欲糾合海外華僑以收臂助。」欲救中國
於存續危亡之間，不採非常之手段無以奏效。亦即需要革命而別無
他途。中山先生特加闡述謂：「中國今日何以必需乎革命？因中國
今日已為滿洲人所據。而滿清之政治，腐敗已極，遂至中國之國勢，
亦危險已極，瓜分之禍，亦岌岌不可終日，非革命無以救存亡，非
革命無以圖光復也。」[12]

---

[12] 同註 3，頁捌-6。〈中國革命之難易〉，民國紀元前 2 年 1 月 19 日（1901 年

20

第三節　國內改革之失敗

自英法聯軍之役終，迄中日馬關條約議和止，即由咸豐 10 年（1860 年）至光緒 21 年（1895 年），歷時三十五年，喪權辱國，割地賠款，已令清廷意識到國勢衰微之危殆。為思對外良策，遂有模仿西法之自強運動興起，亟力捐講求所謂洋務。最先者當自林則徐於廣東查禁鴉片時開始，已確認西洋船堅砲利，清室實無以為抗衡。至同治、光緒年間，則有恭親王弈訢及文祥之倡導，疆臣曾國藩、左宗棠、李鴻章等之贊同，決定「師夷之長技以制夷」，推行新政，赴國外採辦機器，設江南製造總局於上海，在閩建船政局，試造輪船，搜羅西學象緯輿圖格致器藝兵法醫術諸科要籍，一一由西士口譯，華士筆授。對外則歷聘歐美各國，並遣幼童出洋留學，設招商局，購置輪船。曾國藩原綜理各項，曾逝世後，遂多由李鴻章負責籌辦。及同治帝卒，光緒帝年甫四齡入承大統，仍由皇太后聽政，於海陸防務，及練兵購械諸端，仍一委鴻章。鴻章亦傾心考求西法，日事仿傚，在在以一身統籌全局之責，其於購買鐵甲兵船，建立北洋海軍，尤其全力以赴。然而外患之來，相繼不絕，野仍然無術相抗。及至甲午中日之戰，海陸軍俱失敗，李鴻章二十載經營之練營、海軍海防，一戰而盡。乃締結馬關條約，因而一蹶不振矣。

自強運動失敗原因有三：

(一) 舊勢力之梗阻：時有爵高望重，講程朱之學之大學士倭仁即亟力反對，上疏帝曰：「……今求一藝之末，而又奉夷人為師；無論夷人詭譎，未必傳其精巧；既使教者誠教，學者誠學，所成就者不過術數之士。古今未來未聞

2 月 28 日）在舊金山麗蟬戲院對華僑演講大意。

有恃術數而能起衰振弱者也。……且夷人吾仇也，咸豐十年，稱兵犯順，憑陵我畿甸，震驚我宗社，焚燬我園囿，戕害我臣民，此我朝二百年來為有之辱，……」當此奏議傳出，士大夫皆稱讚為「至理名言」，並以習洋書為恥。

(二) 民眾之愚昧：光緒 6 年（1880 年）鴻章與劉銘傳奏請築鐵路。光緒 20 年（1894 年）築至近天津一小段，因民眾迷信破壞風水。又於同治 13 年（1874 年），英商築吳淞至上海鐵路一段，因士紳反對，遂於光緒 2 年（1876 年）收購拆遷。光緒 14 年（1888 年），內閣學士文治尚上奏章反對鐵路。所持理由有六：以鐵路工料取諸洋人，數百萬金資敵國，是損己以益敵，其害一；以於海面不能與洋人爭鋒，岸上猶可守，是開門以揖盜，其害二；以築路而毀田廬墳墓，非民情所樂，孝心何堪？是有傷朝廷之治化，其害三；以興鐵路則使依舟車謀生者數十萬生靈失常業，是必致百姓之流離，其害四；以置鐵路，奪華民之生計，與敵人以利權，是足失天下人心，其害五；泰西各國，以商為主，凡所造作，施之彼國則為利，用之中國或皆姦黠蒙其益，而良懦受其害，鐵路乃其一也，推之各省，勢必驅良懦盡化為姦黠，是足壞天下之風氣，其害六。以上所論，雖然屬於迂腐，惟當時竟然視為「正論」。

(三) 政治制度難以因應：清廷政治制度仍停滯於中古時代，腐化，落伍，奉皇太后與皇帝之意旨為金科玉律。士大夫者，智識極固陋，復具極虛憍恃氣，除鄙夷西法，凡遇外釁輒主開戰，令主新政者如李鴻章等，內侷限其「公論」，外難肆應各國慾壑，致使帝國主義侵掠政策無不得逞。中國

「繕防固邊」政策無不挫敗。慈禧太后復以鞏固邊防建設海軍之資，挪為築園之靡費，置國家安危罔顧。[13]

德宗（光緒）尚稱英明果決，以中國屢受外辱，早有救民之志，變法圖強之心，惟受制於慈禧太后，並無實權，不能為所欲為。自德、俄強佔膠澳、旅、大，德宗已有變法維新之意。而各國連續索求，更加速變法運動之推行。光緒 24 年戊戌（1898 年）春，康有為凡七上書，始克上達，德宗深為感動，謂：「我不能為亡國之君。」變法之志益為堅決。適 4 月 10 日（西曆 5 月 29 日）恭親王奕訢卒，康有為促帝變法，勿失良機，所草〈請定國是書〉謂：「門戶水火，新舊相攻，當此內憂外患交迫之秋，日言變法，而眾論不一，姑國是未定。昔趙武靈王之胡服、秦孝公之變法、俄彼德及日本之維新，皆大明賞罰，如是而後能定國是，行新政。」同月 23 日（西曆 6 月 11 日），德宗乃下詔定國是，明示吏民，努力向上，發憤為雄。時朝廷分新舊二系，維新者有翁同龢、張蔭桓、康有為、張之洞、劉坤一等，主變法維新，聯英日以抗俄。守舊者有榮祿、徐桐等老耄舊臣，主內政保守，聯俄制日，雙方壁壘分明。徐桐甚至謂：「寧可亡國，不可變法。」而且滿族各親貴，既懼變法而弱其政治地位，舊臣尤多痼習空文，迂談謬論，成見塞胸，不思求新，苟延殘生而已。在德宗之國是詔下後四日，慈禧復以德宗之名，免翁同龢職，任榮祿統攝北洋諸軍。舊臣益更加輕視光緒帝，怠行新政，帝雖下詔嚴責，但收效甚微。終於 8 月 6 日（西曆 9 月 21 日）晨，慈禧復出訓政，處決楊銳、林旭、劉光第、譚嗣同、康廣仁、楊深秀等「戊戌六君子」。凡贊助維新大臣，一體罷黜獲罪。並下詔停止一切新政，回歸舊觀。至此，維新凡一百零三日。史謂「百日維新」。

---

[13] 中國近代史教學研討會編著：《中國近代史》，頁 162-171。李劍農著：《中國近百年政治史》上冊（臺灣商務印書館印行，民國 51 年 10 月台三版），頁 121-144。

此戊戌戌政變失敗，皆罪責慈禧及諸舊臣之堅拒，實際則縱然無舊黨大臣反對，康、梁諸氏亦難有功。蓋維新諸子，如張孝若所著：《南通張季直先生傳記》一書中稱彼等：「都是一班魯莽率真的新宦。」其思慮欠周，操之過急，步上王莽、王安石變法之覆轍，求取「突變」而招失敗也。[14]

中山先生於光緒 11 年（1885 年），清廷國勢已江河日下之際（清與法使於天津締屈辱之中法條約、中日之天津條約），決志「傾覆清廷，創建民國。」時年二十歲，仍就讀香港中央書院。翌年，入廣州博濟醫院附設南華醫學堂習醫。越年轉入香港西醫書院，遂日夕以革命相鼓吹，時往來於港、澳間，公開宣傳，無所顧忌，人多笑之。後與陳少白、楊鶴齡、尤列相聚，所論皆革命之事。迨光緒 20 年（1894 年）春，中日因朝鮮東學黨亂事，雖經交涉，戰機待發，後患堪憂。中山先生猶尚期望於當時權重一時當朝大臣李鴻章，知所覺悟，以促清廷有所淬發，以湔所恥，乃於同年（1894 年）5 月（西曆 6 月），上書李鴻章，陳救國大計。針對同治光緒年間自強維新運動，倡行仿西法船堅砲利之癥結而作。在書中力言：

> 當今風氣日開，四方畢集，正值國家勵精圖治之時，朝廷勤求政理之日，每欲以管見所知，指陳時事，上諸當道，以備芻蕘之採。嗣以人微言輕，未敢遽達。比見國家奮籌富強之術，月異日新，不遺餘力，駸駸乎將與歐洲並駕矣。快艦、飛車、電郵、火械，皆日西人之所恃以凌我者，我今亦已有之；其他新法，亦接踵舉行。則凡所以安內攘外之大經，富國強兵之遠謀，在當局諸公已籌之稔矣。又有軺車四出，則外國之一舉一動，亦無不周知。草野小民，生逢盛世，惟有

---

[14] 同前註，《中國近代史》，頁 272-277。

　　逖聽歡呼，聞風鼓舞而已，夫復何所指陳；然而猶有所言者，
正欲乘可為之時，以竭其愚夫之千慮，仰贊高深於萬一也。

　　竊嘗深維歐洲富強之本，不盡在於船堅砲利，壘固兵強，而
在於人能盡其才，地能盡其利，物能盡其用，貨能暢其流。
此四事者，富強之大經，治國之大本也。我國家欲恢擴宏圖，
勤求遠略，仿行西法，以籌自強，而不急於此四者，徒惟堅
船利砲之是務，是捨本而圖末也。[15]

　　中山先生此書於光緒 20 年（1894 年）春正月草就，原擬面致
李鴻章，因欲北上，一探虛實。適陸皓東由滬南下，乃邀同行，抵
上海，因同鄉鄭官應而識王韜，由韜函介於李鴻章幕友羅豐祿、徐
秋畦。7 月，中山先生抵天津，訪羅徐，投書請見李鴻章。其時李
鴻章以北洋大臣駐蘆台，軍務倥傯，謝不見客，羅徐為之力言，僅
允給出洋考察農商護照。[16]由是可知，李鴻章不欲採擷所書錚言，
徒使鼎革良策失之交臂，亦讓中山先生堅定另覓救國之道。故乘間
遍游北京、天津，旋折回滬，溯江而至武漢，隨處默察山川形勢，
及民間狀況，預為他日革命發難之圖。及中日戰起，以為時機可乘，
乃赴檀島、美洲，創立興中會。矢志「驅逐韃虜，恢復中華，創立
合眾政府。」。

　　綜合以上所述，中國革命事業之醞釀發展，其時代背景亦正若
對我辛亥革命素有研究之美國哈佛大學賈士杰博士（Dr. Don C.
Price，任教於美國加州歷史系）所論：中國革命運動「其真正背景
是清廷的腐敗，和十九世紀末年二十世紀初年外國對中國的各種刺

---

[15] 同註 3，頁玖-1，〈上李鴻章陳救國大計書〉。
[16] 許師慎編著：《國父革命緣起詳註》（正中書局印行，民國 43 年 10 月台一
版），頁 8。

激，再加上中國自己的社會文化背景，革命運動纔在非常人物的領
導下產生。」[17]

---

[17] 賈士杰博士（Don C. Price）:〈俄國與辛亥革命之起源〉（中華民國史料研
究中心編印:《中國現代史專題研究報告》第三輯，民國 62 年 9 月出版），
頁 76。

第三章　中山先生革命借助國際人士原因

　　中山先生倡導革命於滿清專制時代，其艱困與極度危險當可想見。除亟力於國內推展革命工作外，並力求能於國外謀求支援，故於 1894 年 10 月 27 日（西曆 11 月 24 日），成立興中會於檀香山。中山先生自檀香山返香港，翌年 1 月 27 日（西曆 2 月 21 日）設興中會總機關於香港。曾於 1 月 24 日（1895 年）之〈香港興中會宣言〉中即有公開廣為招募各國有心益世，肯為中國革命盡力人士，盡可邀集以待為革命而用，可知中國革命早即有借助國際友人之意矣。如〈香港興中會宣言〉章程中第「七、人才宜集也：本會需才孔亟，會友散處四方，自當隨時隨地，物色賢材。無論中外各國人士，倘有心益世，肯為中國革命盡力，皆得收入會中，待將來用人，各會可修書薦至總會，以資臂助，故今日廣為搜集，乃各會之職司也。」[1]

　　中山先生革命借助國際人士之原因，茲分三節臚列如后。

第一節　國內外民眾革命風氣錮塞

　　一、首自國外言之：中山先生自首創興中會於檀島，原「欲糾合海外華僑以收臂助，不圖風氣未開，人心錮塞，在檀鼓吹數月，

---

[1]　《國父全集》（全三冊），第二冊，頁肆-3。

應者寥寥，僅得鄧蔭南與胞兄德彰二人，願傾家相助，及其他親友數十人之贊同而已。」[2]當時華僑雖懸身國外，而泰半保守，諱言革命，避之猶恐不及也。及聞中山先生有作亂謀反言論，咸謂足以破家滅族，雖親戚故舊亦多奔避不遑。故中山先生居檀數月，苦心孤詣，僅得同志數十人而已。[3]1896年春，中山先生復遍遊夏威夷各島，宣傳革命，而知音寥寥。[4]在檀島之革命推廣工作不易，乃易地往美洲謀求發展。如中山先生謂：「惟卒以風氣未開，進行遲滯，以久留檀島，無大可為。遂決計赴美，以聯絡彼地華僑，蓋其眾比檀島多數倍也。……美洲華僑之風氣蔽塞，較檀島尤甚，故予由太平洋東岸之三藩市登陸，橫過美洲大陸，至大西洋西岸之紐約市，沿岸所過多處，或留數日，或十數日，所至皆說以祖國危亡，清政腐敗，非從民族根本改革，無以救亡，而改革之任，人人有責，然而勸者諄諄，聽者終歸藐藐，其歡迎革命主義者，每埠不過數人，或十數人而已。」[5]由是可見，當時宣揚革命工作之不易。於美洲之華僑或留學生，對革命事業能附從者既不多，而歐洲方面則更無所獲，因其「時歐洲尚無留學生，又鮮華僑，雖欲為革命之鼓吹，其道無由。」[6]中山先生後即轉赴日本，而在日本之成果亦不宏，雖數年之爭取其響應革命者，亦僅數十人而已。如中山先生又云：「然吾生平所志，以革命為唯一之天職，故不欲久處歐洲，曠廢革命之時日，遂往日本，以其地與中國相近，消息易通，便於籌劃也。……日本有華僑萬餘人，然其風氣之錮塞，聞革命而生畏者，則與他處華僑無異也。吾黨有同人往返橫濱、神戶之間，鼓吹革命

2　同前註，第一冊，《孫文學說》第八章〈有志竟成〉篇，頁參-162。
3　馮自由著：《革命逸史》，第一集，〈檀香山與興中會〉，頁22。中山先生遍遊夏島事，見：《國父年譜》，增訂本上冊，頁76。
4　同前註。
5　同註2，頁參-163。
6　同註2，頁參-164。

主義者，數年之中而慕義來歸者，不過百數十人而已，以日本華僑之數較之不及百分之一也。」[7]然此時已獲日本朝野人士之晤識，「此為予與日本政界人物交際之始也。」並為將來直接、間接為中國革命黨盡力者而奠基。[8]

　　二、次就國內而言：能於中國國境以內從事革命工作，其艱辛與危險更倍於海外。蓋國人數千年來，在帝王專制統治下，生活殆已習慣，況且稟賦堅忍善良，本於逆來順受心態下苟存。若非統治者暴虐過甚，當不至起而冒險反抗。而清廷歷二百六十餘年之壓迫控制，嚴苛已極，凡聞有造反、謀叛之舉，莫不猶恐株連而慘遭家破人亡巨禍，何能冀其羽從贊助？如中山先生初於香港與陳少白、尤少紈、楊鶴齡、陸皓東等致力於革命之鼓吹。而「若其他之交遊，聞吾言者，不以為大逆不道而避之，則以為中風病狂相視也。」[9]因之中山先生嘗謂：「向海外華僑之傳播革命主義也，其難固已如此；而欲向內地以傳佈，其難更可知矣。」[10]

　　1895 年（乙未）廣州之役失敗，中山先生非但於國內無法從事革命工作，且清廷出示曉諭賞格，懸賞緝拿革命黨人。如「乙未九月南（海）番（禹）兩縣告示：現有黨匪，名曰孫文，結有匪黨，曰楊衢雲，起義謀叛，擾亂省城，分遣黨羽，到處誘人，借口招勇，煽惑愚民。……謀反叛逆，律有明刑，甘心從賊，厥罪維均，嚴拿重辦，絕不從輕，……」又：「乙未十月廣東按察使告示及賞格……照得土匪孫文糾結夥黨，暗運軍火，約期在省城滋事一案。當經拿獲匪犯陸皓東等多名審辦，惟尚有首要各匪孫文等在逃未獲，亟應懸賞緝拿，合行出示曉諭。……計開賞格：孫文即逸仙，香山縣

7　同註 6。
8　同註 6。
9　同註 2。
10　同註 6。

人，花紅銀一千元；楊衢雲，香山縣人，本籍福建，花紅銀一千元；朱浩，清遠人；湯亞才，花縣人，以上三百元，……光緒 21 年十月□日示」[11]。此可謂翌年（1896 年）9 月，中山先生倫敦蒙難之由來。

中山先生曾謂：「由乙未初敗以至於庚子（即 1900 年惠州之役），此五年之間，實為革命進行最艱難困苦之時代也。蓋予既遭失敗，則國內之根據、個人之事業、活動之地位，與夫十餘年來所建立之革命基礎，皆完全消滅。而海外之鼓吹，又毫無效果。……當此之時，革命前途，黑暗無似，希望幾絕，而同志尚不盡灰心者，蓋正朝氣初發時代也。」[12]而革命工作經多年來之亟力宣傳，及中山先生經兩次之失敗，清廷之明示曉諭，懸賞緝拿而聲名大噪，反使革命工作「否極泰來」，漸入佳境，如中山先生所云：「經此失敗而後（按指庚子惠州之役），回顧中國之人心，已覺與前有別矣。當初次之失敗也（按指乙未廣州之役），舉國輿論，莫不目余輩為亂臣賊子，大逆不道，咒詛謾罵之聲，不絕於耳。吾人足跡所到，凡認識者，幾視為毒蛇猛獸，而莫敢與吾人交遊也。惟庚子失敗後，則鮮聞一般人之惡聲相加，而有識之士，且多為吾人扼腕嘆惜，恨其事之不成矣。前後相較，差若天淵。吾人睹此情形，中心快慰，不可言狀，知國人之迷夢已有漸醒之兆，加以八國聯軍之破北京，清帝后之出走，議和之賠款九萬萬兩而後，則清廷之威信已掃地無餘，而人民之生計從此日蹙，國勢危急，岌岌不可終日，有志之士，多起救國之思，而革命風潮，自此萌芽矣。」[13]

---

[11] 馮自由著：《中華民國開國前革命史》（一），〈乙未廣州之役〉（世界書局印行，民國 73 年 8 月三版），頁 21-22。；另：清廷懸賞花紅緝拿名單，詳見：鄒魯主編：《中國國民黨史稿》，第三編，革命（甲）（臺灣商務印書館印行，民國 54 年 10 月版），頁 661-662。

[12] 同註 6。

[13] 同註 2，頁參-165-166。

由上可悉，中山先生於革命初期之革命工作在國內外所遇之困窘，曾有外國人士襄助者，如 1895 年乙未，興中會曾預印討滿檄文及英文對外宣言，準備於發難時頒布中外，檄文由朱淇起草，對外宣言則由何啟及英人鄧勤、黎德等任之。此項印刷品，於此役事洩時，已為黨人毀棄無餘。鄧勤時任香港《士蔑西報》記者，黎德則任《德臣西報》英文報記者，當日兩報均抨擊滿清政府，不遺餘力，興中會於外交事件頗得其助也；[14]美人嘉約翰（John L. Kerr）醫生，亦於乙未廣州之役失敗時，庇護革命黨人區鳳墀、尹文楷等逃出廣州，美人香汴文，為基督教傳教師，乙未廣州之役協助革命工作；美人化學師奇列，於乙未在廣州助革命黨人製造炸彈。及美駐華領事某，於乙未廣州之役後，曾營救陸浩東出獄未成。1896 年 9 月，中山先生倫敦蒙難，幸經亦師亦友之康德黎及孟生亟力奔走營救，得以脫險。治 1900 年庚子惠州之役，日人山田良政參與革命，是為中國革命遇難之第一人。另有經考證之日人山下稻等十餘人參與此役。嗣後國際人士參與中國革命者不絕，對革命工作不無裨益。

第二節　革命黨缺乏軍事專才與經費軍械

一、軍事專才缺乏方面：中山先生倡導革命之始，以一介書生登高一呼，所響應亦皆多知識份子，或斗米小民及海外華僑與留學生。而翊贊革命之民間力量，即係會黨組織如洪門會、致公堂等，終究缺乏統一性組織之軍事統御及統合力量，自然無法發揮以「武力」革命推翻滿清。若與滿清力量比較，何啻天壤，誠難能與之相抗衡。當時既無革命武力，更缺乏軍事人才以組合武力，而其時所憑藉者僅係推翻滿清之精誠力量，奮鬥決心而已。中山先生曾說明

---

[14] 同註 3：前引書：《革命逸史》，第一集：〈興中會之討滿檄文〉節，頁 18。

革命之原動力謂：「所以我常常和人談革命，總有人問我說：『滿清有二十二行省的土地，四萬萬人民，內有海陸軍的鎮攝，外有列強的幫助，請問你有甚麼方法可以推翻滿清呢？就令能夠推翻滿清，又有甚麼方法可以對付列強呢？』並且常用難題來對我說：『滿清對外不足，對內有餘。』又說：『我們不可革命啊！如果我們起了革命，列強必要把中國瓜分。』我們在那個時候，對付滿清，要推翻他，對付列強，要使不致瓜分中國，沒有別的長處，方法是在不問成敗利鈍，只問良心要做，便立志去奮鬥」。[15] 既然為革命而「只問良心要做，便立志去奮鬥。」則需要有現代化之軍事力量。為要有武力從事革命，推翻滿清，即需要有現代化之軍事教育訓練與執行訓練之軍事專才等，於是乃從各方面延攬。然而國內對此方面之專才，能為革命而用者，誠然甚為貧乏，惟有求助於外籍人士對軍事學有專才者，加以延用，並謀求外援武器。

中山先生曾敘述惠州之役一事云：「予以時機不可失，乃命鄭士良入惠州，招集同志以謀發動，……不期中途為奸人告密，船一抵港即被香港政府監視，不得登岸，遂致原定計劃，不得施行，……予則折回日本，轉渡臺灣，擬由臺灣設法潛渡內地。時臺灣總督兒玉頗贊同中國之革命，……予於是一面擴充原有計劃，就地加聘軍官；蓋當時民黨尚無新知識之軍人也。」。[16]

中山先生因美國人荷馬李（Homer Lea）將軍有卓越軍事才幹，而加賞識，成為中山先生之「軍事顧問」。[17] 曾有人詢及將軍為何許人時，中山先生介紹之云：「乃係世界最卓越之軍事天才家，美

---

[15] 同註 1，頁捌-219，〈主義勝過武力〉。

[16] 同註 1，頁參-165。

[17] 黃季陸著：〈國父軍事顧問──荷馬李將軍〉（初稿），民國 58 年 3 月 31 日，在中國歷史學會論文。黃文所用文件，係據胡佛研究所贈送黨史會荷馬李資料。參見：《國父年譜》，增訂本上冊，頁 302。

人荷馬李將軍。」其後，上海《英文大陸報》記者訪問中山先生時，亦曾以「荷馬李將軍為何許人？」為問。中山先生毫未遲疑即答曰：「荷馬李者，可稱謂天下最大之陸軍專門家，歐美之軍事家均甚尊重之人也。」荷馬李對中國革命之重大貢獻者，厥為於英國協助中山先生辦理外交，使英國政府對中國革命與滿清政府暫持中立態度，並停止貸清之兩大借款。[18]

中國革命深感軍事人才之缺乏，革命元勳黃克強亦於 1910 年 2 月 4 日曾致函宮崎寅藏（滔天）請儘速派軍事人員前來相助，函云：「滔天先生閣下：弟於一月二十三日由東京起程，二十九日抵香港，倉促中未暇函告，至歉！至歉！茲者革命軍不日大起，人才缺乏，乞速召集步砲、工佐尉官多名前來助援，不勝感禱。其旅費至時當電寄二千元，中山或由橫濱經過亦未可知。來時望密為探知，以便東京方面事就商妥貼。其佐尉官則必先期火速催其上道，至要至要！匆匆即請俠安。黃興頓首。西二月四日。」[19]

中山先生與法國政府之首度接觸係於 1900 年，時當拳亂與八國聯軍遠征北京之際。據法國駐日公使何爾芒（Jules Harmand）報告，中山先生於東京請求晤面，並未拒之，且傾聽述說革命計劃，對此「博聞而聰慧」之中國人具良好印象。中山先生向法國所求者非財政支援，而為武器或為能訓練其同志之法國軍事顧問。[20]

除以上謀求國際人士之軍事人才，直接參與革命戰役外，亦同時積極進行培育國人軍事人才之構想。如馮自由云：「及庚子惠州三洲田一役失敗之後，興中會之元氣為之大傷，急切間實無餘力可

---

[18] 黃季陸著：〈一段革命歷史的重溫——荷馬李將軍對中國的貢獻〉，《中央月刊》，第 1 卷，第 6 期（民國 58 年 4 月 1 日出版），頁 153-154。

[19] 羅家倫主編，杜元載增訂：《黃克強先生全集》（中國國民黨黨史委員會編輯，民國 62 年 10 月增訂），頁 123。

[20] 陳三井著：〈法文資料中所見的孫中山先生〉，收入《研究中山先生的史料與史學》（中華民國史料研究中心編印，民國 64 年 11 月 12 日出版），頁 279。

以再舉。於是孫總理乃變更計劃，暫時中止國內各省之軍事活動，而專從聯絡留學界及海外華僑入手。蓋留學界可以培植建設及軍事人才，而華僑則可以募集發動之資金，二者均為革命進行之途徑也。」[21]故軍事人才之培植，仍待借助國際專才者也。

在積極進行培育國內軍事人才方面：1895 年，中日甲午之戰後，清廷敗北，本年簽訂馬關條約。中山先生於 5 月返回廣東，並於火奴魯魯邀約數同志返國。此際革命時機似已成熟，此後半載，即從事準備工作。鄭士良捐其全部家產，陸浩東捐其部分家產作為在香港購買軍火之用，並雇用兩英籍下級軍官為教官。武器密藏於所謂「農學社」，並利用該會為訓練所，又利用遠足旅行及團體合唱等名義，從事野外演習。有次以運送水泥之名私運軍火入粵，為海關查扣，中山先生、陸浩東與鄭士良事先聞風遠颺，並焚毀秘密文件，將軍火隱匿他地，陸浩東偽裝門役，被查覺扣捕。[22]

1896 年春，中山先生於檀香山決擴組「中西擴論會」，並以《隆記報》為機關，招納同志，擴大組織，革命風氣為之復振。中山先生並為訓練革命幹部，以便將來回國參加革命，乃假 1160 Camplain Lane 芙蘭諦文（Frank Damon）牧師之尋真書院操場，舉辦軍事訓練，聘丹麥人曾任中國南洋練兵教習隊長名柏（Victor Bache）者，義務任教，每週操練二次，操練時間定為早晨及晚間，以木棍代鎗，操練極為認真。[23]

1903 年 6 月初（西曆 7 月下旬），中山先生自越安抵日本橫濱，轉東京，中山先生函約同志會於芝區之對陽館，為竟夜之談。眾人

[21] 馮自由著：《革命逸史》，第三集，頁 227，〈香港同盟會史要〉。
[22] 海法特（H. Herrfahrdt）著，王家鴻譯：〈孫中山的生平〉，《孫中山傳》（臺灣商務印書館印行，民國 71 年 12 月三版），頁 13。
[23] 《國父年譜》，增訂本上冊，頁 75-76。馮自由著：《華僑革命開國史》（臺灣商務印書館印行，民國 64 年 8 月台一版），頁 27。

之意，以為欲從事革命，必得通曉軍事學，現時清公使館方取締私費生習陸軍，同人對此，甚感失望。中山先生謂當與日友謀之，或有解決之法，並命胡毅生等填寫盟書，以示決心。數日後，中山先生絜馮自由、胡毅生等人同訪犬養毅，由中山先生介紹相見，以筆談通款曲。歸途中山先生告知自由、毅生等謂所謀已有眉目，俟覓得教官後，當設一學舍為軍事學之研究。其後由犬養毅介紹騎兵少佐小室健次郎，及步兵大尉日野熊藏擔任教官，小室為退職軍人，素有志贊助中國革命，與中山先生有舊。日野則為現役軍人，供職於東京兵工廠，嫻英語，研究波亞戰術極有心得，且精於兵器學，有日野式自動拳銃（即手鎗）之發明。於是商定由同人等自賃一屋同寓，日間自習普通學及日語，夜間則教授戰術及兵器學。初賃屋於牛込區，後以其離日野寓所過近，來往時易令警察注意，乃遷至青山練兵場附近，使每日得觀近衛師團各兵種之教練，夜間則輪派二人至日野家，聽授講義，歸而述之。如是者可六閱月。[24]是即青山附近所設軍事學校緣起。惜乎學生十四人中各樹派別，開辦數月，內訌迭起，卒致中道解散。否則革命黨有此軍事訓練機關，人才輩出，進步更未可限量。[25]

　　1905 年 7 月（西曆 8 月），中國同盟會於東京成立。此後中國青年受革命思潮之激盪，留日學生日增，其中志願入日本士官學校者，因限制太嚴，入校困難，寺尾亨有鑒於此，即發起於東京芝公園內，創設東斌學堂，聘請教官專授軍事知識，造就軍事人才，青年從學達數百人，畢業後恒返國發動革命起義，成效彰著，寺尾為辦此校而捐獻其全部資產，一時生計陷於困境。[26]

---

[24] 馮自由著：《革命逸史》，第五集，頁 40-41，〈東京革命軍事學校補述〉；並見：《革命逸史》，第四集，頁 18，〈興中會特設東京革命軍事學校〉；《國父年譜》，增訂本上冊，頁 165-166。

[25] 馮自由著：《中華民國開國前革命史》（一），頁 308，〈日本志士與軍事學校〉。

[26] 陳固亭著：《國父與日本友人》（幼獅書店印行，民國 54 年 9 月出版），頁 68-69。

　　1907 年，月日不祥，中山先生於本年籌備起事甚積極，感於需軍事人才孔亟，特致函萱野長知請任軍事顧問，並請延攬同志相助。函云：「萱野仁兄足下：今東軍將起，欲得於軍事上有學問經驗之人以為顧問。弟念我兄雄武過人，謹以東軍顧問之任相託，望襄助都督，以建偉業，並懇延攬同志，以資臂助。兄之熱忱，弟所深信，望珍重。此請義安。弟孫文謹啟。」。[27]

　　二、經費軍械缺乏方面：除以上培育國人軍事專才而借助外國人士協助，為應革命亟需而延請外國人士直接參與革命外，當時革命經費之支絀，軍器之奇缺，亦曾借助外國友人也。惟初期亦遭到不少挫折、困難，如：1900 年閏 8 月（西曆 10 月），惠州三洲田起義後，時中山先生在臺灣，以革命軍連戰俱捷，乃致電宮崎寅藏，令將前向菲律賓獨立軍代表彭西（M. Ponce）預商借用之械，速送惠州沿海岸接濟，一面向臺灣總督兒玉源太郎接洽，請其協助武器。詎日人中村彌六矇騙檀島軍械案竟是敗露，而日本政府適於此時更換內閣，新首相伊藤博文對中國之外交政策，與前大異，禁止臺灣總督，不許協助中國革命黨，又禁止武器出口，及不許日本武官投效革命軍。因是，中山先生潛渡內地及接濟武器之計劃，完全失敗於此役後，1900 年 9 月 1 日（西曆 10 月 23 日），自台北函致日本友人菅原傳請促新內閣伊藤繼續援助革命借助人械。菅原係中山先生結識於檀香山舊交，為贊助革命最早之日本友人，彼與日本新內閣伊藤同屬政友會。中山先生特致函菅原云：「菅原君足下：近以事急離京，未及告別，良用為憾，然日前相約之事，想不忘懷也。今者聞貴同志已握政權，而吾人義兵亦起，此真適逢其會，千古一時也。舉旗至今十餘日，連克大敵，數破堅城，軍威大振，從

---

[27] 同註 1，第二冊，頁玖-33。該原函影本，見萱野長知著：《中華民國革命秘笈》，書首目次之所附（日本帝國地方行政學會發行，1940 年 7 月，東京）。

來舉事成功之速，未有及此也。惟現下萬事草創，人才兵械，多行不足，今特托足下代轉貴同志政府暗助一臂之力，借我以士官，供我以兵械，則迅日可以掃除清廷腐敗，而另設漢家新猷矣。務望向伊侯君（按即伊藤）等力為言之。如蒙允諾暗助，即望移駕到橫濱海岸九番地佛國郵船社，通知同志黎煥墀君，托他即用電報通信為幸。此致，即候大安不一。弟孫文謹啟。十月二十三日。幸祈將此信秘密，切勿登報。」[28]其結果當未能如願也。

　　此外，於革命所亟需之製造炸彈技術與知識，亦甚貧乏，祇有借助外籍人士：1895 年秋，美國化學師（按即指「奇列」）於廣州助革命軍製造炸彈。於 1907 年 3 月中旬，宮崎寅藏曾偕黃興訪俄國革命黨領袖之一，名拉塞爾（N. K. Russel）者，於日本橫濱，學習製造炸彈方法。[29]又曾於 1903 年 3 月，日本志士掘井覺太郎，於湖南任私立明德學堂理化教員際，指導華興會革命同志製造炸彈，供起事之用。[30]

　　再者，革命初期對經費籌措即甚感困窘，先曾向海外華僑募集，如：1904 年臘月（按為 2 月 11 日，西曆 3 月 31 日）中山先生舟抵舊金山港，為關員所阻，被羈於碼頭小屋，是自 1896 年被困倫敦清使館來，此為第二次之蒙難。幸經基督教友、致公堂會員請美律師那文依法救出，粉碎清使館及保皇黨徒之中傷計劃。中山先生在檀香山之際已印就之革命軍需債券若干，為到美募餉之需。嗣抵舊金山，始知華僑風氣尚極閉塞，其稍開通者，非保皇會員，即為基督教徒，乃改由宣傳為始。更欲藉此擴張黨勢，擬先從具新

---

[28]　《國父年譜》，增訂本上冊，頁 132-133。惟此信與《國父全集》，第二冊，頁玖-32：〈致菅原傳請代設法借助人械函〉之紀年不同。待矣。

[29]　宮崎滔天著，近藤秀樹編，陳鵬仁譯：《宮崎滔天書信與年譜》，頁 135，譯 N. K. Russel 為「羅素」（臺灣商務印書館印行，民國 71 年 5 月初版）。

[30]　左舜生著：《黃興評傳》（傳記文學出版社印行，民國 57 年 3 月 1 日初版），頁 18-19、172。

思想之基督教徒入手，即召集教友之有志者開救國會議。是日，中山先生於說明革命主義之後，提議請座眾購買革命軍需債券，謂「此券規定實收美金十元，俟革命成功之日，憑券即還本息一百元。凡購買券者即為興中會員，成功後可享受國家各項優先利權。」云云，各教友對購券案，均甚贊成，惟聞凡購券者即為興中會員一節，多聞虎色變。謂吾輩各有身家在內地，助款則可，入會不必，中山先生乃謂此舉志在募餉，入會與否，一惟尊便。此項債券票面並不寫姓名，可勿過慮，眾無異言，於是各教友先後購券，得美金二千七百餘元。[31]誠然中國革命之經費絕大多數係來自華僑，然亦不乏外籍人士之資助，如：1900 年一日人（姓名待考）助款五千元（港幣）；1907 至 1908 年間，日人資助一萬四千元（港幣）。[32]此外，日本人士實業家等多人資助革命或濟助黨人等，對當時亟需經費從事活動者，挹注亦不尠。如：入江熊次郎、久原房之助、中島勝次郎、中野德次郎、水野梅堯（曉）、犬塚信太郎、內田良平、平岡浩太郎、安川敬一郎、坂本金彌、兒島哲太郎、垣內喜代松（醫生）、宮崎民藏（寅藏之兄）、鈴木久五郎（商人）、鈴木久兵衛（同盟會員）、渡邊元等。中山先生另曾於 1907 年 10 月 23 日，致函菅原傳請代設法借助人械外，又於同年 9 月 13 日，防城起義望籌劃接濟餉械致函宮崎寅藏。同年 6 月 7 日，致電平山周告兩廣義師已起盼資助械款，並指示匯款運械方法。並詢「日本義士能否相助？」。又 6 月 14 日，致電平山周訂購械彈一萬，先送銃二千，彈二百萬等（以上均見《國父全書》，第二集「函電」）。

---

31 馮自由著：《革命逸史》，第二集，頁 109-122。

32 蔣永敬著：〈辛亥革命前十次起義經費之研究〉，經費來源估計表所列，收入張玉法主編：《中國現代史論集》，第三輯「辛亥革命」（聯經出版公司印行，民國 71 年 7 月第二次印行），頁 262，並參見該頁註 32。

　　另向法國銀行家籌借革命軍債二千萬元（港幣或法郎），於
1907 年 12 月上旬，因鎮南觀之役失敗而告停頓。次年春，約於河
口之役前後，又有法國商人邀約中山先生赴巴黎，擬與銀行家籌畫
一億法郎借款。中山先生雖急欲赴法，但為籌措革命軍武器儲藏費
1500 元港幣，使在仰光、曼谷及芙蓉等地盤桓數月，籌得數千元
後始成行（1909 年 5 月，中山先生由新加坡赴歐）。由此可證中山
先生於 1908、1909 年間需款甚急。[33]1909 年 6 月抵法國巴黎。不
意借款一事，係經手人欲從中漁利，非資本家之意。遂另託韜美
（Doumer,即前安南總督）幫同運動資本家，而法國閣忽然更變，
大臣布里安（Aristide Briand）不贊成此事，韜美君仍欲與外部大
臣再商，欲由彼以動新內閣大臣，蓋因法資本家非得政府之許可，
斷不肯投鉅資也。即使由前述之經手人交涉，亦必如此。而前經手
人其忖知前內閣克里孟梭（Clemenceau, 中山先生舊友），必能許
可，故投機而來也。而內閣更變實為意外之事，否則無論何人說合，
皆可成事也。韜美遊說外務之事，至數日前始有回音謂現在事不能
求，請遲以待，而此事遂寢。中山先生得一信，即於西曆 10 月 30
日起程赴美，以在英國亦找得一路，條件便宜，英路之介紹人現住
美國，故赴美與之相商。[34]其結果亦失望也。

　　1910 年 2 月（西曆 3 月），中山先生至美洛杉磯與荷馬李及布
司（Boothe）會商，以中國同盟會名義向美國銀行貸款一百五十萬

[33] 鄭憲著：〈中國同盟會革命經費之研究〉，載於同前註書：頁 233-234。對：
　　法銀行家來洽，願向本國代募革命軍債二千萬元，惟約須於佔領龍州之日
　　始能過付，因鎮南關失守而停頓一事，見：《革命逸史》，第五集，頁 138；
　　及：《中華民國開國前革命史》（一），頁 299。
[34] 同註 1，第二冊，頁玖-61，〈赴美前致歐洲某同志函〉，1909 年，西曆 10
　　月 29 日英京發。

至二百萬美元，成立臨時政府，組織軍隊，編練海軍。[35]且自同年
3 月至 12 月一再多次致函布司詢以籌款情行，憾無結果。[36]

有關革命經費各款收入與支出，在當時亦或有人曾有所意見。
中山先生特加澄清，交代清楚。無私、無我、光明磊落。中山先生
為從事革命而奉獻個人資財，尚牽累胞兄傾家蕩產，生計無著。如：

中山先生曾於 1909 年 9 月 17 日（西曆 10 月 30 日），在倫敦
將赴美國時致函吳敬恒，以說明三次革命（即 1895 年乙未廣州之
役；1900 年庚子惠州三洲田之役及 1907 年丁未潮州、黃崗之役），
收支經費概況，是函略以：「吳先生鑒：昨日先生之意，以為宜將
此事和盤托出，解第三者之惑，而表世界之公道。弟再思之，先生
之言甚是。而世人之所見疑人者，多以用錢一事著眼，故將弟所發
起之三次革命所得於外助之財，開列清楚，然此適表出以前助者之
寡，殊令吾人氣短。然由前三次推知，則一次多一次矣。……前二
次助者無幾，無甚可對人報銷之事。前年第三次之款，多由外
助，……然各款收入與支出，弟在安南時多自經手；弟離安南後，
則由漢民經手。……收款多由精衛，支款則我與漢民也，……日本
辦械、租船之款，則由日本殷實商人經手皆有數目列明。……此事
弄清，則可破疑惑矣。除三人經手之外，知各款之來路去路者，尚
有多數共事之同志，即今巴黎之張驥先先生，亦其一也。……又庚

---

[35]　《國父年譜》，增訂本上冊，頁 301-302。

[36]　《國父全集》（全六冊），第三冊，頁 108：〈致布司告知行蹤及通訊處函〉
（民前 2 年 3 月 21 日）；頁 109：〈致布司告與 D. Y. 君晤談情形函〉（民前
2 年 4 月 5 日）；頁 114：〈致布司告以離檀赴日函〉（民前 2 年 5 月 24 日）；
頁 116：〈致布司告抵日本情形並屬籌款函〉（民前 2 年 6 月？日）；頁 119：
〈致布司詢其在美活動情形並請介紹美前駐菲將軍函〉（民前 2 年 7 月 10
日）；頁 127：〈致布司需款進行準備起義函〉（民前 2 年 9 月 4 日）；頁 134：
〈致布司詢籌款結果函〉（民前 2 年 11 月 8 日）；頁 142：〈致布司告以將
赴美國函〉（民前 2 年 12 月 16 日）。以上均為 1910 年，譯文。另有二函為
委布司為中國同盟會駐國外財務代辦狀，及請其退還委任狀函（譯文）。

子惠州起兵及他方經營，接濟所費，不下十餘萬元，所得助者衹香港李君出二萬元，及一日人義俠出五千元，其餘則我一人之籌獲而來也。自此吾一人之財力已盡，緩急皆賴家兄之接濟，而妻子俯蓄亦家兄任之，是從事革命十餘年以來所費資財，多我兄弟二人任之，所得同國人及日本人之助者，前後統共不過四五萬元耳。……若為圖利計，我亦何樂於革命，而致失我謀生之地位，去我固有之資財，析我兄已立之恒產耶？（兩年前家兄在檀已報窮破產，其原因皆以資助革命運動之用，浮錢已盡，則以恒產作抵，借貸到期無償，為債主拍賣其業，今遷居香港，寄人籬下，以耕種為活。而近因租價未完，又將為地主所逐。）……自庚子以後，中國內外人心思想日開，革命風潮日漲，忽而萍鄉之事起，人心大為歡迎。時我在日本，財力甚窘，運掉不盡，……惟有此刺激人心，已不可止，故定計南行，得日人資萬四千元，及前述所許五萬元，以謀起義。初從事潮惠、潮黃岡，以未期而動，事遂不成；惠七女湖倉猝應之，亦屬無功，……」[37]

　　中山先生倡導革命以來，每次革命咸感經費與軍械之不足，即如 1911 年 3 月 29 日，廣州起義之失敗，亦未能例外。如黃興、胡漢民致加拿大同志書中曾檢討三二九廣州之役謂：「此次失敗，其大端有二：（一）則仍蹈往年一面辦事，一面籌款之轍。軍事部組織於去年冬月，而南洋、美洲之款大半到於三月中，對外則未免日露風聲，而內部且有極多障礙；（二）則待械以應用，待款以購械，械未至而人眾已集，疏虞既所不免，伸縮更難自由。故弟等深維其理由，於此時黨力方盛，人心激昂，捲土重來，不宜少懈。然經濟若無預備，必臨渴而共掘井，則費時失事，屢屢由此。現在南洋同志已為籌款之之

---

[37] 同註1，第二冊，頁玖-62-64：〈在倫敦將去美國時致吳敬恒函〉，民國 3 年（1909 年）」，在此信中將經費用途，金額等均交待清楚。

準備。弟等之意，深望美洲同志亦為此綢繆，更宜於未事之先，各分貯於本埠，力量既厚，應機同集，庶不至遷延歲月，坐誤時機。」[38]

綜上可知，對當時國人之軍事學術人才之厥如，乃借助外國友人濟之，是所必然；而革命經費不足，籌款不易，尤於革命亟需之時，能得自日本工商界或友人之捐助，亦可濟燃眉之急，不無裨益也。又革命軍所需軍械，當時也絕難自給自足，何能不求助於日本及外籍人士？凡此足證中山先生借助國際友人，乃係時勢所趨，不得不為之耳。

第三節　保皇黨作梗革命境遇困難

「革命黨與保皇黨宗旨不合，盡人皆知，惟保皇黨首領康有為、梁啟超初亦以革命康創強學會與北京，梁辦時務報於上海，提倡新學，名動一時。於國內政治之革新及青年思想之進步，亦有相當之關係亦為事實。於保皇會成立前，與康、梁徒侶往還不絕，中山先生、楊衢雲、陳少白在香港、澳門間，嘗與康廣仁、何易一、陳千秋商略革命。且薦梁啟超充橫濱華僑學校校長。章太炎則與梁啟超同任時務報記者，後復助梁充上海廣智書局編纂。當時兩黨固非不可同冶一爐，而致力於國事也。」[39]嗣 1899 年冬，梁啟超奉康有為命赴檀島開辦保皇會。時「總理以梁等漸傾心革命，遂有聯兩黨進行革命之計劃。旅日康徒半贊成之。兩黨有志者協議公推總理為兩黨合併後之會長，梁為副會長。……是歲秋，啟超至香港嘗訪陳少白，殷殷談兩黨合併事，並推陳及徐勤起草聯合章程，徐勤則陽為贊成，而陰實反對，因與麥孟華各馳函新加坡，向康有為告

---

[38] 同註 3：前引書：《革命逸史》，第一集，頁 342：〈黃花岡一役旅加拿大華僑助餉記〉之「十一、黃興、胡漢民致加拿大同志書（附圖）」。

[39] 同註 11：前引書，馮著，頁 40-41：〈革命保皇兩黨之衝突〉、〈兩黨衝突之原因〉。

變，謂卓如漸入行者圈套，設法解救不可。……康及得徐、麥二函，乃立派葉覺邁攜款赴日，故有勒令啟超即往檀香山辦理保皇會事，不許稽延。……而孫、康合作之局亦隨而瓦解矣。梁啟超於瀕行日，尚向總理相約共謀國事，矢言合作到底。」[40]且謂此行絕不違反初衷，必於改組新黨事大有裨益，特求中山先生作函介紹其兄德彰及興中會同志。中山先生坦然不疑，竟從所請。梁於 1899 年 12 月 11 日抵檀，持中山先生介紹書謁李昌、何寬等諸人，頗受歡迎。「梁復赴茂宜島訪孫德彰及總理母舅楊文納。德彰招待優渥，且令其子阿昌執弟子禮。梁至檀數月，即提議組織保皇會，惟因對興中會員不易措辭，乃諉稱名為保皇，實則革命。李昌等以彼為總理介紹，不知其詐，竟為所愚。於是興中會員多變為保皇會員，大勢為之一變。先是檀埠疫癘盛行，美國官吏，縱火大焚疫區，以杜傳染，華人財產損失不貲，因而仇恨外人之觀念日熾，梁知人心可用，乃倡言惟保救光緒復辟，始能拒禦外侮，僑商信之，捐助勤王者大不乏人。梁居檀半載有餘，募得款項華銀十餘萬元，另招上海廣智書局股銀五萬元，七月十八日始啟程赴日本。總理初聞梁專心組織保皇會，嘗馳書責其失信背約，梁竟無辭以答。及孫眉使其子阿昌隨梁至日留學，總理惟有深悔無知人之明耳。一九〇四年春，總理自日本渡檀，時興中會員多已變節，存者寥寥可數。保皇會有機關新聞，曰新中國報，主筆政者為陳繼儼，攻擊革命不遺餘力。同時該埠有一舊式報館，曰《檀山新報》，又號《隆記報》，為總理戚屬程蔚南所主辦。總理感於勢孤寡助，乃自撰文，與陳繼儼大開筆戰，嘗為〈駁保皇報〉一文，以警告保皇會員。并助程將隆記報更新改組。總理以將赴美國，慮為保皇會作梗，妨礙入境。知美洲洪門致公堂

---

[40]　《革命逸史》，第二集，頁 31-32。並參見：《中華民國開國前革命史》（一），
　　頁 44。

勢盛，遂在檀加入洪門，藉為進行革命之助。檀埠致公堂書記鍾水養介紹總理加入，時竟有提議阻止總理之加入者。經鍾水養斥之。總理遂獲入闈（洪門稱加盟曰入闈），由主盟員封為洪棍（洪門稱首領或元帥曰洪棍）。其後總理自檀赴美，保皇會竟勾結關員阻其登陸，羈留木屋者一日，賴致公堂設法營救，始獲入境，則洪門會員患難相助之力也。總理此次到檀，復印製一種美金十元之軍需債券，載明『此券實收美金十元，俟革命成功之日，即還本息百元。西二十紀○四年一月二十八日發』字樣。因興中會地盤已為保皇會蠶食過半，購者寥寥，全數僅得二千餘元，以視梁啟超所籌之數，相去真不可以道里計矣。」[41]

馮自由謂：中山先生「蒞美後，乃奔走各埠，向致公堂職員極力勸導，使與內地革命黨聯合進行，共舉大事。惟彼等對於民族主義早不了解，雖經總理苦心孤詣，舌敝唇焦，均難收效。僅在舊金山結識何柏如、唐瓊昌及基督教徒陳翰芬等數人，毫無所獲。迨戊戌（1898年）政變後，康有為於己亥（1899年）歲遊美，初在英屬加拿大域多利雲高華兩埠，發起保救光緒皇帝會，華僑聞彼曾受清帝密令起兵勤王之衣帶詔，多入彀中。域埠致公堂職員林立晃、吳俊等且任保皇會董事。未幾舊金山、紐約、芝加哥、沙加緬度、檀香山各地保皇會相繼成立。會中職員多屬致公堂分子，康徒梁啟田、區榘甲、陳繼儼、梁啟超、徐勤、梁朝杰諸人先後至美，知洪門缺乏文士，大可利用，有數人特投身致公堂黨籍，陰圖奪取其事權，洪門中人，不知其詐，頗為所愚。徐勤、梁啟田始創文興報於舊金山，大倡保皇扶滿之說。旋康徒復假商業救國美名，創設香港

---

[41] 《革命逸史》，第一集，頁 22-26。在本段中之鍾水養有阻止總理加入之說者！其實並未阻止，且係由其介紹入闈也。故此段說明有誤。可參見原著者，馮自由著：《革命逸史》，第二集，頁 108 之著者更正文。及參見《革命逸史》，第一集，頁 211-212。

振華實業公司，墨西哥華益銀行，紐約瓊彩樓餐館，上海廣智書局，廣西天平山金礦公司等等，向各地華僑募集股金不下華幣千數百萬元，其中屬於致公堂會員者實非少數。」[42]

由於保皇黨於海外之勢力擴張迅速，經濟來源亦獲華僑大量支援，更對革命黨諸多攻訐，溝陷等，對革命工作在海外之推展，影響非尠。故中山先生殊深痛心疾首，屢加斥責。如於〈有志竟成〉篇中謂：「由乙未初敗以至於庚子，此五年之間，實為革命進行最艱難困苦之時代也。蓋予既遭失敗，則國內之根據，個人之事業，活動之地位，與乎十餘年來之革命基礎，皆完全消滅。而海外之鼓吹，又毫無效果。適於此時有保皇黨發生，為虎作倀，其反對革命，反對共和，比之清廷為尤甚。當此之時，革命前途，黑暗無似，希望幾絕，而同志尚不盡灰心者，蓋正朝氣初發時代也。」[43]

中山先生曾於 1903 年 9 月，於檀香山《隆記報》發表〈敬告同鄉論革命與保皇之分野書〉一文，痛斥保皇黨欺罔華僑，藉口革命，實則保皇，廓清革命與保皇界限，不容混淆。同年 12 月，再於《隆記報》發表〈駁保皇報〉一文，痛切指陳其謬論，邪說之癥結。當於 1899 年己亥，「嗣保皇會成立，旋復改稱帝國憲政會。其保救清帝反對革命之言論，公言不諱，於是革命黨目保皇會為漢奸，斥之曰忘親事仇，殘同媚異。海內外兩黨機關報遂大開論戰，勢同敵國，至辛亥民國告成，而猶未已。」[44]

然而中山先生前曾為謀兩黨合作，共為中國革命而戮力一事，原曾企圖藉日本友人居中幹旋之。如「戊戌（1898）政變後一年，即 1899 年己亥年春，康有為已由日本渡美洲，其徒梁啟超、韓文舉、區榘甲等留居日本，在橫濱發行清議報，攻擊清西后那拉氏及

---

[42] 同註 38：頁 198-200：〈美洲致公堂與大同報〉節之「致公堂之政治思想」。
[43] 同註 2，頁參-164。《孫文學說》第八章〈有志竟成〉篇。
[44] 同註 40。

譽揚清帝光緒，不遺餘力，是歲春夏間，日本進步黨領袖犬養毅設
宴饗孫總理及陳少白、梁啟超、宮崎寅藏、柏原文太郎數人於早稻
田私邸，特為孫、梁二人介紹，欲使孫、梁二派聯合為一，共任國
是。梁啟超初識孫總理，對於總理言論，異常傾倒，大有相見恨晚
之慨。……由是二派時相往還，頓行密切。一時孫、梁合作之聲浪，
轟傳於東京橫濱之間。」[45]而兩黨宗旨既迥異，則其無法合作之根
因於此。當「戊戌八月，清西太后下令廢新政，大興黨獄，康有為
得英艦保護避地香港。王照、梁啟超匿居日本使館。孫總理在日聞
此消息。乃商諸日本志士宮崎寅藏、平山周等，請其到中國救助康
等出險。宮崎遂赴香港迎康至東京。平山則到北京，使王、梁二人
易日本服至天津乘輪赴日。……總理、陳少白以彼此均屬逋客，應
有同病相憐之感，擬親往慰問。藉敦友誼。」[46]「並商以後合作問
題，然康有為得清帝之眷顧，以帝師自居，目革命黨為大逆不道，
深恐為所牽累。故託故不見。是為兩黨日後軋轢之最大原因。」[47]

又於 1900 年 5 月（西曆 6 月）宮崎寅藏語中山先生，謂戊戌
年，清室政變時曾保護康有為赴日，於有為有恩，遂欲往南洋遊說
有為，使其拋棄保皇主義，聯合革命。中山先生以為不易。宮崎固
請，乃許之。卒偕其友清藤幸七郎赴新加坡。事為康徒徐勤所聞，
並探悉宮崎曾留劉學詢宅一夜，遂疑宮崎此行，為奉粵督李鴻章命
來南洋謀刺有為以邀賞。遽電有為，請預防範。康以告新加坡當局。

---

[45] 同註 40。

[46] 《革命逸史》，第一集，頁 73：〈戊戌後孫康二派之關係〉。並見：《中華民
國開國前革命史》（一），頁 41-42：〈革命保皇兩黨之衝突〉。

[47] 《中華民國開國前革命史》（一），頁 51：〈日本志士之入獄〉。與《革命逸
史》，第四集，頁 97：〈孫總理庚子運動廣州獨立始末〉中，宮崎擬赴新事，
前引書有謂：「語」中山。而後揭書則謂：「以其意商諸陳少白」。二說不同。
惟《國父年譜》，增訂本上冊，頁 120，則從前說。至於宮崎、清藤等於「新
加坡入獄」之經過，在宮崎所著之《三十三年落花夢》一書中敘述甚詳。

故宮崎、清藤甫抵新埠二日，即被警察逮之入獄，遂繫獄一星期許。中山先生在西貢得訊，即兼程赴新。親訪新埠總督說明底蘊。始獲釋放。日志士經此事後，咸稱康有為忘恩負義之無情漢，不復有主張孫、康二派合作之議。[48]

　　中山先生之革命工作於海外既受保皇黨之掣肘，革命境遇困窘，除有數位日本友人為之奔走，以期解決而無效果外，則祇求袪除此一大障礙始可，於是中山先生對保皇黨之進擊，不遺餘力，除發表公開駁斥於報端，並於 1903 年在檀山復黃宗仰函，望在滬同志遙作掃除保皇黨聲援。該函云：「中央上人英鑒：橫濱來函已得拜讀。弟刻在檀島與保皇大戰，四大島中已肅清其二，餘二島想不日可以就功，非將此毒剷除，斷不能作事。但彼黨狡詐非常，見今日革命風潮大盛，彼在此地則曰：借名保皇，實則革命。在美洲則竟自稱其保皇會為革命黨，欺人實甚矣。旅外華人真偽莫辨，多受其惑，此計比之直白保皇如康怪者尤毒，梁酋之計狡矣。聞在金山各地已斂財百餘萬，此財大半出自有心革命倒滿之人，梁借革命之名，騙得此財，以行其保皇立憲，欲率中國四萬萬人，永為滿洲之奴隸，罪通於天矣，可勝誅哉。弟等同志向來專心致志於興師一事，未暇謀及海外之運動，遂使保皇縱橫如此，亦咎有不能辭也。今當乘此餘暇，盡力掃除此毒，以一民心；民心一，則財力可無憂也。務望在滬同志，亦遙作聲援。如有新書新報，務要設法多寄往美洲及檀香山分售，使人人知所適從，並當竭力大擊保皇毒燄於各地也。匆匆草此，即候大安。弟中山謹啟。」[49]

　　與保皇派作戰歷時逾年，仍未竟全功，中山先生猶在亟力掃滅在美國之保皇黨餘燄，故於翌（1904）年 6 月 10 日，在美復函黃

---

[48] 同前註。
[49] 同註一第二冊，頁玖-19-20。〈復黃宗仰望在滬同志遙作掃除保皇黨聲援函〉及〈復黃宗仰述在美掃滅保皇黨情形函〉。

宗仰述在美掃滅保皇黨情形，函云：「中央上人大鑒：頃接來函，敬悉一切，深惜同志近日困窮如此，不禁浩歎。弟近在苦戰之中，以圖掃滅在美國之保黨，已到過五、六處，俱稱得手。今擬通遊美地有華人之處，次第掃之，大約三、四月後，當可就功。保壽當梁賊在此之時，極為興盛，今已漸漸冷淡矣，掃之想為不難。惟是當發始之初，而保黨不無多少反動之力，因此有一二康徒恐彼黨一散，則於彼個人之利益，大有損失，故極力造謠生事，以阻吾人之前途，所幸此地洪門之勢力極大，但散渙不集，今已與大佬商妥，設法先行聯絡各地洪家，成為一氣，然後可以再圖其他也。故現時正在青黃不接之秋，尚無從為力，以兼顧日東之局面也。大約數月之後，當有轉機也。……此致，即候大安，不一，弟孫文謹啟，西六月十號加利科你省發。」[50]

設若保皇黨能真誠摒棄其保皇扶清宗旨，經日友犬養毅、宮崎寅藏、柏原文太郎等人之協助幹旋，與革命黨同心協力，推翻清廷，以「康門徒侶，大都出身科舉，長於文學，其交際手段遠在革命黨之上」[51]之長才。及其募集經費能力之優越，當使革命工作更能順利進展。然而革命黨必須面對保皇黨與清廷兩面作戰，徒使雙方力量抵銷，殊令人扼腕。倘若將此不利情勢轉化為同一戰線，聯合以對抗清室，則可使革命事業或更能早日底定於成。不致徒令革命黨工作倍增艱辛矣。所幸保皇黨終究不敵革命潮流；及其內部不睦，發生分裂，而日見消沉。從而可知「團結即是力量」之真諦，良有以也。

---

[50] 同註49。
[51] 馮自由著：《中華民國開國前革命史》（一），頁33：〈橫濱興中會及中和堂〉。

第四章　亞洲各國人士在中國革命所扮演角色

引言

　　中山先生從事革命，除不斷慎重地在國內廣募革命同志外，也利用對海外情形之瞭解而向華僑募集革命經費，徵求參與工作之同志，同時亟力爭取有助於中國革命之國際人士的參與。在亞洲參與之外國人士中，雖不乏別具用心，或另有目的者存在，但仍有不尠對中國革命確有不可抹滅之貢獻者，彼等在中國革命過程中所扮演之角色，殆亦不能忽視。

　　國際人士參與中國革命，當以辛亥革命成功以前為最多，且以日本人士最夥。今先就亞洲各國人士中日本、朝鮮、菲律賓人士在中國革命大業中所扮演之角色，依照實際參與，包括：直接參與中國革命（含陣亡者）；協助中國革命；資助中國革命，及同情中國革命，分別歸類，列出其姓名、職業（身份），及與中國革命之關係及事蹟。所有其他各國人士均比照此一分類列出於第五、六兩章中。並另行將各國人士參與者，就所參與性質，加以歸類統計，並剖析之。參見第七章第二節〈各國人士參與中國革命之歸類與剖析〉。

　　各國人士姓名排序，原則上係依中文筆畫，西方人士則依英文字母列之，但為顧及多人在同一事蹟，則未依此原則排列，而合併列之。蓋因同一事蹟如分別另列之，除形同贅文外，並徒增篇幅。

惟若多人同一事蹟，而尚另有事蹟時始予另列之矣。此對查閱其人
事蹟恐或造成不便，但依每人之編號查之，亦可尋獲。

第一節　日本人士

以下共有 503 人

編號	姓名	職業（身份）	與中國革命之關係及事蹟
J01	**一之瀨勝三郎**	警察界	協助革命曾助中山先生

　　1913 年（大正 2 年）3 月 8 日，孫文一行抵名古屋。9 日「孫
文約見一之瀨勝三郎，一之瀨勝三郎在孫文策動 1900 年惠州起義
時，任職於臺北萬華警察局幫助過孫文，故孫文到達名古屋前，致
電約見他。是日，一之瀨勝三郎應約來敘。孫文對其昔日幫助特申
謝忱。」[1]

J02	**一木齋太郎**	政界名人	協助革命工作解決購買武器困擾

　　日本明治 32 年（1897 年）開始，其時中山先生與菲律濱革命
首領亞基乃德（Emilio Aquinaldo 或譯為：阿圭納多）等聲氣相通，
亞基乃德派使者彭西（Marino Ponce）來日，以卅萬元交與中山先
生託其購買武器。中山先生以情形不熟，乃以此事轉託犬養毅，犬
養亦以對此道毫無經驗，遂復由福本誠推薦，交與中村彌六辦理。

---

[1]　段雲章編著：《孫文與日本史事編年》（廣東人民出版社出版發行，1996 年
　　6 月第一版，1966 年 10 月第一次印刷），頁 330。此文係轉自〈送迎孫中
　　山先生私記〉。

中村旋與大倉組談判，以陸軍省標賣廢物為名，購入武器彈藥，即以此裝載汽船名為布引丸者，秘密運往檀島，不幸中途布引丸遇暴風沉沒，一應計畫頓成泡影。豈知此批彈藥均為廢品，不堪使用，再以老舊之布引丸運送而遭損失，乃中中村彌六之騙，中飽私囊，事後與中村交涉賠償。而中村一再拖延，毫無誠意解決此事。於是有一木齋者，自告奮勇，願意處理此事。一木齋原籍熊本，與宮崎滔天係屬同胞，且為滔天之前輩，平生孤僻豪邁，有怪物之稱。一木齋既願負責解決此事，且邀神鞭知常相助。一木、神鞭等交涉結果，乃將彌六之住宅出售，尚不足二千元，則由中村以遠期支票，並由神鞭為之擔保方式，加以彌補。[2]

　　一木齋太郎係滔天之表兄，熊本玉名郡人，父一木格次，為立花領主之師兼財政顧問。一木齋太郎早歲參加西南戰爭，因滔天表兄八郎陣亡，精神突受刺激，一度生活摩爛，卒將家產蕩盡。1889年至東京與金玉均相結交，旋得犬養、大隈、加藤高明等之知遇，從事政治，並著手北海道開發工作，晚年數度至暹邏，五一歲病逝，別號弄鬼齋、弄鬼子。[3]

| J03 | 一色忠慈郎 | 藥商、雜誌發行人 | 參與革命軍戰爭 |

　　一色，千葉縣人。於東京專修學校修政治經濟，退學後赴上海在日本留學預備學校習中國語。投入賣藥行商團體，於蘇、浙省間行商，並從事研究中國事情，乃至研究些許醫術行醫，因是洋醫頗得中國人之尊敬。漸遍及皖、贛、豫、鄂、湘、陝、直隸等省。當

2　宋越倫著：《總理在日本之革命活動》（中央文物供應社，民國 42 年 12 月初版），頁 57-65。
3　宮崎滔天著，宋越倫譯：《三十三年落花夢》（臺灣中華書局印行，民國 66 年 9 月初版），頁 233。

第一次革命時，一色正值青年，血氣方剛而驅動興漢滅滿義舉，參加革命軍，在馮國璋總司令所率北洋第一軍，誓死援助為中國革命成功而戰。後於大正元年（1910 年）於漢口日本租界開設藥鋪，從商之餘仍續關注對中國研究。九年任陸軍通譯；11 年在特務機關附屬單位工作，因撤銷而辭職。再為賣藥業開設藥鋪，至昭和 4 年（1929 年）創設「長江研究社」，從事研究中國之事，翻譯、旅行導遊等。並負責《華中》週刊之發行。然於 7 年 2 月因上海事變餘波之排日暴動連累，遭襲擊掠奪，為避難返日。未幾，病故，行年四十九。彼居留中國前後廿五年，足跡遍及各地，頗精通地理人情。就問中國事，對山川地理、人情風俗，瞭若指掌。可謂是中國通。[4]

J04	一瀨斧太郎	備役陸軍大尉	參與革命、並協助訓練黨人

　　一瀨係陸軍退役大尉，曾率日本退役軍人赴杭州，參加該地起義的準備工作，此事被軍警偵知，革命黨人先後被捕，於是他與周應時於 11 月 3 日從上海返日，向孫中山報告國內革命運動情況，並討論下一步派人準備起義等事宜。為 1914 年 11 月 5 日，下午 2 時：許崇智、周應時、一瀨斧太郎來訪（中山先生），孫和以上來訪者一起擺開中國地圖議事。四時許離去。[5]又：一瀨斧太郎亦是 1913 年 12 月 1 日創設於東京之浩然廬（通稱浩然學舍）教官之一。該校是為收容中國流亡者而設，當時有學生七十九人，傳授法制、

---

[4]　黑龍會編：《東亞先覺志士記傳》，下卷（原書房發行，1966 年 6 月 20 日第一刷、1981 年 9 月 25 日第四刷），頁 23-24。

[5]　俞辛焞、王振鎖編譯：《日本外務省檔案：孫中山在日本活動密錄（1913 年 8 月-1916 年 4 月）》（南開大學出版社出版、天津，1990 年 12 月第一版），頁 265 及註 1。

軍事學、武術等。被袁世凱一派視為暗殺學校，恐懼其存在[6]。協助訓練黨人事，參閱：青柳勝敏事蹟。

| J05 | 入江熊次郎 | 藥種商 | 資助革命、參與機密 |

　　1915 年 12 月 16 日至 18 日，中山先生與入江熊次郎等人在青山革命黨本部舉行秘密會議（提議在九洲募集義勇兵）。入江熊次郎（藥種商人，幫助革命黨員之生活）。[7]

| J06 | 久原房之助 | 實業家、政治家 | 資助革命 |

　　久原房之助（1867-1965）實業家、政治家，山口縣人，慶應義塾大學畢業。曾設立森村公司與藤田公司，1907 年在前外相井上馨之支持下創辦久原礦業所，1912 年改稱久原礦業公司，任經理。1918 年成立久原商社。1927 年任田中義一內閣的郵政大臣。1931 年任立憲政友會幹事長。[8]

　　1914 年後，犬塚信太郎將其從滿鐵退休之全部退休金捐出以後。久原房之助也捐出一百萬元。（自動捐獻七十萬元，嗣續獻三十萬元），久原是個很有度量的人，無條件地捐出這樣多的錢而毫不介意。[9]1916 年「2 月 20 日，依秋山定輔之斡旋，由久原

6　同前註，頁 628-629。

7　陳鵬仁譯：《宮崎滔天書信與年譜——辛亥革命之友的一生》，附錄：〈國父旅日年表〉（臺灣商務印書館印行，民國 71 年 5 月初版，岫廬文庫 081），頁 272-273。

8　同註 5，頁 545。

9　山田純三郎著：《辛亥革命與孫中山先生的中日聯盟》。（陳鵬仁譯著：《論中國革命與先烈》，黎明文化事業公司，民國 68 年 8 月初版），頁 241。並參閱：蘇得用著：〈三田純三郎與中國革命〉，《三民主義半月刊》，第 28 期（中國新聞出版公司發行，民國 43 年 6 月 15 日出版），頁 63。

貸款七十萬元。日本政府雖不公然援助，但採取默認民間援助之
方針。」[10]

　　中山先生特於《孫文學說》第八章〈有志竟成〉篇中明確指出，
久原等對革命之資助，藉「以誌不忘耳」。謂「各志士之對於中國
革命事業，先後多有資助，尤以久原、犬塚為最。」[11]於民國5年
2月22日，中山先生致久原函表達謝意，原函略以：「久原先生道
鑒：文夙昔以圖東洋和平及中日親善為務，茲於是業已有年，區區
三寸志，當蒙洞鑒，茲為達此目的，荷承不棄，予以援助，前日所
交下日金柒拾萬元已收到，當即奉上借款證書，想必達左右矣。……
所有轉借金額，文必負如數歸還之責。……專此肅函奉謝盛意。」[12]

　　1915、1916年左右，袁世凱欲稱帝，中山先生為遏止其野心，
遂在東京準備第三次革命，並未求助於日本民間。此時，久原房之
助曾經無條件地捐出五十萬元現款相助，而因這筆款項之一部份，
始得雇用許多退役的日本海軍軍人。這批人是準備用以攻擊在長江
一帶的袁世凱軍艦者。[13]

---

[10] 同註7，附錄：〈國父旅日年表〉，頁273-274。由久原貸款七十萬元一事。
　　亦見：《國父全集》（全六冊）第三冊，頁362。

[11] 中國國民黨中央黨史委員會編：《國父全集》（全三冊）第一冊（中央文物
　　供應社出版，民國69年9月三版），頁參-164。

[12] 中國國民黨中央黨史委員會編：《國父全集》（全六冊）（中央文物供應社出
　　版，民國69年9月三版）第三冊，頁362。〈為承貸款致久原函〉，民國5
　　年（1916年）2月22日。

[13] 太田宇之助著：〈現在猶存的孫中山先生，紀念孫先生百年誕辰〉。原載1971年
　　9月號，臺北《中華雜誌》。現收於：陳鵬仁譯著：《孫中山先生與日本友
　　人》（大林書店印行，民國62年5月出版），頁173-174。惟據李雲漢教授
　　在〈由陳著：《孫中山先生與日本友人》談起〉一文謂：「太田宇之助在〈現
　　在猶存的孫中山先生〉一文中，說『孫先生準備在東京第三次革命時，久
　　原房之助氏曾經無條件地捐出五十萬元現款相助』（頁174），可是在我們
　　的中文史料中，卻有孫先生向久原房之助借款五十萬元的借據與契約，這
　　證明久原房之助的出錢並非『無條件地捐出』，而是有條件地借與。」（原載
　　1974年6月1日，臺北《新知新誌》。現刊於：陳鵬仁譯著：《宮崎滔天論

J07	三上豐夷	實業家、同盟會會員	協購及運送武器彈藥

　　萱野長知於 1907 年（丁未）5 月，奉中山先生命回國購械，為欽廉義師之需，以欽州防城縣之白龍港接械不便，乃變更計畫，擬剋期運至惠州汕尾港（海豐縣），接濟許雪秋起事。詎因清艦戒備嚴密，不如所便，不得已折回日本。是役中山先生經由馮自由手，匯給日金一萬元。而萱野及日本同志定平伍一、前田九二四郎、金子克己、三原千尋、松本壽彥、望月三郎等所押運之械為新式村田槍二千桿，彈藥一百二十萬發，手槍三十枝，為中國革命史從來未有之利器。載械之輪船幸運丸，乃神戶航業商三上豐夷向友人借用，為此役損失不貲。三上為萱野摯友，亦有心人也。[14]

　　1913 年（民國 2 年）8 月 9 日，中山先生由臺灣搭伊豫丸秘密到日本（神戶），在離臺前，特密電萱野稱：「文如遠去歐美，對本黨前途實多影響，故無論如何，希在日暫住，並望與同志，就神戶船中密商。」接此電後，即與犬養、頭山二人會商，犬養、頭山兩翁亦以此重大問題，欲日本政府改變其方針，不知須多少時日辦理交涉始有結果。（時袁世凱要求日本政府，拒絕中山先生於日本登陸，日本總理大臣已下令禁止。）經斟酌加機宜處置，乃由萱野長知於翌日連夜赴神戶與三上豐夷、松方幸次郎會商如何偷運中山先生上岸。[15]當古島一雄與神戶知事服部兵庫交涉上陸之事，服部

孫中山與黃興》，正中書局印行，民國 66 年 10 月臺初版，國民文庫），頁 231。又於〈國父旅日年表〉中，1916 年「2 月 20 日，依秋山定輔之斡旋，由久原貸款七十萬元。日本政府雖不公然援助，但採取默認民間援助之方針。」見：同註 7，頁 273。

[14] 馮自由著：《中華民國開國前革命史》（一），頁 310，及同書（二），頁 182（世界書局印行，民國 73 年 8 月三版）。再見馮自由著：《革命逸史》，第四集（臺灣商務印書館印行，民國 67 年 2 月臺三版），頁 189-190。另參閱：中野金次郎事蹟。又協購及運送彈藥事，參閱：金子克己事蹟。

[15] 萱野長知著：《中華民國革命秘笈》（日本帝國地方行政學會發行，1940 年

謂：此事不能聲張，希在秘密中進行！但當時船上滿佈偵探及記者，探詢孫之行蹤，同時在古島一雄之旅社，亦有渠等多人等候，古島乃設法將渠等吸引於一處，同時即由萱野長知設法迎中山先生上岸。當時松方幸次郎為川崎造船所所長，萱野當以孫事就商於松方及俠商三上豐夷，松方乃一片俠骨，毅然決定親迎孫氏，並與三上相商，在諏訪山礦泉浴場附近，覓得坐落山腹之獨立小別墅一所，供孫居住。[16]參見：松方幸次郎事蹟。

當時萱野長知就中國革命情勢遊說神戶第一流實業家三上豐夷，希望渠能贊同中山先生之革命運動，並予援助。原來三上為達識之士，言下即謂：「中山之大業必可成就，予對之絕不疑慮，但其成功恐在予之子或孫之時代，天下偉大理想，往往隨時代進行，逐漸實現，苟有機會，甚盼能與中山一談！」。三上當時執神戶海運業之牛耳，其郵船會社之組織，係團結所有社外船主，加以領導，故其協助所及，對於革命實有極大影響。中山先生與三上會晤後，即一見如故，快談終宵。此後每至神戶，幾均下榻中山手之三上住宅，痛論時事。此種深切之友誼，遂使三上深切認識中山先生偉大之人格，而樂為之助。此後三上經常為中國輸送武器彈藥，如第一次革命時，三上以其所屬「幸運丸」輪船輸送大批武器至廣東汕頭，同時並以「哈德遜」號輪輸送大量士兵至廣東沿海接應。其時日本風氣未開，對國民革命之認識，在實業界中，實不多覯，多數商工界人士，對「革命」二字，避之唯恐不遠，而三上豐夷能獨具卓見，進而與中山先生握手合作，其識見實足欽敬。據萱野長知所記述，

7月東京印行），頁198-202。

[16] 羅家倫主編，黃季陸增訂：《國父年譜》，增訂本上冊，頁 236。及：宋越倫著：《總理在日本之革命活動》，頁57-58，〈松方幸次郎與三上豐夷〉；及：陳鵬仁譯著：《孫中山先生與日本友人》，頁 39-40：〈松方幸次郎與三上豐夷〉。內容相同。

當時中山先生與萱野等前往三上寓所之際，每遭警吏追蹤監視，此於三上一家甚多困惑，然三上夫人每以笑顏向迎，絕不以此為意，可見其一家對中國革命之同情與理解。[17]

　　1905 年 8 月，「萱野長知介紹三上豐夷（與中山先生認識）。其後國父於神戶之三上寓所住宿，講解時事。此時，北一輝亦經介紹加盟（加入中國同盟會）。」[18]

J08	三和作次郎	「有鄰會」會員	同情革命、曾至中國活動
J09	中野正剛	「有鄰會」會員	同情革命、曾至中國活動
J10	浦上正孝	「有鄰會」會員	同情革命、曾至中國活動
J11	福田和五郎	「二六新聞」記者、「有鄰會」會員	同情革命

　　辛亥革命時，日本政府準備干涉革命，支持清廷，而日本民間之實業界、新聞界，攻擊政府，支援革命黨之聲風起雲湧，因而創立許多政治組織，如有鄰會係於明治 44 年（1911 年）11 月上旬，由小川平吉與內田良平發起組織，主要會員有三和作次郎、宮崎寅藏、福田和五郎、古島一雄等。實際活動，首派尾崎行昌，次派宮崎寅藏、平山周、伊東知也等赴中國各地，以與革命黨取得聯絡。該會再度派頭山滿、三和作次郎、浦上正孝、中野正剛、小川運平等到中國。由玄洋社所在地福岡的「在鄉同志與煤礦界富豪」出資金。[19]

---

[17] 宋越倫著：《總理在日本之革命活動》，頁 8。
[18] 陳鵬仁譯：《宮崎滔天書信與年譜——辛亥革命之友的一生》，附錄：〈國父旅日年表〉，頁 250-251。
[19] 曾村保信著，李永熾譯：〈辛亥革命與日本輿論〉，《大陸雜誌》，第 35 卷，第 1 期（民國 56 年 7 月 15 日出版），頁 25。

J12	三原千尋	軍人	參與丁未汕尾之役及武昌革命
J13	前田九二四郎	軍人	參與丁未汕尾之役、協運軍械

　　1907 年（丁未）9 月，萱野長知在日購軍械赴粵，由日輪「幸運丸」運抵廣東汕尾，擬交許雪秋起義之用，因清艦防範甚嚴，未克起卸。日本同志願乘船赴戰地效力者，除萱野外，尚有陸軍大尉定平伍一及前田九二四郎（宮崎寅藏義弟）、金子克己（長崎東洋日之出新聞社長）、三原千尋、松本壽彥、望月三郎、日下□□諸人。後來幸運丸抵香港，鄧慕韓、陳二九同赴中國報報告運械失敗經過，馮自由乃急邀胡漢民、萱野、定平、前田、金子、三原、日下及惠州同志在堅尼地道七十二號機關開會，討論補救方法，結果擇定惠州平海為第二次卸械地點，預計幸運丸媒炭起卸完畢時，即由萱野率領各人乘原船駛赴平海（惠州），與岸上黨人聯絡大舉，議決後，即由馮自由令同志趕赴各地籌備一切，詎知香港日本代理領事因港督得粵吏電稱有日本商船代革命黨人載運大批軍械至港，祈代查扣云。經公司警告立即離港。於是第二次接械起事計畫又成泡影。[20] 參閱：定平伍一、松木（本）壽彥、望月三郎等事蹟。

[20]　《國父年譜》，增訂本上冊，頁 251-252；馮自由著：《革命逸史》，第五集，頁 124-129。〈丁未惠州汕尾運械失敗實錄〉節。同註 15，頁 109。三原千尋、松本壽彥、前田九二四郎均為軍人。見：古屋奎二著：《蔣總統秘錄》，全譯本第二冊（中央日報社譯印，民國 63 年 10 月 30 日初版），頁 190；又：黑龍會編：《東亞先覺志士記傳》，中卷，頁 195；均有相同記載；另：陳鵬仁譯：《宮崎滔天書信與年譜──辛亥革命之友的一生》（臺灣商務印書館印行，民國 71 年 5 月初版），頁 136。「七月十五日」之事。又：宮崎槌子著：〈我對於辛亥革命的回憶〉一文說，搭幸運丸運送軍械到香港的有金子克己、前田九二四郎、三原千尋、定平伍一、吉田正平等。刊於陳鵬仁譯著：《孫中山先生與日本友人》，頁 56。又：同註 3，頁 266，所列人員亦相同。

　　據宮崎寅藏稱：明治 41 年（1908 年）（按《國父年譜》增訂本，上冊，載為 1907 年），革命時機日見成熟，黃興氏擬即舉事，乃帶了手鎗三百枝，及□□氏（按係犬養毅）所贈日本刀七十柄，進入廣西，同時日本同志多人也設法購得步槍千枝，繼續出發。日方同志計畫前往廣東，以備黃興氏取得廣西後，在廣東與之會師，當時裝載步槍的「幸運丸」，係由三上豐夷設法好意借用的。至於步槍的購買以及資金籌措，則由號稱「天野屋利兵衛」（江戶時期俠商）的倉地鈴吉全面負責。搭乘此船前往香港的勇士，計有金子克己、萱野長知、前田九二四、三原千尋、定平吾一、吉田正平等人。此等革命黨敢死隊出發之際，均抱不再生還之決心。在航海中突有兩隻蒼鷹飛入船裡，一行以為革命成功之兆，無不喜形於色，但結果以時機未熟，此一計畫又告失敗。[21]

　　武昌起義後，萱野長知謂：「到達下關，我遂下榻門司的川卯旅館，隨即電招金子克己、布施茂、三原千尋、龜井祥晃、岩田愛支助、加納清藏、大松源藏等搭船前往上海參加革命軍。」[22]

　　又武昌起義後，當革命軍攻佔南京時，袁世凱所率大軍有南下的情報頻傳。黃興等南方主腦積極從事迎戰準備，一方面炸毀黃河鐵橋；一方面派人設法深入敵地側背，威脅騷擾，阻止其南下計畫。在漢陽參加第一戰之金子克己、布施茂、三原千尋等特為此而組織炸彈隊，潛入天津擔任此項任務。[23]參閱：小幡虎太郎事蹟。

J14	山下稻	退職軍人	參與庚子惠州之役
J15	大崎某	軍人	參與庚子惠州之役
J16	伊藤某（知也）	軍人	參與庚子惠州之役

[21] 同註 264。
[22] 萱野長知著：《中華民國革命秘笈》，頁 149。
[23] 同前註，頁 168。

J17	**岩崎某**	軍人	參與庚子惠州之役

興中會在惠州起事計畫，在己亥（1899 年）庚子（1900 年）間已漸告成熟。楊衢雲、鄭士良等在香港布置既峻。而駐三洲田、新安、博羅等處之健兒，咸靜極思動，急願一顯身手。楊衢雲乃於庚子 3 月 27 日乘阿波丸赴日本，與中山商議大舉。適是時拳匪事近，全國震動，中山認為時機摳可乘，遂於 5 月中旬，偕楊及宮崎寅藏、平山周、福本誠、原口聞一、遠藤隆夫、山下稻、伊東正基、大崎、伊藤、岩崎等十餘人，乘法輪煙狄斯（S. S. Indus）號至香港，5 月 21 日未得登岸，在船旁一小舟開軍事會議，議定由鄭士良督率黃福、黃耀庭等赴惠州準備發動；史堅如、鄧蔭南赴廣州，組織起事及暗殺機關，以資策應。楊衢雲、陳少白、李紀堂在港擔任接濟餉械事務。日本同志則留港助之。自偕英人摩根乘原船赴越南西貢。[24]

馮自由將山下稻列為興中會前半期之革命同志，謂：「山下稻，日本，退職軍人。無（所屬組織），庚子（1900 年）；曾到香港，參加惠州革命之參謀團，以道梗不果。」[25]

J18	**山田良平**	退職軍人、學者黑龍會幹事、興中會會員	協助革命工作

馮自由將山田良平列為興中會前半期之革命同志，如：「山田良平，日本，退職軍人（學者），香港，興中會，庚子（1900 年）。日本黑龍會幹事，庚子隨總理至香港數次。」[26]

---

[24] 馮自由著：《中華民國開國前革命史》（一），頁 90-91。《國父年譜》，增訂本上冊，頁 119-120。馮自由著：《革命逸史》，第五集，頁 16-17。

[25] 《革命逸史》，第三集，頁 50。

[26] 馮自由著：《革命逸史》，第三集，頁 50。

J19	山田良政	退職軍人、教授	參與庚子惠州之役，陣亡

　　良政號子漾，明治元年（1868 年）生於青森縣弘前市，為明石之山形族山田浩藏之長子。青森縣立師範學校畢業後再入東京水產講習所畢業。明治 23 年（1890 年）任職東京昆布公司上海支店，向中國人學中國話。甲午戰起，從軍任陸軍翻譯官，轉戰各地。漸熱中當時東亞政治。明治 31 年（1898 年），康有為保皇會起，有戊戌政變，康由王照救出至天津，轉乘日本軍艦逃遁。32 年（1899 年），良政返日，7 月初旬於神田三崎町旅館初會孫文，談論中國政治改革，深為革命主義而共鳴，志願援助。後於 33 年（1900 年）春，任職南京同文書院教授兼幹事。同年夏於上海文路朝日館會見自日本歸來之孫文，參與計畫革命起義事，決定於廣東省惠州起義，與東京同文會本部良政等共謀革命運動之事，由田鍋安之助特派其為情報之收集而效力。重然諾之良政為踐行與孫文之盟約，義氣凜然地服從，從而與平山周、宮崎寅藏共同為革命黨而奔走。時廣東富豪劉學詢建議兩廣總督李鴻章與孫文合作事，從中斡旋。結果由宮崎寅藏、清藤幸七郎、內田良平等赴廣東與劉學詢會面交涉，要李鴻章保障孫文之生命安全，並為償孫所負債六萬元貸款。當時李鴻章反覆，而使李、孫合作失敗。此時惠州起義計畫漸成熟，以鄭弼臣之三合會為中心之兵勇聚集，三州田山寨正等待時機成熟。孫文自新加坡往日本時，同年 9 月良政與其他同志與孫同渡臺灣，期望孫文與臺灣總督兒玉源太郎、民政長官後藤新平斡旋交涉，期其援助對岸三州田尚等待時機之同志。然兒玉總督並未允諾。而兩廣總督派兵討伐三洲田山寨已開始，據守山寨之革命黨員乘夜對沙灣官軍襲擊，並等待在臺灣之孫文命令。33 年（1900 年）9 月 20 日，良政受命傳達予惠州、三多祝鄭弼臣，將鄭協助革命軍之基本部隊自三洲田本部盡力撤退，革命軍遂於 22 日與討伐軍

交戰，良政之奮勇戰鬥，鼓舞起革命軍之士氣，革命軍仍不利而失敗，良政亦因此戰陣亡，時年三十三歲，是為援助中國革命最先戰死之日本志士。孫文在自傳中道及良政：「此為外國義士為中國共和而犧牲者之第一人也。」以誌悼念。大正2年（1913年）孫到日本之際，在東京谷中全生庵建立紀念碑，由戴傳賢撰誄詞以慰英靈。（按根據我國史料記載：在惠州三多祝之「鄭弼臣」，應為鄭士良。）。

後於大正7年（1918年）孫文派朱執信等前往三多祝搜尋良政遺骸無著，祇取原地黃土一撮以為紀念，由良政之弟純三郎攜歸日本。此時，上海、東京之中日同志均開追悼會，以表哀思之忱。後又於9月29日歸葬故里弘前時，更派廖仲愷前往參加葬禮。大正9年（1920年）孫又以陳中孚與宮崎滔天為代表於弘前之菩提寺，舉行建碑典禮，親自撰書碑文刻石。文曰：「山田良政先生之碑」。並簡敘其戰殉之事。時為：「民國八年九月廿九日，孫文謹撰並書」。[27]

另有記曰：良政為日本弘前人（「山田良政墓碑文」記），胞弟純三郎。國父亡命日本，良政初次謁晤於東京神田三崎旅館，就中國革命事業，暢談半日，深受國父對亞洲、人類崇高理想的感召，從此決心追隨，致力於中國革命。1900年1月良政赴南京，任同文會教授兼幹事，往來京滬之間，與革命黨人互通聲氣。時興中會籌畫在惠州起義，國父命鄭士良、楊衢雲、陳少白等，先在香港佈置略定，楊衢雲、於庚子3月東渡與國父商議大舉。適北方有義和團之變，清廷危急，革命乘機而起。國父曾命宮崎寅藏往新加坡，運動康有為合作，被康誣為刺客，報英警逮捕下獄，國父由越南西貢往救得出，遂偕往香港，因被拒登岸，即在船中舉行會議，……決定命鄭士良先入惠州起兵，乃與中日同志鄧蔭南、平山周、山田良政等折回長崎，轉渡臺灣，據以臺北為策動中心，潛入大陸。後

---

[27] 黑龍會編：《東亞先覺志士記傳》，下卷，頁454-456。

因日本內閣改組，伊藤首相禁止兒玉總督援助革命黨，因之，預定計畫遭受破壞。國父鑒於當時情勢逆轉，乃作緊急處置，即命山田良政為赴惠州密使，傳達命令，山田慨然允諾，偕同志數人，前往鄭營報告一切，相機行事。山田等抵三多祝鄭營時，已在起義後旬餘。轉戰多日，彈藥已馨，渴望後援之心至切。得山田所報消息及國父函，轉告全軍，相顧惋嘆，卒致解體。不意第三日山田隨軍與清兵遭遇激戰。在混亂中因失路，被清兵所執，遂遇害。遇害時，蓄有辮髮，略識普通一語，外穿華服，內穿西服，清軍猶不知為日人，時年僅三十三歲。殉難後，遺骸埋寄三多祝荒郊，未能覓得。此為外國義士為中國共和而犧牲者之第一人。民國 2 年（1913）2 月 27 日國父親撰並書：「山田良政先生墓碑」。民國 7 年 9 月，命朱執信先生，至郊區田野，遍尋俠骨，前往三多祝，迄無所獲，即將當地黃土數塊，攜往廣州，交與其弟純三郎攜返東京。民國 8 年 9 月 29 日，在鄉里弘前舉行葬儀，派廖仲愷代表前往致祭。9 年又命陳中孚、宮崎滔天往弘前山田家之菩提寺，參加建碑儀式，以示隆重。山田於 1899 年，與同縣藤田氏之女敏子結婚，其妻慈惠忠貞，知夫殉難，守節志堅，誓不再嫁，寡居數十年，忠烈可佩。

　　國父於民國 2 年 2 月，重蒞日本，曾在帝國飯店宴請山田父母及良政之妻，慰問有加，並題贈「若吾父」橫額。民國六年又親題山田先生八十壽聯。為追懷烈士，並在東京谷中全生庵，建立「山田良政先生墓碑」。民國七年又親撰「山田良政建碑紀念辭」。詳敘良政死事始末。[28]

---

[28] 陳固亭著：《國父與日本友人》（幼獅書店印行，民國 54 年 9 月出版），頁 51-52。《國父年譜》，增訂本上冊，頁 131-132；《國父全集》（全三冊）第一冊，《孫文學說》第八章〈有志竟成〉篇，頁參-164-165。至於〈山田良政先生墓碑文〉全文載於：《國父全集》（全三冊）第三冊，頁壹貳-13；又：

　　中山先生於《孫文學說》第八章〈有志竟成〉篇中亦有云：1900
年之庚子惠州之役時，「不圖惠州義師發動旬日，而日本政府忽而更
換，新內閣總理伊藤氏對中國方針，與前內閣大異，乃禁止臺灣總
督不許與中國革命黨接洽，又禁止武器出口及日本軍官投效革命軍
者。而予潛渡之計劃，乃為破壞，遂遣山田良政與同志數人，往鄭
營報告一切情形，並令之相機便宜行事。山田等到鄭士良軍中時，已
在起事之後三十餘日矣，士良連戰月餘，彈藥已盡，而集合之眾已有
萬餘人，渴望幹部軍官及武器之至甚切，而忽得山田所報消息，遂
立令解散，而率其原有之數百人間道出香港。山田後以失路，為清軍
所擒被害，惜哉！此為外國義士為中國共和犧牲者之第一人也。」[29]
　　馮自由謂：「山田良政，日本，退職軍人。香港，興中會，庚子。
庚子與鄭士良同入惠州，，參與三州田之役，以失道遇害。日本志士
殉難於義軍者，惟山田一人耳。」列為興中會前半期之革命同志。[30]

J20	山田純三郎	教授、上海三井洋行店員、報社社長	參與革命為革命籌款任會計

　　純三郎，字子純，生於 1876 年 5 月 18 日，比胞兄良政小九歲。
為人忠厚，崇尚義俠。青年時期，善讀漢書，尤擅拳技。因受乃兄
（按為山田良政）平日言行影響，乃滯留學中國。1899 年由東亞
同文會選送至南京同文書院就學。1901 年 4 月任上海同文書院副
教授，同年 5 月由菊池九郎介紹入南滿鐵道株式會社（總裁後藤新
平），不久，被派至上海三井物產支店，負推銷滿鐵煤炭之責。[31]1906

　　〈山田良政建碑紀念辭〉，全文載於：同上書，頁壹貳-16-17。而良政事蹟
　　亦見：萱野長知著：《中華民國革命秘笈》，頁 62-68。
[29] 同前註。
[30] 馮自由著：《革命逸史》，第三集，頁 50；及第四集，頁 51。
[31] 陳固亭著：《國父與日本友人》，頁 56：〈國父與山田兄弟〉。

年，中國同盟會在東京創立後，日本同志追隨國父左右者，其中以萱野長知、山田純三郎（當時在華），以及末永節等人，直至國父六十歲逝世之際，猶隨侍在側。山田一度曾為國父掌理會計，國父向之取款，不論鉅細，均一一親筆具備收據，然後報銷。此種手據曾贈送先總統蔣公數張。山田嘗謂：「余所接觸之中日領袖為數甚多，然從無有如中山先生之自奉儉約，一絲不苟者。」[32]

據山田純三郎「追憶初識國父時，係遠於 1899 年（即民前 13 年），某日，其兄良政宣稱有中國偉人來訪，囑眾肅靜，屆時由屏後窺之，則見來客氣宇軒昂，但不知其為國父也。是年夏，負笈來華，入南京同文書院，旋以時局動盪，避居上海。翌年，值拳匪之亂，國父策劃廣東起事，頻與其兄良政及平山周會面。其時純三郎與日記者末永節交遊，洞悉世界潮流，嚮往革命殊甚，遂由其兄導謁國父於日本旅邸「旭館」，頓悟曩日所見者，即領導中國革命之孫中山先生。此為純三郎與中國革命接觸之始。旋結合同志，擬參加惠州革命，不意為日本總領事小田坂所阻，立飭同文書院院長田銘加以禁閉，未能如願。辛亥革命成功後，國父於 12 月自歐洲返國，純三郎與日本同志赴港迎迓，時純三郎任職滿鐵公司駐上海三井洋行，負推銷滿鐵煤炭業務，抵港，國父囑籌二、三千萬元，山田勉進言於三井洋行經理藤瀨政治郎，未敢必其有成，嗣隨國父晉京，參加國父就任臨時大總統典禮後，再返滬進行，竟獲三井允借五百萬日元鉅款。其後三井又借革命軍費規銀三十五萬元，民國 3 年策動起義失敗，久原房之助自動捐獻七十萬元，嗣續獻三十萬元，合一百萬元。民國 5 年，滿鐵公司理事犬塚信太郎又曾捐助退職金等十六萬元，均由山田直接間接所促成，至於軍械之購買供應，以事屬機密，尚未一一宣洩，其有關文件，今尚存山田處有國

---

[32] 宋越倫著：《總理在日本之革命活動》，頁 37-38。

父及黃興給三井收據照片二種。又民國 5 年 2 月 22 日國父給久原
收據及謝函照片各一種，係用中華革命黨本部用箋。

　　山田先生曾為國父掌理會計，國父處事謹嚴，款項與取，均親
筆書據，絲毫不苟，衷心敬服。所藏國父付款手諭及收據，尚有十
餘紙，其式樣凡兩種：一為國產紙者，有騎縫號碼，加蓋孫文之印；
一則為中華革命黨本部用箋者，多署孫文經手字樣。此外，尚有一
便條，以鋼筆書算草。……」[33]

　　1915 年山田受國父之託，任《上海民國日報》社社長；1925
至 1932 年先後任《廣東日報》、《上海江南晚報》、《上海每日新聞》
（日文）、《上海江南正報》社長。1936 年 4 月，任上海日語專科
學校校長，及留滬日僑互助會長。長期居留上海，常稱上海為其第
二故鄉，先後居留達五十年之久。[34]故國父亦曾於：《孫文學說》
第八章〈有志竟成〉篇中，稱許山田兄弟，曰：「其為革命奔走，
始終不懈者，則有山田兄弟，宮崎兄弟，菊池、萱野等。」[35]

　　馮自由將山田純三郎列為興中會前半期之革命同志，云：「山
田純三郎，日本，商人，無（所屬組織），庚子，良政之弟，歷年
參加中國革命，奔走甚力。」[36]

　　又據山田純三郎稱：「於 1914 年，我得到東北本溪湖的馬賊攻
擊瀋陽，以打倒張作霖的消息，於是遂跟陳英士、戴季陶到大連，
請滿鐵理事犬塚信太郎介紹，以滿鐵醫院為根據地策劃一切，但未
成功。隔年，黑龍江方面的軍閥跟國民黨聯絡，謂欲打倒張作霖，
因要國民黨與之聯絡，所以蔣中正、丁仁傑和我到東北去，那時蔣

[33] 蘇德用著：〈山田純三郎與中國革命〉，《三民主義半月刊》，第 28 期（中國
　　新聞出版公司發行，民國 43 年 6 月 15 日出版），頁 62-63。
[34] 陳固亭著：《國父與日本友人》，頁 56-57：「國父與山田兄弟」。
[35] 同註 11。
[36] 同註 30。

先生以石岡化名下楊長春古屋飯店（即戰後之第一大飯店），我則
到哈爾濱和察哈爾去與他們聯絡，但也未成功。」[37]

　　此後山田純三郎 1924 年主張「聯蘇、容共、扶助工農」國共
合作的中國革命。第二次奉直戰爭後的 1924 年 11 月，孫中山為會
見段祺瑞、張作霖而北上，途中訪日，當時山田純三郎在神戶待命。
孫中山在神戶女子學校發表著名的「大亞洲主義」演說後，在山田純
三郎的陪同下返回中國。12 月 4 日孫中山到達天津的下午，在
曹家花園會見了張作霖，據當時跟從張作霖的町野武馬的回憶：山
田純三郎事前與町野武馬見面，為了使孫中山不被張作霖綁架，請
他保證孫中山的安全。之後山田純三郎在孫中山去北京後，又受想
確認北京即將「赤化」之傳說之真偽，天津總領事吉田茂（戰後成
為首相）之託，介紹兩人相見。這次會見正值孫中山肝癌發病，於
12 月 13 日在病床上進行的。孫中山轉移到北京後，山田純三郎也
去了北京，1925 年 3 月 12 日在鐵獅子胡同孫中山臨終時，與表弟
菊池良一、宮崎滔天之兄民藏、萱野長知一同守候在病榻前。從這
一點也可以看出孫中山對他信賴之深厚。[38]

J21	山田純三郎夫人	家庭主婦	協助革命工作

　　上海起義前，山田夫人常利用日本僑民眷屬身份，以乳母車裝
運武器炸彈，由法租界偷運至南市、閘北等處。陳英士先生被刺，
即在山田之滬上寓所，其長女民子尚在襁褓，乳母聞槍聲驚悸，致

---

[37] 山田純三郎著：《辛亥革命與孫中山先生的中日聯盟》，頁 240-241。另見：
　　陳固亭著：《國父與日本友人》，頁 61，亦有簡要記述。
[38] 馬場毅（日本愛知大學教授）著〈孫中山與山田兄弟〉，載於《第七屆孫
　　中山與現代中國學術研討會論文集》，頁 112（國父紀念館出版，民國 93
　　年 9 月 30 日出版）。

將嬰兒失手墜地，從此該女神經受震而失常，迄今已四十二歲，猶
未字人，山田夫人親為看顧，其情至為可憫。此外山田夫人，對革
命黨同志之照料，可謂無微不至，宜乎國父曾對之慰勉備至。山田
夫人於料理家務之外，復經常以大無畏之精神，襄助同志，實際參
與革命工作，殊屬難能可貴。[39]

J22	山田勝治	教師、報社主筆、東亞同文會理事	參與辛亥革命

　　福島縣人。中等教員漢文科檢定考試及格，曾任中學及師範學
校教師。明治 34 年入上海東亞同文書院，畢業後應聘張之洞之武
昌法政學堂教習。後轉入上海中文滬報。辛亥革命時，投效革命軍，
協助黎元洪，革命告一段落後，任北京順天時報主筆，中文素養甚
佳，尤擅時文，文筆極暢達。後由根津一任為東亞同文會幹事長再
為理事。依然發表中文時論投稿新聞雜誌。大正 5 年病故於東京，
時年四十六。[40]

J23	山本安夫	浪人	參與革命討袁南京之役

　　山本安夫號無尊，又號壺狂。兵庫縣人，其家為土地豪富，少
年時即有放浪不羈天性，早即離家流浪四方。所謂中國浪人中之知
名異才，由其行為即可見端倪。中國革命際，為孫文、黃興等盡全
力而為。昭和 3 年（1928 年）病歿於東京，享年五十一歲。[41]

---

[39] 宋越倫著：《總理在日本之革命活動》，頁 240-241。另同註 33，頁 67，亦
有相同敘述。
[40] 黑龍會編：《東亞先覺志士記傳》，下卷，頁 456。
[41] 同前註，下卷，頁 475-476。

　　辛亥革命時，長江沿岸已有不少革命旗幟飄揚，當兩軍交戰之際，乘船抵達鎮江者，有宮崎滔天、伊東知也、山本安夫、志村光治、松本藏次、滿鐵社員山田純三郎等。上海革命軍失敗報來，黃興以下人員至鎮江待命。此地成為迎迓同志之所，其中伊東前往漢口，志村與之同行。[42]

J24	山科多久馬	醫師	協助革命為革命黨人義診、戰地治療
J25	吉住慶二郎	醫師	協助革命為革命黨人戰地治療
J26	濱野讓	醫師	協助革命為革命黨人戰地治療
J27	古賀五郎	醫師	協助革命為革命黨人戰地治療
J28	牛丸友佐	藥劑師	協助革命為革命黨人戰地治療

　　據宮崎滔天之妻槌子稱：1908 年 12 月滔天之母在故里去世，滔天返鄉奔喪，為了生活，槌子借縫衣機為海軍做軍服，並督勵兒子讀書，此時突然接到黃興由香港寄來的機密書信，經與侄子商議後，遂拍電報給滔天謂槌子病危速回。大概滔天拍電報給山科多久馬先生，立刻來看槌子，但見槌子非常健康而驚奇，槌子遂告知詳情，山科始莞爾。山科乃是一直為革命黨人義診的一位仁醫。[43]

　　武漢戰起，為援助緊急場所戰地，有：山科多久馬、吉住慶二郎、古賀五郎、濱野讓等醫師、藥劑師及護士，攜帶大量醫藥品，

---

[42] 同前註，中卷，頁 420-421。
[43] 陳鵬仁譯著：《孫中山先生與日本友人》，頁 58。即：宮崎槌子著：〈我對辛亥革命的回憶〉。

由牛丸友佐率領特派至戰地,為革命軍傷患治療。此救療隊一行是
在南京陸軍醫院所創設者。是以獻身的精神,獲得多數傷患之尊敬
與感謝。[44]

J29	山座圓次郎	外務省政務局長、公使	資助並協助革命工作
J30	小池長藏(張造)	外務省政務局長	資助並協助革命工作

　　萱野長知謂:「中山先生倡導革命成功,固然是由於孫先生的
領導有方,黃興等熱血志士的共同奮鬥,以及歐美各地華僑的慷慨
解囊,熱烈支援所促成,但日本人的功勞是不可抹煞的。日本朝野
有志人士本於俠義,在暗中援助,即可測知此熱烈支援。孫文之革
命雖然中途遭受挫折,但逐步上軌道。勿論在物質的、精神的對孫
文及其革命同志,日本之善意的鼓舞與激勵是可知的。在日本朝野
中,以頭山滿、犬養毅二前輩為始,松方幸次郎等有志之士。其他
民間的平岡浩太郎、坂本金彌二位,官方的山座圓次郎(後出任駐
北京公使)、小池長藏兩位外務省政務局長均孫文均予協助。……
因此孫先生始終非常感謝日本友人的此種友情,即使孫先生臨終時
跟我談的話,我更斷言他終身不渝地具有這種真意。不特孫先生,
即其他的老同志,我相信也都有此同感。」[45]
　　又:在援助中山先生革命大業的崇高敬意上,在官方有山座圓
次郎、小池張造(按即小池長藏)等政務局長,秘密地在物質與精
神上均有所援助。[46]又:第二次革命失敗後,革命黨人紛亡命日本,

[44] 黑龍會編:《東亞先覺志士記傳》,中卷,頁464。
[45] 萱野長知著:《中華民國革命秘笈》,頁358-359。即:〈革命秘話〉一文。
[46] 同前註,頁60。而前註,頁358中,則寫為:小池長藏。同一書有二名字,
　　此非筆誤而應是同一人也。又於〈國父旅日年表〉(初稿)中,「一八九七、

在東京郊外設立浩然廬，以軍事訓練黨人，「外務省政務局長小池張造及臺灣銀行之重要職務人員等於暗中給予援助。」[47]

　　1906 年日本政府因清廷之請，對亡命日本之孫文施加壓力，伊藤博文對內田良平謂，日本政府此時壓迫中國革命黨對其將來是不利的，不如寧可由孫自行離日。於是內田往外務省訪問政務局長山座圓次郎詢其有何萬全辦法，並提出再來日之條件，後即與宮崎寅藏同訪孫之寓所協議獲得承諾。內田轉告山座，內田要山座資助七千元，其中六千元給孫，一千元作為在赤坂之三河屋辦歡送會餐費用，邀請在東京之黃興、章炳麟、宋教仁、程河檉等主要革命黨員及日本同志六十餘人，歡送會極為豪華盛大。孫後即前往新加坡。時為明治 40 年春初。（按為 1907 年 3 月 4 日）。[48]

J31	山崎瞻	警官、通譯、新聞記者	協助革命籌畫工作

　　號誠軒，高知縣人，幼好學，稍長任大阪警官，仍續苦學擔任與中國人有關係之刑事工作，因職務上之必須要會說中國話，而開始有研究中國問題的機緣。日俄戰爭時任陸軍通譯，戰後任職北京《順天時報》，負責編輯與營業兩方面。並參與有關陸軍情報。後為萱野長知主持之日刊新聞《民報》記者。此時漸與中國南方派政

八、十六～一九〇〇、六、十七」旅日期間交往之日本人，列有：「小池張造（政務局長）」，（黃季陸等著：《研究中山先生的史料與史學》，頁 351）；及於：「與中國革命有關之日本人名簿」中亦列有：「小池張造」，（彭澤周著：《宮崎滔天與中國革命》，附錄。刊於吳相湘主編：《中國現代史叢刊》，第五冊，頁 64。）

[47] 山座圓次郎，見：黑龍會編：《東亞先覺志士記傳》，中卷，頁 436-437。小池張造，見：同上書，頁 531-532。

[48] 同前註。

客相識，又任漢口駐屯軍通譯，未久即離職。大正 4 年（1915 年）時進入重慶探訪四川方面情勢，南方派企圖北伐而赴廣東方面為之策動。完成意圖後再返重慶。大正 8 年（1919 年）為大阪《每日新聞》通訊員。彼由重慶赴廣東為傳達四川國民黨石青陽之意而會見孫文，為之策畫決定北伐。而當時廣西陸榮廷結合南方反孫分子圖加以妨害。此即是彼遂其完成赴廣東之使命。昭和 2 年（1927 年）四川排日運動極激烈時罹病，返日療養。同年病歿，年五十八歲。[49]

J32	上島長久	新聞記者、「支那問題同志會」發起人	同情革命
J33	工藤日東	新聞記者「支那問題同志會」幹事	同情革命
J34	平松市藏	法學家、「支那問題同志會」發起人	同情革命
J35	石山彌平太	「支那問題同志會」發起人	同情革命
J36	加瀨禧逸	法學家、「支那問題同志會」發起人	同情革命
J37	松山忠次郎	新聞記者、「支那問題同志會」發起人	同情革命
J38	岩佐溪電	新聞記者、「支那問題同志會」幹事	同情革命
J39	斯波貞吉	新聞記者、「支那問題同志會」、「對中國有志會」發起人	同情革命
J40	相島勘次郎	新聞記者、「支那問題同志會」發起人	同情革命
J41	淺田工村	新聞記者、「支那問題同志會」會員	同情革命

---

[49] 同註 40：下卷，頁 471-472。

J42	浮田和民	「支那問題同志會」發起人	同情革命
J43	鵜崎鷺城	新聞記者、「支那問題同志會」幹事	同情革命
J44	鹽田恆太郎	法學家、「支那問題同志會」會員	同情革命

　　以日本言論界及法學界為中心而組成的「支那問題同志會」。該會在言論界，動員了斯波貞吉（《萬潮報》）、淺田工村（《太陽》）、工藤日東（《日本新聞》）、鵜崎鷺城（《日日新聞》）、上島長久（《報知新聞》）、古島一雄（《萬朝報》）、福田和五郎（《二六新聞》）、岩佐溪電（《萬潮報》）。在法學界則糾合了鹽谷恆太郎、加瀨禧逸、平松市藏等。並以浮田和民、松山忠次郎（《東京朝日》）、上島長久、相島勘次郎（《東京日日》）、斯波貞吉、加瀨禧逸、平松市藏、石山彌平太等為發起人。該會於明治44年（民前1年、1911年）12月26日，在日比谷松本樓召開第一次會議時，決議二大方針：一、應保障清國領土完整；二、不應隨便干涉鄰邦政權。除一方面和革命黨所派特使聯絡，一方面由平松市藏、工藤日東、鵜崎鷺城、岩佐溪電等幹事歷訪首相、外相，以排擊政府的干涉方針，表示對革命軍的同情。[50]

　　關於斯波貞吉，據《宮崎滔天年譜》載：1914年「10月6日，參加：對中國有志會發起人會（於木挽町萬安樓，參加者還有：萱野長知、副島義一、的野半介、斯波貞吉、宮崎民藏、美和作次郎、古島一雄、弓削田精一、伊東知也、小川平吉、小川運平、和田三郎、內田良平、水野梅曉等四十人，主席田中舍身）。[51]

50　曾村保信著，李永熾譯：《辛亥革命與日本輿論》，頁25。
51　陳鵬仁譯：《宮崎滔天書信與年譜——辛亥革命之友的一生》，頁182。

J45	上原勇作	日本參謀總長	協助革命工作
J46	入江種矩	現役工兵中尉	協助革命、任軍事教官訓練黨人
J47	野口某	陸軍備役中尉	協助革命、任軍事教官訓練黨人

　　第二次革命，以江西之李烈鈞失敗為始，孫文、黃興、陳其美、林虎、柏文蔚等，同革命派青年志士蔣介石、殷汝耕以及其他八十餘人，一同亡命至日本，當時彼等於東京郊外大森新井宿設立浩然廬，由李烈鈞自任社長，活躍於贛軍之參謀長為日本備役陸軍大尉青柳勝敏任副社長，對上列青年志士實施軍事教育。參謀總長上原勇作、外務省政務局長小池張造及臺灣銀行之重要職務人員等於暗中給與援助。此時由現役工兵中尉入江種矩、備役中尉野口某及其他教官，以日本士官學校程度之軍事學教授。入江中尉等執勤務前對現服役之中野電信隊成員均採絕對秘密。夜間上築城學課程。因而使其母親與親戚擔心；電信隊隊長查詢，入江謊言夜間去遊蕩，遭到告誡。野口中尉教授爆炸藥課程。以只有理論而無實際知識與應用機會。一日，在千葉縣某旅館預備爆炸藥之調配時不慎，轟然巨聲爆炸，將三層樓之二樓全炸毀，震驚四鄰，成為東京一大新聞，報社發出號外。入江中尉見此急往大森，於車站前旅館借和服變裝，速往浩然廬，日當局於家中詳加搜查，懷疑因其涉案而他往。因此浩然廬遂遭關閉之命運。而今中國政界之最高層蔣介石，也是當時浩然廬所收容之青年志士之一。[52]參閱寺尾亨、青柳勝敏事蹟。

---

[52] 黑龍會編：《東亞先覺志士記傳》，中卷，頁 531-533。

J48	下田歌子	「東洋婦人會」理事	協助革命有條件籌募軍費

　　明治 33 年（1900 年），各同志均努力東奔西走。當時清藤幸七郎之姐下田歌子等組織東洋婦人會，其以理事名義從事活動。因其弟對援助中國革命而起共鳴，而奔走籌募資金，田歌子在介紹下與孫文相識。孫亦企望能藉婦人之力為革命運動獲得資金。下田歌子遂謁見西太后（慈禧），以東洋婦人會名義向清廷募取資金，以提供革命黨，而代價是革命成功時要割讓滿洲予日本之約定。下田歌子與孫文二人會見時，孫文題一扇面：「大風已作，壯士思歸」，下田歌子於扇面之背，和詩一首。[53] 又據：「孫文、下田歌子之紀念扇面」一文云：「明治卅三年，清藤幸七郎介紹其姐下田歌子與孫文相識，孫訪下田歌子請能為籌募軍費盡力，下田曰：『願否於革命成功時割讓滿洲予日本』。孫曰『可矣。』。下田曰：『當盡力為之』。於是下田向各方面奔走。其時孫接同志惠州舉兵報告而急於返國。下田為表示送別之意，由清藤姐弟陪同往日光一遊，其時孫書紀念扇面曰：『大風已作，壯士思歸』，下田歌子於扇面之背，和詩一首」。[54]

J49	下鳥繁藏	？	協助革命、擬調借資金

　　千葉縣人，夙即赴華南廣東方面與革命黨志士結交並援助革命運動，陪同革命黨員赴日。計畫以廣東公債借入資金。當時經內田良平允許，由內田向神田之某質當店斡旋借入資金談論，以分期取得。而同行之中國人突然改變，立即使此議破滅。後來下鳥對內田之厚意甚感遺憾。[55]

53　同前註，下卷，頁 655，清藤幸七郎列傳項下，扇面圖見此書上卷卷首「寫真版」。
54　同前註，上卷，頁 673。
55　同前註，下卷，頁 709。

J50	大元某	日本陸軍大佐	參與武昌革命

　　1911 年 9 月 26 日（西曆 11 月 16 日），黃興反攻漢陽，自黃
興為總司令以來，湘軍又到漢陽援助，民軍士氣為之一振。其時日
人大元率日本浪人多人，特到漢陽投效於黃總司令，謂：「漢口清
軍，兵力較民軍薄弱，中外人民，又不幫助，不難擊滅。」云云。
又擬代民軍偵探敵情及幫同計畫軍事，黃興立聘大元為客卿。在黃
興之意，是欲借湘軍之力，向漢口進攻，驅逐清軍，以達革命成功
目的，此時日人大元前來投助，大元係日本陸軍大佐，黃興又通日
語，以為軍事從此不依賴他人，即得便利。[56]

J51	大石正己	日政黨領袖、公使、眾院議員	同情革命

　　土佐吾川郡人，曾組自由黨，明治 25 年（1892 年）任駐韓辦
理公使，與中國公使袁世凱相對抗。26 年 7 月罷公使職返日，後
仍馳騁政壇，29 年任農商務次官。31 年自由、進步二黨合併為憲
政黨。再入閣任農商務大臣，因憲政黨分裂與內閣瓦解離職。後與
僚友犬養毅勢力相抗衡，成雙雄併立。大正 2 年（1913 年）與河
野等五領袖同投桂太郎麾下，創立立憲同志會，其間當選六次眾議
院議員，為政界長老。常促立優良國策，是議會有數之雄辯家。於
六十歲退出政界，晚年過悠然自適的生活、作公益。昭和 10 年（1935
年）病逝，享年八一歲。[57]又：大石素唱大亞細亞主義，對於國父

---

[56] 張國淦編：《辛亥革命史料——近代中國史料叢刊續編》第廿六輯，第 252
　　冊（沈雲龍主編，文海出版社印行，民國 63 年出版），頁 159。
[57] 同註 52，下卷，頁 774-775。

最後赴日在神戶講演「大亞細亞主義」，甚為同情，退隱後仍夢寐不忘天下國家大事。[58]

中山先生於《孫文學說》第八章〈有志竟成〉篇中亦提及，在1897年8月抵日本橫濱，由犬養毅遣宮崎寅藏、平山周來迎，引至東京晤犬養，「後由犬養介紹，曾一見大隈（重信）、大石（正己）、尾崎（行雄）等，此為與日本政界人物交往之始也。」[59]

日本朝野人士中，有一群體是民權主義右翼份子，如：平岡浩太郎、大石正己等。其背後為日本新興之產業資本家，彼等一方面要掃除藩閥政府之獨裁政治，樹立會議制度；一方面以國家主義獨立運動先進者地位，對中山先生的革命寄予同情，希望援助中國獨立自主，然後以功索賞，使日本產業資本家可以在中國市場取得一部份經濟上的特權。[60]

平岡、大石等於1898年與犬養毅創立東亞同文會，以同文同種為口號，主張中日親善。[61]

J52	大竹貫一	「太平洋會」會員	同情革命

據曾村保信謂：以太平洋會很久前即以一種大陸政策推進團體而在。革命軍興之時，即議決定了「保全中國並支援革命軍」的方針。以大竹貫一、五百木良三、中野二郎為中心人物，時與軍方或官僚們往來。但其行動頗不明確。其表面行動僅於革命軍佔領上海後，遣法學博士寺尾亨為法律顧問而已。[62]

---

[58] 陳固亭著：《國父與日本友人》，頁26；〈國父與大石正己〉。
[59] 《國父全集》（全三冊）第一冊，頁參-164。
[60] 彭澤周著：《宮崎滔天與中國革命》（吳相湘主編：《中國現代史叢刊》，第五冊，文星書店印行，民國53年11月12日初版），頁25。
[61] 同前註，頁48、註釋2。
[62] 曾村保信著，李永熾譯：《辛亥革命與日本輿論》，頁25。

J53	大松源藏（源三）	新聞助理	參與武昌及東北營口之役

　　兵庫縣人，夙得萱野長知之知遇，當萱野任東京《日日新聞》大連支局長時，即得萱野之庇護，於東日支局幫助研究中國事情之研究工作。第一次革命時隨萱野赴武漢援助革命甚活躍。革命軍失敗發出退卻命令時，赴漢陽兵工廠監督防備，在技師長室發現藏酒而痛飲大醉，醉步蹣跚而撤退。後萱野等赴華北亦為革命黨作策畫工作，再後參與奪取營口之舉。清帝退位，革命軍收兵即中止活動。要之，大松是援助革命同志中之一有名人物也。大正 4 年（1915年）痛飲大醉中亡故，享年卅七。[63]

　　第一次革命漢陽最後日之事，因連日苦戰，已疲憊不堪之大松源三（按即源藏），一同退卻並監視漢水右岸後撤，此時尋到大別山下之大兵工廠大建築物面向江岸處，圍以厚實鋼板，可以安心無子彈危險，一時難耐早即空腹，為充飢而四處搜尋食物，在食堂內放置各種洋酒甚迷人，正似地獄之佛、萬寶之山云。痛飲而醉，使連日來疲勞一夕間消除。高鼾入眠。其時數人正欲慌忙逃去，聞大松如雷鼾聲而尋來，告知敵人已逼近漢陽城，將包圍兵工廠後即逃走。大松尚酒意未醒，雖猶生氣，但見醉步蹣跚而逃往後方大別山，猶仍念念不忘其美酒。[64]

　　武昌起義後，萱野長知謂：「到達下關（日本），我遂下榻門司的川卯旅館，隨即電招金子克己、布施茂、三源千尋、龜井祥晃、岩田愛之助、加納清藏、大松源藏等，搭船前往上海參加革命軍。上海陸軍駐滬武官本庄繁特別善意給與方便，在軍事上給各種指導；漢口之陸軍駐漢口武官寺西同情革命軍，給予不少照料。我等

---

[63] 同註 52，下卷，頁 154。
[64] 同註 52，中卷，頁 430-432。

一行於黃昏時到達漢陽，訪問革命軍總司令部之黃興總司令。此司令部設於漢陽第一古剎歸元寺。」[65]

J54	大原武慶	武備學堂教官、日陸軍少佐	參與武昌革命
J55	石川某	軍人？	參與武昌革命
J56	西鄉二郎	軍人？	參與武昌革命
J57	原二吉	軍人	參與武昌革命

　　大原武慶，備後福山人，陸軍幼校、士官學校畢業。明治 31 年（1898 年）應聘張之洞之武昌武備學堂，為養成中國軍人而盡力，凡五年。因其漢學素養佳，尤善詩文而應聘之軍人。日俄之役時為少佐；明治 40 年（1907 年）為預備役中佐。邇後參與東亞同文會事業，歷任上海同文書院監督、同文會幹事等。第一次革命時往武昌為革命軍幕僚，甚活躍。晚年因家事稍失意，舊同志漸失聯。後赴青島以圖再起。昭和 8 年（1933 年）病歿於青島，年六十八歲。[66]

　　武漢戰起，武昌方面大原武慶率同原二吉前往武昌應援，在都督府附近設立事務所，供給軍事上智識。[67]

　　漢陽無理由的撤出後，黃興乘輪船離去，當船駛至江中時，黃興走向船舷欲躍江，幸有副官長王孝縝、經理部長曾紹文及劉揆一等左右抱住而止。黎明時分，黃興等前往武昌都督府訪黎元洪，不知何故衛兵堅不開門，不得已，於附近之大原武慶處打電話給黎元洪，始得進入都督府樓上，與黎協議。時清軍已佔領大別山，且布置炮陣，對武昌勢難維持現狀。研究抵抗抑或撤退不能下定決心，直到下午三時猶無結論。黃興忿然拂袖離武昌渡江去漢口，宿松屋

[65] 萱野長知著：《中華民國革命秘笈》，頁 149-150。
[66] 同註 52，下卷，頁 140-141。
[67] 同註 65，頁 155。第八章，辛亥革命。

旅館一夜，翌日晨搭岳陽丸率數十人往上海，抵上海時由大原武慶介紹宿於勝田館，大松與萱野長知同宿一起。[68]大原武慶曾為張之洞之武備學堂教官，是黎元洪都督軍隊所最喜愛與最受歡迎之人，係萱野與黃興自香港時起，即電報邀請其參加戰鬥行列的。大原在武昌起義後一週前即進入武昌城的。[69]

又：武昌戰起，黃興時為大元帥，正與清軍作決戰。大原武慶亦於黑夜進入革命軍居所，漢口是寺西大佐任所。末永節對革命之其他援助第一是在軍中鼓舞革命軍，指導外交方面。……大原武慶既在現地，為革命軍作策畫工作。再者有軍隊生活經驗者齋藤某（按為齋藤慶次郎）、石川某到達。[70]

1911 年 10 月 10 日武昌起義，黃興電請萱野長知運炸藥到武昌，上海的日本武官本庄繁協助陳其美，計畫攻上海及南京，……在武漢，大原武慶、齋藤（按為：齋藤慶次郎）、石川及西鄉二郎、垣內喜代松都已參加革命軍。[71]參見：甲斐靖等事蹟。

J58	大原義剛	軍人？	參與革命工作

據古島一雄於〈革命談薈〉一文謂：談到的野（半介），不禁復令人憶及末永節、島田經一及大原義剛等人之風貌。……大原亦為天生的好漢，與余同年（古島氏出生於 1865 年——譯者），凡與中國革命有關係以及其他活動，大野無不參與。[72]

---

[68] 同前註，頁 158。
[69] 同前註，頁 170。
[70] 同註 52，中卷，頁 403-404。
[71] 洪桂己著：〈清末民初日本在華諜報工作〉，收入中央研究院近代史研究所編：《中華民國初期歷史研討會論文集》，上冊，1912-1927（民國 73 年 4月出版），頁 449-450。
[72] 宋越倫著：《總理在日本之革命活動》，頁 50。與：陳鵬仁譯著：《孫中山先生與日本友人》，頁 30。（即古島一雄著：〈辛亥革命與我〉一文，內容相同）。

J59	大原信	同文書院教授、教習	同情革命

　　長野縣人，曾於東亞同文會工作，當時甚有志於中國問題研究。後受一富豪學費資助進入有中國留學生之南京同文書院求學，在求學中受山田良政之感化，啟發熱忱要援助孫文等之革命，經同文會幹部撫慰，勉其要更努力學業。畢業後任北京警務學堂教習。展露其才幹，獲得肯定。日俄戰爭中常在奉天活動。後應母校同文書院之召回任教授，培育後進。明治44年（1911年）於福岡病歿，年卅四歲。[73]

J60	大隈重信	侯、首相、總理大臣、立憲改進黨等黨領袖	同情革命

　　佐賀鍋島人，幼名八太郎。歷任九州鎮撫總督參謀；大藏省事務總裁；大藏卿。辭職後組立憲改進黨任總理；並在早稻田設東京專門學校，培育英才。明治21年（1888年）黑田內閣任外務大臣，翌年因右腳被炸傷而下野；29年（1896年）任松隈內閣外相；31年（1898年）憲政內閣任首相兼外相，因內訌而辭職；大正3年（1914年）山本內閣瓦解，大隈以七七歲老叟組閣，再登政壇，任中以參加歐洲大戰，是大隈內閣特可一記之大事，獲大正天皇殊榮。大正5年（1916年）掛冠退休。大正11年（1922年）病歿，年八十五。其前於明治20年（1887年）依功授伯爵；大正4年（1915年）授侯爵。[74]

　　又大隈重信是明治時代的政黨政治家，曾任立憲改進黨、進步黨、憲正本黨的黨魁。1896年至1897年任松方內閣的外相；1898

---

[73] 同註52，下卷，頁141。

[74] 同註52，下卷，頁147-148。另：空崎滔天著，啟彥譯：《33年落花夢》，頁131，註22，亦有大隈重信之簡介。

年及 1914 年兩次組閣，任總理大臣。晚年創辦早稻田大學，獻身
教育。大隈與國父初次見面，是在 1897 年（民國前 15 年）7 月。
那時國父自倫敦至加拿大轉赴日本，因犬養毅介紹，會晤大隈。《孫
文學說》第八章〈有志竟成〉篇有：「時日本民黨初握政權，大隈
為外相，犬養毅為之運籌，能左右之。後由犬養毅介紹，一見大隈、
大石、尾崎等，此為予與日本政界人物交際之始也。」

　　1897 年，與國父初晤後，對中國革命黨寄予很大同情，曾手
撰〈中國革命論〉一文，表示他期待中國革命迅速成功之熱望。民
國 2 年，國父自上海赴日本，大隈在早稻田私邸設宴歡迎，並約中
日名士百餘名作陪，席間大隈致歡迎詞後，國父致答辭，對日本朝
野志士，多年來贊助中國革命的好意，表示感謝。

　　1914 年（日本大正 3 年）4 月，大隈拜命組閣，國父於是年（民
國 3 年）5 月 11 日，致書大隈首相，詳述東亞危局及中日合作，
相需至殷，相成至大，並勸大隈高瞻遠矚，助民黨以倒袁。詞意懇
摯，語重心長。函知末段有：「……今日本支援中國革命，打倒暴
虐政府，一舉兩得，何樂而不為乎？為東亞前途計，區區所見，惟
閣下詳察而教之。……」[75]

　　萱野長知亦證實曰：第三次革命前，山東舉兵，因武器而失敗。
當時有一個師團以上兵力結集，居正為總司令官，由陳中孚負責，
我前年即參與各種計畫之規劃，收集到只是舊式機鎗等武器，但被
門司（日本）官方扣留。此時大正 3 年（1914 年）歐戰爆發，日
本攻佔青島後，日政府是大隈內閣。我返日，欲解除被扣留之武器。
與友人研商後往見大隈首相，面請能解除被扣留武器之意願事。大
隈告以：日本絕對可借助孫文之革命，但日本政府於形式上能作任
何干涉？且此為中國內政之事，日本政府本無置言之道理。此時我

---

[75]　陳固亭著：《國父與日本友人》，頁 21-25，〈國父與大隈重信〉。

已盡力一切，空手而歸。大隈若有所思問我何時返青島，我答一週間返青島後即辭別。返青島後，此時已在等待之大谷喜久藏大將——當時青島之軍司令官，謂：大隈首相在我離去時命令已到，是斷然指出已解除被扣留之武器。此令我再度吃驚，遂往訪大谷官邸，大谷司令官言：大隈首相交來內部命令。今後一切都援助閣下，至於如何辦，可與參謀長相談。此時如似夢中。此後如此順利有武器，第三次革命之基礎工作已完成。此時青島之參謀長奈良武次大將是我終生難忘者。[76]

| J61 | 大塚太郎 | 美國日僑、業商 | 協助革命、參與機密 |

　　武漢光復後，中山先生猶在美未歸。同志群推黃興為大元帥，召集已獨立各省代表，齊集武昌，召開商討建國大計。然以意見紛雜，難期統一，黃興乃急電孫先生早日返國主持。惟以中山先生在美行蹤靡定，乃由萱野長知自漢陽至武昌雇船至漢口電信局，電美國芝加哥日僑大塚太郎轉交中山先生，懇請返國。大塚為萱野之親戚，在美僑居數十年。因萱野之介紹，與中山先生熟稔，且參與機密。故其知中山先生在美行止最詳。大塚將萱野之電報轉交中山先生後，中山先生曾以英文覆其一函，大塚留為紀念而珍藏。[77]

| J62 | 小川平吉 | 「有鄰會」發起人、「善鄰同志會」會員、議員 | 同情革命 |
| J63 | 福田和五郎 | 「有鄰會」會員、工作人員 | 同情革命 |

---

[76] 萱野長知著：《中華民國革命秘笈》，頁354-357。即：〈革命秘話〉一文。
[77] 同前註，頁154-155。

J64	小島七郎	「有鄰會」工作人員	同情革命
J65	白河鯉洋	「有鄰會」工作人員	同情革命
J66	田中弘之	「有鄰會」工作人員	同情革命
J67	本城安太郎	「有鄰會」工作人員	同情革命
J68	森脅美樹	「有鄰會」工作人員	同情革命
J69	橋本實朗	「有鄰會」工作人員	同情革命

　　援助革命是一般日本有志者間共同之俠義精神，為此政府要諒
解相待，從旁管制有志者步調，同時政府與有關當局要有必要之一
定方針。基此意見，小川平吉、宮崎寅藏等謀求一組織，此即另行
組織有鄰會。[78]

　　在中國革命黨武漢戰起間，日本頭山滿、內田良平、小川平吉、
古島一雄、美和作次郎、福田和五郎及其他中國問題有關係之同
志，發起組織有鄰會團體，開始援助革命黨活動，不僅關注鄰邦中
國革命之變革，也重視東亞大局之一大變化及其重大事件性質。「有
鄰會」事務所設於麴町區內幸町之旅館旭館內。由：橋本實朗、小
島七郎、森脅美樹等負責事務；小川平吉、福田和五郎、本城安太
郎、田中弘之、白河鯉洋等及其他幹部負責公關（斡旋）。[79]

　　1911年（明治44年）11月上旬，由小川平吉與內田良平發起
組織有鄰會。到同年12月中旬，清廷與革命軍在上海和談時，日
本政府欲以武力干涉的謠言到處流傳，因此，以根津一為中心的東
亞同文會和小川平吉或白岩龍平提攜合作，展開激烈的運動，並與
國民黨（按係日本政黨）及太平洋會等取得連絡，重新組織了一個
團體為善鄰同志會，於12月27日在築地靜養軒成立了。《太陽》
雜誌指稱其性質「純然是中國革命軍支援團，也是民間有志之士組

---

[78] 同前註，頁155；及同註52，中卷，頁439。
[79] 同註52，中卷，頁463。

織起來的團體為了支援中國革命軍，即使得罪政府當局，亦在所不惜，但望能得其實效，足矣。」[80]

《宮崎滔天年譜》亦載：1911 年 11 月上旬，參加有鄰會的創立（於江戶川清風亭），由小川平吉、內田良平發起，與三和作次郎、福田和五郎等協議並決定宗旨。又：1914 年「10 月 6 日，⋯⋯小川平吉參加對中國有志會發起人會。」[81]

小川平吉為政友會所屬之代議士，以其立場，保持與內田外相、西園寺首相接觸，努力使政府導向不干涉革命方針。因之，小川於明治 44 年（1911 年）終，赴南京與孫逸仙、黃興會面，詳細說明日本政府不干涉革命之內情並交付確認文書，表明日本政府態度，免得革命軍幹部懷疑而可充分安心。此時小川對孫、黃交換中日關係將來之腹案意見。而目前迫切地努力激勵北伐，如何以武力使北伐成功。當小川訪問南京時，也與宋教仁會晤，徹夜談二日夜，談有關中日經濟同盟。其後宋教仁為革命政府全權代表赴日，要求承認革命政府之同時，並會談將來中日關係之重要約定等等後返國。之後與宋之間不斷有重要電報往來。其要點是在南北妥協前，彼我之間取得相當諒解。[82]

| J70 | 小川運平 | 「有鄰會」會員、陸、海軍翻譯 | 同情革命、曾至中國活動 |

琦玉縣人，中日戰爭後有志研究蒙古，後從軍任陸軍通譯，嗣留在華北三年，調查灤河流域，進而調查熱河方面事情，著《北清

---

[80] 同註 19。
[81] 陳鵬仁譯：《宮崎滔天書信與年譜——辛亥革命之友的一生》，近藤秀樹編：《宮崎滔天年譜》，頁 165、182。
[82] 同註 52，中卷，頁 472-474。

大觀》一書，引起讀者廣大迴響。俟俄國佔據滿洲，及日俄開戰，再任海軍通譯至戰後共四年。調查研究滿洲、朝鮮。當中國第一次革命起，隨頭山滿赴上海，為援助革命軍而參畫。及革命告一段落後，隨頭山經朝鮮返日。其後對中國問題，特別對滿蒙問題，始終一貫盡心力研究。昭和 10 年（1935 年）在家鄉病故，年六十。[83]

1911 年（明治 44 年）11 月上旬，由小川平吉與內田良平發起組織有鄰會。主要會員有：三和作次郎、宮崎寅藏、福田和五郎、古島一雄等。實際活動，首派尾崎行昌、宮崎寅藏、平山周、伊東知也等赴中國各地，以與革命黨取得連絡。中國革命黨方面則派何天炯為特使赴東京，通過有鄰會與日本各界有力人士取得連絡。該會再度派遣頭山滿、三和作次郎、浦上正孝、中野正剛、小川運平等到中國。由玄洋社所在地福岡的「在鄉同志會與煤礦界富豪」出資金。[84]

又《宮崎滔天年譜》亦載：1914 年 10 月 6 日，小川運平參加對中國有志會發起人會於木挽町萬安樓。[85]

J71	小山田劍南	大阪每日新聞社特派員	以文字同情革命
J72	中久喜信周	日本駐華記者	以文字同情革命
J73	神尾茂	日本駐華記者	以文字同情革命
J74	澤村幸夫	日本駐華記者	以文字同情革命

當武漢戰事爆發之際，所有日本駐華記者，如：小山田劍南、神尾茂、澤村幸夫、中久喜信周及其他大新聞特派員等，對偏袒革命震撼大局一事，發出新聞報導。尤其《大阪每日新

---

[83] 同註 52，下卷，頁 166-167。
[84] 同註 19。
[85] 同註 81。

聞》社特派員小山田劍南，更直接將當地報導說我黨奮戰獲得大勝，發電報給其本社。由此可見彼等如何熱烈同情革命黨之一斑。[86]

J75	小山雄太郎	實業家、報社主筆、國會議員	協助革命工作

　　小山雄太郎（1867-1909），熊本人，曾為熊本政治結社「相愛社」（實學派橫井小楠所創，奉盧梭民約論為理想）之一員，為明治時代的實業家、報社主筆、國會議員，對自由民權運動與中國革命，均曾有援助。（宮崎滔天著，啟彥譯：《三十三年落花夢》，頁142-143，註6。）

J76	小杉辰三	退職海軍軍人	協助革命、製造水雷謀炸軍艦
J77	淺倉某	退職軍人	協助革命、製造水雷謀炸軍艦

　　大正2年（1913年）6月梢，目的在攻佔上海，而要袪除障礙是計畫炸沉軍艦。由四川人吳永珊負責，隱密中進行。宮崎滔天、金子克己等秘密協助，吳之計畫案主要是有炸沉軍艦之裝置問題。當時在上海海軍前輩岡田、竹下等海軍大將之同期者是小杉辰三。其著手製造浮動水雷數個，謂先實施在江南機器局內河面，伺機從事襲擊軍艦，其方法是將鐵絲索兩端繫於浮動水雷上，趁潮汐下降放入河之中游，當軍艦之錨索因流水從艦兩舷側接觸，此時以電流爆發即可，此為令人刮目的計畫。

　　其執行者主要是志村光治及今泉三八郎、淺倉某三名。志村以
從右邊放流較甚易得手，但亦怕發生錯誤，謂要將錨索能確實連結，
再行通電。彼三人以非常的決心，將浮動水雷、導火線、雷管等以
二輛一輪車一併先運至龍華鎮敵地，從梅花弄附近潛入，以待時機。
時正處於海陸極端警戒下，行事不易，其在水中之導火線長時間使
用，雖一再試驗可以確信者，然點火試驗以高壓導火線置入雷管尖端
時點火，即能引發爆炸。如此一週之非常辛勞，終於可以執行計畫，
但仍須受潮汐漲落之支配：於夜中實施等關係，且無法獲得良機。

　　在此前後，談到以水雷擊沉軍艦方法有多種。小杉辰三依革命
黨所囑，購入小蒸汽船，在船首裝置有同一機能之魚形水雷，使駛
至艦側突擊之，此是精巧有力地炸沉軍艦。一日果真實行。小蒸汽
船拖一小舟，船上有舵手與機械手二名。全速勇敢而行，乃以此船
突擊軍艦，而軍艦卻先以自有乘具欲爆破小蒸汽船，舵手迅即在離
軍艦達半途以前迴轉，切斷所拖小舟纜繩，放開小蒸汽船，操舵人
發狂似使其流放前行，可惜只掠過艦尾未如計畫猛撞，而衝向對
岸。此事未達目的而告失敗。此小蒸汽船被官憲扣押，檢查出此魚
雷式裝置而大驚，頓時對江上嚴加取締。志村光治及今泉三八郎二
人雖放棄炸沉軍艦之念，但更增加奮鬥意志。而敵之軍艦朝夕二次
巡弋江上，有違法者即以砲擊，且砲臺亦以十五吋加農砲對付。日
落後即中止，有待以後再繼續戰鬥。[87]

J78	小長谷政治	輪船船員	協助革命工作

　　宋教仁於《我之歷史》（日記體）一書中記述，在偕古川清自日
經韓國往中國東北，調查有關馬軍協助革命一事時，於乘日本小輪

---

[87] 同註 52，中卷，頁 511-514。

咸興丸上，即有日人名小長谷政治者，自願無酬協助工作。書中有：
於「開國紀元四千六百零五年（按即 1909 年）4 月，『四日雨，咸
興丸中彼以有名小長谷政治者來言，願隨余等做事，不敢俸給，央
余等容之，余不知其為人，以問古川，古川謂彼前在船中時屢已言
之，昨日該船船長及事務長亦為之請，諒可無妨。允之，亦多一助
手也云。余等遂容留之，夜定議明日楚香偕小長谷往鳳凰城一帶調
查事務。五日晴，寫致黃慶午信，白楚香偕小長谷起行往鳳凰城
去。……』」[88]

J79	小室敬二郎	陸軍中尉	參與革命工作

　　宮城縣人，陸軍中央幼年學校、士官學校畢業。明治 44 年升
步兵中尉，個性奔放不羈，早即有志於東亞問題。大正 2 年（1913
年）中國二次革命爆發，引發雄心，脫離軍職投入中國革命，參加
革命軍。隨同孫文、黃興、陳其美、林虎、柏文蔚等亡命日本之革
命黨志士返國。與此一團亡命客中之青年志士蔣介石、殷汝耕等交
往。大正 4 年（1915 年）第三次革命時再度來華。同年暮，陳其
美進攻上海時為其幕下甚為活躍。翌年從張靜江，占領江蘇省鎮江
砲臺，建樹殊功。第三次革命失敗後返回日本。大正 15 年（1926
年）國民革命軍席捲武漢，出入長江一帶，急行漢口為各種策劃。
昭和 2 年（1927 年）2 月，在廬山與舊友國民革命軍總司令蔣介石
會晤。返日後同年四月再赴南京與蔣會面，此時兩者間在思想、政
策上有歧見。返日後組織東亞聯盟義會，倡議大陸政策。昭和 8
年（1927 年）病逝東京，享年四十七。[89]

---

[88] 宋教仁著：《我之歷史》（吳相湘主編：《中國現代史料叢書》，第一輯，「建
立民國」，文星書店印行，民國 51 年 6 月初版），頁 330。
[89] 同註 52，下卷，補遺，頁 795。

J80	小島七郎	「有鄰會」會員	協助革命、供應武器
J81	岡保三郎	「有鄰會」會員	協助革命、供應武器
J82	田忠義一	軍務局長	協助革命、供應武器
J83	近藤廉平	郵船公司	協助革命、供應武器

　　「有鄰會」成立後，各方面給予關注同情。當時軍務局長田忠
義一與會員小島七郎有親戚關係，因而武器供應等之協助不少；岡
保三郎經手機關槍以商品名義包裝運送，被海關發覺要沒收，郵船
公司的近藤廉平稱犬養毅交代此為有鄰會會員所有，同樣是免費，
船資減價運輸。[90]

| J84 | 小室健次郎 | 退職陸軍少佐 | 協辦青山軍校、教授製炸彈 |

　　中山先生欲再日本設立軍事學校，訓練革命幹部，由犬養毅介
紹日本現役軍人日野熊藏，日野又介紹小室健次郎，於青山地方成
立。小室為日野之好友，革命軍事學校成立時任教員，該校解散後，
乃以教授中國學生製造炸彈，留學界從之研究爆裂品者，頗不乏
人。[91]參閱：日野熊藏事蹟。

| J85 | 小幡虎太郎 | 軍人？ | 參與革命討袁山東天津之役 |
| J86 | 松本菊熊 | 浪人 | 參與革命討袁山東天津之役 |

　　萱野長知謂：武昌起義後，當革命軍攻佔南京時，袁世凱所率
大軍有南下的情報頻傳，黃興等南方主腦積極從事迎戰準備，一方
面炸毀黃河鐵橋；一方面派人設法深入敵地側背，威脅騷擾，阻止

---

[90] 同註52，中卷，頁464。
[91] 馮自由著：《革命逸史》，第三集，頁 90。另於《革命逸史》，第五集，頁
　　 41，則稱為「小室友次郎」。

其南下計畫，參加在漢陽第一戰之金子克己、三原千尋、布施茂等特組織炸彈隊，潛入天津，此時岩田愛之助因受槍傷未癒，入院療養中，聞同志之壯烈計畫，不能以此為藉口，而裹傷勇敢前往。偕同志秘密由上海經大連、營口、自奉天分二部份迂迴潛入天津。天津同盟會同志已得黃興電告，會合秘密進行大舉，平山周、小幡虎太郎等事前已在天津，乃與金子等會合，最初會同北京川島浪速一派松本菊熊等擬訂設法狙擊袁世凱之計畫，在老站設伏伺機而動，但未能如願……。[92]

　　在北方，革命黨同志以白逾恒為主，堅固地團結。日本同志平山周、小幡虎太郎等進行各種支援策畫。自暗殺袁世凱失敗以來期望第二策畫能成功。決定攻擊天津，惟各國天津之租界有各國軍隊駐屯，於此下手恐引起大事，必須先得取得諒解。由南方來之金子等與平山等之同道者已獲得日本駐軍司令官、參謀之諒解。就攻擊天津事，白逾恒一派與天津總督麾下之軍隊連絡，約定起事時齊為內應。平山赴北京說服川島浪速借得手鎗三十餘把，又提供若干金錢作同志之軍費。平山、小幡另借得手鎗二百把，已準備於某處之某倉庫，約定於必要時假藉以奪取方式取得。此時攻擊天津之計畫正進行中。於某夜我同志開始起事，各自攜炸彈數枚，決定在已部署之地實行爆破與放火，當內應軍一起時，則可以定控制方法。夜十一時，總部於日本租界之旗亭敷島、伊丹幸等處會合，事情一觸即發。通往總督衙門之鐵橋，俗言是吊橋，緊急時兩分鐘即可斷絕交通。過十二時後，即各就各位，窺視一般情勢，警備市街之兵士、巡警無戒心地在行動。而內應者行動內心要有最大勇氣。迨過十二時期間，天津總督衙門方面有轟然爆炸聲，一發、二發，暫停後，當天津鎮方面有一段淒厲而轟然大爆炸聲傳來，而內應

---

[92] 萱野長知著：《中華民國革命秘笈》，頁168-169。

事如何與前線同志會合？首先任務是走出租界一看，在日租界境界線之日本兵已出動戒嚴，會同總部之人登上旗亭之屋頂觀望形勢如何，連續有三處燃火，欣喜正如所預期事進行中，遠處聽聞有鎗聲，胸前起伏，描繪出一場大戰動向，相互握手。突然不知何時，燃火已熄，鎗聲已停。大天津又安靜如眠。蓋此事失敗於內應軍發生差錯，實有評議之處。在完成爆炸慌忙歸來之岩田愛之助、布施茂，尚未坐定，即取灌充汽油的啤酒瓶，云：前去放火此是以逸待勞的大事，何懼之有。即快跑而去。更於此夜之後，岩田、布施二人，以及谷村隆三（幸平太）均音訊杳然。天漸明後，一同集合商議對策。收到第一則情報：總督衙門內應軍，事前消息洩露，首領被捕。並嚴加警戒。金子等巡察時為避開兵士、巡警等慌忙而去。此時已將失敗之內應軍撤換為其他新部隊。並暗中計畫將革命軍一網打盡，而革命軍對內情之真假竟尚一無所知。及天明亮，在河北有日本人被擊斃之第二則情報，全體愕然。谷村（幸平太）之遺體一事尚不明：其間第三則情報又到：謂有二名日本人被捕。此是岩田、布施二人，於放火現場被士兵收押，送往楊以德衙門之事。全體極其悲痛，並思如何善後，一方面設法收容谷村遺骸，一方面努力救出岩田、布施兩人。其過程是由日本領事館將岩田、布施二人，引渡出境，此是於悲痛中稍獲安慰者。當時日本總領事館小幡總領事盡力將兩人予以釋放。其後同志將谷村靈位供養於芝之屋旅館，苦笑以相對也。釋放岩田、布施兩人之條件是數日內離開天津。……，岩田愛之助、布施茂兩人，第一次巧施爆炸，出入於內應軍傳達信息；第二次執行放火，岩田在現場先被捕，布施以必死之心奮力抗鬥，後官兵擁至，演出大混戰，終於寡不敵眾而被捕，先押往中國衙門，再送往日本領事館。

　　天津事件失敗後，除有來自北方之平山、小幡（虎太郎），及南方來的金子克己一人，留作善後處理工作外，日本同志逐次離

此。此時天津中國官方大肆迫害革命黨人，聲稱達三百人以上。[93]
參閱：岩田愛之助、布施茂事蹟。

J87	工藤鐵三郎	軍人？	參與山東討袁之役協助募兵
J88	丹野謙八	軍人？	參與山東討袁之役協助募兵
J89	安達隆成	軍人？	參與山東討袁之役協助募兵、殉難

　　陳其美被暗殺前，盤據山東省周莊之土匪，假革命軍名義蜂擁起事。此於大正5年（1916年）5月前後，居正為統帥，山東革命軍東北軍起義，周莊與之相呼應。東北軍意圖先驅逐山東濰縣張樹元之一個師團，進逼濟南，再向東北進軍之戰略。先完成討袁再伸向中原。此時陳中孚為居正幕僚，進行各種計畫，在萱野長知支援下完成準備，終於進攻濰縣，而敵為訓練有素之正規軍，具備實力，且濰縣城堅固。相對而言，革命軍可謂是烏合之眾，一舉攻堅勢難達成，然而以氣勢克之，使張樹元軍狼狽而逃。東北軍編成一個師團，滿洲、山東之綠林徒眾等聞風投效而來，竟成大部隊。在諸城之工藤鐵三郎、丹野謙八等之支援下募兵使其他坊子、昌樂等地各部隊及兵勇有數萬人以上。而在滿洲，募兵編成一部隊時，日本同志安達隆成等，被不法之馬賊所誘殺。[94]

| J90 | 井上雅二 | 東亞同文會會員 | 參與武漢革命起義 |

　　唐才常自立軍原定8月9日在漢口、大通等地同時起事，東亞同文會員甲斐靖在武漢一帶調查軍情，井上雅二在南京地區偵探實

---

[93] 同註52，中卷，頁492-499。
[94] 同前註，中卷，頁612-613。

況，都是為了協助唐才常的起事而在暗中積極地活動。特別是井上
與唐交情很深。起事前，二人乘船溯江兒上時，唐將其胸中的制勝
機先密計坦白地向井上吐露出來。但是當時的唐才常絕未想到這
「制勝機先」的密計卻被張之洞所利用。張得到英國領事館同意，
先將漢口英租界內的自立軍總指揮部破獲，唐才常、林述唐等均被
捕，立即被處決。井上雅二對漢口之役向東亞同文會報告，其失敗
原因有二：（一）唐才常是依靠哥老會起事的，豈知這群散兵遊勇
的會黨，不明義理為何物，只知貪戀賞金與官爵；（二）林述唐是
為白面書生，輕威望，重權勢，部下不聽其調度，而且把軍機暴露，
使清軍有所準備。[95]

| J91 | 中田豬十郎 | 特種藥材商 | 參與革命工作研製炸藥 |
| J92 | 堀千代子 | 女子學校教師 | 協助革命、任翻譯工作 |

　　中田豬十郎，長崎人，夙即同情中國革命黨之同志福住東彌
等，早即有對革命志士之助，特為助革命黨之行動是經營特種藥
材商之貢獻各種火藥製造研究。第一次革命開始即急行赴現場；
及黃興在南京統率陸軍，藉其之助全力調度充實各種軍需品，以
長崎為根據地，往來中日間連絡同志與其他之斡旋等，助力甚
多。不幸於大正5年（1916年）病逝於長崎。[96]參閱：福住東彌
事蹟。
　　中國革命黨激進派主張採暗殺行為，為期容易取得炸彈，而進
行各種研究製造方法。其時，想向世界有數之科學家、俄國革命黨
尼古拉·拉塞爾博士學習，透過金子懇請，徵得拉塞爾同意，約定

[95] 彭澤周著：《近代中國之革命與日本》（臺灣商務印書館印行，民國78年
　　10月初版），頁23。
[96] 同註52，下卷，頁345。

利用原料製造的十數種方法。而教授必得有翻譯人員，遂由很有見識的《東洋日の出新聞》之福島雄次郎夫人千代子（堀姓，為長崎活水女子學校教師，是福岡女豪岡部咲子女史之姪女）擔任，千代子亦不厭其煩地熱心研究。蓋拉塞爾除東洋語外，殆盡通曉世界語之博言家。彼以各種藥劑、藥液盛於試驗管可變為各種炸藥！經稍加試驗，令千代子見之驚嚇，博士以此情況無害而安慰之。謂此一秘法端視其各種原料不同，而有差異。金子與其兄福住東彌，及其友中田豬十郎談之，因中田豬十郎在長崎開業藥材商，可以順利自由取得原料得以製造炸彈。其後汪兆銘於北京暗殺攝政王，裝置於石橋下炸彈即是此類。[97]

　　另有：1905 年 9 月 9 日（西曆 10 月 7 日），中山先生自日本赴西貢籌款，自橫濱乘法郵輪啟程，經長崎時，因金子克己（黑龍會會員）之安排，與俄國革命黨員拉塞爾會晤。彼以各種藥劑、藥液盛於試驗管可變為各種炸藥！金子與其兄之友中田豬十郎談之，因彼在長崎開業藥材商，順利自由取得原料得以製造炸彈。其後汪兆銘於北京暗殺攝政王，裝置於石橋下炸彈即是此類。[98] 參閱：俄國革命黨員尼古拉、拉塞爾事蹟。及：金子克己事蹟。

　　在南京之革命軍隊每日為整頓而加強訓練，當時由日本前來南京者已達接踵而至情況。……中田豬十郎等為陸軍部之需要而奔走張羅。[99]

---

[97] 中田豬十郎，同註 52，中卷，頁 390-391。
[98] 同前註外，另為：《國父年譜》增訂本，上冊，頁 203。又陳鵬仁譯：《宮崎滔天書信與年譜——辛亥革命好友的一生》，頁 253，附錄：〈國父旅日年表〉中亦有相同記載。
[99] 同前註，中卷，頁 504。

J93	中田群次	砲兵特務曹長	參與革命討袁南京之役
J94	松本藏次	軍人？	參與革命討袁南京之役
J95	長江清介	軍人？	參與革命討袁南京之役

　　當革命軍攻破南京時，此之前，岡本柳之助乘船至上海觀察戰事情況，攻擊南京時，岡本授與策謀，且預定將獲成功。當時黃興之子黃一歐是一廿二、三歲青年，但勇武善戰，不辱乃父之名，在革命軍中是一活躍之知名人物。日本同志：中田群次、松本藏次、長江清介等在許可常情下對一歐支援之功乃不可沒。當聞一歐之父黃興於漢陽戰敗至下江，中田群次與一歐同往投奔上海。[100]參閱岡本柳之助事蹟。

　　辛亥革命時，長江沿岸已有不少革命旗幟飄揚，現正交戰中，乘船抵達鎮江者，有宮崎滔天、伊東知也、山本安夫、志村光治、松本藏次、滿鐵社員山田純三郎等。上海革命軍失敗報來，黃興以下人員至鎮江待命。此地成為迎迓同志之所，其中伊東前往漢口，志村與之同行。[101]

　　大正2年（1913年）6月至7月間，居正、白逾恒正副總司令以取得吳淞砲臺，可對側背松江、寶山縣方面之敵，前面與黃浦江下游軍艦相對峙。在白逾恒全力辯論下要占領吳淞砲臺。當時隨黃興之子黃一歐在上海南京等地奮鬥之中田群次在焉。中田是長崎縣人，曾為砲兵特務曹長，彼任砲臺之砲手是最適任的，也是敵人非常惱恨的人。當敵之軍艦每日朝夕二次，依時出現江上以砲擊對之，而砲臺亦以十五吋加農砲還擊，日落則中止而後再續戰鬥。[102]

---

[100] 同前註，中卷，頁426-427。
[101] 同註42。
[102] 同前註，中卷，頁513-514。

J96	中西正樹	東亞同文會員、翻譯	參與革命工作、於中國各省活動
J97	倉谷箕藏	軍人？	參與革命工作、山東討袁之役
J98	清水好寬	軍人？	參與革命工作、山東討袁之役

中西正樹，父為藩士，幼即習漢學，後隨小學教師中國人劉香錦學中國語，更續研究中國語。偶與同學之友陸軍中尉神尾光臣談論東亞形勢，神尾派往中國天津，勸誘彼渡航中國，並由神尾推薦彼為《東京日日新聞》之通信員。斯時為努力研究中國語及中國事，再為日本留學生。後自北京往中國內地探險，至直隸、河南、陝西、四川各地視察，備極困苦。更往貴州、經雲南達緬甸國境之騰越。回貴州入苗族地帶探訪。再至湖南、湖北、河南、山東各省後返北京。歷時一年有餘，仔細調查各地之地理、風俗、習慣、政治、產業、交通等。在缺乏旅費下續往內外蒙古視察中俄貿易實況，再入山西出陝西，轉入甘肅，於蘭州邂逅漢口樂善堂人士，始與荒尾精等接觸，自漢口續往安徽、湖北各省巡歷，歸漢口參與日清貿易研究所之設立計畫，並提出意見。於明治23年（1890年）在上海所開設之該研究所任教，以助荒尾精至翌年底。中日之戰時，於明治30年（1897年）任日本在威海衛駐屯軍之翻譯，同年末德國占領膠州灣。翌年5月日本從威海衛撤兵即辭職。因彼對中日關係甚有見解，決成立同文會，後再與犬養毅等之東亞會合併為東亞同文會。及至日德開戰前往山東。青島陷落，而努力經營山東，未幾袁世凱之帝制問題，支援山東護國軍以圖打倒袁世凱。後在濟南設漢字《濟南新聞報》，以伸從旁經營山東之志。老年貧病，於大正12年（1923年）病逝，年六十七。[103]

---

[103] 同前註，下卷，頁341-343。

　　大正 5 年（1916 年），山東周莊之革命在陳其美統制下所突然
發生者，有日本人中西正樹、倉谷箕藏、甲斐靖、清水某（按經查
其名應為清水好寬）等之支援，其士兵多數是山東人。[104]

J99	中島久萬吉	三菱公司上海支店長	協助革命有條件借貸軍費

　　當北京天津方面有日本志士支援革命黨活動時，在山東的末永
節則率日本同志會同胡瑛所率革命軍，欲從芝罘舉事。革命軍在
武漢起事後，胡瑛出任共和政府外交部長，末永予以支援，芝罘東
牟學堂以胡瑛之學生為基礎，要蓆捲山東。末永則盡力籌調軍費，
向當時三菱公司上海支店長中島久萬吉交涉結果，達成以給予山東
漁業權為條件，可供給相當多之軍費，遂有日軍艦二艘載兵六百人
進攻芝罘，在兵不血刃下，芝罘完全為革命軍所有。五色旗飄揚，
此更增長北伐軍聲威計畫兼促使清朝之衰亡。末永留於戰地以迎
接陽春好季節，並集合在芝罘之日本人，為慶賀革命成功而歡欣
鼓舞。[105]

J100	中島勝次郎	實業家	資助革命黨人費用
J101	太田信藏	浪人	協助革命工作解決問題

　　萱野長知云：「在日本雖有這麼多的熱心同志支持孫文的革命
事業，但這些日本朋友每個都並不富有，所以經常缺乏資金，有時
甚至連最起碼的旅費也缺乏。因此在東京的同志，有的則從家鄉郵

---

[104] 同前註，中卷，頁 615。「清水某」之名，見本 615 頁萱野長知所列濰縣東
　　北軍名單中：「青島總本部」內列有「清水好寬」。
[105] 同前註，中卷，頁 502-503。

寄些錢來，有的學生同志則拿清廷所給學費匯單做抵押，到當鋪去借錢。要之，革命資金的籌措是形形色色的。現就黃興在廣東起義來說，此是第一次革命前二年。黃興為總司令，與趙聲共同準備廣東起義失敗事件為例，造成黃花崗七十二烈士。當黃興從東京到廣東起義的軍費固然缺乏，連旅費也沒有。因而在黃興離開東京時，我（萱野）誠懇地寫封信給神戶之友人太田信藏，要他為黃興設法，此信交黃興持往，黃興抵神戶訪太田，太田為當時之浪人，也很窮。因而找胞兄中島勝次郎幫忙。中島為實業家，遂送給黃興若干旅費與軍費，黃興始得成行，經香港赴廣東（按即發動 1911 年 3 月 29 日廣州起義），其時，黃興與中島素無一面之緣，卻受對方最大之歡迎，更在兵庫之常盤花壇設宴餞行歡送。當黃興途次下關，寄信給我（萱野）謂：『這次承蒙你介紹，能得到經費，非常感謝。然而革命仍需更多錢。現有前輩譚人鳳將繼我回國，尚祈請助予經費。』我又與黃興相同的寫信交譚人鳳去找太田信藏，太田亦與前黃興時相同，介紹給中島，中島又贈若干錢。譚始得回香港，再搭英國輪船返上海。」[106]

J102	中野二郎	「太平洋會」會員、教員、記者、報社社長	同情革命

　　會津若松人。年少於東京從師習漢籍，畢業於東京師範學校後，任小學教員。夙即有志於大陸發展。明治 17 年（1884 年），赴上海投入東洋學館，未幾轉往福州發展無成而返國。後荒尾精之漢口樂善堂招募同志，遂赴漢口工作，結交同志。更得平岡浩太郎提攜與平岡之玄洋社志士往上海留學。彼盡全力促使荒尾設立日清

[106] 萱野長知著：《中華民國革命秘笈》，頁 359-362。

貿易研究所。後返日創辦雜誌，談論中國問題，鈴木天眼、白井新太郎等筆援之，甚影響當地人心。26 年（1893 年），任札幌之《北門新報》社記者，後任社長，發展甚大。嗣中日戰後，遭三國干涉，歸還遼東給中國，轉而對俄政策關心。在札幌設立俄清語學校，招收一般學生及收陸軍委託生。盡力教育中、俄語併研究對俄政策，以圖振作士氣。[107]

據曾村保信謂：以太平洋會很久前即以一種大陸政策推進團體而存在。革命軍興之時，即議決定了「保全中國並支援革命軍」的方針。以大竹貫一、五百木良三、中野二郎為中心人物，時與軍方或官僚們往來，但其行動頗不明確。其表面行動僅於革命軍佔領上海後，遣法學博士寺尾亨為法律顧問而已。[108]

| J103 | 中野虎郎 | 日本水上署翻譯員 | 協助革命為黨人翻譯連絡 |

自上海來日之中國革命黨，在浦鹽方面與俄國革命黨人往來頻繁，而以水面上連絡非常重要，時與金子克己向與其同住之佐賀縣人中野虎郎告知此事。中野慨然允諾願擔任此連絡工作。蓋因中野當時於水上署擔任翻譯工作，彼畢業於長崎東山學院，英語是日本人中最正確者，連外國人士亦加稱讚的。然於公務上常因健忘或誤事，遭到罰薪，至月終則苦笑不夠用。中野後曾於東京銀座街頭演出奇特行為一事，自稱虛無主義者。終因肺疾而倒下。哲人其萎，可惜其才學也。[109]

[107] 同註 52，下卷，頁 353-354。
[108] 同註 62。
[109] 同註 52，中卷，頁 383。

J104	中野金次郎	軍人？	參與丁末汕尾之役、運送軍械
J105	小出錠（定）雄	店員	參與丁末汕尾之役、運送軍械

　　1907 年（丁末）7 月，欽廉兩州革命發動之初，萱野長知由安南返日本購買軍械，以備裝備新軍之用。不幸因同盟會東京總部黨員間意見不一，致坐失購械良機。後經宮崎寅藏與萱野努力與軍火商訂立契約，購入一批軍械。再經三上豐夷擔保並介紹，雇用紀州藤岡幸十郎之二千八百噸汽船幸運丸秘密運往華南，為避免海關結關手續，先以小汽船載至門司港外六連島附近，再趁黑夜裝上幸運丸。三上特為此事派親信店員小出錠雄前往門司，與門司巴組之中野金次郎相商，由巴組設法從事此項秘密運輸工作。萱野於運輸計畫大致完成，即往東京向犬養毅報告詳細經過。犬養毅為此又將自己所有寶刀一批捐贈，以援助中國革命。萱野接此星夜載往神戶。當時由香港派至神戶聯絡之革命黨同志鄧慕韓、陳九二等，及日人陸軍大尉定平伍一、金子克己、前田九二四、三原千尋、松木壽彥、望月三郎等，由神戶乘幸運丸前往門司。萱野長知及小出錠雄則另搭汽車先往門司布置，所有人員會集後，一切計畫交由中野金次郎全權負責。萱野則在下關大張宴席，故作鎮靜，並表示與偷運軍械出口事無關。翌晨獲知一切業已就緒，乃即雇駁船乘上幸運丸，即時啟錨駛向汕頭。事前已與中國方面同志許雪秋曾有詳盡商討，幸運丸出發時，亦以電報向香港機構聯絡，約定一切有關事宜。[110]

---

[110] 同註 106，頁 106-109。另有：黑龍會編：《東亞先覺志士記傳》，中卷，頁 393-395，有相同記述；而馮自由著：《革命逸史》，第五集，頁 125-126，亦有相同事件記述可參考。

| J106 | 中野熊五郎 | 玄洋社社員、軍人 | 協助革命工作參與策劃 |

　　佐賀人。少年時就讀佐賀干城學校，明治 17 年（1884 年）赴上海入東洋學館，成績優異，時燃起經理中國雄志。當十八九歲時，因善於外國語，於海關工作。曾幫助樂善堂店主岸田吟香而深受信任。中日戰起，決捨身一搏赴上海，屢為探採敵國機密，報告當局，自動效死報國。稍後返日任陸軍翻譯。遼東之戰時從軍，戰事和緩後入日本銀行赴臺灣工作，數年後辭職再赴上海，轉入實業界，因經營不善而失敗。其間明治 33 年（1900 年），內田良平提有秘密策畫赴上海時，彼適已返日，遂參加內田之活動，並隨同赴上海。參與策畫謀議安慶之王之春起義活動，但因孫文反對而事未行。大正 6 年（1917 年）在窮途末路中而歿，年五十一。[111]

　　中山先生於 1900 年在日本與中野熊五郎等亦常有接觸。如是年 8 月 26 日：「福岡縣、長崎縣對孫文此行沿途均有探報，據稱：孫文對此行極為保密，拒絕與記者會面。僅在神戶短時登陸。一些日本人不忍孫文隻身行動，願為陪行。內田、平山由門司；林田忠五郎、遠藤留吉由橫濱；安永東之助、宮阪九郎、中野熊五郎由長崎。在船上與上述一些人討論過有關問題。」內田良平稱：孫逸仙及其一派之目的是以蘇、粵、桂等華南六省為根據地，建立一共和政體，再逐漸向華北伸展勢力，推翻愛新覺羅政權，最後統一中國十八省，在亞洲建成一大共和國。然吾等則計畫糾集土匪給予暗助，在華北舉事，占領朝鮮，以此引發日俄衝突導火線云。又於 8 月 29 日：孫文偕內田良平、平山周抵滬，中野熊五郎同船抵達。先由內田、中野上陸與英國駐滬領事聯繫，時上海正對革命黨人指名搜捕，英領事勸孫文趕快逃走。[112]

---

[111] 同註 52，下卷，頁 352。
[112] 段雲章編著：《孫文與日本史事編年》，頁 90-92。

J107	中野德次郎	實業家、眾議院議員	資助革命費用
J108	兒島哲太郎	實業家	資助革命費用

中野德次郎，福岡縣人，幼聰敏，年十五歲即着眼於煤炭業。曾進入各煤炭坑勞動。後督導多地煤炭坑開採工事，養成對煤炭事業有豐富經驗與深入知識，遂獨立經營煤炭事業，收購多處炭坑，由慘淡經營而為斯業之雄。中野夙以東亞大局為憂，與有同憂之志士往來，談論時事。自然而然地以資金投入援助活動不少。中國革命志士黃興亡命日本時捐贈數千金並一再加以庇護。與玄洋社志士交遊最密，有肝膽相照關係。直接間接對東亞問題之貢獻功不可沒。明治 39 年（1906 年）推為眾議院議員，議會解散後，專注於產業方面。創立煤炭、森林、電氣、鐵道、銀行等各公司。任職董事長或其他重要職務，活動於九州產業界重鎮。大正 7 年（1918年）歿於福岡市，年六十三。[113]

《宮崎滔天年譜》有：1899 年 10 至 11 月間，「？（日）大約此時，末永節來訪並同住對陽館，這是自泰國回日以後的初逢。一道往訪中野德次郎，中野答應為中國革命資助五千元。又去訪問福本誠，福本同意參加革命運動。」[114]

孫先生之興中會，成立一新組織名興漢會，該會隨即實行 1900 年之義舉（按為惠州之役）。此等布署就緒後，宮崎即返日本，其工作由甫自菲律賓返港之平山周接替，宮崎途次上海時，邂逅另一志士清藤幸七郎，彼亦贊同義舉，乃辭同文會職，並隨宮崎返東京。宮崎在東京繼續籌款工作，有工商界及礦業鉅子多人慷慨捐輸。宮

---

[113] 同註 52，下卷，頁 351。又：空崎滔天著，啟彥譯：《33 年落花夢》，頁 131，註 15。

[114] 同註 81；陳鵬仁譯：《宮崎滔天書信與年譜——辛亥革命之友的一生》，頁 95。

崎鑑證有一捐款人為中野德次郎，中野為九州礦業界鉅子安川敬一郎之代理。[115]

當華南舉兵之準備即將完成待發，然此事前之準備，孫所調度之軍費尚未就緒，而集合同志等也必需費用。於是，內田良平懇請兒島德次郎資助三千圓。但就孫出發等必要之費用而言，事先未永節向中野德次郎交涉及頭山滿口頭上勸說，於是決定資助五千圓。因而逐漸達到預定數字。[116]

據〈國父旅日年表〉載：「1900 年 6 月 11 日，自橫濱船赴香港。除援助菲律賓運動時之剩餘武器外，更獲得兒島哲太郎三千元；中野德次郎五千元，及內田良平領導之五百壯士之支援，……」。[117]

中山先生於《孫文學說》第八章〈有志竟成〉篇中曾紀述與中野相識事，乃係 1897 年自歐洲東返，抵日本橫濱，轉東京晤犬養毅，由犬養毅介紹日本政界人士見面，「隨而識副島種臣及其在野人士，如頭山、平岡、中野（德次郎）、鈴木等，後又識安川、犬塚、久原等。各志士之對中國革命事業，先後多有資助，尤以久原、犬塚為最。」[118]

---

[115] 王華中編著：《國父革命與日本友人》（黔人雜誌社出版，民國 73 年 7 月臺北初版），頁 124，及其註 4：《吉野加藤革命史》，頁 50；與註 6：宮崎鑑證有一捐款人為中野德次郎，見《三十三年之夢》，頁 250。中野為九州礦業界鉅子安川敬一郎之代理。關於煤礦業繁榮與援助革命人士兩事之關係，見古島之〈一老政治家の回想〉，載於 1951 年 2 月《中央公論》。

[116] 同註 52，上卷，頁 654。

[117] 陳鵬仁譯：《宮崎滔天書信與年譜──辛亥革命之友的一生》，附錄：〈國父旅日年表〉，頁 234。又：宮崎滔天曾訪中野德次郎，中野允以五千元相助，此即為惠州事件實際運動之第一步。見同註 3，頁 151。

[118] 同註 59。

J109	太田信三	軍人？黑龍會會員	參與革命工作、運送武器
J110	福田玄德	軍人？	參與革命工作、修繕武器
J111	吉田藤太	軍人？	參與革命工作、運送武器

　　太田信三，兵庫縣人，黑龍會同志。早年即為東亞問題而奔走。明治 33 年（1900 年）即開始援助孫文等之中國革命，其後與黃興深交，或在兵庫或在東京都盡力庇護黃興。經第一、第二、第三各次革命，往來於上海、廣東、香港等地，為供應武器及其他事斡旋而盡力效勞，因而為此拋棄私產不計。昭和 3 年（1928 年）病故，年四十九。[119]

　　當南京之革命軍隊為整頓而加強訓練之際，是時從日本前來南京者已達接踵而至情況，太田信三將神戶三上豐夷贈送黃興之武器，以ハドソン丸滿載而來。福田玄德是此等武器維修者，非常忙碌。吉田藤太則亦攜其他方面裝備要件前來。中田豬十郎等為陸軍部之需要而奔走張羅。[120]

J112	木下宇三郎	日本臺灣軍參謀長	協助革命工作

　　1913 年（民國 2 年）7 月夏季後，二次革命失敗，國內不少同志為之喪氣，中山先生與多數同志途經福州欲亡命日本，時福州駐在武官多賀宗之筆記謂：大正 2 年（1913 年、民國 2 年）此夏孫文在上海舉事不利，圖於廣東再舉，當黃興先於廣東一切準備就緒，促赴廣東。8 月 2 日孫文自上海乘德輪約克號出發，8 月 3 日船抵福州馬尾港獲得情報，同時廣東方面情況驟變，黃興已逃出。接到情報謂：如前往廣東極為危險。三日德輪入馬尾港，多賀登輪

[119] 同註 52，下卷，頁 164。
[120] 同註 99。

晧之。力勸暫時可觀察情勢。請改搭翌晨馬尾港中日本商輪撫順
號，先往臺灣觀察局勢，當廣東情勢有利時再前往不遲。若情勢依
然不利，為將來計可先赴他地，且德輪上較危險。孫氏與胡漢民等
一行遂改搭撫順輪赴臺灣。多賀辭別返福州，即以電報通知臺灣木
下宇三郎參謀長，請予孫文氏等一行多加保護。木下參謀長覆電已
辦理，並善意協助轉乘日郵輪伊豫號赴日本。[121]

J113	今泉三八郎	退役軍人	協助製造水雷謀炸軍艦、參與南京之役、殉難
J114	建部某	退役軍人	參與革命南京之役、殉難
J115	秋葉某	備役上等兵、警界	參與革命南京之役、殉難
J116	志村光治	退役軍人？	參與革命南京討袁之役
J117	福田某	退役軍人	參與革命南京討袁之役

今泉三八郎，佐賀縣人，海軍兵學校退學生。具有平日沉默寡
言風格青年。中國二次革命初期赴上海參加革命軍。與志村光治等
企圖炸停泊在上海機器局上游之中國軍艦。參與在居正、白逾恒等
指揮下占領吳淞砲臺及籠城之舉。又於南京掩護何海鳴。為志村之
幕下，艱苦備嘗。其間得到何海鳴之信賴，盡力為各種事奔走。南
京陷落日，亂軍中除同志志村外，櫛引某（按為櫛引武四郎）、建
部某等其他人，同於朝陽門遭敵襲擊。再逃入雨花臺何海鳴之司令
部時，二人為敵人擊斃。

因二次革命南京之戰，戰鬥極為混亂情形難以名狀，參加援助
何海鳴之很多日本人中除志村、今泉外，尚有日本服完兵役純真氣
盛之一伙人，有櫛引、福田率先加入，有十餘名參加南京革命軍而
漸陷入危險而尚不知。由於語言不通，一時欲至領事館避難，卻於

途中多被官兵殺害。其中已知名者除今泉外，尚有櫛引、建部、秋葉等三名。建部之遺骸現場令志村光治感慨者。其姓名乃從其西服之內看到「夕」字符號，始知是建部。建部者是舊藩主建部子爵之甥。家屬質問南京領事，使外務省大憤而出面交涉。於此情況下，尚有其他五六名死者姓名迄今不明。因當時與二次革命有關係在南京仍生存者，逃至領事館一律予以驅離處分。對調查行方不明戰友之下落，幾已全不可能。[122]

　　大正 2 年（1913 年）6 月梢，目的在攻佔上海，而要祛除障礙是計畫炸軍艦。由四川人吳永珊負責，隱密中進行。宮崎滔天、金子克己等秘密協助，吳之計畫案主要是有炸軍艦之裝置問題。當時在上海海軍前輩岡田、竹下等海軍大將之同期者是小杉辰三。其著手製造浮動水雷數個，謂先實施在江南機器局內河面，伺機從事襲擊軍艦，其方法是將鐵絲索兩端繫於浮動水雷上，趁潮汐下降放入河之中游，當軍艦之錨索因流水從艦兩舷側接觸，此時以電流爆發即可，此為令人括目的計畫。

　　其執行者主要是志村光治及今泉三八郎、淺倉某三名。志村以從右邊放流較甚易得手，但亦怕發生錯誤，謂要將錨索能確實連結，再行通電。彼三人以非常的決心，將浮動水雷、導火線、雷管等以二輛一輪車一併先運至龍華鎮敵地，從梅花弄附近潛入，以待時機。時正處於海陸極端警戒下，行事不易，其在水中之導火線長時間使用，雖一再試驗可以確信者，然點火試驗以高壓導火線置入雷管尖端時點火，即能引發爆炸。如此一週之非常辛勞，終於可以執行計畫，但仍須受潮汐漲落之支配：於夜中實施等關係，且無法獲得良機。[123]

---

[122] 同註 52，下卷，頁 40-41。
[123] 同註 87。

　　又另一有關記述謂：當志村光治、今泉三八郎二人對吳淞陷
落，尚生悶氣時，得知南京危急情報，戴天仇委托二人帶信給何海
鳴加以勉勵。並囑儘量協助何海鳴死守。（1913 年、民 2 年、大正
2 年）8 月 17 日二人潛入南京，進入何之總司令部以來，大的戰鬥
不斷。8 月 30 日是（日本）天長節，近日來南京形勢更緊迫。官
軍連夜定時砲擊革命軍。此時格外猛烈，官軍大批援軍又到，據觀
察終於有總攻擊氣勢。在司令部之志村、今泉、櫛引三人決定分擔
對革命軍作嚴密統制。巡檢各要點之防備狀態，便於應變對策。首
先朝陽門方面最緊急，由今泉、櫛引兩人負責。時於 9 月 1 日上午
10 時半，志村、今泉、櫛引臨別，在司令部門前日本人開設之雜
貨店，買啤酒乾杯互道：祝賀天長節，且祈武運長久。孰知此祝盃
乃是今泉、櫛引兩人與志村的永別之盃也。

　　9 月 1 日正午後，敵人終於企圖攻入南京城，一波波在進攻，
革命軍齊心應戰。何海鳴亦立於前線與志村共驅馬車向朝陽門方面
出發。途中遭紫金山砲臺之砲擊，次又逢前面步槍射擊，馬車翻覆，
馬受傷。乃率兵應戰。奮戰一小時後，朝陽門終被官軍占領。乘勢
官軍攻入城內，何海鳴見寡不敵眾，遂領殘兵向雨花臺方面韓恢陣
地後退。此間城內何之總司令部被侵入之官兵所占據，此日，日本
人有數人以上因而戰死。入夜之戰亂，試圖逆襲司令部予以奪回。
但大勢已去，無能為力。9 月 2 日也試圖對雨花臺砲臺作最後之決
戰未成，何海鳴為了後圖，終於決意退出南京。

　　入夜後，志村伴同何，變裝於城內，何潛入武定橋下之畫舫中，
而自己一人退出南京，亡命日本另請求援助方法，說明實情，由日
本領事館出面。而此援助一事，使領事館依然將志村監禁。

　　在戰爭中之大部分日本人，皆避難於領事館，而與志村同一命
運處置。此戰亂中日本僑民在避難途中為官兵所害而死者，約有
五、六名。也有很多日本人一度被官兵所捕監禁，試圖伺隙逃走，

奔向領事館。此時官兵加以射殺，而有很多犧牲者發生。此外，何
海鳴司令部被官兵進入之當時，於庭前因奮戰而戰死者有建部某。
從當時其西服之內口袋上縫有「夕」字，將之剪下交與領事館。因
建部某是舊藩主男爵建部之甥，其家屬欲知之。南京領事館發照會
答知之而很憤慨。此外，千葉縣人，秋葉某是備役上等兵。迄明治
44 年（1911 年）11 月時止，尚任職富士警察署本鄉區之巡查。廿
五、六歲亦同時戰死。二次革命之南京攻守戰，使很多日本同志犧
牲者之事發生。至今其戰死者姓氏現仍有未知。更且日本善良人民
於避難途中被中國兵凌辱之事，不論如何交涉也少有處罰的。[124]另
參見：小杉辰三等事蹟。

J118	水野梅曉（梅堯）	西本願寺中國布道僧、對中國有志會發起人	同情革命、濟助黨員子弟

　　明治 11 年（1878 年）1 月 2 日生於福山市東町，幼名善吉。……
後與根津一結識，伴同於上海東亞同文書院畢業……任曹洞宗傳教
師。明治 38 年（1905 年）在湖南省長沙開設佛學堂佈教……昭和
24 年（1949 年）11 月 21 日逝世，享年七十四歲。[125]
　　辛亥革命起義前夕，自黃興於廣州起義失敗，逃至香港時，湖
北代表居正之特使來稱，已與湖北清軍中有密約，並詳細報告所屬
部隊及人名表。且近將起義，因而急需軍費二三十萬元，若有五六
萬元請火速送下。同時黃興自香港前往武昌接應。此時武漢又電告
中山先生請求籌措軍費。黃興乃電報告知萱野長知，暗語謂武昌將
起義，速購大量炸藥運往武昌。萱野接電歡欣雀躍，擬即動身前往，

[124] 同前註，中卷，頁 517-520。
[125] 松田江畔編：《水野梅曉追懷錄，水野梅曉師略歷》，頁 5-6。

但正值古島一雄競選眾議院議員補選，在神田區選戰最激烈之際，因古島之參選乃出於萱野之慫恿，而主其事者若中途突然離開前往中國，必遭佐佐木象山、田中舍身、伊東知也等人的責難。原來古島（一雄）、田中、伊東等人皆對中山之革命，多年來直接間接素表同情，及知黃興來電報稱武昌革命即將爆發消息，咸感欣喜。而選舉結果大約在四五日內即可揭曉，萱野乃與水野梅堯（原文為堯）、貴州同志尹騫等相商，決定儘速購買黃興所要求之炸藥秘密運往。及古島當選，乃同時舉行慶賀及餞別會後，隨即搭前往下關之特快車而去。[126]

又據：〈國父旅日年表〉載：「1913（年），8、9 至 1916、4、27。西本願寺之中國布道僧水野梅曉，設立收容流亡革命黨員子弟之浩然學舍，給予援助。」[127]

水野亦為「對中國有志會」發起人之一。如：1914 年「10 月 6 日參加對中國有志會發起人會（於木挽町望安樓，參加者還有萱野長知、副島義一、的野半介、斯波貞吉、宮崎民藏、美和作次郎、古島一雄、弓削田精一、伊東知也、小川運平、和田三郎、內田良平、水野梅曉等四十人。主席田中捨身）。」[128]

J119	犬養毅	政友會總裁、首相、日本政黨領袖	協助革命、辛亥至中國活動

號木堂，幼名仙太郎。岡山縣人，負笈東京，苦學力行，入義塾，以投稿報社之稿費為學費，畢業後進入《報知新聞》社，談論時事。再為從軍記者赴戰地。後為《秋田日報》主筆。獲大隈重信

[126] 同註 106，頁 148-149。
[127] 同註 117，附錄〈國父旅日年表〉，頁 268，日文「堯」與「曉」應相通。
[128] 同註 117，陳鵬仁譯：《宮崎滔天書信與年譜》，頁 182。

知遇，任職書記官，因受排擠而辭官，再入郵便新聞社執筆，並組織立憲改進黨。是為活躍政界之始端也。明治23年（1890年）國會設立，此時由鄉里選為眾議院議員，努力發展憲政。及進步黨興起，再有自由黨，與之合併為憲政黨。明治31年（1898年）大隈重信首組憲政黨內閣，後內閣瓦解，犬養為重組分裂後之憲政黨。創立立憲國民黨，任首領。大正11年（1922年）國民黨解散，新組革新俱樂部。12年山本權兵衛內閣，任遞信大臣。13年清浦內閣時，以革新俱樂部之代表入閣，仍為遞信大臣。翌年，單獨辭職，率革新俱樂部之多數與政友會合併，並辭眾議院議員，表明隱退政界之意，然於補缺選舉時又被選出。並以政友會元老待遇。昭和4年（1929年）政友會總裁田中歿後，被推為繼任總裁。6年（1931年）若槻內閣辭職後，任內閣總理大臣。翌7年（1932年）5月15日因企圖革新國政，被少壯軍人襲擊，遭槍殺死於首相官邸。時年七十八。

　　犬養為人精幹機智，關注東亞問題，時以亞洲諸民族之解放與復興為念，係對中國革命最早注意之先知者。明治29年（1896年）彼即指導與斡旋平山周、可兒長一、宮崎寅藏等以調查為目的之秘密結社，前往中國。其後孫逸仙來日本即予庇護。後來對為中國革命而奔走之日本志士概予以臂助。夙由同志所設立之東亞會，後與同文會合併，與亞洲各國民族關係非淺。犬養與頭山滿始終共同關切後援事。當中國第一次革命（辛亥）時，前往上海，更訪武昌，與頭山滿一同努力作建議援助行為，事實顯著。犬養老來圓熟和光，已無當年叛逆兒之鋒芒，而口才辛辣無比，機智過人。胸懷東方諸民族，崇尚儒學，且有很深造詣。[129]

[129] 同註52，下卷，頁26-27。

　　又：「日本民黨領袖犬養毅氏，1855 年 4 月生於岡山縣，父為漢學家，少時熟讀四書五經，習作詩文，對孔孟等學說頗有研究，為人聰慧義俠，剛毅廉介，對中國革命夙具同情，為國父知己朋友，對中日親善，促成東方民族的復興，尤有同感。1897 年（民元前 15 年）國父由英赴日，犬養曾歡迎到東京會晤，長談甚洽，互相期許。嗣後國父每次赴日，即宿犬養氏家，備受款待。為謀中日親善，犬養曾與大隈重信、副島重臣、陸奧重光、佐藤正等組織東亞同文會，對中國愛國失敗的政治家，必以深厚的同情加以庇護。國父和黃興等的革命活動受其援助更多。1905 年（民元前 7 年）夏，國父周遊世界。再赴日本，組織中國同盟會，犬養為支援中國革命，曾與古島一雄、頭山滿、平岡浩太郎等組織有鄰會，以為同盟會之後援。1911 年（民元前 1 年）10 月 10 日武昌起義後，南京成立臨時政府。國父被選為大總統，時犬養尚在湯河原養病，三浦觀樹、古島一雄面請犬養與頭山滿二氏前往中國，犬養抱病出發。起程前夕，往訪內閣總理西園寺公望，探詢日本政府對華方針，西園寺答謂鄰國政體與日無關。再詢外相內田康哉，內田謂中國如實行共和政體，則表反對。日本或施用武力，亦將維持中國之君主政體。此方針希轉告華南革命領袖云。犬養頗不悅，謂此幼稚語，豈能轉告，希加慎重考慮。因此心猶不安。犬養以中國革命政府初創，急待解決者當為國際問題及法制問題，遂延請法學博士寺尾亨（帝大教授）、副島義一（早大教授）、松本康國（早大教授）」等隨同來華，以備咨詢。

　　犬養抵達上海時，國父曾至碼頭歡迎，並問日本元老及當局援助北方，支持君主政體之事實如何？當晚宿豐陽館，黃興專訪，面請犬養，謂：凡誤認革命黨之理想而反對者，盼日本有識之士予以糾正！犬養答以：少數頑固者絕不能代表日本之國論，民間多數有識者，均能諒解革命黨大志，並熱望文明新政，為四億同文之國民

謀幸福，我等正努力消除誤解，已報雅意。時國父欲以革命政府顧問名義，畀以犬養，犬養婉謝。回至日本，適議會預算委員會正在開會，被邀出席，在秘密會議中發表演說，並當場質問：政府對華方針，中途變化，意欲迫使中國維持帝制，此種反常識之舉動，意義何在？外相內田故作謊言謂：帝國政府之外交方針，始終一貫，迄無變更。犬養聞言大怒，厲聲責問其故作詭辯，身為大臣敢虛言惑眾，實令人不解。內田大慚，躊躇不安者久之。

　　1912 年（民國元年）1 月 20 日，日本第廿八次國會開會，犬養曾提出旅華視察報告書，謂日政府視革命黨如罪人，虐待留學生，強要君主政體，頗使南方革命黨惡感，在國策上殊為不利云。3 月 6 日預算會開會，與牧野伸顯外相大起舌戰，犬養之對華意見深為一般國民所同情。民國 2 年 3 月 20 日，袁世凱派人刺殺宋教仁於上海車站，南北對立更行激化，日本民間輿論同情南方。犬養痛感國策錯誤，乃與尾崎行雄商洽訪晤山本權兵衛首相、牧野外相，建議為中日永遠利益，勿援北抑南，如附從列國幫助北方政府，對日本不利。結果袁氏稱帝失敗，實權握在南方，足見犬養對中國外交主張頗有遠見。

　　1923 年（民國 12 年）9 月 2 日山本權兵衛內閣成立，犬養任文部大臣兼遞信大臣，當時中山先生在廣東大元帥府下令申討曹錕，賄選竊位。是年 11 月 16 日中山先生以親筆長函，託山田純三郎面交犬養，詳陳對日本外交政策之希望，以及貫徹大亞洲主張。詞意誠摯，理論透闢，懇切動人。而此函犬養藏而未復者經年。蓋因山本內閣對國父意見未盡同意也。民國 13 年 10 月 1 日，中山先生北上赴日，主要亦在面詢犬養意見，在神戶講演之「大亞洲主義」即為此函之闡揚與發揮。」[130]

---

[130] 同註 75，頁 10-14，〈國父與犬養毅〉。另：空崎滔天著，啟彥譯：《33 年落

　　1900 年（民前 12 年），惠州革命軍起。中山先生自臺灣電宮
崎，令將檀島獨立軍所購軍械，火速設法運至戰地。宮崎乃派遠藤
（隆夫）向中村（彌六）交涉軍械事。中村托故他適，而使遠藤自
赴大倉商店取械。大倉商店告以此物盡是廢鐵，祇可售給外國以求
利，絕不能施諸實用。遠藤至是始覺察中村之詐。遂以告犬養、宮
崎，於是購械之黑幕頓然暴露，眾皆集矢於中村焉。中山先生自臺
灣返日，始知此事，乃要求大倉退還械值六萬五千元，以期寧人息
事。大倉祇允出價一萬二千五百元取回原物。犬養、宮崎、遠藤諸
人皆以中村見利忘義，攻擊益力。旋又發現中村偽造函件、印章（偽
做中山先生私印、冒簽）等，尤動公憤。事為《萬朝報》所聞，將
中村欺詐行為盡情披露，舉國為之譁然。犬養以此事於進步黨名譽
攸關，派人諷中村自行脫黨，中村不允，犬養遂以總務委員之權力，
強將中村開除黨籍。[131]

　　1907 年（丁未）7 月，欽廉兩州革命發動之初，萱野長知奉命
返日本購買軍械以備裝備新軍之用。當萱野由南洋、安南銜命返
國，在長崎上陸時，即以電報告知宮崎寅藏、平山周此行任務，經
宮崎等電復購械已確無問題。萱野乃在旅邸寶屋旅館電告中山先
生，請匯款訂購，中山先生即命香港支部速電匯壹萬元應用。於是
萱野約宮崎在門司相見，偕同轉往神戶，宿於西村旅館。東京同盟
會總部復派和田三郎為代表前來。彼等為購買軍械與宮崎在大阪與
已洽妥之軍火商辦理買入手續。宮崎與蒲生敏郎、吉田正平三人協
商結果，乃決定採宮崎之案，成立契約，購入村田式短槍二千挺；

　　花夢》，自序，頁 6，註 10。

[131] 馮自由著：《中華民國開國前革命史》（一），頁 312-321，〈中村彌六之騙案〉；
　　及：馮自由著：《革命逸史》，第四集，頁 83-86。至於中村彌六之布引丸事
　　件，中村被開除進步黨經過等，見：宋越倫著《總理在日本之革命活動》，
　　頁 59-63。

刺刀、皮帶等附屬品，一應俱全；另子彈六百發，手槍三十挺。惟壹萬元相差甚多。因之，蒲生、吉田與軍火商懇商，則以賒帳方式交貨。並由三上（豐夷）之介，雇紀州藤岡幸十郎之汽船幸運丸（二千八百噸）秘密運往華南。萱野於運輸計畫大致完成，即往東京牛込馬場下犬養寓邸訪問，將購入武器經過詳加報告。犬養詢問刀劍有無具備，萱野稱僅現金一萬元，實不及購之。犬養慨然允諾好刀由其負責，希萱野於深夜乘警吏未及注意時，至犬養處領取。萱野乃投宿芝區南佐久間町之信濃屋本店，此係頭山滿一派之特約旅館，對革命黨人特予便利。萱野當囑旅館主人於深夜開啟後門，以便搬運刀劍。已而在警吏未注意時，潛出信濃屋，雇人力車前往犬養邸，犬養早有準備，親自由內室數度往返，取出新舊日本名刀，大小五十餘柄。並在皎潔之劍光中，一一加以說明。此種刀顯然係犬養平時收藏受好之物，其中尚有「關之孫六」、「佑定」等名刀。當即包裝妥善，連夜由人力車運至旅館。翌日乘火車運往神戶。犬養以日本國民黨最高位置，當此關頭，不惜冒險將心愛名刀捐贈，以援助中國革命，此濃厚人情味，實令人感動而終生難忘。[132]

　　1897 年 7 月，中山先生自倫敦經加拿大抵日本橫濱，8 月宮崎寅藏、平山周於中國調查革命黨活動情形（受外務省之託），知中山先生已抵日，乃返橫濱，初晤中山先生。中山先生決定留居日本，遂由平山周偕同往東京，初晤犬養毅。因犬養介紹得識日本政界人士及民間人士。中山先生安頓於東京，生活費用由平岡浩太郎率先負責一年，岡山之坂本金彌亦作相當援助。而中山先生居所因近滿清公使館，頗以為苦，故急欲另覓新居。後犬養設法賃租早稻田鶴

---

[132] 同註 106：頁 107-109。另見：黑龍會編：《東亞先覺志士記傳》，中卷，頁 393-394；及：馮自由著：《革命逸史》，第五集，頁 125-126。均有相同記述。

卷町高橋琢也之住宅暫居。中山先生乃常至犬養新居逗留。中山先生最愛沐浴，犬養夫人輒為準備浴水，中山先生頗以為樂。中山先生不飲酒，亦不選擇食物，所有日本餚饌均甘之如飴。平時犬養至為簡單，僅有蔬菜佐餐。某日，犬養夫人以鮮魚燒烤饗客，中山先生頗以為喜，並謂犬養夫人：「老闆娘，今晚膳食何以豐盛如此！」因中山先生不諳日語，以為「老闆娘」（御神樣）為一般對婦女之尊稱，殊不知是日人平時對妓館、酒樓女主人之稱呼。當時犬養夫人祇笑之，並不為意。不料犬養仰天大笑謂：君之日本語學自何處，余知之甚詳！中山先生平時素甚嚴謹，自此以後，即絕口不作日語矣。[133]

馮自由將犬養列為興中會前半期之革命同志謂：「犬養毅，政治家、進步黨。丁酉（1897 年）。日本進步黨領袖，由宮崎介紹孫總理相識，吾國革命黨人歷年在日本活動，大得其助。」[134]

中山先生特於《孫文學說》第八章〈有志竟成〉篇中明確指出與犬養相識等情形。乃於 1897 年（民前 15 年）8 月 2 日首次晤面，謂：「抵日本後其民黨領袖犬養毅遣宮崎寅藏、平山周二人來橫濱歡迎，乃引至東京相會。一見如故，抵掌談天下事，甚痛快也。時日本民黨初握政權，大隈為首相，犬養為之運籌，能左右之。後由犬養介紹，曾一見大隈、尾崎等，此為予與日本政界人物交際之始也。隨而識副島重臣、及其在野之志士，如頭山、平岡、秋山、中野、鈴木等，後又識安川、犬塚、久原等。各志士之對中國革命事業，先後多有資助，尤以久原、犬塚為最。」[135]

---

[133] 宋越倫著：《總理在日本之革命活動》，頁 46-48。即古島一雄著：〈革命談薈〉；另與：陳鵬仁譯著：《孫中山先生與日本友人》，頁 26。即古島一雄著：〈辛亥革命與我〉，頁 26。二者有部分內容迻譯相似。

[134] 馮自由著：《革命逸史》，第三集，頁 49。

[135] 同註 59。

J120	犬塚信太郎	實業家、滿鐵理事	資助並參與革命、庇護革命黨要員

　　佐賀縣人，東京高等商業學校畢業，明治 23 年（1890 年）任職三井物產公司；39 年（1906 年）於南滿洲鐵道公司創立時任理事至大正 3 年（1914 年）。是對中國革命暗中援助者。自二次革命至第三次革命期間，陳其美在浙江與滿洲策動起義時，暗中均予很大後援。由陳其美、蔣介石主持之浙江省舉事時亦為之策劃。犬塚通過滿鐵之上海駐在員山田純三郎繼續援助。當時參與策劃革命運動者有志村光治、金子克己及其他來自滿洲之津久居平吉等之非職業軍人等，非常感激。更另於為革命運動盡瘁之中日志士遭到官方鎮壓而挫折際，仍努力加以保護。如現在國民黨系之有力人士戴天仇、商震等是最受庇護的一伙。始終為革命運動之金子克己在滿洲圖舉事，被捕下獄時，本於發揮俠義而相助。金子屢屢累及犬塚，彼不因顧忌而固辭。且將滿鐵薪給全部為他人散盡而不惜。凡往來滿洲之志士均蒙受其有形無形之援助。是為實業家出身少有之具備偉大風格的人物。滿鐵退休後轉任立山水力電氣公司、大湊興業公司等要職。仍活躍於實業界。不幸於大正 8 年（1919 年）12 月病故，時年四十六。[136]

　　又當二次革命在南京攻戰正酣時，於此機會在滿洲發動革命，以威脅北京。於是戴天仇等與金子克己同赴大連。此時南京之失敗消息終於傳到。商震自天津經奉天來大連以迎突然而來的戴天仇。因而受到滿鐵理事犬塚信太郎之庇護，犬塚在大連霧島町之山本唯三郎的家，以山本瀧四郎名義租下，提供戴天仇與金子克己同住，進行華北之計畫。[137]

---

[136] 同註 52，下卷，頁 27-28。
[137] 同註 52，中卷，頁 521。

又犬塚信太郎是中山先生在日交遊的知友之一，為明治時代三井公司有名的實業家，曾服務英國倫敦分公司五年，適當 1896 年，中山先生在倫敦蒙難，他因傾慕此革命偉人，乃由相識而訂交。犬塚為人慷慨豪俠，富正義感，對中國革命資助不少。中山先生在《孫文學說》第八章中，對這位志士義行備加讚揚。當 1905 年中國革命同盟會在東京成立，要派同志返國發動各省革命起義，所需經費甚多，犬塚常有資助。同盟會總部，曾發行義餉憑單，他亦參與計畫。此憑單為橫式，中央印有「中華革命軍義餉憑單」九字，正下有青天白日滿地紅國旗交插其中，再下為「拾圓」兩大字，右上有「中國同盟會本部發行」九字，左下即有「黃帝紀元四千六百零九年月日押」，背面有要則，原文如下：「1.本部為接濟各地義軍軍需起見，特發行此義餉憑單，分百圓、五拾圓、拾圓、伍圓四種。2.新政府成立後，持此憑單者，可向新政府銀行照數取換國幣。3.持有此憑單者，在本國內無論何處，均可通用。4.本憑單得由所有者移讓於他人。5.本憑單發行時，蓋有三印為憑，如未蓋印，及印跡不符者，作為廢紙。」1913 年（民國 2 年）2 月，中山先生再赴日本，決重整革命組織，籌創中華革命黨。犬塚對當時中山先生之處境，甚為同情，曾與頭山滿商議，設法資助。同年四月，犬塚又介紹中山先生與實業界名人澀澤榮一、大倉八郎、安田善次郎等會晤，籌設中國興業株式會社（公司），協助中國經濟建設。[138]

1914 年，山田純三郎得知東北本溪湖的馬賊將攻擊瀋陽，以打倒張作霖的消息，遂與陳英士和戴季陶到大連，滿鐵理事犬塚信太郎介紹以滿鐵醫院做根據地，籌畫一切。但未能成功。隔年，黑龍江方面的軍閥跟國民黨聯絡，說要打倒張作霖，欲國民黨派人與之聯絡，所以蔣中正、丁仁傑與山田純三郎便往東北去。其時，蔣

[138] 陳固亭著：《國父與日本友人》，頁 46-48，〈國父與犬塚信太郎〉。

先生以石岡化名，下榻長春之名古屋大飯店（即戰後之第一大飯店），以便與內地聯絡，而山田則至哈爾濱和察哈爾與他們聯絡，但未成功。然因此，第三次革命之準備有就逐漸就緒，可是革命需要錢。這時，犬塚氏卻將其於滿鐵退休所得的整個退休金（為十六萬元），加上向貝島太市、相生由太郎、田中隆等借來的錢三十萬元，交給中山先生。中山先生寫了收據給他，但他卻無意中將收據撕破，並放進火爐將它燒掉。[139]

| J121 | 五百木良三 | 「太平洋會」、「對支同志會」會員 | 同情革命 |
| J122 | 田邊安之助 | 「對支同志會」會員 | 同情革命 |

　　據曾村保信謂：太平洋會很久以前即以一種大陸政策推進團體而存在。革命軍興之時，即議定了「保全中國並支援革命軍」的方針。以大竹貫一、五百木良三、中野二郎為中心人物，時與軍方或官僚們往來。但其行動頗不明確。其表面行動僅於革命軍佔領上海後，遣法學博士寺尾亨為法律顧問而已。[140]

　　又據曾村保信記述云：1913年，討袁之役二次革命時，三井物產社員提出與中國興業株式會社計畫併行的，著名的滿洲收買計畫。旨在利用孫文在二次革命時的資金困窮，給予二師團的武器，以及二千萬元的現金來換取滿洲的利權計畫。惟因二次革命的失敗與山本內閣的反對而胎死腹中。而當時從事復辟運動的張勳正和革命軍作戰，9月1日對南京的日本國旗加以侮辱，且殺害了兩名日

---

[139] 山田純三郎著：《辛亥革命與孫中山先生的中日聯盟》。載於：陳鵬仁譯著：《論中國革命與先烈》，頁240-241。及參見：蘇得用：〈三田純三郎與中國革命〉，載於：《三民主義半月刊》，第28期，頁63。
[140] 同註62。

本人，乃引起日本輿論的沸騰（即所謂南京事件）。在此之前，即
有過袞州事件（8 月 3 日）、漢口事件（8 月 11 日）等。本來就受
這兩個事件刺激的日本民心，此時益加激昂。於是，犬養毅、頭山
滿、內田良平、五百木良三、平山周、古島一雄、萱野長知、田邊
安之助等「對支同志」，乃與國民黨（日本）、政友俱樂部、政友院
外團、立憲日本青年黨等政黨或團體漸漸聯合起來，督勵政府，發
佈了強硬措施的宣言。其中，以擁護南方政策而結集的「對支十三
團體」也聯合起來，稱之為「對支同志聯合會」。[141]

J123	戶水寬人	？	同情革命

　　馮自由記述稱：（1897 年，8 月），「未幾中山自倫敦至日本，
時宮崎、平山周、可兒長一三人，曾於丙申（1896）年，以犬養毅
之推薦，被派赴中國調查各省民黨情形，剛事畢歸國，遂訪中山於
橫濱，握手言歡，共商大計。旋約中山同居於東京麴町區，因其時
日本尚為租界制度，不許外人雜居內地。三人乃求助於犬養、平岡
（浩太郎）二氏，以聘用華語教習為名，得免警察干涉，後復遷至
早稻田。中山於是漸與彼都人士相結納，如東亞同文會副會長副島
種臣、進步黨首領大隈重信、犬養毅、尾崎行雄、大石正己，及頭
山滿、秋山定輔、內田良平、伊東正基、末永節、副島義一、寺尾
亨、戶水寬人、福本誠、山田良政、山田純三郎、原口聞一、遠藤
隆夫、山下稻、清藤幸七郎、島田經一、萱野長知、池亨吉、中
野、鈴木、安川、犬塚、久原諸人。均先後訂交，直接間接頗得
其助。」[142]

---

[141] 曾村保信著，李永熾譯：〈辛亥革命與日本輿論〉，《大陸雜誌》，第 35 卷，
　　 第 1 期，（民國 56 年 7 月 15 日出版），頁 27-28。
[142] 馮自由著：《中華民國開國前革命史》（一），頁 303-304，〈日志士與中山〉。

J124	內田良平	學者、黑龍會會員、有鄰會會員	資助並參與革命工作

　　號硬石，福岡縣人，生於明治 7 年（1874）2 月，父名良五郎，叔父平岡浩太郎（亦為中山先生知己），幼時對漢學頗有修養，少年喜交遊，志願赴國外旅行。1898 年 6 月，內田赴俄國省親後，住東京，由宮崎寅藏陪中山先生訪內田，盼能助中國革命，如果成功，中國即可要求俄國歸還侵地，如中日密切合作，更不足慮。內田允諾如中國革命早於日俄戰爭，則必助之。此後長相過往，此為二人訂交之始。1900 年 1 月，中山先生寓橫濱，內田及宮崎寅藏、末永節、清藤幸七郎等往東京，與中山先生再度會晤，暢談中國革命，中山先生告以廣東不日將舉兵起義，佔廣東為根據地，請之協助（即指庚子惠州之役）。內田詢舉兵之資金及武器準備如何？中山先生答以廣東各地富豪擁有民兵，購有槍械，可作起義之用，更望爾等援助。內田慨允，即和末永節商議，向煤礦家中野德次郎借日金五萬元，以助廣東起義。同年 3 月，北京將發生拳匪之亂前兩個月，革命黨人文廷式來日謁見中山先生時，內田適在座，謂義和團日漸猖獗，定 5、5 月舉兵，此吾黨之良機云云。乃作起義準備。令內田往大阪訪大隈伯及犬養毅兩氏請求援助，並組織日本志士，待機而發，內田返福岡向親戚兒島哲太郎說明詳情，得金三千圓赴各地聯絡同志，見義勇為，能效命者達三百餘人。從 1900 到辛亥革命（1911 年）10 年間，內田創立黑龍會（1901），主張日俄戰爭。組織有鄰會（1911），贊助中國革命，迭次與中山先生晤談貢獻殊多，1912 年中華民國成立，中山先生就任臨時大總統，於元年 1 月 15 日，委任內田良平為外交顧問，宋教仁曾兩次專函內田致謝，同年 1 月 24 日，內田與三井株式會社上海支社商洽貸款給中華民國政府購買軍械彈藥。[143]

---

[143] 陳固亭著：《國父與日本友人》，頁 75-77，〈國父與內田良平〉。

　　馮自由云：「內田良平，日本學者、黑龍會，庚子。（及：退職軍人，香港，興中會）日本黑龍會幹事，庚子隨孫總理至香港數次。」列其為興中會前半期革命同志之一。[144]

　　宮崎滔天（寅藏）謂：「孫逸仙於菲律賓獨立運動失敗後，而很成功地獲得五百萬發彈藥。自此後即着手中國革命的大運動。明治 33 年（1900 年）春，日本同志內田良平、清藤幸七郎與我、法國米爾（メール即 Pierre Mille），前往華南。同時島田經一、末永節等往上海，會同該地居留之安永藤之助、尾崎行昌、柴田麟次郎、平岡浩太郎等同志積極共謀，為其時舉事而準備，一俟電許立即趕往參加。……」[145]

　　當華南舉兵之準備即將完成待發，然此事前之準備，孫所調度之軍費尚未就緒，而集合同志等也必需費用。於是。內田良平懇請兒島德次郎資助三千圓。但就孫出發等必要之費用而言，事先末永節向中野德次郎交涉及頭山滿口頭上勸說，於是決定資助五千圓。因而逐漸達到預定數字。[146]

　　據〈國父旅日年表〉載：「1900 年 6 月 17 日，自橫濱船至香港。除援助菲律賓運動時之剩餘武器外，更獲得兒島哲太郎三千元；中野德次郎五千元，及內田良平領導之五百壯士之支援，……」。[147]

　　《宮崎滔天書信與年譜》一書中載：1900 年 6 月？日：「在船中會議，受犬養毅意，提議與人在星嘉坡的康有為合作，孫中山贊成。接受兩廣總督李鴻章所提要與孫中山會談的提議，同時接受會談時對於孫中山的生命保障，和為償還亡命中的負債借款十萬兩的

[144] 馮自由著：《革命逸史》，第三集，頁 50；及第四集，頁 52，有相同記載。
[145] 宮崎滔天著：《支那革命軍談》（東京法政大學出版局發行，1967 年 9 月 10 日第一刷發行），頁 53-54。
[146] 同註 116。
[147] 同註 117。

條件，並決定將此筆項移用於起義。內定日本人義援軍總領福本誠，監軍內田良平。」[148]但此事於後來並未成功。

〈國父旅日年表〉有：「1905 年 7 月 30 日，於東京赤阪區檜町三番地黑龍會（內田良平宅）召開中國革命同盟會籌備會，除無留學生之甘肅外，十七省代表共七十餘人參加。日本人參加者：宮崎滔天、內田良平、末永節等十人。」[149]

1911 年（明治 44 年）11 月上旬，由小川平吉、內田良平組織有鄰會，至 12 月中旬，清廷與革命軍在上海和談時，日本政府欲以武力干涉的謠言到處流傳，因此東亞同文會、（日本）國民黨及太平會等聯絡，重組為善鄰同志會，乃以支援中國革命為宗旨。[150]

1914 年 10 月 6 日，內田良平，參加中國有志會發起人會。[151]內田良平於民國 19 年（昭和 5 年、1930 年），3 月 27 日，在東京神田區北神保町十番地，中華留日基督教青年會，舉行：日本友人追懷孫中山先生座談會，第五次座談會中內田良平自稱：「次年（指 1899 年），菲律賓起了革命，那詳細的事情，平山同滔天（宮崎寅藏）二人是知道的。我的任務是布引丸出發的時候，錢不夠了，又要想買兵器裝在裡面，所以平岡推薦了中村彌六請他往陸軍省交涉，經過大倉喜八郎之手，遂將兵器從門司上船，因為錢不夠，所以媒炭沒有，後來託我叔父買了點媒炭裝在裏面。……」[152]

---

[148] 陳鵬仁譯：《宮崎滔天書信與年譜——辛亥革命之友的一生》，頁 98。
[149] 同註 148，頁 247，〈國父旅日年表〉。
[150] 同註 62。
[151] 同註 148，頁 182。
[152] 同註 138，頁 145。

J125	日下某	？	參與丁未汕尾之役運送軍械

　　萱野長知於 1907 年（丁未）6 月，奉中山先生命回國購械，
為欽廉義師之需，以欽州防城縣之白龍港接械不便，乃變更計畫，
擬剋期運至惠州汕尾港（海豐縣），接濟許雪秋起事。馮自由由香
港電會長崎轉萱野日金一萬圓，萱野由山下汽船會社主人三上豐夷
及宮崎之助，購入軍械一批及犬養毅所贈古刀一批，僱用幸運丸運
送，「日本同志願乘船赴戰地效力者，除萱野外，尚有陸軍大尉定
平伍一及前田九二四郎（宮崎寅藏義弟）、金子克己（長崎東洋日
之出新聞社長）、三原千尋、松木壽彥、望月三郎、日下□□諸人。
至六月中旬，萱野遂電告香港馮自由，使速派熟悉汕尾地勢之引港
人渡日，以供幸運丸航行之指導。」[153]

J126	日野強	陸軍大佐	協助革命、助革命黨人脫難

　　伊豫小松町生。父常吉，強為次男。年少入愛媛縣師範學校求
學，一度任小學教師。後立志進入陸軍教導團，再入士官學校。中
日之役時，以步兵中尉出征，轉戰各地。明治 35 年調參謀本部，
派遣至滿韓國境方面，於日俄開戰之前，努力調查對俄戰備。當時
彼為大尉，大膽執行使用中國人密探，在俄國旁進行任務。開戰時
於第一軍司令部，率兵先渡鴨綠江佔領昌城，以勇敢馳名。戰爭期
間升為少佐，任步兵第三十聯隊大隊長，轉戰各地。39 年受命派

---

[153] 馮自由著：《革命逸史》，第五集，頁 125-126，〈丁未惠州汕尾運械失敗實
　　錄〉。及：馮自由著：《中華民國開國前革命史》（二），頁 182-183。其內容
　　相同。但：日本同志願乘船赴戰地效力者，據萱野長知著：《中華民國革命
　　秘笈》，頁 109；及：黑龍會編：《東亞先覺志士記傳》，中卷，頁 395。均列
　　如前書人數與姓名共七位，而無「山下某」其人，今姑列之，容待再考證。

往中國及英屬印度，同年秋至北京，自保定上原多市而至陝西之潼關。經甘肅至哈密、烏魯木齊。再訪西湖各地，到達伊犁。更經喀喇沙爾、庫車、阿克蘇、喀什噶爾等。翻越喀喇崑崙之一萬一千五百呎高山，橫貫喜瑪拉亞山脈走出印度。此實為日本人前所未有之大探險旅行。更巡行於印度各地，於 40 年 12 月返國。其間歷一年四個月，行程實達七千里。事聞於明治天皇，召至御前，以一少佐在御前演講，甚為光榮。乃以《伊犁紀行》就探險成果，調查詳密，作為報告，甚得學界重視。45 年（1912 年）又派往中國，於陝西省從事諜報任務。第二革命時，同情李烈鈞一派之革命派，藉暫時權力予以援助。當李因事敗而陷於困境時，以自己寓所藏匿之，遂能得以無事脫困。蓋於當時，日野將李藏匿於穿通的衣櫥之底。以此奇計得以無事，而亡命日本，遂成為有名話題。大正 2 年返日，於「偕行社」試為演講中國事情時，與長官發生爭論，發揮其平素頑固性情而不休。其間升至大佐，編入預備役。後赴山東，居住於青島從事實業。日中合辦經營罐頭、煉瓦等公司，依然有志於關注中國問題，一面與宗社黨人士往來；一面與革命志士交往。為東亞大局而策劃，在中國人間非常有信譽。後因青島歸還等問題時，彼被在地日人推為對當局訪問之陳情委員長而歸國。大正 9 年（1920年）於綾部長逝，年五十六。[154]

J127	日野熊藏	現役步兵大尉	協助革命、協辦青山軍事學校、研製炸彈

　　革命黨以武力舉事必需準備強有力之炸彈，而此有賴於陸軍大尉日野熊藏之研究。日野大尉是赴歐洲研究飛行術的。為日本在飛

---

[154] 同註 52，下卷，頁 714-715。

行界之搖籃時代與德川好敏大尉同為有「飛行將校雙璧」之稱的少壯軍人。在革命黨依賴其研究炸彈時，其已發明獨特的自動手鎗，此一發明才能引起部分人士之注意。日野大尉慨然允諾末永節之請託而苦心研究。當製造投擲彈漸達成功之理想，潛入箱根之山中在羽田做實驗結果，頗有很好之爆破力。革命志士們非常興奮。於黃興之神樂坂寓所有一枚投擲彈爆發，而震驚四鄰，幸因交遊廣而無事。遂籌措費用六百圓，秘密製造大量此種炸彈，以便及時使用持往中國推出。此種炸彈後命名為日野式投擲彈，獲外國專利權及兵器之專賣特許權。於武昌革命前，四川鐵道國有問題動亂時，圖暗殺新任命之四川總督端方，自東京急派往漢口之革命黨決死志士五人，即攜此投擲彈成行。[155]

另據胡毅生稱：「癸卯（即 1903，民前 9 年）春暮，余居東京，得悉國父已返橫濱，偕同鄉赴訪。數日後得國父函約會於芝區對陽館，為竟夜之談，眾人之意，以為欲從事革命，必得通曉軍事學，現時清公使館方取締私費生習陸軍，個人對此，甚感失望，國父謂當與日友謀之，我有解決之法並命余等填寫盟書，以示決心。（其誓詞與後來同盟會者完全無別），數日後國父挈余等同訪犬養毅，同行者尚有馮自由、李自重（馮君之妻弟）、李錫青（梅縣人，為劉立群介紹，其父為北洋水師艦長）三人，由國父介紹相見，以筆談通款曲。歸途國父告余等，所謀已有眉目，俟覓得教官後，當設一學舍為軍事學之研究。其後由犬養毅介紹少佐小室友次郎（應為小室健次郎），及步兵大尉日野熊藏，來任教官，小室為退職軍人，素有志贊助中國革命，與國父有舊。日野則為現役軍人，任職於東京兵工廠，嫻英語，研究波耳戰術極有心得（即南非洲杜蘭斯窪抗英獨立戰役時，波耳人〔Boer〕所用之戰術），且精於兵器學，有

---

[155] 同註 52，中卷，頁 373-374。

日野式自動拳銃（即手鎗）之發明。商定由同仁等自賃一屋同寓，日間自習普通學及日語，夜間則教授戰術及兵器學。初賃屋於牛込區，後以其離日野居過近，來往時易令警察注意，乃遷至青山練兵場附近，使每日得觀近衛師團兵種之教練，夜間則輪派二人至日野家，聽授講義，歸而述之，如是者可六閱月。初居牛込區時，推翁（右釜）、鄭（日功）二君教授數學（二君嘗為清華教師），後應聘回國任教。而推余承其乏。既遷青山，又以人數減而費用大，故由諸人各就所知者介紹入社。但因介紹入社問題或藉端請求退出等種種爭執，遂至全體議決解散，余雖盡力斡旋，卒無法挽回。而同學諸人，遂各散東西。此為國父於同盟會成立前手創之一秘密組織，其成就雖不大，其事亦不可不記也云。」[156]

馮自由將日野列為興中會後半期之革命同志：「日野熊藏、現職軍人、革命軍事學校、癸卯。癸卯（1903 年）夏總理自越南蒞日本，因清政府不許私費生入日本陸軍學校，乃與日友日野熊藏秘密組織革命軍事學校於東京青山，以便同志學生研究軍事。日野為彼國軍事學有名之炮兵大尉，教學有方，諸生甚敬仰之。」[157]

J128	北爪正吉	陸軍特務曹長	協助革命工作

北爪正吉，山形縣人，陸軍特務曹長，成年服兵役。中日戰役出征有功，戰後返國，憤三國干涉戰爭，為圖報復俄國，於札幌之俄漢語學校學習俄語。受中野二郎之影響而赴西伯利亞，再往滿蒙

---

[156] 馮自由著：《革命逸史》，第五集，頁 40-42：「東京革命軍事學校補述」；《國父年譜》，增訂本上冊，頁 165-167；並見：胡毅生：〈同盟會成立前二三事之回憶〉（《革命文獻》第二輯，頁 108-109）。又：馮自由著：《中華民國開國前革命史》（一），頁 308：「日本志士與軍事學校」亦有簡述。

[157] 馮自由著：《革命逸史》，第三集，頁 90。

及朝鮮地方，視察三年。日俄戰起，及受立見尚文將軍知遇，訓練馬隊及負其他重要任務，縱橫活躍於滿蒙之原野。戰後與黑龍會主要幹部內田良平等為朝鮮問題盡力。其後中國革命時，為援助革命黨而奔走。大正 11 年（1922）11 月亡故，年四十一。[158]

| J129 | 田中昂 | 田中印刷工廠主人 | 協助革命、代印製中央銀行鈔票 |
| J130 | 村山某 | 大藏省之圖案技師 | 協助革命、代設計中央銀行鈔票圖案 |

　　萱野長知稱：「1907 年（丁未）10 月，欽、廉二州之役失敗後，中山偕黃興、胡漢民、率法國退役士官及安南同志百數十人襲擊鎮南關，攻佔三要塞，收其降軍，並圖集合十萬大山友軍進攻龍州，而友軍道遠未能及時到達，乃與清軍數千之眾鏖戰七晝夜，終告失敗，遂退入安南。於此役發動之前，原欲使用之軍票，係由東京日本橋區五庄堂主人田中昂親為秘密印製中華民國中央銀行紙幣三百萬元。由同志田桐運往河內，不幸為海關發覺，予以扣留，雖一再說明此係革命軍之鈔票，請求發還而未獲准。經安南海關電向法國政府請示而延擱時日，雖經發還，但鎮南關之役已失敗，失去使用機會，極感遺憾。此中央銀行鈔票，係革命成功後，為中央政府設立中央銀行所預先印製者，在中央政府基礎確立前，目的作革命軍軍票之最初通用。此乃中山委囑著者（萱野長知）所印製，著者又委託當時美術印刷技術最精之田中昂印製。田中復請大藏省之圖案技師村山某代為製作，然後在其家鄉巢鴨駒込町之田中印刷工廠印刷。完成後在由工廠雇車運往東京日本橋室町之五庄堂途中，因搬運不慎，其中一束遺落道中，而為當地富士警察署所拾。以為偽

---

[158] 同註 52，下卷，頁 657。

造紙幣，關係重大，當即報請警視廳查辦，著者被數度傳詢，幾經說明。解釋鈔票主文為中央銀行，當時中國各省並無此名，如謂是偽造紙幣並無任何價值，況且中山在國際上之關係，日本無必要對此問題涉及。了解後即予發還。此後數年，經過居正、陳中孚等於山東發動第三次革命時：再將之運至濰縣作為代用軍票，開始流通。其後中山於廣東任命宋子文為創辦中央銀行之總裁。此即今日法幣之始。」[159]

| J131 | 田中隆 | 實業家（航運界） | 協助革命、運送軍械 |
| J132 | 日高進 | 上海三井支店職員 | 協助革命、運送軍械 |

田中隆，原籍日本山口縣，生於長崎，為人慷慨豪俠，富正義感，青年時期，立志從事商船運輸，由海員養成所畢業後，入日本三井物產公司服務。1914 年 7 月。因犬塚信太郎之介紹，在東京與國父相識。時歐洲大戰正開始，海運頻繁，田中辭去三井職務，自組海運公司，購買二千噸至五千噸商輪五艘，經營海運，獲利甚多。其中有德製長府丸，專供秘運武器彈藥，航行於揚子江及中國海岸，接濟革命軍，由上海三井支店職員日高進隨輪押運，負責聯絡，並派日高至廣州謁見國父請示，曾奉命速運彈藥送交桂林革命軍。當時有臺灣總督之代表、浪人神林虎男也至廣東，探知此事，竟電告日本外務省，下令馳往中國之長府丸，立即回航返日，否則將逮捕日高，船主田中亦受嚴重警告，祇得暫停義舉。認為事與願違，非常遺憾。國父悉知詳情，予同情並心感之。1918 年（民國 7 年）6 月上旬某日，國父自臺北乘輪抵山口縣之下關漁港，偕宮崎寅藏於大吉樓旅社重晤田中隆，三人感慨萬千，田中表達過去未竟

---
[159] 萱野長知著：《中華民國革命秘笈》，頁 111-113。

全功之慚愧，仰慕國父高潔人格，願寄望中日兩國之強盛與忠誠合作，祝福共同努力。國父感而書「至誠感神」四字相贈，並贈蓮種數顆，以象徵高潔之君子之交。[160]

J133	田中舍身	對中國有志會發起人	同情革命
J134	弓削田精一	對中國有志會發起人	同情革命

　　辛亥革命起義前夕，自黃興於廣州起義失敗，逃至香港時，湖北代表居正之特使來稱，已與湖北清軍中有密約，並詳細報告所屬部隊及人名表。且近將起義，因而急需軍費二三十萬元，若有五六萬元請火速送下。同時黃興自香港前往武昌接應。此時武漢又電告中山先生請求籌措軍費。黃興乃電報告知萱野長知，暗語謂武昌將起義，速購大量炸藥運往武昌。萱野接電歡欣雀躍，擬即動身前往，但適值古島一雄競選眾議院議員補選，在神田區選戰最激烈之際，何況古島之參選係萱野所慫恿，若主其事之萱野中途忽然欲前往中國，必遭佐佐木象山、田中舍身、伊東知也等人的責難。原來古島（一雄）、田中、伊東等人皆對中山之革命，多年來素為同情，及知黃興來電報稱武昌革命即將爆發內情，咸感欣喜。而選舉結果在四五日內即可揭曉，萱野乃與水野梅堯（原文為堯）、貴州同志尹驀等相商，決定儘速購買黃興所要求之炸藥秘密運往。及古島當選，乃同時舉行慶賀及餞別會後，隨即搭往下關之特快車而去。」[161]

　　田中舍身亦為參加對「中國有志會」發起人會之一，如：《宮崎滔天年譜》載：1914年「10月6日參加對中國有志會發起人會

---

[160] 陳固亭著：《國父與日本友人》，頁98-101，〈國父與田中隆〉。
[161] 同註126。

（於木挽町萬安樓，參加者還有萱野長知、副島義一、的野半介、斯波貞吉、宮崎民藏、美和作次郎、古島一雄、弓削田精一、伊東知也、小川平吉、小川運平、和田三郎、水野梅曉等四十餘人，主席田中舍身）。」[162]

J135	**田野橘次(治)**	日本《同文滬報》社長	協助革命工作

　　兵庫縣人，是宮崎寅藏的知友。早年受業於京都同志社，是一位虔誠的基督徒。在京都時又入荒尾精（參謀本部情報員）門，研究東亞問題。後至東京，入今早稻田大學之前身東京專門學校，與井上雅二等交遊，討論中國問題。畢業後赴中國留學，在廣州認識康有為，並在萬木草堂任過教，後支援康、梁變法運動，並在澳門從事新聞記者活動。1900 年自立軍運動時，協助唐才常在上海創立正氣會。該會則稱東文譯社，故田野說：「正氣會設於上海英租界。唐君等皆因滿清政府之注目，不能公然揭示該會之宗旨，故偽名之曰「東文譯社」，以余之名為社主，大書揭諸戶端。」[163]

　　東亞同文會對唐才常自立軍運動的援助，田野橘次、甲斐靖等都參加了漢口舉事工作。唐才常在上海、武漢兩地設立的秘密機關都借用他們名字以作掩護。田野說：唐君就縛之前夕，張之洞突然派兵以圍其居留地且四處密捕。蓋有人陰以黨人名單送諸之洞，故之洞按名搜捕，且盡縛其餘族。……唐才常等被捕後，田野及羅孝高等電請東亞同文會近衛篤磨會長設法營救，大隈重信、板垣退助、犬養毅、三浦樓梧等名流都願致電張之洞求釋放，惟近衛則拒之。[164]

---

[162] 同註 128。
[163] 彭澤周著：《近代中國之革命與日本》，頁 33-34、註 6。
[164] 同前註，頁 21-22。

庚子春，唐才常在滬設東文學社為運動機關。其友人田野橘次
發刊同文滬報。日鼓吹改革，頗稱得力。唐旋發起正氣會，招集同
志，計畫起於兩湖，後復改名自立會。[165]

又唐才常初至上海，假日人田野橘次教授日文名義，創設東文
社，實則為自立會之運動機關。田野初任橫濱大同學校日文教員，
後在澳門充知新報譯員。日人之助康、梁者，以田野為最。在上
海出版之同文滬報，亦田野所創，未幾病終於上海。時才常尚未
失敗也。[166]（田野橘次或寫為田野橘「治」，如東亞先覺志士記傳，
下卷。）

馮自由將田野列為興中會前半期之革命同志，如：「田野橘次，
日本，報界，《同文滬報》，己亥。上海《同文滬報》社長，抨擊清
政府甚力，庚子，唐才常及一般維新志士恃為喉舌。」[167]

J136	甲斐靖	陸軍步兵中尉、教員	參與武昌革命負傷、山東濰縣之役
J137	石間德次郎（二郎）	軍人？	參與武昌革命、戰死於漢水
J138	小高	軍人？	參與武昌革命
J139	大谷	軍人？	參與武昌革命
J140	小柳	軍人？	參與武昌革命
J141	河村某	軍人？	參與武昌革命

當武昌革命時，應黃興電招，萱野長知與日本同志一同趕往武
漢者，前後人數不少。齊集武漢者有：萱野長知、末永節、金子克
己、三原千尋、嘉納清藏、岩田愛之助、大松源藏、布施茂、甲斐

---

[165] 馮自由著：《中華民國開國前革命史》（一），頁 127。
[166] 同前註，頁 306：〈日本志士與漢口之役〉；另：頁 67、69：〈正氣會之成立〉。
[167] 同註 157，第三集，頁 47。

靖、金子新太郎、高橋正夫、吉川清、吉田親一、龜井龍雄、垣內喜代松、石間德次郎、齋藤慶次郎及小高、大谷、小柳、河村某等等。小山田劍南是《大阪每日新聞》特派員，活躍於漢口。萱野與大原武慶少佐、野中保教大尉於武昌會面，在黎元洪監視武昌之同時，日本同志擁黃興進入漢陽第一線戰鬥。[168]參閱：垣內喜代松事蹟。

　　武昌起義後，擁立黎元洪為統帥，並頒必要之佈告。此處黃興、宋教仁更加監視，先是湖北之清軍與江上之軍艦響應革命軍。黎元洪又被推為鄂軍都統，統率全軍，武昌平定後，黃興親為前敵總司令，立於第一線。武昌江岸下游之湖北清軍師長張彪率官兵邊逃邊戰。欲圖夜襲之同志三原千尋、石間德次郎等乘小舟趁暗以圖強襲，在敵人猛烈炮火下，石間終於陣亡。[169]

　　唐才常自立軍原定 8 月 9 日在漢口、大通等地同時起事，東亞同文會員甲斐靖在武漢一帶調查軍情，井上雅二在南京地區偵探實況，都是為了協助唐才常的起事而在暗中積極地活動。[170]

　　東亞同文會對唐才常自立軍運動的援助，田野橘次、甲斐靖等都參加了漢口舉事工作。唐才常在上海、武漢兩地設立的秘密機關都借用他們名字以作掩護。田野說：唐君就縛之前夕，張之洞突然派兵以圍其居留地且四處密捕。蓋有人陰以黨人名單送諸之洞，故之洞按名搜捕，且盡縛其餘族。翌朝聞而悔，然已無及。於時日人甲斐氏以同居之故，亦被縛，實違反外交國際條約，日領事請赦於清朝官吏，官吏用頑固之言以拒，經領事往返再三，說以利害，始許釋放，送之領事館。然甲斐氏被縛，受劍刺銃打之苦，雖非深傷，亦可謂無妄之災矣。[171]

---

[168] 同註 52，中卷，頁 410、及頁 406-407。
[169] 同前註。
[170] 同註 95。
[171] 同註 164。

萱野長知謂：武漢戰起，大原武慶帶同原二吉前往武昌應援而來，在都督府附近設立事務所，供給軍事上智識，陸軍步兵大尉野中保教，化名林一郎與小鷹某轉戰前線，陸軍步兵大尉金子（按為：金子新太郎）在琴斷溝附近中敵彈陣亡。陸軍步兵中尉甲斐靖被子彈貫穿，身負重傷：最年輕、最勇敢作戰之岩田愛之助之腿部亦被彈貫穿負重傷，在彈雨中九死一生渡江後送。醫師垣內喜代松日以繼夜地為負傷者動手術醫治。石間某（按為：石間德二郎）被通敵者暗中所欺，被殺於漢水碼頭船中。[172]

「石間德二郎在與張彪戰鬥中中彈死亡，成為第二個為中國革命犧牲的日本人。」及：「甲斐靖係肩膀受傷。」[173]

1911 年 10 月 10 日武昌起義，黃興電請萱野長知運炸藥到武昌，上海的日本武官本庄繁協助陳其美，計畫攻上海及南京，萱野到了漢陽擔任黃興的軍事顧問……在武漢，大原武慶、齋藤（按為：齋藤慶次郎）、石川及西鄉二郎、垣內喜代松都已參加革命軍。[174]

馮自由將甲斐靖列為興中會前半期之革命同志，如：「甲斐靖，日本，教員，庚子。庚子漢口自立軍之軍事顧問，與唐才常同在漢口機關被逮，後由清吏移交日領事館。」[175]

在山東方面：大正 5 年（1916 年），山東周莊之革命在陳其美統制下所突然發生者，在往年金子克己等之支援下於青島一派有關事件。乃以周莊之吳大洲；薄子明為中心，有日本人中西正樹、倉谷箕藏、甲斐靖、清水某（按經查其名應為：清水好寬）等之支援。其士兵多數是山東人。[176]

---

[172] 同註 67。

[173] 同註 71。

[174] 同註 71，頁 449-450。

[175] 同註 157，第三集，頁 47-48。參見：馮自由著：《中華民國開國前革命史》（一），頁 77：有「甲斐靖則移交漢口日領事館訊辦。」

[176] 同註 104。

J142	本庄繁	日本駐滬武官	協助革命工作

　　武昌起義後，萱野長知謂：「到達下關，我遂下榻門司的川卯旅館，隨即電招金子克己、布施茂、三原千尋、龜井祥晃、岩田愛之助、加納清藏、大松源藏等搭船前往上海參加革命軍。在上海陸軍駐滬武官本庄繁特別盛情地予以非常便利，在軍事上加以指導。」[177]

　　1911 年 10 月 10 日武昌起義，黃興電請萱野長知運炸藥到武昌，上海的日本武官本庄繁（按以後是九一八事件之關東軍司令官）協助陳其美，計畫攻上海及南京。在武漢，大原武慶、齋藤（按為：齋藤慶次郎）、石川及西鄉二郎、垣內喜代松都已參加革命軍。[178]

J143	加納清藏	軍人？	參與武昌革命
J144	杉浦和介	軍人？	參與武昌革命
J145	石丸鶴吉	軍人？	參與武昌革命

　　武昌起義後，萱野長知謂：「到達下關，我遂下榻門司的川卯旅館，隨即電招金子克己、布施茂、三原千尋、龜井祥晃、岩田愛支助、加納清藏、大松源藏等搭船前往上海參加革命軍。」[179]

　　據宮崎寅藏妻子宮崎槌子謂：「及至今年（指 1911 年）秋季，在四川省發生動亂，隨之有武昌的起義，中國革命運動頓時由最低潮而見成功。當這個革命烽火燃燒起來時，孫先生正在法國（按在美國）。滔天很想早點去，惟家裡貧窮已極，旅費籌措不易。先由

---

[177] 萱野長知著：《中華民國革命秘笈》，頁 149-150。
[178] 同註 71。
[179] 同註 177。

其手中較為寬裕的如：萱野長知、加納清藏、杉浦和介、金子克己、龜井一郎、三原千尋諸人先行前往武昌。滔天則得自聞訊趕來的石丸鶴吉、島田經一兩人支助接着也能勉強成行。」槌子並謂：「東京某染衣店老板，亦前來致送餞禮。」[180]

J146	平山周	外務省兼任職員、學者、同盟會員	參與及策畫革命

　　號南萬里，日本福岡縣人，1870 年 3 月生，父名朔五郎，少時喜讀三國演義，仰慕諸葛孔明之為人。1887 年赴東京入東洋英和學校，即與宮崎寅藏訂交。在 1896 年松隈聯合內閣時期，由犬養毅之介紹，平山受外務省囑託（兼任職員之謂）於 1897 年偕可兒長一前往中國調查秘密結社實況。行前見陸軍省宇都宮少佐（後升為大將），始知孫文為中國革命家，甚為傾慕。到達神戶，閱英文報紙有中國革命家孫逸仙 Sun Yat-Sen，仍甚懷疑是否即孫文其人，到中國後始知孫逸仙乃孫之號，此時正在革命失敗期間，誰也不敢談孫的革命消息，後由區鳳墀知悉國父將由英利物浦起程經美赴日本，告知平山，盼多予協助。平山即由香港返橫濱，時在 1897 年 9 月，到達之日，即訪陳少白，陳不在，後晤於橫濱寓所，暢談甚歡。翌日國父赴東京訪平山，決暫留日本，即偕訪犬養轉託大隈協助，可居留日本，平山曾向麴町平河町借一住宅，惟因此處距清公使館太近，乃移居早稻田鶴卷町，與平山周同住約一年。孫於亡命之時，每日平山必付二三十圓作交通費用，後由犬養商洽，請託平岡浩太郎，每月付款零用。二次革命失敗後，住於頭山滿之家，

---

[180] 陳鵬仁譯著：《孫中山先生與日本友人》，頁 63。即：宮崎槌子著：《我對辛亥革命的回憶》。與：宮崎滔天著，宋越倫譯：《三十三年落花夢》，頁 271，有相同內容。又見同註 178。

某日至有樂町之宿屋，登記客人之名簿，因當時路過數寄屋橋中山忠能公爵之寓所前，平山即以中山二字登記，孫先生奪筆又加一橋字，並言余乃中國之山樵，[181]藉以掩人耳目。

　　興中會在惠州起事計畫，在己亥（1899 年）庚子（1900 年）間已漸告成熟。楊衢雲、鄭士良等在香港布置既峻。而駐三洲田、新安、博羅等處之健兒，咸靜極思動，急願一顯身手。楊衢雲乃於庚子 3 月 27 日乘阿波丸赴日本，與中山商議大舉。適是時拳匪事近，全國震動，中山認為時機可乘，遂於 5 月中旬，偕楊及宮崎寅藏、平山周、福本誠、原口聞一、遠藤隆夫、山下稻、伊東正基、大崎、伊藤、岩崎等十餘人，乘法輪煙狄斯（S. S. Indus）號至香港，5 月 21 日未得登岸，在船旁一小舟開軍事會議，議定由鄭士良督率黃福、黃耀庭等赴惠州準備發動；史堅如、鄧蔭南赴廣州，組織起事及暗殺機關，以資策應。楊衢雲、陳少白、李紀堂在港擔任接濟餉械事務。日本同志則留港助之。自偕英人摩根乘原船赴越南西貢。[182]

　　1900 年 6 月 21 日（西曆 7 月 17 日），先生於新加坡營救宮崎出獄後離新加坡，與宮崎、英人摩根等乘佐渡丸於是日抵港，擬率同志登岸集會，為港府所拒；且宮崎因在新加坡下獄事復被水警監視，因召同志舉行軍事會議於舟中，以惠州發難全權授鄭士良，以日人平山周為外務部長，原楨為參謀長，福本誠留香港準備，並任畢永年為內務部長。[183]

---

[181] 同註 160，頁 19-20：〈國父與平山周〉。並見：黑龍會編：《東亞先覺志士記傳》，上卷，頁 612-614。有：「明治 29 年（1896 年）9 月，松隈內閣成立後，日本三青年平山周、可兒長一、宮崎寅藏接受外務省秘密意旨，前往中國。調查中國民間黨實況，秘密結社之內情等。宮崎因病而延期出發，平山及可兒二人同往華南。平山行前求見陸軍省宇都宮太郎少佐（後升為大將），宇都指示注意孫逸仙其人之言等。……」。有較詳細敘述。

[182] 同註 24。

[183] 《國父年譜》，增訂本上冊，頁 121；馮自由著：《革命逸史》，第五集，頁

　　1905 年 7 月 20 日（西曆 8 月 20 日），中國同盟會在東京正式
成立，假阪本金彌宅舉行成立大會，加盟者三百餘人，日本同志中，
宮崎寅藏、平山周、萱野長知三人特准加入同盟會。其後萱野之友
人和田三郎與池亨吉亦加入同盟會，為會務而努力奮鬥。再有板
垣退助、三上豐夷、北一輝、鈴木久兵衛、古賀廉造等亦經介紹
加盟。[184]

　　馮自由將平山列為興中會前半期之革命同志，如：「平山周，
日本，學者，東京興中會，丙申。與宮崎同時認識總理。戊戌清室
政變，嘗至北京援救梁啟超出險後，偕畢永年赴湘鄂各省結交秘會
黨。著有《支那密革命運動》一書行世。至丁未年（1907）因事與
總理不和，往返漸疏。」[185]

17，有：「6 月 21 日，總理召集中日同志在舟中開軍事會議，將惠州發難
之責委之鄭士良，而以遠藤為參謀，平山、福本則助理民政事務，自折回
日本，轉渡臺灣。」此對日人之任務分配記述不同。另據：陳鵬仁譯：《宮
崎滔天書信與年譜──辛亥革命之友的一生》，頁 100，載：1900 年「7 月
18 日晚間，在船裡照開善後對策會議，孫中山指示留香港者的起義部隊部
署，總指揮鄭士良，參謀原楨、楊衢雲，民政總裁福本誠，副總裁平山周、
玉水常吉、野田兵太郎，在港預備役伊東知也。」其所記述又有不同。又可
參閱：宮崎滔天著，宋越倫譯：《三十三年落花夢》，頁 187。

184 陳鵬仁譯：《宮崎滔天書信與年譜──辛亥革命之友的一生》，附錄：〈國父
旅日年表〉，頁 248-251。而會議地點等，於馮自由著：《中華民國開國前革
命史》（一），頁 196、308-309，有：〈日志士與同盟會〉：「乙巳（即 1905
年）秋，中山從歐洲東返，宮崎出迎於橫濱。旋組織同盟會於東京，宮崎、
內田同為第一日之發起人。第一次會場之赤阪區黑龍會及第二次會場之子
爵阪本金彌邸。皆宮崎假自日人者也。其後平山、萱野及社會黨員和田（三
郎）、北輝（次郎即北一輝）等次第入會。」

185 馮自由著：《革命逸史》，第四集，頁 49-50。與其第三集，頁 39。內容相
同。至於 中山先生與平山周間不快原因，據云：「1907 年，由於（平山）
涉嫌與北一輝洩露中國革命黨的秘密，與宮崎關係惡化，而孫中山亦對宮
崎表示不信任北一輝與平山周。第三次革命之際（1916），雖在山東參加居
正的革命軍，但與孫中山、寅藏卻始終斷絕往來。」見：宮崎滔天著，啟彥
譯：《三十三年落花夢》，頁 78，註 4。

另據吳相湘云:「平山周先宮崎到達香港,向區鳳墀長老保證一切的也是他,返回日本經政府准許孫先生居留後,孫即與平山周同居一處。但不半年,孫先生即遷居橫濱,與陳少白同居外人居留地。這可能是孫先生發現平山周與日本外務省關係,言行並不誠實所致。果然,1900 年 8 月 22 日,孫先生單獨乘輪往上海,擬乘唐才常『自立軍』起事機會,各派聯合,舉容閎為首領。孫並希望如有機會得見主持『東南自保』的兩江總督劉坤一、湖廣總督張之洞。不料被內田良平知悉,竟提出一『秘策』即乘此機會前往上海、南京、武昌謀刺李鴻章及劉張三人,使『東南自保』局面破壞,日本可藉機出兵。經島田經一、山田良政、平山周贊成。他們以為這一『秘策』,當經孫先生同意,故當孫先生乘輪駛抵門司,平山周即向孫先生呈獻這一『秘策』。當經孫先生非常強硬地表示堅決反對:『這是險著危道,萬一失敗,君等固自身敗滅,我革命黨亦為之滅亡,千萬不可行。』平山周等再三勸說,孫始終堅決反對立場,絕不為所動。」[186]

　　大正 5 年(1916 年)山東濰縣之東北軍在居正總司令統轄下,有諸城、坊子、昌樂、高密等各部隊,為國民黨主要人士所支持。日本同志在萱野長知所記錄排名:在山東濰縣東北軍之日本同志大致如下:「青島總本部:萱野長知、白井勘助、……平山周」等。[187]

---

[186] 吳相湘著:〈國父與日本關係〉(臺北,《中國時報》,民國 71 年 11 月 12 日,第 15 版,國父誕辰紀念特刊)。並見:彭澤周著:《宮崎滔天與中國革命》,(吳相湘主編:《中國現代史叢刊》,第五冊,文星書店印行,民國 53 年 11 月 12 日初版),頁 31。
[187] 同註 52,中卷,頁 615。

J147	平岡浩太郎	礦業家、玄洋社社長、進步黨員、衆議員	資助與參與革命

平岡幼名鐵太郎，號靜修，又號玄洋，1815 年 6 月生於福岡市。曾研習中華文化：論語、孟子、孫子等。與箱田六輔、頭山滿、進藤喜平太等組織向陽社，再組織玄洋社，任社長。另又與同志共組筑前共愛會，從事開設國會運動。明治 17 年（1884 年）與末廣重恭等同赴上海設立東洋學館。20 年（1887 年），與中野二郎，再赴上海，開設製鞋店。以其贏利助青年求學。彼曾涉及韓國糾葛問題；談論東亞之經營。27 年（1894 年），選為眾議院議員，以後連次當選。遂為中央政界所至重。初屬進步黨。31 年（1898 年）自由、進步兩黨合組為憲政黨，氏斡旋之力居多。於 39 年（1906 年）罹心臟病歸鄉福岡市，10 月病歿，享年五十六。[188]

1905 年同盟會在東京成立時，曾因內田良平之介（？），晤見國父，平岡為內田良平之叔父，在九州福岡經營煤礦時，內田曾協助其事業，內田十九歲往東京入東邦語學校，專習俄語，皆其叔父親送入校。[189]

惟平岡與中山先生相識係由犬養毅所介紹者，如馮自由謂：「平岡浩太郎，日本，煤商，進步黨，丁酉。日本進步黨領袖，由犬養毅所介紹孫總理相識，丁戊間總理移居東京，概由平岡負擔費用。」將平岡列為興中會前半期之革命同志。[190]

並且，中山先生於《孫文學說》，第八章〈有志竟成〉篇中亦謂：「時日本民黨初握政權，大隈為外相，犬養毅為之運籌，能左右之。後由犬養毅介紹，曾一見大隈、大石、尾崎等，此為予與日

---

[188] 同註 52，下卷，頁 722-723。
[189] 同註 160，頁 34-35。〈國父與平岡浩太郎〉
[190] 同註 134。

本政界人物交際之始也。隨而識副島種臣及其在野人士，如頭山、平岡（浩太郎）、中野（德次郎）、鈴木等，後又識安川、犬塚、久原等。各志士之對於中國革命事業，先後多有資助，尤以久原、犬塚為最。」[191]並可知福岡與中國革命具有深厚因緣，頭山與犬養毅對孫中山等中國革命志士始終予以庇護與協助，實為眾所共知之事，惟照顧這些革命志士之費用，事實上多為筑豐煤礦主所出。孫中山到東京之際，其最初一年之生活費即為平岡浩太郎所出，而平岡沒落以後，以迄辛亥革命為止，安川敬一郎負擔其大部份。[192]

另依〈國父旅日年表〉1897.8.16-1900.6.17，「交往之日本人」一欄中，有：「平岡浩太郎（赤池煤礦老板、玄洋社長）」。[193]

萱野長知亦謂：「中山最初亡命之一年餘，平岡浩太郎每月贈與薪水。又阪本金彌亦有相當的資助。」[194]

明治 30 年（1897 年），當時孫逸仙已是安居，而身無分文，非常困難。平山周與犬養毅張羅孫之生活費問題，而自己無法負擔。平山、宮崎與犬養商議。犬養云：少數吾尚可支付，如負擔全部生活費，實很困難。君等可向平岡浩太郎求助。二人依犬養指示前往訪問平岡求助。平岡爽快答應謂：已聞犬養之言。定期每月 25 日，由平山來取，否則早於 25 日前來信取款。則將生活費寄往孫之早稻田鶴卷町寓所。[195]

---

[191] 同註 59。

[192] 宋越倫著：《總理在日本之革命活動》，頁 49：〈古島一雄革命談薈〉中「浪人之天國──福岡」，及：陳鵬仁譯著：《孫中山先生與日本友人》，頁 28：〈古島一雄：辛亥革命與我〉之「福岡──浪人之天堂」，內容相同。

[193] 陳鵬仁譯：《宮崎滔天書信與年譜──辛亥革命之友的一生》，附錄：〈國父旅日年表〉，頁 228。

[194] 萱野長知著：《中華民國革命秘笈》，頁 59-60、及頁 358，亦有述之。

[195] 同註 52，上卷，頁 621-622。

平岡浩太郎、大石正己等於一八九八年與犬養毅創立東亞同文會，以同文同種為口號，主張中日親善。[196]

宮崎寅藏謂：「孫逸仙於菲律濱獨立運動失敗後，非常成功地獲得五百萬發彈藥。明治 33 年（1900 年）春，日本同志內田良平、清藤幸七郎與吾（宮崎）、法國米爾（メール即：Pierre Mille），同往華南。同時，島田經一、末永節往上海，會同已在此處居留之安永藤之助、尾崎行昌、柴田麟次郎、平岡浩太郎等同志一同積極共謀舉事，準備一俟電召立即趕往參加。」[197]

平岡確不失為一代的人物，平岡之所以購買頭山所經營《福陵新報》，易名《九州日報》，銳意經營者，乃是為鞏固一己國會議員之地盤，以備競選議員，在中央政界展其抱負。平岡既有膽量，又復善辯，當其在群雄中滔滔雄辯之際，風姿實為英邁諷爽，有千里駒長嘯朝風之氣概。即令自負甚高，從不輕許他人之大隈，對平岡亦加讚揚其為「鎮西的好漢子」。[198]

J148	北一輝（次郎、二郎、輝次郎）	國家社會主義者、同盟會員	參與革命工作

1905 年 7 月 20 日（西曆 8 月 20 日），中國同盟會在東京正式成立，假阪本金彌宅舉行成立大會，加盟者三百餘人，日本同志中，宮崎寅藏、平山周、萱野長知三人特准加入同盟會。其後萱野之友人和田三郎與池亨吉亦加入同盟會，為會務而努力奮鬥。再有

---

[196] 同註 61。

[197] 宮崎滔天著：《支那革命軍談》（日本東京法政大學出版局發行，1967 年 9 月 10 日第一刷發行），頁 53-54。

[198] 陳鵬仁譯著：《孫中山先生與日本友人》，頁 28-29：〈古島一雄：辛亥革命與我〉之「平岡、的野、末永和島田」。並見：宋越倫著：《總理在日本之革命活動》，頁 49。

板垣退助、三上豐夷、北一輝、鈴木久兵衛、古賀廉造等亦經介紹加盟。[199]

〈國父旅日年表〉：1905 年 8 月，「萱野長知介紹三上豐夷（與中山先生認識）。其後孫中山於神戶之三上寓所住宿，講解時事。此時，北一輝亦經介紹加盟。（加入中國同盟會）」[200]

1907 年（丁未）1 月 20 日（西曆 3 月 4 日），清廷以革命風聲，震撼中外，甚為悚懼。又以萍、瀏之變，及長江方面累次破獲黨人，已知革命策源地在日本東京，乃令駐日公使楊樞向日政府交涉，要求驅逐先生出境。日本政府一面遷就清政府之請，一面亦欲示好於先生，探得先生將有事於兩廣雲南，不日離日，其外務省轉託私人送程儀，開餞宴，殷勤備至。並以五（數？）千圓相餽。東京股票商鈴木久五郎亦餽贈一萬圓，藉示好感。……。先生接受日政府餽金，因未經眾議，故離日未久，同盟會員章炳麟（太炎）、張繼、宋教仁、譚人鳳、白逾恒和日人平山周等，對於中山受日真贐金事，大起非議。[201]及潮惠、欽廉軍事相繼失利，反對者日眾，章太炎等復有革除中山總理之提案。獨庶務幹事劉揆一力排眾議，嘗因此與張繼互毆。其後劉光復提議改組本部案，日本社會黨員北輝次郎（按即北一輝）、和田三郎等主張尤力。故劉光漢等曾極力援引北輝、和田二人充任同盟會幹事，亦以劉揆一反對而止。同盟會本部事例，總理外出時，向由庶務幹事代行職務。……未幾，鎮南關河口相繼發難，東京黨員紛紛歸國，反對之聲，始漸沉寂。[202]

---

[199] 同註 184。

[200] 同註 18。

[201]《國父年譜》，增訂本上冊，頁 234。

[202] 馮自由著：《中華民國開國前革命史》（一），頁 201-202；及：馮自由著：《革命逸史》，第一集，頁 83。有：「餽總理贐儀數千圓，令之出境。」而非「五」千圓。前書亦同為「數」字。

　　1907 年，中山先生籌畫桂、粵邊區一帶起義時，委託萱野長知在日本密購武器（即援助許雪秋起義），當時東京同盟會本部內的意見分歧，日人同志北一輝等，與反對中山先生的章炳麟一派結為一體，使購買武器時感甚大困難，此時幸有滔天暗中協助，故萱野始將此事辦成功。北一輝是國家社會主義運動家，1883 年出生於日本新瀉縣。中國同盟會在東京成立後，亦參加同盟會，協助中國革命事業。1911 年滋事，歸國後著有《支那革命外交史》一書。後來參加右翼活動，日本陸軍青年將校受其影響甚大。故 1936 年「二、二六事件」時被日本政府逮捕處死刑。[203]

　　明治 33 年（1900 年）武昌革命時，宋教仁致電北一輝，北輝次郎此時任職黑龍會之編纂部，兼任《時事月函》編輯。與宋教仁最為契合，前曾約定最先急忙趕往華北。後清藤幸七郎續出發。一同討論援助革命的方法。[204]

　　武昌起義後，當時革命軍正需錢買武器，內田良平派北一輝與清藤幸七郎向友人原口統太郎介紹大江卓，向三井物產借三十萬元。北輝次郎即北一輝。[205]又：著《支那革命外交史》的北一輝，又名北輝次郎，是宋教仁知友。[206]

---

[203] 彭澤周著：《宮崎滔天與中國革命》（吳相湘主編：《中國現代史叢刊》，第五冊），頁 44 及頁 50、註 12。

[204] 同註 52，中卷，頁 438。

[205] 同註 71。

[206] 彭澤周著：《辛亥革命與日本西園寺內閣》（吳相湘主編：《中國現代史叢刊》，第六冊），頁 33。

| J149 | 可兒長一 | 幕客、憲正本黨員 | 協助革命提供武器、中山先生在日侍衛 |

可兒，熊本人，號長鋏，初為犬養毅僕役（即幕客），其後從事中國問題，中山在東京居住之際，可兒曾任侍衛。[207]

1897 年，松隈內閣（按指松方正義與大隈重信聯合內閣的簡稱）成立之時，犬養毅以為「內政問題任何人均能處理，對於中國問題則殊不易辦，故確立對華政策，實為當務之急。」於是勸告大隈，在內閣預算中提出機密費用，派人調查中國問題。計畫決定後，乃由可兒長一、平山周、宮崎寅藏三人，以外務省諮議名義（按指兼任職員之謂），前往華南，調查革命黨之實際情形。[208]

據可兒長一回憶稱：「中國革命起頭的時候，我是有點關係的，後來因為我屬於憲正本黨，為要確立日本之立憲政治，所以在國內東奔西走，因此，關於中國革命的直接關係是沒有的，不過間接的盡了些力，至於第一次革命以後，我差不多完全沒有什麼關係了。明治 27、28 年（1894-1895 年）我想是在中日戰爭以後，再次年我往中國去了。犬養為我們很盡了力，當時的政府也幫助我們往中國去調查種種的秘密結社，我是研究中國的事情。外務省給了我們的費用。宮崎病了不能去，我同平山兩人去。起先到了上海，住在日進洋行旅館內。有一天，我在《每日新聞》上看見倫敦電報載有孫逸仙是「中國青年興中會」的首領，目下在英京倫敦滯留中，不久他預備從倫敦出發，來到日本旅行。……在香港我們去會日本領事清水誠一郎，他說他到那裡不久，當地的事情一點也不知道。幸喜

---

[207] 宮崎滔天著，宋越倫譯：《三十三年落花夢》，頁 237，及啟彥譯，頁 100 註一。
[208] 宋越倫著：《總理在日本之革命活動》，頁 45；並見：陳鵬仁譯著：《孫中山先生與日本友人》，頁 23，內容相同。又參閱：馮自由著：《中華民國開國前革命史》（一），頁 303。

還有好多舊報紙。我們整理了十餘日，結果纔知道：（一）孫文先生是廣東省香山縣人；（二）他在香港醫學校卒業，暫時做了病院的助手；（三）中日戰爭的翌年，他在廣州舉行革命後來失敗了。於是我們作了四五十頁報告書，寄到外務省小村壽太郎那裡去，回到東京來的時候，知道內閣已經倒了，是我們敵黨在執政。犬養說將此事報告反對黨是不太好，所以我們對於中國旅行一事，沒有報告當時的政府。後來孫先生到了日本，我們的同志從橫濱引他到東京同犬養介紹。於是請他暫住於日本，即在牛込區鶴卷町租了高橋琢也的一棟大房子，租金大約每月是十三元。」。又謂：「第一次革命所用的武器，我也幫一點忙，有六百多把刀，是我親自送到橫濱，再由此處送出去，不過在警視廳方面，說了許多話。」[209]

J150	石本鑛太郎	大連市長、議員、實業家	協助革命工作
J151	石本息鑛一	？	協助革命工作
J152	依田丑之助	？	協助革命工作
J153	樋口滿	？	協助革命工作
J154	野中右一	？	協助革命工作
J155	遠山大八郎	？	協助革命工作

　　石本鑛太郎，高知縣人，幼年志於軍人，入海南私校學習。後轉志入高級中學。明治 15 年（1882 年）時，赴上海法國人所辦學校進修法語及中國語。後又赴北京學習數年。返日後，一度充海軍翻譯，未久入三井物產會社上海支店工作，由此關係而能長期逗

---

[209] 「日本友人追懷孫中山先生座談會記錄」，第四次座談會，於中華民國 19 年、昭和 5 年（1930 年）3 月 7 日午後 4 時，假東京神田區北神保町十番地，中華留日基督教青年會召開。見：陳固亭著：《國父與日本友人》（幼獅書店印行，民國 54 年 9 月出版），頁 136-140。

留。歸國後經營礦山業，目的從事牛乳之牧場經營，當成功在望。適值中日之戰發生，奮然從軍，為陸軍翻譯，轉戰各地及臺灣，因病返日。及至日俄之役，再任翻譯官，戰後留在大連，任職關東都督府等，因此關係於明治 40 年（1907 年）獲得鴉片販賣特許權而獲巨利。以後擴至煤礦、銀行、油廠、造紙、釀酒廠等各種事業，在滿洲稱為最大成功者。其間創辦大連女子高級學校，貢獻於教育。又收買《奉天日日新聞報》，專注努力經營。大正 4 年（1905 年），被推為大連首任市長，並且於同年又被選為故鄉高知縣之眾議院議員。在滿蒙第一、二次企圖獨立運動時，均投入私財支援甚多。歐洲大戰後財政界不景氣，其各種關係事業蒙受打擊。遂為大連市會議員；又再任大連市長，為公共事務盡力良多。昭和 8 年（1933 年），病歿於大連，年七十。[210]

第三次革命時（按為 1916 年），任青島李村之軍政長官，最初以居正、陳中孚等起義給予援助。而對軍事費用之籌措，大連市長石本鑽太郎也介紹金融界援助之，此自福州以來之因緣也。（按指萱野長知親戚多賀宗之，時任福州日駐華武官曾予協助革命）。[211]

山東革命對大連之石本鑽太郎曾大力後援，其子息鑽一，以及依田丑之助等全力為之張羅，大連之樋口滿、長崎之野中右一、東京之遠山大八郎等也極力協助。[212]

| J156 | 石浦謙次郎 | 陸軍大佐聯隊長 | 協助革命工作 |

萱野長知謂：「駐防於山東坊之驛之聯隊長，石浦謙次郎大佐，係著者（即萱野長知）親友，曾介紹中山與之相識後，一見如故。

---

[210] 同註 52，下卷，頁 54-56。
[211] 萱野長知著：《中華民國革命秘笈》，頁 197。
[212] 同註 52，中卷，頁 620。

共話為東亞前途而相互期許。對居正、陳中孚等在山東起義時，非常同情，給予正式或非正式的援助。尤其以占領濰縣時，實際援助之果敢作為，乃致後來石浦因作為革命軍後援之行為，導致免職處分，實令人氣結。此可體會日本人之感情激動，不為利害觀念而計較，甚至不顧個人或全家之生活壓力。」又：「駐屯坊之驛之石浦（謙次郎）聯隊長，不惜賭以官職，給予援助。」[213]

J157	辻鐵舟	軍人？	參與南京之役受傷

　　本名一藏，大阪人，父為日向高鍋藩士。二歲喪父，三歲無母。艱苦人也。稍長移居門司。少壯即立志赴朝鮮，於釜山邊境流浪。不久即返日，後赴上海，出入於國民黨各要人之間。二次革命援助何海鳴，參加攻擊南京城，在朝陽門之戰時，負槍傷。以後往來於東京、上海之間，及擔任國民黨各要人和東京之有志參與者之連絡。昭和2年（1927年），蔣介石武漢派所策動北伐中止，聲明下野來日本際，辻鐵舟承頭山滿、佃信夫之意努力奔走。蔣來東京會見頭山滿等，寄望於中日關係交好。頭山滿對彼之評語甚佳。昭和6年（1931年），病歿於東京，年五十二。[214]

　　當二次革命，（1913年、大正2年，討袁之役）官軍之精銳而革命軍較差。但仍決定討伐袁世凱。8月中旬包圍南京之形勢已成，向朝陽門進攻。此戰之勇敢砲手是佐賀縣鹽田人林傳作，胸部中砲彈碎片負重傷，終於9月1日於南京醫院死亡。辻鐵舟亦受槍傷。[215]參見：林傳作事蹟。

---

[213] 同註198，頁197-198、及頁224。
[214] 同註52，下卷，頁788。
[215] 同註52，中卷，頁516-517。

J158	末永純一郎	《日本新聞》記者、末永節胞兄	同情革命

　　末永純一郎，福岡人，號鐵巖，為末永節胞兄，十七歲至東京，為松甫重剛門人，歷任《日本新聞》記者、總編輯。甲午戰爭時為從軍記者，日俄戰爭末期至我國東北，創刊《遼東新報》。與中山、黃興、康有為、梁啟超等均有往返。[216]

J159	末永節	船員、隨軍記者、退職軍人	參與武昌革命協辦外交

　　末永節，福岡人，號狼嘯月，又號狼嘯及南斗星，自幼放浪不羈，內島船員，甲午戰爭時隨其兄（末永純一郎）為從軍記者，嗣以滔天之介，與我革命發生關係，同盟會成立後，擔任《民報》之印刷工作，大正 11 年（1922 年）組織「肇國會」，以建立包括大陸之「東亞大自由帝國」，為其一生夢想。[217]曾任〈九州日報〉隨軍記者。

　　明治 31 年（1878 年）因宮崎寅藏之引見，與孫中山在東京相識，大受感召，從此決心贊助中國革命。與內田（良平）、平岡（浩太郎）、宮崎等，奔走呼號，周旋於鄰邦志士之間，和黃興、張繼二氏尤為莫逆之交。民國前 7 年（1905 年）7 月 19 日，孫中山抵日本橫濱，28 日與黃興、宋教仁等會於東京。8 月 13 日出席留學生歡迎大會，發表演說，到會者一千三百餘人，日人來賓有末永、宮崎等多人，末永、宮崎二人亦發表演說。8 月 20 日，中國同盟會在東京成立，加盟者中日同志三百餘人。11 月 17 日，創刊《民

---

[216] 宮崎滔天著，宋越倫譯：《三十三年落花夢》，頁 238。及啟彥譯，頁 100 註一。

[217] 同前註。

報》，鼓吹三民主義，孫中山撰寫發刊詞。初任發行人為末永，次為張繼。民國前 1 年（1911 年）3 月 29 日，黃興起義於廣州失敗，暫居香港，後得居正電告，武昌起義迫在眉睫，即星夜起程，先往上海，轉赴武漢。當時末永適在滬，即偕黃氏同至武漢襄助軍事，且力勸日本駐漢口領事松村、海軍武官大中，勿干涉革命軍事，並請轉告英、法、德各國領事、僑民說明革命軍事外交立場，求得諒解。不久武漢光復，各省紛響應，革命遂告成功。[218]

1900 年惠州起義失敗後，黃興在日本時訪宮崎，因昔日壯志仍在胸中燃燒。圖再重啟連絡革命黨之青年志士與日本之志願者。黃興於牛込神樂坂設有機構，末永節已成革命黨之客座之士。黃興希望於此處為革命軍旗再舉之策畫準備之所。當初宮崎介紹黃興、張繼和末永相識時，末永云：「革命軍旗再舉時首要有軍費，此軍費如何取得？」二人答曰：「準備向富者取得。」，末永謂此一準備是有助的。而革命黨舉事要持有武力，必要準備有強力的炸彈也。[219]

當華南舉兵之準備即將完成待發，然此事前之準備，孫所調度之軍費尚未就緒，而集合同志等，也必需費用。於是，內田良平懇請兒島德次郎資助三千圓。但就孫出發等必要之費用而言，事先末永節向中野德次郎交涉及頭山滿口頭上勸說，於是決定資助五千圓。因而逐漸達到預定數字。[220]

滯留於大連的末永節得知武昌革命企圖，與同地之代議士白井勘助一同急赴上海，抵達後訪革命黨機關報《民立報》發行所民立報館詢問。宋教仁即來訪，以其來援非常高興。談及內田來電報求援事。但宋教仁在上海仍有事待辦，延後出發。末永與來自廣東的柳鬢儂一同於當晚赴漢口。是乃末永最早前往戰地者。……黃興則

[218] 陳固亭著：《國父與日本友人》，頁 72-73：〈國父與末永節〉。
[219] 同註 52，中卷，頁 373。
[220] 同註 116。

遲末永一日到達，進入漢陽總部督軍。見到遠來應援的末永，直呼：末永君，真棒！其他知情的中國志士也競稱：末永君，末永君，以表歡迎之意。[221]

武漢戰事爆發之際，日方同盟會老同志末永節率吉田（清一）、川村等人，星夜趕往漢口，為中國外交及其他等盡力。[222]

又：武昌戰起，黃興時為大元帥，正與清軍作決戰。大原武慶亦於黑夜進入革命軍居所，漢口是寺西大佐任所。末永節對革命之其他援助第一是在軍中鼓舞革命軍，指導外交方面。[223]

末永節曾拜託其友古賀廉造為承租東京《民報》報社址做保證人。[224]參見：古賀廉造事蹟。

馮自由將末永節列為興中會前半期之革命同志，如：「末永節，日本，退職軍人，香港，興中會，庚子（庚子即 1900）。隨總理任惠州革命軍參謀，以道遠不果。」[225]

據古島一雄於〈革命談薈〉一文謂：談到的野（半介），不禁復令人憶及末永節、島田經一及大原義剛等人之風貌。末永節為末永鐵巖的胞弟，為一天生詩人及風塵中之奇男子。甲午戰爭時，曾以記者身份（代表雜誌《日本》）搭扶桑號軍艦前往前線採訪，遂與宮崎相識。乃週旋於鄰邦志士之間，多所協助。然其人怪僻成性，日後，於第二次革命時，竟與胡瑛合作，援助袁世凱，未幾又組織「肇國會」，意在建立所謂「自由高麗國」於滿州為目的。末永的思想，始終怪奇詭譎，令人難以捉摸，現今（1951 年）尚健在，以八十餘高齡，我行我素，繼續其怪僻行徑。[226]

---

[221] 同註 52，中卷，頁 403-404。

[222] 同註 67。

[223] 同註 70。

[224] 同註 198，頁 386。

[225] 馮自由著：《革命逸史》，第三集，頁 50；及第四集，頁 52。

[226] 同註 72。

「總理於四十歲時（民前 6 年），在東京創立中國同盟會後，多數日方同志即追隨左右，其中尤以萱野長知、山田純三郎（當時在華）、以及末永節等人，直至總理六十歲逝世之際，猶隨侍在側。」[227]

另：1900 年「8 月 20 日：據福岡縣稱：末永節的計畫之目的，實『不在華南，而在山東挑起事端，首先占領朝鮮，作為基地，使其成為日俄衝突的導火線，並煽動董福祥、端王訓練之馬賊及黑龍江總督壽山將軍旗下之兵，以為助力，如能與俄挑起戰端，再擁立孫逸仙於華南，順便供應軍資兵器，並招納有志者到孫幕下。去年一月左右已做出這一依計畫，有的預備役或現役將校亦略表贊成。』（據：明治 33 年 8 月 20 日，《福岡縣報》，高秘第 821 號。）」[228]

J160	八田某（清太郎？）	軍人	參與革命山東討袁之役
J161	久米川	軍人	參與革命山東討袁之役
J162	大橋伊工門	軍人	參與革命山東討袁之役
J163	月成狂介	軍人	參與革命山東討袁之役
J164	福田雅太郎	軍人	參與革命山東討袁之役
J165	橋爪某	軍人	參與革命山東討袁之役
J166	藤波某	法學士	參與革命山東討袁之役

依萱野長知之「山東革命行動計畫」為：「1.於山東革命之目的是在響應南方各省，破壞袁政府之山東行動機關，先使山東獨立以威脅北京，後收拾中國大局；2.革命方略，山東現勢是以靳將軍為中心，已達近於民意之獨立宣告狀況。故要機先達成我黨目的。基於為達成左列方略，須從行動着手：（1）先以近青島一地方如汀

---

[227] 宋越倫著：《總理在日本之革命活動》，頁 37。
[228] 段雲章編著：《孫文與日本史事編年》，頁 86。

州附近，略以獨立宣言。是為我黨行動之第一聲；（2）速完成聯繫我同志於山東各地着手起事；（3）有待整頓行動準備，革命軍主力在濟南，一部分以占領濰縣，以確定山東大勢。」「為於各方面均予嚴加警戒，響應而攻擊濟南、整編軍隊及獨立宣告。又津浦線在此勢力下，與天津方面革命派聯絡，並且全力執行抗拒定武軍政策。從漫然到實行，以致於到對濰縣之革命軍行動計畫，給養、輸送、兵器、電信破壞隊、濰縣攻擊隊、瓦斯隊、濟寧及袞州支隊預備隊、衛生隊等均已完備，其有關行動已記錄於巨冊，此從略。故各部隊主要人員略有：司令官居正、副官長陳中孚、⋯⋯參加之日本人：白井、入交、柴田、金子、三島、兒島、常岡、岩目、橋爪、岡津、井上、久保田、白岩、吉田、大橋、工藤、橫井、八田、月成、久米川、肥後、泉、矢荻、藤波、丹野、渡邊、福田，以及其他多人。又駐屯坊了驛之石浦聯隊長不惜賭官職給予援助。又藤波法學士，專攻國際法，貢獻良多，如袁世凱死後之和議成立，組織革命軍武力，以遂行中山理想之完成。」[229]

　　但以上所列之日本人，僅有姓，而無其名。經著者查證結果，部分已加寫其名如本文。祇有少數人尚未查出，有待續查也。惟其中：大部分與後列名單相同，為免重複而合併。又：金子（克己）、柴田（麟次郎），因另有事蹟，故另列之。

　　在山東方面：大正 5 年（1916 年），山東周莊之革命在陳其美統制下所突然發生者，在往年金子克己等之支援下於青島一派有關事件。乃以周莊之吳大洲、薄子明為中心，有日本人中西正樹、倉谷箕藏、甲斐靖、清水某（按經查其名應為：清水好寬）等之支援。其士兵多數是山東人。[230]

---

[229] 萱野長知著：《中華民國革命秘笈》，頁 222-224。
[230] 同註 104。

J167	入交佐之助	軍法人員（軍法局）	參與革命山東討袁之役
J138	下山末吉	軍人（青島總本部）	參與革命山東討袁之役
J169	丸山畩次郎	軍人（戰鬥部隊）	參與革命山東討袁之役
J170	山田哲三	軍人（濰縣本部）	參與革命山東討袁之役
J171	山本重太郎	軍人（諸城部隊）	參與革命山東討袁之役
J172	上杉庄吉	軍醫（衛生隊）	參與革命山東討袁之役
J173	三村鎮八	軍醫（衛生隊）	參與革命山東討袁之役
J174	三島真吉	軍人（高密部隊）	參與革命山東討袁之役
J175	久米甚六	軍人（濟南駐在）	參與革命山東討袁之役
J176	久保田直作（臣）	軍人（電信隊）	參與革命山東討袁之役
J177	工藤鐵三郎（忠）	軍人（諸城部隊）	參與革命山東討袁之役
J178	中田良道	軍人（濰縣本部）	參與革命山東討袁之役
J179	中村兵善	軍人（諸城部隊）	參與革命山東討袁之役
J180	中野香橘	軍人（臨淄方面）	參與革命山東討袁之役
J181	內田晴三	軍人（戰鬥部隊）	參與革命山東討袁之役
J182	井上四郎（日召）	軍人（臨淄方面）	參與革命山東討袁之役
J183	井上唯市	軍人（臨淄方面）	參與革命山東討袁之役
J184	井手龜吉	軍人（寫真班）	參與革命山東討袁之役
J185	月額善橘	軍人（昌樂部隊）	參與革命山東討袁之役
J186	丹野謙八	軍人（諸城部隊）	參與革命山東討袁之役
J187	今井成平	軍人（臨淄方面）	參與革命山東討袁之役，病亡
J188	白井勘助	軍人（青島總本部）、代議士	參與革命山東討袁之役
J189	田中豐太郎	軍人（毒瓦斯隊）	參與革命山東討袁之役
J190	市原敏郎	軍法人員（軍法局）	參與革命山東討袁之役
J191	矢荻鐵三（藏）	軍人（濰縣本部）	參與革命山東討袁之役
J192	江里秀市	軍人（諸城部隊）	參與革命山東討袁之役

J193	吉田正吉（庄作）	軍人（諸城部隊）	參與革命山東討袁之役
J194	吉浦源二郎	軍人（馬匹班）	參與革命山東討袁之役
J195	吉田孝太郎	軍人（馬匹班）	參與革命山東討袁之役
J196	佐佐木源市	軍人（諸城部隊）	參與革命山東討袁之役
J197	佐治庄八	軍醫（衛生隊）	參與革命山東討袁之役
J198	佐藤忠次	軍人（寫真班）	參與革命山東討袁之役
J199	佐藤留作	軍醫（衛生隊）	參與革命山東討袁之役
J200	佐藤柳三郎	軍人（戰鬥部隊）	參與革命山東討袁之役，被捕殉難
J201	中村松太郎	軍人（戰鬥部隊）	參與革命山東討袁之役
J202	林良平（富田清秋）	軍人（瓦斯隊）	參與革命山東討袁之役
J203	阿万民一郎	軍法人員（軍法局）	參與革命山東討袁之役
J204	岩目千代馬	軍法人員（軍法局）	參與革命山東討袁之役
J205	中谷朝太郎	軍人（戰鬥部隊）	參與革命山東討袁之役
J206	岩崎英精	軍人（戰鬥部隊）	參與革命山東討袁之役
J207	馬海龍	軍人（戰鬥部隊）	參與革命山東討袁之役
J208	肥後勇	軍人（戰鬥部隊）	參與革命山東討袁之役
J209	岡津泰正	軍人（毒瓦斯隊）	參與革命山東討袁之役
J210	泉半二	軍人（諸城部隊）	參與革命山東討袁之役
J211	原嘉吉	軍人（毒瓦斯隊）	參與革命山東討袁之役
J212	浦上淑雄	軍人（高密部隊）	參與革命山東討袁之役
J213	島内元治	軍人（濰縣本部）	參與革命山東討袁之役
J214	野中右一	軍人（濰縣本部）	參與革命山東討袁之役
J215	柴田義忠	軍人（濰縣本部）	參與革命山東討袁之役
J216	扇右一郎	軍法人員（軍法局）	參與革命山東討袁之役
J217	高橋嘉吉	軍法人員（軍法局）	參與革命山東討袁之役
J218	根本章吾	軍人（諸城部隊）	參與革命山東討袁之役
J219	淺野兆民	軍人（戰鬥部隊）	參與革命山東討袁之役
J220	森六雄	軍人（電信隊）	參與革命山東討袁之役

J221	植田清正	軍人（電信隊）	參與革命山東討袁之役
J222	鈴木長次郎	軍人（濟南駐在）	參與革命山東討袁之役
J223	渡邊信孝	軍法人員（軍法局）	參與革命山東討袁之役
J224	渡邊德三郎	軍人（濰縣本部）	參與革命山東討袁之役
J225	遠山大八郎	軍人（濰縣本部）	參與革命山東討袁之役
J226	遠藤五八	軍人（戰鬥部隊）	參與革命山東討袁之役
J227	福丸義太郎	軍法人員（軍法局）	參與革命山東討袁之役
J228	福田安積	軍人（戰鬥部隊）	參與革命山東討袁之役
J229	稻葉貢	軍人（臨淄方面）	參與革命山東討袁之役，陣亡
J230	廣川市之助	軍人（馬匹班）	參與革命山東討袁之役
J231	福原元德	軍人（瓦斯隊）	參與革命山東討袁之役
J232	廣瀨藤吉	軍人（臨淄方面）	參與革命山東討袁之役
J233	橫井春生	軍人（昌樂部隊）	參與革命山東討袁之役
J234	濱田富太郎	軍醫（衛生隊）	參與革命山東討袁之役
J235	篠原泰衛	軍人（濰縣本部）	參與革命山東討袁之役
J236	藤井為七郎	軍人（濰縣本部）	參與革命山東討袁之役
J237	鹽谷慶一郎	軍人（濰縣本部）	參與革命山東討袁之役
J238	鶴田文策	軍人（戰鬥部隊）	參與革命山東討袁之役，被捕殉難

　　「濰縣之東北軍在居正總司令統帥下，尚有諸城、坊子、昌樂、高密等各部隊。也有國民檔正派之要人所支持。日本同志，依萱野長知所記錄，多為原來之老革命黨同志參加。進攻山東也有原在山東周莊之當地軍人。

　　在濰縣東北軍之日本同志大致如左：

　　青島總本部：萱野長知、白井勘助、下山末吉、清水好寬、岩
　　　　　　　　崎英精、平山周。（按計六名）。

　　濰縣本部：金子克己、柴田麟次郎、鹽谷慶一郎、柴田義忠、
　　　　　　　中田良道、藤井為七郎、矢荻鐵三、渡邊德三郎、

　　　　　篠原泰衛、山田哲三、島內元治、志村光治、遠
　　　　　山大八郎、野中右一。（按計一四名）。
戰鬥部隊：內田晴三、遠藤五八、肥後勇、福田安積、丸山
　　　　　畎次郎、淺野兆民、佐藤柳三郎、鶴田文策。（按
　　　　　計八名）。
毒瓦斯隊：岡津泰正、林良平（富田清秋）、原嘉吉、田中豐
　　　　　太郎。（按計四名）。
衛生隊（野戰醫院）：三村鎮八、佐治庄八、濱田富太郎、上
　　　　　　　　　　杉庄吉、佐藤留作。（按計五名）。
軍法局：渡邊信孝、入交佐之助、阿万民一郎、市原敏郎、岩目
　　　　千代馬、扇右一郎、福丸義太郎、高橋嘉吉。（按計八名）。
飛行隊：坂本壽一（憲司）、立花了觀（良介）、星野米藏、
　　　　熊本九兵衛、岩名正次郎、廣瀨太三郎、谷口忠
　　　　藏、妻島一義、青本弘。（按計九名），（按以上各
　　　　人因另有事蹟，另行列之）
電信隊：森六雄、植田清正。久保田直作（臣）。（按計三名）。
馬匹班：吉浦源二郎、廣川市之助。（按計二名）。
寫真班：佐藤忠次、井手龜吉。（按計二名）。
高密部隊：三島真吾、浦上淑雄。（按計二名）。
諸城部隊：工藤鐵三郎（忠）、丹野謙八、山本重太郎、泉半
　　　　　二、佐佐木源市、吉田正吉、中村兵善、江里秀
　　　　　市、根本章吾。（按計九名）。
昌樂部隊：橫井春生、月額善橘。（按計二名）。
濟南駐在：久米甚六、鈴木長次郎。（按計二名）。
臨淄方面：井上四郎（日召）、中野香橘、今井成平、廣瀨藤
　　　　　吉、井上唯市、稻葉貢。（按計六名）。

除以上之外，中途歸國者則未列其姓名。（按以上共計八十二名）。

上列中之：鶴田文策（長崎縣長興村人）、佐藤柳三郎（福岡縣折尾町人）（按二人均為：戰鬥部隊），於官軍夜渡河出濰縣城之際，為偵察其退卻情況及退卻地點，變裝成中國人，潛入濰縣城北門外方面，官軍退路時而告失蹤。其後，經精細所探結果，被官兵逮捕殺害。由當地人判明埋於北門外，後由同志親手掘出身首異處屍體。改厚葬於濰縣城外濰縣停車場前，並建墓碑。今井成平（新潟縣人），參加攻擊臨淄城與樂安城，勇敢作戰，因過勞及冒雨而罹猛烈風寒，在醫院療養中，因紫班病發作而病歿。稻葉貢（熊本縣小川町人），參加攻擊樂安城，在從事爆破東門時，胸部中彈而陣亡。以上均有居正致贈奠儀，及隆重弔唁。後期之血盟團之井上四郎（日召）也是當時臨淄方面活躍者之一。」[231]

附記：

一、以上名單中，參加濰縣革命山東討袁之役，為萱野長知所列錄者，其中凡有相互重複時，均不重複列之。而萱野長知、平山周、金子克己、志村光治、坂本壽一（憲司）、立花了觀（良介）、星野米藏、熊本九兵衛等，因另有事蹟，故另列之。（名單共八十二人，扣除另有事蹟，另列之八人外，計為七十四人。）（另：柴田（麟次郎），亦因另有事蹟，故另列之。）

二、以下為我國史料有關東北軍任用日籍技術人員姓名錄原文。其中祇有姓而無名，今就已查出者填於括弧內。其原文如後：

---

[231] 同註 52，中卷，頁 613-618。

（四）中華革命軍東北軍各部隊任用日籍技術人員姓名錄

隊　　號　人名

司　令　部　萱野（長知）、三島（真吾）。

給　養　掛　長岡繁之、兒島保雄、岩目（？）。

輸　送　掛　白井勘助、橋爪（？）。

兵器受領分配掛　岩目（？）。

電信破壞隊　久保田直臣、白岩久米次郎、吉田庄作、大橋
　　　　　　伊工門。

濰縣攻擊隊　工藤鐵三郎、泉半二（原文誤植為「羊」二）、
　　　　　　兒島（哲太郎）。

寧衰支隊　橫井春生。

衛　生　隊　古賀（？）、三村（鎮八）、木阪（？）。

預　備　隊　柴田驎心田、久米川。

瓦　斯　隊　月成狂介、岡津（泰正）、井上（四郎？唯市？
　　　　　　等）、藤波（？）。

炸　彈　隊　（空無一人）。

兵器修理隊　（空無一人）。

濟南潛入隊　久米（川）。

機關銃隊　泉　半二（原文誤植為「羊」二）。

諜　報　掛　藤波法學士。

（黨史會藏原件）

　　著者按：此姓名錄係民國五年七月東北軍編制前所製。凡有
（？）號者，係指其名字不詳。[232]

---

[232] 《革命文獻》，第四十六輯，討袁史料（一）（中國國民黨黨史史料編纂委
員會編輯，民國58年5月出版），頁481-483。凡未列出其名的，今就已查
出者填於括弧內。惟有：「岩目」者（結養掛及兵器受領分配掛各一人）其

　　另據前書尚有日本志士參與革命之山東討袁之役者，應增列
於後。

<h3>（八）東北軍各部隊長官姓名錄</h3>

隊　　　號　人名

　　　　　　（前略）

濰縣攻擊隊　隊長　劉廷漢

　　　　第 一 支 隊　特務曹長　柴田（？）。（按各隊尚有中
　　　　　　　　　　　國軍人姓名略去未錄，下同。）
　　　　第 二 支 隊　渡邊信孝、渡邊德二郎。
　　　　第 三 支 隊　內田（？）、水田彌八。

　　　　　　　　　　　　　　　　　（黨史會藏原件）

編者按：此姓名錄係民國 5 年 7 月東北軍編制前所製。[233]

揆諸以上兩份姓名錄內，本書前未列者，茲增列於後：

J239	木阪某	軍醫、衛生隊	參與革命山東討袁之役
J240	內田某	軍人、濰縣攻擊隊第三支隊	參與革命山東討袁之役
J241	水田彌八	軍人、濰縣攻擊隊第三支隊	參與革命山東討袁之役
J242	古賀某	軍醫、衛生隊	參與革命山東討袁之役
J243	兒島（哲太郎）	軍人、濰縣攻擊隊	參與革命山東討袁之役
J244	柴田驍心田	軍人、預備隊	參與革命山東討袁之役

　　中一人是否為：岩目千代馬？而此人為軍法局之軍法人員。其名難以確定。
「井上」（瓦斯隊），有：四郎、唯市、豐雄、謙吉、與良雄，五名。亦難
以確定。
[233] 同前註，頁 352。

按以上各人，雖未列出具體事蹟，但既然列入東北軍編制前姓名錄內，似應不虛也。另參閱萱野長知事蹟。

J245	田崎某	軍人、東關攻擊隊	參與革命山東討袁之役
J246	長渡邊保孝	軍人、東關攻擊隊	參與革命山東討袁之役
J247	長肥後勇	軍人、城內東門攻擊隊	參與革命山東討袁之役
J248	橋本某	軍人、城內東門攻擊隊	參與革命山東討袁之役
J249	福丸某	軍人、城內東攻門擊隊	參與革命山東討袁之役
J250	藤井某	軍人、城內東門攻擊隊	參與革命山東討袁之役
J251	大賀某	軍人、城外中國軍營攻擊隊	參與革命山東討袁之役
J252	杉山信二	軍人、城外中國軍營攻擊隊	參與革命山東討袁之役
J253	阿万某	軍人、城外中國軍營攻擊隊	參與革命山東討袁之役
J254	長內田晴三	軍人、城外中國軍營攻擊隊	參與革命山東討袁之役
J255	高橋某	軍人、城外中國軍營攻擊隊	參與革命山東討袁之役
J256	長八田晴太郎	軍人、預備隊	參與革命山東討袁之役
J257	川北盛登三	軍人、瓦斯隊隊副	參與革命山東討袁之役
J258	小野正胤	軍人、瓦斯隊	參與革命山東討袁之役
J259	井上四郎	軍人、瓦斯隊隊長	參與革命山東討袁之役
J260	中島義一	軍人、瓦斯隊	參與革命山東討袁之役
J261	今井孫兵衛	軍人、瓦斯隊	參與革命山東討袁之役
J262	玉野梅吉	軍人、瓦斯隊	參與革命山東討袁之役
J263	古川慶二郎	軍人、瓦斯隊	參與革命山東討袁之役

J264	田中光太郎	軍人、瓦斯隊	參與革命山東討袁之役
J265	田中孝二	軍人、瓦斯隊	參與革命山東討袁之役
J266	田中春次	軍人、瓦斯隊	參與革命山東討袁之役
J267	田中豐次	軍人、瓦斯隊	參與革命山東討袁之役
J268	古澤盛吉	軍人、瓦斯隊	參與革命山東討袁之役
J269	田島勘右衛門	軍人、瓦斯隊	參與革命山東討袁之役、戰中負傷
J270	西田又吉	軍人、瓦斯隊	參與革命山東討袁之役
J271	吉田好太郎	軍人、瓦斯隊	參與革命山東討袁之役
J272	吉田勇次	軍人、瓦斯隊	參與革命山東討袁之役
J273	多田寬三	軍人、瓦斯隊	參與革命山東討袁之役
J274	芝部期一	軍人、瓦斯隊	參與革命山東討袁之役
J275	岡川實	軍人、瓦斯隊	參與革命山東討袁之役
J276	神山代次郎	軍人、瓦斯隊	參與革命山東討袁之役
J277	神谷柳平	軍人、瓦斯隊	參與革命山東討袁之役
J278	前田虎雄	軍人、瓦斯隊	參與革命山東討袁之役
J279	栗林彦次	軍人、瓦斯隊	參與革命山東討袁之役
J280	高橋正一	軍人、瓦斯隊	參與革命山東討袁之役
J281	隈元盛志	軍人、瓦斯隊	參與革命山東討袁之役
J282	渡邊憲	軍人、瓦斯隊	參與革命山東討袁之役
J283	福田松一	軍人、瓦斯隊	參與革命山東討袁之役
J284	福永音吉	軍人、瓦斯隊	參與革命山東討袁之役
J285	登利屋喜代治	軍人、瓦斯隊	參與革命山東討袁之役
J286	熊谷直吉	軍人、瓦斯隊	參與革命山東討袁之役
J287	橋本金次郎	軍人、瓦斯隊	參與革命山東討袁之役
J288	橋本龜二郎	軍人、瓦斯隊	參與革命山東討袁之役
J289	磯部光輝	軍人、瓦斯隊	參與革命山東討袁之役
J290	磯部純一	軍人、瓦斯隊	參與革命山東討袁之役
J291	磯部充祥	軍人、瓦斯隊	參與革命山東討袁之役
J292	藤井太郎	軍人、瓦斯隊	參與革命山東討袁之役
J293	長某	軍人、瓦斯隊檢護隊	參與革命山東討袁之役

J294	杉山彥行	軍人、瓦斯隊檢護隊	參與革命山東討袁之役
J295	松下某	軍人、瓦斯隊檢護隊	參與革命山東討袁之役
J296	高松某	軍人、瓦斯隊檢護隊	參與革命山東討袁之役
J297	為井某	軍人、瓦斯隊檢護隊	參與革命山東討袁之役
J298	湯淺某	軍人、瓦斯隊檢護隊	參與革命山東討袁之役
J299	竹内（末松？）	軍人、瓦斯隊隊副	參與革命山東討袁之役
J300	芝部勘市	軍人、瓦斯隊隊長	參與革命山東討袁之役
J301	岡田某	軍人、通訊官	參與革命山東討袁之役
J302	岡本某	軍人	參與革命山東討袁之役
J303	扇某	軍人	參與革命山東討袁之役
J304	篠原某	軍人	參與革命山東討袁之役
J305	濱田某	軍人	參與革命山東討袁之役
J306	濱崎某	軍人	參與革命山東討袁之役
J307	湯原喜三次	軍人	參與革命山東討袁之役戰中負傷
J308	木阪真	軍人	參與革命山東討袁之役
J309	吉浦源三郎	軍人	參與革命山東討袁之役
J310	吉浦源太郎	軍人	參與革命山東討袁之役
J311	兒島某	軍人	參與革命山東討袁之役
J312	兒島禎藏	軍人	參與革命山東討袁之役
J313	武内某	軍人	參與革命山東討袁之役
J314	金原某	軍人	參與革命山東討袁之役
J315	松山信二	軍人	參與革命山東討袁之役
J316	金原松藏	軍人、僱員	參與革命山東討袁之役
J317	阿部安太郎	軍事工程人員	參與革命山東討袁之役
J318	阿萬一郎	輔佐軍法官	參與革命山東討袁之役
J319	野中某	大尉	參與革命山東討袁之役
J320	柴田重枝	軍醫士	參與革命山東討袁之役
J321	古澤盛吉	軍人	參與革命山東討袁之役
J322	後田三郎	軍人	參與革命山東討袁之役
J323	澁川三郎	軍人	參與革命山東討袁之役陣亡
J325	橋本寅古	軍人	參與革命山東討袁之役

以上依《金子克己舊藏之中華革命軍陣中日誌》記載：（按自
1916 年 5 月 4 日至 9 月 8 日解散為止。計四個月又四日。）。以下
為其有關原文：

「5 月 4 日，晴。午前 11 時 20 分，自青島出發，目的攻下濰縣：
午後 9 時 30 分於濰縣停車場東方白浪河附近集結；同時以攻
擊隊形移動。

部署：

> 東關攻擊隊：長渡邊保孝、田崎、久米川、矢荻，官兵六
> 十名，另外日本人叁名，炸藥拾個。
> 城內東門攻擊隊：長肥後勇、鶴田（文策）、福丸、藤井，
> 官兵弍百五十名，另外日本人拾名，炸藥叁拾個。
> 城內南門攻擊隊：隊長：工藤鉄三郎，官兵弍百五十名，
> 另外日本人拾弍名，炸藥叁拾個。
> 城外中國軍營攻擊隊：長內田晴三、杉山信二、大賀、阿
> 万、高橋；官兵弍百五十名，另外日本人七名，炸藥
> 弍拾個。
> 衛生隊：隊員全部（按原文未列姓名）。
> 預備隊：長八田晴太郎，官兵百名，另外日本人八名，炸
> 藥弍拾個。

午後 11 時攻擊開始，激戰至拂曉，敵軍頑強，未達目的，
此前東關攻擊隊已確實破壞東關，並攻入城內，遭到敵人機關
槍猛射，無功而退：於同時南門攻擊隊已確實破壞第一門，至
第二門時因缺乏炸藥，亦未能達到目的，於同時因敵人小型機
關槍猛射而退卻，此時湯原喜三次負傷。

「佈告」：瓦斯隊員：神谷柳平、渡邊憲、今井孫兵衛、
熊谷直吉、吉田好太郎、藤井太郎、福田松一、吉田勇次、

月成狂介、古川慶二郎、岡川實、栗林彥次、登利屋喜代治、前田虎雄、磯部純一、隈元盛志、玉野梅吉、西田又吉、川北盛登三、田中孝二、磯部光輝、高橋正一、中島義一、福永音吉、神山代次郎、田島勘右衛門、佐藤柳三郎、小野正胤、多田寬三、小野正胤、橋本龜二郎、井上四郎、芝部期一、田中光太郎（按以上共三十三名）。

　　瓦斯隊檢護隊：長、杉山彥行、松下、高松、為井、湯淺。」

　　「5月5日，晴。午前9時攻擊開始（內田隊、預備隊）。在午前8時30分，行動開始，目標是攻下敵之軍營，敵前約六百公尺地點散開，槍彈交射約二小時，雖然頗努力躍進，而敵人兵力漸次增大，至此而退卻。此時於停車場擔任警戒之二日本兵遭敵彈擊斃。因而岡田通訊官至城內開始向張師團長交涉。」

　　「5月6日，晴。岡田通訊官繼續前日之交涉，交涉結果是休戰七日。佈告：濰縣昌邑電信破壞隊：篠原、濱崎、久保田（直田？）（按此人已與前之電信破壞隊重覆，故此未列入）、濱田、扇、岡本。」

　　「5月7日，晴。湯原洗三次，負傷者後送青島。」

　　「5月8日，晴。與岡田通訊官會見交涉。」

　　「5月9日，晴。岡田通訊官會面交涉。」

　　「5月13日，晴。瓦斯隊員擔任警戒，福原元德（歸國）（未列名）。」

　　「5月17日，晴。吉田好太郎酒大醉，誤擊手槍，使田島勘右衛門負傷：兒島隊員（濟南潛入隊）久米川（與前重覆，故此未列入）以下十二名和中國兵發生衝突，留置憲兵隊調解。濰縣電信破壞隊：福田（安積？）（戰鬥部隊）（與前重覆，故此未列入）、濱崎、扇、」

「5 月 19 日，晴。萱野氏自青島返濰縣；吉田孝太郎離職。（按另有吉田好太郎）。」

「5 月 20 日，晴。工藤鐵三郎（諸城部隊城及內南門攻擊隊，）（與前重覆，故此未列入）及馬海龍返濰縣。」

「5 月 23 日，晴。午前 1 時守城軍向革命軍亂射約二十分鐘，革命軍未應射，始終沉默以對；久米川源太郎除名。」（按依「記載要目」）：「一、人員異動（死傷採用除名等）。本日濟南駐在員歸來，本日正午理應投降，按投降程序，決議從一早不得射擊，依副官長出差入城內，所迫使其投降之結果；24 日午前約 10 時開始撤退；25 日至午 2 時全部撤退完畢。」「佈告」：午前 1 時 10 分，由月成狂介、高橋正一向南關西南方面作狀況偵察……槍工長一，來濰縣，作機能點檢結果發現有不完備處有待修理，依坊子預備隊所囑修理。本隊武內出差，翌日歸隊；午前一時十分由後田三郎、中島義一，面向軍營偵察。」

「5 月 24 日，晴。午前約 10 時前，依前日約定城兵開始撤退；午後四時左右城內已撤退，未留一兵卒。午後 4 時 40 分左右，中國軍營起火，至黃昏始滅，此時派遣藤井太郎、吉田勇次偵察。午前 9 時 30 分左右派遣鶴田文策、佐藤柳三郎確認城兵撤退與否。其後行蹤不明。」

「5 月 25 日，晴。午前 9 時 10 分城內商務總會總代表舉白旗，前來總司令部陳情請革命軍入城。我軍於 11 時 30 分第三支隊入城，昨日目的為確認城兵撤退與否，所派遣鶴田文策、佐藤柳三郎，至今仍然行蹤不明，瓦斯隊總動員搜索。濰縣之西方約三千公尺地點宮路及東方三千公尺地點朱光，配置前哨。輔佐宮路派遣是：月成狂介、小野正胤、玉

野梅吉；朱光派遣是：吉田勇次、岡川實。今日起，因公出入濰縣城，須攜許可證，下同。」

「5月26日，晴。總司令部移駐至濰縣。昨25日派遣宮路前哨玉野，同日午後12時歸隊；小野是午後12時；月成是翌日拂曉歸隊。磯部純一、田中、竹內、金原是從事機關槍修理。派遣磯部、田中、高橋（正一）至東關機關槍隊，攜帶機關槍及彈藥等。舉行入城式。發結入城證者：萱野、金子、兒島、內田、八田、肥後、松山、岡津、林、柴部、入交、岩目、柴田、渡邊、三村、木阪、北原、依田、鹽谷、岩永、渡邊德、山田、中田、藤井、川北、工藤、丹野、江藤。鶴田文策、佐藤柳三郎，至今仍然行蹤不明。」

「5月27日，晴。派遣至朱光之吉田勇次、岡川實歸隊。澁川三郎於諸城之戰陣亡。福永音吉、古田孝太郎、中島義一、稻葉節藏、佐藤宇一等除名（或因受傷）。」

「5月30日，晴。本部移駐南關；午後10時左右，發現鶴田文策、佐藤柳三郎氏遺體。」

「6月1日，晴。執法官事務所設於城內總司令部，同日，市原敏郎、阿萬一郎二名輔佐執法官入駐城內。鶴田文策、佐藤柳三郎氏遺體於守備隊西南方森林內墓地舉行火葬。」

「6月2日，晴。森六雄氏為電信，參加入列。」

「6月3日，晴。施行鶴田文策、佐藤柳三郎葬儀，由青島來之田岡住職主持。」

「6月4日，晴。篠原泰衛、福田安積為本部傳令，發給入城證；鶴田、佐藤兩氏之遺骨，托田岡住職送往青島。」

「6月5日，晴。瓦斯隊月成狂介氏調隊。」

「6月6日，晴。瓦斯隊田中春次、神谷柳平氏調隊。革命軍人員與守備隊士兵（日人）發生言語衝突，予以訓示解決。」

「6月8日，晴。瓦斯隊神山代次郎、吉田勇次氏離隊。」

「6月9日，晴。有關離職者，於午後1時召開幹部會議決定：參加5月4日戰鬥者：五十圓；5月4日以後入隊者最高發：三十圓；有功勳者最高發：三十圓。另發旅費（迄青島）。以上係基本標準。」

「6月16日，晴。午前北門外試射大砲；本夜2時北門方面，槍聲頻傳，加以警戒，無事。瓦斯隊柴部勘市氏以下十二名外，八田清太郎、木阪真氏離隊。」

「6月17日，晴。於北門上實行迫擊砲試射，成績尚可。古澤盛吉本日編入瓦斯隊；鍛工金原松藏前來濰縣，為僱員。」

「6月18日，晴。任命肥後勇氏擔任兵器人員。」

「6月30日，晴。橋本寅吉氏離隊。」

「7月2日，晴，松山信二離隊。」

「7月6日，晴。飛行隊來此，向濰縣站長交涉借用倉庫容納飛機，及士兵五十名。日夜監視飛機，（自午後7時至午前5時），六名士兵輪班。」

「7月19日，晴。吉浦源太郎、野中大尉在青島辦完公務歸來。篠原泰衛、渡邊德二郎隨居正司令前往青島。」

「7月22日，晴。兒島禎藏氏離隊。陳中孚往大連與熊木九兵衛氏青島出差。」

「7月23日，晴。丹野謙八郎氏濟南出差。本日因軍營工事後返來途中，阿部安太郎（工程人員），被中國兵毆打負傷，柴田重枝醫士同往診斷，將結果通報王團長及司令部，處罰肇事者，且同仁至紅十字會入院治療。」

「7月29日，晴。熊木（本）九兵衛氏青島出差。」

「8月5日，晴。玉田豔太加入航空隊。」

「8月21日，晴。吉浦源三郎自青島歸來。」

「8 月 28 日，晴。野中宇一氏來此；久米甚六氏來此。」

「8 月 29 日，晴。岡津磯二氏來此；旋歸青島。金子克己、野中宇（右？）一氏與陳副官長同道往濟南。瓦斯隊田中豐次郎、與助手岡津氏返青島。」

「9 月 5 日，晴。於城內總司令部召開守備隊歡送會。」

「9 月 6 日，晴。守備隊人員作半部分交代。」

「9 月 7 日，晴。守備隊人員另一半部分交代後出發離此。」

「9 月 8 日，小雨。萱野長友（知）氏自濟南來此。守備隊人員另一半部分交代後出發離此。」[234]（按日本守備隊至此已全部解散。）。

又據：金子克己後於大正 5 年 6 月 19 日補記謂：「5 月 28 日，晴。野中大尉一行先至青島返來；一、瓦斯隊隊長井上四郎在全然黨本部發表與瓦斯隊關係，因「井上之與黨」，使瓦斯隊副竹內末松、川北盛登三氏兩名調隊。一、午前 2 時 40 分（5 月 27 日夜）於城內方向意外忽聞猛烈槍聲，數分鐘後又復安靜。蓋因在北門外前哨部隊夜間或因誤認而亂射結果云。一、情報：敵之騎兵一中隊；砲兵一中隊（砲六門）；步兵約三百人，向濟南濰縣周村方向前進中。」「5 月 29 日，晴。一、瓦斯隊前田虎雄（井上之與黨）離隊。一、瓦斯隊隊長芝部勘市製作特別高超的機關槍槍筒，成為青島特色。一、在臨淄城部隊遭濰縣撤退兵步、騎、砲（三門）約七百人敵軍攻擊，在午前 4 時拂曉展開攻防戰，擊退中國兵隊長以下九十五名，日本人七十名。午後 6 時戰事解除後，到達濰縣停車場，有中國人八名負傷者，鹵獲武器由憲兵隊保管。於該戰鬥之日本人，全部引渡給憲兵隊，所有日本人在敵軍攻擊前日，因待遇

---

[234] 同註 627。

上不滿事，稱於出城後不遠，淄河居車站退出，翌日中國兵退
却至停車場，於車站搭乘同一列車於濰縣車站下車。一、接到
報告：寒亭、壽光間敵軍架設軍用電線，遂派遣電信隊破壞，
該地附近全部設備確定已無能為力始歸。當電信隊員返回經
過前哨線時，該隊告知其他附近有日本人屍體事。」「5 月 30
日，晴。前記日本人屍體事，瓦斯隊檢察其特色結果，二名
屍體確定是前 24 日濰縣敵軍退却時，派遣目的在偵察敵軍退
却方向之鶴田文策、佐藤柳三郎二人。依觀察屍體狀態情況
係遭殺害，位置於北門之北方約四百公尺之墓地。……瓦斯
隊磯部充祥、橋本金次郎離隊。」「5 月 31 日，晴。一、前
記兩名屍體由憲兵及三村醫師勘驗後火葬，電報通知其遺
屬。……大正五年六月十九日，金子克己。」

　　茲從以上日本人士參與中國革命之山東討袁之役觀之，其人員
眾多，儼然是一支有組織之陸、空軍部隊，配備有空軍、軍法、軍
醫及後勤人員等，配合革命軍進行戰鬥，惜未達成威脅到北京。參
閱：白井勘助、金子克己、阪本壽一、萱野長知、柴田麟次郎等人
事蹟。

J326	白岩龍平	「善鄰同志會」會員	同情革命
J327	杉田定一	「善鄰同志會」會員	同情革命
J328	河野廣平	「善鄰同志會」會員	同情革命

　　1911 年中旬，清廷與革命軍在上海和談時，日本政府欲以武
力干涉的謠言到處流傳。因此，以根津一為中心的東亞同文會和小
川平吉或白岩龍平提攜合作，展開激烈的運動，並與國民黨及太平
洋會等取得聯絡，重新組織了一個團體。於是，由根津一、河野廣
平、杉田定一、頭山滿等主導的善鄰同志會，於 12 月 27 日在築地

靜養軒成立。《太陽》雜誌指稱其性質說：「這純然是個中國革命軍支援團，也是民間有志之士組織起來的團體，為了支援中國革命軍，即使得罪政府當局，亦在所不惜。但望能得其實效，足矣。」。再者，太平洋會很久以前即以一種大陸政策推進團體而存在。革命軍興之時，即議定了「保全中國並支援革命軍」的方針。[235]

又：武昌革命發生後，日本的大陸浪人頭山滿、內田良平、小川平吉、古島一雄組織了有鄰會；根津一、河野廣平、杉田定一也組織善鄰同志會。[236]

J329	古川清	？	參與革命工作、聯絡馬賊

島根縣人，自稱中國人王國山者。……古川清一派是湖南派。[237]

宋教仁曾述偕古川清由日本經韓國，轉中國東北欲聯絡馬賊，進而加以整編，以為革命軍之用的經過，其於《我之歷史》（日記體）一書中謂：開國紀元 4605 年（按即 1909 年），3月「23日，大雨，九時至古川清寓，約以今日下午六時起行。十時至朱鳳梧寓告以借款事，……十一時至李宗藩寓借得款五十元，李君並告余：營口有段寶田者，係吾同志，往滿洲可往訪之，余頷首遂回，（下午）五時遂清檢行李，至民報社作辭，起行就道。六時至新橋車場，古川清氏亦至，遂同購二等車券，時宮崎滔天氏及田梓琴、魯文卿等至車場送余等行，作送別談良久，六時半余等遂登車，七時開行。……25日，晴。十時車抵下關，余等下車後乘船渡門司海峽，十一時至門司市，……議定不經釜山，乘船直往安東縣較為便。時

---

[235] 同註 19。

[236] 同註 71。

[237] 俞辛焞、王振瑣編譯：《日本外務省檔案：孫中山在日本活動密錄》（1913年 8 月-1916 年 4 月），附錄，頁 607。

有咸興丸，明日開往安東縣，遂購得一等船券三張。……28 日，晴，風仍大，余暈（船）如舊，下午風息乃已。午時舟抵仁川，余等乘小汽船登岸。……4月1日，晴，八時抵鴨綠江口下碇，以江水淺不能入也。良久，遂換小汽船溯口而上。十二時過龍岩浦。下午二時抵安東縣，清檢行李登岸。……發一電致末永節告以到着，又寫一信致黃慶午。……2日，晴，與古川議定明日遣一人至大孤山李逢春家送信。（據李為馬賊首領之一），遂托店主人代為雇人。3 日，晴，代古川寫致李逢春信，店主人已代雇得一人，遂遣之去。……7 日，晴。……下午接白楚香來電言：帶有中國人二人至鳳凰城，須三日後始回，何如？余答以可字。……8 日，晴，……往大孤山送信之人夫回。攜有李逢春之覆信，拆視之，謂現因事不得來安。請余等往商云。余與古川遂擬日內即赴之。……」[238]並於書尾附致：李逢春、朱二角、余壽山、王飛卿、楊國棟、孟福亭、藍黑牙等書。內容略以：「及清兵入關，代主中國，乃益肆暴虐，屠戮人民，搜刮財產，酷法虐政，橫征苛斂，較明季尤甚，於是馬軍反抗政府日益力，而北方之相率投馬軍者日益多。馬軍與政府幾成不兩立之勢，相持至於今日，遂有公等之盛。此僕等所為中國慶幸者也。……今以有用之才，而無合一之團體不圖大舉之方，不知進取之策，此亦為公等痛惜者矣，……欲與公等通好，南北交攻，共圖大舉，特遣派某某等躬詣戎幕，商議機宜，……」[239]

又：參加武漢革命的還有岩田愛之助、甲斐靖、高橋正夫、古川清、吉田清一，以及野中保教大尉等二十多人。[240]

---

[238] 同註88：宋教仁著：《我之歷史》，頁326-333。惟查宋教仁所書「古河」（頁317、326）。後又寫「古川清」者，二者或為同一人，而日記中並未說明，但為同一事件，日期又係相連。不無存疑
[239] 同前註。
[240] 同註71。

J330	古河某	日本軍曹、滿洲馬賊頭目	協助革命工作、聯絡馬賊

宋教仁於《我之歷史》一書中載：開國紀元 4605 年（即 1909 年）2 月，「二十四、晴、……末永節、古河來。古河為日本一軍曹，入滿洲馬賊中為其頭目多年者也。與余談良久。言及韓登舉及各馬賊事甚悉。夜黃慶午邀末永節、古河、張溥泉及余同至鳳樂園食晚餐，遂談商運動馬賊事良久。決議古河前去，而吾黨一人隨之同去。因古河以聯絡各處而試其活動云云。慶午復向余言欲余去，余答以且待稍思索再決。九時乃散而回至孫逸仙寓。……（三月）二十日、晴。白楚香來，余與商定往滿事。議定楚香同余及古河氏去。時黃慶午亦來，與楚香更議良久，遂約十二時至鳳樂園與末永節、古河等再行細商。……十二時至鳳樂園，慶午亦至，遂食午餐，議訂於二十三日（三月）起程至馬關，由馬關坐船至朝鮮釜山，再由釜山乘車經京城往義州，渡鴨綠江抵安東縣而止。至滿洲後之策略，則聯絡各馬賊劫取通化縣款項，然後大行進取之策云云。議迄遂而散而回。」[241]

J331	古島一雄	《萬朝報》記者主筆、眾議員	協助革命工作

日本慶應元年（1865 年）8 月生於兵庫縣。幼年熟讀四書五經，對儒學頗有修養，十五歲至東京，就讀寶林義塾，卒業後，返家鄉任小學教師，嗣由恩師德富先生介紹入《萬朝報》為記者，1889 年為《日本新聞》記者，嗣任《九州日報》主筆，後又主編《日本與日本人》雜誌。1911 年起當選眾議院議員。[242]

---

[241] 同註 238。

[242] 宮崎滔天著，宋越倫譯：《三十三年落花夢》，頁 237-238。及：宋越倫著：

於《古島一雄全集》一書之〈善鄰關係事略〉一篇中有〈孫文與我〉一章，文內古島敘說：「我認識孫逸仙，是宮崎滔天、平山周介紹的，當時我住在東京，曾為孫先生負聯絡之責。那時由中國來日本亡命的有兩派：一是康有為、梁啟超，他們是保皇黨，受大阪華僑麥小彭的幫助，很有錢，曾在橫濱設立大同學校。另一派是孫文、黃興，他們是中國革命的正統。經濟困難，處境不佳，我和犬養毅是贊助孫、黃的。同盟會在東京成立時，日本志士參加的很多，萱野長知負聯絡和保管名簿之責」。「第一次山本內閣成立時（1913 年 2 月），孫氏渡日，憲警奉命拒絕登陸，犬養憤慨，即晤山本交涉，並與頭山商議，派我速往迎接，到達神戶，我住『一力旅社』，行裝甫卸，即接犬養電報：『山本諒解，速告孫。』我和萱野上船密迎孫氏，先住神戶松方別墅，後陪往東京，暫住頭山滿家中。古島曾連續當選眾議員先後六次。在中日合作方面，他和犬養木堂協同一致，奔走呼號，不斷努力。1915 年日本對華提出二十一條，他們曾激烈反對，認為這對中國人民的感情是火上加油，而始終主張中日親善合作，且聲明他們所努力的，並非如日本軍閥所主張侵略的親善合作。」[243]

1900 年庚子，將發動惠州之役，總理得菲律濱革命同志之同意，借用該批軍械時，竟發現中村彌六有舞弊情事，始知非檀島獨立軍所購之彈械，原為廢鐵！中村在購械巨款中，中飽私囊者甚夥。犬養憤極，除向總理道歉外，並開除中村黨籍，對於債務，中村以無錢為辭，不肯清償解決。一雄乃告以「如無錢可將住宅交出，以示誠意！」，中村無法拒絕，允為照辦。古島以此轉知總理，總理曰：「中村君已遭除名，在政治上之名譽，業已毀滅，豈可再使

《總理在日本之革命活動》，頁 81。
[243] 同註 218，頁 80-81：〈國父與古島一雄〉。

破產？」。言下並取筆疾書：「破其家者為不德」數字，堅不接受中村以屋抵償之議。適此時，有同志鄭某，自橫濱攜來急電，交與總理，乃係催寄匯款，以解困厄之事，遂與古島商議解決之法。不得已，古島採法律途徑向中村追討，但因曠時太久，緩不濟急。且中村仍一再拖延，毫無誠意解決。即由一木齋太郎及神鞭知常二人出面解決。[244] 參見：一木齋太郎事蹟。

　　以日本言論界及法學界為中心組織而成的「支那問題同志會」。該會在言論界，動員了斯波貞吉（《萬朝報》）、淺田工村（《太陽》）、工藤日東（《日本新聞》）、鵜崎鷺城（《日日新聞》）、上島長久（《報知新聞》）、古島一雄（《萬朝報》）、福田和五郎（《二六新聞》）、岩佐溪電（《萬朝報》）。在法學界則糾合了鹽谷恆太郎、加瀨禧逸、平松市藏等。並以浮田和民、松山忠次郎（《東京朝日》）、上島長久、相島勘次郎（《東京日日》）、斯波貞吉、加瀨禧逸、平松市藏、石山彌平太等為發起人。該會於明治 44 年（民前 1 年、1911 年）12 月 26 日，在日比谷松本樓召開第一次會議時，決議二大方針：一、應保障清國領土完整；二、不應隨便干涉鄰邦政權。除一方面和革命黨所派特使聯絡，一方面由平松市藏、工藤日東、鵜崎鷺城、岩佐溪電等幹事歷訪首相、外相，以排擊政府的干涉方針，表示對革命軍的同情。[245] 又：1914 年 10 月 6 日，古島一雄參加對中國有志會發起人會。[246]

　　古島一雄所著：《一老政治家的回想》一書中第六章「與中國革命的因緣」，係由古島氏談、速記而成者，乃敘述日本朝野與中國革命的關係與交往情形。宋越倫著：《總理在日本之革命活動》

---

[244] 同註 2。
[245] 同註 50。
[246] 同註 81。

一書中譯為：〈古島一雄革命談薈〉；陳鵬仁譯著：《孫中山先生與
日本友人》一書中譯為：〈辛亥革命與我〉。

J332	**古賀廉造**	警保局長、同盟會會員	協助革命、《民報》社址租屋保證人
J333	**前田綱**	《民報》社工作人員	協助革命、《民報》社編輯部管理事務

在《民報》發行時代，日方對中國革命黨人取締甚嚴，對革命
有關之租賃有各種困難。未幾《民報》公然在東京牛込區新小川町
發行為黨的機關報。立刻使警視廳重視，調查此屋是經何人之手租
與革命黨，經調查此租屋之保證人時，竟是警保局長古賀廉造，因
而使警吏驚愕不已而默然。[247]

萱野長知又謂：「民報社社址設於東京牛込區新小川町，曾經
是孫先生、黃興意欲鼓吹革命黨革命思想，號召各地同志，以醞
釀情勢者。這座社址現仍存在，是位於飯田橋靠近江戶川，一座
不很廣大的二層樓房。民報的主筆為文豪章炳麟，其下有胡漢民、
何天炯、宋教仁、白逾恒、汪兆銘等。當時革命黨陣營，可謂人
才濟濟。不過其時清國政府雖衰弱，仍有相當勢力，使日本官方
仍有忌憚。對革命黨動向加以嚴格取締。民報社社址的租借，日本
官方橫加干涉，而革命黨仍能承租一屋，使管區刑警非常驚異與
奇怪，經查問房東，結果發現此房之租借保證人為警保局長古賀
廉造。因而使此刑警更嚇壞了。於是刑警去問古賀：『先生做了保
證人，真令人不敢置信。不過為革命黨做租借房屋之保證人，會不
會有麻煩？』古賀坦然道：『有什麼麻煩！』。古賀氏是如此直情徑
行，剛毅闊達的人。因此而日後惹了禍。……又：古賀之所以為保

---

[247] 同註 229，頁 60。另見其譯文：宋越倫著：《總理在日本之革命活動》，頁 3。

證人，係孫先生之老同志末永節與古賀是朋友。經末永節拜託古賀來做的。」[248]〈國父旅日年表〉：1905 年 7 月 20 日，中國同盟會在東京成立，古賀加盟。

　　另：1905 年 11 月 26 日，《民報》在東京正式發行，孫文撰發刊詞，首揭「民族」、「民權」、「民生」三大主義。該報發行所設於宮崎寅藏住宅，編輯兼發行人為張繼，印刷者為末永節，編輯部設於牛込區新小川町二丁目八番地，前田綱任編輯部管理事務，被稱為「民報阿姨」，警保局長古賀廉造為租賃該屋保證人。[249]

　　1905 年 7 月 20 日（西曆 8 月 20 日），中國同盟會在東京正式成立，假阪本金彌宅舉行成立大會，加盟者三百餘人，日本同志中，宮崎寅藏、平山周、萱野長知三人特准加入同盟會。其後萱野之友人和田三郎與池亨吉亦加入同盟會，為會務而努力奮鬥。再有板垣退助、三上豐夷、北一輝、鈴木久兵衛、古賀廉造等亦經介紹加盟。又：「古賀廉造（警保局長）」。[250]是以古賀亦是中國同盟會會員。

　　據水野梅曉（曉）、萱野長知等之回憶，古賀亦曾供應槍彈給革命黨。如水野謂：「古賀廉造先生把他的房子借給同志們住，他又盡力地弄了許多槍砲子彈。」：「我曾將五百發子彈包在行李內，往新橋的西澤去過。」萱野：「那時古賀先生是警保局長。」犬養毅亦道：「古賀雖是法律家，然而他把法律不放在他眼中。」[251]

---

[248] 同前註，頁 385-386。「民報社址的承租保證人？」節；另見其譯文：陳鵬仁譯著：《孫中山先生與日本友人》，頁 91-92：「租借民報社社屋的保證人」一文。

[249] 同註 1，頁 139-140。

[250] 同註 248。

[251] 「日本友人追懷　孫中山先生座談會記錄」，第一次座談會，於中華民國 19 年、昭和 5 年（1930 年）1 月 13 日正午，假東京牛込區神樂阪下陶陶亭支店召開。見：陳固亭著：《國父與日本友人》，頁 125。

J334	玉水常吉（常次、常喜、常治）	自由黨員	參與庚子惠州之役
J335	野田兵太郎	？	參與庚子惠州之役

　　宮崎滔天謂：在香港有南萬里（即平山周）、有陳君（即陳少白）：又有舊友玉水常吉君，他因前往暹邏，途次香港，亦同宿於東洋館，一見余面，即謂「旅費用盡，正處於進退維谷之境，不知有無解救之方？」其人曾參加大井憲太郎（按彼對日政府反對民選議員，大肆抨擊，後屢次從事反政府運動，被逮捕判刑；明治 22 年因憲法頒佈而赦免；中年後棄政從商）等一行，從事所謂朝鮮事件，故在「造反」歷史上，渠實為吾等前輩。彼又經常自負，謂能製造炸彈。余告以在最近期內，或有「大有意義」之事，總而言之，渠可放棄日本、暹邏之事，共同潛入中國內地。如同意，則可暫時留港，以待余等自新加坡歸來。彼欣然答稱：「必當無條件在港等候。」此為玉水君今後正式加盟之起因。[252] 其後宮崎偕清藤幸七郎、內田良平赴新加坡，欲聯絡康有為，但為康陷害入獄，經中山先生前往新加坡救出，搭輪返香港被拒登陸。

　　據平山周回憶稱：「明治 33 年（1900 年）廣州事件發生。與這件事有關的人是尾崎行昌、島田經一、原口聞一、玉水常吉、野田兵太郎等。我們從新加坡回來的船中商量，孫君仍乘原船回日本，我們還是進行革命的事業，我們同畢永年、楊飛鴻、鄭弼臣、原楨等商量，我做外交部長；飛鴻做財政部長：原楨做參謀部長；永年做陸軍部長；弼臣做總務部長。」[253] 乃謀發動庚子惠州、三洲

---

[252] 宮崎滔天著，宋越倫譯：《三十三年落花夢》，頁 158。

[253] 同註 251：〈日本友人追懷 孫中山先生座談會記錄〉，第二次座談會，於中華民國 19 年、昭和 5 年（1930 年）2 月 5 日正午，假東京市外上落合五四七東青庄召開。參見註 312。

田之役也。惟據宮崎稱：「此日來訪者陸續不絕，入夜始得共議方針，與議者計有日南（福本誠）、吞宇（清藤幸七郎）、近藤（五郎、即原楨）、南萬里（平山周）、及余（宮崎）。諸人一致遵奉孫之提議，即以日南君留駐香港，從事準備，若準備不能如意，則須以目前所有實力，立即舉事；至於舉兵之事則以鄭君（士良）為大將，近藤、楊飛鴻二君為之參謀、日南君為民政總裁、南萬里副之。對孫君此項提議，討論時雖亦有多少議論與意見，然結果均遵奉孫君之意見。孫君更以軍事之方略命鄭君執行，其餘日本同志，皆協助鄭大將，進入內地，玉水（常吉）、野田（兵太郎）、伊東（知也）諸君應在港待命，密切注視事態發展，一有消息，即疾驅進入內地。方針既定，佐渡丸亦即啟碇離港。」[254]

又據《宮崎滔天年譜》記載：1900 年「7 月 18 日……晚間，在船裡召開善後對策會議，孫中山指示留香港的起義部署，總指揮鄭士良，參謀原楨、楊衢雲、民政總裁福本誠、副總裁平山周、玉水常次、野田兵太郎，在港預備役伊東知也。7 月 20 日出航香港。」[255]

玉水常吉之名有四：宮崎滔天（寅藏）稱為：「玉水常吉」；平山周稱為：「玉水常次」；在「與中國革命有關之日本人名簿」中則為：「玉水常喜」。「島田虔次推測為：玉水常治，自由黨員，曾參加大井憲太郎策動的大阪事件，被捕下獄。」[256]

---

[254] 同註 252，頁 187。參見註 183。
[255] 陳鵬仁譯：《宮崎滔天書信與年譜──辛亥革命之友的一生》，頁 100-101。
[256] 彭澤周著：《宮崎滔天與中國革命》：附錄：〈與中國革命有關之日本人名簿〉（《近代中日關係研究論集》），頁 291。及：啟彥譯，宮崎滔天著：《三十三年落花夢》，頁 172：註 6。

J336	西村八重吉	黑龍會會員	協助革命工作未成

　　福岡市人，於年幼時即受內田良平愛護，介紹入中野二郎之札幌俄清語學校公費生就讀，學習俄語。明治 32 年時，隨內田赴浦朝再至北海道，後留此從事研究俄語及俄國事情之調查。明治 33年（1900 年）春，內田為援助孫文之惠州起義事，自浦朝返國，為能參加此舉，與返國之葛生能久等同於博多為援助革命待機而動。然孫文之惠州起義遭挫，遂失渡海赴華之機。其後再專注於對俄問題，日俄之戰前赴滿洲工作；戰後為內田之幕僚，日韓合併後病故於京城，時年三十七歲。[257] 西村為隨內田欲援助中國革命未成。是黑龍會成員之一。

J337	伊東知也（正基）	退職軍人、「有鄰會」員、眾議員	參與庚子惠州之役及武昌革命

　　字正基、號鳳南。山形縣人，世代從醫，而伊東不喜繼承家業，年少即志在四方，負笈東京，半工半讀。入東京專門學校習法律。夙即有意關注大陸問題。明治 27 年（1894 年）日清戰起，入《二六新報》社，為戰地記者，戰後因遼東之事，偶然對中野二郎之札幌俄清語學校產生興趣，入校學俄語。31 年（1898 年）赴西伯利亞，滯留二年，此間與內田良平結交及調查俄國對遠東經營狀況，窺其作為。33 年（1900 年），孫逸仙企圖於華南革命，因內田良平關係期望援助，往來香港、東京間數次；34 年（1901 年）於東京與同志組織黑龍會。首倡日俄開戰之說，以喚起努力，此是黑龍會同志所致力首倡者居多。其次彼等至福建、廣東之內地遊，詳細調查該地方事情。後來與革命黨互通聲息，等候時機成熟長達八年之

---

[257] 同註 52，下卷，頁 768，〈補遺〉。

久。44 年（1911 年）秋，革命黨之烽火在武漢燃起，與同志共組有鄰會，遙作聲援機關。又親自赴武漢，會見革命黨領袖黃興參與帷幕策畫盡力不少。45 年（1912 年）當舉行總選舉時，為援助革命而滯留在上海，惟認為革命黨志在成功，解決中國帝制問體。為遂行確立日本對華外交方針，提振國力，為能達成此目的，立即急馳歸鄉山形縣，參選立候補眾議院議員，得以最高票當選。以後於每期議會，均主張對華問題侃侃而談，其讜論卓見深中肯綮，常使議場傾聽。大正 2 年（1913 年）與同志組織對華聯合會，任評議員兼幹事。喚起輿論，鞭撻政府，盡力奔走，最為努力。後大隈內閣成立，推為對華聯合會委員，迫大隈首相及加藤外相促使解決對華政策多次。後來於議會付出全部心血為對華問題盡力，遂為政府容納，導致倒閣。新內閣政府極力反對而解散議會。大正 4 年再度當選議員。9 年在任時久，有害健康，後因滿洲、朝鮮之事而憂，抱病前往視察歸來臥病。大正 10 年（1921 年）11 月病歿，年四十九。[258]

　　興中會在惠州起事計畫，在己亥（1899 年）庚子（1900 年）間已漸告成熟。楊衢雲、鄭士良等在香港布置既峻，而駐三洲田、新安、博羅等處之健兒，咸靜極思動，急願一顯身手。楊衢雲乃於庚子 3 月 27 日乘阿波丸赴日本，與中山商議大舉。適是時拳匪亂事近，全國震動，中山認為時機可乘，遂於 5 月中旬，偕楊及宮崎寅藏、平山周、福本誠、原口聞一、遠藤隆夫、山下稻、伊東正基、大崎、伊藤、岩崎等十餘人，乘法輪「煙狄斯」（S. S. Indus）號至香港，5 月 21 日未得登岸，在船旁一小舟開軍事會議，議定由鄭士良督率黃福、黃耀庭等赴惠州準備發動；史堅如、鄧蔭南赴廣州，組織起事及暗殺機關，以資策應。楊衢雲、陳少白、李紀堂在港擔

---

[258] 同註 52，下卷，頁 5-6。

任接濟餉械事務。日本同志則留港助之。自偕英人摩根乘原船赴越南西貢。[259]

馮自由將伊東正基（知也）列為興中會前半期之革命同志，如：「伊東正基，日本，退職軍人，無（黨派組織），庚子。」[260]

《宮崎滔天年譜》亦載：1911 年 11 月上旬，參加有鄰會的創立（於江戶川清風亭），由小川平吉、內田良平發起，與三和作次郎、福田和五郎等協議並決定宗旨。及：1914 年 10 月 6 日，平吉參加對中國有志會發起人會。[261]

又：伊東正基，名「知也」，字「正基」，號鳳南。肄業東京專門學校，習法律。甲午戰爭時曾為《二六新報》從軍記者，嗣入扎幌俄文學校習俄文，1898 年至西伯利亞，滯留二年，因與內田良平相知，參加惠州事變，其後參加黑龍會，並組織有鄰會，辛亥革命時曾至武漢投效黃興之軍，1912 年任眾議員。[262]

辛亥革命時日本準備干涉革命，支持清廷，而日本民間之實業界與新聞界攻擊政府，支持革命黨之聲風起雲湧，因而創立許多政治組織，如有鄰會係於 1911 年 11 月上旬，由小川平吉與內田良平發起組織，主要會員有：三和作次郎、宮崎寅藏、福田和五郎、古島一雄等。實際活動首派尾崎行昌：次派宮崎寅藏、平山周、伊東知也等赴中國各地，以與革命黨聯絡，中國革命黨方面，則派何天烱為特使赴東京，通過有鄰會，與日本各界有力人士，取得聯絡。[263]

---

[259] 同註 24。
[260] 馮自由著：《革命逸史》，第三集，頁 50。
[261] 同註 81。
[262] 宮崎滔天著，宋越倫譯：《三十三年落花夢》，頁 240。
[263] 曾村保信著，李永熾譯：《辛亥革命與日本輿論》，頁 25。

| J338 | 吉田正平 | 軍人？ | 參與丁未汕尾之役、運送軍械 |

　　據宮崎寅藏稱：明治 41 年（1908 年）（按《國父年譜》增訂本，上冊，載為 1907 年），革命時機日見成熟，黃興氏擬即舉事，乃帶了手鎗三百枝，及□□氏（按係犬養毅）所贈日本刀七十柄，進入廣西，同時日本同志多人也設法購得步槍千枝，繼續出發。日方同志計畫前往廣東，以備黃興氏取得廣西後，在廣東與之會師，當時裝載步槍的「幸運丸」，係由三上豐夷設法好意借用的。至於步槍的購買以及資金籌措，則由號稱「天野屋利兵衛」（江戶時期俠商）的倉地鈴吉全面負責。搭乘此船前往香港的勇士，計有金子克己、萱野長知、前田九二四、三原千尋、定平吾一、吉田正平等人。此等革命黨敢死隊出發之際，均抱不再生還之決心。在航海中突有兩隻蒼鷹飛入船裡，一行以為革命成功之兆，無不喜形於色，但結果以時機未熟，此一計畫又告失敗。[264]

J339	吉田清一（親一）	軍人？	參與武昌革命、協辦外交
J340	川村某	軍人？	參與武昌革命、協辦外交
J341	高橋正夫	軍人？	參與武昌革命

　　武漢戰事爆發之際，日方同盟會老同志末永節率吉田（清一）、川村等人，星夜趕往漢口，為中國外交及其他等盡力。[265]
　　當武昌革命時，應黃興電招，萱野長知與日本同志一同趕往武漢者，前後人數不少。齊集武漢者有：萱野長知、末永節、金子克

---

[264] 同註 262，頁 266，與：宮崎槌子著：〈我對於辛亥革命的回憶〉（載於陳鵬仁譯著：《孫中山先生與日本友人》，頁 56-57。），內容相同。
[265] 同註 67。

己、三原千尋、嘉納清藏、岩田愛之助、大松源藏、布施茂、甲斐靖、金子新太郎、高橋正夫、吉川清、吉田親一、龜井龍雄、垣內喜代松、石間德次郎、齋藤慶次郎及小高、大谷、小柳、河村某等等。小山田劍南是《大阪每日新聞》特派員，活躍於漢口。萱野與大原武慶少佐、野中保教大尉於武昌會面，在黎元洪監視武昌之同時，日本同志擁黃興進入漢陽第一線戰鬥。[266]

又：參加武漢革命的還有岩田愛之助、甲斐靖、高橋正夫、吉川清、吉田清一以及野中保教大尉等二十多人，海軍也有伏見艦長桂少佐、掘田中佐從中協調。[267]

J342	吉住慶二郎	醫官	參與武昌革命、從事醫療工作
J343	山科多久馬	醫官	參與武昌革命、從事醫療工作
J344	牛丸友佐	醫官	參與武昌革命、從事醫療工作
J345	古賀五郎	醫官	參與武昌革命、從事醫療工作
J346	三宅某	醫官	參與武昌革命、從事醫療工作
J347	濱野讓	藥劑師	參與武昌革命、從事醫療工作
J348	金源富子	護理人員	參與武昌革命、從事醫療工作
J349	某村子（姊）	護理人員	參與武昌革命、從事醫療工作
J350	某村子（妹）	護理人員	參與武昌革命、從事醫療工作

當武漢烽火高舉之際，在日本之頭山滿、內田良平、小川平吉……等發起組織有鄰會團體，開始援助革命黨活動。當時在北京之平山周最早趕往武漢，與末永節等連絡取得所蒐集中國之情報，依此針對日本謬誤國策而盡力。更且，尾崎行昌於漢口，伊東知也於武昌。在千頭萬緒中彼此取得連絡。又為援助緊急場所下，山科多久馬、吉住慶二郎、古賀五郎、濱野讓等醫師及藥劑師、看護，

---

[266] 同註 168。
[267] 洪桂己著：《清末民初日本在華諜報工作》，頁 450。

攜帶大量醫藥,由牛丸友佐率領,特派至戰地,為革命軍傷病者治療。此一救療班一行在南京創辦陸軍醫院。此一發自內心之貢獻與努力,受到無比之尊敬與感謝。[268]

又:於南京革命軍軍隊日加整頓,亦充實訓練。並且,吉住慶二郎、山科多久馬、古賀五郎、三宅某等以及其他醫官,為革命戰後之戰傷者,及一般兵士診療。在陸軍醫院住院者亦受盡力救護。女護理人員金源富子及村子姐妹二人等均能盡職。其後,南北協議成立,4月初孫文於南京舉行大總統解職禮,同時革命政府移往北京,袁世凱任總統,8月下旬孫文晉北京,黃興於南京統制南方。此時對始終努力的醫官吉住、山科、古賀等仍予客卿待遇。後彼等辭別南京往上海。吉住是由黃興、孫文及其他革命領袖等之推薦,最初於法國租界開業醫院,三宅為之輔佐,後又遷至公共租界,以仁心仁術,勿論黨員或一般人均予尊敬,大為醫界所風行。吉住醫院為革命黨人及一般人士所信賴者。其為中日兩國一生所為,為世人所稱道。[269]

J351	吉野作造	政治學家、教授	同情革命

吉野作造,政治學家,日本東京大學教授,為一虔誠之基督教徒,日本大正初年(1911年)提倡民本主義,對智識階層影響殊深,晚年以研究明治文化為事。與孫文等均有交往。[270]1914年曾任東京政法學校教授,為中國留學生授課,寺尾亨為校長。[271]

---

[268] 同註52,中卷,頁463-464。
[269] 同前註,中卷,頁504-505。
[270] 同註262。
[271] 陳固亭著:《國父與日本友人》,頁69-71,〈國父與寺尾亨〉。

J352	寺西某	日本陸軍駐漢口武官	同情革命

　　武昌起義後，萱野長知謂：「到達下關（日本），我遂下榻門司的川卯旅館，隨即電招金子克己、布施茂、三源千尋、龜井祥晃、岩田愛之助、加納清藏、大松源藏等，搭船前往上海參加革命軍。上海陸軍駐滬武官本庄繁特別善意給與方便，在軍事上給各種指導；漢口之陸軍駐漢口武官寺西同情革命軍，給予不少照料。我等一行於黃昏時到達漢陽，訪問革命軍總司令部之黃興總司令。此司令部設於漢陽第一古剎歸元寺。」[272]按：萱野長知之著作中，祇言其姓寺西，但無其名也。

J353	寺尾亨	法學博士、帝大教授	協助革命工作任法制顧問

　　福岡人，長兄為理學博士、次弟為醫學博士、三弟為司法官，兄弟均為俊才。亨入司法省（部）學校，在法國學者指導下習法律學。畢業後任橫濱裁判所司法官，後轉任東京帝國大學助教授，明治 25 年留學法國，留學四年專事研究國際法。回國後於東京帝大為國際公法及國際私法講座，是日本國際法專攻學者之先驅。明治 28 年授法學博士，翌年兼外務省參事官，參畫重要外交事務。明治 44 年（1911 年）武漢革命烽火高舉，毅然辭帝大教授職，與頭山滿同赴華南，為援助孫文、黃興等革命而盡全力。以後出任南京革命政府法律顧問。大正 2 年（1913 年）當中國第一屆國會開議，乃與法學博士副島義一同赴北京，為國民黨顧問，並為南方派全力斡旋。蓋自南京設立革命政府以來，彼等即盡最大全力起草憲法草案，此乃為革命後之中國完全統一之指導。且期許中國遂行更生。此一信

---

[272] 同註 65。

條不為袁世凱所喜，國會難抑制袁世凱之專橫。彼等因國民黨議員之激勵與努力，因而於大正 3 年（1914 年）在東京設立政法學校，招收中國人，授政治、經濟、法律等諸學科，基於培養完全法制下之新中國人才，為國家所用。直至大正 9 年（1920 年）8 月仍續存。期間多數新人才輩出，畢業返國後之學生，在文武兩方面均有重要地位，在政治上亦擔任實責。大正 14 年（1925 年）9 月病逝，享年六十八。[273]

又：寺尾亨博士，1858 年 12 月生，1884 年由法科大學卒業，任橫濱裁判所判事及東京法律學院教授。1892 年赴歐洲留學，返國後任法典調查會會員，協助伊藤博文從事民法典的制定。1899 年獲法學博士學位，任東京帝國大學教授。1905 年，中國同盟會在東京成立，他寄以很大同情，因仰慕孫中山的為人，曾由犬養介紹晤談。此後中國青年受革命思潮的激盪，留日學生日益增多，其中志願入士官學校的，因限制太嚴，入學困難。寺尾有鑒於此，即發起在東京芝公園內創辦東斌學堂，聘請教官專授軍事知識，造就軍事人才，青年從學者達百餘人，畢業後多返國發動革命，成績彰著。為創辦此校，寺尾曾捐獻其全部資產，一時生計陷於困境，足見他贊助中國革命的熱心。1911 年 12 月，辛亥革命成功，寺尾正在東京帝國大學任國際法教授，為隨犬養、頭山二氏，偕憲法學權威副島義一前往中國，效力革命政府，其親友曾勸阻中止，寺尾仍堅持己見，改變姓名，向友人長谷川借得旅費，起程渡華，不料甫至下關，即被新聞記者發覺，公諸報端，而遭到帝大免職。但寺尾未為所動，堅決渡華。抵達上海會見孫中山，就聘法律顧問，提供關於制定臨時政府組織大綱，及制定臨時約法意見。民國元年 4 月 1 日，孫中山卸任臨時大總統，寺尾亦同時解聘返國。民國 2 年 3 月宋教仁被袁世凱派人暗殺。孫中山為維護共和，籌畫討袁，

---

[273] 同註 52，下卷，頁 585-586。

率領忠貞同志陳英士、居正、胡漢民、范鶴仙等四十餘人。再赴日
本，下榻東京赤阪區靈南阪頭山滿住宅，朝夕過往的日友，即宮崎
寅藏、犬養毅、寺尾亨、頭山滿等。其時孫中山手草中華革命黨章
程，制定入黨規約。關於建設民國人才的培養，則委託寺尾亨負責
辦理，遂由孫中山、陳英士、黃克強、李烈鈞、戴季陶、犬養毅、
頭山滿、寺尾亨、副島義一、林權助等三十餘中日人士發起，在東
京神田區錦町創立政法學校，寺尾亨博士被推為校長，他手草該校
緣起，其中有言：「……數年前，僕鑒於唇齒之誼，欲刱辦東斌學
校，從學士百數十人，學成返國，成效彰著。今後商諸友邦人士，
賡續前業，創設政法學校，始政治、經濟科先急也，次及法律科，
圖漸進也，科目規範專門部，修養年限同之，講師延聘國中法學名
流，留學人士，工邦語有法政專長者，為之通譯。……此笑之設，
於中國之現勢，亦稍有贊助也乎？是則余所私心默禱者矣。甲寅二
月法學博士寺尾亨謹佈。」

　　對該校創設之目的及經過，有一段謂：「本校之設，創議於民
國二年秋季，開課於三年春，其旨趣在使中華民國人士來東者，不
須學習日語，而能於短年月間，就日本法律、政治、經濟諸學科，
講習經國濟民之道，為中華民國急儲建設人才，以期東亞之久安長
治，用意蓋深遠矣。創設之初，適承癸丑役後（按即民國二年二次
革命），民國新政頓挫，名實乖舛，有為之士，散之四方，集東京
者，大都曾置身政局，思藉此時機，研究實學，為他年建設之計，
值有此校，遂聯翩入學，先後達四百餘人，寺尾校長夙熱心民國人
士之教育，且德望隆重，故各學科均獲聘日本第一流名家擔任講
授，不僅非他私立大學所能頡頏，即官立大學各科中。亦有遜色
者。……」[274]政法學校係專為中華民國留日學生而設，以教授關於

---

[274] 同註 271。

政治、經濟及法律之學科為目的，分政治經濟專修科、法律專修二科，三年畢業：另設研究科，一年結業。教授講師有吉野作造、松岡均平、副島義一、松本烝治、渡邊鐵藏等四十二名，薈萃權威學者於一校，盛極一時，寺尾校長曾擬擴張校務，改為大學分本科預科，以期造就完全人才，惜因基金不足，未得實現，此後他仍常往中國，會晤孫中山，以翊贊中國革命，為其畢生事業。民國 14 年 3 月 12 日孫中山病逝北平，寺尾驚悉，悲悼萬分，但因疾未能渡華弔唁，惟於同年 9 月 15 日亦病逝於故鄉。[275]

　　另有關創辦東斌學堂、創立政法學校之事有謂：當浩然廬被查封後，寺尾亨博士，在神田區之工科學校內創立政法學校，是為收容第二次革命失敗後來日之中國青年志士而設。而有志於革命以如何建設國家，需要有足夠知識。故對革命失敗亡命之士，冀以此用意而進修學問。基此，博士於明治 38 年（1905 年）後，為教育中國學生而創設東斌學堂，因此雖然曾傾其家產而不顧。更且創立政法學校，以其在學界之人緣，獲得各大學知名學者擔任講師。即使公立學校之課程亦不若其充實之內容及教育設施。在浩然廬被查封後之全部學生收容於政法學校，繼續接受教育。此校學生是此後成為國民政府之要員。以上二校之規模雖小，而是為中國培養新人才所寄望，其成效洵甚巨也。上記之東斌學堂是於明治 38 年（1905 年）創辦，當時是富有革命思想者始得許可入學之士官學校，為前來日本留學進修軍事學之中國青年而設。因而寺尾博士認為中國革命必先要對軍事有研究，此乃有違自己之專門學問轉變為軍事教育。在芝公園內創設東斌學堂，雇請適當教師對中國青年志士施以長達五年之軍事知識教育，為此，博士捨棄自己私產而為

---

[275] 同註 271。

之，一時使家計陷於窮困。[276]浩然廬事，參閱：上原勇作等、青柳勝敏事蹟。

古島一雄於〈革命談薈〉一文中稱：1911 年 12 月梢，辛亥革命起於武漢，犬養於是急行渡華，未幾余和頭山亦前往上海，寓「豐陽旅社」，此時南京臨時政府已成立，孫先生已就任大總統，黃興為大元帥。犬養於渡華前夕，特往訪西園寺，探詢日本政府對中國政體之方針，未得確切答覆，二三日後晤外相內田康哉，內田告以中國行共和政體，日本將感萬分困難，故表反對。日本將以武力維持中國之君主政體，請將此方針轉告華南革命領袖。此引起犬養不悅。既已探知日本政府之方針，然以革命政府成立未久，須迫切而急待解決者，當為國際問題，因此延聘寺尾亨（東京帝大教授）、副島義一（早稻田大學教授）隨同前往，同時為革命政府便於起草宣言及其他文書等，復聘松本康國（早稻田大學教授）擔任。寺尾適在休假期間，乃變更姓名，準備出發，不幸在下關為新聞記者探悉，且於報紙公開發佈，乃遭學校當局以免職處分。[277]

又：寺尾亨（1858-1925）與頭山滿同鄉，文學博士，曾任東京大學國際教授。[278]

中山先生於：《孫文學說》第八章中亦提及：「其為革命盡力者，則有副島（義一）、寺尾（亨）兩博士。」[279]

馮自由將寺尾亨列為興中會後半期之革命同志，如：「寺尾亨，日本，學者，無（組織）、癸卯，日本著名法學家，為帝國大學七

---

[276] 同註 52，中卷，頁 533-534。

[277] 宋越倫著：《總理在日本之革命活動》，頁 52-53。與陳固亭著：《國父與日本友人》，頁 33-34，內容相同。

[278] 宮崎滔天著，啟彥譯：《三十三年落花夢》，頁 236，註③。

[279] 同註 11。

大教授之一，孫總理在癸卯年識之。民元南京政府聘為高等法律顧問。」[280]

J354	池亨吉	學者、中國同盟會會員	參與丁未黃岡、鎮南關之役

　　1905 年 7 月 20 日（西曆 8 月 20 日）乙巳，中國同盟會在東京正式成立。假阪本金彌宅舉行成立大會，加盟者三百餘人，日本同志中，宮崎寅藏、平山周、萱野長知三人特准加入同盟會。其後萱野之友人和田三郎與池亨吉亦加入同盟會，為會務而努力奮鬥。再有板垣退助、三上豐夷、北一輝、鈴木久兵衛、古賀廉造等亦經介紹加盟。[281]

　　萱野長知云：「當時我國日本人加入中國同盟會期間，中國與俄國是世界二大專制國，武斷壓制使自由阻塞，世界和平受阻政體。為協助完成中、俄之革命。而有《革命評論》之半月刊雜誌發行。為使能達到世界和平，文明發達，必須對二大專制國進行革命，改變其與中國同盟會之機關報《民報》相策應，極力鼓吹革命主義。此《革命評論》之赤字標體是以民報社章炳麟所書。此時著者之髫年同窗之友和田三郎、池亨吉（斷水樓主人）早即曾於中國同盟會之文庫中獲讀英文《萬國秘密結社史》一書，對孫中山之革命主義及其行動。與同志至為欽慕。後於 1901 年辛丑，在美國及檀香山之報紙上，更讀知有關中山之中國革命之意見，景仰之餘，乃將報紙上中山之肖像剪下，揭為座右，以資鼓勵。1905 年乙巳，中山自歐返日，始由著者介紹二人與中山會見，並直接加盟中國同盟會，池亨吉加入「革命評論社」，以斷水樓懷仁，或以葭湖之筆名，

---

[280] 馮自由著：《革命逸史》，第三集，頁 98。
[281] 同註 184。

連載著名巨文，為中國同盟會而努力奮鬥。不久和田三郎介紹板垣
退助與中山，兩者相見由池亨吉（斷水樓）擔任翻譯。……又（1906
年 11 月 15 日）當時俄國革命黨領袖吉爾約尼（ゲルシヨニ）係日
俄戰爭後被處一等死刑，減為無期徒刑，監禁在西伯利亞監獄，經
脫逃而亡命日本的。至《革命評論》社訪問，其夜於（東京）牛入
區築土八幡町之標名高野長雄，中山之寓所會見中山，由上田將俄
語譯為日語，池亨吉再譯為英語，參加會談者有宮崎滔天、平山周、
清藤幸七郎池亨吉、和田三郎、及著者（萱野長知），於五月細雨
中，暢談革命通宵，……中國同盟會成立後，中國十八省之留學生
就其特長當選各委員，使之從事革命宣傳之籌備工作。中山率同盟
之幹部赴南洋及安南等地，此時著者亦隨行之。後任和田三郎、魯
一變等為中國同盟會之財務委員。為由東京返（中）國之燕趙壯士
同志籌備旅費及危險藥品而忙碌不已。和田三郎又依中山所囑，假
藉運動會所用之旗幟，此時向熟識之染物業者訂製青天白日旗，中
山啟程時與同志攜帶此項旗幟，以備應用。」[282]

    1907 年丁未一年亦為同盟會軍事最活動之時期，先是黃興於
乙己（1905 年）冬 11 月，繞道香港，親入廣西桂林，說防營統領
郭人漳反正，郭以受他部牽制，不敢輕舉。丙午（1906 年）冬，
郭奉粵督令率所部來粵，駐軍肇慶，許雪秋、鄧子瑜亦報告惠潮各
軍事經營就緒，總理、黃克強在日得馮自由電告，認好機會，遂偕
胡漢民、汪精衛，日人萱野長知、池亨吉等南遊。丁未 2 月 2 日抵
港，總理原船赴越南西貢，克強、精衛、萱野留港，擬赴肇慶，促
郭人漳起兵襲取廣州。池亨吉則偕留學生方瑞麟、方漢成、喬義生
等往潮汕助許雪秋舉義。[283]

---

[282] 萱野長知著：《中華民國革命秘笈》，頁 85-86。其譯文參見：宋越倫著：《總
理在日本之革命活動》，頁 9-10。
[283] 同註 280，第三集，頁 236，「（五）丁未之軍事活動」。

馮自由之〈丁未潮州黃岡革命軍實錄〉一文中略以：「1907 年丁未（民前 5 年），廣東潮州饒平縣屬黃岡，為三點會最盛之區。余丑、陳湧波、余通實為之首。丙午（民前 6 年），許雪秋夙與聯絡。是冬嘗偕彼等赴香港謁馮自由，介紹入同盟會。丁未正月初旬，余（丑）奉許命，在饒平屬浮山墟聚眾千餘人，預備發難，因佈置不及而止。嗣後余等運動益力，專候香港機關部命令發動。4 月初旬因有黨人聚眾開會，清吏認為形跡可疑，加強戒備。適因故導致糾紛，有二人被捕。為營救二人遂不及待許雪秋到，毅然聚眾千餘，當晚倉卒發動。攻入城內，焚毀官衙，擒其官吏，佔領黃岡，黨軍依革命方略規定佈告安民，人民悅服。惟因起事倉卒，許雪秋遠在香港，未能趕來主事。終因軍械不繼，寡不敵眾。清軍又獲增援而失敗。後據民國 17 年春間調查，參與是役同志中，列有日本人萱野長知、池亨吉二人。」[284]

馮自由於〈日志士與潮鎮二役〉中記述稱：「同盟會成立後，日人從中山、克強奔走國事者，祇有萱野長知、池亨吉二人。丁未（1907 年、民前 5 年），潮州黃岡之役前後，二人居香港清風樓甚久，池且偕角喬義生赴汕頭，寓幸阪旅社逾月。時因革命經費困乏，供給不周，竟至鬻所攜英文書已自給。是年（1907 年）5 月，池有摯友某日人律師在臺灣為本地巨富林某之財產管理人，謂可代籌巨款，以助中國革命，池得書，由港赴基隆，旋電約胡漢民赴臺取款。胡乃變名應召。詎至基隆，赴郵局楠瀨方訪池時，則事機已洩，無功而回。池復應中山之招，赴越南、東京，充英文秘書，其人於英國文學極為深造。嘗卻其戚伊藤朝鮮統監之聘，而從中山。《革命方略》所擬之英文對外宣言，即出其手筆。鎮南關之戰，池隨中山、克強歷險登山。失敗後歸國。著有：《支那革命實

見記》一書，與宮崎所著：《三十三年落花夢》同為中國革命史料
不朽之作。」[285]

　　萱野長知著稱：「欽州廉州計畫不成後，更於1907年丁未10
月，中山偕黃興、胡漢民、法國退役軍官及安南之同志百數十人，
襲擊鎮南關，佔領三要塞，收容降軍，企圖集合十萬大山友軍以攻
擊龍州，不期十萬大山友軍因道遠未及來會，不得已以僅有之百數
十人起事，奪取三砲台，樹起革命旗幟。……與劉濟光、陸榮廷數
千之兵鏖戰七晝夜，遂敗退至安南，中山過諒山時為清廷偵探識
破，清廷向法國政府抗議，將予逐出安南，此是第七（應為六次）
失敗。……隨中山參與此役，失敗後退至安南的日人為池亨吉。」[286]

　　馮自由於〈孫黃同赴戰地〉一文中敘鎮南關之戰曰：「（1907
年丁未、民前5年，10月）中山於27日上午得鎮南關佔領電，
翌早偕黃克強、胡漢民、胡毅生、盧仲琳、張翼樞、日人池亨吉、
法國退職砲兵上尉男爵狄氏諸人，乘越西鐵路車，前赴戰地，在
同登站下車。直向那模村進發。下午到達。關上已預派人來接，
即於夜間燃炬登山，……約九時抵關。明堂等奏樂歡迎，全軍
鼓舞。」[287]

　　池亨吉在所著：《支那革命實見記》中敘述參與鎮南關之役
一事。[288]

[285] 馮自由著：《中華民國開國前革命史》（一），頁209。
[286] 同註282，頁111-112。及：《國父全集》（全三冊），第一冊，頁參-168。其
　　內容均相同。
[287] 馮自由著：《革命逸史》，第五集，頁136。（及〈丁未廣西鎮南關革命軍實
　　錄〉之〈孫黃同赴戰地〉），及：馮自由著：《中華民國開國前革命史》（二），
　　頁193。〈丁未鎮南關之役〉之〈孫黃同赴戰地〉節，其內容均相同。又：
　　宮崎滔天著：《支那革命軍談》，頁75，有「池亨吉參加鎮南關之役」。
[288] 池亨吉著：《中國革命實地見聞錄》（上海三民書局印行，民國16年10
　　月初版；17年8月初再版。黨史會藏本發行，57年9月1日影印初版），
　　頁23-25。

　　池亨吉 1912 年在南京任孫中山的秘書，著有《中國革命見聞實記》，他就中國革命黨人流亡日本之事發表的談話。[289]

　　中山先生於戊申（1908 年 7 月、民前 4 年 6 月）6 月，為池亨吉著：《支那革命實見記》撰「序」，略以：「良友池君近以書來言，著《支那革命實見記》已成，囑余為序。余雖未見其所著，然以君之為人決之，而知其書必足以傳世也。……顧君平日尚公理，重實行，不拘泥於流俗之功名；見有戾餘人道反於正義者，輒奮然思掃除之。其抱負英俠如是，故能決棄其平生際遇，而與吾黨之士共戮力，以從事於支那革命，艱苦危險，處之恬如也。客歲（按為 1907 年）吾黨將有事於潮州君毅然以身赴之，思大與以裨助。迨潮事一起即蹶，君鬱鬱不得展其志。暮秋造余所居，相與討論，擘畫天下事。及我軍占領鎮南關，余馳往督師。……而君亦於斯時與余偕行，冒鋒鏑，犯矢石，同志咸感其義。今君以其親歷者著之於書，余知君必能揭吾黨得失利鈍之迹，以示天下也。……」[290]

J355	安川敬一郎	礦業家、貴族院議員	資助革命

　　安川敬一郎，生於 1849 年，幼年不僅習漢學，亦有志探究歐美文化。1971 年於東京就學私塾後轉慶應義塾，因三兄逝世而中途輟學。嗣後一生投於煤礦企業。氏為人溫厚篤實，尤其富於服務精神，且思想明敏，努力勤儉。[291]

　　又：安川敬一郎（1849-1934），福岡縣人，實業家，慶應義塾畢業。自 1889 年始經營赤池煤礦，1893 年任若松筑港公司經理，

[289] 同註 237，頁 13，註 2。
[290]《國父全集》（全三冊），第三冊，頁拾貳-4。
[291] 同註 271，頁 45-46：〈國父與安川敬一郎〉。

1908 年任明治礦業社社長、明治紡織公司代表，奠定了安川財閥的基礎。後任貴族院議員。據《頭山滿翁正傳》記載，孫中山在東京的生活費，由他每月提拱一萬日圓。[292]

中山先生於《孫文學說》第八章〈有志竟成〉篇中亦謂：「時日本民黨初握政權，大隈為外相，犬養毅為之運籌，能左右之。後由犬養毅介紹，曾一見大隈、大石、尾崎等，此為予與日本政界人物交際之始也。隨而識副島種臣及其在野人士，如頭山、平岡、中野、鈴木等，後又識安川（敬一郎）、犬塚、久原等。各志士之對於中國革命事業，先後多有資助，尤以久原、犬塚為最。……此就其直接於予者而略記之，以誌不忘耳。」[293]

古島一雄在〈革命談薈〉中謂：「福岡與中國革命具有深厚因緣殊深，頭山與犬養毅對孫中山等中國革命志士始終予以庇護與協助，實為眾所共知之事，惟照顧這些革命志士之費用，事實上多為筑豐煤礦主所出。孫文於前來東京之際，其最初一年之生活費即為平岡浩太郎所出，而平岡沒落以後，以迄辛亥革命為止，安川敬一郎負擔其大部份。當時筑豐煤礦主中，除三井、三菱等不計外，著名人物計有貝島太郎、安川敬一郎、麻生態吉、平岡浩太郎、山本貴三郎、中野德次郎、許裴鷹助、崛三太郎等，但就人物而論，品格高超，卓然不群者則推安川。普通提及煤礦礦主，即令人興頑固守舊，不學無術之感，安川則與眾不同，其祖先承龜井昭陽（按為儒學家）學問之正統，書香門第，淵源甚深。安川自身在明治以後，亦留學靜岡，受勝海周之薰陶，尤以對中國學問，具有卓見。安川在事業上雖然失敗，曾一度與盛宣懷合作，經營大窰溝採礦公司，然就中日合辦事業而論，實為先鋒。」[294]

---

[292] 同註 237，頁 24，註 3。
[293] 同註 59。
[294] 同註 192。

安川與中國交涉而發生聯繫者有三事：（一）1893 年出售煤炭，初赴上海；（二）1917 年由福岡縣人幡市與漢冶萍煤鐵公司合辦開創九州製鋼株式會社，氏任社長；（三）1919 年於奉天省西安縣以中日合資創建錦西大寧溝煤礦公司，與中國代表陳應南共同開展事業，奈因事業不振，於 1922 年將投下約六百萬日圓之資金，以無償地讓與中國而引退。依氏之論調，若以口頭提倡中日親善或提攜等，全為空論，必須以雙方之利益為目的。而密切實施經濟提攜為基本作法。[295]

另依〈國父旅日年表〉載：1914 年 5 月，「安川敬一郎（筑豐煤礦之有力煤礦業者）受頭山（滿）之託，負擔三年流亡期間之生活費及其他費用。[296]

J356	安永東（藤）之助	記者、翻譯員、玄洋社社員	協助革命工作

福岡市人，祖父世代為福岡黑田家武士。於福岡修猷官中學畢業，後入東京美術學校學習繪畫。因資性豁達，志在四方。與內田良平等有深交。於明治 32 年（1899 年）內良慫恿其為農商務省海外練習生，從事以長江沿岸為中心之礦業及其他之實地研究，兼進修中國語，以備他日與中日兩國志士交往發展之用。34 年歸國，進入福岡九州《日之出新聞》社，36 年轉至福岡《九州日報》執筆於政治欄。37 年日俄之戰起，為達報國之志，與玄洋社同志柴田麟次郎、小野鴻之助等謀求戰地之特別任務。赴佐世保與萱野長知、福島熊次郎、金子克己等同志，相攜東上，請頭山滿、山座圓次郎等向當局表達從軍之志願。遂以陸軍翻譯官名義出征，以達其志。37 年（1904 年）5 月，命：大川愛次郎、小野鴻之助、福助

---

[295] 同註 291。

[296] 同註 193，附錄：〈國父旅日年表〉，頁 268。

克己（後改姓金子）、真藤慎太郎、福島熊次郎、柴田麟次郎、萱野長知七人，同為遼東特別任務之陸軍翻譯官，附屬於大本營下。共赴國難。後參與編組滿洲義勇軍。戰後義軍同志多已凱旋歸去，安永期望獨自留在滿洲。於38年（1905年）11月為資源調查於通化東方鐵廠旅行中時，被前義軍之副官認為有俄國偵探嫌疑，加以嚴訊。進而被海龍城巡捕隊長狙擊身亡，時年三十四。[297]

宮崎寅藏謂：「孫逸仙於菲律濱獨立運動失敗後，非常成功地獲得五百萬發彈藥。明治33年（1900年）春，日本同志內田良平、清藤幸七郎與吾（宮崎）、法國米爾（メール即：Pierre Mille），同往華南。同時，島田經一、末永節往上海，會同已在此處居留之安永藤之助、柴田麟次郎、平岡浩太郎等同志一同積極共謀舉事，準備一俟電召立即趕往參加。[298]

據《宮崎滔天年譜載》：1900年「8月下旬等着潛行上海的孫中山的聯絡（孫中山於23日由橫濱出發。此行乃以欲試探李鴻章的廣東獨立計畫，而與劉學詢密會為目的。惟與同行的內田良平、平山周、安永東之助等欲暗殺李鴻章、劉坤一、張之洞以謀南清（華南－譯者）獨立的計畫衝突，因此終於無所作為，而於9月6日返抵神戶，容閎同行。）[299]

---

[297] 同註52，下卷，頁487-488。至於福助克己（後改姓金子）事，見頁487。
[298] 同註197。
[299] 同註255，頁102。惟宮崎寅藏所著二書中，對安永有「東」之助，與「藤」之助，有兩種不同寫法。二人或即是同一人。而以：東之助為多：又如上揭書有：1903年「6月22日在博多片土居町熊鷹座說唱，《九州日報》（發行兼督印人井上定規，編輯人元滿尚雄）和玄洋社同人平岡浩太郎、內田良平、末永節、安永東之助等後援，說唱非常成功，一直延續到7月4日。」，頁111：及同書：1904年「5月17日以說唱浪花節，歡送『滿洲義軍』（安永東之助等十餘人）於新橋車站。」，頁116。並且如黑龍會編：《東亞先覺志士記傳》，下卷，頁487-488。祇有：「安永東之助」傳。並無安永「藤」之助及說明，其是否為同一人？存疑。

| J357 | 伊藤藤吉 | 一致教會牧師 | 同情革命 |

據《宮崎滔天年譜》載：1895 年「11 月 7 日彌藏得病，經一致教會牧師伊藤藤吉介紹，搬到橫濱市不老町二丁目福音會學習中國話和英語。」同年「11 月 23 日伊藤藤吉將孫中山和陳少白介紹給彌藏。（孫中山和陳少白於 11 月 17 日來日）。」[300]

| J358 | 多賀宗之 | 陸軍少將駐華武官 | 協助革命工作 |

東京市人，入陸軍士官學校，明治 27 年（1894 年）任陸軍少尉，35 年升大尉。此年應直隸總督袁世凱招聘赴保定。當時俄清密約限制中國政府招聘日本將校。彼遂蓄辮髮偽裝為中國人，入保定為袁之軍事顧問。因其真摯情誼，深厚性格，袁深為敬重。袁為之撰取中國名為賀忠良，字丹臣。袁對之非常信賴而延長應聘期間。其間每有機會至中國內地旅行，試作各種重要研究調查。後日俄戰役時代作幕後貢獻。44 年（1911 年）轉調參謀本部，改派往駐中國北京時為少佐，會於第一次革命爆發，有日人圖謀煽動北京禁衛軍擁宣統帝將中國分為南北計畫而邁進。並期此實為使滿洲建國之先驅，以達其齟齬目的。當二次革命時，彼以中佐駐福州，孫文以上海為策動地，兼向廣東之際，黃興因陳炯明叛變，使廣東形勢大變，黃纔隻身脫逃窘境至船中。孫得悉，在置命運前途難測之情勢下赴廣東。當時黃興為避難，期望福州日本領事館及孫來救援。領事館則以政治犯庇護處理，從當地送往他地。多賀得知此事實，立即趕赴馬尾港接待孫所乘之德國輪船。說服孫換乘日本輪船撫順丸及救出黃興時，已達千鈞一髮之境。斯時孫及其隨員胡漢民

---

[300] 同前註，頁 75-76。係由菅原傳介紹於曾根俊虎，由俊虎而識彌藏。參見：菅原傳及曾根俊虎事蹟。

等經臺灣而亡命日本。更待日後迎接發起第三次革命之機會來臨。
大正 5 年（1916 年）多賀又調參謀本部，派赴南京為當時袁世凱
之帝制問題作諜報工作，甚為活躍。大正 6 年中國政府招聘為江蘇
督軍顧問。7 年升大佐；11 年升少將；12 年編入預備役。此間在
中國先後達三十年。其時時念於東亞大局之真情私緣，超越對國家
所付出。而其為信念而邁進，實甚偉大。其夫人經營之女子學校：
明德學園，為薰陶子女而盡力。昭和 10 年（1935 年）病逝於東京，
享年六十四。[301]

　　多賀宗之〈孫文自福州亡命日本始末〉手記一文敘述：「大年
（1913 年）余在福州，此夏孫文於上海舉事不利，圖於廣東再舉
（討袁），事前黃興先行赴粵，準備一切辦妥後促孫來廣。8 月 2
日孫文乘德商船約克號自滬出發，8 月 3 日該船抵福州馬尾港得情
報，同時廣東方面情況突然變化，黃興業已逃出，孫文若往廣東其
危險可知，接獲此情報，余察知孫文之危險性。3 日待德商船抵馬
尾港後即拜訪孫氏，時為午後 3 時。在船內接客室，孫文御白色中
山服，余是初會面，寒暄畢，將廣東方面情況情報奉告，請慎重考
慮。將特此來訪要旨概要述之如次：昨日接得情報，廣東方面情況
突然變化，黃興面臨危險業已逃出，迄今該地仍然極為危險，此際
應改變預定計畫往他地，暫時觀望情勢以期安全。幸而馬尾港有日
本商船，明晨駛往臺灣，閣下速乘日本船先赴臺灣。如再有後續之
廣東情報，對閣下確實有利再自臺灣赴廣東，亦不為遲。再若情勢
依然不利，閣下為將來計，應往他地為宜。此時孫氏對余說明頗不
以為然，謂此次決定赴廣東，不僅有黃興通知，與陳炯明亦有約。
且自上海出發時，廣東情況極為有利。何至於在一兩日間廣東情況
變化如此之快，值得加以思考。余曰廣東獨立基礎已破壞，香港政

[301] 同註 52，下卷，〈補傳〉，頁 784-786。

廳對閣下入境登岸已加拒絕。請即下船，余為閣下安全已有充分準備，再前往何處，另作他圖。孫文稍作思考，取案頭世界地圖查閱。余詢以赴日本以外之新嘉坡如何，孫答以至日本與同志商討後再定行止。余曰日本當局對中國時局採全然不干涉主義，而閣下登陸能否順利尚未可知。不如閣下先赴臺灣，以解脫現實危機為第一，余已為閣下拍電報給臺灣當局，請予以關照。孫氏再度思考，重言感謝之意及暫且考慮之。余曰宜早作考慮，速下決定，為迎接閣下，特由日本商船公司備妥汽艇，靠於船側待命。孫氏曰尚有考慮之必要，而決定今晚九時煩請再來。因之，余辭退至商船撫順丸等候至夜。迨至晚九時前，復坐汽艇到德國商船謁孫氏，孫已作下船準備，乃即相偕與從者運送行李至汽艇上，當時德國商船正裝載茶葉中，船側極為混雜，應注意刺客混入，囑撫順丸船長隨行手持短鎗，始終在船之週圍監視，保護孫氏。余則指揮從者搬運清點行李，使平安到達撫順丸。及至進入船中後，始知胡漢民亦隨孫氏同來，胡氏謂渠深信陳炯明之言，不料廣東情勢變化之急速，實深感遺憾。咸對此事件激變而嘆息。船長因一行平安而舉杯表示祝賀之意，並命船員嚴密監視船舷入口，對出入者予檢查，以期保護孫氏。午夜後余與孫、胡兩氏在甲板上閒談。翌晨始托付船長後辭別，返歸福州，同時並電報請臺灣木下宇三郎參謀長保護孫氏一行，木下後亦復電告知孫氏已到達。由於木下之協助，轉搭日伊豫丸前往日本。」[302]

萱野長知對多賀所寫〈孫文自福州亡命日本始末〉一文後謂：「多賀少將係余之親戚，前清時代即駐華達三十餘年，曾任保定軍官學校教官，又當第三次革命時是青島李村之軍政長官，最初居

---

[302] 萱野長知著：《中華民國革命秘笈》，頁 193-196。

正、陳中孚等起義予以軍費援助，介紹大連市長石本鑽太郎予金融援助，再有後來福州之因緣。」[303]

中山先生乘日本輪船撫順丸經臺灣而亡命日本。但於臺灣又換乘日本郵輪伊豫丸往日本，萱野又云：「至於協助孫氏能搭乘伊豫丸以避難之駐華武官多賀少將（當時為中佐），為余之親戚。又伊豫丸船長郡氏（郡寬四郎），原為舊會津藩之國老萱野而改姓郡（乃因維新叛逆之責任者會津城代家老萱野權兵衛，自殺廢家而改姓），因見到余之羽織紋是土佐產品而詢問，原是余郡氏舊同家族，相隔三世（近親）而偶遇，實屬奇緣。」[304]

J359	角田宏顯	新聞記者	協助革命工作

佐賀縣人，早稻田大學前身之東京專門學校畢業。著名雜誌《新聲》記者。是中央文壇之知名者，為慷慨銳氣人物。日俄戰後往滿洲，為末永純一郎（按為末永節之兄）創辦之《遼東新報》記者，原在校期間即係富於戰鬥人物，末永任旅順支局長時相識，其為《遼東新報》努力奮鬥，對社運貢獻甚大。第一次革命之際，發揮其活動性本性，在滿洲方面響應，嘗試參與援助革命派活動甚活躍。革命終了後，依然在《遼東新報》過報界業生活，任要職多年。大正7年（1918年）逝於大連，年四十二。[305]

---

[303] 同前註，頁 197。

[304] 同前註，頁 203。至於伊豫丸船長郡氏，名「郡寬四郎」者，係依：《國父年譜》，增訂本上冊，頁 531 而來。但此書所載：自福州即乘「信濃丸」一事，有待商榷。據萱野長知著：《中華民國革命秘笈》，頁 196，多賀宗之〈孫文自福州亡命日本始末〉手記中，在福州自德國商船轉乘日本撫順丸，經臺灣赴日。而於臺灣轉乘「伊豫丸」往日本，其船長為郡氏（但未書其名），但非自福州即乘「信濃丸」之船長也。何者正確？著者以為似以多賀之手記中所記較宜。

[305] 同註 52，下卷，頁 763。

J360	佐久間秀吉	玄洋社社員、電氣機械業、煤礦業	參與、資助革命工作
J361	小林德一郎	議員	資助革命工作
J362	吉田磯吉	議員	資助革命工作
J363	松本豐次郎	議員	資助革命工作
J364	高木祥次郎	議員	資助革命工作
J365	福田保太郎	？	協助革命工作

　　據《日本外務省檔案》：1913 年，12 月「『高秘第 6585 號』的記載：何海鳴……18 日晚 8 時抵下關，《每日新聞》社記者島田升平、福田保太郎、潘鼎新、許又銘等在車站迎接（何海鳴等），何的夫人和弟弟在下關。他和夫人、弟弟都住在福田保太郎家（下關市豐前田町），22 日借房遷至下關新地田町宮下，何在下關與佐久間秀吉、福田保太郎有來往。佐久間係玄洋社社員，曾參加二次革命，在下關經營電氣機械店；在九州有煤礦，他表示資助何的活動。此外，議員高木祥次郎、小林德一郎、吉田磯吉、松本豐次郎等人。也資助過何，何在下關主要籌集資金。1914 年，1 月 9 日和 25 日去博多兩次，第二次是參加末永純一郎（末永節哥哥）的葬禮。1 月下旬在小倉市進行過活動。」[306]

| J366 | 佐佐木象山 | ？ | 同情革命 |

　　辛亥革命起義前夕，自黃興於廣州起義失敗，逃至香港時，湖北代表居正之特使來稱，已與湖北清軍中有密約，並詳細報告所屬部隊及人名表。且近將起義，因而急需軍費二三十萬元，若有五六萬元請火速送下。同時黃興自香港前往武昌接應。此時武漢又電告

---

[306] 同註 237，頁 63，註 1。

中山先生請求籌措軍費。黃興乃電報告知萱野長知，暗語謂武昌將
起義，速購大量炸藥運往武昌。萱野接電歡欣雀躍，擬即動身前往，
但適值古島一雄競選眾議院議員補選，在神田區選戰最激烈之際，
而古島之參選正是萱野所慫慂，若主其事之萱野中途忽然前往中
國，必遭佐佐木象山、田中舍身、伊東知也等人的責難。原來古島
（一雄）、田中、伊東等人皆對中山之革命，多年來直接間接素為同
情，及知黃興來電報稱武昌革命即將爆發內情，咸感欣喜。而選舉
結果在四五日內即可揭曉，萱野乃與水野梅堯（原文為堯）、貴州同
志尹騫等相商，決定儘速購買黃興所要求之炸藥秘密運往。及古島
當選，乃同時舉行慶賀及餞別會後，隨即搭往下關之特快車而去。[307]

J367	谷村幸平太	軍人？	參與辛亥天津之役殉難

　　鹿兒島縣人，在家鄉之中學畢業後入學神戶高等職業學校，是
一位倜儻不羈之士，夙即注意中國問題，帶有雄心勃勃之性格青
年。當中國第一次革命發生，抱一片義俠之氣前往華北，與平山周、
小幡虎太郎、金子克己等前輩，在北京、天津間從事策動起事。明
治45年（1912年）1月29日，與同志共謀各種部署完成，各自攜
帶炸彈企圖襲擊天津總督衙門，趁黑夜中實施。原預定有總督部下
之軍隊為內應，不幸計畫洩露，谷村遂被清軍狙擊所殺害。時年二
十九。是在華北方面唯一為援助革命而犧牲之同志。[308]
　　谷村又名「谷村隆三」（見本段註310之「同註93」之文）又據
萱野長知謂：「武昌起義後，當革命軍攻佔南京時，袁世凱所率大軍
有南下的情報頻傳，黃興等南方主腦積極從事迎戰準備，一方面炸毀
黃河鐵橋；一方面派人設法深入敵地側背，威脅騷擾，阻止其南下計

---

[307] 同註126。
[308] 同註52，下卷，頁280。

畫，參加在漢陽第一戰之金子克己、三原千尋、布施茂等特組織炸彈
隊，潛入天津，此時岩田愛之助因受槍傷未癒，入院療養中，聞同志
之壯烈計畫，不能以此為藉口，而勇於裹傷前往。偕同志秘密由上海
經大連、營口、自奉天分二部份迂迴潛入天津。天津同盟會同志已得
黃興電告，會合秘密進行大舉，平山周小幡虎太郎等事前已在天津，
乃與金子等會合，最初會同北京川島浪速一派松本菊熊等擬訂設法狙
擊袁世凱之計畫，在老站設伏伺機而動，但未能如願。乃由程克之關
係與清軍趙秉鈞、陸建章聯絡，約定起義時在天津軍營為內應，最初
是清軍反正而兵變，黨員在外接應。日本天津駐屯軍司令官阿部貞治
少將在駐屯軍區域內亦加配合。詎知計畫洩露，危機迫切。同志不得
已乃不待清軍內應，先行舉事。趁黑夜中由岩田擔任天津鎮兵營正
面；布施負責側面，谷村幸平太則潛入總督衙門，惟因計畫洩露，清
軍已嚴加警戒。岩田、布施被追擊，未能脫逃遂被捕。拘押於楊以德
之巡警衙門，以放火殺人未遂犯嚴加審訊，發覺均是日本人，乃將之
移交日本領事館拘禁，以時局急變，且無構成犯罪之充分證據，卒獲
釋還。但谷村幸平太則因夜行，失卻聯絡，翌日方於白河之濱發現其
已遍體鱗傷之屍體，蓋係於大格鬥中寡不敵眾結果。民國成立後，黃
興曾以撫卹金叁千圓贈其遺族。其後南京政府蔣介石且曾親筆題其墓
碑，文曰：『志士谷村幸平太之墓』。葬於天津本願寺日本墓地。」[309]

　　天津之役失敗，蓋此事失敗於內應軍發生差錯，實有評議之
處。在完成爆炸慌忙歸來之岩田愛之助、布施茂，尚未坐定，即取
灌充汽油的啤酒瓶，云：前去放火此是以逸待勞的大事，何懼之有。
即快跑而去。更於此夜之後，岩田、布施二人，以及谷村隆三（幸
平太）均音訊杳然。天漸明後，一同集合商議對策。收到第一則情
報：總督衙門內應軍，事前消息洩露，首領被捕。並嚴加警戒。金

子等巡察時為避開兵士、巡警等慌忙而去。此時已將失敗之內應軍
撤換為其他新部隊。並暗中計畫將革命軍一網打盡，而革命軍對內
情之虛假竟尚一無所知。及天明亮，在河北有日本人被擊斃之第二
則情報，全體愕然。谷村（幸平太）之遺體一事尚不明：其間第三
則情報又到：謂有二名日本人被捕。此是岩田、布施二人，於放火
現場被士兵收押，送往楊以德衙門之事。全體極其悲痛，並思如何
善後，則盡千方百計收容谷村遺骸；努力設法救出岩田、布施兩人。
其後過程是由日本領事館將岩田、布施二人，引渡出之報告，此是
於悲痛中稍得一部分安慰者。當時日本總領事館小幡總領事等兩人
盡力予以釋放。其後同志將谷村靈位供奉於芝之屋旅館，苦笑以相
對也。釋放岩田、布施兩人之條件是數日內離開天津。[310]

J368	佐藤正	？	同情革命

　　1897 年，日本曾有東亞會（犬養毅、平岡浩太郎、福本日南（福
本誠）、陸實等為中心）及同文會（近衛篤麿、谷干城、若尾精、岸
田吟秀等為中心）。於 1898 年 11 月，「為謀中日親善犬養曾於大隈
重信、副島種臣、陸奧宗光、佐藤正等組織東亞同文會（按為東亞
會與同文會合併而成），對於中國愛國失敗的政治家，必以深厚的
同情，加以庇護，孫中山和黃興等的革命活動受其援助更多。」[311]

J369	佐藤嘉次郎	陸軍少佐	參與革命工作

　　肥前大村人，青年時進入成城學校，刻苦勵精，畢業後任鄉里
大村聯隊附少尉候補生。累進升為大尉。中國二次革命發生，抱有

---

[310] 同註 93。
[311] 陳固亭著：《國父與日本友人》，頁 10，〈國父與犬養毅〉。

志於東亞問題，彼與其親友野中保教大尉共同為援助革命，赴揚子江沿岸之九江、南京臨淮關等各地間往來。為黃興、李烈鈞之幕僚，發揮其縱橫手腕來策畫。後於大正 3 年（1914 年）日德戰爭時，以少佐職陣亡。[312]

| J370 | 佐藤寬次郎 | 郵船會社社員、郵船公司副店長 | 協助革命工作 |

　　舊磐城相馬藩士佐藤重威之長男，幼時於鄉里相馬中村漢學私塾求學，十八歲時赴東京進入慶應義塾。明治 27 年（1894 年）進入日本郵船公司工作，其間為海外留學生待於倫敦支公司。滯英三年，返國後任神戶支公司庶務課長。日俄戰起，赴滿洲負責營口分公司，為軍隊運輸事務貢獻甚多。戰後回總公司，後又任神戶支公司副店長。當中國二次革命失敗黃興亡命日本際，受命負責迎接黃興且陪同自名古屋至神戶並加以保護。當時與黃興甚為意氣相投，黃興鐫刻印章數枚相贈以謝厚誼。又書題「雲淡風輕」橫額，黃之筆法實為出色之作。大正 6 年（1917 年）病故，享年五十。其一生始終為郵船會社社員。[313]

| J371 | 尾崎行昌 | 商船公司職員、有鄰會會員 | 參與丁未汕尾、庚子惠州之役 |

　　三重縣人，尾崎行雄之么弟（行四），而於熊本市出生。小學畢業後往東京入二三學校求學，性狷介奇峭，以同學盡皆俗物，不堪與之為伍，一二個月即退學。單獨自修英語及德語。幼小時即愛

[312] 同註 52，下卷，頁 628-629。
[313] 同前註，下卷，頁 629-630。

好讀書，小學時代已熟讀《三國誌》、《吳越軍談》、《太平記》、《淵平盛衰記》、《太閣記》等其他歷史類書籍，可見其堅持之一面。明治 32-33 年（即 1899-1900 年）後，與宮崎滔天、內田良平等往來，策畫援助中國革命志士，33 年（1900 年）之華南革命時，為履行援助孫文行動，與福本日南同赴新加坡，因時機未到，試策動由香港、臺灣等地進入內地未成而歸。後以內田良平為中心參與籌畫設立黑龍會，全心關注東亞問題。第一次革命時，與頭山滿一行同赴上海為援助革命軍而努力。後來留住上海二年許。此時執筆於所創辦之《滬上評論》。返日後依然與同志往來，關心東亞問題種切與謀議以至於晚年。為參加中國革命與長兄咢堂意見不合，而致絕交。其後歸國而暫時和解，寄居長兄咢堂家，嗣後再度絕交且反抗態度強烈，斷絕一切溝通。至晚年在三兄行武之慰撫下與長兄言歸於好。後患直腸癌臥病在牀，由長兄咢堂照拂，以至於死後葬送等均由長兄一手辦理。明治 41 年（1908 年）時，由犬養毅、戶水寬人之介紹進入大阪商船會社（公司）工作，其間勤奮，仍不改其奇矯風格。後辭職。昭和 9 年（1934 年）病歿於東京，享年六十一。[314]

又：尾崎行昌，1874 年生，號木內，尾崎行雄幼弟，又好哭鬼，三重縣人，少狂傲不羈。1899 至 1900 年之際，與滔天、內田良平納交，後因參加惠州之役，隨福本誠（日南）同赴新加坡支援孫文活動。武昌起義之際，與頭山滿等一行，赴上海，對革命軍的活動有所幫助。[315]

宮崎寅藏謂：「孫逸仙於菲律濱獨立運動失敗後，非常成功地獲得五百萬發彈藥。明治 33 年（1900 年）春，日本同志內田良平、

---

[314] 同前註，下卷，頁 775-776。
[315] 同註 278，頁 156，註 13。

清藤幸七郎與吾（宮崎）、法國米爾，同往華南。同時，島田經一、
末永節往上海，會同已在此處居留之安永藤之助、尾崎行昌、柴田
麟次郎、平岡浩太郎等同志一同積極共謀舉事，準備一俟電召立即
趕往參加。」[316]

　　據平山周回憶稱：「明治 33 年（1900 年）廣州事件發生。與
這件事有關的人是尾崎行昌、島田經一、原口聞一、玉水常吉、野
田兵太郎等。我們從新加坡回來的船中商量，孫君仍乘原船回日
本，我們還是進行革命的事業，我們同畢永年、楊飛鴻、鄭弼臣、
原楨等商量，我做外交部長、飛鴻做財政部長、原楨做參謀部長、
弼臣做總務部長。」[317]

　　辛亥革命時，日本政府準備干涉革命，支持清廷，而日本民間
之實業界、新聞界，攻擊政府，支援革命黨之聲風起雲湧，因而創
立許多政治組織，如有鄰會係於明治 44 年（1911 年）11 月上旬，
由小川平吉與內田良平發起組織，主要會員有三和作次郎、宮崎寅
藏、福田和五郎、古島一雄等。實際活動，首派尾崎行昌，次派宮
崎寅藏、平山周、伊東知也等赴中國各地，以與革命黨取得聯絡。
該會再度派頭山滿、三和作次郎、浦上正孝、中野正剛、小川運平
等到中國。由玄洋社所在地福岡的「在鄉同志與煤礦界富豪」出
資金。[318]

　　據田桐於《筆記》（革命黨閒話）中謂：「惠州之役，隨同孫先
生革命者，中有日本同志六、七人。先生常道之。余尚能記憶者，
有平山周、山田良政、尾崎行昌、島田經一。……」[319]

---

[316] 同註 197。

[317] 同註 253。

[318] 同註 19。

[319] 田桐著：〈惠役之日人〉（《太平雜誌》第 1 卷，第 1 號，民國 18 年 10 月 1
日出版，黨史會影印），頁 58。（黨史會印行，65 年 12 月 25 日影印出版。）

J372	尾崎行雄	進步黨領袖、眾議員、外務省敕命參事官	協助革命工作

　　尾崎行雄，日本神奈川縣人，1858 年生，為長男，1867 年父親從軍。1869 年隨母第一次到東京，十七歲入慶應義塾，對漢文、詩歌、英文均有興趣，素養很深。1877 年廿歲時，經名人福澤諭吉推薦任《新潟新聞》主筆，此為其政治生涯開始。1890 年，日本成立國會，第一屆總選，即當選為眾議院議員。此後每屆當選，連任國會議員達六十二年之久（1890-1952），歷明治、大正、昭和三代，飽經政治風波之起伏，為民主自由而鬥爭。於 1898 年經犬養毅介紹，在大隈內閣時代之國會休息室中，首次會晤孫中山，認為孫先生將是中國之新希望，具有世界眼光，甚為欽佩。且對孫中山向日本提出之請求，加以諒解。並又讚揚宮崎兄弟是幫助孫先生革命事業之忠實同志。1915 年 1 月，日本政府向中國提出「二十一條」的要求，曾提出反對，認為這是日本侵略中國的企圖，且對全世界表示日本是侵略國家，因反對無效，認為是他政治生涯中最大的失敗，從此悔恨自責，宣誓永不入內閣執政。尾崎在日本民間稱為「憲政之父」，譯著豐富，其畢生言行，均為民主憲政，反抗軍閥，為促進中日友好而努力。[320]

　　中山先生於《孫文學說》第八章〈有志竟成〉篇中亦提及在 1897 年 8 月抵日本橫濱，由犬養毅遣宮崎寅藏、平山周來迎，引至東京晤犬養，「後由犬養介紹，曾一見大隈（重信）、大石（正己）、尾崎（行雄）等，此為與日本政界人物交往之始也。」[321]

---

[320] 同註 311，頁 27-28，〈國父與尾崎行雄〉。
[321] 同註 59。

中山先生赴日本，就孫先生旅行證（即護照簽證）之事，宮崎與犬養、尾崎（行雄）、小村（壽太郎）三君商議……除犬養協助解決外，宮崎亦一再勸慰孫先生居留東京，終由大隈重信決定援用外人居留地以外地，特許聘用外人方式辦理。當由外務省敕任參事官尾崎行雄用電話與東京府知事久我通久商談。經東京府知事府正式簽發僑居證，孫先生作為平山周的「語言教習」，在東京租賃一居所，迎接孫先生與陳少白同寓。[322]

革命派的李烈鈞於大正 2 年（民國 2 年、1913 年）7 月 12 日佔領江西湖口砲台，展開了討袁之役。討袁之役僅僅活動二個月，就被袁世凱鎮壓下去，這即是所謂第二次革命。第二次革命最有力導因係日、俄、英、德、意五國善後貸款二千五百萬金鎊（大正 2 年 4 月 27 日簽字）的成立。此是袁世凱的北京政權想利用此貸款來強化其獨裁地位。上述各國亦想藉援助袁世凱而促使中國的統一。以國民黨為中心的革命勢力，為反對袁世凱，遂透過國會鬥爭，欲阻止借款之簽字。於是袁世凱不經國會的同意，而擅自簽字。日本對此之意見約可分為三派，即：一、支持袁世凱政權的北方援助說；二、支持南方革命黨的南方援助說；三、企圖調和二者的南北妥協說。和政府相對立的民間輿論大多傾向於南方援助說。這主要是實業陣營為獲得南方利權，而與南方革命派合作，以共謀利益的原故。……到 5、6 月，反袁貸款與南方援助說逐漸興盛。在 6 月上旬的擁護憲政之聯合餐會中，尾崎行雄發表演說，大要云：「我國對中國南北的關係，最重要的當然是貿易關係，我國應大事着力的是在南方，南方與北方的貿易比例為七比三。現在若援助北方而受南方的敵視……則在中國的貿易上，我國所蒙受的影響自可想像

---

[322] 吳相湘編撰：《孫逸仙先生傳》（遠東圖書公司印行，民國 71 年 11 月初版），上冊，頁 227。

得到。袁氏在很早以前，即對我國懷有敵意，若援助他，對我國必無若何益處。反之，南方革命黨領袖，和我國向有深厚的友誼。我們只要維繫住南方派的民心，對我國必有大利。」在同一聯合餐會中，犬養毅也指出了同樣的意旨，而且否定袁世凱有統一中國的能力，故對外務省的援袁外交予以韃伐，進而論述南北妥協說之不當，並指出「國民外交」的重要。此外，尾崎行雄、犬養毅還糾集了頭山滿、中也武營（當時東京商業會議所所長）以及東京議員、新聞記者等五十餘人，召開「反中國外交協議會」。在首次協議會中，作下列決議：一、促政府對中國的南北糾紛，保持嚴正的中立態度；二、嚴厲監督借款預支金之用途；三、延期交付今後的借款。[323]

J373	坂本金彌	子爵、眾議院議員	資助並協助革命

舊備前岡山藩士坂本彌七郎之長男，岡山市人。初志於研究法律而入大阪法國法律私塾，父命中途退學回鄉，協助家業並自行研究法律。明治22年（1889年）糾合青年同志發起鶴鳴會，初為政治運動，後變更組織改稱：備作同好俱樂部，更糾合高唱政論之激進主義同志，創刊《進步》機關雜誌。三年後改為日刊新聞，努力鼓吹輿論。再續刊《中國民報》。在此之前，獨資從事經營帶江鑛山，初僅收支相抵，陷於苦境，經努力堅忍持久，產量逐漸增加而好轉。明治40年（1907年）創辦大島製鍊所等事業，發展很大，是日本於中國（按為日本地名）著名富豪。於明治31年（1907年）被選為縣會議員，後當選眾議院議員。由於財力與才幹而於中央政界不甘雌伏而活躍。初為進步黨，與國民黨之犬養毅行動一致。又

---

[323] 同註263，頁27。

參加國民外交同盟會，以盡力解決東亞問題。又為中國革命黨財力後盾，貢獻不尠。明治 37 年（1904 年）時，孫文、黃興等亡命日本，協助組織中國革命同盟會，蓋當時警察嚴加監視在側，內田良平等與彼商議應付之道，答應將東京赤坂靈南坂之府邸作為革命志士會場，以便同盟會集會。此為彼積極的意志表現。又於大正 3 年（1914 年）12 月，以對中聯合會為中心，與各派有志者組織成國民外交同盟會，研究結果決定反對大隈內閣之對華政策。大正 12 年（1913 年）10 月病逝，年五十九。[324]

　　萱野長知亦謂：「中山最初亡命之一年餘，平岡浩太郎每月贈與薪水。又坂本金彌亦有相當的資助。坂本晚年經營失敗，中山未知其詳，余（萱野）依中山之意至東京籌款。其時坂本雖經濟困難。惟對中山之崇仰，不惜以其僅有之古董出售，拼湊數萬元交與，余速即將此情告知中山，中山大驚，乃囑余婉為辭謝，坂本謂其斷然之資助是對中山之敬意，以援助中山之崇高大業。」[325]萱野又謂：「中山先生倡導革命成功，固然是由於孫先生的領導有方，黃興等熱血志士的共同奮鬥，以及歐美各地華僑的慷慨解囊，熱烈支援所促成，但日本人的功勞是不可抹煞的。日本朝野有志人士本於俠義，在暗中援助，即可測知此熱烈支援。孫文之革命雖然中途遭受挫折，但逐步上軌道。勿論在物質的、精神的對孫文及其革命同志，日本之善意的鼓舞與激勵是可知的。其中以頭山、犬養兩前輩為始；松方幸次郎等及其他有志之士。至於其他民間的平岡浩太郎、坂本金彌二位；官方的山座圓次郎（後出任駐北京公使）、小池長藏兩位外務省政務局長對孫文均予協助。……因此孫先生始終非常感謝日本友人的此種友情，即使孫先生臨終時跟我談的話，我更斷

---

[324] 同註 52，下卷，頁 640-641。
[325] 同註 194。

言他終身不渝地具有這種真意。不特孫先生，即其他的老同志，我相信也都有此同感。」[326]

1905 年 7 月 20 日（西曆 8 月 20 日），中國同盟會「坂本邸之成立會」：同盟會復假赤坂區霞關子爵坂本金彌邸開第二次成立會，加盟者三百餘人。是日通過會章後，投票選舉中山為總理，黃興為庶務，陳天華為書記，宋教仁、陳家檉等為交際，……」[327]

J374	阪本壽一（憲司）	飛行員、教師	參與革命山東討袁之役
J375	立花了觀（良介）	飛行員、教師	參與革命山東討袁之役
J376	星野米藏	飛行員、教師	參與革命山東討袁之役
J377	熊本九兵衛	飛機職工	參與革命山東討袁之役
J378	岩名正次郎	飛機職工	參與革命山東討袁之役
J379	廣瀨太三郎	飛機職工	參與革命山東討袁之役
J380	谷口忠藏	飛機職工	參與革命山東討袁之役
J381	妻島一義	飛機職工	參與革命山東討袁之役
J382	青本弘	飛機職工	參與革命山東討袁之役

（按以上是根據：「在濰縣東北軍之日本同志飛行隊」一項，另列於此）。

阪本壽一（憲司）（1890－？），山口縣柳井人，1907 年山口縣立工業學校畢業。1908 年留學美國學習汽車專業，畢業後在福特汽車廠工作，製造 30 馬力的飛機成為飛行員，他飛行技術超眾，曾飛行 80 餘次，墜落 18 次，但一次也未受傷。經頭山滿和梅屋庄

[326] 同註 45。
[327] 同註 285，頁 196、308-309；《國父年譜》，增訂本上冊，頁 198。及參閱：萱野長知著：《中華民國革命秘笈》，頁 84。

吉介紹，他和孫中山相識。受孫中山的委託，在日本琵琶湖西岸創辦中華革命黨革命飛行學校，有學員四七人，1916 年 6 月，任中華革命軍東北軍航空總隊司令，帶兩架飛機來到山東濰縣建立機場，配合居正的東北軍進行威懾性飛行。[328]

又：阪本壽一，1890 年出生於日本山口縣，居於神奈川縣鎌倉市腰越（地名）自宅。據阪本談稱：「本人於明治末年（1910 年前後）前往美國，在福特汽車裝配廠工作，同時自己作成裝置三十馬力發動機的單葉飛機，熟練飛行技術。1916 年春間，因頭山滿、梅屋庄吉介紹，與孫先生結識。孫先生對於可以用飛機發揮戰力的設想非常贊成，乃邀請我（阪本）帶飛機參戰，我痛快承諾，便駕了飛機到達濰縣。當地民眾由於第一次見到飛機，大為轟動，都說：『神仙來了！』。不過，在那個時代，還沒有發明飛機投擲用的炸彈，只有用三砲台香煙空罐裝製炸藥的手製炸彈，我一手駕駛飛機，一手向地面投彈，祗聽到轟咚轟咚的爆炸聲音。對方對於這種空襲，好像是有了反應，他們派遣軍使前來拜託──『不管怎麼樣，就只有一個要求，請不要再從飛機上扔炸彈下來。』」

在濰縣得手之前，「革命軍曾經得到日本民間人士的協力以及日本軍部的援助。在總司令居正麾下，有擔任相當於參謀任務的日本志士萱野長知等多人志願參加。尤其具有特色的是日本民間飛行員阪本壽一。東北軍是最初組織航空隊的革命軍，擁有兩架飛機，以濰縣練兵場為基地，不斷空襲袁軍，由阪本壽一領導。

阪本壽一與東北軍於 1916 年 4 月 25 日簽定了應聘飛行技術的合同，在以每一學生學費依千元的條件下，來到濰縣，擔任航空隊的顧問兼教官長，負責訓練飛行人員。」[329]

---

[328] 俞辛焞、王振瑣編譯：《日本外務省檔案：孫中山在日本活動密錄》（1913 年 8 月-1916 年 4 月），頁 526，註 1。

[329] 古屋奎二編著：《蔣總統秘錄（中日關係八十年之證言）》（日本產經新聞，

　　今日仍是當地人之話題者，在濰縣東北軍也曾使用數架飛機，其乃是萱野回日本向民間借用之二架。並隨同飛行員及助手、技師等而來。當時在日本飛機也是珍奇的，當時尚是臨時將木板牆圍起發動機使轉動之，每人收費是以前之五錢十錢來參觀的時代。但將之用在山東之戰爭，從日本看是珍奇的，也是新的嘗試。當尾崎行輝陸軍飛機駕駛之評判良好，尾崎至山東，在濰縣同志特予以訪問。在濰縣之飛機駕駛員有：阪本壽一（憲司）、立花了觀（良介）、星野米藏三人，及助手技師七八名。凡飛行員赴美國訓練，在當時是佼佼者。二機中之一是阪本機，飛行過八十次，只墜落十八次。阪本駕駛員只受傷一次，可謂最有應變經驗的。能在山東之大陸氣流下，尚無一次事故發生，當地人是不言可喻的。為使在山東一帶之日本小學生能率領前來見到實物，特在練兵場公開展示。後應青島日報之請，在青島上空飛行，供市民觀覽而博得大喝采。[330]

　　以上情形可以由以下之文件資料證明之：

「六、東北軍有關航空及技術人員文件

（一）夏重民致胡維塼告承購飛機函

　　　　維塼同志兄如握……：飛行學校係在此間設立，托林森購飛機者，惟今尚未見運到，至為焦燥。現下吾軍已占領山東濰縣，濟南不日可下，濟南一下，而大事定矣。……此請大安，弟重民上言，5 月 26 日諸同志均此。

　　　（民國 5 年，黨史會藏原件，按夏重民為航空隊隊長）

　　中央日報社印行，民國 64 年 10 月 31 日初版）。第四冊，全譯本，頁 254-256。
[330] 同註 52，中卷，頁 619-620。

(二) 周應時與日人阪本壽一所訂教授飛機契約書

　　立契約書人周應時（甲方）與阪本壽一（乙方）於大正
5 年 4 月 25 日，在東京青山町七丁目一番地，雙方訂立飛
行教授契約如左：

一、學生名額，十人以上。各生從事學習飛行至畢業止，每
　　人繳納學費壹千元。教授期間：自教授開始日起至滿六
　　個月為止。但教授期間之一切費用（包括飛機租用，機
　　身之修護，以及飛行上所需各項費用）均由乙方負擔。

一、學費之交付如左：

　甲、教授開始如時交五千元。

　乙、教授開始後滿兩個月，各生之成績有相當之進步時，
　　　再交二千五百元。

　丙、教授開始後滿四個月，各生之成績有相當之進步時，
　　　再交二千五百元。

一、教授期間乙方對甲方竭盡全責，保證使各生獲得完全之
　　飛行技術。
　　　惟學習期滿後學生之技術尚未臻至十分熟練時（但
　　因學生受先天條件所限者例外），乙方繼續義務教授，
　　並負擔一切費用。

一、甲方如因所需，請求乙方前往中國時，須給付乙方相當
　　之報酬。

一、乙方得應甲方之請求，前往中國從事於航空事業。

一、當事者雙方，如有一方不履行本契約時，須負損害賠償
之責。

右契約一式兩份，雙方各執一份保存。

周應時　押

阪本壽一

（黨史會譯，日文原件）。

(三) 中華革命軍東北軍航空隊解散款額

謹將航空隊解散款項開列於左：

計開

一、阪本　教師四個月薪金，共壹千貳百元正。

一、星野　助教師三個月薪金，共六百元正。

一、立花　助教師三個月薪金，共六百元正。

一、熊本　助三個月薪金，共八百元正。

一、日人職工六人薪金，共八百元正。

一、剪風運費貳百圓正。

一、日人全部回東（按指日本）川資，共三百元正。

以上七柱，計共支四千元正。

一、支航空隊員十五人解散費，共四千五百元正。

一、……（下略：按係中方人員、雜役等之各項費用。）

以上八柱，計共支六千元正。全部合計壹萬元正。謹呈

總司令察核。

航空隊隊長　夏重民　呈

中華民國 5 年 11 月 15 日。

（黨史會藏毛筆原件）[331]」

---

[331] 同註 232，頁 478-481。

　　依上文另有較詳細說明為：中山先生領導的武裝討袁，一開始就得到梅屋庄吉的竭誠相助。又協助中山先生創辦了中國第一所航空學校。當時正值第一次世界大戰，飛機作為新型的戰爭武器出現在戰場上空，顯示了強大的威力。中山先生非常重視飛機的作用，他說：將來世界上，無論為軍、為交通、為學術、為經濟，均將以航空為惟一利益。至於吾國面積之大，交通之難，各地政情民風之殊異，更非藉航空之助，不足以促成統一。1916 年 2 月 6 日，當梅屋將日本著名民間民間飛行家阪本壽一介紹給中山先生時，中山喜出望外，兩人用英語交談，非常投機。阪本壽一 1890 年出生於山口縣柳井。1907 年山口縣工業學校畢業。次年留學美國洛杉磯州立工業學院汽車系，對飛機有濃厚興趣，畢業後在福特汽車廠就業期間，自製了一架三十匹馬力引擎單翼飛機。後進入世界各國學生雲集的查・卡奇斯飛行學校。1912 年取得飛行執照。1914 年 1 月，他帶着自己製造的八十匹馬力阪本式螺旋槳飛機回日本。第一次飛行表演，有二十餘萬人參觀。許多年後阪本回憶說，當時「與我的飛機論共鳴的人繼梅屋庄吉後，只有孫中山先生。」這以後，阪本常來孫中山寓與孫中山商議建立航空學校的問題。梅屋得知孫中山已決意創建航空學校後，立即表示由自己承擔開辦航校的一切費用。孫中山見時機成熟，指令戴天仇協助阪本建航校。校址幾經商議，訂於滋賀縣近江八日市町。八日市町位於京都以東的琵琶湖西岸（八日市町附近），松樹林立，環境優美。更重要的是阪本的朋友，民間飛行家荻田常三郎生前曾在此籌建航校，因此具備相當的建校基礎，經積極的籌建，機場及附屬設施很快竣工。1916 年 5 月 4 日，中華革命黨近江飛行學校正式開學訓練。阪本任教官，學員有夏金民、周應時、簡方杰、劉季謀、姚作賓、胡漢賢、馬超俊、陳律生、曾更謨、蘇幛鯤、李文耀、公當敕等四十七人。夏金民任班長、周應時任副班長。航校有兩架飛機，一架是阪本自製的；另

一架是已故的荻田常三郎的，由梅屋用重金租來。航校的經費全部由梅屋提供。據阪本回憶，梅屋通過銀行直接匯款至當地銀行，一次匯款額就有二三萬日圓。……中華革命黨近江飛行學校開學後，教官阪本壽一第一節課是自行車訓練。學員大都未騎過自行車，訓練時搖搖晃晃，不時跌倒，經過幾天強化訓練，很快學會騎駛，同時，阪本還講授「飛機構造」、「發動機」、「電器」、「飛行原理」等常識課。接着，進行滑行訓練。訓練中，學員們刻苦、認真、情緒高昂，很快掌握了飛行常識與滑行技巧。其中以劉季謀、胡漢賢、李文耀的成績尤為突出。此時孫中山已返國，阪本定期將訓練等情況向梅屋庄吉報告。正當訓練進入高潮時，阪本壽一接到梅屋庄吉電報：「飛行學校將遷至中國，速來京商議。梅屋。」阪本接到電報立即北上赴東京，於梅屋宅，梅屋出示 5 月 20 日宣野長知自山東來電，詢問可否立往山東訓練？阪本以為機場及附屬設施剛建成，訓練不足一月，如遷往山東，不但要中斷訓練，且要重新建機場及各種設施。梅屋亦感惋惜。然自中國傳來消息，袁世凱仍作垂死掙扎：東南軍總司令陳其美 5 月 18 日遇刺身亡：中華革命軍在各地發動的起義規模都很小，也都失敗。在山東有東北軍三圍濟南不克情況等。因此斷然決定立將航校遷往山東，已增強東北軍的威懾力量。經梅屋耐心說服，阪本答應盡快遷移。於 6 月 28 日，阪本率全體學員，職工攜兩架飛機及部分設施在神戶乘船直航山東青島。一行七十八人，其中有九名日人。7 月 2 日抵青島，即轉濰縣修建機場。居正任命阪本為中華革命軍東北軍航空隊總司令，領少將銜。不幾日，簡易機場竣工，飛機投入戰鬥，航校兩架飛機的飛行高度為六百米，一次出航可飛行一小時左右。當時沒有飛機專用的炸彈，阪本等人用空桶裝炸藥和雷管，轟炸時在飛機上點燃導火線往下投擲。其命中率不高，殺傷力也很小，但是飛機作為新型的戰鬥武器，投入戰場有強大的威懾作用。北洋軍首次見到飛機，嚇

得丟槍棄械，抱頭鼠竄。有次遇上北洋軍騎兵，阪本駕機向其俯衝，馬隊受驚，四處狂奔，騎兵頓時前仰後翻，潰不成軍。同時飛機還散發傳單，宣傳革命。北洋軍驚恐萬狀，中華革命軍軍威大振。

此時6月6日，袁世凱亡故，結束短命「洪憲」帝夢。黎元洪繼任大總統，重新任命段祺瑞為國務總理兼陸軍總長，補選馮國璋為副總統，北京政府實權，主要操縱於段祺瑞。日本為扶植其為新的代理人而積極支持，日本對孫中山的政策由支持轉為竭力壓制。日軍部嚴令駐北京公使館武官、駐濟南武官及山東駐軍停止對中華革命軍之一切支持。孫中山在受此國內外形勢及黎元洪繼任大總統後，西南護國勢力等各種壓力下，又恢復「臨時約法」。並又對黎元洪與段祺瑞存有幻想。1916年7月25日，中山通告各地中華革命黨機關以：今約法規復，國會定期召集，破壞既終，建設方始，革命名義，已不復存，即一切黨務亦應停止。同時，中山函告東北軍總司令居正：袁死，政局一變，我宜按兵勿動，候商黎大總統解決。而東北軍內部因意見紛歧，參與東北軍之日本人大都反對妥協。7月31日，居正赴北京與政府商議，北京政府勉強與之談判，雙方代表在濟南商議東北軍之解散事宜。萱野長知等人希望保存東北軍實力，反對與北京政府妥協，而希望東北軍以整體編入北洋軍。

9月21日，東北軍代表與北京政府代表在濰縣舉行簽字儀式。當北京政府代表進濰縣縣城時，阪本壽一等駕駛飛機從高空往下俯衝，接着低空飛行在隊列整齊之東北軍步兵隊伍的上空。這次示威，顯示東北軍的實力。協議簽字後，北京政府付解散費二十萬元，北洋軍解散，編入北洋軍各部。萱野命令參加東北軍的全部日本人回國。岩崎英精於9月22日電告梅屋庄吉，介紹軍隊解散情況，表示極為遺憾。阪本壽一也函致梅屋報告東北軍和航校之解散情況。不久此批日本人陸續回國。北京政府代表對東北軍之航空學校極感興趣，欲將航校歸之北京，編入北洋軍。許阪本以高官，阪本

不為所動。中山與萱野欲將航空學校人員攜飛機和設備遷至杭州。然於當時北京政府與革命黨間之不洽情況實不可能。於是阪本作適當處置後宣布解散，隨後阪本也返回日本。[332]

J383	板垣退助	伯爵、內務大臣、憲政黨、中國同盟會員	同情革命

　　舊土佐藩士乾正成之長子，高知市人，幼名豬之助，字正形、無形。初姓乾，後在其一代恢復祖先姓板垣。十九歲時至江戶。明治 7 年（1874 年）與後藤象二郎、副島種臣等同向政府建議設置民選議院，同時與同志組織愛國公黨。8 年再任政府參事，因意見衝突而慨然棄職。發起立志社，乃為獻身自由民權運動。14 年（1881年）更組織自由黨任總理。曾被刺未死而成為崇慕者以自由之權，如神般崇敬，狂熱一時。17 年（1884 年）授伯爵。29 年（1896年）4 月任伊藤內閣之內務大臣，9 月辭職。30 年自由黨解散，與進步黨總理大隈重信共組織憲政黨。31 年（1898 年）6 月大隈組織內閣，拜命為內務大臣，11 月辭職在野。邇來入政黨，專心盡力於社會問題，任社會改良會會長。其為人硬骨之氣節；潔身自持，頗善雄辯。對憲政所貢獻甚大。因多年之政治活動而蕩盡資產。晚年境遇不佳。大正 8 年（1919 年）病卒，年八十三。[333]

　　萱野長知謂：「當時日本人有加入中國同盟會，……此時著者之髫年同窗好友和田三郎、池亨吉（斷水樓主人），早歲曾在阪垣退助之《萬國秘密結社史》一書中得知中山之革命主義及其行動至

---

[332] 俞辛焞、熊沛彪著：《孫中山宋慶齡與梅屋庄吉夫婦》（北京新華書局出版，1991 年 7 月北京第一次印刷），頁 75-77、81-87。

[333] 同註 52，下卷，頁 31-32。

為欽慕。……1905 年乙己,中山自歐返回日本,……不久和田(三郎)介紹阪垣退助給中山。二人相見由池亨吉擔任翻譯。其時,阪垣向中山謂:大凡戰爭於發動之初,最為重要,最初如能以破竹之勢,連捷數次,則如以巨石轉千仞,必易獲得成功。故於最初計畫,必須特別慎重,不可稍有疏忽。」阪垣以其在戊辰戰爭(按為對韓戰爭)之體驗,以及鑑於孫子、拿破崙等兵法原理,倡「戰爭必須慎始」之原則。[334]

1905 年 7 月 20 日(西曆 8 月 20 日),中國同盟會在東京正式成立,假阪本金彌宅舉行成立大會,加盟者三百餘人,日本同志中,宮崎寅藏、平山周、萱野長知三人特准加入同盟會。其後萱野之友人和田三郎與池亨吉亦加入同盟會,為會務而努力奮鬥。再有板垣退助、三上豐夷、北一輝、鈴木久兵衛、古賀廉造等亦經介紹加盟。[335]

J384	岡本柳之助	退役陸軍少佐、大陸浪人	參與革命南京討袁之役

號東光,江戶赤坂人。年少即有文武之才,譽為神童。十五歲時於幕府之砲術練習所學習,年僅十六即為和歌山藩砲隊之砲兵長。二十歲充任紀州藩步兵大隊長;再升砲兵聯隊長。明治 7 年入陸軍為砲兵大尉,當時年為二十二三,相貌出眾。後累升至少佐。明治 11 年因與盟友陸奧宗光被疑策應西南役之叛徒而下獄。加以對西南役行賞不公而抱不平,因而引起暴動,此種種嫌疑集中於隊長一身。當局視彼為竹橋騷動之魁首。遂剝奪其官職,永不錄用。從而有一奇妙辭令是無官無位之一浪人。彼以一介浪人為實現東洋政策而煞費苦心。後與朝鮮金玉君、朴泳孝等往來。

---

[334] 同註 282。
[335] 同註 184。

　　明治 44 年（1911 年）中國革命發生，岡本航上海觀察形勢，在華半載，研究日本對鄰邦應採取之態度方針，此時向西園寺內閣提出意見書。仍滯留上海觀望悠悠形勢之變化。45 年（1912 年）突然罹病。客死於上海。給予同志之士云：「中國之將來益為多事，望更加奮勵。」之不歸客永訣辭。時年六十一。[336]

　　1897 年 5 月，中山先生尚在英倫時，與南方熊楠交往，於大英博物館內經南方介紹認識德川賴倫（紀州侯之子）及鎌田榮吉二人，當鎌田滯留倫敦時，與南方交結較深。南方因同情中山先生之革命事業，欲介紹有助於革命事業的志士，遂經由鎌田寫信至東京介紹岡本柳之助給中山先生。岡本柳之助與鎌田均為舊和歌山藩士。1877 年（明治 10 年）西南戰爭時，以軍功晉昇為陸軍少佐，戰爭結束後遂退役，以一浪人身份從事亞洲問題研究。1882 年（明治 15 年），朝鮮壬午之變後，朝鮮進步黨領袖金玉君、朴泳孝等以李朝政府謝罪使節身份訪問日本時，岡本便與之結交，共同策畫朝鮮的內政改革問題。同時，岡本更與慶應義塾創始人福澤諭吉共同教育，扶助朝鮮留日學生。1895 年（明治 28 年）10 月 8 日，岡本以暗殺朝鮮王妃閔氏事件而連坐。出獄後，雖甚少公開活動，但對亞洲問題仍然非常關心。[337]

　　當革命軍攻破南京時，此之前，岡本柳之助乘船至上海觀察戰事情況，攻擊南京時，岡本授與策謀，且預定將獲成功。後於 12 月 2 日革命軍完全占領南京，定此處為首都。[338]

　　又：討袁之二次革命時，黃興長子黃一歐也和岡本柳之助參加南京之役。[339]

[336] 同前註，頁 186-188。另：《國史大辭典》，第二卷（編集委員會編集，吉川弘文館發行，昭和 55 年 7 月 1 日），頁 759，「岡本柳之助」條。有簡略介紹。
[337] 彭澤周著：〈中山先生的日友──南方熊楠〉，《近代中日關係研究論集》（藝文印書館印行，民國 67 年 10 月初版），頁 335-337。
[338] 同註 100。
[339] 同註 71。

| J385 | 岡田時太郎 | 退休礦主 | 協助革命、運送彈藥 |
| J386 | 俣野義郎 | ？ | 協助革命工作 |

　　岡田時太郎，佐賀縣人，於日本也是年老的工學士。居住大連
告老閉門休養。因見俣野義郎支援革命黨，不禁興起俠義感而亦參
與支援。有次革命黨欲將炸藥運到奉天，聽聞因為要通過大連站稅
關而苦惱。岡田以礦山的關係，乃以自己身份接受此運送工作到達車
站。稅關官員以發亮眼神作意見，岡田謂之：「是爆裂彈。」。而相視
呵呵大笑。稅關官員目視後言：「毋庸多說。」即蓋通關章離去。[340]

| J387 | 的野半介 | 米穀商、眾議員、九州日報社長、玄洋社 | 協助革命工作 |

　　福岡人，幼名廣吉；改為薰；後又改為半介。幼時亦剛毅倜儻，
頗有氣骨，稍長遊學佐賀及長崎。歸福岡加入玄洋社，日益養成其
俠骨天稟。夙即喜好文章及演說，辯言流暢、披瀝熱誠，而其之雄
辯，感人至深。既而有自由民權論興起，與四方志士交往，以民權
論之說周遊天下。足跡遍及東北至北越地方，後落腳東京，此處各
方志士為國事奔走，辛酸備嚐。朝鮮獨立黨人士金玉均失意，亡命
日本，與其肝膽相照，策畫扶植朝鮮，與玄洋社同志於韓山舉事，
但因大阪事件而挫折。彼則以經綸東亞為己任之志益堅。明治27年
（1894年）金玉均於上海遭暗殺，朴泳孝被刺客狙擊之時，彼多年
為朝鮮問題所付心血而奮起，提出扶韓討清意見，與同志共欲努力
釀成輿論。一日往訪外相陸奧宗光熱心說明請師懲清國，陸奧斥為
書生論。再訪次長川上操六得暗示，福岡玄洋社可為遠征黨，從韓

---

[340] 同註52，中卷，頁534，「岡田時太郎的奇智」。

半島着手。的野遂糾合決死志士指向朝鮮，此志士團由鈴目天眼、
內田良平等十餘人組織天祐俠，於朝鮮活動。而此為中日開戰之幕
後動機。當的野預定進入朝鮮時，日政府嚴加監視，適其義兄平岡
浩太郎參選立候補眾議院議員，為幫忙助選，遂留於內地。後的野
當選福岡縣眾議院議員三次，常在議會堅持強硬對外主張，努力擴
張國力，此其與一般代議士所不同之處。日俄之戰後暫留滿洲，再往
印度及南洋各地視察，與同志組織太平洋協會，任幹事而大肆活動。

在新聞界任《福臨新報》社長，後改名《九州日報》為社長，
發展有成。更於門司之《關門新報》，當筑後三井郡農民騷擾事件
發生時，各新聞社拒絕登載，而其加以揭載，主張正義，發揮新聞
經營者之一流俠骨。大正 6 年（1917 年）於外遊途中罹病而歿，
享年六十。[341]

又：的野半介，1858 年生，福岡人，平岡浩太郎之妹夫，玄洋社
員，與金玉均過從甚密，積極參與侵略朝鮮之獻策。1894 年，向外相
陸奧宗光獻扶朝滅清之計，未被採納。其後得參謀次長川上操六默
許，與鈴目天眼（即鈴目力）、內田良平等人組織天祐俠，計畫助東
學黨全琫准的亂軍。後因協助妻舅平岡浩太郎選舉，未能渡朝。然東
學黨之亂恰如預期擴大，直接導至甲午之戰。其後三度由福岡縣當選
眾議員，主張強硬外交。日俄戰後周遊中國的東北，參加日移民協會
與太平洋協會的設立工作。又任《九州日報》、《福臨新報》社長。[342]

古島一雄謂：「的野是平岡的內（義？）弟，無論對於任何人，
他都非常照顧。在表面上，他的職業是米穀商，而以「米半、米半」
（賣米的野半介之簡稱——譯者），這個綽號為人們所敬愛的他，
對於中日戰爭當時的天祐俠，日俄戰爭時的滿洲義勇軍，以及中國

[341] 同前註，下卷，頁 491-493。
[342] 宮崎滔天著，啟彥譯：《三十三年落花夢》，頁 236，註 5，及：宮崎滔天著，
宋越倫譯：《三十三年落花夢》，頁 242。

革命的援助皆有過極大的貢獻。日後的野作了議員，隸屬（日本）國民黨，大隈內閣時為大浪（三浦？）兼武所引誘，欲脫離國民黨，在正式公開之前，特就商於我，據稱：『實情如此，明日我將與其他數人，與大隈會晤。以君知我之深，故不得不坦率告知，希望諒解。』當晚 12 時許，大浪已決定停止收買議員之情報。的野等未知，照約前往會晤大隈，大隈對收買之事，不作一語，的野等亦不敢向大隈要錢，的野無法，乃請求頒予後藤新平諡典，大隈立即答應，於是的野即行入黨。然為時甚久，仍未見有諡典頒佈之舉，的野知為所賺，乃再至我處，進門第一語，即謂：『請為我寫一絕交書！』，我對此一笑置之，不予理會。的野之為人往往天真如此，雖有時變節他就，然亦是不便譴責之人。」[343]

古島一雄又稱：「提起宮崎之事，令我不得不回憶我之福岡時代，我曾受平岡浩太郎之託，前往主持《九州日報》筆政，此時宮崎亦應該報社長的野半介之邀，為該報客座。[344]

| J388 | 村山崎太郎 | 實業家 | 協助革命工作 |

舊福岡黑田藩士村山真三郎之長子，福岡人，年少往東京求學，入明治學院就讀。明治 23 年（1890 年）11 月，平岡浩太郎於赴中國視察途中時，以其勘能英語，特選為同伴，漫遊於中國各地。時年僅十九歲。後於 24 年 11 月，村山與平岡浩太郎同赴美國留學。在賓州入尼阿（ニア）大學進修電氣工程學。28 年返國，從事電

[343] 宋越倫著：《總理在日本之革命活動》，頁 50，〈革命談薈〉：「（四）平岡、的野、末永、島田」節。及：陳鵬仁譯著：《孫中山先生與日本友人》，頁 28-30。「古島一雄：〈辛亥革命與我〉之「福岡｜浪人之天堂」，內容相同，文字稍有不同。
[344] 同前註，前書頁 48：後書頁 27。內容相同，文字稍有不同。

氣工程承包業，42 年時，任德國西門子電機公司東京分公司技師
長，任期屆滿後自行經營電氣機械販賣、工程承包。然於此之前，
明治 31 年（1898 年）孫文亡命日本際，擔任平岡浩太郎與孫文會
面之翻譯，有為二者意見疏通之機緣。後來對孫文一派予最大同
情，給與許多臨機應便之奧援。又因與內田良平之密切關係，是為
中國革命暗中助援者之一。其平生因崇尚豪酒，而有害其以後健
康，使事業中止。遂於大正 10 年（1921 年）去世，年五十歲。[345]

J389	近藤五郎（原槙）	陸軍大尉（退職後復職）	參與庚子惠州之役

　　近藤五郎，本名原槙，信州人，1885 年陸軍士官學校畢業，
在擔任臺灣總督府幕僚時，適逢菲律賓獨立運動，棄軍職，變名參
加獨立軍，因語言不通，並不得意。後退出檀島往香港，因中村彌
六之介，與宮崎滔天共策中國革命的運輸工作，惠州事件時，被委
為革命黨的參謀士。1905 年復歸軍職。[346]
　　1900 年 6 月 21 日（西曆 7 月 17 日），先生於新加坡營救宮崎
出獄後離新加坡、與宮崎、英人摩根等乘佐渡丸於是日抵港，擬率
同志登岸集會，為港府所拒；且宮崎因在新加坡下獄事復被水警監
視，因召同志舉行軍事會議於舟中，以惠州發難全權授鄭士良，以
日人平山周為外務部長，原槙為參謀長，福本誠留香港準備，並任
畢永年為內務部長。[347]
　　1900 年（明治 33 年）6 月 29 日，長崎知事致青木外相的報告
（乙秘字 336 號）稱：孫與馬尼拉之叛變者相呼應，抱着在華南大

[345] 同註 52，下卷，頁 385。
[346] 宮崎滔天著，啟彥譯：《三十三年落花夢》，頁 150。
[347] 同註 183。

幹的非份之望。此次彼等之行，必定是等待清國政府實力喪失，決心大舉無疑。且內田甲（平岡浩太郎之姪）、原楨（退職陸軍大尉）。（按其原註3：內田甲即內田良平，原楨即近藤五郎）、尾崎行昌（行雄之弟）、福本誠等，都隨宮崎之後赴華南，伊藤正基（北門新段社員）、末永節（純一郎之弟）、島田經一（宮崎之同志），又不日追隨而行。（按其原註4：據8月18日乙秘字第441號稱：末永節、島田經一、近藤五郎、安永東之助係赴上海。）最近彼等應東亞同文會支那支部之請求，一同到香港碼頭，先行部署，對各方面進行調查。[348]

　　據平山周回憶稱：「明治33年（1900年）廣州事件發生。與這件事有關的人是尾崎行昌、島田經一、原口聞一、玉水常吉、野田兵太郎等。我們從新加坡回來的船中商量，孫君仍乘原船回日本，我們還是進行革命的事業，我們同畢永年、楊飛鴻、鄭弼臣、原楨等商量，我做外交部長；飛鴻做財政部長；原楨做參謀部長；永年做陸軍部長；弼臣做總務部長。」[349]乃謀發動庚子惠州、三洲田之役也。惟據宮崎稱：「此日來訪者陸續不絕，入夜始得共議方針，與議者計有日南（福本誠）、吞宇（清藤幸七郎）、近藤（五郎、即原楨）、南萬里（平山周）、及余（宮崎）。諸人一致遵奉孫之提議，即以日南君留駐香港，從事準備，若準備不能如意，則須以目前所有實力，立即舉事；至於舉兵之事則以鄭君（士良）為大將，近藤、楊飛鴻二君為之參謀、日南君為民政總裁、南萬里副之。對孫君此項提議，討論時雖亦有多少議論與意見，然結果均遵奉孫君之意見。孫君更以軍事之方略命鄭君執行，其餘日本同志，皆協助鄭大將，進入內地，玉水（常吉）、野田（兵太郎）、伊東（知也）諸君應在港待命，密切注視事態發展，一有消息，即疾驅進入內地。方針既定，佐渡丸亦即啟碇離港。」[350]

[348] 段雲章編著：《孫文與日本史事編年》，頁79。
[349] 同註253。
[350] 同註254。

又據《宮崎滔天年譜》記載：1900 年「7 月 18 日……晚間，在船裡召開善後對策會議，孫中山指示留香港的起義部署，總指揮鄭士良、參謀原楨、楊衢雲、民政總裁福本誠、副總裁平山周、玉水常次、野田兵太郎，在港預備役伊東知也。7 月 20 日出航香港。」[351]

古島一雄謂：明治 32 年（1899 年），菲律賓革命黨領袖亞基乃德（Emilio Aquinaldo）派使者彭西（Mariano Ponce）來日，以三十萬元交與孫文託其購買武器。孫以情形不熟，乃以此事轉託犬養毅，犬養亦以對此道毫無經驗，遂由福本誠推薦，交與中村彌六辦理。中村以抱病之軀，聞犬養囑託即欣然接受。彌六旋與大倉組談判，以陸軍省標賣廢物為名，購入若干武器彈藥，即以此裝載汽船名布引丸者，秘密運往檀島，不幸中途布引丸遇暴風沉沒，一應計劃，頓成泡影。當時（按為 1900 年）孫之部下在惠州起事失敗，同志日暮途窮，頗有迫於飢餓而求助於孫文者。孫於無法中就商於犬養，犬養亦以手頭拮据，愛莫能助，浪人輩莫不以此為苦。有同志名近藤五郎者，原為陸軍軍人，本名原楨，係信州伊那出身，與中村有同鄉誼。近藤知孫等處境困難，乃謂犬養曰：渠知布引丸所裝載之武器數量，應尚有武器未曾裝出，不妨設法至大倉處一查。犬養聞此，當親往交涉，而血氣旺盛之浪人輩，復群相呼嘯，前往大倉處大興問罪之師。[352]

宮崎滔天云：「先生日前自臺灣電命送械時，僕與木翁（犬養）、近藤（原楨）共商辦法，曾料及將有困難。由近藤往見背山（中村彌六）謂孫來電命令運械，速解決，背山無法拒絕，遂以委任狀付近藤，近藤得晤大倉，要求接收彈藥，大倉尚藉詞推拖，以彈藥存於倉庫，不易並也無法一一檢查。近藤答云，曾任職陸軍，自有方法

---

[351] 同註 255。
[352] 宋越倫著：《總理在日本之革命活動》，頁 59。

粗略估計之，此時大倉始告以此物原為廢品，不知其中有百分之幾
可用，不如伺機輸出國外以謀厚利。因而揭開背山之欺騙行為。」[353]
　　近藤五郎（原楨）的官職位陸軍大尉。[354]

J390	林清勝	備役陸軍大尉	協助革命、圖杭州起事未成
J391	豬股久雄	備役陸軍大尉	協助革命、圖杭州起事未成
J392	市瀨某	備役陸軍大尉	協助革命、圖杭州起事未成

　　大正 4 年（1915 年）4 月時，由杭州出身之謝持等所主導，企
圖在杭州舉事。設在上海薩坡賽路本部進行策畫。此時有從滿洲而
來之津久居平吉少佐、林清勝大尉、從內地而來之豬股久雄大尉、
以及市瀨大尉、某某中尉等。並有志村光治、金子克己等亦參加。
津久居平吉等之預備軍人連，以執軍隊式革命之牛耳見稱。曾參與
大力支援滿鐵理事犬塚信太郎而終於失敗，全體解散後歸去。[355]參
見：津久居平吉事蹟。

| J393 | 林傳作 | 陸軍砲手 | 參與南京之役、戰死 |

　　佐賀人。大正 2 年（1913 年）夏，隨金子克己渡華，第二次
革命攻擊南京時投效革命軍，支援何海鳴之軍，因對砲術有所心
得，據守獅子山為革命軍力戰，當敵軍襲擊朝陽門之際，肺部中砲
彈碎片受重傷，送軍醫院收容，在戰亂中準備未能十分周全。同年
9 月 1 日南京陷落之日死亡。當時負傷者中有辻鐵舟，足部受槍彈
貫穿，時與林之病牀相鄰，辻為戰友林（傳作）之重傷擔心，忘記

[353] 同註 345，頁 210-212。及：宮崎滔天著，宋越倫譯：《三十三年落花夢》，
　　頁 194-196。
[354] 同註 346，頁 211，註 4。
[355] 同註 52，中卷，頁 598。

自己負傷痛苦而看護他。全然廢寢忘食的流淚。林亡故後戴天仇、張人傑等，鄭重舉行弔慰，佐世保之金子克己在其宅恭送，同地舉行盛大葬儀，何海鳴等同志敬致祭文及拜弔，致贈奠儀及厚葬。[356]

　　當第二次革命（1913 年、大正 2 年，討袁之役）官軍精銳，而革命軍素質較差，但仍決定討伐袁世凱。8 月中旬包圍南京之形勢已成，向朝陽門進攻。此戰之勇敢砲手是佐賀縣鹽田人林傳作，胸部中砲彈碎片負重傷，瀕臨死亡，然於九月一日於南京醫院終告不治。辻鐵舟亦受槍傷。林傳作在佐世保時已有一情侶，並有一子，女方親族允許結婚以完成另一種手續。但後來伊之情緒鬱悶，抱以怨怒之情，乃以適當之所予以解析。當金子克己赴中國時，有志者於大陸發展甚殷，堅決懇請同行。同至上海後，南京之之事已起，咸思參加，挺身第一線奮鬥。而對林傳作之戰死，不僅何海鳴以及張人傑、戴天仇，即其他中日同志均鄭重哀悼。在佐世保之金子克己更在其自宅為其遺骸舉行葬儀。[357]

J394	武田四郎	?	同情革命

　　其生平未詳。據島田〈註釋〉（《宮崎滔天全集》第五卷，頁 644）外務省保存資料乙秘 743 號，1900 年（明治 33 年）12 月 8 日，「中村彌六對孫逸仙」的一件文件上有孫逸仙赴對陽館與平山周、宮崎寅藏、島田經一、武田四郎、玉水常治、尾崎行昌等人會商如何向中村彌六追討被騙去金錢的記事。[358]

---

[356] 同前註，下卷，頁 68。
[357] 同註 215。
[358] 同註 346，頁 207，註 5。而宮崎滔天年譜之同年同日，僅有：「在促中村彌六反省彌六所偽造的證書」（見：陳鵬仁譯：《宮崎滔天書信與年譜——辛亥革命之友的一生》，頁 104）。

J395	松方幸次郎	實業家（川崎造船所所長）	協助革命工作

　　1913年（民國2年）8月2日，中山先生偕胡漢民乘德商船約克號自滬赴粵，途經馬尾，因廣東局勢遽變。據萱野長知轉述：遂由福州轉搭商船撫順丸往臺北，8月9日，再自臺轉搭日本郵船伊豫丸赴日本。於離臺前，得知日本拒絕登陸之惡電，（時袁世凱要求日本政府，拒絕孫中山於日本登陸，日本總理大臣已下令禁止。）但此遠去歐美前，對再舉大策乃欲登陸與在日本同志討論。於是在離臺前，同時密電著者（萱野）其電文：「如此遠去歐美，對我黨前途實多影響，無論如何，希在日本暫留，可於神戶之船中密會協議。」接此電後，即與犬養、頭山二人會商，二翁亦以此重大問題不宜遠遊，決定與日本政府交涉，變更原定方針，惟此項交涉，非短時期內所能有結果，只能相機行事。著者遂於翌日驅車往神戶，與三上豐夷、松方幸次郎會商如何偷運孫文上岸。其中情況著者曾載於《上海日日新聞》，文內有「……余於是夜搭車急往神戶，到達時伊豫丸已先入港。刑事人員及新聞記者多人，探詢孫氏下落，船長及事務長均稱並無此乘客。余則避開眾人耳目，與船長相見，示以孫氏電報，務請引見，船長當謂：孫先生候先生久矣。言畢即引余至船長室，並特別問余是否為土佐之萱野。在船長室深處，孫氏凝然佇立，微笑向余示意，熱烈握余之手，沉默無語。……船長對余等頷首致意後，閉門出外。

　　是夜九時左右，天色墨黑中，有一小汽輪停靠伊豫丸船側，須臾間，復以高速轉向兵庫川崎造船所海岸而去。在此黑白不辨之暗夜中，僅能以手探索，先後三人，在造船所岸壁依次攀登，於萬籟俱寂中，跨越工廠，顛躓於鐵屑、機械堆中，左拐右彎，始到達造船所後門。一行人中前導者為松方幸次郎，隨其後即為孫文及筆者，松方氏因係自己所經營之工場，故途徑甚熟。孫氏與筆者猶如

盲人作馬拉松賽跑，殊以為苦，事後與孫氏談及此事，輒為大笑。
出川崎造船所之門，三人踽踽而行，選僻靜而少有人跡，靠近山道
之小徑，直趨陬訪山，在鑛泉浴場之上方，山腹處有一新建美麗二
層小別墅。是為孫先生暫住之所。此是三上（豐夷）、松方幸次郎
兩位於傍晚匆忙中，設法準備者，竟無一人獲知孫氏曾居此神戶之
山巔中，即使機敏見稱之新聞記者亦始終未發覺此秘密之一幕。孫
氏行蹤成謎，久不為世人所知。惟此時北京政府適有軍艦數艘，以
數百萬圓鉅款，委由松方氏之川崎造船所承造，如此，此一秘密為
北京政府所知，對松方之事業實大有影響，然松方氏同情孫氏之境
遇，一片俠骨，不忍坐視，乃自願甘冒此重大犧牲，加以援手，誠
是松方對此極大危險之英勇果斷，此在我等之間，亦嚴守秘密，緘
口不言。未幾，古島一雄、島田經一、菊池良一等同志，奉東京之
頭山、犬養、寺尾翁等之意，前來神戶，在孫氏隱居附近之『一力』
餐館先後聚集，與東京同志相策應，為孫氏之前途計畫。……」[359]

　　古島一雄對以上事實亦有補充之描述，謂：在神戶的諏訪山有
家名「一力」者，為吾輩同志聚集之所，余等到達後，即住在附近
之西村旅館，與孫文取有聯絡之萱野長知會商，以進行一切，當余
正欲上船時，旅館的人趕送來一封電報，余啟視後，知係犬養來電，
內云：「山本業已瞭解，希轉告孫文。」事後知犬養與山本促膝談
判甚久，最後勉強獲得同意，當犬養出門之際，目送之山本猶在後
高呼「真是麻煩……」不已。余接電報後即至船上會晤孫文將情況告
知。並與神戶知事服部交涉上陸之事，服部謂：「此事不能聲張，希
在秘密中進行！」但當時船上滿佈偵探及記者，探詢孫之行蹤，同時
在余之旅社，亦有渠等多人等候，此等人物如不設法將之騙往別處，
則事將敗露無疑。考慮結果，乃由余設法應付。將渠等吸引力集中於

---

[359] 同註 15。

一處，同時則由萱野長知設法迎中山先生上岸。當時松方幸次郎為川崎造船所所長，萱野當以孫事就商於松方及俠商三上豐夷，其時川崎造船所承北京政府之委託，以數百萬圓代價承造軍艦數艘，此項買賣，對松方實為一大事業，故對孫援助如被袁政府發覺，勢必影響此事進行，蒙受莫大損失。然松方乃一片俠骨，不忍坐視，毅然決定親迎孫氏，並與三上相商，在諏訪山礦泉浴場附近，覓得坐落山腹之獨立小別墅一所，供孫居住。當晚松方、萱野等利用黑夜，以小駁輪至伊豫丸迎孫氏，小駁輪直駛川崎造船所海岸，由川崎造船所轉往諏訪山山腹之別墅，以渠等行動神秘迅速，故無一人知道，大阪《朝日新聞》總編輯鳥居素川等多數記者，終日守候，頻頻詢問孫之行止，余則一律答以不知。數日後與孫文同亡命日本之胡漢民、廖仲凱會晤，然後潛往東京，在頭山寓邸暫作居留。翌年孫乃與宋慶齡結婚。[360]

| J396 | 松木（本）壽彥 | 軍人 | 參與丁未汕尾之役、運送軍械 |
| J397 | 望月三郎 | 軍人 | 參與丁未汕尾之役、運送軍械 |

　　松木壽彥，其名有三版本：據：《東亞先覺志士記傳》，中卷，為「松本壽彥」；《蔣總統秘錄》，第二冊，為「松方壽彥」；《革命逸史》，第五集：為「松木壽彥」；而松木（本）壽彥之職業為軍人。[361]

---

[360] 同註 16。松方幸次郎（1865-1950），實業家、美術蒐藏家。見《大人名事典》第六卷，頁 20。

[361] 黑龍會編：《東亞先覺志士記傳》，中卷，頁 395，為「松本壽彥」。而古屋奎二編著：《蔣總統秘錄》，第二冊，頁 190。為「松方壽彥」。松方壽彥之職業為軍人。又：馮自由著：《革命逸史》，第五集，頁 126，則為「松木壽彥」。有三種不同。

萱野長知於 1907 年（丁未）5 月，奉中山先生命回國購械，
為欽廉義師之需，以欽州防城縣之白龍港接械不便，乃變更計畫，
擬剋期運至惠州汕尾港（海豐縣），接濟許雪秋起事。詎因清艦戒
備嚴密，不如所便，不得已折回日本。是役中山先生經由馮自由手，
匯給日金一萬元。而萱野及日本同志定平伍一、前田九二四郎、金
子克己、三原千尋、松本壽彥、望月三郎等所押運之械為新式村田
槍二千桿，彈藥一百二十萬發，手槍三十枝，為中國革命史從來未
有之利器。載械之輪船幸運丸，乃神戶航業商三上豐夷向友人借
用，為此役損失不貲。三上為萱野摯友，亦有心人也。[362]

又：1907 年（丁未）7 月，欽廉兩州革命發動之初，萱野長知
奉命返日本購買軍械以供裝備新軍之用。不幸因同盟會東京總部黨
員間意見不一，致坐失購械良機。後經宮崎寅藏與萱野努力與軍火
商訂立契約，購入一批軍械。再經三上豐夷擔保並介紹，雇用紀州
藤岡幸十郎之二千八百噸汽船幸運丸秘密運往華南，為避免海關結
關手續，先以小汽船載至門司港外六連島附近，再趁黑夜裝上幸運
丸。三上特為此事派親信店員小出錠雄前往門司。與門司巴組之中
野金次郎相商，由巴組設法從事此項秘密運輸工作。萱野於運輸計畫
大致完成，即往東京向犬養毅報告詳細經過。犬養毅為此又將自己所
有寶刀一批捐贈，以援助中國革命。萱野接此星夜載往神戶。當時由
香港派至神戶聯絡之革命黨同志鄧慕韓、陳九二等，及日人陸軍大尉
定平伍一、金子克己、前田九二四、三原千尋、松木壽彥、望月三郎
等，由神戶乘幸運丸前往門司。萱野長知及小出錠雄則另搭汽車先往
門司布置，所有人員會集後，一切計畫交由中野金次郎全權負責。萱
野則在下關大張宴席，故作鎮靜，並表示與偷運軍械出口事無關。翌
晨獲知一切業已就緒，乃即雇駁船乘上幸運丸，即時啟錨駛向汕頭。

---

[362] 同註 14。

事前已與中國方面同志許雪秋曾有詳盡商討，幸運丸出發時，亦以電報向香港機構聯絡，約定一切有關事宜。[363]參見：三原千尋事蹟。

J398	松本康平	早稻田大學教授	協助革命、任革命政府秘書工作

　　古島一雄於〈革命談薈〉一文中稱：1911 年 12 月杪，辛亥革命起於武漢，犬養於是急行渡華，未幾余和頭山亦前往上海，寓「豐陽旅社」，此時南京臨時政府已成立，孫先生已就任大總統，黃興為大元帥。犬養於渡華前夕，特往訪西園寺，探詢日本政府對中國政體之方針，未得確切答覆。二三日後晤外相內田康哉，內田告以中國行共和政體，日本將感萬分困難，故表反對。日本將以武力維持中國之君主政體，請將此方針轉告華南革命領袖。此引起犬養不悅。既已探知日本政府之方針，然以革命政府成立未久，須迫切而急待解決者，當為國際問題，因此延聘寺尾亨（東京帝大教授）、副島義一（早稻田大學教授）隨同前往，同時為革命政府便於起草宣言及其他文書等，復聘松本康國（早稻田大學教授）擔任。寺尾適在休假期間，乃變更姓名，準備出發，不幸在下關為新聞記者探悉，且於報紙公開發佈，乃遭學校當局以免職處分。[364]

J399	定平吾（伍）一	退職陸軍大尉	參與革命討袁山東、天津之役、運械等

　　岡山縣人，經廣島縣立福山中學進入陸軍士官學校，明治 32 年任砲兵少尉。日俄之役為大尉，參加旅順戰役，奪取松樹山砲臺

---

[363] 同註 110。
[364] 同註 277。

樹立殊勳，於激戰中負傷。其後退出軍職，專注有志於中國問題，
與宮崎滔天、萱野長知等交往；並與黃興等中國革命志士往來。當
革命軍旗高舉之初，很活躍於軍事方面之計畫。彼所期待之第一次
革命之際，不幸臥病在牀，未能前赴現場，而關心革命成功與否。
明治45年（1912年）亡故，年三十七。黃興為悼念其死，特撰碑
文於其鄉里之墓碑上。[365]定平之名有稍許出入：如：《東亞先覺志
士記傳》為「定平吾一」，與《革命逸史》為「定平伍一」。[366]

　　萱野長知於1907年（丁未）5月，奉中山先生命回國購械，
為欽廉義師之需，以欽州防城縣之白龍港接械不便，乃變更計畫，
擬剋期運至惠州汕尾港（海豐縣），接濟許雪秋起事。詎因清艦戒
備嚴密，不如所便。不得已折回日本。是役中山先生經由馮自由手，
匯給日金一萬元。而萱野及日本同志定平伍一、前田九二四郎、金
子克己、三原千尋、松本壽彥、望月三郎等所押運之械為新式村田
槍二千桿，彈藥一百二十萬發，手槍三十枝，為中國革命史從來未
有之利器。載械之輪船幸運丸，乃神戶航業商三上豐夷向友人借
用，為此役損失不貲。三上為萱野摯友，亦有心人也。[367]

　　又：1907年（丁未）7月，欽廉兩州革命發動之初，萱野長知
奉命返日本購買軍械以備裝備新軍之用。不幸因同盟會東京總部黨
員間意見不一，致坐失購械良機。後經宮崎寅藏與萱野努力與軍火
商訂立契約，購入一批軍械。再經三上豐夷擔保並介紹，雇用紀州
藤岡幸十郎之二千八百噸汽船幸運丸秘密運往華南，為避免海關結
關手續，先以小汽船載至門司港外六連島附近，再趁黑夜裝上幸運

---

[365] 同註52，下卷，頁646。而其名：黑龍會編：《東亞先覺志士記傳》，下卷，
　　　頁646。為「定平吾一」；馮自由著：《革命逸史》，第四集，頁191，及：
　　　第五集，頁126。及馮自由著：《中華民國開國前革命史》（一），頁310。
　　　均書為「定平伍一」。
[366] 同前註。
[367] 同註14。

丸。三上特為此事派親信店員小出錠雄前往門司。與門司巴組之中野金次郎相商，由巴組設法從事此項秘密運輸工作。萱野於運輸計畫大致完成，即往東京向犬養毅報告詳細經過。犬養毅為此又將自己所有寶刀一批捐贈，以援助中國革命。萱野接此星夜載往神戶。當時由香港派至神戶聯絡之革命黨同志鄧慕韓、陳九二等，及日人陸軍大尉定平伍一、金子克己、前田九二四、三原千尋、松木壽彥、望月三郎等，由神戶乘幸運丸前往門司。萱野長知及小出錠雄則另搭汽車先往門司布置，所有人員會集後，一切計畫交由中野金次郎全權負責。萱野則在下關大張宴席，故作鎮靜，並表示與偷運軍械出口事無關。翌晨獲知一切業已就緒，乃即雇駁船乘上幸運丸，即時啟錨駛向汕頭。事前已與中國方面同志許雪秋曾有詳盡商討，幸運丸出發時，亦以電報向香港機構聯絡，約定一切有關事宜。[368] 參見：三原千尋事蹟。

馮自由謂：「幸運丸於初七日（按為 1907 年 9 月，西曆 10 月 13 日）清晨抵香港，萱野偕鄧慕韓、陳二九同赴中國日報訪余，報告運械失誤經過。余乃招待萱野及日本同志陸軍大尉定平吾伍一等各人，在堅道七十二號機關部下榻，即邀胡漢民、萱野、惠州同志溫子純等在機關部討論補救辦法，決議擇定惠州平海為第二次卸械地點。該處介於香港、汕尾之間，交通便利……（然而後因港督得粵督電，發覺此事，日本駐香港代理領事予以干涉）於是第二次接械起事之計畫又成泡影。」[369]

另據宮崎寅藏稱：明治 41 年（1908 年）（按國父年譜增訂本，上冊，載為 1907 年），革命時機日見成熟，黃興氏擬即舉事，乃帶了手鎗三百枝，及□□氏（按係犬養毅）所贈日本刀七十柄，進入廣西，同時日本同志多人也設法購得步槍千枝，繼續出發。日方同

---

[368] 同註 110。
[369] 馮自由著：《革命逸史》，第四集，頁 191-192。

志計畫前往廣東，以備黃興氏取得廣西後，在廣東與之會師，當時
裝載步槍的「幸運丸」，係由三上豐夷設法好意借用的。至於步槍
的購買以及資金籌措，則由號稱「天野屋利兵衛」（江戶時期俠商）
的倉地鈴吉全面負責。搭乘此船前往香港的勇士，計有金子克己、
萱野長知、前田九二四、三原千尋、定平吾一、吉田正平等人。此
等革命黨敢死隊出發之際，均抱不再生還之決心。在航海中突有兩
隻蒼鷹飛入船裡，一行以為革命成功之兆，無不喜形於色，但結果
以時機未熟，此一計畫又告失敗。[370]

定平吾一亦曾協助革命軍鑑定軍械，如宮崎滔天在：〈給宮崎
槌子、長江清介 1911 年 12 月 12 日〉之書信中有：「……在目前，
革命軍所最需要的是機關砲、步槍（俄式）和軍服（珈琪色的）。
如能請日本有志的士紳富豪，聯合捐獻最好（或先給些訂金然後付
款亦可）。倉（倉地鈴吉）氏的機關砲，買下來當時，根據定平（吾
一）的鑑定，祇有十幾枝能用。這十幾枝，如果不好好保養，則很
可能變成廢槍。因此如果要買回的話，應考慮這一點，否則將得不
償失。[371]

J400	和田三郎	新聞記者、日本社會黨員、同盟會會員	參與革命工作、任同盟會財務委員

高知縣人，夙於明治神學院求學。具海南熱血男兒之氣稟，甘
為一牧師。畢業後歸土佐，任土陽新聞記者，後再往東京，執筆於
中央新聞等。堅信中國之改造有關東亞之興隆要諦，而志於關注鄰
邦之事。與同志宮崎寅藏、萱野長知、平山周等共同發起革命評論

---

[370] 同註 264。
[371] 陳鵬仁譯：《宮崎滔天書信與年譜——辛亥革命之友的一生》，頁 25。

社，得意於揮筆聲援革命黨，以極熱烈之文章發諸筆端，而彼本身亦具有慷慨之革命男兒本質。其深得同鄉先輩板垣退助之愛護。大正 14 年（1925 年）漫遊中國中患病而返國，翌大正 15 年（1926年）11 月亡故，年五十五。[372]

　　1911 年下旬？日，《社會雜誌》主編和田三郎在該雜誌發表：〈國際上的社會政策〉一文，有力地批判了日本政府反對中國共和制，干涉中國革命的政策。指出：如果因為不採用與日本一樣的君主制就要進行干涉，那等於「以別人不與自己戴相同的帽子就去打那個人的頭一樣，是野蠻的、粗暴的」。和田認為：「我國人民雖然愚昧，但如果眼前展現出比我國先進的國家，實施自由之政治，則不能不覺醒。一旦覺醒，即將打破官僚統治。」而「現今之官僚政治家不正是有恐於此，才想假借皇家安危之名，干涉中國的共和制嗎？和田在次年 2 月出版之《社會政策》上所發表之另一文，進而把日本政府稱為「日本的清朝廷」，指出：「明治已經四十五年，我國社會正值一大變革之際，此時鄰邦中國發生獨立之戰，推翻已頑固不化之代名詞的清朝廷並將擺脫枷鎖，樹立共和政體。而我國對此半身不遂之立憲政體將忍受何時？我深信不疑，中國之獨立必將予我國莫大之教訓。」[373]

　　1905 年 7 月 20 日（西曆 8 月 20 日），中國同盟會在東京正式成立，假阪本金彌宅舉行成立大會，加盟者三百餘人，日本同志中，宮崎寅藏、平山周、萱野長知三人特准加入同盟會。其後萱野之友人和田三郎與池亨吉亦加入同盟會，為會務而努力奮鬥。再有板垣退助、三上豐夷、北一輝、鈴木久兵衛、古賀廉造等亦經介紹加盟。[374]

---

[372] 同註 52，下卷，頁 197-198。
[373] 段雲章編著：《孫文與日本史事編年》，頁 227。
[374] 同註 184。

　　萱野長知云：「當時我國日本人加入中國同盟會期間，中國與
俄國是世界二大專制國，武斷壓制使自由阻塞，世界和平受阻政
體。為協助完成中、俄之革命。而有《革命評論》之半月刊雜誌發
行。為使能達到世界和平，文明發達，必須對二大專制國進行革命，
改變其政體，並與中國同盟會之機關報《民報》相策應，極力鼓吹
革命主義。此《革命評論》之赤字標體是為《民報》社章炳麟所書。
此時著者之髫年同窗之友和田三郎、池亨吉（斷水樓主人）早即曾
於中國同盟會之文庫中獲讀英文《萬國秘密結社史》一書，對孫中
山之革命主義及其行動，與同志至為欽慕。後於 1901 年辛丑，在
美國及檀香山之報紙上，更讀知有關中山之中國革命之意見，景仰
之餘，乃將報紙上中山之肖像剪下，揭為座右，以資鼓勵。1905
年乙己，中山自歐返日，始由著者介紹二人與中山會見，並直接加
盟中國同盟會，池亨吉加入《革命評論》社，以斷水樓懷仁，或以
葭湖之筆名，連載著名巨文，為中國同盟會而努力奮鬥。不久和田
三郎介紹板垣退助與中山會見，兩者相見由池亨吉（斷水樓）擔任
翻譯。……又（1906 年 11 月 15 日）當時俄國革命黨領袖吉爾約
尼（ゲルシヨニ）係日俄戰爭後被處一等死刑，減為無期徒刑，監
禁在西伯利亞監獄，經脫逃而亡命日本的。至《革命評論》社訪問，
其夜於（東京）牛込區築土八幡町之標名高野長雄，中山之寓所會
見中山，由上田將俄語譯為日語，池亨吉再譯為英語，參加會談者
有宮崎滔天、平山周、清藤幸七郎池亨吉、和田三郎、及著者（萱
野長知），於五月細雨中，暢談革命通宵，……中國同盟會成立後，
中國十八省之留學生就其特長當選各委員，使之從事革命宣傳之籌
備工作。中山率同盟會之幹部赴南洋及安南等地，此時著者亦隨
行。後任和田三郎、魯一變等為中國同盟會之財務委員。為由東京
返（中）國之燕趙壯士同志籌備旅費及危險藥品而忙碌不已。和
田三郎又依中山所囑，假藉運動會所用之旗幟，此時向熟識之染

物業者訂製青天白日旗，中山啟程時與同志攜帶此項旗幟，以備應用。[375]

　　1907 年（丁未）正月 20 日（西曆 3 月 4 日），清廷以革命風聲，震撼中外，甚為悚懼。又以萍、瀏之變，及長江方面累次破獲黨人，已知革命策源地在日本東京，乃令駐日公使楊樞向日政府交涉，要求驅逐先生出境。日本政府一面遷就清政府之請，一面亦欲示好於先生，探得先生將有事於兩廣雲南，不日離日，其外務省轉託私人送程儀，開餞宴，殷勤備至。並以五（數？）千圓相餽。東京股票商鈴木久五郎亦餽贈一萬圓，藉示好感。……先生接受日政府餽金，因未經眾議，故離日未久，同盟會員章太炎、張繼、宋教人、譚人鳳、白逾恒和日人平山周等，對於中山受日真贐金事，大起非議。[376]及潮惠、欽廉軍事相繼失利，反對者日眾，章太炎等復有卓除中山總理之提案。獨庶務幹事劉揆一力排眾議，嘗因此與張繼互毆。其後劉光漢提議改組本部案，日本社會黨員北輝次郎（按即北一輝）、和田三郎等主張尤力。故劉光漢等曾極力援引北輝、和田二人充任同盟會幹事，亦以劉揆一反對而止。同盟會本部事例，總理外出時，向由庶務幹事代行職務。……未幾，鎮南關河口相繼發難，東京黨員紛紛歸國，反對之聲，始漸沉寂。[377]

　　1907 年（丁未）7 月，欽廉兩州革命發動之初，萱野長知奉命返日本購買軍械以供裝備新軍之用。不幸因東京同盟會總部黨員間意見不一，分為兩派，未能合作。萱野由南洋、安南為有關此事歸國，於長崎登陸住入寶屋旅館後，即以電報與宮崎寅藏、平山周聯

---

[375] 同註282 之：萱野長知著：《中華民國革命祕笈》，頁 85-87。而宋越倫著：《總理在日本之革命活動》，頁 11，中文譯文，有「和田一郎」者，應為「和田三郎」，當係手民誤植，並無「和田一郎」其人也。也已被他人誤引用。

[376] 同註 201。

[377] 同註 202。

絡，預先告知購武器事，復收回電謂已無問題。即電中山匯款，速經由香港支部電匯壹萬圓應用。於是萱野約宮崎在門司相見後同往神戶，住於西村旅館。東京同盟會總部派和田三郎代表前來。總部亦參與購買武器手續。[378]

《宮崎滔天年譜》載：1914 年「10 月 6 日參加對中國有志會發起人會（於木挽町萬安樓，參加者還有萱野長知、副島義一、的野半介、斯波貞吉、宮崎民藏、美和作次郎、古島一雄、弓削田精一、伊東知也、小川平吉、小川運平、和田三郎、水野梅曉等四十餘人，主席田中舍身）。」[379]

J401	金子克己	黑龍會會員、東洋日之出新聞社長	參與丁未汕尾之役、武昌革命、辛亥天津之役、山東討袁之役

金子克己原姓名為福助克己，後改姓金子。如：明治 37 年（1904年）5 月，命：大川愛次郎、小野鴻之助、福助克己（後改姓金子）、真藤慎太郎、福島熊次郎、柴田麟次郎、萱野長知七人，同為遼東特別任務之陸軍翻譯官，附屬於大本營下，共赴國難。後參與編組滿洲義勇軍。戰後義軍同志多已凱旋歸去，安永期望獨自留在滿洲。[380]

1907 年（丁未），「購械事件係由萱野一人負責辦理，香港機關部既選定汕尾為起陸地點，萱野遂於是年 5 月初 7 日乘輪渡日本進行一切，是月 20 日自長崎電香港，謂購貨租船二事，均有頭緒，囑即匯款備用，即由馮自由經正金銀行電匯長崎寶屋（旅館）轉萱野收日金壹萬元。萱野於是奔走東京、神戶、長崎之間，至為忙迫，

---

[378] 萱野長知著：《中華民國革命秘笈》，頁 106-107。
[379] 陳鵬仁譯：《宮崎滔天書信與年譜──辛亥革命之友的一生》，頁 182。
[380] 同註 297。

日本同志助之者，僅宮崎寅藏、三上豐夷，前田九二四郎等數人而已。經營三月，始告成熟。計由鎗砲商購入明治38年村田式快鎗二千枝。每枝帶子彈六百發；鎗頭小刃革囊各附屬品俱備。另日本古刀五十具，將校用軍刀二十具；短鎗三十枝，各配子彈百發。此項鎗械買價頗昂，除先付萬元外，餘款概由山下汽船會社主人三上豐夷擔保清償。犬養毅聞之，更贈極古之寶刀三柄，以壯行色。此外僱用商輪事，亦大得三上之助，船名幸運丸，載重二千八百噸，乃日本紀州和歌山縣藤岡幸十郎所有，由山下汽船會社租用。該船適有代三井洋行載運煤炭往香港之約，萱野、三上為節省經費計，乃命該輪船主將此項軍械順道載往汕尾港起陸。日本同志願乘船赴戰地效力者，除萱野外，尚有陸軍大尉定平伍一及前田九二四郎（宮崎寅藏義弟）、金子克己（長崎東洋日之出新聞社長）、三原千尋、松木壽彥、望月三郎、日下□□諸人。至六月中旬，萱野遂電告香港馮自由，使速派熟悉汕尾地勢之引港人渡日，以供幸運丸航行之指導。」[381]

據宮崎寅藏妻子宮崎槌子謂：「及至今年（指1911年）秋季，在四川省發生動亂，隨之有武昌的起義，中國革命運動頓時由最低潮而見成功。當這個革命烽火燃燒起來時，孫先生正在法國（按在美國）。滔天很想早點去，惟家裡貧窮已極，旅費籌措不易。先由其手中較為寬裕的如：萱野長知、加納清藏、杉浦和介、金子克己、龜井一郎、三原千尋諸人先行前往武昌。[382]

又據宮崎寅藏稱：明治41年（1908年）（按《國父年譜》增訂本，上冊，載為1907年），革命時機日見成熟，黃興氏擬即舉事，乃帶了手鎗三百枝，及□□氏（按係犬養毅）所贈日本刀七十柄，進入廣西，同時日本同志多人也設法購得步槍千枝，繼續出發。日

---

[381] 同註153。
[382] 同註180。

方同志計畫前往廣東，以備黃興氏取得廣西後，在廣東與之會師，
當時裝載步槍的「幸運丸」，係由三上豐夷設法好意借用的。至於
步槍的購買以及資金籌措，則由號稱「天野屋利兵衛」（江戶時期
俠商）的倉地鈴吉全面負責。搭乘此船前往香港的勇士，計有金子
克己、萱野長知、前田九二四、三原千尋、定平吾一、吉田正平等
人。此等革命黨敢死隊出發之際，均抱不再生還之決心。在航海中
突有兩隻蒼鷹飛入船裡，一行以為革命成功之兆，無不喜形於色，
但結果以時機未熟，此一計畫又告失敗。[383]

武昌起義後，萱野長知謂：「到達下關，我遂下榻門司的川卯
旅館，隨即電招金子克己、布施茂、三原千尋、龜井祥晃、岩田愛
之助、加納清藏、大松源藏等搭船前往上海參加革命軍。」[384]

又：武昌起義後，當革命軍攻佔南京時，袁世凱所率大軍有
南下的情報頻傳。黃興等南方主腦積極從事迎戰準備，一方面炸
毀黃河鐵橋；一方面派人設法深入敵地側背，威脅騷擾，阻止其
南下計畫。在漢陽參加第一戰之金子克己、布施茂、三原千尋等
特為此而組織炸彈隊，潛入天津擔任此項任務。[385]參閱：小幡虎
太郎事蹟。

1905 年 9 月 9 日（西曆 10 月 7 日）中山先生自日本赴西貢
籌款，途經長崎時，因金子克己（黑龍會分子）之安排，與俄國
革命黨人尼古拉、拉塞爾會晤，此為中、俄革命黨人發生聯繫
之始。[386]參與山東討袁之役，於其舊藏《中華民國革命軍陣中
日誌（1916 大正五年，山東における）》中，記載不尠。

[383] 同註 264。
[384] 同註 22。
[385] 同註 23。
[386] 《國父年譜》，增訂本上冊，頁 203。又：〈國父旅日年表〉同一年日亦有
相同記載。

| J402 | 金子新太郎 | 陸軍步兵大尉 | 參與武昌革命、陣亡 |

　　新潟縣人，少壯時入陸軍教導團，畢業後任二等軍曹，累進為曹長，明治26年編入預備役。此年，得荒井甲子之協助同往上海，為籌旅費，與荒井現做日本之煎餅出售以解決。沿長江旅行，自蕪湖至武漢。更下鎮江進入山東省，到達北京。兩人胸懷大志，探訪山川地形並計畫實地練習中國語，大半得以完成。於北京、天津方面亦採同一方法視察後返國。適此時中日戰爭爆發，再入軍營任步兵少尉，參加攻擊遼東、威海衛等地。再轉為占領地民政部門工作。戰後解除召集後，因功晉級任步兵中尉，35年（1902年）經日方推薦受聘為清廷貴州省貴陽武備學堂之武官養成訓練官三年，頗得信任。日俄戰爭起，辭職歸國，任後備步兵聯隊中隊長出征，轉戰各地時晉升大尉，戰後在鄉，因村民懇望而為村長。村長退休後，44年（1911年）秋，獨自飄然遊中國。不圖突然遭逢武昌革命，乃赴武漢投效革命軍，掌有部分指揮權，得償往昔意氣風發大志。漢陽之戰，革命軍陷於不利。彼（金子新太郎）率本隊後退途中竟不幸中彈，遂悲壯陣亡。時為44年（1911年）11月26日，享年四十七。當彼初訪革命軍陣營時，黃興未知其人，曾予拒絕參加，經在座之萱野長知等之斡旋，始漸漸成為革命軍之一分子。在戰死當時因倉惶未能及時收容遺體，被官軍斬下首級，鹽漬後送北京，以證實日本人參加革命軍參戰之傳聞。以後之年，由日本有心人士設法於漢口日本人墓地樹立紀念碑，以資悼念。[387]

　　萱野長知謂：「武漢戰起，大原武慶帶同原二吉前往武昌應援而來，在都督府附近設立事務所，供給軍事上智識，陸軍步兵大尉

---

[387] 同註52，下卷，頁236-237，〈補遺〉。

野中保教，化名林一郎與小鷹某轉戰前線，陸軍步兵大尉金子（按
為：金子新太郎）在琴斷溝附近中敵彈陣亡。」[388]

「參加武漢革命的還有岩田愛之助、甲斐靖、高橋正夫、古川
清、吉田清一，以及野中保教大尉等二十多人，⋯⋯金子新太郎大
尉在亂軍中被殺，首級被清軍鹽漬送到北京，成為第三個為革命犧
牲的日本人。」[389]

| J403 | 岩田愛之助 | 軍人 | 參與武昌革命負傷、及辛亥天津之役 |
| J404 | 布施茂 | 軍人 | 參與武昌革命、辛亥天津之役 |

武昌起義後，萱野長知謂：「到達下關，我遂下榻門司的川卯
旅館，隨即電招金子克己、布施茂、三原千尋、龜井祥晃、岩田愛
之助、加納清藏、大松源藏等搭船前往上海參加革命軍。」[390]

又：武昌起義後，當革命軍攻佔南京時，袁世凱所率大軍有南
下的情報頻傳。黃興等南方主腦積極從事迎戰準備，一方面炸毀黃
河鐵橋；一方面派人設法深入敵地側背，威脅騷擾，阻止其南下計
畫。在漢陽參加第一戰之金子克己、布施茂、三原千尋等特為此而
組織炸彈隊，潛入天津擔任此項任務。[391] 參閱：小幡虎太郎事蹟。

萱野長知謂：武漢戰事爆發之際，日方同盟會老同志末永節率
吉田（清一）、川村等人，星夜趕往漢口，為中國外交及其他等盡
力，⋯⋯陸軍步兵大尉野中保教，化名林一郎與小鷹某轉戰前線，
陸軍步兵大尉金子（按為：金子新太郎）在琴斷溝附近中敵彈陣亡。

[388] 同註 67。參閱：同前註 52，中卷，頁 420-421。亦有敘述經過。
[389] 同註 71。
[390] 同註 22。
[391] 同註 23。

陸軍步兵中尉甲斐靖被子彈貫穿身體負重傷；最年輕、最勇敢作戰之岩田愛之助之腿部亦被彈貫穿負重傷，在彈雨中九死一生渡江後送。醫師垣內喜代松日以繼夜地為負傷者動手術醫治。石間某（按為：石間德二郎）被通敵者暗中所欺，被殺於漢水碼頭船中。[392]

萱野長知謂：武昌起義後，當革命軍攻佔南京時，袁世凱所率大軍有南下的情報頻傳，黃興等南方主腦積極從事迎戰準備，一方面炸毀黃河鐵橋；一方面派人設法深入敵地側背，威脅騷擾，阻止其南下計畫，參加在漢陽第一戰之金子克己、三原千尋、布施茂等特組織炸彈隊，潛入天津，此時岩田愛之助因受槍傷未癒，入院療養中，聞同志之壯烈計畫，不能以此為藉口，而勇於裹傷前往。偕同志秘密由上海經大連、營口、自奉天分二部份迂迴潛入天津。天津同盟會同志已得黃興電告，會合秘密進行大舉，平山周、小幡虎太郎等事前已在天津，乃與金子等會合，最初會同北京川島浪速一派松本菊熊等擬訂設法狙擊袁世凱之計畫，在老站設伏伺機而動，但未能如願。乃由程克與清軍趙秉鈞、陸建章聯絡，約定起義時在天津軍營為內應，最初是清軍反正而兵變，黨員在外接應。日本天津駐屯軍司令官阿部貞治少將在駐屯軍區域內亦加配合。詎知計畫洩露，危機迫切。同志不得已乃不待清軍內應，先行舉事。趁黑夜中由岩田擔任天津鎮兵營正面；布施負責側面，谷村幸平太則潛入總督衙門，惟因計畫洩露，清軍已嚴加警戒。岩田、布施被追擊，未能脫逃遂被捕。拘押於楊以德之巡警衙門，以放火殺人未遂犯嚴加審訊，發覺均是日本人，乃將之移交日本領事館拘禁，以時局急變，且無構成犯罪之充分證據，卒獲釋還。[393]參見：谷村幸平太事蹟。

---

[392] 同註 67。
[393] 同註 92。

　　於北方革命黨同志以白逾恒為主，堅固地團結。日本同志平山周、小幡虎太郎等進行各種支援策畫。自暗殺袁世凱失敗以來期望第二策畫能成功。決定攻擊天津，惟天津各國之租界有各國軍隊駐屯，於此下手恐引起大事，必須先得取得諒解。由南方來之金子等；與平山等之同道者已獲得日本駐軍司令官、參謀之諒解。就攻擊天津事，白逾恒一派與天津總督麾下之軍隊連絡，約定起事時齊為內應。平山赴北京說服川島浪速借得手鎗三十餘把：又提供若干金錢作同志之軍費。平山、小幡另借得手鎗二百把，已準備於某處之某倉庫，約定於必要時假藉以奪取形式取得。此攻擊天津計畫正進行中。於某夜我同志開始起事，各自攜炸彈數個，決定在已部署之地實行爆破與放火，當內應軍一起時，則可以定控制方法。夜十一時，總部於日本租界之旗亭敷島、伊丹幸等處會合，終於事情行將發生。通往總督衙門之鐵橋，俗言是吊橋，緊急時兩分鐘即可斷絕交通。過十二時後，即各就各位，窺視一般情勢，警備市街之兵士、巡警無戒心地在行動。而內應者行動內心要有最大勇氣。迨過十二時期間，天津總督衙門方面有轟然爆炸聲，一發、二發，暫停後，當天津鎮方面有一段淒厲，轟然大爆炸聲傳來，而內應事如何與前線同志會合？首先任務是走出租界一看。在日租界境界線之日本兵已出動戒嚴。同與總部之人登上旗亭之屋頂觀望形勢如何，連續有三處燃火，欣喜正如所預期事進行中，遠處聽聞有鎗聲，胸前起伏，描繪出一場大戰動向，相互握手。突然不知何時，燃火已熄，鎗聲已停。大天津又安靜如眠。蓋此事失敗於內應軍發生差錯，實有評議之處。在完成爆炸慌忙歸來之岩田愛之助、布施茂，尚未坐定，即取灌充汽油的啤酒瓶，云：前去放火此是以逸待勞的大事，何懼之有。即快跑而去。更於此夜之後，岩田、布施二人，以及谷村隆三（幸平太）均音訊杳然。天漸明後，一同集合商議對策。收到第一則情報：總督衙門內應軍，事前消息洩露，首領被捕。並嚴加警

戒。金子等巡察時為避開兵士、巡警等慌忙而去。此時已將失敗之內應軍撤換為其他新部隊。並暗中計畫將革命軍一網打盡，而革命軍對內情之虛假竟尚一無所知。及天明亮，在河北有日本人被擊斃之第二則情報，全體愕然。谷村（幸平太）之遺體一事尚不明：其間第三則情報又到：謂有二名日本人被捕。此是岩田、布施二人，於放火現場被士兵收押，送往楊以德衙門之事。全體極其悲痛，並思如何善後，則盡千方百計收容谷村遺骸；努力設法救出岩田、布施兩人。其後過程是由日本領事館將岩田、布施二人，引渡出之報告，此是於悲痛中稍得一部分安慰者。當時日本總領事館小幡總領事等兩人盡力予以釋放。其後同志將谷村靈位供養於芝之屋旅館。苦笑以相對也。釋放岩田、布施兩人之條件是數日內離開天津。……，岩田愛之助、布施茂兩人，第一次巧施爆炸，出入於內應軍傳達信息；第二次執行放火，岩田在現場先被捕，布施以必死之心奮力抗鬥，後官兵擁至，演出大混戰，終於寡不敵眾而被捕，先押往中國衙門，再送往日本領事館。

天津事件失敗後，除來自北方之平山、小幡（虎太郎），及南方之金子克己等人留下，作善後處理外，日本同志逐次離此。此時天津中國官方大肆逮捕迫害革命黨人，稱有三百人以上。[394]

J405	兒玉源太郎	伯爵、陸軍大將、臺灣總督	圖協助庚子惠州之役

　　德山橫本町出生，幼名百合若，及長健後改為源太郎，五歲時喪父，十三歲入鱟興讓館求學，性穎悟。十七歲即充軍職建功，再學習法國式步兵操練，明治 3 年（1870 年）起由下士官而陸軍權曹

---

[394] 同註 93。

長，後任陸軍少尉，再昇中尉、大尉，七年平佐賀之亂時受傷。10年西南之役樹功、13 年為中佐，16 年任大佐，18 年入參謀本部，掌軍制改革；20 年任陸軍大學校長，全力關注參謀將校之養成。22年昇少將，24 年派往歐洲，考察德、奧、法、白俄諸國軍事。翌年返國任陸軍次官兼軍務局長。中日戰爭因有大貢獻而授殊勳，並特授男爵。29 年為中將，31 年補第三師團長，未幾即轉任臺灣總督，在職約十年。於 33 年終，為陸軍大臣，歷任依藤、桂內閣二任。當桂內閣因提出擴張海軍與增徵地租二大案，而與眾議院衝突之際，斡旋於桂首相與政黨之間，發揮其靈活之政治手腕。35 年離任陸軍大臣，越年又任內務大臣，後再兼文部大臣，依然留任臺灣總督地位，同年解除兼文部大臣職。日俄戰爭開始，補為大本營參謀次長，後晉為陸軍大將，戰後回東京。39 年（1906 年）4 月罷臺灣總督，補為參謀總長，後創立南滿洲鐵道株式會社，任委員長，有關戰後之滿洲經營顯示其經綸才幹。同年 7 月因腦溢血卒於東京，年五十五。

兒玉在任臺灣總督時之秘史是彼之出兵廈門事件。此就高松誓之別記中有謂：明治 33 年（1900 年）6 月，華北事變波及華南，威脅到在華日僑之生命財產甚大時，彼派民政長官後藤新平前往廈門調查實情。其結果引起廟議，決議派兵華南。任土屋少將為派遣隊指揮官，以軍艦數艘相呼應，向廈門前進。於此千鈞一髮間，日政府命令中止行動，使此事挫折而歸。蓋當時依彼之意，除為保護臺灣對岸福建之在華日僑，並可占領福建沿海或他地作立足點，於狹窄臺灣海峽可在日本完全勢力下予以監視，則可使東洋永保安全，其所抱一舉而為之經綸意見。今政府訓令撤回出兵，彼則含滿腔遺憾服從命令。於此事後，提出辭職書，此時西鄉從道內相以電報勸慰其打消辭意，但彼辭意仍堅。然特由米田侍從奉敕命遙赴臺灣，始得留任。[395]

---

[395] 同註 52，下卷，頁 567-569。

　　中山先生於《孫文學說》第八章〈有志竟成〉篇中亦有云：1900
年（庚子）對惠州之役起事經過及日本內閣更替，致使兒玉源太郎
原預謀助之事而未成，敘述甚詳。如：「旋遇清廷有排外之舉，假
拳黨以自衛，有殺洋人、圍使館之事發生，因而八國聯軍之禍起矣。
予以時機不可失，乃命鄭士良入惠州，招集同志以謀發動，而命史
堅如入羊城，招集同志以謀響應。籌備將峻，予乃與外國軍官數人
繞道至香港，希圖從此潛入內地，親率健兒，組織一有秩序之革命
軍以救危亡也。不期中途為奸人告密，船一抵港即被香港政府監
視，不得登岸，遂致原定計劃，不得施行，乃將惠州發動之責，委
之鄭士良，而命楊衢雲、李紀堂、陳少白等在香港為之接濟。予則
折回日本，轉渡臺灣，擬由臺灣設法潛渡內地。時臺灣總督兒玉頗
贊中國之革命，以北方已陷於無政府之狀態也。乃飭民政長官後藤
與予接洽，許以起事之後，可以相助。予於是一面擴充原有計劃，
就地加聘軍官，蓋當時民黨尚無新知識之軍人也。……不圖惠州義
師發動旬日，而日本政府忽而更換，新內閣總理伊藤氏對中國方
針，與前內閣大異，乃禁止臺灣總督不許與中國革命黨接洽，又禁
止武器出口及日本軍官投效革命軍者。而予潛渡之計劃，乃為破
壞，遂遣山田良政與同志數人，往鄭營報告一切情形，並令之相機
便宜行事。」[396]

　　萱野長知亦稱：「當時臺灣總督兒玉源太郎頗贊成革命，中國
地方既有團匪之亂，已陷於無政府之狀態。民政長官後藤新平奉命
會見中山，約定於起事之後予以相助。因而中山於是一面擴充原有
計劃，加聘軍人，因其時尚無新知識之軍人。一面由鄭士良即日發
動，……然好事多磨，惠州義師發動旬日，而日本政界變動，新內

---

[396] 《國父全集》（全三冊）第一冊，頁參-165。並參閱：馮自由著：《中華民
　　國開國前革命史》（一），頁 95，〈運械計劃頓挫〉；及其《革命逸史》，第
　　五集，頁 21-22，〈運械計劃頓挫〉。

閣總理伊藤博文對華政策，與前內閣大異，完全執行反對政策，不許臺灣總督與中國革命黨接洽，又禁止武器輸出及日本軍官投效中國革命黨。中山自臺灣潛渡內地之計劃，乃為根本破壞，實極為遺憾。」[397]

1900 年 8 月，日本因企圖出兵占領福建，特製造廈門事件。如：「7 月 30 日（8 月 24 日）昨晚，廈門山仔頂街一座日本教堂本願寺，空屋一間失火。本日，駐廈領事上野專一，令高千穗兵艦水兵百餘名登岸，執械沿街遊行，意在尋釁。清吏往日領館勸阻，不聽，示威仍繼續。8 月初 2 日，復添派兵二百餘名，運送大砲，聲稱將轟廈門，市民驚避，商店閉戶，頗為混亂。清吏尚能鎮靜處理，一面迭與上野商談，一面命水師提督防備地方混亂，並三度張貼安民告示，以防事態擴大。另電告福州將軍及總督，並致電盛宣懷請質詢日駐上海總領事，又親訪在廈之各國領事請從中斡旋。8 月初 4 日，日臺灣總督兒玉源太郎尚派後藤新平自臺向廈進兵。日政府旋以各國責備，了解上野專一過份積極，遂在 8 月初 6 日將之調至臺灣，登岸日兵亦隨即撤回。事件遂告平息。按本願寺之空屋一間失火原屬意外，且並未傷人，日領事藉此派兵登岸，自別有企圖，惟其驕狂過甚，乃遭各國非議，幸處理得宜，致其圖謀未遂。時日本陸軍大臣桂太郎頗覺影響日本聲譽，尤其臺灣總督兒玉源太郎明白表示，廈門海關道招各國兵艦進港，以作對抗，確使日本難看。根據有關資料，日本對福建早有企圖。去年 12 月 19 日，日政府批准臺灣總督與廈門領事館可直接通訊；22 日，日皇召見臺灣總督府民政長官後藤新平，翌日，臺灣總督府增設臨時對岸事務股。去年春，2 月 1 日，後藤赴中國南方考察，26 日返臺。4 月 3 日，兒玉源太郎赴東京作詳細報告，6 月中，彼即派艦赴廈門，後藤駐「和

---

[397] 同註 378，頁 62-63。

泉」軍艦指揮。「和泉」艦長為齊藤大佐。7月29日，兒玉源太郎趁機出兵廈門之計劃，獲日政府批准。次日，即藉本願寺事件為由派日兵登岸；初2日，再派兵上岸；4日，由土屋少將司令率步兵混成旅兩支隊，乘「高雄」及「大島」二艦，自高雄出發。次日晚入廈門港。當日軍欲完成佔據廈門時，臺北轉到東京陸相電令，停止進兵，後藤新平及土屋遂率隊返航澎湖。」[398]

另段雲章有：1900年「8月24日日本因圖出兵占領福建，製造廈門事件。年初，日對福建即積極圖謀南進。7月初至中旬，臺灣總督兒玉源太郎即按計劃派艦駐廈門，8月23日，兒玉乘機控制廈門計劃，獲日政府批准。同日『僧人』高松誓在廈門山仔頂街一座日本教堂本願寺空屋縱火。本日，日駐廈領事上野專一誣為中國人所幹，令高千穗兵艦水兵百餘名登岸，執械沿街遊行，意在尋釁。次口，復添派兵二百餘名登陸，隨後兒玉又令後藤自臺向廈進兵，但日本此舉因其他列強反對和中國抗議，被迫撤兵，月底此事平息。」[399]

J406	兒玉篁南（右二）	?	協助革命工作

兒玉篁南，號右二，係宮崎寅藏之友。[400]

據《宮崎滔天年譜》載：1910（民國前2年）：「4月22日出發新橋車站，受寺內正毅（陸軍大臣）意，（宮崎）與兒玉右二前往探查中國革命派內情。」（按寺內為陸軍大臣，係依：同年同月「？日得長谷川好道介紹，似與陸軍大臣寺內正毅見面。」）。又同年「7

[398] 羅剛編著：《中華民國國父實錄》，第壹冊，頁549-550。又見：段雲章編著：《孫文與日本史事編年》，頁89。引用自上書。
[399] 同前註。
[400] 同註33，頁67。

月 6 日兒玉右二，以詐欺竊盜、擾亂金融嫌疑，被赤坂警察署拘留，在此前後，有滔天、萱野長知、中村彌六、兒玉（篁南）等與中國革命派密謀，操縱股票行情以籌措革命資金的謠言，與此同時，日本政府當局撤底追究黃興的下落（17 日，黃興由東京出發往香港）。」[401]

萱野長知有謂：「黃興追憶日本對南京暴動事件之原因云，於大正初年（即 1912 年）時，在南京博覽會期間發生了暴動，使股票行情必然下跌，利用此股票行情變動機會，一舉獲得二百萬圓之軍費一事，係在與中村彌六商談中，知到兒玉篁南援助革命黨的事。一提到南京暴動，使日本財政界起了大變動，股票價格大暴落，而賺得二百萬圓的軍費，此係兒玉篁南具有男兒之義俠心所致，也大為援助革命黨。此一事件之關係牽涉甚廣，皆蒙上擾亂財政界的污名，其中以兒玉篁南之立場最堪值得同情，中村與我（萱野）對於新聞報導使兒玉所受之很大冤屈極為憤慨，姑不論此有損名譽之事的胡言亂語，而兒玉對革命資金之窮乏，其所付出的熱心幫助是值得敬佩的。」[402]

J407	阿部貞次郎	陸軍中將、日天津駐屯軍司令官	協助革命工作
J408	渡邊某	陸軍少佐參謀	協助革命工作

阿部貞次郎，越後國北蒲原郡人，明治 13 年（1880 年）入陸軍士官學校，15 年任工兵少尉；22 年陸軍大學畢業，爾後累進，於大正 3 年（1914 年）任陸軍中將，其間歷任中日之役師團參謀、陸軍大學教官等職。日俄之戰，為工兵部長出征，戰後為師團參謀長，因功授勳。41 年（1908 年）昇少將，補為清國駐屯軍司令官；於天津駐屯中適逢中國第一次革命發生，阿部處於日本北京公使館

---

[401] 同註 379，頁 158、161。
[402] 同註 397，頁 383-385，〈南京暴動事件之真相〉。

傾向支持袁世凱時，彼寧以一己之見，對革命派寄予同情，當時為援助革命派，對於在北京天津間奔走之日本志士，持充分之理解。對白逾恒等革命派能與之合作，以挽救大局。故對援助革命之日本志士言：「依天津拳匪事件後之協定，距天津廿五華里以內之任何場合，不得有中國士兵進入之規定，此點策劃者應列入考慮之。」，此話之意味深遠，示以在暗中助勢也。然而不久宣統帝退位，彼對革命派之合作及對中國之經綸企圖已成畫餅。惟當時在華北活躍之日本志士，於今日對阿部司令官之態度猶有稱讚之辭，可見彼非尋常之一介武夫所能比擬者。阿部任天津駐屯軍司令官四年，其後他調，大正6年（1917年）轉為預備役，歿於大正11年（1922年）1月，年六十一。[403]

　　在北方之革命黨同志，以白逾恒為主要團結中心，日本同志有平山周、小幡虎太郎等為之支援，進行種種策劃工作。其在南方之中日同志，亦計劃前來合作。蓋自暗殺袁世凱失敗後，期此第二次策劃可以成功。先是決定斷然實行攻佔天津鎮，然天津有各國租界，亦有各國軍隊駐屯，如予貿然從事，恐會惹起大事云云。因之，為獲得諒解，有日本駐屯軍司令官阿部貞次郎中將、參謀渡邊少佐在焉。自南方來此之金子（克己）等與平山周等一同取得諒解。阿部司令官道：「諸君來津，對情報之收發，在欒州附近之我軍用電臺，可加使用，惟勿有違其方向，實則不需任何考慮。」之語。更說出：「依天津拳匪事件後之協定，距天津廿五華里以內之任何場所，不得有中國士兵進入之規定，此點應列入考慮。革命黨欲為任何事，只要不違犯列國軍隊之右項協定事項，可先作壁上觀。」的絃外之音。同志們聞之，對此事安心並表歡欣。[404]

---

[403] 同註52，下卷，頁593。

[404] 同註52，中卷，頁492-493。

J409	服部某	報社總編輯	同情革命

　　陳少白於口述《興中會史要》，在第「四、臺灣方面之活動」
中謂：於 1897 年 11 月（12 月？），自日本搭船往臺灣，從事革命
工作，因未取得護照，於基隆登岸後即被日本警察留難，經少白說
明為中國革命黨員，並出示日友介紹來臺信函後始獲釋。從臺北到
臺南後，「我在臺南很不自由，日本臺灣警廳派了四個偵探，暗中
監視，夜裡還分開東南西北，睡在我那寓所四鄰，局面如此，不由
不令我浩然思歸，決意回到臺北。我在臺北時，認識一位《臺灣新
報》的總編輯，日本人服部，人很有點肝膽，又酷好中國詩文。相
識後，臺北所有著名的文人墨客的日本人差不多都介紹相識，詩酒
往來，意甚懇切。我往臺南時，服部有一個學生在臺南，服部便寄
信與他，要他盡力照料，那學生知道我受四個日本偵探監視，就暗
中寫信告訴服部，服部同幾個關切朋友，大動公憤，在報上大罵臺
南當局，說一個外國文人，花錢到這裡遊山玩水，為什麼當強盜般
把人監視起來，如此顢頇的政府，豈不令人齒寒。異口同聲地竟把
四個偵探罵退了。」[405]

J410	泊宗一	軍人退職、前滿鐵工作者	參與革命、圖炸擊清軍艦
J411	福地善二	經商、從事電氣事業	參與革命、圖炸擊清軍艦

　　大正 4 年（1915 年），志村光治前所製造為爆炸軍艦用之浮動
水雷，及所作其他爆炸用之研究製造經試驗後，已即準備完成。決

---

[405] 陳少白口述、許師慎筆記：《興中會革命史要》，「四、臺灣方面之活動」，
頁 32（中央文物供應社印行，民國 24 年 1 月出版；民國 45 年 6 月台版；
後再收納入：中華民國各界紀念國父百年誕辰籌備委員會學術論著編纂委員
會主編，《革命先烈先進詩文選集》，第三集，民國 54 年 11 月 12 日出版）。

定是由志村與泊宗一同往黃浦江方面；金子伴同福地善二前往楊樹浦方面各自負責。預期於夜晚12時，兩方面實行爆炸以震撼上海。當夜天氣暗黑陰鬱，兩班人各自租車，並肩負炸藥到達目的地。金子等於楊樹浦方面首先爆炸，再即志村等在江南方面執行。此時在上海兩端之巨大爆炸聲，使神經過敏的上海，不知有何突發事件發生？人心騷動。然而此一特意行動發生差錯是陸海未能共同響應，致使失敗而歸。爆炸後之志村、金子等在吉住醫院暫待，於翌日正午始歸。志村等對此變化極感痛心。至午後，大家纔放心。志村班之泊宗一是長崎五島人，原於滿鐵站工作。因同鄉關係與在大連時代之金子，允許彼加入，後獻身成為革命同志者之一。金子班之福地在很早之前即留於華南，在長江內地居住多年，從事有關電氣事業，一度娶中國人為妻，說華南語與中國人無異。中日青島之戰，彼以士兵出征，以勇敢得勳章。佐賀縣人，是萱野、金子的兒時玩伴，因萱野、金子的中國關係，許其參加，為人極為刻苦耐勞。[406]

| J412 | 長江清介 | 新聞記者 | 參與革命、親歷奉天之役 |

熊本縣人，早稻田大學畢業後任新聞記者。由宮崎滔天推薦於第一次革命之後來上海，後伴同末永節赴北方。其後往來於大連、上海之間。大正3年（1914年）6月陳中孚策劃攻擊奉天之際，長江與金子克己、志村光治等擔任爆炸奉天任務。其後在法庫門方面及昌圖方面舉事失敗而歸。陳中孚僅以身免，而金子、志村等被捕送至旅順監獄。此後企圖率領盤據本溪湖為根據地之馬賊黃懶慢一派，並集合活躍於千山山脈一帶之同志，強行襲擊本溪湖官兵。後被釋放。長江其後仍努力往來奔走，不幸罹病而歿。[407]

[406] 同註52，中卷，頁603-604。
[407] 同註52，下卷，頁362。

J413	青柳勝敏	備役陸軍大尉	參與革命、並教育革命志士
J414	山中峰太郎	預備役軍人	參與革命、任江西軍參謀長
J415	中村又雄	備役步兵大尉	協助革命、協助訓練黨人
J416	杉山良哉	備役中尉	協助革命、協助訓練黨人
J417	門馬福之進	備役輕重兵特務曹長	協助革命、協助訓練黨人
J418	可兒五三郎	備役炮兵特務曹長	協助革命、協助訓練黨人
J419	江口良三郎	備役軍人	協助革命、協助訓練黨人
J420	海原宏文	備役軍人	協助革命、協助訓練黨人
J421	西川德三郎	備役軍人	協助革命、協助訓練黨人
J422	野口忠雄	備役陸軍工兵中尉	協助革命、協助訓練黨人、負傷

　　青柳勝敏，秋田縣人，經中央幼年學校進入士官學校，33年畢業後任陸軍少尉，累昇至上尉，43年遂以現役上尉退役。發刊《大東雜誌》，專注於企圖喚起亞細亞各民族之團結及覺醒。明治45年（1912年）江西省都督李烈鈞聘為顧問而來中國，參畫江西獨立之計。自革命以來，則為確立中國大局各勢力共處而盡瘁之。然因宋教仁之被暗殺使南北分裂。李烈鈞在江西終於發出打倒袁世凱之第一聲槍響。青柳與江西軍之參謀長山中峰太郎同時登上二次革命之舞臺。事敗後與李烈鈞同往東京，在大森新井宿，設立浩然廬學舍，李任社長彼為副社長，收容亡命之革命派志士八十餘人，主要教授軍事教育。蔣介石、殷汝耕等即是當時浩然廬在學學生之一。此學舍在以後因有學生於千葉縣實驗炸藥時不慎引起爆炸，致而陷入關閉命運。晚年健康不佳，終未能實現抱負。昭和9年（1934年）9月與世長辭，享年五十六。[408]有關浩然廬事，參閱：寺尾亨、上原勇作等事蹟。

---

[408] 同註52，下卷，頁796-797，〈補遺〉。

　　據《日本外務省檔案》調查報告，有關「浩然廬學舍」與日人協助一事記述甚詳，茲分為：創立、概況、解散及續訓等，分別列述如下：

　　甲、創立……「乙秘字第 1761 號」（1913 年）12 月 15 日：「西本願寺中國傳教僧水野梅曉，為解救中國亡命者子弟的困境，在府下荏原郡新井村新井宿一千二百六十六號，設立『浩然學舍』，本月 2 日開始收容該子弟，進行日本語和精神教育，兼教武術，已收容三十餘人，本月內，人數將達到五十人，費用每人十元，可能由個人負擔，但無力負擔者，可請求亡命者中自願資助，衣食自理，個人自炊。另外，聽說水野梅曉將於本月末去中國，明年春天回國後，將和同志一起去有關當局活動亡命者的救濟事宜。」又有：「中第 505 號」是：「中國流亡者殷汝耕及備役陸軍大尉青柳勝敏等，在東京府荏原郡入新井字（村）新井宿一二六六號，經營之浩然廬（通稱浩然學舍）情況如下：一、本校創設於 1913 年 12 月 1 日，對在京的中國流亡者教授法制、軍事學、武術等，以便用於有事之際，是流亡者的機關學校，現有學生七十九名。二、關於本校的創設，其幕後由黃興、李烈鈞（該人現在法國）等人發起。他們認為同志流亡日本，不得白白坐食，為教授必要之學術，創設本校。但在學生中往往有背叛行為，有人暗中將本校情況通知袁政府，結果袁一派把該校視為暗殺學校，恐懼該校之存在。三、該校教官及職員姓名如下：備役騎兵大尉青柳勝敏、一瀨斧太郎、備役步兵大尉中村又雄、中尉杉山良哉、預備役輕重兵特務曹長門馬福之進、預備役炮兵特務曹長可兒五三郎、江口良三郎、海原宏文、西川德三郎；中國人：蔣介石、吳仲常、陳勇、周哲謀。四、維持方法：學生每月繳費十元，集中住宿舍，但維持仍有困難，各教員及職員們保留將來的條件（即約定在革命軍勝利之際提升為相當的官職）無報酬地工作。五、對現役將校出入該校的風傳，已暗中查明，上述說法毫無事實根據。除前記復員將校士官外，沒有人出入這裡或有間接關係。風傳的山

本大尉是一瀨大尉假名，齋藤大尉是杉山中尉的假名，江口大尉是中村大尉的假名（為何要取假名，其原因不明。）根據以上情況，現役軍人出入該校或與中國流亡者密會等，無此事實。1914 年 4 月 24 日。」

乙、概況；依「乙秘第 1272 號」（1914 年）6 月 29 日，「設於荏原郡入新井村新井宿一千二百六十六號的浩然廬，是西本願寺中國布教師水野梅曉，對中國流亡者的困窘表示憐憫，將其弟子予以收留、教養。為此目的於 1913 年 12 月設立私塾。主持人是預備役騎兵大尉青柳勝敏，其下有六名日本人任教，背後與陳其美、李烈鈞等人有關係。流亡的中國人殷汝驪一直進行監督。目前有學生四十九名，顯然在發起第三次革命時立即起用他們。據聞最近正在加緊準備，故正嚴密偵查中。昨天下午，接到該縣通報稱，浩然廬在千葉縣千葉町旅館松葉館投宿的佐賀人野口忠雄和中國人名叫『趙堅』的，在製造炸彈時負傷。據秘密偵察，野口忠雄是退役陸軍工兵中尉，本月上旬，由青柳勝敏介紹來浩然廬，以山縣孝一郎之名住該校舍監。前天下午 3 時左右，他說去千葉町有事，請青柳給他介紹一熟人。青柳接受其要求，將他介紹給千葉町小倉藥店，中國人趙堅，今年 1 月來該校，上月不知為何離去。另外，關於本事件，主要由憲兵調查，所轄檢查官負責阻止報紙刊載此消息。本廳也對其有關人員進行秘密偵察。」

丙、解散及續訓：再有：「乙秘第 1291 號」（1914 年）7 月 2 日，「在府下荏原郡入新井村浩然廬，於前天 30 日上午 10 時召開職員會議，隨後在當日下午 3 時將全體學生召集到禮堂。由主要負責人青柳勝敏宣布說，鑒於某種情況，浩然廬於今日解散。因此，浩然廬的牌子亦於今晨起撤下。此話由一個叫吳藻的中國人翻譯給大家。在校學生中，結業的二十七名，未結業的二十六名，共五十三名，均授與軍事學結業證書。下午+時結束。此外，中國人殷汝驪，表面關係上一直擔任教官，因此，在浩然廬解散的同時，也辭去職員職務，但由於

青柳的懇請，答應以後做一個幕後援助者。在此次授與證書者中，下
述比較認真的四十三人，照舊住在浩然盧的宿舍。休假一週後，再作
為青柳勝敏的私塾，暫不加任何名義，繼續開始上課。其授課科目，
學科有戰術學、應用戰術、野外要務令、兵器學、築城學、地形學、
交通學等。術科有體操、柔道、劍術三科。（一）繼續在學者名單：（略）；
（二）受退學處分者：（略）。……又及：日本人職員照舊無更動，
中國人方面職員為以下三人：一、周應時（教官兼翻譯）；二、吳藻
（教官兼翻譯）；三、丁某（事務員）。」[409]參閱：一瀨斧太郎事蹟。

| J423 | 青柳敏雄 | 雜誌發行兼印刷者 | 協助革命、鼓吹革命事業 |
| J424 | 藤澤外吉 | 雜誌社社長 | 協助革命、鼓吹革命事業 |

　　1906 年（丙午，明治 39 年），「9 月 5 日日文雜誌《革命評論》
創刊號發行，從 8 月 12 日起，宮崎寅藏、清藤幸七郎、和田三郎、
池亨吉、青柳敏雄即商定編輯出版該雜誌，以支持中國革命。經向
日警視廳呈請，交納保證金以及進行其他籌備工作後，終於完成。
該刊設事務所於東京神田區美士代町三丁目一（萱野居此），設發
行所於宮崎寓所。社長為藤澤外吉，發行兼印刷者為青柳敏雄，編
者為宮崎。至 11 月 3 日，北輝次郎（一輝）入社為同人，平山周
亦加入。該雜誌為半月刊，主要內容為介紹和評論中、俄革命運動。
與《民報》堪稱姊妹雜誌。宮崎為創刊號撰發刊詞，提出……反對
帝國主義的軍備擴張，反對戰爭。它同孫文之三民主義和《民報》
揭出的六大主義很接近。……宋教仁看完創刊號後發表如下感想，
其『所記皆政治的改革、社會的革命之論文、小說、記事，而尤注
重於中國革命運動，其編輯人則題曰宮崎寅藏者也。』」[410]

---

[409] 同註 328，「附錄」，頁 627-631。
[410] 同註 398，頁 146。

J425	河野久太郎	翻譯官、公司職員	協助革命、代籌借經費

　　筑後柳河人，日清貿易研究所畢業後於中日戰役從軍任翻譯官，轉戰遼東半島，後至臺灣參加征討軍。29 年後藤新平來臺，賞識其才幹而延攬至總督府工作。34 年辭職，於白岩龍平所經營之大東汽船會社任幹部。日俄戰爭前後為大倉組上海支店長，後大倉組往來中國之第一線，今日大倉組在中國發展有成是依其智囊與才幹極大。44 年（1911 年）辛亥革命時，革命軍攻佔南京，成立臨時政府，當時財政窘迫，陷於進退兩難。河野與黃興等會面，斡旋借款三百萬圓，以江蘇省之上海、杭州間之鐵路作為擔保。又滿鐵、外務省等與中國政府交涉以滿洲新邱煤礦之開採權，彼與有交情之段祺瑞內閣閣員周樹模勸說段祺瑞予以許可，但終告失敗。大倉組能對南北中國之活動及信用，端賴彼之圓滿人格與縱橫手腕所致。大正 4 年（1915 年）調回總店，任礦山部要職兼中國部總負責人；後為理事參與樞機。與店主大倉意氣相投，大倉為其熱誠人格所折服。當大倉病篤臥床，猶二度託以對中國及滿洲之計畫任務之後事重任。昭和 11 年（1936 年）因腦溢血猝死，享年六十六。[411]

J426	幸德秋水	學者、日本社會黨領袖	同情革命

　　馮自由將幸德秋水列於：「興中會後半期之革命同志」名單中，而（「興中會時期中，前半期之革命同志，是由甲午（民元前 17 年，即 1894 年）冬，興中會成立，數至庚子（民元前 12 年，即 1900 年）秋，惠州革命軍失敗時止，前文已一一列舉之。今當依次敘述此時期中，後半期之革命同志，即由庚子惠州革命軍失敗，

[411] 同註 52，下卷，〈補遺〉，頁 780-781。

數至乙己（民元前 7 年，即一 1905 年）6 月，東京同盟會成立時止是也。」）乃有：「幸德秋水，日本，學者，社會黨，癸卯，日本社會黨首領，著作甚富，孫總理嘗與討論社會主義之實行方法多次。後因謀殺日皇嫌疑，被處極刑，日本社會黨人如喪考妣。」[412]

J427	柏原文太郎	「東亞同文會」幹事、眾議員	同情革命

　　柏原，1869-1936 年，千葉縣人，號東畝。1893 年（明治 26 年），東京專門學校畢業，以學業優秀受大隈賞識，隨即任該校舍監，又為早稻田大學評議員。1898 年 11 月，擔任東亞同文會幹事，積極留意中國問題。12 月，協助亡命日本的康有為居留日本，又助梁啟超赴夏威夷。辛亥革命之際，與犬養毅同赴上海，協助革命黨人組織臨時政府。1911 年以後，屢任眾議院議員，又受同文會的委託，於中國各地設立學校。[413]

J428	後藤新平	伯爵、外相、臺灣民政長官	謀協助庚子惠州之役

　　岩手縣人，少年時曾受長者激勵，苦學畢業於福島縣須賀川之醫學校。任醫師醫術良好。後任愛知縣立醫院醫師，明治 14 年時廿五歲即任該院院長，15 年春，自由黨總理板垣退助被刺時，即為之治療。後轉任內務省技師。23 年留學德國，25 年歸國昇任衛生局長，在任中以一片俠氣，受相馬事件連坐，後無罪出獄。未幾，中日戰爭發生，充臨時陸軍檢疫部事務官長，因其人品才幹而結識

---

[412] 馮自由著：《革命逸史》，第三集，頁 64、81。
[413] 宮崎滔天著，啟彥譯：《三十三年落花夢》，頁 140-141，註 5。

兒玉源太郎，後復任衛生局長。29 年（1896 年）轉任臺灣總督府
衛生顧問，31 年兒玉源太郎為臺灣總督，拔擢其為民政長官。當
時臺灣施政是軍政與民政併行，為後藤向兒玉總督所建議獻策者。
推行各項政務、建設，數年來治績大舉。39 年（1906 年）依功授
男爵，同年任南滿洲鐵道株式會社總裁，（中日）戰後，盡力經營
滿洲，大規模計畫下，經營煤礦、港灣設備、設立醫院、學校、試
驗所等，發揮其創業上之才幹。40 年桂內閣任遞信大臣與兼任鐵
道院總裁，終成政治家。大正元年（1912 年）2 月第三次桂內閣再
任遞信大臣。5 年寺內內閣成立之際，為內務大臣、後轉任外務大
臣。大正 9 年（1920 年）為東京市長，努力刷新市政。11 年升為
子爵，夙即唱大亞細亞主義。當時曾遭龐大非難。然彼是有先見之
明的政治家。昭和 3 年（1928 年）升為伯爵，翌年 4 月赴岡山途
中罹腦溢血，歿於京都，年七十三。[414]

　　據山田純三郎謂：1900 年春，中山與日友平山周及山田良政
在上海會晤，商討一切。中山偕平山周等經由長崎前往臺灣，山田
良政則由廈門逕至臺北，在臺北中山與兒玉總督會晤之際，兒玉謂
一俟惠州攻略完成，革命軍進至海豐、陸豐海岸，渠當設法以武器
及資金若干供應。中山當以所需資金甚鉅，希望日方能以借款方式
貸與，一俟革命成功，即當加息歸還，在座之民政長官後藤新平當
謂：「革命事業非借款可辦。蓋當舉事之初，成敗莫卜，將來歸還，
頗費周折，余知廈門臺灣銀行存有銀洋及銀毫約計二百餘萬圓，君
等於襲擊廈門際，不妨一舉將其掠取，將來革命成功，在道義上對
該行略以便利即可，日本方面余當設法不予深究也。」後以廈門攻
略未克實現，此項計劃，自亦歸諸泡影，唯後藤新平之為人，於此
可見其一斑。中山於是乃在臺北積極準備，就地徵聘日方軍事人

---

[414] 同註 52，下卷，頁 555-556。

才，以為襄助。同時命鄭士良即在惠州發動，閏 8 月 15 日，士良在惠州三洲田起義，其地近大鵬灣，距香港僅一日海程，發難未久，所向無敵，沿途投效者竟達二萬餘人，所有惠州、平海一帶要害之地，均為占領。義師所至，清軍無不望風披靡，其時鄭等初步計劃已告完成，專待中山援軍以及武器到達，藉得繼續進擊，一舉規復廣州。不料好事多磨，義師發動未及旬日，日本政局變動，伊藤博文對我革命，未能同情，並禁令臺灣總督兒玉斷絕與中國革命黨之關係，禁止武器出口，日本軍官亦不得投效我方。於是中山潛往大陸，攻擊沿海之計劃頓成泡影。中山於無法之中，乃遣山田良政偕同志數人，前往惠州鄭營報告一切。」[415]

萱野長知亦稱：「當時臺灣總督兒玉源太郎頗贊成革命，中國地方既有團匪之亂，已陷於無政府之狀態。民政長官後藤新平奉命會見中山，約定於起事之後予以相助。因而中山於是一面擴充原有計劃，加聘軍人，因其時尚無新知識之軍人。一面由鄭士良即日發動，……然好事多磨，惠州義師發動旬日，而日本政界變動，新內閣總理伊藤博文對華政策，與前內閣大異，完全執行反對政策，不許臺灣總督與中國革命黨接洽，又禁止武器輸出及日本軍官投效中國革命黨。中山自臺灣潛渡內地之計劃，乃為根本破壞，實極為遺憾。」[416]

《宮崎滔天年譜》有：1900 年「9 月下旬　等着密往臺灣的孫中山的聯絡。（孫中山於 24 日出航神戶，清藤幸七郎同行，28 日抵達基隆。孫中山承中村彌六介紹見臺灣民政長官後藤新平，欲由臺灣支援中國大陸的起義。[417]

---

[415] 同註 352，頁 4-5。及：萱野長知著：《中華民國革命秘笈》，頁 62-63，亦有相同記述。又：《國父年譜》，增訂本，上冊，頁 166，亦有記述。
[416] 同註 397。
[417] 同註 371，年譜，頁 102。

　　然而，中山先生與民政長官後藤新平相識之另一說則是：臺灣
總督兒玉所介紹，如：「1900 年 6 月，中山先生與宮崎等人在香港
附近的舟上議定，惠州舉兵的計劃。是年九月偕平山赴臺灣訪問兒
玉源太郎總督。兒玉將中山先生介紹給民政長官後藤新平。後藤出
身醫生，後由醫院院長轉入政界。在明治政府的諸官僚中，後藤算
是一位較開明的人。他以溫柔的政策統治臺灣，而且對中國問題的
理解也較深刻，所以對中山先生的革命，願盡力協助。於是這年的
10 月，革命黨人終於在惠州三洲田揭起義旗，展開一場壯烈的反
清鬥爭運動。因此我們也可以說，惠州之役就是這次筆話的「產物」
（按指：中山先生的筆話殘稿）。[418]

　　但後藤新平是誰所介紹與中山先生相識，殆無關宏旨，端視後
藤對中國革命之真實態度應較為重要也。遂有以下之說明。

　　據秋山定輔自述稱，後藤新平當時並不贊同中國革命，亦不願
將武器自澎湖運往中國大陸支援革命。如秋山稱：「自從明治 38、
9 年（1905-1906 年）間，我與孫文相識，已經六、七年之久了。
孫文氏剛到廣東策劃起義，武器要從日本送去。要把武器輸送到廣
東是不可能的，只好送到廈門，並且要先運到臺灣的澎湖島，再由
澎湖秘密運到廈門，這是孫文氏的主張。當時的臺灣總督是兒玉源
太郎上將，民政長官是後藤新平。後藤尚未受封爵位，我和他素來
很熟，我認為他一定能夠通融。總之，國家元老伊藤氏既然已經諒
解，後藤必然答應由澎湖運送武器。我的預期卻完全得到相反的效
果。當我向後藤氏說明原委之後，不料他卻置之不理。談到中國革
命，他認為這是流氓的工作。我因為事實要他幫忙，屢次訪問後藤
氏，他的回答是：『我們對於中國的研究絕不落於人後。何況我是

----

[418] 彭澤周著：〈關於中山先生的筆話殘稿〉，載於《近代中日關係研究論集》
　　藝文印書館印行，民國 67 年 10 月初版，頁 250-251。

當臺灣人民的官，兒玉伯爵更不用談。中國乍見之下似乎弱不禁風，事實上是佇立不動，這就是中國的特點，不管孫氏如何偉大，他的理想如何崇高，一個空手的志士要實行中國的革命，這是不可能的。要從澎湖運送武器更是妄想。你對於孫文氏如此信服，可能孫文氏有他的長處，但是中國的問題是不值得一談的，你還是及早清醒吧。』聰明如後藤氏，竟也不能預料事實的演進，不過這也是難怪的。經過七、八年後，中國革命成功，孫文氏在世界關心之下訪問日本，會見桂太郎公爵，前後達三次。後藤氏當時已經是內閣大臣之一，他以貴賓之禮招待孫文氏，舉行盛大的晚餐會款待他。可能後藤氏遺忘不了從前的事，在晚餐會上並未叫我敬陪末座，後來我遇見後藤氏時，曾經當面表示遺憾，他的態度非常尷尬。[419]

　　另一事實說明後藤新平是一別有用心者，如：1900 年 8 月：「根據有關資料，日本對福建早有企圖。去年 12 月 19 日，日政府批准臺灣總督與廈門領事館可直接通訊；22 日，日皇召見臺灣總督府民政長官後藤新平，翌日，臺灣總督府增設臨時對岸事務股。去年春，2 月 1 日，後藤赴中國南方考察，26 日返臺。4 月 3 日，兒玉源太郎赴東京作詳細報告，6 月中，彼即派艦赴廈門，後藤駐「和泉」軍艦指揮。「和泉」艦長為齊藤大佐。7 月 29 日，兒玉源太郎趁機廈門之計劃，獲日政府批准。次日，即藉本願寺事件為由派日兵登岸；初 2 日，再派兵上岸；4 日，由土屋少將司令率步兵混成旅兩支隊，乘「高雄」及「大島」二艦，自高雄出發。次日晚入廈門港。當日軍欲完成佔據廈門時，臺北轉到東京陸相電令，停止進兵，後藤新平及土屋遂率對返航澎湖。」[420]參閱：兒玉源太郎事蹟。

　　又：依陳少白口述，少白大約於 1897 年時即認識後藤新平，如云：「幸而當我決意往遊臺灣時，有一個日本醫生，姓後藤，名

---

[419] 同註 311，頁 40-41，〈國父與秋山定輔〉。
[420] 同註 398。

新平，為人幹練多才，係新任臺灣總督兒玉的至交密友，那總督要他到臺灣共事，還未赴任；就保薦他做了臺灣民政長官，日本友人知道我也要到臺灣去，便介紹我往見他，把我要漫遊臺灣的事告訴他，請他幫忙，他也慨然應諾。」[421]

J429	南方熊楠	生物學家、民俗學家	同情革命

　　南方熊楠 1867 年出生於和歌山縣，父彌右衛門經商有財，家庭較富有，有兩弟。1884 年大學預科考試及格，喜讀書，對漢文、西洋典籍無不瀏覽。次年考試失敗，乃歸故里。1887 年進入密西根州立農業大學肄業，1888 年 10 月，因喝酒鬧事被勒令退學。曾隨工作馬戲團至古巴，再返美國。1892 年離美赴英倫。1895 年 4 月下旬至大英博物館工作。1896 年 10 月 23 日中山先生倫敦被難脫險，11 月 10 日在大英博物館得知中山先生。正式晤面於 1897 年 3 月 16 日，相談甚投意，結為知友。南方透過其友鎌田榮吉介紹岡本柳之助給中山先生；又介紹菊池謙讓及尾崎行雄給中山先生相識。同年 11 月 8 日，南方在博物館內因毆打對東方人歧視的英籍職員，及以後因申斥英籍女職員，大聲喊叫而被免職。1900 年 10 月 15 日返日。南方係一位植物學家、民俗學家對政治革命或社會變革諸問題似乎不太關心，對中山先生革命事業能有所理解與同情。1911 年 10 月 10 日武昌起義事，震撼全世界，當時南方驚悉，歡喜地寫信給友人謂：報上所載黃興起兵電文已見到，我與孫文曾有默契，如革命情勢日漸穩定下來，我欲往中國去慰問革命軍云。此為南方同情辛亥革命之最高表現。南方是明治時代日本學者中的拔群人物。早留學美國，後又在倫敦大英博物館研究七、八年，時以英文發表

---

[421] 同註 405，頁 26，「四、臺灣方面之活動」。

論文，博得英國學界的賞識。1900 年（明治 33 年）10 月歸國後，並未為政府或官私各大學所聘用，終於回到他的故鄉——和歌山縣，每日在山林裡從事於隱花植物研究。至 1941 年（昭和 16 年）10 月 29 日辭世時為止，四十年如一日，從未間斷過他的研究工作。[422]

於〈《國父全集》所沒有的幾封信〉一文中，列有中山先生給南方熊楠的兩封信。其文：「給南方熊楠的兩封信，皆以毛筆用英文寫成的，其原件保存於日本和歌山縣，白濱町番所之崎的南方熊楠紀念館。第一封信寫於 1900 年 12 月 11 日，茲譯如下：

『南方先生足下：昨日收閱先生大函。欣悉先生重歸國土。弟望儘快能與先生暢敘近況。上月弟甫自臺灣歸來，不久即將遠離，先生如不克弟離去之前來東京，弟擬移樽就教。孫逸仙謹啟。』

第二封信撰於 1901 年 7 月 1 日，試譯如下：

『南方熊楠先生足下：6 月 1 日來示，早經收悉，以事忙，遲覆為歉。目前弟尚無法奉告何時經過神戶。如果弟之原計畫有望實現，將再詳為奉告一切。關於弟所寄奉之石茵，乃係長於溪流傍側岩石上，覆蓋於濃密之熱帶植物中，溪谷兩側斷崖絕壁，雨水甚多。各類植物叢生該處。石茵較大者甚多，惟以形狀不佳，且採取不易，甚或毀損，故特選擇此一中型而形狀較好且易於採摘者寄奉。弟所知者僅此而已。先生何時來東京？兩個月內能來否？希望在東京面聆教益。孫逸仙謹啟。附記：有便時請代問候道格拉斯教授。』中山先生與南方熊楠初逢於倫敦，交情尤篤，中山先生由夏威夷為其採寄石茵，可以為證。」[423]

又：「馳名世界的生物學家南方熊楠，於 1897 年邂逅國父於倫敦大英博物館道格拉斯辦公室，那是國父蒙難後四個月以後的事

---

[422] 同註 337。
[423] 陳鵬仁著：〈《國父全集》所沒有的幾封信〉，（陳鵬仁譯著：《論中國革命與先烈》，黎明文化事業公司，民國 68 年 8 月初版），頁 253-254。

情。自此以後，大約四個月，他倆經常見面，其情誼之深，大有
『難兄難弟』之慨。」吾人可從南方熊楠所遺留下之日記中可見
端倪。[424]

J430	秋山定輔	眾議院議員	資助並協助革命

　　秋山定輔（1868-1950），岡山縣人，東京大學畢業，1893 年創
辦大日本協會機關報《二六新聞》，揭露三井財閥提倡工人福利，
要求廢除娼妓。四次當選眾議院議員。辛亥革命前後和孫中山、宮
崎寅藏有交往，協助孫中山的革命活動。[425]
　　中山先生特於《孫文學說》第八章〈有志竟成〉篇中明確指出
秋山定輔、久原等對革命之資助，藉「以誌不忘耳」。如「時日本
民黨初握政權，大隈為首相，犬養為之運籌，能左右之。後由犬養
介紹，曾一見大隈、尾崎等，此為予與日本政界人物交際之始也。
隨而識副島重臣、及其在野之志士，如頭山、平岡、秋山（定輔）、
中野、鈴木等，後又識安川、犬塚、久原等。各志士之對中國革命
事業，先後多有資助，尤以久原、犬塚為最。」[426]
　　馮自由將秋山定輔列於：「興中會後半期之革命同志」名單中，
（而「興中會時期中，後半期之革命同志，即由庚子惠州革命軍失

---

[424] 陳鵬仁著：〈南方熊楠日記中的國父〉，載於同前註之書中，頁 257-259。又
　　參見：吳相湘著《孫逸仙先生傳》，上冊，第五節：〈日本知己南方熊楠〉，
　　頁 195-207，對南方之事蹟亦有詳細敍述：復查：陳固亭著《國父與日本
　　友人》一書中，有：〈國父與南方熊楠〉一節有：「在中山太郎所著，南方
　　氏的傳記中，則曾提及那時南方正任職於大英博物館，因為得知他的友人
　　孫逸仙先生被禁於清廷使館，遂親至使館交涉並著文攻擊，皆無效果，最
　　後欲效博浪一擊的故技，夜半闖入公使館，欲將孫先生從中救出，……」
　　一節，頁 103-104。似已證實與史實不符，宜加更正也。
[425] 同註 328，頁 14，註 1。
[426] 同註 59。

敗，數至乙己（民元前 7 年，即 1905 年）6 月，東京同盟會成立時止是也。」）乃有：「秋山定輔，日本，眾議員，二六新報，壬寅；東京二六新報社長，該報代表平民階級，佔全國銷路之第一位，秋山曾任眾議院議員，孫總理居東（京）時頗與往返。」[427]

　　1905 年 11 月 26 日，《民報》在東京正式發行，孫文撰發刊詞，首揭「民族」、「民權」、「民生」三大主義。該報發行所設於宮崎寅藏住宅，編輯兼發行人為張繼，印刷者為末永節；編輯部設於牛込區新小川町二丁目八番地，前田綱任編輯部管理事務，被稱為「民報阿姨」，警保局長古賀廉造為租賃該屋保證人。《民報》的籌劃，得到日本人支持，其所需印刷機、鉛字、字版架均由秋山定輔應孫文之請購贈；梅屋庄吉亦表示可提供刊物所需費用。[428]

　　當 1899 年 6 月，發生「布伊丸事件」，係為援助菲律賓獨立黨，在日本委託犬養毅購置武器，犬養又轉託中村彌六協辦，中村向大倉商事會社購得陸軍廢槍一批，由小汽船布伊丸運往檀島時，竟在臺灣附近遇小颱風而沉沒。後經《萬朝》揭發此一詐欺醜事。秋山閱報知悉此事，憤慨萬分。甚為同情中山先生遭遇。據秋山自述與中山先生交往經過時稱：「有天，中西正樹與宮崎滔天來訪告知此事經過，要我和孫文氏見面，遂與孫文氏會晤後，感情急增，常見面餐敘、散步，並搬至神田錦町的我家共住。因由於同情心與相交日久，情誼日增。孫文氏講述革命的哲理，我也愈加瞭解，我們見解相同，主張與意見均一致。但革命的理想要實現，必須有金錢的，而我們均缺金錢。我深信『孫文的革命必定成功。』我本此信心去向國內前輩或志士遊說，但終無所獲。孫氏準備起義，最重要的是武器，獲得武器唯一之塊，即須向尊為國家元老之明治維新功臣伊

---

[427] 同註 411，頁 64、74。
[428] 同註 251。

藤博文遊說。我以三十餘歲青年要說服伊藤似是難如登天,及我會
見伊藤說明來意,他竟莞爾答道:『這是理想,是否能夠實施?』
自從明治 38、9 年(1905-1906)間,我與孫文氏相識,已經六、
七年之久了。孫文氏剛到廣東策劃起義,武器要從日本送去。要把
武器輸送到廣東是不可能的,只好送到廈門,並且要先運到臺灣的
澎湖島,再由澎湖秘密運到廈門,這是孫文氏的主張。當時的臺灣
總督是兒玉源太郎上將,民政長官是後藤新平。後藤尚未受封爵
位,我和他素來很熟,我認為他一定能夠通融。總之,國家元老伊
藤氏既然已經諒解,後藤必然答應由澎湖運送武器。我的預期卻完
全得到相反的效果。當我向後藤氏說明原委之後,不料他卻置之不
理。談到中國革命,他認為這是流氓的工作。我因為事實要他幫忙,
屢次訪問後藤氏,他的回答是:『我們對於中國的研究絕不落於人
後。何況我是當臺灣人民的官,兒玉伯爵更不用談。中國乍見之下
似乎弱不禁風,事實上是佇立不動,這就是中國的特點,不管孫氏
如何偉大,他的理想如何崇高,一個空手的志士要實行中國的革
命,這是不可能的。要從澎湖運送武器更是妄想。你對於孫文氏如
此信服,可能孫文氏有他的長處,但是中國的問題是不值得一談
的,你還是及早清醒吧。』聰明如後藤氏,竟也不能預料事實的演
進,不過這也是難怪的。經過七、八年後,中國革命成功,孫文氏
在世界關心之下訪問日本,會見桂太郎公爵,前後達三次。後藤氏
當時已經是內閣大臣之一,他以貴賓之禮招待孫文氏,舉行盛大的
晚餐會款待他。可能後藤氏遺忘不了從前的事,在晚餐會上並未叫
我敬陪末座,後來我遇見後藤氏時,曾經當面表示遺憾,他的態度
非常尷尬。」[429]

---

[429] 同註 419。

J431	津久居平吉	陸軍少佐、浪人	參與多次革命

栃木縣人，明治 21 年入陸軍幼年學校，經士官學校後，27 年任步兵少尉，此年適於中日戰役之際，參與旅順、威海衛攻擊有功。36 年（1903 年）留學北京，特別研究中、日、俄之緊張關係的中國問題及特別任務。活躍於浪人志士行列。開始之初，時以大尉官職勇邁於執行任務；諸如日俄之戰，直入八達嶺切斷俄國電線之冒險行動；與同伴化裝農民潛入蒙古地帶計劃，受挫歸來；又獲上級同意利用（東北）馬賊為其工作。對馬賊頭目馮麟閣、杜立山、金壽山等予以懷柔，策劃指揮其捲土重來，後因戰鬥負傷，傷癒再赴戰線轉戰各地，後昇為少佐，補任滿洲獨立守備大隊大隊長。第一次革命時為策應藍天蔚一派之謀起事，但觸犯上司忌諱而命其停職。成為預備役，遂成在野之人。後來持續與南方革命派之關係。第三次革命前，前往上海，試圖策劃工作，但因怠忽任務。未竟其志。其後專注於滿洲開發，經營農場甚成功。並於在鄉軍人會，為其他公共事業盡力。老年晚境頗順。昭和 6 年（1931 年）病逝於奉天，年六十一。畢竟曾援助革命，與革命派合作企圖解決滿洲問題。[430]

大正 3 年（1914 年），是對中國革命暗中援助者。自二次革命至第三次革命期間，陳其美在浙江與滿洲策動起義時，暗中均予很大後援。由陳其美、蔣介石主持之浙江省舉事時亦為之策劃。犬塚通過滿鐵之上海駐在員山田純三郎繼續援助。當時參與策劃革命運動者有志村光治、金子克己及其他來自滿洲之津久居平吉等之非職業軍人等，非常感激。[431]參閱：犬塚信太郎事蹟。

---

[430] 同註 52，下卷，頁 321-322。
[431] 同註 136。

　　大正 4 年（1915 年）4 月時，由杭州出身之謝持等所主導，
企圖在杭州舉事。設在上海薩坡賽路本部進行策畫。此時有從滿
洲而來之津久居平吉少佐、林清勝大尉、從內地而來之豬股久雄
大尉、以及市瀨大尉、某某中尉等。並有志村光治、金子克己等
亦參加。津久居平吉等之預備軍人連，以執軍隊式革命之牛耳見
稱。曾參與大力支援滿鐵理事犬塚信太郎而終於失敗，全體解散
後歸去。[432]

J432	香川悅次	新聞記者、作家	協助革命工作

　　香山縣人，初號靜處，後為香菴、又號魁菴。《日本人》雜誌
則以怪菴之號執筆，但以怪菴號最為人知。少壯時赴東京就學東京
法學院，明治 25 年（1892 年）畢業，同年加入以近衛篤麿為中心
所結成之中央政社任幹事。後於《日本人》雜誌以怪菴之名，撰寫
《風聞錄》以政治文士為題之連載，廣受讀者歡迎。再以《政治文
士風聞錄》一書出版。後又任《日本》新聞記者，專為政治方面。
明治 33 年（1900 年）前後，轉任《萬朝報》，依然在政治方面活
動。在《日本》時代，與犬養毅親近，成為犬養之門下士，得以進
入《萬朝報》。並接近大浦兼武，而成大浦派之一員。明治 34 年（1901
年）渡中國，遊歷上海、漢口、北京、天津、大連等地。返日後著
《支那案內記》一書出版。此之前，與福本誠、尾崎行昌、原口聞
一等進入華南，策劃援助革命。當第二次來華，以若於廣東革命政府
成立場所，雖為顧問而事實上為（日本）警視總監活動，從事有關警
察研究，但事實有違志向，遂中途停止。晚年遭遇關東大地震，家財
全部損失殆盡。再往東京後罹病，長逝於寓所，時年六十左右。[433]

---

[432] 同註 355。
[433] 同註 52，下卷，頁 228-229，〈補遺〉。

J433	垣內喜代松	醫師	參與武昌革命、醫療傷患

　　馮自由謂：當「萱野長知居香港時，賴有舊友垣內在灣仔業醫，每遇困頓，恆得其助。欽廉之役，馮自由派同志赴欽州，向垣內借得日人護照，為出入關津之護符。攜護照者不知如何失落，輾轉入粵吏之手，粵吏遂藉此向廣州及香港日領事大起交涉，日領向垣內追索究竟，垣內大困，卒以詭言被盜塞責。[434]

　　萱野長知亦謂：「我之友人垣內喜代松是當時在香港開業的醫師。垣內向香港日本領事館請領得日本居留民之身份證後，將之借予革命黨員，這個革命黨員立即成為會說中國話的日本人。因為這樣做了幾次，遂被懷疑，清吏特至香港調查，垣內對來調查者答此稱：『垣內先生現在旅行中。』」云。[435]

　　當武昌革命時，應黃興電招，萱野長知與日本同志一同趕往武漢者，前後人數不少。齊集武漢者有：萱野長知、末永節、金子克己、三原千尋、嘉納清藏、岩田愛之助、大松源藏、布施茂、甲斐靖、金子新太郎、高橋正夫、吉川清、吉田親一、龜井龍雄、垣內喜代松、石間德次郎、齋藤慶次郎及小高、大谷、小柳、河村某等等。小山田劍南是大每特派員，活躍於漢口。萱野與大原武慶少佐、野中保教大尉於武昌會面，在黎元洪監視武昌之同時，日本同志擁黃興進入漢陽第一線戰鬥。[436]

　　1911 年 10 月 10 日武昌起義，黃興電請萱野長知運炸藥到武昌，上海的日本武官本庄繁協助陳其美，計畫攻上海及南京，……在武漢，大原武慶、齋藤（按為：齋藤慶次郎）、石川

---

[434] 馮自由著：《中華民國開國前革命史》（一），頁 309-310。
[435] 萱野長知著：《中華民國革命秘笈》，頁 372-373，〈中國製的日本人〉。
[436] 同註 168。

及西鄉二郎、垣內喜代松都已參加革命軍。[437]參閱：甲斐靖等
事蹟。

萱野長知謂：武漢戰起，大原武慶帶同原二吉前往武昌應援而
來，在都督府附近設立事務所，供給軍事上智識，陸軍步兵大尉野
中保教，化名林一郎與小鷹某轉戰前線，陸軍步兵大尉金子（按為：
金子新太郎）在琴斷溝附近中敵彈陣亡。陸軍步兵中尉甲斐靖被子
彈貫穿身體負重傷；最年輕、最勇敢作戰之岩田愛之助之腿部亦被
彈貫穿負重傷，在彈雨中九死一生渡江後送。醫師垣內喜代松日以
繼夜地為負傷者動手術醫治。石間某（按為：石間德二郎）被通敵
者暗中所欺，被殺於漢水碼頭船中。[438]

J434	前田行藏	?（宮崎寅藏妻弟）	協助革命、助運武器

宮崎寅藏之妻槌子稱：「1911 年 4 月，以黃興為首的一群在廣
東起事，這是在檳榔孫先生的居所，由以前的中國革命同盟會的同
志們所策劃的。而這次起事所使用的武器，也都是得自前述的倉地
鈴吉先生，是即倉地先生秘密地所攜來的武器，皆託輪船中由革命
黨人充當的火伕帶去的。惟很不容易捆包，所以這項工作，大部份
在我弟弟前田行藏家偷偷地做，而從倉地的家到行藏家的搬運，則
由當時為中學生的龍介和震作分批搬去。因為用小孩來搬運，比較
不會引起人家的注意。這樣捆包好的行李，則由四川籍的吳永珊（玉
章）先生運到以前的新橋車站，現在的汐留車站，再由此車站運到
橫濱的輪船。[439]

---

[437] 同註 71。

[438] 同註 67。

[439] 同註 180，頁 62。即：宮崎槌子著：〈我對於辛亥革命的回憶〉。

J435	美和作次郎	「對中國有志會」會員	同情革命
J436	浦上淑雄	退役軍人、日清貿易研究所幹事	協助革命未成

　　武昌起義成功後，中山先生自英國轉至法國，自馬賽乘英輪返國，萱野長知云：「中山於上海登岸時，岸邊歡迎人潮如山，革命黨同志及中外知己人士，如歡迎凱旋歸來將軍似的建國大偉人。在此前數日，自日本陸續到達上海的有：頭山（滿）、犬養（毅）、小川（平吉）、古島（一雄）、寺尾（亨）、副島（種臣、或義一）、宮崎（寅藏）、美和（作次郎）、柴田（麟次郎）、浦上（淑雄）、尾崎（行雄）、小川（運平）、伊東（知也）、山田（純三郎）、島田（經一）、野中（保教）、岡（？）及其他很多同情者，以及原居住在上海的日本官民、外交官、海陸軍人等。又有多年深交之舊知們，也在岸邊出現的情形，此時實令人感動得流淚。[440]

　　《宮崎滔天年譜》亦載：1914 年 10 月 6 日，美和作次郎參加對中國有志會發起人會。[441]

J437	益田三郎	退役軍人、日清貿易研究所幹事	圖協助革命未成。

　　福岡人，其家世代為黑田家之重臣。三郎聰穎早熟，少年時即與自由民權之政客交往，或與松村雄之進等開始於福島縣作開墾事業。雖弱冠之年，其活動卻駕凌成人。廿一歲入陸軍士官學校，畢業任少尉，才幹壓儕輩，但因有酒癖，為上官所棄，遂辭軍職往上

---

[440] 同註 435，頁 154。按括號內之人名，原文並無，係另加註者。
[441] 同註 81。

海，任日清貿易研究所幹事，協助荒尾精。次於明治 26 年（1893年）渡航暹邏，從事策劃木材事業，甚為得意，流浪於朝鮮、中國間。中國第一革命時，與末永節於山東，試圖活躍，然而彼之援助中國革命，適因南北妥協，殆使徒勞而歸。爾後諸多事與願違，雌伏甚久而待鳴放，適有滿洲事變爆發後，於興安嶺方面，期發揮老年意氣，入東都與同志間奔走，而病魔入侵。幸經友人末永節之庇護，得於從事療養。昭和 7 年（1932 年）7 月遂成不歸之客，享年七十。[442]

J438	倉地鈴吉	商	協助革命、助運武器
J439	郡司成忠	退役海軍上尉	協助革命、助運武器

郡司成忠，江戶人，明治五年入海軍兵學校，畢業後任少尉。明治 21 年（1888 年），入學海軍大學，命從事研究水雷術。明治 26 年（1893 年），拋棄現役海軍大尉改為預備役，結合同志組織報效義會，乘艇往千島探險，發生覆艇慘禍等事端。明治 37 年（1904年），日俄開戰，與俄軍交鋒，表現英勇。日俄議和後歸國。後來力倡必要設立義勇艦隊，，努力普及海事思想。歐洲大戰際，政府命令前往西伯利亞，為達特殊任務而盡瘁。大正 13 年（1924 年）謝世，年六十五。[443]

宮崎寅藏之妻槌子稱：「在此我必須談談倉地鈴吉先生的事，因為他是參與辛亥革命秘密運動，且大家都不知道的一大功勞者。是即辛亥革命所用的武器彈藥幾乎都是由他來的。當革命黨人與滔天商量武器彈藥的事時，滔天實在是束手無策的，絞盡腦汁思索的結果，終於跟以前日本出兵西伯利亞時的司令力花小一郎上將商量。立花上將是滔天的哥哥民藏的太太的哥哥。立花上將以『身為

---

[442] 同註 52，下卷，頁 520-521。
[443] 同註 52，下卷，頁 444-445。

官員，難以為力，願意介紹可靠的朋友』，於是為滔天介紹了以遠征千島列島馳名的海軍上尉郡司成忠氏。當時郡司成忠氏已經退役，而他介紹給滔天的就是倉地先生。如此這般，孫先生與郡司、倉地兩位先生，以及滔天四個人再三互相研究的結果，倉地先生終於成為辛亥革命的所謂田野屋利兵衛（往年大阪的義商——譯者）。[444]

　　據宮崎寅藏稱：明治 41 年（1908 年）（按《國父年譜》增訂本，上冊，載為 1907 年），革命時機日見成熟，黃興氏擬即舉事，乃帶了手鎗三百枝，及□□氏（按係犬養毅）所贈日本刀七十柄，進入廣西，同時日本同志多人也設法購得步槍千枝，繼續出發。日方同志計畫前往廣東，以備黃興氏取得廣西後，在廣東與之會師，當時裝載步槍的「幸運丸」，係由三上豐夷設法好意借用的。至於步槍的購買以及資金籌措，則由號稱「天野屋利兵衛」（江戶時期俠商）的倉地鈴吉全面負責。搭乘此船前往香港的勇士，計有金子克己、萱野長知、前田九二四、三原千尋、定平吾一、吉田正平等人。此等革命黨敢死隊出發之際，均抱不再生還之決心。在航海中突有兩隻蒼鷹飛入船裡，一行以為革命成功之兆，無不喜形於色，但結果以時機未熟，此一計畫又告失敗。[445]

　　關於倉地鈴吉所購之武器，可能發生問題事。如宮崎滔天在：〈給宮崎槌子、長江清介 1911 年 12 月 12 日〉之書信中有：「……在目前，革命軍所最需要的是機關砲、步槍（俄式）和軍服（珈琪色的）。如能請日本有志的士紳富豪，聯合捐獻最好（或先給些訂金然後付款亦可）。倉（倉地鈴吉）氏的機關砲，買下來當時，根

---

[444] 同註 180，頁 59。另見：宮崎滔天著，啟彥譯：《三十三年落花夢》，頁 258-273；則譯為宮崎之子龍介著，引用其母（槌子）之言：名為：「先父滔天的一些事跡」。及陳鵬仁則譯為：宮崎槌子著：〈我對於辛亥革命的回憶〉。（此文載於：《孫中山先生與日本友人》，頁 43-66。），二者內容相同。
[445] 同註 264。

據定平（吾一）的鑑定，衹有十幾枝能用。這十幾枝，如果不好好保養，則很可能變成廢槍。因此如果要買回的話，應考慮這一點，否則將得不償失。[446]

依〈國父旅日年表〉載：1913 年間，「預備役海軍上尉（按應為大尉）郡司成忠向國父表明願率部下一千五百人參加革命軍之意志。」[447]

J440	倉谷箕藏	海軍兵學校退學生	協助革命工作

鳥取縣人，最初有志於海軍，入學海軍兵學校，於中途退學。日俄戰爭前赴芝罘（即煙台）流浪，因靠近領事館，與駐地武官接近。以個人立場與革命派之中國人保持接觸，第因其是奔放不羈人物也。日俄戰役中彼是有效運用者，逃避於所設立私塾式的學校，教授中國子弟英語。其後中西正樹於戰役中赴芝罘，當地之排日新聞正在對抗所創刊之漢字版《山東日報》時，倉谷大力相助。其時依然有遠離日本人風氣。倉谷與芝罘警察署長吳某有深交，吳調往天津時，倉谷亦隨同而去。後來與吳一同從事革命運動，吳於二次革命戰死，乃與吳之親友張宗昌共同行動，為張盡力良多。大正12、13 年（1923-1924 年）前後，張宗昌任山東督軍時代，彼為其幕賓，給予厚遇。蓋同為魯莽之士，意氣甚相投也，此為倉谷最得意之時期。其後對武器購買之仲介等有相當金錢之受惠。其原應會有更輝煌期，但今另於別處靜養。乃因以前為吸食鴉片之惡癖所困，面色蒼白，形容枯槁，於最早期是難以治療成健康狀態的。遂於昭和 4 年（1929 年）四十六歲亡故。[448]

---

[446] 同註 371。
[447] 同註 193，附錄：〈國父旅日年表〉，頁 269。
[448] 同註 52，下卷，頁 438-439。

| J441 | 郡寬四郎 | 日商輪伊豫丸船長 | 協助革命工作 |

《國父年譜》增訂本，上冊，有：1913 年（民國 2 年）討袁軍事失敗，於「8 月 2 日先生偕胡漢民離滬赴粵，旋經馬尾轉往臺北……是日乘德國輪船約克號離滬南下，次日船抵馬尾。有日本福州領事館武官大佐多賀宗之往謁，言廣東方面軍事失敗，陳炯明逃往南洋，岑春煊且為香港政府扣留，先生尤為危險。先生初尚不信，多賀以所得電報證實；並言適有信濃丸（按據多賀宗之手記載為「撫順丸」）泊此，船長郡寬四郎為其摯友，可秘密乘此船赴臺灣，轉渡日本。先生感其關切，從之。時與先生同行者漢民、李朗如、梅光培諸人，乃囑李、梅赴港，獨與漢民渡臺，……多賀大佐囑郡寬船長，謝絕中國乘客，立即啟行，旋抵臺北。」[449]參閱：多賀宗之事蹟。

中山先生乘日本輪船撫順丸經臺灣而亡命日本。但於臺灣又換乘日本郵輪伊豫丸往日本，萱野又云：「至於協助孫氏能搭乘伊豫丸以避難之駐華武官多賀少將（當時為中佐），為余之親戚。又伊豫丸船長郡氏（郡寬四郎），原為舊會津藩之國老萱野而改姓郡（乃因維新叛逆之責任者會津城代家老萱野權兵衛，自殺廢家而改姓），因見到余之羽織紋是土佐產品而詢問，原是余郡氏舊同家族，相隔三世（近親）而偶遇，實屬奇緣。」[450]

| J442 | 原口聞一 | 學者、「東亞同文會」會員 | 參與庚子惠州之役 |

長崎縣人，經由長崎中學而熊本第五高等學校，進入東京帝國大學法科，年少時與玄洋社之志士等交往。夙即有志神馳於東亞問

[449] 同註 304。
[450] 同註 304。

題。當大學在學中，與井上雅二等共同組織東亞會，與前輩之士研
究議論時事。彼在自傳中有：「明治31年帝大三年級時，與親友安
東俊明、田野橘治、井上雅二、……等，共同訪問福本誠，議論中
國問題。一致決議設立東亞會。福本氏糾合當時同志犬養毅、池邊
吉太郎、平岡浩太郎等，時常集合於神田萬世俱樂部，談論研究時
事。」。更且，彼對同文會之合併及其後之有關活動亦予敘述，乃
將當時以近衛為後援之同文會，與東亞會因二會之目的相同，採自
然合併之決議，會名為東亞同文會，發行《東亞時論》為機關雜誌。
32年（1899年）在北京、南京、漢口、福州、廣東設立東亞同文
會支部，設立學校，發行新聞。着手中國問題之實行運動。推舉已
是中國通之支部長；副支部長則以青年擔任。在廣東任命高橋謙、
原口聞一，限即日赴任。當時原口聞一因大學畢業期近之限制，遂
毅然退學，赴廣東就任。其後同文書院留學生等歡迎來廣東，為之
監督，從事華南之研究。明治34年（1901年）廣東同文會支部關
閉，原口聞一依然留在廣東，參劃孫文等之革命準備工作。其後於
三六年在廈門從事臺灣總督府之樟腦專賣事業，39年往滿洲，籌
畫創刊《滿洲日日新聞》；41年任奉天支局長。及至武漢革命發生，
又鼓起改造時勢之氣概，於滿洲方面援助革命黨，一度助革命黨奪
取下鐵領城等，甚為活躍。其後至二次革命時，依然為援助革命黨
而盡力。後奉命令歸國。大正3年以來，三次選舉眾議院議員立候
補均落選。晚年事多、志違，健康日衰。昭和10年（1935年）突
因急性肺炎歿於奉天，享年六十三。[451]

《宮崎滔天年譜》：「1899年8月？日（按約為21日以後）與
高橋謙、原口聞一，創立東亞同文會廣東支部（支部長高橋）。」[452]

---

[451] 同註52，下卷，頁63-64。
[452] 同註379，頁94。

　　興中會在惠州起事計畫，在己亥（1899 年）庚子（1900 年）間已漸告成熟。楊衢雲、鄭士良等在香港布置既峻。而駐三洲田、新安、博羅等處之健兒，咸靜極思動，急願一顯身手。楊衢雲乃於庚子 3 月 27 日乘阿波丸赴日本，與中山商議大舉。適是時拳匪事近，全國震動，中山認為時機搵可乘，遂於 5 月中旬，偕楊及宮崎寅藏、平山周、福本誠、原口聞一、遠藤隆夫、山下稻、伊東正基、大崎、伊藤、岩崎等十餘人，乘法輪煙狄斯（S. S. Indus）號至香港，5 月 21 日未得登岸，在船旁一小舟開軍事會議，議定由鄭士良督率黃福、黃耀庭等赴惠州準備發動；史堅如、鄧蔭南赴廣州，組織起事及暗殺機關，以資策應。楊衢雲、陳少白、李紀堂在港擔任接濟餉械事務。日本同志則留港助之。自偕英人摩根乘原船赴越南西貢。[453]

　　據平山周回憶稱：「明治 33 年（1900 年）廣州事件發生。與這件事有關的人是尾崎行昌、島田經一、原口聞一、玉水常吉、野田兵太郎等。我們從新加坡回來的船中商量，孫君仍乘原船回日本，我們還是進行革命的事業，我們同畢永年、楊飛鴻、鄭弼臣、原楨等商量，我做外交部長；飛鴻做財政部長；原楨做參謀部長；永年做陸軍部長；弼臣做總務部長。」[454]

　　馮自由將原口聞一列之為興中會前半期革命同志之一，如云：「原口聞一，日本，學者，無（黨派？），庚子。以上七人均曾到香港，參加惠州革命之參謀團，皆以道梗不果。」[455]（按此「七人」為：伊東知也（正基）、原口聞一、末永節、遠藤隆夫、山下稻、清藤幸七郎、島田經一。）

---

[453] 同註 24。

[454] 同註 253。

[455] 同註 144。

J443	神田政雄	大阪朝日駐北京特派員	協助革命工作

　　萱野長知謂：「1910年庚戌之春，廣東革命失敗後，汪兆銘大憤，決意單身赴北京暗殺清之攝政王，以為被慘殺之軍民同胞報仇決心。當時中山與黃興加以勸止，以徐圖安全之策，然汪不聽，示以抱決死之堅決意志。黃興終於揮淚贊同其計畫，約定如果失敗，決予相助云。遂由同志男女六七人組成決死隊一同起程赴北京，以開設照相館為掩護，並着手製造炸彈，與宮中人員結交，欲在宮內裝置炸彈，以電線聯結，圖一舉炸死攝政王。經已準備妥當正待時機成熟時實施。不幸為奸人告密，使功敗垂成。汪與同志黃樹中（復生）二人被捕下獄。汪、黃於審訊中，汪以一人承擔以期庇護黃，而黃亦以一人之計畫以圖救汪。此在當時傳為美談。鞫問時二人之態度泰然應答，慷慨激越。詢之何故有此陰謀企圖。汪執筆走書數千言，感動審判官，將死刑減為無期徒刑。在獄三年。武昌起義時，清政府為收買人心，由兩廣總督張鳴岐電奏，准赦免汪出獄。著者（萱野）香港歸途中，見電報得知汪之謀刺失敗下獄判處死刑，當時寫信給大阪朝日駐北京特派員神田政雄，請其作救汪之活動，神田政雄慨然允諾。報導呼籲清政府勿對政治犯作野蠻之處置，或明或暗地作各種救汪之活動。並引例文明國家對政治犯之處置為證，而引起清朝之注意。此是外國記者之言論促使清廷當局改變心意之實例。」[456]

J444	益田孝	三井商行職員	協助革命解決軍費問題

　　萱野長知有道：明治43年（1910年）冬，內田良平之抱負是為實現經綸東亞，思考早日迅速解決滿蒙問題，企能預先得到孫逸

---

[456] 萱野長知著：《中華民國革命秘笈》，頁115-116。

仙讓與滿蒙之諾言。此是彼援助革命一般志願參加者的俠義精神。乃決意提出此是根本解決滿蒙問題之機會。為達此目的，經由志願參加者之手較易提出，政府諒解志願參加者之援助，勿予管制，並得到政府當局同意，思考必要之一定方針。基此意見內田與小川平吉、宮崎寅藏等謀組有鄰會。當時日本對內田之意見抱有同感，內閣桂太郎放棄之，其隨之對東洋問題極為冷淡之西園寺公望承襲組織內閣。內田前往朝鮮。內田於下關時，致函三井商行之益田孝指出：以太平組合（指三井、大倉、高田之合同事業）以專供給北京武器，今日中國之革命相信必定成功。因革命軍強盛，清朝積年腐化，以將致使其自取其亡。權衡大勢，若以專供給北京武器方式，三井改為援助革命軍，則是希望所在。斯時內田抵京城，三井物產京城支店長小田遣人來傳達謂：益田來電告知貴翰，承知此確實情形云。內田訪問寺內總督，談及革命黨之共和制目標；解決滿蒙問題等。內田返東京，與大江卓、小美田隆義二人會面，益田孝送來書面說明，告知會見寺內、明石之事，依所囑督勵益田致力援助革命軍，大江言：安心供給，我與小美田在益田之後鞭策，必要時活動政府，即去實施。勇於承辦。內田更謂：益田現今迅速告知漢口三井支店，要注意大砲砲彈之妥置。此言大江要益田傳達。武漢之戰之事態發生，三井對內田之預言心甚感之。益田之熱心，努力與相待，其間日政府亦同意益田之方針，於是三井決定對援助革命軍方針。萱野長知向上海三井申請借款，森格持來三十萬圓，係依東京決定後之方針而行。

前述既因益田孝努力使三井決定方針，先完成三十萬圓借款，乃是三井以內田良平名義訂定契約交換而來。以儘速作為購買武器彈藥費用。革命黨代表從太平組合買入陸軍之報廢處理品大砲、步槍、彈藥等運往戰地。另一方面孫逸仙申借三百萬圓，命上海支店支付。然此三百萬圓之一百五十萬圓在上海直接貸與革命政府。其

後與袁世凱之妥協成立，餘款中止未付。其間益田之措施就連三井
之重要負責人也不知如何是最佳之履行順序。益田此一信心乃是革
命黨的隱名恩人。從而革命軍武器逐漸充實，使多年來為整備軍容
之宿願得以完成。（然於明治 45 年（1912 年）之 1 月間，有傳說
革命政府與袁世凱之間進行妥協交涉，乃是孫退位，推戴袁世凱魏
大總統之傳說也）。[457]

J445	柴田麟次郎	軍人、黑龍會會員	協助革命、並參與革命山東討袁之役

　　明治 34 年（1901）1 月，又創設黑龍會主要幹部有：內田良
平、萬生能久、池田弘、入江重矩、三井甲之、柴田麟（德）次郎、
吉田三益等。[458]

　　柴田麟次郎，軍人（戰鬥部隊），參與革命山東討袁之役。[459]

　　宮崎寅藏謂：「孫逸仙於菲律濱獨立運動失敗後，非常成功地
獲得五百萬發彈藥。明治 33 年（1900 年）春，日本同志內田良平、
清藤幸七郎與吾（宮崎）、法國米爾（メール即：Pierre Mille），同
往華南。同時，島田經一、末永節往上海，會同已在此處居留之安
永藤之助、尾崎行昌、柴田麟次郎、平岡浩太郎等同志一同積極共
謀舉事，準備一俟電召立即趕往參加。」[460]

　　武昌起義成功後，中山先生自英國轉至法國，自馬賽乘英輪返
國，萱野長知云：「中山於上海登岸時，岸邊歡迎人潮如山，革命
黨同志及中外知己人士，如歡迎凱旋歸來將軍似的建國大偉人。在

---

[457] 同註 52，中卷，頁 439-442、445-446。
[458] 陳固亭著：《國父與日本友人》，頁 30-31〈國父與頭山滿〉。
[459] 同註 231，並於〈中華革命軍陣中日誌〉1916 年 5、7、8 月均有記載。
[460] 同註 197。

此前數日，自日本陸續到達上海的有：頭山（滿）、犬養（毅）、小
川（平吉）、古島（一雄）、寺尾（亨）、副島（種臣、或義一）、宮
崎（寅藏）、美和（作次郎）、柴田（麟次郎）、浦上（淑雄）、尾崎
（行雄）、小川（運平）、伊東（知也）、山田（純三郎）、島田（經
一）、野中（保教）、岡（？）及其他很多同情者，以及原居住在上
海的日本官民、外交官、海陸軍人等。又有多年深交之舊知們，也
在岸邊出現的情形，此時實令人感動得流淚。[461]

J446	神鞭知常	大藏省會計課長、主稅局次長、眾議員、法制局長官	資助革命、並協助革命工作

　　丹後國與謝郡石川村人，原姓鞭氏，幼名重太郎，又稱泰一
郎。後姓神鞭，改名知常、謝海，又號千里。晚年因住東京麻布，
時人稱謂麻溪先生，以麻溪之名於世。幼時家道中衰，隨父往京
都，於西服商店當學徒。店主以其有志好學，特免其店務勞苦，
使登國學漢藉學習之途，於此前後達五年，其間努力苦學，學業
進步。後又從碩儒神山鳳陽進學漢學。鳳陽以氣節授徒嚴格，以
知常才幹超凡，特加激勵鞭撻異於諸生。當時知常乏學資，至飢
寒交迫之境，依謄寫、按摩等糊口渡日，繼續數年苦學後，一舉
遂出人頭地。蓋彼於他日成政界之高潔之士。其後為奉養父親，
於京都某生絲店為店員。明治三年前往東京後是其一生命運轉戾
點：先從英學者何禮之學英語，再轉入勸學義塾，由外人直接教
授英語。明治五年秋，有星亨者翻譯英人之英國法律全書，神鞭
為其譯稿校正。後終能自己翻譯，並為星亨講解漢籍。斯時與星
亨結交親如骨肉。明治六年三月，星亨出任橫濱稅關次長，神鞭

[461] 同註 440。

亦隨之赴任，成為同稅關官吏。再後星亨任稅關長，神鞭助之厲
行稅權期，屢屢與外商及外國領事發生衝突，尤以彼之梗直個性
而揚名。曾因與英人對英女皇稱呼而生國際問題，星亨與之離開
橫濱稅關，進入大藏省。其後轉入內務省；明治 11 年（1878 年）
再轉入大藏省，以後於同省歷任會計課長、主稅局次長等。明治
20 年辭官。明治 23 年當實施帝國憲法，神鞭被選為京都府第六
區眾議院議員，後來每次總選舉都當選。明治 29 年松隈內閣成
立，任法制局長官兼恩給局長；翌年內閣更迭時辭職，31 年 7 月
憲政黨內閣成立，再任法制局長官兼恩給局長，10 月又辭職。日
俄戰役中二次赴朝鮮，專注全力經營朝鮮，38 年（1905 年）4 月
第二次赴朝途中罹病，同年病歿，享年五十八。[462]

　　「犬養毅為中山先生之日本至友之一，對革命資金籌措等當與
最親密的陸實與神鞭知常商量的。如 1910 年 12 月 13 日，中山先
生自日赴安南之旅費，即係二人籌措的。」[463]

　　明治 32 年（1897 年）開始，其時中山先生與菲律濱革命首領
亞基乃德（Emilio Aquinaldo 或譯為：阿圭納多）等聲氣相通，亞
基乃德派使者彭西（Marino Ponce）來日，以卅萬元交與中山先生
託其購買武器。中山先生以情形不熟，乃以此事轉託犬養毅，犬養
亦以對此道毫無經驗，遂復由福本誠推薦，交與中村彌六辦理。中
村旋與大倉組談判，以陸軍省標賣費物為名，購入武器彈藥，即以
此裝載汽船名為布引丸者，秘密運往檀島，不幸中途布引丸遇暴風
沒，一應計畫頓成泡影。豈知此批彈藥均為廢品，不堪使用，再以
老舊之布引丸運送而遭損失，乃中中村彌六之騙，中飽私囊，事後

---

[462] 同註 52，下卷，頁 244-246，〈補遺〉。又見：彭澤周著：〈犬養毅與中山先
　　生〉（《近代中日關係研究論集》，頁 310、328 之註 9；又及：宮崎滔天著，
　　宋越倫譯：《三十三年落花夢》，頁 243。均有簡略介紹。
[463] 彭澤周著：〈犬養毅與中山先生〉，頁 315-327。

與中村交涉賠償。而中村一再拖延，毫無誠意解決此事。於是有一木齋者，自告奮勇，願意處理此事。一木齋原籍熊本，與宮崎滔天係屬同胞，且為滔天之前輩，平生孤僻豪邁。有怪物之稱。一木齋既願負責解決此事，且邀神鞭知常相助。一木、神鞭等交涉結果，乃將彌六之住宅出售，尚不足二千元，則由中村以遠期支票，並由神鞭為之擔保方式，加以彌補。事後滔天攜該支票欲古島一雄設法變換現金，古島與銀行素無交往，惟當時有同鄉池田謙三者，適為第百銀行行長，古島攜該支票請其兌現，但遭拒絕。[464]

J447	根津一	東亞同文書院院長、善鄰同志會員、陸軍大尉	同情革命

　　幼名傳次郎，號山洲。山梨縣人，幼即好學，從親族醫師修漢學；後又求學他師，十七歲時往橫濱，入學師範學校，因常罹病而歸鄉。明治 10 年（1877 年）應徵募兵入陸軍教導團，翌年以第一名畢業。12 年選拔進入陸軍士官學校，第一年為騎兵科修業；再為工兵科修業；更轉砲兵科修業；在校五年。明治 16 年士官學校畢業。任砲兵隊附，明治 14 年在學中即任砲兵少尉。後年之友荒尾精，遲一年入學士官學校，與彼意氣相投，相互期許。20 年命為仙臺砲兵大隊副官，一週間旋轉調參謀本部，掌中國課業務，年來潛心研究中國甚有收穫。當時其友荒尾精稍早自中國歸國，根津與之頻頻會面，謀議進行計畫設立日清貿易研究所，根津愈加急欲前往中國，陸軍當局不願以現役派往，改許以預備役自由前往，於23 年設立日清貿易研究所計畫成熟，招生完成。亦獲軍方當局援助，根津之希望漸得當局諒解。根津與荒尾精同赴上海，抵達後轉

___
[464] 同註 2。

赴漢口，荒尾留於漢口樂善堂督勵同志。11 月荒尾返日時經上海，
因日清貿易研究所財政陷於極度困難而代理所長，力謀改善。26
年 6 月，日清貿易研究所八十九名畢業生，受荒尾、根津之感化，
於中日戰役中義勇報效，壯烈行動成為示範。根津後因對中國各地
所作情報工作陷於危境，化裝更名搭法輪逃離返日。迨 31 年（1898
年）10 月東亞同文會設立：33 年 5 月南京同文書院設立，原院長
因病辭職，日內閣懇囑根津再出山渡中，出任院長，與兩江總督劉
坤一、兩廣總督張之洞繃等會面，將同文書院遷移上海，擴大規模
一案，獲得贊同並着手準備設立時，華北義和團拳匪事件突發，引
起國際糾紛。而 34 年上海同文書院設立之準備大有進展，已首次
招生，有公費及私費。以：「講中外之實學，教中日之英才，一以
樹中國富強之基，一以固輯協之根，所期在乎保全中國，而定東亞
久安之策，立宇內永和之計。」（按此係原文）在此興學要旨之下，
養成有為之士。此是當年日清貿易研究所之後身，以此繼亡友荒尾
精之遺志，意義深遠。翌 35 年近衛內閣期許根津能助其策畫對俄
問題而離職返國。日俄開戰後又復任東亞同文書院院長。為記載從
書院至戰爭之經過，以漢文撰《日俄時局輯錄》一書發行，分配至
中央、地方政府、商務總會、學校等，使更加了解日俄戰爭之意義。
又第一期畢業生均從軍為翻譯官；第二期生亦同。昭和 2 年（1927
年）去世，享年六十八。[465]

　　1911 年 12 月中旬，清廷與革命軍在上海和談時，日本政府欲
以武力干涉的謠言到處流傳。因此，以根津一為中心的東亞同文會
和小川平吉或白岩龍平提攜合作，展開激烈的運動，並與（日）國
民黨及太平洋會等取得聯絡，重新組織了一個團體。於是，由根津
一、河野廣平、杉田定一、頭山滿等主導的善鄰同志會，於 12 月

---

[465] 同註 52，下卷，頁 328-332，〈補遺〉。

27 日在築地靜養軒成立。《太陽》雜誌指稱其性質說：「這純然是個中國革命軍支援團，也是民間有志之士組織起來的團體，為了支援中國革命軍，即使得罪政府當局，亦在所不惜。但望能得其實效，足矣。」。再者，太平洋會很久以前即以一種大陸政策推進團體而存在。革命軍興之時，即議定了「保全中國並支援革命軍」的方針。[466]

武昌革命發生後，日本的大陸浪人頭山滿、內田良平、小川平吉、古島一雄組織了有鄰會；根津一、河野廣平、杉田定一也組織善鄰同志會。[467]

以岸田吟香所開設之眼藥舖分店為中心，先在上海設立樂善堂，繼在漢口亦設分店，日本參謀本部利用之為情報蒐集機關，其後由根津一大尉等協助，在上海設立日清貿易研究所，訓練對華侵略人才，甲午戰爭中之日方翻譯諜報人員，即由該所養成。[468]

J448	高野義虎	軍人？	參與革命、運送軍械，船沉殉難

高野義虎或曰：長野義虎，於馮自由著：《革命逸史》，第四集：「……布引丸遂啟碇開往檀島，不幸於航行在浙江海面時觸礁沒，押運員高野、林二人及船員多名死焉。」[469]及：宮崎滔天著：《支那革命軍談》，敘述同一事件中，以「僕關心『此吾等同志林政文、高野義虎君之事，未知其人如何』」。[470]但：宮崎滔天著，宋越倫譯：

[466] 同註 19。
[467] 同註 71。
[468] 宮崎滔天著，宋越倫譯：《三十三年落花夢》，頁 226。
[469] 馮自由著：《革命逸史》，第四集，頁 80-81。及同註 434，頁 312。
[470] 宮崎滔天著：《支那革命軍談》，頁 44。

《三十三年落花夢》，有：長野義虎。《宮崎滔天年譜》：「1899 年，？
（4）月？日高野義虎、林政文，訪問對陽館。（高野、林和中村彌
六搭乘載運由大倉組購得的菲律賓獨立軍武器的布引丸，7 月 13
日由神戶出發，19 日離開長崎）。7 月 28 日抵達香港，……得悉布
引丸沉沒（21 日）。」[471]

高野義虎君之姓氏雖有長野義虎、永野義虎之不同，但今採宮
崎滔天所記之「高野義虎」。

馮自由謂：「菲因美人佔領西屬之菲律賓及夏威夷二島，菲獨立
黨首領阿坤鴉度（Emilio Aquinaldo 或譯為亞基乃德）初與美人約，
率其部下舉兵叛西，而美人則助菲人獨立，後竟悔約，據檀島為己
有。阿坤鴉度大憤，轉以拒西之師拒美，因武械缺乏，竟為所屈。
阿乃函電求援於亞洲各國，並於己亥年（1899 年）夏秋間，密派代
表彭西（Mariano Ponce）赴日本購械，圖再舉。彭西知我國革命黨
孫總理與日民黨素有關係，遂由香港友人介見總理，商議購械方法，
且託以全權。總理時以絀於經費，對於國內軍事多不如意，聞之大喜，
乃提議率黨員至檀島投獨立軍助其成功。事成後，由菲人協助中國革
命，以為報酬，彭西及中日同志咸贊成之。彭西以告其首領阿坤鴉
度，阿聞中國革命黨缺乏餉糈，乃命彭西餽贈總理日金十萬元，以
表示中菲兩國合作誠意，總理欣然接受。是秋即派陳少白回香港開創
《中國日報》，為宣傳革命之喉舌。次年復遣鄭士良、鄧蔭南、史堅
如等策動惠州、廣州軍事，菲人之助款，大有力焉。其實阿、彭二氏

---

[471] 宮崎滔天著，宋越倫譯：《三十三年落花夢》，頁 155，註 12：以「高野、
林：《支那革命物語》作：高野義虎；平山周：《支那革命黨及秘密結社》；
及木村毅：《布引丸》作永野義虎；《東亞先覺志士傳上》及〈硬石五拾年
譜〉則作長野義虎、林政文。」陳鵬仁譯：《宮崎滔天書信與年譜──辛亥
革命之友的一生》，頁 92、94-95。查：《國父年譜》，增訂本上冊，頁 108，
「此次布引丸事件隨船運械之日本志士長野義虎、林政文二人以殉。」，其
所引據來源有誤，待證。或係手民誤植：似為同前註之頁次也。

首次致送總理十萬元外，以後尚有所贈。總理既受彭西重託，即經由宮崎寅藏求助於犬養毅，犬養沉思後囑宮崎交中村彌六，宮崎歸報總理，總理以犬養特薦，亦信之不疑，於是購械及租船兩事皆委託中村負責辦理。總理與中村之間，則以宮崎及平山周二人為傳達機關。是年冬 12 月，中村自鎗砲商大倉會社購得軍械，復向三井會社僱一輪船，名布引丸。運械赴菲。由宮崎等介紹同志林及高野二人擔任押運，預定駛至馬尼剌附近一小島，由菲人接收起陸。……一切計畫頗為周密，至庚子年（1900）正月，布引丸遂啟碇開往檀島，不幸於航行在浙江海面時觸礁沒，押運員高野、林二人及船員多名死焉。」[472]

J449	高橋謙	學者、東亞同文會會員	同情革命

宮崎滔天年譜：1899 年 8 月，「？日（宮崎）與高橋謙、原口聞一創立東亞同文會廣東支部（支部長高橋）。」[473]

馮自由稱：「清廷戊戌八月政變，時粵中朝野嘯聚，所在多有。中國危急情形，以冀警動。既而羊垣美國人有格致書院之設，史堅如既不得志，姑就肄業焉。同學中亦有三數輩主張維新革命流血救世之說，互相策勵，應求漸廣。[474]惟堅如少失怙，事母至孝，不欲以己志聞於高堂。己亥之歲與兄古愚、妹憬然奉母徙居澳門。時有日本人在粵立東亞同文會，會長為高橋謙，堅如往訪之。意氣極相得，力勸東游，謂大可增長見識，物色豪傑。且中國革命黨領袖亦在日本，思往訪之，遂以高橋為介，先晤港中同志陳少白、楊衢雲諸人，並加入興中會焉。旋即東渡，路經上海，暫作勾留。及抵東

---

[472] 同註 469。

[473] 同註 452。

[474] 馮自由著：《中華民國開國前革命史》（一），頁 103-104。

洋，東邦人士見其少年英俊，交相引重。抵東京，訪中山，傾吐胸
臆，指畫大計，談論經旬，日夜不厭。」[475]

馮自由將高橋謙列為興中會前半期之革命同志，如：「高橋謙，
日本，學者，東亞同文會，庚子（1900 年），日本東亞同文會駐粵
分會長，與我國同志來往頗密，史堅如之識陳少白即其介紹。」[476]

J450	宮川五三郎	？	協助革命工作

庚子（1900 年），6 月 21 日（西曆 7 月 17 日），中山先生離新
加坡與宮崎及英人摩根等乘佐渡丸於是日返抵香港，擬率同志登岸
集會，為港府所拒；且因宮崎在新下獄事被監視，因召同志於舟中
舉行軍事會議，以惠州發難全權授鄭士良，並分配中日同志任務。
7 月 23 日（西曆 8 月 17 日），先生及宮崎、清藤返抵橫濱及東京
後，籌劃發動惠州軍事。日集同志在東亞同文會會議革命方略，上
海同志亦紛來接洽。是日先生與內田、宮崎、清藤等計劃加強募集
東亞同文會會員，並謀借船偷渡。預定渡航者有：宮川五三郎、島
田經一、末永節等。[477]

J451	宮崎民藏	「土地復權同志會」創辦人、「對中國有志會」發起人	資助革命、並任革命黨軍需

號巡耕。熊本縣人，宮崎八郎之弟，為彌藏、寅藏之兄，亦是
先覺之士。而與彌藏、寅藏之方向迥異。夙赴法國遊學研究多年，

[475] 同前註。
[476] 馮自由著：《革命逸史》，第三集，頁 51。
[477] 同註 386，增訂本上冊，頁 121、125。

返國後有志於土地問題，倡導土地平均論，發起土地復權會，努力
徹底實現社會政策運動。初於東京遊學罹病返鄉，目睹佃農之窮
苦，致注意土地問題，本身是佃戶曾哀求減輕佃租。當時受亨利、
喬治等思想感化，接受歐美社會主義主張。彼信仰基督教早於彌
藏、寅藏二弟，彼等信仰乃民藏努力勸說信仰的。晚年注意到中國
問題，經常前往中國，盡力與中國志願者交遊。昭和 3 年（1928
年）7 月，六十四歲，歿於家鄉。[478]

　　宮崎一家兄弟八人，世居熊本縣荒尾村（現荒尾市），長男武
平，次八郎、半藏、兵藏、左藏均早逝。與國父友好，為中國革命
奔走，始終不懈者，即民藏、彌藏、寅藏三兄弟。[479]

　　民藏生於 1865 年，十五歲隨名儒志賀喬木讀漢學，三十二歲
赴美、英、法考察各國農民及土地問題，返國後於 1902 年在東京
創立「土地復權同志會」，並將研究所得，著《土地均享，人類之
大權》一書，對於土地分配必要條理、方法效果、實行，敘述甚詳。
民藏不僅在革命理論上贊助孫中山，辛亥革命時，住於上海日租界
勝田館，協助中國革命，和黃興及革命黨常相往來，又充任革命黨
軍需，負責保管資金，貢獻殊多。1928 年 5 月 1 日，北伐軍克濟
南，日本出兵，造成五三慘案，時民藏在滬曾電出淵外務次長，請
設法阻止日軍，勿妨礙國民革命軍北伐，不久即返鄉，聞北伐軍攻
克北京，又悉蔣總司令舉行祭告孫總理典禮，不勝欣慰，是年八月
十五日病逝荒尾家中，享年六十四。[480]

---

[478] 同註 52，下卷，頁 683-684。《大人名事典》，第六卷，頁 212，亦有引用上
　　列書：「宮崎民藏」條之記載。

[479] 陳固亭著：《國父與日本友人》，頁 3。〈國父與宮崎兄弟〉。

[480] 同前註頁 3-4。又：宮崎滔天著，啟彥譯：《三十三年落花夢》，頁 15，註 5：
　　民藏號巡耕，為宮崎家第六子，因餘兄早逝，滔天呼為大哥。

又：「按滔天之兄民藏亦唯一塵世豪俠，生前對我革命亦多資助，其夫人美以女史，以八十一高齡，迄猶健在。筆者由東京前往熊本訪問，宮崎夫人見筆者至，不禁歡欣若狂，以下所記，即為夫人談話之大意，其中年月，因夫人記憶不清，恐仍有顛倒零亂之處。『民藏生前與余（夫人自稱）甚少同居之日，其壯年時期大部份消磨於上海，以協助中國革命，與中國青年革命家結交為職志。當時孫中山先生亦在壯年，民藏曾以其故鄉土地及住宅出售，釀資以援助中國同志。未幾中山先生亡命來日，由滔天陪同，在上小路民藏寓所小住。當時清朝曾懸鉅金購求中山先生首級，故在日本亦視為危險人物。中山先生在上小路居住之十日間，與滔天以筆談示意，滔天夫人槌子女史，則以英文應對，故予中山先生起居照料特多。當時中國革命前途尚未可知，中山先生服裝亦甚寒素。……其後民藏奔走於上海、南京以及美國之間，為中國革命多所致力，……當革命成功，中山先生二度訪日，並來荒尾之際，以中山先生已為中國之大總統，故學校學生均持旗結隊歡迎，中山先生當時御大總統服及絲質禮帽，以鄭重親切之態度，一再向余等道謝，中山先生為禮義異常周到之人。』當時一行約十人，在余家住宿一宵，翌日在村人歡送中離村他去。」[481]

《宮崎滔天年譜》有：1908 年「3 月 11 日（滔天）與武田範之、小室友次郎和權藤成卿，將黑龍會機關雜誌《黑龍》，改為中文雜誌《東亞月報》來發行。」，於本年「8 月 1 日出刊《東亞月報》第四期，發表〈巡耕（民藏）談『世界大革命之洪流』〉。」[482]

又《宮崎滔天年譜》載 1914 年「10 月 6 日（滔天）參加對中國有志會（於木挽町萬安樓，參加者還有萱野長知、副島義一、的

---

[481] 宋越倫著：《總理在日本之革命活動》，頁 65-66。
[482] 同註 81，頁 142-143。

野半介、斯波貞吉、宮崎民藏、美和作次郎、古島一雄、弓削田精一、伊東知也、小川平吉、小川運平、和田三郎、水野梅曉等四十餘人，主席田中舍身）。」[483]

1925 年 3 月 12 日在鐵獅子胡同孫中山臨終時，與表弟菊池良一、宮崎滔天之兄民藏、萱野長知一同守候在病榻前。從這一點也可以看出孫中山對他信賴之深厚。[484]

中山先生於《孫文學說》第八章〈有志竟成〉篇中即特指出宮崎兄弟對中國革命奔走不懈。如：「其為革命奔走始終不懈者，則有山田兄弟、宮崎兄弟、菊池、萱野等。」[485]

J452	宮崎寅藏（滔天）	有鄰會會員、對中國有志會發起人、日外務省兼任職員、興中會會員、中國同盟會會員、國民黨黨員	參與革命多次戰役、協助革命工作

初號騰空庵白寅，後號白浪庵滔天。通稱寅藏，本名虎藏。明治 3 年（1870 年）12 月生於熊本縣。父長藏別名長兵衛，又稱真雄。寅藏同胞十一人中之么子。長兄八郎於西南之役戰死。寅藏於幼小時即懷抱其長兄自由民權人類平等思想之遺志。年十五入中學，後轉入大江義塾。未幾赴東京遊學，進入東京專門學校。此際受基督教禮。後歸鄉家居半歲餘，赴長崎基督教之傳道學校，此時其兄彌藏志於中國革命，引起共鳴而決心一同行動。明治 24 年（1891 年）隨宗方小太郎單身赴上海，因宗方之同志與荒尾精一派之主張不合

---

[483] 同註 379。
[484] 同註 38。
[485] 同註 11。

而返。於故鄉與前田案山子之女槌子結婚，過家庭生活約三年後，再往東京，與朝鮮亡命志士金玉均結交，所謀畫乃就東亞之問題。金於上海被謀誘殺。復歸鄉里整理家產畢，三上東京，暫居其兄彌藏家，等待活躍時機。一度於暹羅扮移民工作返日，再與末永節、平山周赴暹羅經營農場、木材採伐等，但事與願違，辛苦備嚐，空手而歸。後獲犬養毅知遇及介紹入外務省，特任命至中國視察。平山周、可兒長一先後赴華南，調查中國革命黨動靜。返國後與初次來日之孫文、陳少白等相識，此後為援助中國革命黨盡力。或協助菲列賓阿圭納多（Emilio Aquinaldo）獨立運動：或為孫文之惠州舉兵參畫，但失敗而歸，一時極為失望，撰自傳：《三十三年之夢》、《狂人譚》等公開。此時為明治 35 年（1902 年）前後。至日俄戰爭前後，中國青年至日本留學甚多，協助貧苦之留學生。努力激勵中國革命。明治 38 年（1905 年）革命時機已在留學生之間成熟。當時來東京之革命派兩雄孫文與黃興合作成立中國同盟會，作為一大結社。此同盟是以後中國革命之動力中心，其使命遂為世人所知。且此會之組成當非某一人之力。當時寅藏亦盡力奔走斡旋日本志士所負擔甚多，而其中重要挫折，只由其一人承受。革命同盟會成立後，在北京、廣東、或其他各地革命運動紛起。寅藏依孫文之委囑任日本同盟會全權委員，始終協助參與各種機密。明治 44 年（1911 年）第一次革命爆發，急忙前往參與策畫南京政府之成立。再於第二、第三次革命等均常盡全力援助華南革命派，其間為庇護革命派領袖而遭日本政府之壓迫苦境不少。晚年繼承革命派之國民黨陷於不振狀態，寅藏只有感慨歎息以：「為達到目的，應刷新革命精神。」期許能達其素願。大正 11 年（1922 年）12 月 6 日病逝於東京寓所。年五十四（五十一？）。墓葬於故里荒尾村，與萱野長知之墓為鄰，是亦因緣也。滔天狀貌魁偉、長髮髯鬚，外觀一見頗為偉丈夫。但稟性多情、多恨。行動屢逾常軌。一旦革命失敗，其

言行不羈而奔放。彼甚懷念中國革命巨頭黃興。且彼亦曾極為窮困。
滔天嘗為撲滅赤化思想運動而前往京阪地區遊說，未果而悵然。[486]

又：宮崎寅藏（號白浪滔天），生於明治 3 年（1870 年），大
正 11 年（1922 年）12 月 6 日病逝於東京。年五十四。為人義俠豪
爽，誠懇熱情。1897 年 5 月，因犬養之推薦，與平山周同時應外
務省囑託，擬偕赴華南遊歷，訪晤陳少白於橫檳，先至粵轉港。知
孫文由歐抵日，乃匆匆返回橫檳，上書謁見，暢談革命，衷心折服。
他在手著：《三十三年之夢》中描述會晤孫中山之經過。此書係宮
崎因參加第二次革命（庚子，民前 12 年）惠州之役失敗，悲憤而
作。全書以孫中山為主，描述興中會時期，革命進行最艱苦之事蹟，
慷慨激昂，波瀾曲折，為當時著名之宣傳妙文。[487]

馮自由將宮崎寅藏列為興中會前半期之革命同志，如：「宮崎
寅藏，日本熊本，學者，興中會，丙申（1896），號滔天，與孫總
理及陳少白相識於丙申年後，日本志士贊襄吾國革命事業者，以此
君為最努力。從戊戌（1898）年至民 14 年總理逝世，未嘗少懈。
著有《三十三年之夢》，述參加吾國革命頗詳。」馮自由又稱：「宮
崎寅藏，日本，（？），興中會，丙申，號白浪滔天，日志士贊襄吾
國革命事業者，以此君為最力。丙申年後，與孫總理及陳少白相識，
一見如故。從相識至民 14 總理逝世，始終為我國盡力。著有《三
十三年之夢》一書，述參加吾國革命經過頗詳。其故居在熊本縣荒
尾村，總理曾潛居月餘，以避日政府干涉。民 23 年中央黨部曾斥
資購之，改作總理紀念堂。」[488]

---

[486] 同註 52，下卷，頁 684-685，〈補遺〉。並參閱：《大人名事典》，第六卷，
頁 213：「宮崎滔天」條。惟據《宮崎滔天年譜》載其歿時為五十一歲。（陳
鵬仁譯，《宮崎滔天書信與年譜──辛亥革命之友的一生》，頁 217-218）。
[487] 同註 458，頁 4-6，〈國父與宮崎兄弟〉。
[488] 馮自由著：《革命逸史》，第三集，頁 38-39。及其第四集，頁 49。

　　辛亥革命前後，孫中山赴日，曾兩度住於熊本縣荒尾村上小路宮崎寓邸，並與其家人攝影紀念。民國 19 年 4 月，中國革命黨中央秘書處，為軫念舊誼，崇功報德，曾以銀幣二萬元，寄贈宮崎家屬，請在鄉里建館，紀念孫總理。翌年，新建館舍在近郊貝塚磯山峻工，門上鑴「青天白日」黨徽，題曰：「孫逸仙堂」，並重建宮崎墓道。現為當地名勝之一，惜五年前（1980 年）不慎，被焚於火。[489]

　　宋教仁對寅藏身世亦有簡要說明，如：「宮崎氏有子二人，長名龍、次名震：女一人，名セキ；夫人前田氏（按即前田案山子之女槌子，或稱宮崎槌子），和坦可親，其家庭之樂甚足羨。」[490]

　　中山先生除在《孫文學說》第八章〈有志竟成〉篇中即特指出宮崎兄弟對中國革命奔走不懈。如：「其為革命奔走始終不懈者，則有山田兄弟、宮崎兄弟、菊池、萱野等。」[491]之外，並於〈宮崎寅藏著：《三十三年之落花夢》序〉文中稱譽其為今之俠客虬髯公，識見高遠，抱負不凡之士。序文寫於民國紀元前 10 年 8 月（公元 1902 年 9 月），文曰：

　　「世傳隋時有東海俠客號虬髯公者，嘗遊中華，遍訪豪傑，遇李靖於靈石，識世民於太原，相與談天下事，許世民為天下之資，勸靖助之，以建大業。後世民起義師，除隋亂，果興唐室，稱為太宗。說者謂初多俠客之功，有以成其志云。宮崎寅藏君者，今之俠客也。識見高遠，抱負不凡，具懷仁慕義之心，發拯危扶傾之志，日憂黃種凌夷，憫支那削弱，數遊漢土，以訪英賢，欲共建不世之奇勳，襄成興亞之大業。聞吾人有再造支那之謀，創興共和之舉，

---

[489] 同註 458，頁 6，〈國父與宮崎兄弟〉。
[490] 同註 88，頁 272。指「開國紀元四千六百零四年十一月五日」之記事，按即為 1908 年。
[491] 同註 11。

不遠千里，相來訂交，期許甚深，勗勵極摯；方之虬髯，誠有過之，惟愧吾人無太宗之賢，乏衛公之略，馳驅數載，一事無成，實多負君之厚望也。君近以倦遊歸國，將其所歷，筆之於書，以為關心亞局興衰、籌保黃種生存者有所取資焉。吾喜其用意之良，為心之苦，特序此以表揚之。壬寅八月、支那，孫文逸仙拜序。」[492]

　　明治 29 年（1896 年），松隈內閣成立之際（按即松方正義和大隈重信聯合內閣簡稱），木堂（犬養毅號）以為「內政問題任何人均能處理，對中國問題則殊不易辦，故確立對華政策，實為當務之急。」於是勸告大隈，在內閣預算中提出機密費用，派人調查中國問題。計劃決定後，乃由可兒長一、平山周、宮崎寅藏（滔天）三人，以外務省諮議名義，前往華南，調查革命黨實際情形。宮崎為熊本人，長兄八郎於十年戰役時參加西鄉集團，奮戰而死。彌藏、民藏、寅藏初為放浪無羈之自由主義者，最初對會晤犬養一事，頗不以為然，後經素在犬養處寄食之同鄉可兒力勸，始允訪晤，及至與犬養會晤後，則以犬養簡單率直，與渠等所想像之「改進黨人物」氣味完全不同，一見之下，即欽敬有加，此在滔天《三十三年之夢》」中，曾有提及。[493]

　　「當時，宮崎滔天雖被稱為『大陸浪人』，受外務省之命負責調查清政府的內情及中國革命的動向，但未想到這位調查中國革命的『偵探』竟成了中國革命的同道人。宮崎滔天非一般日本大陸浪人可比，有自己的理想及見識。他與中山先生初次見面時，彼此雖尚無什麼友情，但在筆話中（按指筆話殘稿），卻流露出他的誠摯態度與卓越見解，這是意味着後來他與中山先生結為好友的一個明證。……那時日本朝野人士對於中國問題的研究與調查，大概可以

---

[492] 《國父全集》（全三冊），第三冊，頁拾貳、2-3。
[493] 同註 208。

分為三個系統：（一）是外務省；（二）是軍部的調查機構；（三）是民間的各個團體。而民間的各個團體又各自地與外務省有直接或間接的聯繫。宮崎是屬於犬養的系統，對中國的進步勢力較有親切感，而且有高度的國際認識。1898 年 8 月，宮崎與平山受犬養之命赴中國調查政情，平山北上，負責偵北京方面康梁變法的實況，宮崎至廣東負責偵南方革命黨與會黨的動態。」[494]

　　誠如犬養毅所說：「滔天實在是一位微妙有趣的男子漢，外務省本來是派他去中國調查中國革命秘密結社的；他卻變成中國革命黨的同志，忘記了自己的任務，而與孫文意氣相投，結為一體。」[495]

　　古島一雄謂：當外務省交付宮崎等赴華任務後，「可兒（長一）、平山、宮崎等三人決定赴華之際，宇治宮太郎少佐（後為大將）謂平山曰：『華南革命黨以孫逸仙為中心，抵滬後宜設法與之訂交。』於是平山先可兒、宮崎二人向上海出發，尋訪孫文消息，孫之同志不願將孫之所在告知，平山乃持載有『孫文即將自利物浦歸國』消息英文報紙示，孫之同志始不再隱瞞，並謂：『中山先生雖急於歸國，唯實際在華居留恐甚困難，如日本能予協助庇護，則於中國革命前途，裨益甚多！』平山聞言立即應諾。此為日本志士與中國革命黨員關係之開始。宮崎與可兒渡華較遲，在渡華之前，因曾根俊虎之介，得識華南革命黨員陳少白於橫濱，兩人渡華後在上海與平山會晤，得悉孫即將渡日消息，乃相偕歸國。迨船抵橫濱，即往訪陳少白於其寓所，不料孫業已抵日，與陳合住一處。宮崎當告知平山已與孫之同志約定，希望孫先生即留住日本。孫以與宮崎初次會晤，顯不願貿然答允，謂渠之計劃欲去安南。及至翌日，孫文突親自至東京趜町有樂町冰果店二樓，訪問平山謂：『經昨夜縝密考

---

[494] 同註 418，頁 222、253-254。
[495] 同註 186。

慮，已決定居留日本，希望予以照料協助。』於是平山即帶同孫文
至牛込馬場下犬養寓邸，介紹犬養與之相識。孫文在此以前，與日
人毫無交往，後經木堂（犬養之號）之介，乃與大隈、大石、尾崎
等會見，其後更與副島種臣、頭山滿、平岡浩太郎等結為知己。木
堂曾就當時情景所作談話：『以調查中國革命運動前往中國之宮
崎，竟於一夕之間，變為中國革命運動之一員，返日未久，即在橫
濱與孫文相見，交談之下，復將其引至東京。宮崎於是至外務省報
告此行經過，謂：『此行無報告書，祇有實物標本一具！』外務省
中之大小官僚，為之啼笑皆非。當時余（古島）甚貧窮，每至正月
往往鹽鮭一尾，須供五十人食客饗用。孫文來後勢必非加以照料不
可，乃與頭山、古島、平山等相商張羅經費。』」[496]

　　1897 年日本外務省派到中國調查秘密結社的宮崎滔天、平山
周、可兒長一，也都參加中國革命，宮崎建議以臺灣火燒島儲藏武
器，到香港聯絡湖南的哥老會，廣東的三合會與興中會結合，賣祖
產獻身革命。[497]

　　滔天經特准加入同盟會及國民黨，如：1905 年 7 月 20 日（西
曆 8 月 20 日），中國同盟會在東京正式成立，假赤坂區靈南坂之坂
本金彌住宅舉行成立大會，會員約一百人，日本同志中，滔天、平
山、萱野三人特准加入同盟會，其後萱野之友和田三郎與池亨
吉，亦加入同盟會。[498]又《宮崎滔天年譜》亦載：「1905 年，8 月
20 日，（滔天）參加中國革命同盟會成立大會（於赤坂區靈南坂
坂本金彌宅，會員大約一百人），滔天似於此時加入為會員。」又：

[496] 同註 481，頁 46-47，「古島一雄革命談薈」節。又見：陳鵬仁譯著：《孫中
山先生與日本友人》，頁 25。即：〈宮崎寅藏與平山周〉，其內容相同。
[497] 洪桂己著：《清末民初日本在華諜報工作》，448。
[498] 陳鵬仁譯：《宮崎滔天書信與年譜──辛亥革命之友的一生》，附錄：〈國父
旅日年表〉，頁 249-251。

「1912 年，8 月 25 日中國革命同盟會改組為國民黨，滔天和萱野長知似獲准入黨。」[499]

1908 年 4 月後，黃興奉命於雲南起義，黃明堂於雲南河口舉事失敗，黃興為法政府應清政府之請，被解出境。「6 月下旬（宮崎）與被驅逐出境於河內而來日的黃興天天見面。」並於「11 月上旬黃興躲避高利貸者，潛居滔天宅，躲五十幾天。」[500]此際，滔天經濟亦拮据，境遇很清苦，只是依唱浪花之歌為生。日本政府屢次欲以重金收買，而始終不為之所誘惑。為協助中山先生之革命事業，堅貞不屈的精神，頗使黃興深為感動，遂將此實情轉知中山先生，中山先生乃於 1909 年（民國紀元前 3 年）3 月 2 日，作書〈在南洋將赴歐前致宮崎寅藏函〉，以示感佩之忱，其原文節錄如下：[501]

滔天先生足下：久未通問，夢想為勞。比接克強兄來書，述足下近況，窮困非常，然而警吏欲賄足下，足下反迎頭痛擊之。克兄謂足下為血性男子，固窮不濫，廉節可風，要弟作書慰謝。弟素知此種行為，固是足下天性，無足為異。然足下為他人國事，堅貞自操，艱苦備嘗如此，吾人自問，慚愧何如。弟以此事宜宣之同志，人人皆感激奮勵，則此足下天性流露之微，已有造於吾人多矣，弟安能已於言佩謝耶。自與足下握別之後，事變萬端，……倘弟歐洲之經濟計劃可通，則其他問題可以迎刃而解，而吾人之窮苦一生之願力，亦有日能酬矣。此想足下所樂聞，弟敢預為告慰也。此致，即候大安。弟孫文謹啟，3 月 2 日。

滔天亦協助革命黨購買軍械，努力未懈，如「1899 年（己亥）夏秋間，菲獨立黨首領阿坤鴉度（Emilio Aquinaldo 或譯為亞基乃德）密派代表彭西（Mariano Ponce）赴日本購械，圖再舉。彭西知我國

---

[499] 同註 148 之近藤秀樹編：《宮崎滔天年譜》，頁 121、170。
[500] 同前註，頁 143-144。
[501] 同註 492，第二冊，頁玖-53。

革命黨孫總理與日民黨素有關係，遂由香港友人介見總理，商議購械方法，且託以全權。總理既受彭西重託，即經由宮崎寅藏求助於犬養毅，犬養思後囑宮崎交中村彌六，宮崎歸報總理總理以犬養特薦，亦信之不疑，於是購械及租船兩事皆委託中村負責辦理。總理與中村之間，則以宮崎及平山周二人為傳達機關。是年冬 12 月，中村自鎗砲商大倉會社購得軍械，復向三井會社僱一輪船，名布引丸。運械赴菲。由宮崎等介紹同志林及高野二人擔任押運，預定駛至馬尼剌附近一小島，由菲人接收起陸。……一切計畫頗為周密，至庚子年（1900）正月，布引丸遂啟碇開往檀島，不幸於航行在浙江海面時觸礁沒，押運員高野、林二人及船員多名死焉。」[502]孰知此事竟遭中村所騙。此即所謂：「布引丸」事件之「中村彌六之騙案」。[503]

又《宮崎滔天年譜》載有其事：「1899 年？月（按約 3 月間），孫中山來對陽館，受彭西（Mariano Ponce）之託，請滔天為菲律賓獨立軍購買武器。」於同月「？得犬養毅（或平岡浩太郎）介紹，託中村彌六為菲律賓獨立軍購買武器。」及約六月：「？高野義虎、林政文，訪問對陽館，（高野、林和中村彌六，搭乘載運由大倉組購得的菲律賓獨立軍武器的布引丸，7 月 13 日由神戶出發，19 日離開長崎）。」迨 1900 年「？孫中山來訪對陽館，告以已購得菲律賓獨立軍的武器。」同年「10 月初旬（滔天）獲電得悉孫中山、鄭士良所部革命軍起事於廣東省惠州三洲田（6 日），遂與原楨在橫濱訂作中國服，以待後電。」因而有：「？孫中山電請輸送由菲律賓獨立軍所購得武器。先是原楨，後由滔天訪問中村彌六轉告孫中山意思，但中村卻顧左右而言他，不肯說出武器的所在。」[504]於是同年 12 月 3 日後，《萬朝報》以揭露中村彌六的不當行為，布引

---

[502] 同註 470。
[503] 同註 131。
[504] 同註 499，頁 89-90、92、96、103。

丸事件為題開始連載。又載於 1907 年，「9 月 13 日，孫中山（河內），因同盟會內部糾紛問題，與平山周、和田三郎、北輝次郎等對立激烈化，購買武器事隨之發生問題，因此遂委託滔天為中國同盟會在日全權。」另於 1911 年，「？（按約 11 月上旬）何天炯、黎仲實由廣州來訪，請滔天為廣州獨立購得武器。（9 日，廣州宣佈獨立）。」[505]

更且，於 1907 年，「9 月 13 日」中山先生發給滔天全權辦理策購軍械之委任狀，其全文為：「委任狀中國革命同盟會總理孫逸仙，委任宮崎寅藏君在日本全權辦理籌資購械，接濟革命軍，所有與資主交涉條件，悉便宜行事。此委。宮崎寅藏君，天運歲次丁未年 9 月 13 日。」[506]

滔天參與及協助中國革命概況，如：

興中會在惠州起事計畫，在己亥（1899 年）庚子（1900 年）間已漸告成熟。楊衢雲、鄭士良等在香港布置既峻。而駐三洲田、新安、博羅等處之健兒，咸靜極思動，急願一顯身手。楊衢雲乃於庚子 3 月 27 日乘阿波丸赴日本，與中山商議大舉。適是時拳匪事近，全國震動，中山認為時機可乘，遂於五月中旬，偕楊及宮崎寅藏、平山周、福本誠、原口聞一、遠藤隆夫、山下稻、伊東正基、大崎、伊藤、岩崎等十餘人，乘法輪煙狄斯（S. S. Indus）號至香港，5 月 21 日未得登岸，在船旁一小舟開軍事會議，議定由鄭士良督率黃福、黃耀庭等赴惠州準備發動；史堅如、鄧蔭南赴廣州，組織起事及暗殺機關，以資策應。楊衢雲、陳少白、李紀堂在港擔任接濟餉械事務。日本同志則留港助之。自偕英人摩根乘原船赴越

---

[505] 同前註，頁 138、165。

[506] 同註 458，頁 6，「委任狀」；及：宮崎滔天著，啟彥譯：《三十三年落花夢》，附有「委任狀」影印照片。

南西貢。[507]並且於《宮崎滔天年譜》亦載有其事：1900 年「6 月 9 日（滔天）乘法國船印達斯號（按即 S. S. Indus）由橫濱出發，與孫中山、楊衢雲、陳清、清藤幸七郎同行。」[508]

滔天謂：「孫逸仙於菲律賓獨立運動失敗後，很成功地獲得五百萬發子彈，因而着手中國革命之大運動。明治 33 年（1900 年）春，日本同志內田良平、清藤幸七郎與吾（宮崎）、法國米爾（メール按即：Pierre Mille），同往華南。同時，島田經一、末永節往上海，會同已在此處居留之安永藤之助、尾崎行昌、柴田麟次郎、平岡浩太郎等同志一同積極共謀舉事，準備一俟電召立即趕往參加。」[509]

此際，滔天前往星嘉坡，為與康有為合作，謀求革命事業而奔走，但被康有為陷害於星入獄，中山先生得知，自西貢前往星嘉坡營救始得脫厄，同乘佐渡丸赴香港，未能獲港府准予登岸。《宮崎滔天年譜》載有此事：「1900 年，？（按約+月中旬）在船中會議（按即法國船印達斯號〔S. S. Indus〕），受犬養毅意，提議與人在星嘉坡的康有為合作，孫中山贊成。接受兩廣總督李鴻章所提要與孫中山會談的提議，同時接受會談時對於孫中山的生命保障，和為償還亡命中負債借款十萬兩的條件，並決定將此筆款項移佣於起義。內定日本人義勇軍總領為福本誠，監軍內田良平。6 月 16 日抵達香港。平山周、陳少白上船，商討起義計劃。……？離開香港。此時孫中山往西貢出發。6 月 29 日抵達星嘉坡住宿松尾旅館，往訪邱菽園，要求與康有為面談。7 月 1 日？康有為的門生湯學頓帶來康的回信，說不能面談，並付來一百元，滔天予以拒收。外面流傳滔天一行乃為暗殺康有為，由李鴻章所派遣的刺客。7 月 3 日？

---

[507] 同註 24。
[508] 同註 499，頁 96。
[509] 同註 197。

（滔天）責難康有為的忘恩負義，寫絕交信。此時康派信滔天刺客說為真，遂透過星嘉坡市參議員林文慶向星嘉坡總督申請查辦。7月 6 日送走急於到香港的內田良平，爾後與清藤幸七郎在松尾旅館，因涉嫌暗殺康有為被捕。7 月 11 日英政廳以妨害治安，宣告滔天等五年不得插足英國海峽殖民地。（9 日，由西貢抵達星嘉坡的孫中山為釋放滔天等奔走）。7 月 12 日（滔天等）被釋放，被押解到碼頭乘佐渡丸，孫中山、福本誠、尾崎行昌、中西重太郎、英國人摩根（Rowland Mulkern）來迎接。出航時，松尾旅館主人夫婦，渥美高、御村來歡送。」[510]

據宮崎寅藏妻子宮崎槌子謂：「及至今年（指 1911 年）秋季，在四川省發生動亂，隨之有武昌的起義，中國革命運動頓時由最低潮而見成功。當這個革命烽火燃燒起來時，孫先生正在法國（按在美國）。滔天很想早點去，惟家裡貧窮已極，旅費籌措不易。先由其手中較為寬裕的如：萱野長知、加納清藏、杉浦和介、金子克己、龜井一郎、三原千尋諸人先行前往武昌。滔天則得自聞訊趕來的石

---

[510] 同註 499，頁 98-100。又其詳情，參見宮崎滔天著：《三十三年落花夢》，敘述詳實，着墨甚多。如：〈大舉南征〉、〈新加坡入獄〉等各章均有敘述。至於滔天參與惠州之役，於該書〈惠州事件〉一節中有所敘述。但滔天年譜中之「7 月 3 日？……『遂透過星嘉坡市參議員林文慶向星嘉坡總督申請查辦。』一節，與馮自由著：《革命逸史》，第四集，頁 97，所敘完全相反，如：「總理在西貢得訊，即兼程赴新加坡，以紳士林文慶醫師之介，入謁新加坡總督說明宮崎來此原意，並稱宮崎所攜港幣為己有，即用以預備發給革命軍餉者。新督聆言，始令將宮崎、清藤二人釋放，……」；又《國父年譜》，增訂本上冊，頁 121，如：「先生舊友黃康衢、吳傑模、林文慶等四出援助；文慶為先生少時同學，奔走尤力，並介紹先生入謁新加坡總督說明宮崎來此原意，並稱宮崎所攜港幣為己有，即用以預備發給革命軍餉者。宮崎、清藤於 6 月 16 日（7 月 12 日）獲釋。」。並且馮自由將林文慶列為興中會前半期之革命同志謂：「南洋英屬有名之醫學博士，與孫總理為舊識，庚子夏日人宮崎至新加坡，康有為誣為暗殺黨，請英吏下之於獄。孫總理在西貢聞訊，親至新加坡謁英吏保釋之，林之力為多焉。」此見《革命逸史》，第三集，頁 48-49。

丸鶴吉、島田經一兩人的支助，接着也能勉強成行。尤其可貴的是，不嫌我們貧窮，而始終有往來的東京某染衣店老板川城七太郎先生由衷地，亦前來致送餞禮謂是聊表心意。」[511]迄至同年（1911年）「11月15日（滔天）由東京出發，何天炯同行，其旅費，有人說由有鄰會負擔；也有人說由石丸祐正、井上次郎或梅屋庄吉所贈與。11月16日乘因幡丸，出航神戶。11月18日？到達上海，投宿豐陽館。11月27日出發上海（指由上海出發），溯長江，往漢陽，何天炯、伊東知也、志村光治同行。」[512]

滔天為中國革命事業鼓吹，不遺餘力。如《宮崎滔天年譜》有：「1906年8月12日與清藤幸七郎、萱野長知、和田三郎和青梅敏雄聚會于京橋區木挽町厚生館，決定創辦《革命評論》。9月5日發行《革命評論》（附錄：〈土地復權同志會紀事〉）創刊號（發行人兼督印人青梅敏雄、邊輯人宮崎寅藏，印刷神田區中猿樂町四秀光社，社長藤澤外吉），向郵政省提出申請第三位類郵件，前田綱、野崎某和沼田某來社。發表〈發刊詞〉和〈關於中國留學生〉於《革命評論》創刊號。……9月20日發行《革命評論》第二期，坂本志魯雄來社。（滔天）用『火海漁郎』筆名，在《革命評論》第二期發表〈中國立憲問題〉。以『火海漁郎』筆名，在《革命評論》第二期發表〈中國留學生的責任〉。……10月5日出刊《革命評論》第三期，（滔天）『火海』筆名，在《革命評論》第三期刊登〈中國革命與列國〉。以『夢我』筆名，在《革命評論》第二期發表〈美國的今昔〉。10月20日發行《革命評論》第四期，孫中山、坂本志魯雄、峰川清次郎來社。（滔天）以『夢我庵』筆名，在《革命評論》第四期發表〈野滿俊太郎及其弟留記〉。（滔天）用『火海』

---

[511] 同註180。
[512] 近藤秀樹編：《宮崎滔天年譜》，頁165-166。

筆名，在《革命評論》第四期發表〈孫中山〉。……11 月 10 日《革命評論》第五期問世。11 月 25 日發行《革命評論》第六期。……1907 年 1 月 1 日發行《革命評論》第七期。1 月 25 日《革命評論》第八期出刊。2 月 25 日（滔天）參加內田良平歡送孫中山的宴會（於赤坂三河屋），……內田慫恿孫中山於日本政府決定驅逐他出境以前離日，故孫中山決心離開日本。《革命評論》第九期問世（滔天）以『火海』筆名，在《革命評論》第九期發表〈中國革命的大勢〉。……3 月 25 日第十期《革命評論》出刊。因孫中山離日後，中國革命同盟會的內部糾紛和對立及於同仁之間，故以此期為最後而停刊。」[513]

　　1907 年，並另於「5 月？以『滔天』筆名，在《黑龍》開始連載〈續三十三年之夢〉；1908 年「3 月 11 日（滔天）與武田範之、小室友次郎和權藤成卿，將黑龍會機關雜誌《黑龍》改為中文雜誌《東亞月報》來發行。」「3 月 17 日（滔天）與武田範之、小室友次郎商議有關發行《東亞月報》事宜（於內田良平宅），滔天分擔編輯工作。」4 月 10 日「發行《東亞月報》創刊號。」……「5 月 10 日《東亞月報》第二期出刊」；「6 月 10 日《東亞月報》第三期問世」；「8 月 1 日出刊《東亞月報》第四期，發表〈巡耕（民藏）談『世界大革命之洪流』〉。」「8 月 6 日於此前後，用『滔天』筆名，在《警鐘新聞》開始連載〈孫逸仙傳〉。」「9 月 1 日發行《東亞月報》第五期（這是最後一期），此時滔天可能已經辭掉了編輯。」……「11 月 16 日用『滔天』筆名，在《警鐘新聞》』發表〈中國革命或問〉。」[514]

---

[513] 同前註，頁 126-136。
[514] 同前註，頁 136、142-144。

　　後並於：「1910 年，5 月 24 日以『滔天』筆名，在《萬朝報》分載〈革命黨領袖在熱帶地方〉（後來改題為〈與革命黨領袖一夕談〉，發表於《日本及日本人》。）「6 月 7 日黃興自香港潛來，（與滔天）重逢於東京。」「6 月 10 日（滔天）迎接孫中山於橫濱，與池亨吉和萱野長知為孫中山的登陸跟水上警察署折衝，在西村旅館與孫中山（假名阿羅哈）、黃興（假名李經田）密會。」「6 月 11 日孫中山潛住滔天宅，趙聲也來同住。」「？孫竹丹來訪，有孫竹丹被清國公使館收買的傳說，因此（滔天）令龍介（滔天之子）帶孫中山躲避。」「6 月 15 日用『滔天』筆名，在《日本及日本人》發表〈與革命黨領袖一夕談〉。」「6 月 19 日（滔天）與萱野長知列席於黃興和中村彌六的會談（於日本俱樂部），由兒玉右二調停與協助孫中山上岸的中村和解。」「6 月 23 日日本政府通知孫中山限於廿五號以前離開日本。」「6 月 24 日孫中山離開滔天宅，趙聲也搬家（廿五日，孫中山承安藝丸由神戶往新加坡，萱野長知同行）」[515]（滔天且於辛亥革命後，亦常發表有關中國革命之專文）。

　　辛亥革命時，日本政府準備干涉革命，支持清廷，而日本民間之實業界、新聞界，攻擊政府，支援革命黨之聲風起雲湧，因而創立許多政治組織，如有鄰會係於明治 44 年（1911 年）11 月上旬，由小川平吉與內田良平發起組織，主要會員有三和作次郎、宮崎寅藏、福田和五郎、古島一雄等。實際活動，首派尾崎行昌，次派宮崎寅藏、平山周、伊東知也等赴中國各地，以與革命黨取得聯絡。該會再度派頭山滿、三和作次郎、浦上正孝、中野正剛、小川運平等到中國。由玄洋社所在地福岡的「在鄉同志與煤礦界富豪」出資金。[516]

---

[515] 同前註，頁 159、161。滔天為東亞同文會會員事，見頁 175。
[516] 同註 19。

《宮崎滔天年譜》載有：「1911 年 11 月，上旬（宮崎）參加有鄰會的創立（於江戶川清風亭），由小川平吉與內田良平發起，於三和作次郎、福田和五郎等協議並決定宗旨（一、設事務所，開始統一運動；二、派遣同志到中國與革命黨聯絡；三、疏通政府當局及民間有力人士。後來把事務所設於丸之內內幸町旭館）。」又宮崎寅藏亦參加對中國有志會發起人會，如：《宮崎滔天年譜》亦載有：1914 年「10 月 6 日（宮崎）參加對中國有志會發起人會（於木挽町萬安樓），參加者還有萱野長知、副島義一、的野半介、斯波貞吉、宮崎民藏、美和作次郎、古島一雄、弓削田精一、伊東知也、小川平吉、小川運平、和田三郎、水野梅曉等四十餘人，主席田中舍身）。」[517]1912 年，「12 月 18 日（滔天）出席東亞同文學院秋季大會（于華族會館，由副會長清浦奎吾致開會辭，由幹事長根津一報告出席四十六人），似於此時，滔天復為東亞同文會會員。」[518]

滔天曾參選眾議院議員，中山先生曾致函鼓勵，但不幸落選，如：1915 年「2 月中旬（滔天）競選眾議院議員（熊本縣那部區），設事務所於熊本市米屋町上野屋，開始從事競選活動，助選者民藏、田村次夫……等，推薦者犬養毅、頭山滿、副島義一、古賀廉造、寺尾亨、坂本金彌、國民外交同盟、對中國聯合會。」但於：「3 月 25 日眾議院議員第十二屆臨時選舉投票，滔天名落孫山，在民藏宅舉行慰勞會，受平川彥一堅請揮毫白居易詩：蝸牛角上爭何事，石火光中寄此身；隨富隨貧是歡樂，不開口笑是痴人。」[519]

宮崎寅藏將參與中國革命工作之經歷，除曾撰寫：《三十三年之夢》一書外，另著：《支那革命軍談》，分四十二節敘述中國革命經過至革命新政府成立為止，另附錄：〈革命事件〉』，對革命事件

---

[517] 同註 512，頁 182。
[518] 同註 512，頁 175。
[519] 同註 512，頁 183-184。附譯者增列：〈孫中山鼓勵滔天競選信〉。

經過及革命黨人物之描述甚多。此外，宮崎滔天著，啟彥譯：《三十三年落花夢》，〈附錄：四、宮崎寅藏（滔天）與中國革命活動編年紀要（1871-1911），啟彥編〉，可資參閱。

J453	宮崎彌藏	無業（寅藏之二兄）	同情革命

　　熊本縣人，宮崎八郎之弟，寅藏之二兄，少年時遊學大阪，後往東京；十七、八歲時即有志於中國。自以為：世界現狀是一弱肉強食戰場，強者恆加逞其暴威於弱者日盛，弱者之自由權利日被蹂躪，苟如重人權、尊自由必須恢復之策，旨在抗拒白色人種長期對黃色人種所作之壓抑。而此懸於命運之歧路，端在中國之存亡興衰。中國雖衰，但地廣人眾，如能一掃弊政，善用統一指揮，以此必能恢復黃色人種之權利。更可號令宇內，立足萬邦。而勘能膺此大任者，在英雄志士崛起。乃自往中國，遍加物色英雄，若得其人，願效犬馬之勞助之。此為吾所立之任務。於是藉頻往中國之機會以窺之。明治 27 年（1894 年）際，變賣所有土地，攜金若干，往來東京、橫濱間，遂於橫濱之中國商館努力熟悉語言風俗外，並與中國革命志士陳少白及前輩曾根俊虎往來，蓄髮辮，着中國服裝，期將展翼高飛焉。惟偶然獲病，29 年（1896 年）7 月歿於東京，年廿八。寅藏曾弔其兄，謂其為中國革命而盡力，主要受彼之誘導感化所致也。[520]

　　又：宮崎彌藏（1876-1896），因逃兵役，自小作島津姓的養子，故又稱島津彌藏。為宮崎家的第七子，滔天呼為二哥。宮崎之父名長藏（或長兵衛或真雄），善於劍術。明治維新前後，曾在各地教練武士們習武，是一爽直而痛快的人。有子十一人，男八女三。滔

---

[520] 同註 52，下卷，頁 683。

天為最小之子。長子名真鄉，又名八郎，為明治初年日本自由民權
運動之鼓吹者，因抨擊當時之藩閥政府，曾兩次入獄。1877 年，
西鄉隆盛在九州發動歷史上著名之西南戰爭。真鄉便率領熊本地方
之民權主義者組織「協同隊」響應西鄉，不幸陣亡。及父親逝世，
兄弟們亦相繼夭折，僅存民藏、彌藏、寅藏、及二位姐姐與老母。[521]

又：二哥，即宮崎彌藏，（1876-1896），因逃兵役，自小作島
津姓的養子，故又稱島津彌藏。為宮崎家的第七子，滔天呼為二哥。
少遊學大阪、東京，十七、八歲時即有志於中國革命事業，與滔天
抱負相同。[522]並且對滔天的思想啟發亦大，如滔天云：「二哥不僅
是我暗夜中的明燈，也是指示我一生進路的指南針。……他的宿願
——中國問題又復活了。他說：人人都說中國國民是尊古的國民，
所以不進步。這個說法是非常不明智的。……但是這個掌握政權已
達三百年的朝廷，以愚民政策治世的要訣，以致民困國危，終於自
受其害，勢將不能支持下去。這豈不是革命的大好時機？空談理論
究竟於事無益，願我們能為共同的革命事業貢獻此生，深入中國內
地，一心以中國人為念，思想當謀及百世，收攬英雄，以奠定秉天
意、樹正道的基礎。倘若中國得以復興，伸大義於天下，則印度可
興，暹羅、安南可以奮起，菲律賓、埃及也可以得救。……我聽罷
為之雀躍。這一席話解決了我一向的疑問，從而確立了我一生的根
本方針。我們又商量了些細節，最後決定先由我單身到中國去熟習
語言風俗。二哥作好一切準備，隨後再來。我又遵照二哥的意思，
去和大哥（民藏）商量，便從長崎返回故鄉。」[523]

當滔天為欲說動韓國革命志士金玉均，先解決中國革命問題
後，朝鮮問題即易解決。此一作法，使彌藏欣喜，並給予鼓勵，不

---

[521] 同註 203，頁 27。
[522] 宮崎滔天著，啟彥譯：《三十三年落花夢》，頁 15，註 6。
[523] 同前註，頁 45-46。

幸得金玉均在上海被刺噩耗而罷。於是，彌藏又遁入橫濱中國商店內，欲與一切親友斷絕音訊，以期熟悉中國的語言風俗，以供將來之用。後彌藏患病（慢性腸炎和精神過勞），謂係在工作之餘學習英、法、中三國語言，用功過度始罹病，後終於齎志以歿。[524]

《宮崎滔天年譜》中亦記載有關彌藏曾患病等事云：1893 年，「二月彌藏在熊本市新屋敷町租一房子，以治療胃腸，清藤幸七郎亦為治療同樣的病而與彌藏同居。」「滔天為實現『中國』革命主義，勸彌藏與金玉均合作。」1894 年，「（滔天）回鄉，與彌藏處分家產，以籌到中國的旅費。」……「與金玉均同行的和田延次郎，由上海電報金玉均被暗殺（3 月 28 日）。」1895 年，「（滔天）回鄉，籌赴泰旅費一百元。時彌藏進橫濱中國商館工作，惟因生病而停止。」「10 月 15 日彌藏化名管仲甫，留辮子，居於橫濱外僑居留地四十八號館沈藩仁宅，是時渡邊元贈彼以白熊別號。」「11 月 7 日彌藏得病，經一致教會牧師伊藤藤吉介紹，搬到橫濱市不老町二丁目福音會宿舍療養，並繼續學習中國語。」「11 月 23 日？伊藤藤吉將孫中山和陳少白介紹給彌藏。（孫中山與陳少白於 11 月 17 日來日）。」1896 年「7 月 4 日宮川辰藏來電通知彌藏病危，（滔天）遂與民藏由熊本往橫濱出發。當天，彌藏以腸結核病歿。」[525]

J454	島田經一	退職軍人、「玄洋社」社員	參與庚子惠州之役及武昌革命

福岡縣博多川端町人，其家從事旅館業。幼小時即賦異稟，為博多著名三男之一。少壯後與末永節交往，因而受其感化不尟。依末永投於平岡浩太郎門下。明治 20 年（1887 年），平岡於上海開

[524] 同前註，頁 53-99。
[525] 同註 512，頁 70-79。

設製鞋店，派遣有為青年前往，島田亦被拔擢赴上海製鞋店寄居，學中國語，從事研究中國事情。後與西村義三郎等由上海轉往朝鮮為東學黨策劃。後日清關係呈險惡狀，乃回國謀取炸藥，欲送往朝鮮被發覺，因觸法判刑一年。日清戰爭，任陸軍翻譯，甚為活躍。明治33年（1900年），孫文企圖於廣東舉兵，乃從末永節往助之。後第一次革命發動之際，與頭山滿同赴中國，協助革命派不懈。其人學禪自得，剛直至誠，頗富奇行逸聞。昭和2年（1927年）12月病逝東京，享年六十二。[526]

又：島田經一（1866-1927），千葉縣人（按與前註527之「福岡縣」有異），年輕時與末永節訂交，得末永節之介，入平岡浩太郎之門。1887年，復至上海平岡浩太郎所開設的鞋廠工作，並研究中國語及中國事務。後去朝鮮。甲午之戰時，任陸軍翻譯員。惠州起義與辛亥革命兩役，島田均有參與。[527]

據古島一雄於〈革命談薈〉一文謂：「談到的野（半介），不禁復令人憶及末永節、島田經一及大原義剛等人之風貌。……島田為末永莫逆之交，將其經營之旅館棄如敝履，而從事中國革命事業，平生直情徑行，嫉惡如仇，雖至親好友，大義所在，絕不假借，因此對於宮崎、末永等人輔助甚多。」[528]

據平山周回憶稱：「明治33年（1900年）廣州事件發生。與這件事有關的人是尾崎行昌、島田經一、原口聞一、玉水常吉、野田兵太郎等。我們從新加坡回來的船中商量，孫君仍乘原船回日本，我們還是進行革命的事業，我們同畢永年、楊飛鴻、鄭弼臣、原楨等商量，我做外交部長、飛鴻做財政部長、原楨做參謀部長、

---

[526] 同註52，下卷，頁705。
[527] 同註522，頁168，註17。
[528] 同註72。

永年做陸軍部長、弼臣做總務部長。」[529]此即庚子惠州之役事，但島田經一等未能登陸。

　　馮自由將島田經一列為興中會前半期之革命同志，曾謂：「島田經一，日本，退職軍人，無（所屬組織）。庚子（1900 年），以上七人均曾到香港，參加惠州革命之參謀團，皆以道梗不果。」[530]（按此「七人」為：伊東知也（正基）、原口聞一、末永節、遠藤隆夫、山下稻、清藤幸七郎、島田經一。）

　　《國父年譜》載：庚子（1900 年），7 月 23 日（西曆 8 月 17 日），先生及宮崎、清藤返抵橫濱及東京後，籌劃發動惠州軍事。日集同志在東亞同文會會議革命方略，上海同志亦紛來接洽。是日先生與內田、宮崎、清藤等計劃加強募集東亞同文會會員，並謀借船偷渡。預定渡航者有：宮川五三郎、島田經一、末永節等。[531]

　　據田桐於《筆記》（革命黨閒話）中，亦謂：「惠州之役，隨同孫先生革命者，中有日本同志六、七人，先生常道之。余尚能記憶者，有平山周、山田良政、尾崎行昌、島田經一……」。[532]

　　1899 年菲律賓獨立黨代表彭西委託中山先生購買武器，島田經一等人赴菲佈置軍事一事，如：馮自由云：「總理既受彭西重託，即派日同志宮崎寅藏以購械、運輸事求助於日進步黨首領犬養毅。犬養素主中日親善政策，而與吾國民黨關係頗密，聞宮崎言，經思後，囑宮崎交中村彌六辦理，中村慨然允諾，宮崎歸報總理，總理以犬養特薦，亦信之不疑，於是購械及租船兩事皆委託中村負責辦理。總理與中村之間，則以宮崎及平山周二人為傳達機關。中村為現任進步黨幹事，兼眾議院議員，亦彼邦名士之一。……是年冬 12 月，

---

[529] 同註 253。
[530] 同註 260。
[531] 同註 478。
[532] 同註 319。

中村自鎗砲商大倉會社購得軍械，復向三井會社僱一輪船，名布引
丸。運械赴菲。由宮崎等介紹同志林及高野二人擔任押運，預定駛
至馬尼剌附近一小島，由菲人接收起陸。平山及退職軍人遠藤隆夫、
山下稻、清藤幸七郎、島田經一、伊東正基諸人，則隨後赴菲佈置
軍事，相機進取。總理則預定於菲獨立軍大舉時偕彭西、楊衢雲、
宮崎及香港黨員多人，取道小呂宋埠加入義軍，一切計畫頗為周密。
至庚子年（1900）正月，布引丸遂啟碇開往檀島，不幸於航行在浙江
海面時觸礁沒，押運員高野、林二人及船員多名死焉。」[533]

　　滔天謂：「孫逸仙於菲律賓獨立運動失敗後，很成功地獲得五
百萬發子彈，因而着手中國革命之大運動。明治 33 年（1900 年）
春，日本同志內田良平、清藤幸七郎與吾（宮崎）、法國米爾（メー
ル按即：Pierre Mille），同往華南。同時，島田經一、末永節往上海，
會同已在此處居留之安永藤之助、尾崎行昌、柴田麟次郎、平岡浩
太郎等同志一同積極共謀舉事，準備一俟電召立即趕往參加。」[534]

　　島田經一亦曾資助宮崎旅費前往中國參與革命工作，如宮崎寅
藏妻子宮崎槌子謂：「及至今年（指 1911 年）秋季，在四川省發生
動亂，隨之有武昌的起義，中國革命運動頓時由最低潮而見成功。
當這個革命烽火燃燒起來時，孫先生正在法國（按在美國）。滔天
很想早點去，惟家裡貧窮已極，旅費籌措不易。先由其手中較為寬
裕的如：萱野長知、加納清藏、杉浦和介、金子克己、龜井一郎、
三原千尋諸人先行前往武昌。滔天則得自聞訊趕來的石丸鶴吉、島
田經一兩人的支助，接着也能勉強成行。尤其可貴的是，不嫌我們
貧窮，而始終有往來的東京某染衣店老板川城七太郎先生由衷地，
亦前來致送餞禮謂是聊表心意。」[535]

---

[533] 同註 469。
[534] 同註 197。
[535] 同註 180。

J455	掘井覺太郎	私立明德學堂理化教員	協助革命、為華興會製造炸藥
J456	永江正直	私立明德學堂博物教員	協助革命工作

　　1903 年 3 月，（黃興）於長沙設立私立明德學堂，「明德創辦後的第二年春天，胡子靖，……屈膝募得一萬元，即以此款在上海購置理化儀器及博物標本，聘日本人掘井覺太郎為理化教員；永江正直為博物教員。……」[536]1904 年（光緒 30 年）6 月，黃克強於湖南、湖北一帶活動，宣傳革命，以任教明德學堂（設於長沙北門正街）為掩護。擬率革命同志謀起事。8 月，哥老會等團體大事活動，使省垣的官方原已有警覺，幸得相關人士多方維護，尚未完全揭發。「可是克強乃不能不將明德的職務辭去，另在小吳門正街設一『東文講習所』，作為秘密活動的總機關。但準備十月初在萬壽宮施放的炸彈，還是在明德學堂的理化實驗室，由日本教員掘井覺太郎指導製造成功的。」[537]

　　又據克強之子黃一歐謂：「先君在明德學堂教課，給他從事革命活動以很多的便利；如 1904 年先君與劉揆一、馬福益等商議，謀於 11 月 16 日（農曆 10 月 16 日）西太后七十生辰，全省文武官員在皇殿行禮時，預置炸彈於拜墊下以炸斃之，乘機佔領長沙，作為根據地。這次準備起義用的炸彈，就是在掘井覺太郎的指導下，在明德學堂理化實驗室製成的。先君當時任明德學堂學監，和掘井覺太郎很接近（癸丑討袁失敗後，先君亡命日本，掘井關懷舊友，特意騰出他在東京市郊巢鴨目白的房子給先君住），時常出入實驗

---

[536] 左舜生著：《黃興評傳》（傳記文學出版社印行，民國 57 年 3 月 1 日初版），頁 170；附錄四、〈黃一歐：黃興與明德學堂〉。

[537] 同前註，頁 18-19，〈「同盟會」成立前「華興會」的活動〉。

室。他人以其特感興趣，且主管教務，故不疑有他。」又：「1904
年春，……決定於 10 月 10 日清太后生日時，預埋炸彈炸斃全省祝
壽官吏，乘機起義。為製造炸藥、炸彈。黃興、劉揆一利用明德學
堂的理化實驗室日夜趕製，儘管曾經走露消息，受到懷疑訪查，但
在胡元倓、龍紱瑞、陳介，以及日本教師掘井覺太郎、永江正直等
人的掩護下，終於製成十顆炸彈，準備使用。」[538]

J457	堀清某	湯淺洋行支店長	協助革命、聲援武昌革命
J458	堀清某夫人	家庭主婦	協助革命、聲援武昌革命
J459	高橋某	大佐、漢口駐屯軍司令官	協助革命、聲援武昌革命
J460	東鄉某	少佐參謀	協助革命、聲援武昌革命
J461	吉福奧太郎	翻譯官	協助革命、聲援武昌革命
J462	岡幸七郎	《漢口日報》(記者)	協助革命、聲援武昌革命
J463	茅野房次郎	《漢口日報》(記者)	協助革命、聲援武昌革命

　　武昌起義夕前，此時革命黨始終不得一日安閒，各方面種種計
畫均在進行中，隨即有第一次革命，黨員於武昌舉起烽火之時機即
將到來之報告，陳其美、齊漢民窺探湖北、漢口，助長武昌之黨員
之計畫。金子克己與同伴被派往漢口。當時湯淺洋行支店長堀清及
其夫人都是痛快人物，極力援助齊漢民等，林正朗、安達醫師等亦
為之助勢。但事前因計畫洩露，遭到官憲追捕，堀夫人機智，使齊
漢民着女裝，金子克己穿著船員服裝遁入船中前往下江。當時漢口
駐屯軍司令官高橋大佐、參謀東鄉少佐、吉福奧太郎翻譯官、《漢

[538] 同前註，頁 172，附錄四〈黃一歐：黃興與明德學堂〉。及：陳茵芳、汪小
蕾著：〈黃興與明德師生的革命活動〉，載於《黃興研究》，(林增平、楊慎
之主編，湖南師範大學出版部出版發行，1990 年 8 月第一版)，頁 61。

口日報》岡幸七郎、茅野房次郎等對金子克己等之行動加以聲援
支持。[539]

J464	**梅屋庄吉**	業商（米業、貿易及影片公司）、有鄰會發起人	資助並協助革命

　　號煙波亭主人，長崎西濱町人。明治 15 年（1882 年）隨父赴
上海，初見各種文物鼎盛，即有在海外發展之志。19 年 3 月於赴
美國途中，在馬尼剌附近船中起火，入海全溺死，而彼被西班牙軍
艦救起送往香港返國。是年，朝鮮大饑荒時運大量精米前往販售，
不意同年秋，全朝鮮大豐收，損失慘重。其後於熊本湯山從事經營
礦山；又於長崎米穀市場為仲介人等。在米之投機買賣再遭失敗。
明治 26 年（1893 年）遠來廈門一遊，翌年歸東京，與友謀往南洋
從事貿易及移民計畫，遂赴南洋；再於暹邏為佛教事。在南洋方面
活動中並於香港為佛教事外，又收養孤兒並予教育等之奇特行為。
美國與西班牙戰爭時之當時香港，與菲律賓之阿坤鴉度（Emilio
Aquinaldo 或譯為亞基乃德）及彭西（Mariano Ponce）交往而肝膽
相照。遂同赴馬尼剌。明治 33 年（1900 年）宮崎寅藏、內田良平
等代表中國革命黨領袖孫文赴廣東自李鴻章代表劉學詢取得三萬
元時，劉企誘取孫文以前於在香港出入時於梅屋所經營之照相館所
攝相片。因而香港政府有不許孫文度登陸命令。又梅屋往來於香
港、新嘉坡之間，此際彼已知孫逸仙等之事實。因之彼對孫文之傾
慕，此後亦對同黨盡力援助不斷。另一說彼與孫文相識是在明治
26 年（1893 年）初，赴廈門之際之傳說。明治 36 年（1903 年）
將電影攜歸日本，最初開始盛行於東京新富座，當時是電影珍貴時

---

[539] 同註 52，中卷，頁 604。

代，利益豐厚，斯為日本電影之始祖。對中國之革命孫文一派之後
援最為努力。孫文第二次亡命日本時，提供大久保宅邸為其居所，
亦為鄰邦革命志士所盡力甚多。大正 13 年（1924 年）12 月孫文赴
北京途次日本時，於門司致電梅屋謂：「滯留貴國，蒙各位厚意，
甚感。今後切盼為全亞洲民族復興共同努力。併祝健康。」。嗣後
國民政府蒐集孫文於日本行動傳記資料時，梅屋讓出此份電報。蔣
介石北伐成功後，梅屋赴上海法租界居住，往來上海、南京之間，
為中日親善盡瘁。滿洲事變爆發，乃返日本居千葉縣長者町三門海
岸，悠然自適，更待發展時機。昭和 9 年（1934 年）11 月病歿於
此，享年六十七。梅屋於國民政府基礎漸穩定後，為紀念孫文，特
塑高達一丈之孫文銅像五座寄贈國民政府，選設置於孫文及革命因
緣為深之地，諸如：南京中央黨部前、孫文出生地澳門龍田村、廣
東黃埔軍官學校校庭、廣東中山學校校庭及武昌等地。此銅像始塑
於昭和 4 年（1929 年）2 月，迄於 7 年（1932 年）末始完成，其
費用不貲。[540]

梅屋庄吉，是初期中國革命國父在香港交遊之日本知友之一，
1868 年生於長崎，少懷大志，十五歲至上海學習漢學，酷愛中國
文物及美術。十九歲赴美留學，以後到朝鮮、南洋、香港等地經商。
1894 年二十七歲時在香港與孫中山訂交，因二人志氣相投，遂成
莫逆。以後孫中山赴日革命活動，各種集會，常假梅屋先生東京大
久保私宅舉行，1905 年 8 月，中國革命同盟會在東京成立時，梅
屋先生曾聯合日本同志，在日比谷有樂町設立「中國同盟會後援事
務所」，高懸「友邦共和國公認期成會」橫額，他對於中國革命的
同情與熱心，於此可見。[541]

---

[540] 同前註，下卷，頁 408-409，〈補遺〉。
[541] 同註 459，頁 83，〈國父與梅屋庄吉〉。

　　民國 18 年梅屋於 3 月 17 日，自北京抵達南京，住在外交賓館，接受國民政府蔣主席的邀宴，和各方面的熱烈款待，非常高興。他對中央社記者發表談話，敘述國父軼事說：「憶自明治 27、8 年間（1894-1895 年），余（梅屋自稱），在香港中環大馬路八號，開設梅屋照相館，經英人康德黎博士之介紹，得與總理論交，並邀總理寓於余處，朝夕相聚，常聆教益。及總理去倫敦時，即託牧師區鳳墀，代通消息。總理在倫敦蒙難後，許久不知下落，乃由歐處探悉行蹤，連函敦勸總理赴日。迄明治 30 年（1897 年）7 月總理由倫敦經加拿大至橫濱，寓居陳少白家中，時余尚在香港，已知日人追隨總理之同志，尚有平山周、宮崎民藏、宮崎寅藏等三人，此外有犬養毅者，對總理甚為傾慕，且為物質上之種種幫助。余是時迭函上述三人，婉留總理暫住日本。而陳少白恐日本不甚安全，一面親赴臺灣，準備地點，迎總理往避。時余以臺灣不如日本安全，遂邀總理由橫濱移住東京，寓敷寄屋町對鶴館，後遷至早稻田鶴卷町犬養毅家附近，所需費用多由犬養毅及平岡浩太郎供給。明治 31 年（1898 年）秋，總理為與革命同志來往便利，易於聯絡起見，復移寓橫濱。並一面託平山周赴滬奔走，一面託宮崎寅藏至香港，聯絡國內黨員。」[542]

　　梅屋為《民報》之創辦提供經費，如：1905 年 11 月 26 日，《民報》在東京正式發行，孫文撰發刊詞，首揭「民族」、「民權」、「民生」三大主義。該報發行所設於宮崎寅藏住宅，編輯兼發行人為張繼，印刷者為末永節；編輯部設於牛込區新小川町二丁目八番地，前田綱任編輯部管理事務，被稱為「民報阿姨」，警保局長古賀廉造為租賃該屋保證人。《民報》的籌劃，得到日本人支持，其所需

---

[542] 同前註，頁 85-86，〈國父與梅屋庄吉〉。

印刷機、鉛字、字版架均由秋山定輔應孫文之請購贈；梅屋庄吉亦
表示可提供刊物所需費用。[543]

梅屋更以巨款資助革命軍，不遺餘力，如：武昌起義爆發後，
黃興電告萱野長知，義軍極需大量炸藥，梅屋庄吉這時正在籌款，
得知此一消息，立即捐款十一萬六千日圓。11 月 7 日，他再捐款
十七萬日圓，這兩次合計二十八萬六千日圓。梅屋庄吉是在極端困
難情況下籌集這筆巨款的。由於多次捐款及其他原因，梅屋此時負
債已達三十三萬日圓。因此，梅屋不得不將個人經營之 M 百代商
會，改組為百代株式會社，其是日本電影界第二家股份公司。梅屋
讓出社長職務，改為常務理事。梅屋能在極端困難情況下，慷慨解
囊，真誠援助辛亥革命活動，使中日兩國志士深受感動，中國革命
黨人更加尊敬與信任，中華共和促進會以會長伍廷芳和副會長陳其
美名義，派二名使者赴日本，頒發梅屋庄吉（募捐）委任狀。文曰：
「梅屋先生大人惠鑒：敬啟者，本會原為協助軍事，維持政治，以
冀早達共和民國之目的。自成立以來，深蒙諸同志遠近贊助，規模
初具。惟是開辦伊始，需款頗鉅，而籌議北伐軍餉，尤屬浩大，雖
經本會同人竭蹶經營，仍恐不濟，為此懇乞鼎力贊助，俾以相當之
寄附，毋任感禱之至。肅此敬請鈞安，諸希愛照不宣。正會長伍廷
芳副會長陳其美（因病未署名），黃帝紀元 4609 年（1911 年）11
月 11 日。」革命爆發後，需印製軍票，以緩和資金匱乏的局面，
梅屋庄吉受陳其美委託，出資在新宿石田印刷所印刷面額五元的軍
票共二百五十萬元。此是革命軍印製的第一批軍票，當時在革命軍
管轄地使用過。為緩解前線缺乏醫護人員情況，友鄰會決定派遣醫
療隊奔赴中國，梅屋庄吉積極承擔組建醫療隊的任務，梅屋與山科
多久馬等人商議後，迅速組織一有六名醫師，十名護士的醫療隊。

---

[543] 同註 249。

山科多久馬在東京駿河台開一診所，為梅屋夫人之主治醫師，與梅屋關係密切，山科率醫療隊趕赴中國前線，由梅屋提供一切費用。此僅一例，據有關資料言，由梅屋資助中國之人數眾多，不勝枚舉。[544]

　　梅屋協助革命及任東北軍武器輸入委員。如：在梅屋庄吉為首的日本志士之有力支援下，居正組織東北軍，發動山東起義，衝擊袁世凱在山東的統治。以往，孫中山主要在長江流域及廣東開展革命運動。這些地區遠離北京，舉義時難以進擊清廷中心地帶，因而孫中山非常重視在北方組織起義，此時山東半島被日軍佔領，袁政權於此地區的統治相當薄弱，對革命黨發動起義十分有利。於是，孫中山指示東北軍居正在山東舉兵起義。居正於 1915 年 11 月 15 日抵青島，在八幡町設立東北軍司令部，積極籌劃起義。同時，日本民間志士也在籌劃援助事宜。據阪本壽一回憶：有一天梅屋庄吉召集萱野長知、金子克己、末永節、平山周等人來家中商量援助山東起義事宜。12 月 3 日，萱野抵青島，擔任東北軍軍事顧問。平山周、岩崎英精等二百餘名日本民間志士相繼來到青島，參加東北軍。次年（1916）2 月，梅屋之門人石浦謙二郎大佐接到赴山東任日軍某部聯隊長（團長）命令。2 月 20 日，梅屋夫婦特意陪他至中山寓，介紹給中山。長談三小時。中山向石浦介紹中國和世界的形勢，望其理解與協助革命黨在山東發動的起義。後來，革命黨攻克山東半島之重要縣城濰縣時，得到石浦的協助，使東北軍在敵眾我寡情況下居於有利地位。中華革命軍東北軍約有一萬三千人，1916 年 2 月起義。連克山東昌樂等六城，5 月攻克濰縣，25 日，居正發表宣言：「奉前大總統、中華革命軍大元帥孫命令，督率東北各軍，討伐國賊，保障共和，用菸齊境，暫駐濰縣。在東北軍三圍濟南，並迅速攻佔鄒平、臨淄等十餘縣，戰爭之消耗，兵員之增

---

[544] 同註 332，頁 51-53。

加,使補充軍費與槍枝、彈藥成為燃眉之急。3 月 10 日,萱野長知致電梅屋庄吉,要求速匯一萬日圓。4 月 28 日,東北軍總司令居正委任梅屋庄吉為中華革命軍東北軍武器輸入委員。同日,居正發出武器訂貨單,要求梅屋庄吉迅速提供:三十年式步鎗七千枝、子彈每枝五百發、機關鎗七挺,子彈附、山炮五門,子彈附。」[545]

又「民國 5 年 3 月,居覺生奉國父之命,就任中華革命軍東北軍總司令職,委任梅屋庄吉為東北軍武器輸入委員,負責兵站武器。梅屋在日訂購械彈,負責供應,貢獻殊多,深得國父函電嘉勉。」[546]

梅屋庄吉亦曾全力贊助創設中華革命黨革命飛行學校,如:「阪本壽一經頭山滿和梅屋庄吉介紹,他和孫中山相識。受孫中山的委託,在日本琵琶湖西岸創辦中華革命黨革命飛行學校,有學員四七人,1916 年 6 月,任中華革命軍東北軍航空總隊司令,帶兩架飛機來到山東濰縣建立機場,配合居正的東北軍進行威懾性飛行。」[547]

另有:中山先生領導的武裝討袁,一開始就得到梅屋庄吉的竭誠相助。又協助中山先生創辦了中國第一所航空學校。當時正值第一次世界大戰,飛機作為新型的戰爭武器出現在戰場上空,顯示了強大的威力。中山先生非常重視飛機的作用,他說:將來世界上,無論為軍、為交通、為學術、為經濟,均將以航空為惟一利益。至於吾國面積之大,交通之難,各地政情民風之殊異,更非藉航空之助,不足以促成統一。1916 年 2 月 6 日,當梅屋將日本著名民間飛行家阪本壽一介紹給中山先生時,中山喜出望外,兩人用英語交談,非常投機。阪本壽一 1890 年出生於山口縣柳井。1907 年山口縣工業學校畢業。次年留學美國洛杉磯州立工業學院汽車系,對飛機有濃厚興趣,畢業後在福特汽車廠就業期間,自製了一架三十四

---

[545] 同前註,頁 80-81。
[546] 同註 458,頁 84,〈國父與梅屋庄吉〉。
[547] 同註 328。

馬力引擎單翼飛機。後進入世界各國學生雲集的查·卡奇斯飛行學校。1912 年取得飛行執照。1914 年 1 月，他帶着自己製造的八十匹馬力阪本式螺旋槳飛機回日本。第一次飛行表演，有二十餘萬人參觀。許多年後阪本回憶說，當時「與我的飛機論共鳴的人繼梅屋庄吉後，只有孫中山先生。」這以後，阪本常來孫中山寓與孫中山商議建立航空學校的問題。梅屋得知孫中山已決意創建航空學校後，立即表示由自己承擔開辦航校的一切費用。孫中山見時機成熟，指令戴天仇協助阪本建航校。校址幾經商議，訂於滋賀縣近江八日市町。八日市町位於京都以東的琵琶湖西岸（八日市町附近），松樹林立，環境優美。更重要的是阪本的朋友，民間飛行家荻田常三郎生前曾在此籌建航校，因此具備相當的建校基礎，經積極的籌建，機場及附屬設施很快竣工。1916 年 5 月 4 日，中華革命黨近江飛行學校正式開學訓練。阪本任教官，學員有夏金民、周應時、簡方杰、劉季謀、姚作賓、胡漢賢、馬超俊、陳律生、曾更謨、蘇幃鯤、李文耀、公當敕等四十七人。夏金民任班長、周應時任副班長。航校有兩架飛機，一架是阪本自製的；另一架是已故的荻田常三郎的，由梅屋用重金租來。航校的經費全部由梅屋提供。據阪本回憶，梅屋通過銀行直接匯款至當地銀行，一次匯款額就有二三萬日圓。……中華革命黨近江飛行學校開學後，教官阪本壽一……此時孫中山已返國，阪本定期將訓練等情況向梅屋庄吉報告。正當訓練進入高潮時，阪本壽一接到梅屋庄吉電報：「飛行學校將遷至中國，速來京商議。梅屋。」阪本接到電報立即北上赴東京，於梅屋宅出示 5 月 20 日宣野長知自山東來電，詢問可否立往山東訓練？阪本以為機場及附屬設施剛建成，訓練不足一月，如遷往山東，不但要中斷訓練，且要重新建機場及各種設施。梅屋亦感惋惜。然自中國傳來消息，袁世凱仍作垂死掙扎，東南軍總司令陳其美 5 月 18 日遇刺身亡，中華革命軍在各地發動的起義規模都很小，也都

失敗。在山東有東北軍三圍濟南不克情況等。因此斷然決定立將航校遷往山東，以增強東北軍的威懾力量。經梅屋耐心說服，阪本答應盡快遷移。於 6 月 28 日，阪本率全體學員、職工攜兩架飛機及部分設施在神戶乘船直航山東青島。一行七十八人，其中有九名日人。7 月 2 日抵青島，即轉濰縣修建機場。居正任命阪本為中華革命軍東北軍航空隊總司令，領少將銜。不幾日，簡易機場竣工，飛機投入戰鬥，航校兩架飛機的飛行高度為六百米，一次出航可飛行一小時左右。當時沒有飛機專用的炸彈，阪本等人用空桶裝炸藥和雷管，轟炸時在飛機上點燃導火線往下投擲。其命中率不高，殺傷力也很小，但是飛機作為新型的戰鬥武器，投入戰場有強大的威懾作用。北洋軍首次見到飛機，嚇得丟槍棄械，抱頭鼠竄。有次遇上北洋軍騎兵，阪本駕機向其俯衝，馬隊受驚，四處狂奔，騎兵頓時前仰後翻，潰不成軍。同時飛機還散發傳單，宣傳革命。北洋軍驚恐萬狀，中華革命軍軍威大振。[548]參閱：阪本壽一事蹟。

武昌起義後，梅屋庄吉提供七萬圓的資金給萱野長知，到中國去幫助革命。而且派遣了攝影師荻屋堅藏來中國，拍攝有關革命的記錄電影。又車田讓治謂：梅屋庄吉「也是有鄰會的發起人之一。」[549]

J465	陸奧宗光	外相、「東亞同文會」會員	同情革命

陸奧宗光於 1893 年（明治 26 年）曾為第二次伊藤博文內閣之外相。[550]1897 年，日本曾有東亞會（犬養毅、平岡浩太郎、福本日南

---

[548] 同註 332。

[549] 劉碧蓉著：〈梅屋庄吉與孫中山先生的革命事業〉（《國父一百二十五歲誕辰紀念：中山學術論文集》，國立國父紀念館發行，民國 79 年 11 月 12 日）頁 130、135 註 13、14、15。惟於《宮崎滔天年譜》：1911 年，11 月上旬，有鄰會的創立時，及此後，並未載有梅屋為有鄰會發起人記載。

（福本誠）、陸實等等為中心）及同文會（近衛篤麿、谷干城、若尾精、岸田吟秀等等為中心）。於 1898 年，11 月，「為謀中日親善，犬養曾與大隈重信、副島種臣、陸奧宗光、佐藤正等組織東亞同文會（按為東亞會與同文會合併而成），對於中國愛國失敗的政治家，必以深厚的同情，加以庇護，國父和黃興等的革命活動受其援助更多。」[551]

J466	陸實（羯南）	社長兼主筆、記者、東亞同文會會員	資助並協助革命工作

　　號羯南，幼名己之太郎，舊津輕藩儒者中田謙齋之子。因分籍而改姓陸名實。幼年入古川他山之私塾就讀，明治 8 年（1875 年），入仙臺師範學校，未幾退學。赴函館從法國人進修法語。10 年往東京入司法省法學校，在學三年許，中途退學。後為農商務省翻譯局官員，轉任文書局（後之官報局）。21 年（1888 年），辭官與同志創辦《東京電報》日刊新聞，翌年改名為《日本》，主張保存國粹，對外強硬；以大筆陣堂堂主張大陸發展。當時陸實為社長兼主筆。此侃侃之論成為論壇之重鎮，除獲諸多知名之士支援外，社內亦集合不少英才，瞬即成為新聞界之一大異彩。《日本》創刊後，對大隈外相之條約修正案；伊藤內閣之遼東半島歸還中國條約等，大加輿論攻擊而大放光彩。不予當局者顏色，一時鼓舞人心。陸實主要至為注意遼東半島歸還中國，與近衛篤麿甚契合，與高橋健三、神鞭知常等共同相攜致力對外問題。29 年（1896 年）之松方內閣成立，當時政界三雄為高橋、神鞭及陸實。高橋、神鞭二人入閣，一為內閣書記官長；一為法制局長，陸實則依然為新聞記者。

---

[550] 同註 522，頁 118，註 5。
[551] 同註 311。

331

36 年於歐洲漫遊之旅途中罹病，越年返日靜養，久未痊癒。40 年
（1906 年）病歿，年五十一。[552]

「當時，明治政府正積極推進歐化政策，陸實為反對此絕滅『大
和魂』的政策，乃高唱國粹保存主張，亦即有對外強硬，大陸擴張
的雄圖。因此，陸實不但批評明治政府之對外屈辱外交；亦痛斥三
國干涉日本的非法行為。1896 年 9 月第二次松方內閣成立後，大隈
任外相，陸實竭力推薦知友神鞭知常（號謝海、餓千里，晚年因居
東京麻布，又號麻溪），高橋健三入閣，而自己卻堅持在野立場，繼
續主辦其《日本》。陸實為能繼承日本武士道傳統精神之人，不為威
武所屈，富貴所撼。或因此而能與犬養毅結為志同道合之友，與犬
養相同的對東亞問題極為重視。當中山先生抵日後，初次交往之日
友們，幾乎均為東亞同文會的幹部。東亞同文會標誌者：（一）保全
中國領土完整；（二）團結亞洲人民。二鮮明綱領，與中山先生所懷
抱的理想是極為接近的。陸實在《日本》上評述東亞問題時，其基
本論點就是沿着東邦協會、東亞同文會之綱領而來。陸實、犬養等
對中國問題如此關心，因此，1897 年 8 月中山先生抵日後，犬養對
如何接待並援助的問題，與陸實時有磋商。」今將犬養致陸實之信
摘其有關而要者列之（按原信數封未列也），如：「由犬養致陸實及
中山先生致住東京之平山周二信對照之，可推知中山先生或以革命
資金無着，不能成行（赴安南），乃請平山設法。平山轉致犬養設法，
犬養無巨款協助。因此便請陸實幫助。犬養向陸實言：『務請吾兄竭
力協助，除麻溪與孫外，弟亦參加共商此事。資金可由友人中設法
之。』此麻溪即是當時法制局長官神鞭知常。此次為中山先生籌畫
革命資金，犬養祇限於神鞭、陸實二人，此或是此二人最為親密，
易於商談的緣故。於是約定 10 月 22 日中午，至犬養家共商其事。結

---

[552] 同註 52，下卷，頁 434-435。

果，中山先生認為有日金千元即可成行。於是犬養立即函告陸實，請其共同設法籌募。這年 12 月 13 日中山先生終於離日前往安南。」[553]

又：「犬養毅為中山先生之日本至友之一，對革命資金籌措等當與最親密的陸實與神鞭知常商量的。如 1910 年 12 月 13 日，中山先生自日赴安南之旅費，即係二人籌措的。」[554]

J467	飯野吉三郎	「精神團」主持人	協助革命、購買武器

〈國父旅日年表〉載：「1913 年，8 月 26 日，訪問『精神團』主持人飯野吉三郎。以期利用飯野與陸軍內部有力人士之密切之關係，向陸軍方面購買武器。同年 9 月 21 日，經飯野之介紹，與陸軍經理局長辻村會談。然因資金籌措不繼，乃放棄武器之購入。」[555]

J468	副島義一	早稻田大學教授、對中國有志會發起人	協助革命、任法制顧問

副島義一（1866-1947）法學博士、眾議院議員。佐賀縣人。明治 27 年東京帝國大學德法科畢業。貝魯林大學進修。為早稻田大學教授。中華民國第一次革命任孫逸仙顧問渡華，歷國士館大學校長。大正 12 年任眾議院議員。昭和 5 年（1930 年）任國民政府考試院、立法院法律最高顧問，努力中日親善，飄然渡華。曾於早稻田大學內攻擊大隈內閣，甚多奇特行為。昭和 21 年（1946 年）歿於東京，年八十一。[556]

---

[553] 同註 463。
[554] 同前註。
[555] 同註 7，附錄：〈國父旅日年表〉，頁 265-266。
[556] 《大人名事典》，第三卷，頁 570，「副島義一」條。

　　古島一雄於〈革命談薈〉一文中稱：「1911 年 12 月抄，辛亥革命起於武漢，犬養於是急行渡華，未幾余和頭山亦前往上海，寓「『豐陽旅社』，此時南京臨時政府已成立，孫先生已就任大總統，黃興為大元帥。犬養於渡華前夕，特往訪西園寺，探詢日本政府對中國政體之方針，未得確切答覆二三日後晤外相內田康哉，內田告以中國行共和政體，日本將感萬分困難，故表反對。日本將以武力維持中國之君主政體，請將此方針轉告華南革命領袖。此引起犬養不悅。既已探知日本政府之方針，然以革命政府成立未久，須迫切而急待解決者，當為國際問題，因此延聘寺尾亨（東京帝大教授）、副島義一（早稻田大學教授）隨同前往，同時為革命政府便於起草宣言及其他文書等，復聘松本康國（早稻田大學教授）擔任。寺尾適在休假期間，乃變更姓名，準備出發，不幸在下關為新聞記者探悉，且於報紙公開發佈，乃遭學校當局以免職處分。」[557]

　　中山先生於：《孫文學說》第八章〈有志竟成〉篇中亦提及：「其為革命盡力者，則有副島（義一）、寺尾（亨）兩博士。」[558]

　　民國 2 年 3 月，宋教仁被刺，國父為維護共和，籌畫討袁，再赴日本，創立中華革命黨。為培養建設民國人才，則委託寺尾亨負責辦理，由孫中山、陳英士、黃克強、李烈鈞、戴季陶、犬養毅、頭山滿、寺尾亨、副島義一、林權助等三十餘中日人士發起，在東京神田區錦町創立政法學校，寺尾亨博士公推寺尾為校長，教授講師有吉野作造、副島義一等四十二名。[559] 參閱：寺尾亨事蹟。

　　又：宮崎寅藏亦參加對中國有志會發起人會，如：《宮崎滔天年譜》亦載有：1914 年「10 月 6 日（宮崎）參加對中國有志會發起人會（於木挽町萬安樓），參加者還有萱野長知、副島義一、的

---

[557] 同註 277。
[558] 同註 11。
[559] 同註 271。

野半介、斯波貞吉、宮崎民藏、美和作次郎、古島一雄、弓削田精
一、伊東知也、小川平吉、小川運平、和田三郎、水野梅曉等四十
餘人，主席田中舍身」。」[560]

J469	**副島種臣**	伯爵、外務卿、特命全權大使	同情革命

　　佐賀人，為佐賀鍋島藩，以經學文章知名之枝吉種彰（南濠）
次子。通稱二郎：又以學人號蒼海。幼時過繼副島利忠為養嗣子，
故改姓副島。種臣之兄神陽，亦係著名之學問文章學者。於學問造
詣上兄弟並稱。種臣於少壯即為藩黌弘道館教授。並徬及參與藩政
貢獻不尠，後來佐賀藩在長崎設立致遠館，聘外籍人士教授藩士，
種臣為監督，自己亦研究英學。明治元年（1868 年），參與職之徵
士，命為制度事務局判事。自明治新政府以來，盡全力奉獻。2 年
7 月任參事；3 年任外務省御用專務；翌年（1871）年 5 月，因樺
太疆界，氏被派赴俄國談判，俄國不理日本要求，有意南下之勢，
以壓迫日本北方境界。彼歸來有備收買樺太全島，以鞏固北方門戶
之說。此年任外務卿，有南美秘魯之馬利亞爾斯（マリアルーム）
號商船，載中國奴隸（苦力），經橫濱時被扣留，依秘魯與日本締
結之條約國，日本政府有權利判決處分，排除羣議予以奴隸解放，
此為日本政府展開新的一面。6 年（1873 年），日本漁民被臺灣蠻
族（生蕃）虐殺事件，乃特命為全權大使赴北京，於談判結果，以
臺灣為清國之化外之地，而未獲得確實成果。惟歷來外國使臣謁見
清國皇帝，當行三拜九叩禮，因其而廢止。列國使臣對彼非常稱讚
與感謝。此年西鄉隆盛等主張征韓之議，論爭失敗，與西鄉隆盛一

---

[560] 同註 81。

同下野。翌年（1874 年）與坂垣退助等有設立民選議院之議，辭去參議。9 年，飄然踏上漫遊中國之途，對各地之調查事情與高官學者共同交換意見。翌年（1879 年）西南之亂時返國。被推薦為一等侍講。17 年授為伯爵，次又任宮中顧問官、樞密顧問官，超然紛紛政界中，一代學德高人，為世所尊崇。而依然有志於東亞之政治才幹。凡對來訪者縱談橫說，努力於東洋大勢之關注。因仰慕其風格而感奮興起者不尠。24 年為樞密院議長；25 年（1892 年）為內務大臣。當時於干涉選舉後，承擔為調和政府與議會之間傾軋之努力，但事與願違而辭職；復任樞密顧問官。此之前大隈外相之條約修改問題發生，種臣反對之，亟力倡中止論。此際，親近對外強硬志士，盡力創設東邦協會，而相同之會亦成立。會長所專注於樹立對外大計。27 年（1894 年），朝鮮半島風雲之亂起，草書長文之意見書，力促當局者勇敢果斷，更且日俄交涉漸為極難，乃力倡主戰，頻頻出入樞密院，痛論向俄國問罪。蓋係於明治初年，自樺太疆界談判時起之一貫不渝作為。以不挫俄國東侵之勢，則東亞之安固難期。此為東邦協會設立之初之一貫理念。為睹俄國侵入滿洲而憂憤得寢食難安。特別是彼為有益對俄政策，命其長男隨俄國主教學習俄語，研究俄國事情。日俄之戰開啟，日軍連戰連捷，得以滿足其所想。38 年（1905 年）1 月病逝於東京之邸，享年七十八。[561]

又：副島種臣（1828-1905），通稱二郎，號蒼海，佐賀人。明治初期的政治家，長於外交事務，又工漢詩。曾任藩校弘道館教授。1871 年（明治 4 年）任外務卿；1873 年（明治 6 年）因臺灣事件，以全權大使身份使清，與列國使臣首次覲見清帝，免除了三跪九叩之禮，其後，因征韓論論爭失敗，與西鄉隆盛一同下野。1874 年

---

[561] 同註 52，下卷，頁 310-313。參見：陳固亭著：《國父與日本友人》，頁 29-30，〈國父與副島種臣〉，有類似譯文，但有大不同之出入。

（明治 7 年），與坂垣退助推動請求設立民選議院運動。1876-1878
年（明治 9-11 年）間，巡遊中國南北各地，寫下了很多詩。自征
韓論以來，經甲午、日俄諸役，對外一貫提倡強硬論，為明治政壇
的主戰派論客之一。[562]

　　副島原為錫島藩儒學者枝吉種彰之次子，出贅為副島利忠養
子。由中國返日後，經岩倉具視之推介，為一等侍講。明治 17 年
敕封伯爵，繼任宮中顧問官、樞密顧問官、樞密院副議長、內閣內
務大臣等職。[563]

　　中山先生於：《孫文學說》第八章〈有志竟成〉篇中亦提及在
1897 年 8 月抵日本橫濱，由犬養毅遣宮崎寅藏、平山周來迎，引
至東京晤犬養，「後由犬養介紹，曾一見大隈（重信）、大石（正己）、
尾崎（行雄）等，此為與日本政界人物交往之始也。隨而識副島種
臣及其在野人士。」[564]

J470	清藤幸七郎	退職軍人、同文會、黑龍會會員	參與庚子惠州之役及武昌革命
J471	清藤秋子	「東洋婦人會」理事	協助革命、籌募革命資金

　　幸七郎，號吞宇，熊本市人，父幸一、母屋須，為第五子。幼
即卓越，完成小學課程即入熊本中村六藏之文學精舍學習；又從西
村末次郎進修漢籍。因母方緣故，幼時即與宮崎彌藏、寅藏之兄弟
交往，此即影響其對東亞問題之注意。年少時有談論風發氣概，或
係少年時代崇拜大西鄉而有景慕之情，因而有志於中國問題研究。
又少年時代於熊本虛構梁山泊，與青年有志之徒，共同起居，議論

---

[562] 同註 522，頁 59，註 9。
[563] 宮崎滔天著，宋越倫譯：《三十三年落花夢》，頁 246。
[564] 同註 59。

東方問題，以交友之感化及天賦之素質等等，以期能及早具有志於
中國之抱負。明治 23 年（1890 年）赴東京，繼宮崎兄弟之後至京
乃為中國革命。宮崎勸說彼是性急者，宜於東京靜止忍耐。清藤遂
赴長崎蓄辮髮，學習中國語，夢想於大陸雄飛發展。其間，其信念
大改變，再至東京時，如宮崎彌寅藏之《三十三年之夢》中有：「吞
宇君從長崎歸來，說我不去中國了，請二位解除盟約，詢其原因，
謂我之理想信念有大改變，與君等在此道路上有根本差異，不復能
共事。而彼發揮其得意之善辯口才，說明其轉變過程。」云：此間
說明一訊息乃是多情善感之青年期的苦悶之結果所致。清藤斯時暫
別宮崎兄弟，有志於東亞問題之解決，再自胸中燃燒，因此為獲得
資金而奔走。其間，回家鄉熊本，在米屋町開書店失敗；再於長崎
縣高島企圖經營礦場，又告失敗而歸。流離江湖結果，受家鄉前輩
小山雄太郎之庇護而努力學習焉。其後，宮崎寅藏伴同康有為亡命
日本之際，彼在箱根之寶泉寺閉門不出。從此時與宮崎就中國問題
一同行動。續於明治 33 年（1900 年）與宮崎寅藏、內田良平一同
代表孫文赴廣東；後前往新嘉坡，熱心中國之革命，盡力援助。曾
於新嘉坡遭英國官憲逮捕下獄之奇禍。於此前後，一面參加援助菲
律賓之獨立運動；一面實際參與孫文之中國革命，與同志東奔西
走，極為忙碌。當時彼之姊秋子及下田歌子等，組織東洋婦人會，
任理事而活動，秋子因其弟援助中國革命引起共鳴，為籌募革命資
金而奔走。又介紹下田歌子與孫文，孫亦企圖以婦人之力獲得革命
運動資金。下田歌子遂謁見西太后（慈禧），以東洋婦人會名義向
清廷募取資金，但為提供給革命黨。其代價是革命成功將滿洲割讓
之約束之云，以此說動下田歌子。此際下田歌子乃有接近孫文之事
實。二人會見時，孫題一扇面是：「大風已作，壯士思歸」。下田歌
子亦和詞一首。其後清藤幸七郎受近衛篤麿之知遇，隨之漫遊中
國。更受命小村外相，外務省囑託赴中國視察各地情勢。但經常對

孫文之革命黨與日本之間斡旋，及竭力庇護，而多事與志違。一度有友人橋本忠次郎之相助，創辦印刷會社：國光社，成為半個實業界人士。43 年結婚成家。任黑龍會發行之《時事月報》主任及編輯。武昌革命發生，放下萬事，承內田良平之意旨，投入戰亂中之革命，為援助革命派而盡力。其間日本政府當局在上海命其對中國時局提出意見書，清藤幸七郎偶然罹病返日，在天草之海岸養病期，提出意見書長文，密送東京。及中華民國政府成立，國民黨首領宋教仁任農商部部長，欲任彼為政治顧問，指導未來發展。清藤幸七郎允諾所囑待命時，宋教仁突遭暗殺，因此事寢。其後委身專注於漢字研究，二年後創立推陳出新之漢和字典，又得平凡社社長下中彌三郎幫助，於大正 12 年（1923 年）3 月，完成《標準漢字自習辭典》，此為從來全然不同之字典排版法，深受各方面之讚譽與歡迎。嗣又準備出版《大字典》時，因關東大地震，原稿全部燒毀，而遭打擊。後仍從事文化事業。又與下中彌三郎創立「平凡社」書肆，發行浩翰之各種書籍，一時引起各方面競爭發行所謂一圓全集（叢書），此以自平凡社之發行為嚆矢。於田中內閣時代，痛憤其對華政策，與同志組織「國民外交協會」，昭和 4 年（1929 年）2 月 17 日，於東京青山會館演說中，突然發生腦溢血倒在講壇，其後稍見小康，再著手編纂《大字典》。同年（昭和 4 年）1 月 4 日再發病，歿於東京市自宅，享年六十。[565]

　　興中會在惠州起事計畫，在己亥（1899 年）庚子（1900 年）間已漸告成熟。楊衢雲、鄭士良等在香港布置既峻。而駐三洲田、新安、博羅等處之健兒，咸靜極思動，急願一顯身手。楊衢雲乃於庚子 3 月 27 日乘阿波丸赴日本，與中山商議大舉。適是時拳匪事近，

---

[565] 同註 52，下卷，頁 654-656。本文中有：宮崎彌寅藏之《三十三年之夢》之短文，其中譯文，參見啟彥譯：《三十三年落花夢》，頁 49。另：同上書頁 47，註 1，有清藤之簡介。

全國震動，中山認為時機可乘，遂於 5 月中旬，偕楊及宮崎寅藏、平山周、福本誠、原口聞一、遠藤隆夫、山下稻、伊東正基、大崎、伊藤、岩崎、（清藤幸七郎）等十餘人，乘法輪煙狄斯（S. S. Indus）號至香港，5 月 21 日未得登岸，在船旁一小舟開軍事會議，議定由鄭士良督率黃福、黃耀庭等赴惠州準備發動；史堅如、鄧蔭南赴廣州，組織起事及暗殺機關，以資策應。楊衢雲、陳少白、李紀堂在港擔任接濟餉械事務。日本同志則留港助之。自偕英人摩根乘原船赴越南西貢。[566]另於《宮崎滔天年譜》亦載有其事，清藤幸七郎亦同行：1900 年「6 月 9 日（滔天）乘法國船印達斯號（按即 S. S. Indus）由橫濱出發，與孫中山、楊衢雲、陳清、清藤幸七郎同行。」[567]

　　宮崎滔天謂：「孫逸仙於菲律賓獨立運動失敗後，很成功地獲得五百萬發子彈，因而著手中國革命之大運動。明治 33 年（1900 年）春，日本同志內田良平、清藤幸七郎與吾（宮崎）、法國米爾（メール 按即：Pierre Mille），同往華南。同時，島田經一、末永節往上海，會同已在此處居留之安永藤之助、尾崎行昌、柴田麟次郎、平岡浩太郎等同志一同積極共謀舉事，準備一俟電召立即趕往參加。」[568]

　　1900 年，滔天前往星嘉坡，為與康有為合作，謀求革命事業而奔走，但被康有為陷害於星入獄，中山先生得知，自西貢前往星嘉坡營救始得脫厄，同乘佐渡丸赴香港，未能獲港府准予登岸。《宮崎滔天年譜》載有此事：「1900 年，？（按約 6 月中旬）在船中會議（按即法國船印達斯號（S. S. Indus），受犬養毅意，提議與人在星嘉坡的康有為合作，孫中山贊成。接受兩廣總督李鴻章所提要與孫中山會談的提議，同時接受會談時對於孫中山的生命保障，和為償還亡命中負債借款十萬兩的條件，並決定將此筆款項移用於起義。

---

[566] 同註 24。
[567] 同註 508。
[568] 同註 197。

內定日本人義勇軍總領為福本誠，監軍內田良平。6 月 16 日抵達香港。平山周、陳少白上船，商討起義計劃。……？離開香港。此時孫中山往西貢出發。6 月 29 日抵達星嘉坡住宿松尾旅館，往訪邱菽園，要求與康有為面談。7 月 1 日？康有為的門生湯學頓帶來康的回信，說不能面談，並付來一百元，滔天予以拒收。外面流滔天一行乃為暗殺康有為，由李鴻章所派遣的刺客。7 月 3 日？（滔天）責難康有為的忘恩負義，寫絕交信。此時康派信滔天說為真，遂透過星嘉坡市參議員林文慶向星嘉坡總督申請查辦。7 月 6 日送走急於到香港的內田良平，爾後與清藤幸七郎宿松尾旅館，因康有為暗殺嫌疑被捕。7 月 11 日英政廳以妨害治安，宣告滔天等五年不得插足英國海峽殖民地。（9 日，由西貢抵達星嘉坡的孫中山為釋放滔天等奔走。）7 月 12 日（滔天等）被釋放，被押解到碼頭乘佐渡丸，孫中山、福本誠、尾崎行昌、中西重太郎、英國人摩根（Rowland Mulkern）來迎接。出航時，松尾旅館主人夫婦、渥美高、御村來歡送。7 月 16 日抵達香港九龍，英政廳依治安條例，命令五年之內不得在香港登陸。在船中開會，（滔天）與福本誠、清藤幸七郎主張起義，跟主張回日本的孫中山爭論，結果以英政廳的監視極嚴，決定返日。）[569]

　　惟據宮崎稱：「此日來訪者陸續不絕，入夜始得共議方針，與議者計有日南（福本誠）、呑宇（清藤幸七郎）、近藤（五郎、即原楨）、南萬里（平山周）、及余（宮崎）。諸人一致遵奉孫之提議，即以日南君留駐香港，從事準備，若準備不能如意，則須以目前所有實力，立即舉事；至於舉兵之事則以鄭君（士良）為大將，近藤、楊飛鴻二君為之參謀、日南君為民政總裁、遵奉孫君之意見。孫君更以軍事之方略命鄭君執行，其餘日本同志，皆協助鄭大將，進入內地，玉水（常吉）、野田（兵太郎）、伊東（知也）諸君應在港待

---

[569] 同註 510。

命，密切注視事態發展，一有消息，即疾驅進入內地。方針既定，佐渡丸亦即啟碇離港。」[570]

《宮崎滔天年譜》有：「1906 年 8 月 12 日（滔天）與清藤幸七郎、萱野長知、和田三郎和青梅敏雄聚會于京橋區木挽町厚生館，決定創辦《革命評論》。9 月 5 日發行《革命評論》（附錄：〈土地復權同志會紀事〉）創刊號。[571]

1906 年 11 月 15 日「當時俄國革命黨領袖吉爾約尼（ゲルショニ）係日俄戰爭後被處一等死刑，減為無期徒刑，監禁在西伯利亞監獄，經脫逃而亡命日本的。至《革命評論》社訪問，其夜於（東京）牛込區築土八幡町之標名「高野長雄」之中山寓所會見中山，由上田將俄語譯為日語，池亨吉再譯為英語，參加會談者有宮崎滔天、平山周、清藤幸七郎、池亨吉、和田三郎、及著者（萱野長知），於五月霏霏細雨中，暢談革命通宵。」[572]

馮自由將清藤幸七郎列為興中會前半期之革命同志，謂：「清藤幸七郎，日本，退職軍人，無（所屬組織）。庚子（1900 年），以上七人均曾到香港，參加惠州革命之參謀團，皆以道梗不果。」[573]（按此「七人」為：伊東知也（正基）、原口聞一、末永節、遠藤隆夫、山下稻、清藤幸七郎、島田經一）。」[574]

J472	勝木恒喜	陸軍翻譯員、教師	參與第一、二次革命

熊本縣人，日清貿易研究所畢業。中日戰役從軍，任陸軍翻譯員，戰役中翻譯人員名額不足，回歸故里熊本任三個月速成之養成

---

[570] 同註 254。
[571] 同註 513。
[572] 同註 375。
[573] 同註 144。
[574] 同註 260。

所教師。戰後進入東肥洋行，任上海主任。又於方言學堂執教鞭，
與中國革命黨之黃興、孫武等交往，參與第一次革命盡其所有之
力；二次革命時，與革命派之關係依然如舊。後返日居住東京。大
正末年（1925 年），歿於寓所。享年五十六歲。[575]

| J473 | **野中保教** | 步兵大尉 | 參與武昌革命 |
| J474 | **小鷹某** | 軍人？ | 參與武昌革命 |

　　萱野長知謂：「武漢戰起，日本同盟會老同志末永節率吉田（清
一）、川村某等人，星夜赴漢口為中國外交盡力。武昌方面，大原武
慶帶同原二吉前往武昌應援，在都督府附近設立事務所，供給軍事上
智識。陸軍步兵大尉野中保教，化名林一郎與小鷹某轉戰前線，陸軍
步兵大尉金子（按為：金子新太郎）在琴斷溝附近中敵彈陣亡。」[576]
　　「參加武漢革命的還有岩田愛之助、甲斐靖、高橋正夫、古川
清、吉田清一，以及野中保教大尉等二十多人，……」[577]

| J475 | **菅原傳** | 眾議院議員、基督教傳教士、自由黨黨員 | 協助革命工作 |

　　菅原傳（1863-1937），政治家，陸前遠田郡生，夙於帝國大學
讀書，明治 19 年渡美入大學，於美國加盟自由黨，在森港發起愛
國同盟會，返國，發刊機關報《十九世紀》。26 年再赴美遊學，28
年返國，自 39 年以來，於宮城縣參選眾議院議員，當選十六次。

---

[575] 同註 52，下卷，頁 234。
[576] 同註 67。
[577] 同註 71。

屬立憲政友黨。其間，創《人民新聞》，任社長。大正 13 年（1924年），護憲三派內閣時，任海軍參與官，又任議院建築準備委員會、國有財產調查會、補償審查會各委員會委員。從事移民事業。昭和12 年（1937 年）歿，年七十五。[578]

「1894 年，孫文於夏威夷最初結識之日本人為自由黨菅原傳，介紹於橫濱推動革命運動的陳少白與菅原，因由菅原介紹會見原海軍少尉曾根俊虎。而由曾根介紹與宮崎寅藏相識。」[579]

又：「菅原傳大學畢業後，於美國加入自由黨，在舊金山與愛國同盟會聯盟，返國後發行《十九世紀》會刊。此後，連任眾議院議員十六次。屬立憲政友黨。」[580]

1900 年 9 月（西曆 10 月）初中山先生有鑒於當時革命軍事因軍械與軍事人才需求孔亟，惠州三洲田舉義又失敗。「日本內閣山縣有朋既辭職，新內閣伊藤博文對華方針亦變，先生以臺灣為革命基地計劃亦成泡影。惟先生仍作最後之努力，致函日本友人菅原傳，促其新內閣伊藤繼續援助革命。菅原名傳（Tugawuara Den），為先生舊友，甲午（1894）年，結識於檀香山，為贊助先生革命最早之日本人，彼與日本新內閣伊藤同屬政友會。先生特函菅原（即：〈致菅原傳請代設法借助人械函〉），云：『菅原君足下：近以事急離京，未及告別，良用為憾，然日前相約之事，想不忘懷也。今者聞貴同志已握政權，而吾人義兵亦起，此真適逢其會，千古一時也。舉旗至今十餘日，連克大敵數破堅城，軍威大振，人心附從，從來舉事成功之速，未有及此也。惟現下萬事草創，人才兵械，多形不足，今特托足下代轉求貴同志政府暗助一臂之力，借我以士官，供

---

[578] 下中邦彥編集兼發行：《大人名事典》，第三卷，頁 436，「菅原傳」條。
[579] 藤井昇三著：《孫文の研究》（日本，勁草書房發行，1966 年 4 月 10 日，第一刷發行），頁 12。
[580] 同前註，頁 23，註 14。

我以兵械，則迅日可以掃除清朝腐政，而另設漢家新猷矣。務望向伊侯星君（按即伊藤）等力為言之。如蒙允諾暗助，即望移駕到橫濱海岸九番地佛國郵船會社通知同志黎煥墀君，托他即用電報通傳為幸，此致，即候大安不一。弟孫文謹啟，10 月 23 日。幸祈將此信秘密，切勿登報。』民國紀元前 5 年（公元 1907 年）」[581]。惟依年月、內容推斷，其時間應為民國紀元前 12 年（公元 1900 年）為當。

　　馮自由將菅原傳列為興中會初期之友好，指稱：「菅原傳，日本，傳教士，基督教，任日本基督教牧師，總理在檀與之結識，宮崎寅藏兄弟即其作函介紹。」並列為：「興中會前半期之革命同志」名單之中，而日本人士僅此一人，指「……皆為興中會會員，或贊助革命之同志。」[582]

　　又：1895 年廣州起義失敗後，中山先生由廣州脫險至香港，隨與鄭士良、陳少白同渡日本，時中山先生斷髮改裝，重遊檀島。而士良歸國，以謀捲土重來。少白則獨留日本，中山先生於《孫文學說》第八章〈有志竟成〉篇中云：「予乃介紹之於日友菅原傳，此友為往日在檀島所識者。後少白由彼介紹於曾根俊虎，由俊虎而識宮崎彌藏，即宮崎寅藏之兄也。此為革命黨與日本人士相交之始也。」[583]（參閱：第七章，第一節，「貳、首先引介日本志士襄助革命之菅原傳」）。

J476	曾根俊虎	退役海軍大尉、浪人	同情革命、曾至中國活動

　　舊米澤藩士曾根敬一郎之子，米澤人，父敬一郎號魯庵，知名儒者，桃李甚多。戊辰時為大隊長，越後出戰與官軍對抗而陣亡。

---

[581] 《國父年譜》，增訂本，上冊，頁 132-133；惟：〈致菅原傳請代設法借助人械函〉之日期應以：《國父全集》（全三冊）第二冊，頁玖-32。「民國紀元前 5 年（公元 1907 年）」為宜。

[582] 馮自由著：《革命逸史》，第三集，頁 15-16、33-34。

[583] 《國父全集》（全三冊），第一冊，頁叁-162-163。

俊虎夙於藩黌興讓館求學，又受雲井龍雄之感化甚大，後往江戶進
修洋學。明治4年投效海軍，翌年任少尉，六年副島外務卿派赴中
國時，俊虎隨行開始往中國，歸國於海軍省工作。翌年征臺之役開
始，奉命赴上海，為策應臺灣出征軍重要任務而活躍，並為輸送補
給軍需品等盡力，甚有助出征軍之活動。役後任職駐在機構，此於
彼對中國問題之體驗，是其後委身於此之先驅活動開端。後於艦上
服勤，返國至海軍省工作，後再派至中國各地之駐在機構服務。其
間編纂有關軍事之二三重要軍事提供當局。事上達明治，蒙召見，
感光榮。俊虎原有漢籍素養，長於詩文，在任職中國時獲得諸多便
宜，並得中國甚多知己，發揮其手腕而得到彼地深一層之事情調
查。因而海軍大臣對彼特加信任，亦予在活動上之便利。俊虎不僅
從事諜報勤務，亦有志於中國改造，而與革命黨志士往來，以「不
流血的革命是不可能的。」以此積極煽動革命家之熱情。夙曾寄志
於安南問題，與安南志士交往。明治17年之清法戰爭時，有為救
安南之見解，加以努力有所策劃。當時福州以小澤豁郎中尉為中心
之一羣日本志士，與哥老會合作舉事。其時於上海駐在之曾根對此
何故積極參與援助。其有明白消息是恐曾根將重心置於安南問題，
使小澤等急於改造中國，而以兩人之意見一致作為解釋。明治十九
年曾根自中國返國任參謀本部海軍部代理編纂課長，將清法戰爭當
時所收集之見聞，著：《法越交兵記》一書。以此攻擊當局對安南
之漠不關心而下獄。明治13年（1880年）設立興亞會，彼為發起
人之一盡力創立。此一筆禍事件，終宣告無罪。後來怏怏不樂，毅
然辭去海軍，成為一浪人，依然盡力於中國問題，是在野重要的中
國通。中日之戰後，曾任官臺灣總督府，未幾即辭職歸國。明治
43年（1910年）因動脈瘤病，歿於東京寓所，年六十四。[584]

---

[584] 同註52，下卷，頁316-317。

又：曾根俊虎（1847-1920）。父為米澤藩儒者曾根敬一郎。幼從父學於藩校，父死後至東京習西學。1871 年（明治 4 年）入海軍，翌年任少尉官，1873 年（明治 6 年）隨外務卿副島種臣至華，以後長期在中國從事調查和諜報的活動。著有《清國漫遊記》（明治 14 年）、《諸炮臺圖》（明治 11 年）、《清國近世亂誌》（明治 12 年）、《法越交兵記》（明治 17 年），為明治時期有名之中國通。1891 年（明治 24 年）以患病為理由退役，此後成為一名浪人。為日本大亞洲主義者的先驅之一。1895 年（明治 28 年），經介紹在橫濱認識孫中山和陳少白，其後又為寅藏、孫、陳的仲介人。晚年注意力轉移到俄國東進的問題上。著有《俄清之將來》（明治 29 年）、《俄國暴狀誌》（明治 37 年）等書。[585]

馮自由將曾根俊虎列為興中會前半期之革命同志謂：「曾根俊虎，日本，武官，無（所屬組織），丙申（1896 年）。係一退職海軍大尉，曾居中國北方多年，頗通華語，著有《太平洋戰記》一書，稱道洪楊不遺餘力，陳少白至日本未久，即識之。」[586]

馮自由又謂陳少白結識曾根俊虎是由菅原傳所介紹。如：「初中山於乙未（按 1895 年），前在檀香山納交於日本耶教牧師菅原傳。及廣州失敗東渡，乃介紹菅原於陳少白。陳漸與日人有志者相往返，先由菅原介紹結識曾根俊虎。曾根為日人中最有心中國事者。自稱原籍山東，為先儒曾子後裔。著有《太平天國戰記》一書。篇末載太平天王洪秀全遺言，謂余志雖不成，然不出五十年，必有大英雄出自東方，繼吾志而驅逐滿族，恢復故土等語。觀此可知曾根對中國之抱負矣。陳復由曾根而識宮崎彌藏、寅藏兄弟。」[587]

---

585 宮崎滔天著，啟彥譯：《三十三年落花夢》，頁 106，註3。
[586] 同註 134。
[587] 同註 142。

　　另：曾根俊虎為日本海軍部內中國問題之先覺者，其策劃亦如其名，但不為當局所採納，以此早退軍籍，以在野之身，從事論著，但懷才不遇，壯志未酬，常引為憾。中法戰爭與曾根俊虎有甚深的因緣，他因此而竟致辭官。安南國民黨領袖潘策南氏，在其著作之首，曾有「1883、1884 年間，日本米澤人海軍大尉曾根俊虎，頗具奇骨，為東亞大局創興亞會，與同志研究亞西亞經綸之策，當中俄關係緊急，見安南國命瀕臨危殆，為之憂慮，與同志多所策劃，他在《法越交兵記》著作中，痛罵當局，優柔不斷，得筆禍下獄」云云，當時與在福州陸軍中尉小澤豁郎等多人，暗中結合，並與哥老會聯盟以謀舉事，獲芝罘總領事東次郎之贊助，擬迎接九州壯士。此舉事前為政府阻止，將首謀之小澤中尉調駐香港，鴻圖落空。福州之舉事有種種傳說，有謂結合哥老會，先攻清兵得手後，再對法國；有謂擬與法兵將積弱之清兵打倒，圖握政權；更有謂與哥老會結合，趁中法戰爭之紛亂，實使中國革命。……他的企圖，當係第一說。他生於 1847 年 10 月，為曾根敬一郎之子，1871 年入海軍；1873 年隨副島外務卿全權大使乘龍驤艦到中國，這是他有志於中國之第一步，此後時來時往，與許多中國友人結詩文之交，極有助於對中國問題之研究。他曾著有《中國近世亂誌》，足見其對當時中國情況之注意。1879 年乘日進艦到華南各港，4 月奉命視察福州附近，着重兵要地誌，實地勘察等；1882 年 8 月，復自東京經上海到天津，探求中國當局對日本與韓國交涉之動向，又奉命視察中法軍事於上海之特殊任務。翌年赴福州為東亞大局策劃未果。1885 年隨伊藤全權大使至天津，旋即經海路赴芝罘，並經陸道到黃縣、濰縣、唐官屯等地再進入天津，續視察沿海半載。1886 年回國後開始著作，在書中因非議當局而被囚禁，嗣後雖被宣告無罪，但其壯志早已消失，至 1891 年藉病退役。1895 年 10 月在橫濱與中山先生及陳少白相

識。中日戰役後，當時之知已樺山少校，任職臺灣總督府時，於
1896 年任臺東撫墾署長，但因與其志向不同，任職半載即告去
職，嗣後堅不復職，在野從事評論著作。晚年在長崎與東京間，
從事海外企業。[588]

萱野長知亦嘗謂：曾根俊虎，號嘯雲，出身海軍，米澤人。一
代風雲人物雲井龍雄之最年少的同志之一，因雲井之陰謀案遭連坐
而入獄。晚年頗不遇，而病故於大森海岸之自宅。當時陳少白與之
交遊，當知曾根為如何人物也。[589]

J477	菊池（地）良一	眾議院議員	協助革命工作

菊池良一（1879-1945），日本青森縣，弘前市人，1879 年 10
月生，出身士族，幼時好學，於仙台第二高等學校及京都大學法學
部卒業後，從事政治改革活動，頗孚眾望，當選眾議員議員七次，
對商業夙有研究，次曾任物產會社長等職。當菊池第一次競選眾議
員時，適孫中山來日，曾說菊池先生之競選我雖在金錢上不能助
之，但寫字不論多少，均所願也。因此揮毫題字甚多，青森縣人家
仍珍存墨寶，引以為榮。[590]

1913 年（民國 2 年）8 月 2 日，中山先生偕胡漢民乘德商船約
克號自滬赴粵，途經馬尾，因廣東局勢遽變。萱野長知謂：遂由福
州轉搭商船撫順丸往臺北，8 月 9 日，再自臺轉搭日本郵船伊豫丸
赴日本。於離臺前，得知日本拒絕登陸之惡電（時袁世凱要求日本
政府，拒絕中山先生於日本登陸，日本總理大臣已下令禁止。）但

---

[588] 同註 458，頁 1-2，〈國父與曾根俊虎〉。
[589] 萱野長知著：《中華民國革命秘笈》，頁 38，「初期之失敗」。
[590] 同註 458，頁 63，〈國父與菊池良一〉。

此遠去歐美前，對再舉大策乃欲登陸與在日本同志討論。於是在離臺前，同時密電著者（萱野）其電文：「如此遠去歐美，對我黨前途實多影響，無論如何，希在日本暫留，可於神戶之船中密會協議。」接此電後，即與犬養、頭山二人會商，二翁亦以此重大問題不宜遠遊，決定與日本政府交涉，變更原定方針，惟此項交涉，非短時期內所能有結果，只能相機行事。著者（萱野）遂於翌日驅車往神戶，與三上豐夷、松方幸次郎會商如何偷運中山先生上岸。為避免刑事人員干擾以及新聞記者採訪，於伊豫丸入港，換乘小汽輪登陸。進入川崎造船所之門，穿越僻靜山道小徑。直趨阪訪山，在鑛泉浴場之上方山腹處有一新建美麗二層小別莊。是為孫先生暫住之所。此是三上（豐夷）、松方幸次郎兩位設法準備者，鮮為人知。未幾，古島一雄、島田經一、菊池良一等同志，奉東京之頭山、犬養、寺尾翁等之意，前來神戶，在孫氏隱居附近之「一力」餐館先後聚集，與東京同志相策應，為孫氏之前途計畫。……」[591]參閱：三上豐夷、松方幸次郎等事蹟。

　　有關上事，於日本外務省檔案亦有記錄，如：日本外務省檔案：「兵發秘第三〇二號：1913 年，8 月 18 日，兵庫縣知事服部一三致牧野外務大臣電（其註 1 云：有關孫中山 8 月 18 日的活動情況，置於 8 月 16 日內，無詳細發報時間），已如前報，孫逸仙於本月16 日凌晨 4 時，在菊池良一陪同下，與兩名隨從一同離開阪訪山常盤花壇別墅，乘三上（豐夷）準備的汽艇出發，先去和田海角洋面再換乘前來迎接的輪船襟裳丸，於當日晨 7 時駛往橫濱。在此地滯留期間，除宋嘉樹及其女兒和胡漢民訪問外，未與其他中國人會面；除與三上豐夷和萱野長知因事會面外，也未會見任何日本人，別無其他異常情況。」。又其註 2 有：「菊池良一（1879-1945）日

---

[591] 同註 15。

本憲政會會員，曾任眾議院議員。菊池良一與孫中山來往甚密，文中多次出現其名但多半寫作：「菊地良一」。（因「菊池」和「菊地」在日語中是同音之故。）[592]

因而吾人可從該外務省檔案中見到「菊地」與孫先生來往密切之記錄如：「1913年，乙秘第1180號，8月18日，上午十一時三十分，菊地良一偕孫的兩名隨從來訪，（此三人和孫一起在神戶上船來橫濱，上岸時和孫分手在橫濱宿一夜，今日乘火車進東京。因這兩名中國隨員不公開姓名，因此其姓名不得而知，據聞他們是中國警察）。下午四時菊地離去。下午一時頭山收到封密電，不知從何處來。古島將該電報交給菊地良一。下午三時，菊地良一從孫的臥室帶出一信函（也可能是電文），到頭山宅發出，不知發往何處。」同年，乙秘第1168號，8月29日，下午兩時四十分，菊地（池）良 來訪，四時離去。」同年，「乙秘第1177號，8月30日，29日晚七時二十分，孫外出期間，菊地良一和頭山宅食客高取某一起來孫住所，二人密談後於晚八時五十分離去。晚十時二十分，孫外出期間，胡漢民、菊地良一二人來訪，候孫回寓。孫十一時四十分回寓後，三人圍桌密談。午夜十二時四十分，二人一起離去。」同年，「乙秘第1185號，9月1日，昨31日晚七時五十分，陸惠生、姚勇忱、菊地（池）良一、萱野長知來訪，陸、菊地九時三十分，萱野九時四十分相繼離去。乙秘第1193號，9月3日，1日晚八時二十分，一位姓名不詳的中國人（二十歲左右）來訪，和前此來訪的陸、姚、菊地等進另室，打開地圖狀的東西密談。上述姓名不詳的中國人於十時三十分離去。其他人繼續密談。晚十一時五分離去。乙秘第1221號，9月5日，4日晚七時二十五分，胡漢民、陸惠生、菊地（池）良一來訪，胡十時離去。陸及菊地（池）離去。

---

[592] 同註5，頁4及同頁註1、2。

下午六時，菊地（池）良一來訪，六時三十分離去。乙秘第 1243
號，9 月 7 日，下午四時二十分，菊地良一來訪，六時二十分離
去。乙秘第 1260 號，9 月 9 日，8 日晚八時二十五分，陸惠生、沈
子華、菊地（池）良一來訪，十時三十分離去。下午五時四十五分，
菊地（池）良一來訪，六時十五分離去。乙秘第 1189 號，9 月 13
日，本日中午十二時十分，菊地（池）良一來訪，下午二時四十分
離去。」同年，「乙秘第 1278 號，9 月 15 日，下午一時四十五分，
菊地良一、宮崎虎（寅）藏、何天炯來訪，二時二十分離去。」
同年，「乙秘第 1361 號，9 月 28 日，上午十時五十分，何天炯、
十一時三十五分宮崎虎（寅）藏、十一時五十分，菊地良一先後來
訪，下午二時二十分三人離去。下午五時四十分，菊地良一、宮崎
虎（寅）藏來訪，不久離去。」同年，「乙秘第 1752 號，12 月 13
日，下午四時三十分，菊地（池）良一、山田純一郎二人來訪。」
以及：「1914 年，乙秘第 1473 號：8 月 13 日，下午二時三十分孫
（文）乘人力車至麴町區三年町訪陳其美，四時五十分返寓。」
而此：「孫到陳其美處時，戴天仇、菊池良一、犬塚信太郎（原滿
鐵理事）等也在那裡，孫認為第一次世界大戰的爆發是革命黨舉
事的良機，決定遣菊池良一去日本國民黨本部拜訪犬養毅徵求其
意見。犬養表示，目前形勢對革命是個好時機，但要慎重，過兩
天將拜訪孫，直接和他面談。」[593]由上可知菊地良一者，即係菊
池良一。

中山先生亦曾於《孫文學說》第八章〈有志竟成〉篇中，提及
菊池，曰：「其為革命奔走，始終不懈者，則有山田兄弟，宮崎兄
弟，菊池（良一）、萱野等。」[594]

---

[593] 同前註，頁 4-6、10-63、195 及其註 1。
[594] 同註 11。

J478	須藤理助	日本醫師	參與武昌革命
J479	田中一英	軍人？	參與武昌革命
J480	加藤仡夫	軍人？	參與武昌革命
J481	佐籐佐吉	軍人？	參與武昌革命
J482	新田德兵衞	軍人？	參與武昌革命

當第一次革命時，活躍的志士中而以逸待勞者為須藤理助。須藤於日清戰爭時即至中國，年幼即是為特殊任務而活躍之時勢者。以後返國習醫學，畢業後再與加藤仡夫、新田德兵衞、佐籐佐吉、田中一英等至華南。常往來於雲南、廣西以及安南之間，為李烈鈞、蔡鍔等謀事。第一次革命發生之際，因推戴司令官王芝祥，而任為參謀長，組織廣東、廣西之聯合軍，經湖南大進擊漢口，為革命軍盡力。進入戰局時，彼以王芝祥之參謀長地位，為軍醫總監，是最為出色而有才幹的人。[595]

J483	渡邊元	礦業家	資助革命

渡邊元（1855-1918），號南岬，長崎縣人，經營媒炭、海產及礦山等事業，資助亡命日本的朝鮮開化派首領金玉均。於金玉均的葬禮中結識宮崎兄弟。彌藏的白熊，寅藏的白寅，白浪庵滔天的別號，都是他給取的，曾資助滔天在中國活動的經費。[596]

在《宮崎滔天年譜》中亦有滔天與渡邊元相識經過的描述：「1894 年，5 月 20 日，（滔天）出席金玉均追悼會（淺草東本願寺別院）和會葬式（青山共同墓地），因田尻一喜的介紹認識金玉均的後援者渡邊元的妻子衫谷玉。？（按月日不詳）（滔天）訪問

---

[595] 同註 52，中卷，頁 430。
[596] 宮崎滔天著，啟彥譯：《三十三年落花夢》，頁 55，註 4。

渡邊元於銀座二丁目十一番地洋服店伊勢幸（青木）宅。」……
「1895 年，？（按月日不詳）（滔天）與彌藏訪問渡邊元於伊勢
幸宅，被勸進橫濱中國商館工作。……？（按月日不詳）（滔天）
與彌藏訪問住伊勢幸宅的渡邊元，請其介紹彌藏到中國商館工
作。」[597]

　　可兒長一曾於民國 19 年，於東京「追懷孫中山先生座談會」
的第四次座談會中提及：「中日戰爭的翌年，孫先生到了日本，我
們同志從橫濱迎到東京，同犬養毅介紹。暫住牛込鶴卷町，……在
當時最困難的，一面有警視廳早晚監視；一面又憂愁生活費，不過
在當時有位好義之人，名叫渡邊元，他是個礦業家，生於長崎，他
直接間接在物質方面，幫助孫文不少。」[598]

J484	鈴木力（天眼）	《東洋日出新聞》社長、眾議院議員	參與庚子惠州之役

　　號天眼，福島縣二本松町人，於家鄉受小學教育；又從竹內東
仙學習漢籍。早年喪父，十一歲時即立志往東京，寄食於同鄉先輩
之邸，勵志求學。後入大學預備科未畢業而退學。此後寄志於東亞
之大陸，與中野天門等共同策劃。後抱病於長崎賦閒靜養兩三年。
後再歸東京，其所著《獨尊子》、《丈夫的本領》等書相繼問世。因
獲得廣大年輕讀者喜愛，而聲名大噪。23 年（1890 年），與佃信夫、
北村三郎共同發刊《活世界》雜誌，倡發揚日本精神，振作對外經
綸，而文名愈高。26 年（1893 年）秋山定輔創刊《二六新聞》際，

---

[597] 同註 148 之：陳鵬仁譯：《宮崎滔天書信與年譜——辛亥革命之友的一生》，
　　近藤秀樹編：《宮崎滔天年譜》，頁 71-73。
[598] 同註 458，頁 135-138，即：「日本人追懷孫中山先生座談會，第四次座談
　　會」，民國 19 年（昭和 5 年，1930）3 月 7 日午後 4 時，於東京神田區北
　　神保町十番地，中華留日基督教青年會。

聘其為主筆，輔佐秋山活躍於言論界，其筆鋒益犀利。偶於廿七年朝鮮半島風雲乍起，中日關係頗為險惡，日朝議遲疑不決，彼甚憂憤東亞局勢，遂投筆入朝鮮，與同志及「天佑俠」等一群人，深入朝鮮並潛入內地，作驚天動地之活動。蓋其時日政府為懲膺清國之興師啟端，天佑俠遂訪問東學黨首領，促其再起，共同誓為救天下時弊，決起而相呼應。鈴木與內田良平等同志同往忠清南道之雞籠山，其餘同志赴京城方面準備策應，當時鈴木身抱痼疾，不屈於病而出生入死。然而，中日之戰端開啟，及因認同天佑俠志士一時之志向，卻遭官憲追捕，陷入如此苦境。彼與一部分同志歸國後，參加向檢察者斡旋，遂逐漸獲得諒解。以後於東京專心從事著作，後再赴長崎，明治 35 年（1902 年），於同地創刊《東洋日の出新聞》，自任社長，於鎮西之一角，開展堂堂筆陣，就其宿志東亞問題，擴人指導鼓舞人心，當時其社員、社友有志於東亞問題人士，參加者甚多，尤其長崎是中國、朝鮮方面出入之通道，往來志士多為《東洋日の出新聞》社訪問，例如談論時事。以社成為志士之根據地，期對有關對外問題，使能成為一勢力。明治 41 年（1908 年），長崎選其為眾議院議員，發揮其卓然雄志，以奇特冷嘲熱諷的銳利言辭，在議場使出無數次，無需寸鐵的殺人力量，威脅着政客。43 年搭乘軍艦遊歷歐洲。大正 3 年又往南洋視察，將其所見聞經緯，發表自己抱持之對外政策。對時人之對外思想啟發良多。彼於壯年時之肺病及天佑俠時代因餐風露宿不斷活動而吐血，晚年常因痼疾而影響健康，但依然於《東洋日の出新聞》，揮其健筆，議論風發，意氣軒昂，全然不以有病在身為念。大正 15 年（1926 年）12 月，遂歿於長崎，年六十。[599]

---

[599] 同註 52，下卷，頁 763-764。

　　又：鈴木力（1867-1926），福島縣人，號天眼，1890 年（明治
23 年）與北村三郎、佃信夫合辦《活世界》，主張發揚日本精神，
對外擴張。1893 年（明治 26 年）為《二六新報》主筆。1902 年
（明治 35 年），擔任《東洋日の出新聞》的社長兼主筆，為天佑
俠的主幹。[600]

　　1900 年 6 月 21 日（西曆 7 月 17 日），中山先生於新加坡營救
宮崎出獄後離新加坡、與宮崎、英人摩根等乘佐渡丸於是日抵港，
擬率同志登岸集會，為港府所拒；且宮崎因在新加坡下獄事復被水
警監視，因召同志舉行軍事會議於舟中，以惠州發難全權授鄭士
良。據宮崎滔天著：《支那革命軍談》一書中謂：「無論如何，以鈴
木（按為鈴木力）為全權負責，原（按為原楨）為參謀，平山（周）
為輔佐之各項部署既定，及其尚留在香港努力籌措軍費。而吾等回
歸日本。」[601]

　　但據宮崎滔天著：《三十三年落花夢》一書另載：「晚餐後，當
夜風送爽，人聲漸靜時，又再召開秘密會議。首領孫逸仙提出一個
建議：在香港準備的工作，委託日南（按為福本誠）全權負責。以
XX、XX、南萬里（按即平山周）、近藤（按為五郎，即原楨）諸
人為輔佐，準備告一段落後，再以鄭君代為領導，高舉義旗，以近
藤為參謀，日本諸同志加以輔佐，佔領某地，然後分兵一半進駐廈
門附近。」但此：「XX、XX 二人中其中一人或為鈴木力（號天眼，
1867-1926），參看宮崎滔天《支那革命軍談》，67 頁，《軍談》與《三
十三年之夢》所記略有出入，《軍談》記負全權者為鈴木力。」[602]參
閱近藤五郎事蹟。

---

[600] 宮崎滔天著，啟彥譯：《三十三年落花夢》，頁 40，註 7。
[601] 同註 145：宮崎滔天著：《支那革命軍談》，頁 67
[602] 同註 600，頁 198 及同頁註 3。

J485	鈴木久五郎	股票商、同盟會會 員、眾議院議員	資助革命

　　鈴木久五郎（1877-1943），號南狩，崎玉縣人，二十歲後在東京經營商業，買賣股票而致富。為人慷慨尚義，喜結賢豪。1897年（民前 15 年）夏，國父第二次到日本，由犬養介紹與之相識，對革命資金，迭有幫助。1910 年庚戌 2 月，黃克強謀發動廣州新軍起義，在返國途次，自神戶致萱野長知兩次函中，均提及向鈴木借款經過。[603]1910 年 1 月 25 日（西曆），〈致萱野長知（鳳梨）請電鈴木速匯款函〉：「鳳梨先生鑒：弟抵神驛即承鈴木君來接，歡慰無極！所商三件，已允竭力籌助。但因弟啟程太急，昨只得五百元之數。弟已書留二千元借用證據在伊處（因鈴木君云：本月中亦拮据之甚，故只求助二千元），餘數乞為暫交（或面交）友人譚君帶來。兄接此信時，即乞電求鈴木君從速匯寄，使譚君早一日來，即弟早得一日助手也。此全數雖區區，弟得之足資大用，感激百倍……即請大安，弟興頓首，25 日早下關。」又：「再致萱野長知請催鈴木匯款函；民前 2 年 1 月 25 日（西曆）」「拜啟：由郵呈上一函，想已收覽，譚君尚待鈴木君款到出發，請設法催之。不勝禱切。兄抵達後，請發一電至香港中國報，以便有事通也。……鳳梨先生閣下，弟興頓首，25 日午後 1 時由下關寄。」[604]

　　鈴木在第二次桂太郎任內（1908-1910），當選眾議院議員，因他是股票鉅商，負有盛名，當時呼為「股票的鈴木」。1913 年（民國 2 年）4 月，孫中山赴日本考察，在東京訪晤老友致謝，此時鈴木經營股票失敗，家道中衰。鈴木對孫中山曰：他的妻子即將分娩，孫慨允

---

[603] 同註 458，頁 42-44，〈國父與鈴木久五郎〉。

[604] 羅家倫主編，杜元載增訂：《黃克強先生全集》（中國國民黨中央黨史委員會編輯，民國 62 年 10 月增訂），頁 122-123。

將自己名字，贈與此兒誌念。是年3月7日，鈴木夫人產一女，取名文。此即民國48年6月19日，隨黃清石來華觀光之鈴木文女士。[605]

萱野長知亦云：鈴木久五郎君在孫文亡命日本期間之費用，均是由他一人所供給。蓋所謂其之乍富也，而此「鈴木」者，一躍而天下聞名。孫文在其著作之中，常可見到鈴木君之名。[606]

中山先生於《孫文學說》第八章〈有志竟成〉篇中亦謂：「時日本民黨初握政權，大隈為外相，犬養毅為之運籌，能左右之。後由犬養毅介紹，曾一見大隈、大石、尾崎等，此為予與日本政界人物交際之始也。隨而識副島種臣及其在野人士，如頭山、平岡（浩太郎）、中野（德次郎）、鈴木（久五郎）等，後又識安川、犬塚、久原等。各志士之對於中國革命事業，先後多有資助，尤以久原、犬塚為最。」[607]

1907年（丁未）正月20日（西曆3月4日），清廷以革命風聲，震撼中外，甚為悚懼。又以萍、瀏之變，及長江方面累次破獲黨人，已知革命策源地在日本東京，乃令駐日公使楊樞向日政府交涉，要求驅逐孫先生出境。日本政府一面遷就清政府之請，一面亦欲示好於先生，探得先生將有事於兩廣雲南，不日離日，其外務省轉託私人送程儀，開餞宴，殷勤備至。並以五（數？）千圓相餽。東京股票商鈴木久五郎亦餽贈一萬圓，藉示好感。先生不得已從之。[608]

馮自由謂：「丁未正月20日，日政府徇清公使楊樞之求，令中山出境，同時餽中山贐儀數（按非「五」）千元；東京股票買賣商鈴木久五郎聞之，亦慨然贈送一萬圓。（原書註：「按鈴木後任眾議院議員，現已破產。」）中山遂赴南洋籌畫惠潮軍事。」[609]

---

[605] 同註603。
[606] 萱野長知著：《中華民國革命秘笈》，頁358。即：「革命秘話」一節文。
[607] 同註59。
[608] 同註201。
[609] 馮自由著：《中華民國開國前革命史》（一），頁201。

| J486 | 鈴木久兵衛 | 中國同盟會會員 | 資助革命 |

　　1905 年 7 月 20 日（西曆 8 月 20 日），中國同盟會在東京正式成立，假阪本金彌宅舉行成立大會，加盟者三百餘人，日本同志中，宮崎寅藏、平山周、萱野長知三人特准加入同盟會。其後萱野之友人和田三郎與池亨吉亦加入同盟會，為會務而努力奮鬥。再有板垣退助、三上豐夷、北一輝、鈴木久兵衛、古賀廉造等亦經介紹加盟。同盟會成立前後之費用，由鈴木久兵衛捐助。」[610]

| J487 | 新田德兵衛 | 退役軍人、業商 | 協助革命工作 |

　　新田德兵衛，宮城縣仙臺市人，宮城縣普通中學二年退學，後於仙臺市中澤私塾進修普通學。明治 30 年（1897 年）徵兵入營，日俄之役出征滿洲等地，累進為軍曹。後入滿洲義軍，主辦情報之通報、命令傳達之筆記謄寫等。後升至特務曹長，後編入預備役。中國第二次革命前後，江西李烈鈞、楊虎等開始活動時，前往中國參加，擔任購買武器之斡旋等事。後來於上海西華德路，經營家具裝飾器材商店。時罹病，於大正 8 年（1919 年）7 月，歿於上海，年四十二。[611]

| J488 | 萱野長知 | 退役軍人、對中國有志會發起人、興中會員、同盟會員、國民黨員 | 參與革命多次戰役、籌款購軍械等工作 |

　　萱野長知（1873-1947），明治後期，昭和前期之大陸浪人。明治 6 年（1873 年）10 月 12 日，高知縣士族萱野新作之長男，高知

---

[610] 同註 184。
[611] 同註 52，下卷，頁 89。

永國寺町出生。高知公立學校退學後，23 年往東京。翌年渡上海任《東京日日新聞》通信員。後赴香港與孫文交遊。38 年（1905年）支援孫文於東京之中國革命同盟會成立。對刊行《革命評論》、購買武器資金之調配等，援助中國革命運動。辛亥革命爆發後始終與孫文活動，往返於中日各地，任革命派之顧問、參謀等職。大正13 年（1924）返國。此後屢次訪問中國。昭和 12（1937）年中日戰爭爆發以後，赴中國，與國民政府要員接觸，並與小川平吉、頭山滿連絡，往返於東京與上海、香港之間，進行為中日和平工作而未成功。日本戰敗後之 21（1946）年 9 月。敕選為貴族院議員，屬交友俱樂部。昭和 22 年（1947 年）4 月 14 日亡故，七十五歲。著有《中華民國革命秘笈》一書。[612]

　　另有：萱野長知，號鳳梨，明治 6 年（1873 年）10 月 12 日，生於高知市，永國寺町，父名新作，為有名之蘭學家，幼時受同鄉先輩板垣退助（1837-1919，明治維新功臣，倡導自由，享名最早）自由思想影響最大，十七歲卒業高知海南中學，聞板垣在岐阜市遊說，被刺客狙擊負傷時，大呼「板垣雖死，自由不死。」益傾慕其為人。此後隨其從兄深尾重堯，入大阪時事通信社，充任記者，鼓吹民主自由。常偕和田三郎，謁晤板垣，同謀倡導憲政運動。明治28 年（1895）國父自香港抵達日本橫濱，籌設興中會，始與萱野訂交。萱野受國父思想人格感召，決心投身中國革命，乃向其學友富永安英，借貸旅費，赴九州轉往上海，遍遊中國。1898 年孫中山旅居日本，過從互密。時犬養、尾崎領導憲政運動，萱野以大江草（1842-1921，維新政治家）為中心，組織土佐同志會，聲援響應。1904 年日俄戰爭，參加義軍，任第三聯隊長，因戰功得授勳章。[613]

---

[612] 國史大辭典編集委員會編集：《國史大辭典》，第 3 卷，「か」，頁 633b（平成 8 年 9 月 20 日，第一版第一刷印刷）。

[613] 同註 458，頁 64〈國父與萱野長知〉。

又：「萱野長知（1873-1947），高知縣人，精通漢語與俄語，1899 年結識孫中山，1900 年加入興中會，日俄戰爭時參加日軍特務班，來中國東北當翻譯，聯絡土匪，騷擾俄軍後方。1905 年參加同盟會；1907 年協助孫中山在日購買軍械，同盟會分裂時，他屬於擁孫派；1917（按應為『０』7）年任廣東軍政府「政治經濟」（存疑？）顧問；1911 年武昌起義爆發後，他最先趕到武昌，直接參加對清作戰，他還派一些大陸浪人北上，和北京的平山周一起，以天津租界為據點，協助北方革命黨人白逾恒搞刺袁活動；1916 年5 月，和平山周等八十餘人同往山東，協助居正發動討袁起義；1932 年春，受犬養首相委派，到上海力圖和蔣介石協商解決東北及上海『一、二八』戰爭問題，日本投降前（按應為日本戰敗『後』，非『投降前』。參閱前文已有說明。及本註釋說明。）任貴族院議員」。[614]

馮自由將萱野長知列為興中會前半期之革命同志，謂：「萱野長知，日本，退職軍人，興中會，庚子（1900 年），日俄之役，奉日參謀部命至東三省運動馬賊以騷擾俄軍後方，故操我國語頗精，後與宮崎寅藏協助我國革命，奔走海內外，深資得力。[615]馮又云：「萱野面多麻痣，自號鳳梨。自言日俄之役，奉彼國參謀部命至東

---

[614] 同註 5 之俞辛焞、王振鎖編譯：《日本外務省檔案：孫中山在日本活動密錄（1913 年 8 月-1916 年 4 月）》，頁 6，註 2。但在其註文中有：「1917 年，任廣東軍政府政治經濟顧問」，此「政治經濟顧問」不知是從何種信而可徵之文獻而來。抑且，廣東軍政府於 9 月 16 日成立後，似並無此事。今經查證，而是於 19「０」7 年，而非「1917 年」，萱野為「東軍顧問」，且已說明是「於軍事上有學問之人以為顧問」也。其原文見：民國紀元前 5 年（公元 1907 年）（月、日不詳），中山先生〈致萱野長知請任東軍顧問並延攬同志相助函〉，而全文請見本章註 617。又：萱野於「日本投降『前』任貴族院議員。」按此「前」應為「後」也；如：日本，《國史大辭典》，第 3 卷，「か」，頁 633b，有「萱野長知」條，其日本原文乃為：「戰敗後の二十一年九月貴族院議員に敕選され交友俱樂部に屬したか。」（按為「昭和」21 年，即1946 年），似應以此日本「戰敗後」為適當也。並且本段之文中已引證。
[615] 同註 476。

三省運動馬賊以騷擾俄軍後方。每於戰敗時，恆以易經及春畫二物自娛，大足振作其勇氣云。」[616]

中山先生曾借用萱野之軍事背景專才，聘為東軍顧問，迺於民前5年（1907年）2月19日，以許雪秋為東軍都督，謀舉事於廣州、潮州。特寫「致萱野長知請任東軍顧問並延攬同志相助函」，原函為：「萱野仁兄足下：今東軍將起，欲得於軍事有學問經驗之人，以為東軍顧問之任相託，望襄助都督，以建偉業。並懇延攬同志，以資臂助。兄之熱誠，弟所深信，望珍重，此請義安。弟孫文謹啟。」[617]由此可知應為「軍事」顧問也。

萱野長知經特准加入同盟會及國民黨，如：1905年7月20日（西曆8月20日），中國同盟會在東京正式成立，假阪本金彌宅舉行成立大會，加盟者三百餘人，日本同志中，宮崎寅藏、平山周、萱野長知三人特准加入同盟會。[618]又：「1912年，8月25日中國革命同盟會改組為國民黨，滔天和萱野長知似獲准入黨。」[619]

萱野長知協助購軍械事，如馮自由稱：「同盟會成立後，日人從中山、克強奔走國事者，祇有萱野長知、池亨吉二人。丁未（1907年4月，西曆5月）潮州、黃岡之役前後，二人居香港清風樓甚久。……萱野居香港時，賴有舊友垣內（喜代松）在灣仔業醫，每遇困厄，恆得其助。……萱野於丁未（1907年）4月（西曆5月），奉中山命回國購械，為欽廉義師之需，以欽州防城縣之白龍港接械不便，乃變更計畫，擬剋期運至惠州汕尾港（海豐縣）。接濟許雪秋起事。詎因清艦戒備嚴密，不如所便。不得已折回日本。是役中

---

[616] 馮自由著：《中華民國開國前革命史》（一），頁310，〈日志士與汕尾之役〉。
[617] 《國父全集》（全三冊）第二冊，頁玖-33。且此函有照片刊載於：萱野長知著：《中華民國革命秘笈》之扉頁，但並無頁次。
[618] 同註184。
[619] 同註499。

山先生經由馮自由手，匯給日金一萬元。而萱野及日本同志定平伍
一、前田九二四郎、金子克己、三原千尋、松本壽彥、望月三郎等
所押運之械為新式村田槍二千桿，彈藥一百二十萬發，手槍三十
枝。為中國革命史從來未有之利器。載械之輪船幸運丸，乃神戶航
業商三上豐夷向友人借用，為此役損失不貲。三上為萱野摯友，亦
有心人也。[620]

　　再有：萱野長知協助購軍械事：如：1907 年（丁未）9 月，萱
野長知在日購軍械赴粵，由日輪「幸運丸」運抵廣東汕尾，擬交許
雪秋起義之用，因清艦防範甚嚴，未克起卸。日本同志願乘船赴戰
地效力者，除萱野外，尚有陸軍大尉定平伍一及前田九二四郎（宮
崎寅藏義弟）、金子克己（長崎《東洋日之出新聞》社長）、三原千
尋、松本壽彥、望月三郎、日下□□諸人。後來幸運丸抵香港，鄧
慕韓、陳二九同赴中國報報告運械失敗經過，馮自由乃急邀胡漢
民、萱野、定平、前田、金子、三原、日下及惠州同志在堅尼地道
七十二號機關開會，討論補救方法，結果擇定惠州平海為第二次卸
械地點，預計幸運丸媒炭起卸完畢時，即由萱野率領各人乘原船駛
赴平海（惠州），與岸上黨人聯絡大舉，議決後，即由馮自由令同
志趕赴各地籌備一切，詎知香港日本代理領事因港督得粵吏電稱有
日本商船代革命黨人載運大批軍械至港，祈代查扣云。經公司警告
立即離港。於是第二次接械起事計畫又成泡影。[621]

　　又：1907 年（丁未），「購械事件係由萱野一人負責辦理，香
港機關部既選定汕尾為起陸地點，萱野遂於是年 5 月初 7 日乘輪渡
日本進行一切，是月二十日自長崎電香港，謂購貨租船二事，均有
頭緒，囑即匯款備用，即由馮自由經正金銀行電匯長崎寶屋（旅館）

---

[620] 同註 616，頁 309-310，〈日志士與潮鎮二役〉及〈日志士與汕尾之役〉。參
　　閱：註 110。
[621] 同註 20。

轉萱野收日金壹萬元。萱野於是奔走東京、神戶、長崎之間，至為忙迫，日本同志助之者，僅宮崎寅藏、三上豐夷，前田九二四郎等數人而已。經營三月。始告成熟。計由鎗砲商購入明治三十八年村田式快鎗二千枝。每枝帶子彈六百發；鎗頭小刃革囊各附屬品俱備。另日本古刀五十具，將校用軍刀二十具；短鎗三十枝，各配子彈百發。此項鎗械買價頗昂，除先付萬元外，餘款慨由山下汽船會社主人三上豐夷擔保清償。犬養毅聞之，更贈極古之寶刀三柄，以壯行色。此外僱用商輪事，亦大得三上之助，船名幸運丸，載重二千八百噸，乃日本紀州和歌山縣藤岡幸十郎所有。由山下汽船會社租用。該船適有代三井洋行載運煤炭往香港之約，萱野、三上為節省經費計，乃命該輪船主將此項軍械順道載往汕尾港起陸。日本同志願乘船赴戰地效力者，除萱野外，尚有陸軍大尉定平伍一及前田九二四郎（宮崎寅藏義弟）、金子克己（長崎東洋日之出新聞社長）、三原千尋、松木壽彥、望月三郎、日下□□諸人。至六月中旬，萱野遂電告香港馮自由，使速派熟悉汕尾地勢之引港人渡日，以供幸運丸航行之指導。」[622]

　　萱野參與戰役事，於萱野長知所著：《中華民國革命秘笈》一書中云：「1907 年（丁未）4 月，潮州黃岡之會黨，聯絡福建省詔安會黨起事，劫持黃岡之協署，殺害縣長及清吏數人，攻陷并州，清軍敗北，惜功敗垂成，是為第三次革命失敗。此役後，著者（萱野）與許雪秋、喬義生、方漢城等數同志一同逃往汕頭小坂館，潛伏兩三天，而敵軍搜捕甚急。遂藏於對岸小島嶼之洞窟中，以飲食楊梅充飢。適有日商輪漳州丸進泊汕頭港，在李準部下之海軍陸戰隊包圍下，深裹辮髮，更易日本裝，中國同志亦變裝猶如日本人，以日語交談，神態自若，悠然步入碼頭，僱舢舨出海，登漳州丸向

船長告急，駛向香港始逃出虎口。在舳舨的那日，本人（萱野）亦在焉。……後於 1907 年（丁未）7 月，適因欽州、廉州兩府反對納稅事，清廷派郭人漳、趙伯先各率新軍三千人前往鎮壓。黃興入郭人漳營；胡毅生入趙伯先營，說服二人贊成革命。二人並發誓允諾革命軍發難時必倒戈相助。一面並派人至兩州之士紳鄉團使能及時一致行動。另一面派著者（萱野）攜款返日本購買武器，並召集安南同志，及招募法國退役官士多人，一俟軍械運到，即佔據防城、東興沿海一帶地點，並組織可用軍隊之計畫已定。……不幸未處理在東京同盟會總部之黨員意見傾軋，使此武器購買，運輸計畫未能成功。而防城已破，原擬攻防城之同志等待武器到來後進迫欽州，郭軍且已待響應。惟見革命軍軍力薄弱，未敢前來，革命軍遂包圍靈山，以待趙軍響應。而在革命軍軍力薄弱，進攻困難下，郭、趙二軍自亦不敢前來，革命軍遂退入十萬大山。此為第五次失敗（按是為欽州、防城之役）。」[623]

　　萱野參與印製戰役用之軍票，曾謂：「1907 年（丁未）10 月，欽、廉二州之役失敗後，中山偕黃興、胡漢民、率法國退役士官及安南同志百數十人襲擊鎮南關，攻佔三要塞，收其降軍，並圖集合十萬大山友軍進攻龍州，而友軍道遠未能及時到達，乃與清軍數千之眾鏖戰七晝夜，終告失敗，遂退入安南。於此役發動之前，原欲使用之軍票，係由東京日本橋區五庄堂主人田中昂親為秘密印製中華民國中央銀行紙幣三百萬元。由同志田桐運往河內，不幸為海關發覺，予以扣留，雖一再說明此係革命軍之鈔票，請求發還而未獲准。經安南海關電向法國政府請示而延擱時日，雖經發還，但鎮南關之役已失敗，已失去使用機會，極感遺憾。此中央銀行鈔票，是將於革命成功後，為中央政府設立中央銀行所預先印製者，在中央

---

[623] 萱野長知著：《中華民國革命秘笈》，頁 106-107。

政府基礎確立前，目的作革命軍軍票之最初所通用。此係中山委囑
著者（萱野）所印製，著者遂委託當時美術印刷技術最精之田中昂
印製。田中又託大藏省之圖案技師村山某代為製作。然後在其家鄉
巢鴨駒込町之田中印刷工廠印刷。完成後由工廠雇車運往東京日本
橋室町之五庄堂途中，因搬運不慎，其中一束遺落道中，而為當地
富士警察署所得。以為偽造紙幣，關係重大，當即報請警視廳查辦，
著者被該官署數度傳詢，幾經說明。蓋係因鈔票主文為中央銀行，
當時中國全省並無此名，如謂是偽造紙幣並無任何價值，況且中山
在國際上之關係，日本無必要對此問題涉及。經了解後即予發還。
此後數年，經過居正、陳中孚等於山東發動第三次革命時：再即將
之運至濰縣作為代用軍票，開始流通。其後中山於廣東任命宋子文
為創辦中央銀行之總裁。此即今日法幣之始。」[624]參閱田中昂事蹟。

　　萱野參與山東濰縣東北軍討袁戰役事，並為此役負責人：青島
總本部人員中列之首。如：「司令部萱野（長知）、三島（真吾）」。[625]

　　又《中華革命軍陣中日誌》：1916（大正 5）年，於山東。「5
月 16 日，晴。萱野隊長前往青島。」其他活動，有：「5 月 19 日，
晴。萱野氏自青島返濰縣。」「5 月 26 日，晴。總司令部移駐濰縣，
舉行入城式……發付入城證者：萱野、金子（克己）、兒島、……。」
「7 月 31 日，晴。……派金子克己、萱野長友（知）氏濟南行。」
「8 月 1 日，晴。金子克己、萱野長友（知）氏往濟南。」「8 月
19 日，晴。萱野長友（知）、白井勘助氏同行返濰縣。」「8 月 20
日，晴。萱野長友（知）氏青島行。」「9 月 7 日，晴。萱野長友
（知）氏自濟南來。」又：金子克己於 6 月 19 日補記：「5 月 28
日，晴。一、午後，萱野氏前往青島。」等。[626]

---

[624] 同註 159。
[625] 同註 232。
[626] 金子克己舊藏之《中華革命軍陣中日誌》（1916[大正 5]年，山東における），

　　萱野協助中山先生赴日，秘密登陸。如：1913 年（民國 2 年）8 月 2 日，中山先生偕胡漢民乘德商船約克號自滬赴粵，途經馬尾，因廣東局勢遽變。由福州至臺灣轉搭伊豫丸郵輪秘密來日本（神戶），萱野長知謂：「遂由福州轉搭商船撫順丸往臺北，8 月 9 日，再自臺轉搭日本郵船伊豫丸赴日本。於離臺前，得知日本拒絕登陸之惡電，（時袁世凱要求日本政府，拒絕中山先生於日本登陸，日本總理大臣已下令禁止。）但此遠去歐美前，對再舉大策乃欲登陸與在日本同志討論。於是在離臺前，同時密電著者（萱野）其電文：『如此遠去歐美，對我黨前途實多影響，無論如何，希在日本暫留，可於神戶之船中密會協議』。接此電後，即與犬養、頭山二人會商，二翁亦以此重大問題不宜遠遊，決定與日本政府交涉，變更原定方針，惟此項交涉，非短時期內所能有結果，只能相機行事。」著者（萱野）遂於翌日驅車往神戶，與三上豐夷、松方幸次郎會商如何偷運中山先生上岸。其中狀況著者曾載於《上海日日新聞》，文內有云：「……余於是夜搭車急往神戶，到達時伊豫丸已先入港。刑事人員及新聞記者多人，探詢孫氏下落，船長及事務長均稱並無此乘客。余則避開眾人耳目，與船長相見，示以孫氏電報，務請引見，船長當謂：孫先生候先生久矣。言畢即引余至船長室，並特別問余是否為土佐之萱野。在船長室深處，孫氏凝然佇立，微笑向余示意，熱烈握余之手，沉默無語。……船長對余等頷首致意後，關門而出。

　　是夜九時左右，天色墨黑中，有一小汽輪停靠伊豫丸船側，須臾間，復以高速轉向兵庫川崎造船所海岸而去。在此黑白不辨之暗夜中，僅能以手探索，先後三人，在造船所岸壁依次攀登，於萬籟

頁 655-709（附載於：萱野長知著：《中華民國革命秘笈》，平成 16（2004）年 11 月 20 日，東京，重刊發行之附件之一。此日誌係自 1916（即民國 5 年亦大正 5 年）自 5 月 4 日，日人成軍日開始，迄 9 月 8 日解散日為止所記。內容雖然甚簡略但尚扼要，第亦可窺其一、二也。

俱寂中，跨越工廠，顛躓於鐵屑、機械堆中，左拐右彎，始到達造
船所後門。一行人中前導者為松方幸次郎，隨其後即為孫中山先生
及筆者（萱野），松方氏因係自己所經營之工場，故途徑甚熟。孫氏
與筆者猶如盲人作馬拉松賽跑，殊以為苦，事後與孫氏談及此事，
輒為大笑。出川崎造船所之門，三人踽踽而行，選僻靜而少有人跡，
靠近山道小徑，直趨阪訪山，在鑛泉浴場之上方，山腹處有一新建
美麗二層小別莊。是為孫先生暫住之所。此是三上（豐夷）、松方幸
次郎兩位於傍晚匆忙中，設法準備者，竟無一人獲知孫氏曾居此神
戶之山巔中，即使機敏見稱之新聞記者亦始終未發覺此秘密之一
幕。孫氏行蹤成為疑問，久不為世人所知。惟此時北京政府適有軍艦
數艘，以數百萬圓鉅款，委由松方氏之川崎造船所承造，如果，此一
秘密為北京政府所知，對松方之事業實大有影響，然松方氏同情孫氏
之境遇，一片俠骨，不忍坐視，乃自願甘冒此重大犧牲，加以援手，
誠是松方對此極大危險之英勇果斷，此在我等之間，亦嚴守秘密，
緘口不言。未幾，古島一雄、島田經一、菊池良一等同志，奉東京之
頭山、犬養、寺尾翁等之意，前來神戶，在孫氏隱居附近之『一力』
餐館先後聚集，與東京同志相策應，為孫氏之前途計畫。……」[627]

　　當古島一雄與神戶知事服部兵庫交涉上陸之事，服部謂：「此事
不能聲張，希在秘密中進行！但當時船上滿佈偵探及記者，探詢孫
之行蹤，同時在古島一雄之旅社，亦有渠等多人等候，古島乃設法
將渠等吸引於一處，同時即由萱野長知設法迎中山先生上岸。當時
松方幸次郎為川崎造船所所長，萱野當以孫事就商於松方及俠商三上
豐夷，松方乃一片俠骨，毅然決定親迎孫氏，並與三上相商，在諏訪
山鑛泉浴場附近，覓得坐落山腹之獨立小別墅一所，供孫居住。」[628]

---

[627] 同註 15。
[628] 同註 16。

　　古島一雄對以上事實亦有補充之描述，謂：在神戶的諏訪山有家名「一力」者，為吾輩同志聚集之所，余等到達後，即住在附近之西村旅館，與孫文取有聯絡之萱野長知會商，以進行一切，當余正欲上船時，旅館的人趕送來一封電報，余啟視後，知犬養來電，文云：「山本業已瞭解，希轉告孫文。」事後知犬養與山本促膝談判甚久，最後勉強獲得同意，當犬養出門之際，目送之山本猶在後高呼「真是麻煩……」不已。余接電報後即至船上會晤孫文將情況告知。並與神戶知事服部交涉上陸之事，服部謂：「此事不能聲張，希在秘密中進行！」但當時船上滿佈偵探及記者，探詢孫之行蹤，同時在余之旅社，亦有渠等多人等候，此等人物如不設法將之騙往別處，則事將敗露無疑。考慮結果，乃由余設法應付。將渠等吸引力集中於一處，同時則由萱野長知設法迎中山先生上岸。當時松方幸次郎為川崎造船所所長，萱野當以孫事就商於松方及俠商三上豐夷，其時川崎造船所承北京政府之委託，以數百萬圓代價承造軍艦數艘，此項買賣，對松方實為一大事業，故對孫援助如被袁政府發覺，勢必影響此事進行，蒙受莫大損失。然松方乃一片俠骨，不忍坐視，毅然決定親迎孫氏，並與三上相商，在諏訪山礦泉浴場附近，覓得坐落山腹之獨立小別墅一所，供孫居住。當晚松方、萱野等利用黑夜，以小駁輪至伊豫丸迎孫氏，小駁輪直駛川崎造船所海岸，由川崎造船所轉往諏訪山山腹之別墅，以渠等行動神秘迅速，故無一人知道，《大阪朝日新聞》總編輯鳥居素川等多數記者，終日守候，頻頻詢問孫之行止，余則一律答以不知。數日後與孫文同亡命日本之胡漢民、廖仲愷會晤，然後潛往東京，在頭山寓邸暫作居留。翌年乃與宋慶齡結婚。[629]參見：松方幸次郎事蹟。

---

[629] 同註 16。

　　萱野協助革命工作，誠如其所云：「當時我國日本人加入中國
同盟會期間，中國與俄國是世界二大專制國，武斷壓制使自由阻
塞，世界和平受阻政體。為協助完成中、俄之革命。而有《革命評
論》之半月刊雜誌發行。為使能達到世界和平，文明發達，必須對
二大專制國進行革命。改變其政體。並與中國同盟會之機關報《民
報》相策應，極力鼓吹革命主義。此《革命評論》之赤字標體是以
民報社章炳麟所書。此時著者之髫年同窗之友和田三郎、池亨吉（斷
水樓主人）早即曾於中國同盟會之文庫中獲讀英文《萬國秘密結社
史》一書，對孫中山之革命主義及其行動，與同志至為欽慕。後於
1901 年辛丑，在美國及檀香山之報紙上，更讀知有關中山之中國革
命之意見，景仰之餘，乃將報紙上中山之肖像剪下，揭為座右，以
資鼓勵。1905 年乙己，中山自歐返日，始由著者介紹二人與中山會
見，並直接加盟中國同盟會，池亨吉加入《革命評論》社，以斷水
樓懷仁，或以葭湖之筆名，連載著名巨文，為中國同盟會而努力奮
鬥。不久和田三郎介紹板垣退助與中山會見，兩者相見由池亨吉（斷
水樓）擔任翻譯。……又（1906 年 11 月 15 日）當時俄國革命黨領
袖吉爾約尼（ゲルシヨニ）係日俄戰爭後被處一等死刑，減為無期
徒刑，監禁在西伯利亞監獄，經脫逃而亡命日本的。至《革命評論》
社訪問，其夜於（東京）牛込區築土八幡町之標名「高野長雄」，中
山之寓所會見中山，由上田將俄語譯為日語，池亨吉再譯為英語，
參加會談者有宮崎滔天、平山周、清藤幸七郎池亨吉、和田三郎、
及著者（萱野長知），於五月霏霏細雨中，暢談革命通宵，……」[630]
　　萱野參加「中國有志會發起人會」：「1914 年 10 月 6 日，（宮
崎）參加中國有志會發起人會（於木挽町萬安樓，參加者還有萱野
長知、副島義一、的野半介、斯波貞吉、宮崎民藏、美和作次郎、

────────────
[630] 同註 375。

古島一雄、弓削田精一、伊東知也、小川運平、和田三郎、內田良平、水野梅曉等四十人。主席田中捨身。）」[631]

　　1913 年 9 月至翌年 7 月，中山先生在日本籌組中華革命黨期間，萱野始終參與其事，其所珍藏史料文物中，有黨員親筆所寫「誓約書」，如王統（一號）、黃元秀（二號）、朱卓文（三號）、陸惠生（四號）、戴天仇（六號）、陳其美（七號）、田桐（八號）等等，共六百四十件，（惜照片影印大多不清晰），並有：『中華革命黨總章』以及：中山先生、黃興、居正、宋教仁、陳少白、譚人鳳等人墨寶照片，彌足珍貴也。[632]「又有『中華革命黨發起人之印』、『中華革命黨協贊會印』、『中華革命黨總理知印』、『海內外分支部長及職員名冊』等。」

　　民國 4 年（1915 年）萱野被聘為中華革命黨顧問，12 年（1923 年）4 月 9 日，中山先生特派萱野為調查戒煙事宜專員，特派狀蓋有「中華民國陸軍大元帥」印，並有派字第七號字樣。[633]

　　民國 14 年 3 月 12 日中山先生在北京逝世前後情形，萱野手記經過，曾發表於日本《改造》雜誌，原文大意如下：

　　余（萱野）在東京，連接孫先生急電二通，即準備一切，匆促馳往北京。該電係由北京駐華武官板垣轉來，余料其病勢必甚沉重，及余抵達協和醫院，孫先生面容憔悴，在白色之病床中沉默入睡。因病情嚴重，病室中除張人傑等外，禁止訪者進入。余入病室後，孫先生即微舉其首，問余「犬養及頭山兩位是否健好？」余答以兩人均甚健康，孫先生乃微頷其首，惟因過於衰弱，無力多談。略休息後，孫先生以極清晰之語調，詢問「余在神戶之演說，在日

---

[631] 同註 81。

[632] 同註 623，所附於書後之：「黨員誓約書」照片，無頁次，但同前註之重刊本已有頁次，為 545 起。其扉頁墨寶照片均相同。

[633] 同前註。

人中反響如何？」余答以「此項演說，各報競載，無線電亦有廣播，在日本全國已發生極大影響」孫先生聞言，面部漸呈紅潮，似甚滿意。蓋孫先生 1924 年 11 月 28 日在神戶演說「大亞洲主義」，實衷心切望中日能真正攜手合作。此次為余與孫先生最後之會見，旋即意識不明，入於彌留狀態，3 月 12 日上午 9 時 30 分即溘然長逝！孫先生在神戶之演說，實為對日本之遺言，余獲此寶貴談話，悲痛中深覺榮幸。中山先生逝世傳至日本後，中日韓各界在東京開追悼大會，犬養及頭山等痛悼嘆息，對於中山先生演講之「大亞洲主義」，經常討論，思所以實踐之道。民國 20 年「九一八」事變後，12 月 12 日，犬養奉命組閣，19 日即派萱野為密使，前往南京，商談日本自東北撤兵問題，24 日在南京鐵道部官邸與孫科代行政院長，初次談判，雙方擬定各派大使交涉，中國大使居正，日本大使山本條太郎，因被日本軍閥反對阻撓，未得成功，至為可惜。1946 年，盟總東京審判時，在 A 級戰犯法庭上，犬養建作證時曾謂：「家父毅氏擬對滿洲事變，絕不擴大，在天皇勅命許可之下，與南京蔣委員長，進行和平秘談，當時派遣之秘使即萱野長知。」同年 7 月 1 日，東京《每日新聞》，以大字標題，發表此事經過，結論有：「假若萱野的和平工作成功，則日本的歷史另朝一個方向邁進，亦未可知。」戰後萱野曾任勅選貴族院議員，1947 年 4 月 14 日，病逝於鎌倉市腰越中原寓邸，享年七十五。16 日，東京《日本經濟新聞》，登載萱野病逝前後及蔣主席代表致送慰問禮物情形甚詳。[634]

中山先生於《孫文學說》第八章〈有志竟成〉篇中，即特指出萱野長知對中國革命之努力奔走不懈。如：「其為革命奔走始終不懈者，則有山田兄弟、宮崎兄弟、菊池、萱野（長知）等。」[635]

---

[634] 同註 458，頁 66-67，〈國父與萱野長知〉。
[635] 同註 11。

中山先生為感念萱野襄助革命之忱，於民國元年（1912 年）在〈卸臨時大總統後致萱野長知書〉中道：「萱野先生鑒：民國統一成功，弟亦息肩，念我故人，盡瘁民國之事，窮且益堅，百折不懈：而日來適館授餐，禮猶未備，私意殊未愜。茲特請溥泉兄賫上三千元，一饋左右，非敢以未報，伏祈惠納，專候起居。孫文。」（4 月 1 日？）[636]

J489	福本誠（日南）	學者、九州日報社長、國會議員	參與庚子惠州之役

福本日南，（1857-1921），明治、大正之史論家、新聞記者。福岡藩士福本春風之長子。名誠、巴。明治 11 年司法省法學校求學。專心致志於東亞問題，盡力經營北海道。23 年（1890 年）與菅沼貞風企圖經略菲律濱而至呂宋。因同志菅沼貞風於馬尼剌病歿而歸國。進入《日本新聞》寫作。38 年（1905 年）任故里《九州日報》社長兼主筆；42 年（1908 年）為代議士。為南北朝正閏問題而起及為南朝辯論，於研究歷史不懈以至晚年。大正 10 年（1921 年）歿，年六十五。著書甚豐。[637]

又：福本誠，號日南，福岡藩士福本春風之長子。福岡人，幼名巴，後改名誠。於藩黌修猷館學習和漢文。明治 4 年赴長崎，師事谷口仲秋，7 年上東京，專從岡千仞進修漢籍。9 年入司法省法學校後因故中途退學；13 年前後，與福岡之同志企圖開拓北海道，前往石狩，未幾，違其志，歸東京；23 年（1890 年）抱有圖南洋之志，與同志菅沼貞風，前後渡航馬尼剌，調查菲律濱事情。研究

---

[636] 《國父全集》（全三冊）第二冊，頁玖-161。

[637] 同註 578 之：《大人名事典》，第五卷，頁 345，「福本日南」條。另見：宮崎滔天著，啟彥譯：《三十三年落花夢》，頁 166-167，註 18。亦有相似介紹，茲從略。

對往昔日本人留於菲律濱之遺蹟等。於此之前，與小澤豁郎、白井新太郎等謀起「東邦協會」，使國民注意向東洋諸方面及海外發展，以促進機運。此視察菲律濱亦即資經綸南洋。此行，同志菅沼貞風於馬尼刺病歿。27 年（1894 年）朝鮮東學黨之亂發生，清日關係呈於險惡，福本為促進對清開戰，與同志甚活躍。據其自述為：當時對外政策最要慎重，決定特派東邦協會委員往半島，觀察實情。福本被推選為派遣委員，由東京出發，其前與荒尾精在神田之某處會合，大致討論此一局面之處理方略。此後，福本充任《日本新聞》之從軍記者赴戰地，清日之戰後歸國，此後仍注意東亞問題，經常與同志談論中國問題。31 年（1898 年）後渡歐時，於送別會上，同志間發起組織團體之議。依從陸實、三宅雄二郎、犬養毅、平岡浩太郎、池邊吉太郎等人意見，設立「東亞會」，再與同文會合併，稱「東亞同文會」。32 年（1899 年）福本自歐歸來，為援助孫文之中國革命，與宮崎寅藏、末永節等共同行動；33 年（1900 年）惠州起義之當時，往來於華南與臺灣之間作策劃工作。惠州舉事失敗，未遂其志。37 年（1904 年）任《九州日報》社長兼主筆，在福岡大張筆陣。後於 41 年（1908 年）由福岡縣選為代議士，屬國民黨籍，協助犬養毅。45 年之總選舉失敗，藉機退出政界，以後專注於文壇，揮其史筆甚為得意。大正 5 年（1917 年）發起中央義士會，任幹事長。埋首研究赤穗義士，發表所著及史傳類，於讀書界博有好評。大正 10 年（1921 年）1 月，於千葉縣大多喜中學講堂演講時，突然發生腦溢血猝倒，後努力靜養，而於同年 9 月歿，享年六十五。[638]

1897 年，日本曾有東亞會（犬養毅、平岡浩太郎、福本日南（福本誠）、陸實等等為中心）及同文會（近衛篤麿、谷干城、若

---

[638] 同註 52，下卷，頁 542-546。

尾精、岸田吟秀等等為中心）。於1898年，11月，「為謀中日親善，犬養曾與大隈重信、副島種臣、陸奧宗光、佐藤正等組織東亞同文會（按為東亞會與同文會合併而成），對於中國愛國失敗的政治家，給以深厚的同情，加以庇護，孫中山和黃興等的革命活動受其援助更多。」[639]

馮自由亦將福本誠列為興中會前半期革命同志之一，云：「福本誠，日本，學者。香港，興中會，庚子。號日南，著作頗豐，庚子隨孫總理至香港，圖入惠州不果。」[640]

興中會在惠州起事計畫，在己亥（1899年）庚子（1900年）間已漸告成熟。楊衢雲、鄭士良等在香港布置既峻。而駐三洲田、新安、博羅等處之健兒，咸靜極思動，急願一顯身手。楊衢雲乃於庚子3月27日乘阿波丸赴日本，與中山商議大舉。適是時拳匪事近，全國震動，中山認為時機可乘，遂於五月中旬，偕楊及宮崎寅藏、平山周、福本誠、原口聞一、遠藤隆夫、山下稻、伊東正基、大崎、伊藤、岩崎等十餘人，乘法輪煙狄斯（S. S. Indus）號至香港，5月21日未得登岸，在船旁一小舟開軍事會議，議定由鄭士良督率黃福、黃耀庭等赴惠州準備發動；史堅如、鄧蔭南赴廣州，組織起事及暗殺機關，以資策應。楊衢雲、陳少白、李紀堂在港擔任接濟餉械事務。日本同志則留港助之。自偕英人摩根乘原船赴越南西貢。[641]

1900年6月21日（西曆7月17日），孫先生於新加坡營救宮崎出獄後離新加坡、與宮崎、英人摩根等乘佐渡丸於是日抵港，擬率同志登岸集會，為港府所拒；且宮崎因在新加坡下獄事復被水警監視，因召同志舉行軍事會議於舟中，以惠州發難全權授鄭士良，

---

[639] 同註311。
[640] 同註144。
[641] 同註24。

以日人平山周為外務部長，原楨為參謀長，福本誠留香港準備，並任畢永年為內務部長。[642]

《宮崎滔天書信與年譜》一書中亦載：1900 年 6 月？日（按約為 6 月中旬）：「在船中會議，受犬養毅意，提議與人在星嘉坡的康有為合作，孫中山贊成。接受兩廣總督李鴻章所提要與孫中山會談的提議，同時接受會談時對於孫中山的生命保障，和為償還亡命中的負債借款十萬兩的條件，並決定將此筆項移用於起義。內定日本人義援軍總領福本誠，監軍內田良平。」[643]但此事於後來並未成功。

| J490 | 福住束彌 | 藥材商人 | 協助革命提供炸藥材料 |

福住束彌，長崎縣佐世保市人，與萱野長知、宮崎滔天等和中國革命黨有關係者交遊。為同志金子克己之義弟一人居於長崎，在接受俄國革命黨東亞本部領袖魯塞爾（ルツセル）博士傳授各種火藥之製法時，有友人中田豬十郎給予協助，且於長崎新開設藥材商店，並調度必要藥品與協助研究。當汪兆銘在北京炸擊攝政王時所用之炸彈之製法等，據說皆是長崎時代魯塞爾（ルツセル）博士及金子克己所傳授秘法而來。從而全力準備，對援助中國有志者之行動是有益助的。福住衷心祈盼為中國前途而憂心之孫文、黃興等之理想能早日實現。不幸，於革命軍爆發之前年病故於故里。（按其生死年月不詳）[644]參閱：中田豬十郎事蹟。

---

[642] 同註 183。
[643] 同註 148。
[644] 同註 52，下卷，頁 546。

J491	樋口滿	陸軍翻譯、大連滿鐵工作	協助革命工作

　　福岡人，西新小學校畢業，入中學修猷館求學，在學後三年退學。入學陸軍幼年學校之志在東上，故而中止。中學課程完成後歸國。入學明治專門學校前身之赤池鑛山學校，畢業後於嘉穗郡明治炭坑工作。樋口稟性放膽豪邁，膂力過人，身高五尺九寸八分，真堂堂之魁偉丈夫。在東京求學時，市井之輩稱道彼為俠客者流，恆對之畏懼而避道。夙即有志於馳騁中國大陸，十八九歲前後即注意中國革命，與日本民間志士及中國革命家交遊。特對中國革命家之保護援助，所做努力不尠。明治 33 年（1900 年）孫文等與日本有志之士計畫華南舉兵，願以內田良平部下參加，欲前往上海，偷渡藏匿於長崎石炭運輸船之船底處，被警官發現，未達其目的。遂寄食於長崎東洋日の出社社長鈴木天眼宅，伺機待發達半載。日俄之戰時，與玄洋社同志以同達從軍志願，37 年（1904 年）8 月任陸軍翻譯，踴躍赴戰地，參加各次戰鬥，表現優異，獲得勳賞。戰後於大連滿鐵任埠頭事務所外務主任，42 年後於相生由太郎之公司等公司經營土木建築工地人夫之申調等。大正 8 年（1919 年）10月，因肝臟病急逝於大連，享年四十。蓋其生前甚嗜酒，斗酒尚不辭，係連飲三日始醉之酒豪。醉則拔刀吐豪氣，列座者皆懾服，誠豪快人物也。[645]

　　大連之樋口滿自山東（討袁）革命以後迄今，是全力支援與照顧者之一。[646]

---

[645] 同前註，下卷，頁 715-716。
[646] 同前註，中卷，頁 531。

J492	澀澤榮一	實業家、財政界元老	協助革命工作

　　澀澤榮一（1841-1931），實業家、財閥。1867年渡歐，明治政府成立後，曾供職大藏省，未久辭職，獻身實業界，創立第一銀行，推進近代金融政策，促進日本近代產業的發展，是樹立日本近代企業之先驅者。[647]

　　第二次革命失敗前，為籌措革命經費，日本財政界元老澀澤榮一、三井物產上海支店長藤瀨政次郎和高木陸郎於1913年8月，創辦了中日興業株式會社，由三井出資三百萬，推孫文為總裁，外務次官倉知鐵吉為副總裁，高木與森恪為聯絡人。後來袁世凱派楊士琦為總經理，澀澤榮一擔任社長。澀澤榮一可以說是中國的恩人，1877年華北饑荒，和益田孝、岩崎彌太郎、笠都熊吉捐米三千石、小麥千石、銅錢一百萬枚、洋銀三百五十萬元，和孫先生商量後，創辦中日實業公司，發展中日合作事業，並為中華民國水災同情會會長。他曾以「過去中國政策之錯誤」、「憂中國內亂」、「理解與敬愛」、「孔孟教訓」等主張，倡仁義道德，基於理解和敬愛，促進中日合作。己所不願，勿使於人，批評軍閥的錯誤。[648]

　　按：中日興業株式會社（公司）一事，係「民國2年（西曆1913年），2月11日，……（中山）先生為實行鐵路建設計劃，有意覓取日本實業家之合作。澀澤榮一等並有籌組中日興業公司之擬議，先生因決意赴日一行。是日下午2時，先生乘山城丸赴日本，……13日抵長崎，14日抵東京。20日，出席在三井物產所舉行之『中日興業公司』第一次發起人會議。該會由山本條太郎主持，尾崎敬義透過大藏次官勝田主計，向大藏省進行活動。三井社員森

---

[647] 同註337，頁315。
[648] 同註71，頁459。

恰、高木陸郎與先生進行折衝。參與次事之澁澤榮一亦不斷與先生會晤。」[649]

又：中山先生與澁澤榮一相識，「係於 1913 年（民 2），2 月，國父再赴日本，決重整革命組織，籌劃成立中華革命黨，乃籌辦全國鐵路全權名義作友誼訪問。同年 4 月，經犬塚信太郎所介紹相識，並介紹與日本實業界名人大倉喜八郎、安田善次郎等會晤，籌設中日興業株式會社，協助中國經濟建設。澁澤氏在發起文上有云：『中日兩大民族同文同種，歷史上關係至深，兩國人民在思想、風俗、趣味、習慣各方面相同之點尤多，真乃兄弟之邦。』民國成立，首重建設，今春孫逸仙蒞日，把握暢談，余曾詳告在明治初年，余由政治界轉入實業界之經過，及中日經濟合作必要，孫氏大為贊賞，屬余聯絡日本實業界，促進中日經濟合作，至發動中國方面實業家，孫氏願負其責……」。[650]

J493	**遠藤隆夫**	退職軍人	參與庚子惠州之役、協購軍械

馮自由將遠藤隆夫列為興中會前半期之革命同志，如：「遠藤隆夫，日本，退職軍人，無（黨派組織），庚子。以上七人均曾到香港，參加惠州革命之參謀團，皆以道梗不果。」（按此「七人」為：伊東知也（正基）、原口聞一、末永節、遠藤隆夫、山下稻、清藤幸七郎、島田經一。）」[651]

馮自由云：「總理既受彭西重託，即派日同志宮崎寅藏以購械、運輸事求助於日進步黨首領犬養毅。犬養素主中日親善政策，而與

---

[649] 《國父年譜》，增訂本上冊，頁 494-497。
[650] 同註 458，頁 48，〈國父與犬塚信太郎〉。
[651] 同註 260。

吾國民黨關係頗密，聞宮崎言，經思後，囑宮崎交中村彌六辦理，中村慨然允諾，宮崎歸報總理，總理以犬養特薦，亦信之不疑，於是購械及租船兩事皆委託中村負責辦理。總理與中村之間，則以宮崎及平山周二人為傳達機關。中村為現任進步黨幹事，兼眾議院議員，亦彼邦名士之一。⋯⋯是年冬 12 月，中村自鎗砲商大倉會社購得軍械，復向三井會社僱一輪船，名布引丸。運械赴菲。由宮崎等介紹同志林及高野二人擔任押運，預定駛至馬尼剌附近一小島，由菲人接收起陸。平山及退職軍人遠藤隆夫、山下稻、清藤幸七郎、島田經一、伊東正基諸人，則隨後赴菲佈置軍事，相機進取。總理則預定於菲獨立軍大舉時偕彭西、楊衢雲、宮崎及香港黨員多人，取道小呂宋埠加入義軍。一切計畫頗為周密，至庚子年（1900）正月，布引丸遂啟碇開往檀島，不幸於航行在浙江海面時觸礁沒，押運員高野、林二人及船員多名死焉。」[652]

1900 年（民前 12 年），惠州革命軍起。中山自臺灣電宮崎，令將檀島獨立軍所購軍械，火速設法運至戰地。宮崎乃派遠藤（隆夫）向中村（彌六）交涉軍械事。中村托故他適，而使遠藤自赴大倉商店取械。大倉告以此物盡是廢鐵。祇可售給外國以求利，絕不能施諸實用。遠藤至是始覺察中村之詐，遂以告犬養、宮崎，於是購械之黑幕頓然暴露。中山自臺灣返日，始知此事，乃要求大倉退還械值六萬五千元，以期寧人息事。大倉祇允出價一萬二千五百元取回原物。犬養、宮崎、遠藤諸人皆以中村見利忘義，攻擊益力。旋又發現中村偽造函件、印章（偽做中山私印、冒簽）等，尤動公憤。事為《萬朝報》所聞，將中村欺詐行為盡情披露，舉國為之騷然。犬養以此事於進步黨名譽有關，派人諷中村自行脫黨，中村不

---

[652] 同註 469。

允，犬養遂以總務委員之權力，強將中村開除黨籍。[653]參閱：犬養毅事蹟。

　　興中會在惠州起事計畫，在己亥（1899 年）庚子（19000 年）間已漸告成熟。楊衢雲、鄭士良等在香港布置既峻。而駐三洲田、新安、博羅等處之健兒，咸靜極思動，急願一顯身手。楊衢雲乃於庚子三月廿七日乘阿波丸赴日本，與中山商議大舉。適是時拳匪事近，全國震動，中山認為時機可乘，遂於五月中旬，偕楊及宮崎寅藏、平山周、福本誠、原口聞一、遠藤隆夫、山下稻、伊東正基、大崎、伊藤、岩崎等十餘人，乘法輪煙狄斯（S. S. Indus）號至香港，5 月 21 日未得登岸，在船旁一小舟開軍事會議，議定由鄭士良督率黃福、黃耀庭等赴惠州準備發動；史堅如、鄧蔭南赴廣州，組織起事及暗殺機關，以資策應。楊衢雲、陳少白、李紀堂在港擔任接濟餉械事務。日本同志則留港助之。自偕英人摩根乘原船赴越南西貢。[654]參閱：近藤五郎（原槙）事蹟。

---

[653] 同註 131。

[654] 同註 24。而遠藤隆夫參與庚子惠州之役一事，或係於日人中十餘人之一，惟於同年（1900）「6 月 21 日（西曆 7 月 17 日），於新加坡營救宮崎、清藤出獄後（6 月 16 日，西曆 7 月 12 日獲釋。）搭佐渡丸（Sado Maru）返香港，因香港政府監視，未能登岸，因召同志舉行軍事會議於舟中，以惠州發難全權授鄭士良。以日人平山周為外務部長，原槙（按即近藤五郎）為參謀長。福本誠留香港準備，……」（《國父年譜》，增訂本上冊，頁 121；見註 183，參見註 253、254），此「原槙」（按即近藤五郎 （原槙）。)非「遠藤隆夫」。而馮自由著：《中華民國開國前革命史》（一），頁 91；及：馮自由著：《革命逸史》，第五集，頁 17；均「以遠藤為參謀」，顯有出入也。並且，於宮崎滔天著（日文）：《三十三年落花夢》，「與孫〇〇（按逸仙）書」一章中，頁 198-210。（《宮崎滔天全集》，第一卷，宮崎龍介、小野秀美編，平凡社，昭和 46 年 7 月 29 日初版，第一刷發行），亦為「近藤」。《革命逸史》，第四集，頁 80-91，〈孫總理庚子協助菲律濱獨立及購械失敗始末〉一文中，附有此書函之中譯本，但其中有所節譯之處。

J494	頭山滿	大亞細亞主義者、黑龍會首領	協助革命工作、曾至中國活動

　　頭山滿（1855-1944），大亞細亞主義者，福岡縣人，筑前黑田藩筒井龜策之三男，十九歲從母里方之繼承，改姓頭山，名乘。其時受鄉土尊士道之感化，由國權伸張而產生為實現大亞細亞主義之生涯願念，歷明治、大正、昭和三代，經九十年生活中依然存在之右翼勢力威權者。昭和 19 年（1944 年）10 月 5 日，於靜岡縣之東山別邸，因胃潰瘍辭世，高齡九十，結束其多彩生涯。回溯其二十一歲時，與同志共組「矯志社」，是為國事奔走之第一步。明治 14 年，所謂「國士」之搖籃，組織「玄洋社」。後杉田定一之「愛國社」再起，與板垣退助高倡自由民權，因而是自由民權先驅者。此是其民權運動生涯之始，所謂國權運動業已結束。其或係朝鮮志士金玉均事；或係中日戰爭前，率先倡擴張軍備；或係早先鼓勵支持孫文；或係因去國亡命之印度志士事，而反抗當局之壓迫。之後支持蔣介石，單獨援助行動，彼之俠骨值得稱許。未實現復興亞洲宿願之言，反對修改條約，常以民權思想內含國權運動之見，於甚多場合，一概以反對政府之外交政策。觀其一生，一度就任公職；而多年私職是：《福臨日報》（《九州日報》前身）社長兼撰文；玄洋社社長，自稱「天下之浪人」，亦是「浪人的」典範人物。其有異常之非官僚的潔癖。要名亦要錢。復興亞細亞願念，一生九十年始終一貫，誠為獨特。[655]

　　又：頭山滿（1855-1944），福岡縣人，自由民權運動時代參加過愛國社的開設國會運動，並參與成立向陽社，1881 年成立玄洋社，離開自由民權運動，搞國家主義運動，鼓吹大亞細亞主義，並

---

[655] 同註 578，第四卷，頁 390，「頭山滿」條。

協助內田良平成立黑龍會。在甲午戰爭和日俄戰爭中積極主張對中國、朝鮮進行侵略。中國辛亥革命時，他一面派大批大陸浪人參與中國革命活動，一方面親自到上海，阻止孫中山北上。[656]

另：頭山滿號立雲，日本安政 2 年（1855）5 月 28 日生於福岡縣，初名乙次郎，幼時事母至孝，賦性慷慨義烈，體貌魁偉，默寡言，富於膽智。少入古川、瀧田兩塾讀書，二十歲後，在九州及北海道經營礦業，以所有收入，資助貧窮，並創立玄洋社，為自由民權及尊皇與大亞細亞主義而努力。明治 9 年（1876）與前原一誠，同時被捕入獄三年。明治 22 年 10 月，志士來島恒喜，因憤外相大隈重信的屈辱條約，途中狙擊，因無證據遂釋放。從此頭山名聞遐邇，人盡均知。明治 34 年（1901）1 月，又創設黑龍會，主要幹部有內田良平、葛生能久、池田弘、入江重矩、三井甲之、柴田德（麟？）次郎、吉田益二等。明治 41 年（1908），頭山與三浦悟樓、佐佐木安五郎、古島一雄等，組織浪人會，以弘揚東方文化，復興亞洲民族為目的。頭山是日本浪人的首領，他們的作風是輕生死，重然諾，在傳授下來的道德和信仰。近世有名的浪人高山彥九郎（1747-1793）、賴三樹三郎（1825-1859）和頭山都是這一類的典型人物。[657]

中山先生於 1897 年 6 月（3 日，即 7 月 2 日）離英，經歷美洲加拿大。7 月 5 日（8 月 2 日）離加赴日本，7 月 19 日（即 8 月 16 日），抵橫濱，8 月（9 月）間，在橫濱初晤宮崎寅藏及平山周，應宮崎、平山、可兒（長一）三人之請前往東京牛込區馬場下町訪犬養毅，由犬養得識日本政界名流，及在野志士頭山滿等多人。彼等一見如故，抵掌談興亞大計，至為快慰。（按中山先生曾於《孫文學說》第八章〈有志竟成〉篇中即有謂：「抵日本後其民黨領袖

---

[656] 同註 237，頁 5，註 5。
[657] 同註 458。

犬養毅遣宮崎寅藏、平山周二人來橫濱歡迎，乃引至東京相會。一見如故，抵掌談天下事，甚痛快也。時日本民黨初握政權，大隈為首相，犬養為之運籌，能左右之。後由犬養介紹，曾一見大隈、尾崎等，此為予與日本政界人物交際之始也。隨而識副島重臣、及其在野之志士，如頭山、平岡、秋山、中野、鈴木等」。[658]民國 2 年（1913 年）秋（8 月），討袁第二次革命失敗，中山先生再度赴日本，當時日首相是山本權兵衛，外相牧野伸顯，因對北京政府不敢得罪，乃下令拒絕中山先生入境，神戶憲警奉命制止中山先生登陸，犬養得悉，非常憤怒，即與古島一雄面商，決勸告當局改變態度，此時頭山怒容滿面，匆促入室，見犬養即高聲曰：「余覓死所不得，今始得之！」犬養詢以何故遽作此言？頭山答以：「余正欲前往神戶，與警察作殊死戰！」犬養婉勸不可妄動，且謂：「即令玄洋社正氣動人。然人數究不及警察之多，縱令戰勝，孫先生能否上岸，亦未可知，一切聽余辦理，不可操之太急。」頭山對中山先生的敬仰和義俠風度於此可見。當時古島一雄奉犬養之命前往神戶，迎接中山先生，頭山在旁，對古島言：「必須捨命為之，後事余可全部負責。」頭山之意，蓋欲古島，萬一失敗，應與中山先生相抱投海，以示日人氣節。犬養告古島：「應慎重行事，千萬勿操之太急，余決訪當局，自信必可說服。」古島抵達神戶，果接犬養急電，文云：「山本業已諒解，希轉告孫文。」當時古島與萱野上船，秘密迎接中山先生先住神戶松方別墅（即諏訪山復），後潛往東京，暫住頭山寓邸。（參閱：松方幸次郎、萱野長知等事蹟）。此後中山先生與頭山友誼更篤，為中日及東亞前途，共同努力。[659]

　　以後中山先生與頭山、犬養互有函電往來，為中國革命工作交換意見，如：民國 7 年（西元 1918 年），1 月 21 日〈致頭山滿告

[658] 同註 59。
[659] 陳固亭著：《國父與日本友人》，頁 30-32，〈國父與頭山滿〉。

努力護法以答碩望函〉：略以：「頭山先生惠鑒：自違教益，瞬又兩
度新年，惟春祺納福，潭第凝祥為頌。文自客秋南下，從國中有志
之士，共矢護法，徒以棉薄，未克早收成效，引領東望，何勝慚惶！
先生於敝國之改革，東亞之興隆，持三十年如一日。此次更有日支
國民協會之設，敝國拜賜實多，大德不謝，惟矢努力前途，以當報
答耳。……耑上，即候道安百益。日支國民協會諸公，均祈代為道
候。孫文啟，1 月 21 日。」又：犬養、頭山曾函邀中山先生赴日，
中山先生正因有要事待辦，暫時無法成行，迺於同（民 7）年，3
月 20 日，〈復犬養毅頭山滿詢邀赴日本原由電〉，電文為：「來函敬
悉。現正在粵籌備召集正式國會，閣下所欲面談之事，倘為南北調
和之事，則唐少川優為之，無文親來之必要。若為東亞百年根本之
大計，非與文面談不可者，請即電復。」然而，中山先生除復頭山
滿、犬養毅來函並敘述護法之重要與目的。故於同（民七）年，三
月廿八日，〈復頭山滿犬養毅述護法目的書〉，略以：「頭山、木堂
先生道鑒：奉讀 3 月 10 日大教，備悉故人愛我之厚，本思即遵雅
意東渡，惟因正式國會已定六月開會，在此兩月中，文萬難去國遠
行，當即託駐粵武官依田大尉電致菊池良一兄轉述鄙意。電文略
謂：『來函見招，未知何為？如因南北調和之事，文已將鄙意托之
唐少川兄；若為東亞百年之大計，非與文面談不可者，請示其詳，
當親趨聆教。』此電去後，數日未獲覆音，不勝遙念。……謹略將
此次護法戰爭之目的，為故人陳之。……謹布復心，不盡一一。專
頌道安。孫文頓首。3 月 28 日。」此外，中山先生於民國 8 年（西
元 1919 年）10 月 25 日，派人攜函面向頭山滿致候：如〈致日本
頭山滿派蔣中正面洽函〉。[660]

[660] 各函電見：《國父全集》（全三冊）第三冊，頁玖-337、362、365、441。

　　辛亥革命後，中山先生自英國轉至法國，自馬賽乘英輪返國，犬養、頭山等曾至上海歡迎，當「船抵上海時岸邊歡迎人潮如山，革命黨同志及中外知友，如歡迎凱旋歸來將軍似的建國大偉人。在此前數日，自日本到達上海的有：頭山（滿）、犬養（毅）、小川（運平）、古島（一雄）、寺尾（亨）、副島（種臣、或義一）、宮崎（寅藏）、美和（作次郎）、柴田（麟次郎）、浦上（淑雄）、尾崎（行雄）、小川（平吉）、伊東（知也）、山田（純三郎）；島田（經一）、野中（保教）、岡（？），與其他甚多同情者，居住於上海之日本官民，外交官、海陸軍人等，有一大排有多年深交關係舊知，在岸邊出現時，此景實令人感動淚下。犬養與著者（萱野）最先看到中山之後隨從下船的一人是美國人荷馬李（ホーマーリ）痀瘻地將軍。[661]

　　馮自由將頭山滿列為興中會前半期之革命同志，如：「頭山滿，無（業），黑龍會，庚子。日本黑龍會首領，亦在野浪人首領，中國革命黨人在日活動常得其助。民二年秋，孫總理亡命東渡，日政府欲拒絕登陸，賴其力得無事，總理後寄居靈南坂頭山私宅三年。」[662]

　　又：武昌革命發生後，日本的大陸浪人頭山滿、內田良平、小川平吉、古島一雄組織了有鄰會；根津一、河野廣平、杉田定一也組織善鄰同志會。[663]

　　頭山亦曾以有鄰會、善鄰同志會，赴中國各地活動，支援中國革命軍，如：辛亥革命時，日本政府準備干涉革命，支持清廷，而日本民間之實業界、新聞界，攻擊政府，支援革命黨之聲風起雲湧，因而創立許多政治組織，如有鄰會係於明治44年（1911年）11月上旬，由小川平吉與內田良平發起組織，主要會員有三和作次郎、

---

[661] 同註 439。
[662] 同註 476。
[663] 同註 71。

宮崎寅藏、福田和五郎、古島一雄等。實際活動，首派尾崎行昌，
次派宮崎寅藏、平山周、伊東知也等赴中國各地，以與革命黨取得
聯絡。該會再度派頭山滿、三和作次郎、浦上正孝、中野正剛、小
川運平等到中國。由玄洋社所在地福岡的「在鄉同志與煤礦界富豪」
出資金。到 1911 年中旬，清廷與革命軍在上海和談時，日本政府欲
以武力干涉的謠言到處流傳。因此，以根津一為中心的東亞同文會
和小川平吉或白岩龍平提攜合作，展開激烈的運動，並與（日）國
民黨及太平洋會等取得聯絡，重新組織了一個團體。於是，由根津
一、河野廣平、杉田定一、頭山滿等主導的善鄰同志會，於 12 月
27 日在築地靜養軒成立。《太陽》雜誌指稱其性質說：「這純然是
個中國革命軍支援團，也是民間有志之士組織起來的團體，為了支
援中國革命軍，即使得罪政府當局，亦在所不惜。但望能得其實效，
足矣。」[664]

J495	濱田盛之助	新聞記者	協助革命、促使中俄革命者晤面

　　鹿兒島人，東京帝大工科畢業時退學，是一恃才傲世人物，
後入長崎《東洋日の出新聞》社工作，文筆流暢。日俄之戰後，
甚多俄國革命黨亡命長崎前後，與金子克己等謀策劃與之接近，
引起同志很大共鳴，因濱田有得意之語言能力，可為翻譯等。而
俄革命黨首領拉塞爾（ラツセル按即 N. K. Russel）博士等未能
與對中國革命同情者金子克己等聲息相通而感遺憾。後來孫文離
開日本渡美前，與金子克己等共同斡旋使孫文與拉塞爾博士二巨
頭會面。當孫文、萱野長知同於長崎港時，遂於船中兩巨頭握

---

[664] 同註 19。

手見面。中國革命派張繼赴俄前，與拉塞爾博士見面。亦是濱
田斡旋的結果。濱田一生是有名之酒客，因而遂使其早逝於大
正 5 年（1916 年）前後，惋惜其英才與世長辭（按其生死日期
不詳）。[665]

J496	鎌田榮吉	教育家、政治家、藩士、文部大臣	同情革命
J497	田島擔	縣議會會長	同情革命

　　鎌田榮吉，是明治、大正時代的教育家、政治家、舊和歌山藩
士。早年畢業於慶應義塾，1894（明治 27）年在和歌山縣當選眾
議員。1897-1899 年漫遊英美諸國，歸國後，先後任慶應義塾校長，
高等教育會議議員；1921（大正 11）年，任加藤友三內閣文部大
臣；1927（昭和 2）年，任樞密顧問官，可以說一生中是享着榮華
的生活。當鎌田滯留倫敦時，與南方（熊楠）交結較深。1897（明
治 30）年是大英帝國維多利亞女皇即位六十週年紀念大典。日本
政府派栖川宮威仁親王代表明治天皇前往英國祝賀，伊藤博文等則
為威仁親王的隨員。這次前往的隨員相當多，其中有和歌山出身，
與南方（熊楠）有鄉誼的德川賴倫（紀州侯之子）及鎌田榮吉等人。
是年 5 月 26 日，南方與中山先生正在大英博物館內閒談時，巧遇
賴德及鎌田。關於此事，南方後來有這段回憶：「我看到日前鎌田
榮吉渡華，在上海拜訪孫文，於歸途對《大阪每日新聞》記者談話
記事是：『謂孫文是在倫敦的舊知，所以去拜訪他。』當時孫文落
魄於倫敦，所謂知友不過是愛爾蘭恢復黨員摩根和我二人罷了（孫
文離倫敦時，祇有我與摩根二人送他）。德川賴倫侯及鎌田至大英
博物館時，那時我正與孫文坐在長椅上閒談，於是我把孫文介紹給

---

[665] 同註 52，下卷，頁 767-768，〈補遺〉。

賴倫侯。那時不知是誰批評我說：把亡命徒介紹給華族的南方，是一位極危險的份子。未久，因孫文赴日本，我想把岡本柳之助介紹給他。可是岡本以前雖與我近鄰，但知其名，不識其人，因此我便伴着孫文至鐮田處，請他寫一封給岡本的介紹信。但鐮田卻以日文寫了短短的一句話：『持此信者支那人孫逸仙前往東京，用特介紹』。這實在是很不禮貌的寫法（現在日本的報章雜誌等，對中國人不使用敬語，我想中國人感到非常不愉快的）。可是孫文一旦當選為中華民國大總統，揚名於世的時候，便大唱起舊知來，不但特地去拜訪他，而且內心裏暗暗地耀示着很光榮的樣子。這種態度我想是我們日本人欠缺一切誠實而形成的。」這雖有諷刺鐮田的意思，但也可看出南方的為人真誠與坦白。[666]

1897 年 5 月，中山先生尚在英倫時，與南方熊楠交往，於大英博物館內經南方介紹認識德川賴倫（紀州侯之子）及鐮田榮吉二人，當鐮田滯留倫敦時，與南方交結較深。南方因同情中山先生之革命事業，欲介紹有助於革命事業的志士，遂經由鐮田寫信至東京介紹岡本柳之助給中山先生。[667]

田島擔，本姓濱口，亦是和歌山縣人。父濱口悟陵。又名儀兵衛，曾任縣議會會長。田島擔所介紹的菊池謙讓宜、尾崎行雄二人給中山先生，這似乎是件很可注意的事。[668]

於：南方熊楠所遺留日記中，亦有有關田島與鐮田之事：

1897 年 3 月 16 日　星期二　晴

於道格拉斯辦公室（由其介紹），與孫中山見面……。

---

[666] 同註 337。
[667] 同前註。
[668] 同前註。

（同年） 6 月 27 日　星期日　晨雨放晴

將近下午 4 時，孫先生來訪。7 時許，一道去訪問田島，田
島答應介紹菊地謙讓和尾崎行雄。10 時許，與孫先生到瑪
利亞餐廳吃晚飯，時已 11 時，吃冷牛肉，我喝兩杯酒，孫
先生喝檸檬水，由餐館出去經過海德公園時已 12 時。在麻
布大門分手。昨日，孫先生與田島參觀海軍儀式。據孫先生
說陰雨，什麼也沒看到。

6 月 28 日　星期一　晴

早上，至鐮田君處索取介紹信，這是我為孫逸仙的事拜訪他
的。下午 5 時許，在博物館與孫見面。他贈我他所譯的《紅
十字會救傷第一法》三冊，這是送給田島、鐮田和我三人的。
（孫也贈送英女皇及沙里斯伯里侯爵各一冊，據說每冊裝訂
費需五鎊）。

6 月 29 日　星期二　晴

下午，往訪鐮田，取來介紹岡本柳之助的信，到博物館，孫
於四時許來，遂將介紹信交給他。晚訪田島。他說寫信給菊
地謙讓的介紹信，已經交給孫……。[669]

| J498 | 譯田實 | 三井物產會社社員 | 協助革命工作 |

　　京都府船井郡人。明治 37 年（1904 年）京都帝國大學畢業後，
進入三井物產會社；38 年於上海支店服務時，即與上海華中、華南革

---

[669] 同註 423。

命派志士結交，與黃興、汪兆銘、胡漢民等肝膽相照，援助行動頻繁。41 年（1908 年），轉入香港支店工作，仍與革命志士往來更密切。第一次革命時在香港給予革命志士種種便利。孫文及其他同志均非常感謝。蓋彼之志願是中日相互提攜，進而確立東亞永遠和平。革命黨對清除中國積弊，中日更要經濟合作，乃所期待。以後與孫文一派保持密切關係，為改造大中國策劃而盡瘁。大正 10 年（1921 年）轉任廣東後罹病而歿，享年四十三，孫文等深感惋惜，厚致輓聯等於靈前。[670]

J499	櫛引武四郎	退職軍人	參與庚子惠州之役、南京之役陣亡

　　舊津輕藩士櫛引英八之子，青森縣弘前人。明治時，政界主張對外強硬之知名政客工藤行幹之甥。少年入東奧義塾求學，後入陸軍教導團。中日之戰以一等軍曹出征，因功授殊勳。曾因受重傷而再生，健康依舊，意氣仍軒昂。後志於關注東亞大局，與同鄉前輩山田良政渡航中國，進入南京同文會。偶因明治 33 年（1900 年），孫文一派於廣東省惠州高舉革命旗幟時，與山田良政為援助而赴惠州。在九死一生亂軍中，於戰事有利下得以生還。然而此戰，山田行蹤不明。櫛引除痛恨之外，其後為承繼亡友遺志，為援助革命派而更加深一層熱烈盡瘁。後值辛亥革命，於革命軍中甚為活躍。再即二次革命之際，繼續在革命軍中奮鬥。大正 2 年（1913 年）9月，南京陷落時，遂壯烈戰死，時年三十九歲。櫛引為人是一慷慨淋漓的俠骨男兒，不愧是工藤行幹之甥，誠為熱情之士。[671]

　　1900 年 6 月，中山先生自新加坡營救宮崎寅藏、清藤幸七郎等出獄後，乘佐渡丸離新加坡駛向香港，宮崎謂：「孫逸仙在佐渡

---

[670] 同註 52，下卷，頁 638。
[671] 同前註，下卷，頁 441。

丸船上，一同商議前途事，協議結果是：如在香港別無事故發生，則暫居香港乘機潛入內地，以待舉事。至於方略如何，尚待屆時決定。未久船如期抵港，時已在港的平山、原（槙即近藤五郎）、島田、櫛引（武四郎）、玉水等諸同志已在等待。我（宮崎）即上岸，首先至平山、原（槙）之住處訪問，談及將來之事。[672]

又另一有關南京之役之記述謂：「當志村光治、今泉三八郎二人對吳淞陷落，尚生悶氣時，得知南京危急情報，戴天仇委託二人帶信給何海鳴加以勉勵。並囑儘量協助何海鳴死守。（1913 年、民 2 年、大正 2 年）8 月 17 日二人潛入南京，進入何之總司令部以來，大的戰鬥不斷。八月卅日是（日本）天長節，近日來南京形勢更緊迫。官軍連夜定時砲擊革命軍，此時格外猛烈，官軍大批援軍又到，據觀察終於有總攻擊氣勢。在司令部之志村、今泉、櫛引（武四郎）三人決定分擔對革命軍作嚴密統制。巡檢各要點之防備狀態，便於應變對策。首先朝陽門方面最緊急，由今泉、櫛引兩人負責。時於 9 月 1 日上午 10 時半，志村、今泉、櫛引臨別，在司令部門前日本人開設之雜貨店，買啤酒乾杯互道：祝賀天長節，且祈武運長久。孰知此祝盃乃是今泉、櫛引兩人與志村的永別之盃也。」[673]

| J500 | 龜井祥晃（龍雄） | 漁業、除籍僧侶 | 參與武昌革命 |

三重縣人，通稱為龍雄。雖然青年時代一度入僧籍，但為朝氣蓬勃的奇骨男兒。遂除僧籍而從事北洋漁業等。後來抱志四方，與志士、浪人交往。中國第一次革命發生，從萱野長知赴武漢，為援助革命軍甚為活躍。後長久待於中國與南方民黨諸志士往來，

---

[672] 同註 145：宮崎滔天著：《支那革命軍談》，頁 64。
[673] 同註 124。

放浪大陸多年。昭和 7 年（1932 年）客死於上海（按其生年日期不詳）。[674]

　　據宮崎寅藏妻子宮崎槌子謂：「及至今年（指 1911 年）秋季，在四川省發生動亂，隨之有武昌的起義，中國革命運動頓時由最低潮而見成功。當這個革命烽火燃燒起來時，孫先生正在法國（按在美國）。滔天很想早點去，惟家裡貧窮已極，旅費籌措不易。先由其手中較為寬裕的如：萱野長知、加納清藏、杉浦和介、金子克己、龜井一郎（按即龜井祥晃）、三原千尋諸人先行前往武昌。滔天則得自聞訊趕來的石丸鶴吉、島田經一兩人的支助，接着也能勉強成行。尤其可貴的是，不嫌我們貧窮，而始終有往來的東京某染衣店老板川城七太郎先生由衷地，亦前來致送餞禮謂是聊表心意。」[675]

　　當武昌革命時，應黃興電招，萱野長知與日本同志一同趕往武漢者，前後人數不少。齊集武漢者有：萱野長知、末永節、金子克己、三原千尋、嘉納清藏、岩田愛之助、大松源藏、布施茂、甲斐靖、金子新太郎、高橋正夫、吉川清、吉田親一、龜井龍雄、垣內喜代松、石間德次郎、齋藤慶次郎及小高、大谷、小柳、河村某等等。小山田劍南是大每特派員，活躍於漢口。萱野與大原武慶少佐、野中保教大尉於武昌會面，在黎元洪監視武昌之同時，日本同志擁黃興進入漢陽第一線戰鬥。[676]參閱：垣內喜代松事蹟。

　　萱野長知謂：「廣州起義失敗，恰逢辛亥革命起義前夕，迨黃興於廣州隻身逃至香港時，湖北代表居正之特使來稱，已與湖北清軍中有密約，並詳細報告所屬部隊及人名表。且近將起義，因而急需軍費二三十萬元，若有五六萬元請火速送下。同時黃興自香港前往武昌接應。此時武漢又電告中山先生請求籌措軍費。黃興乃電報

---

[674] 同註 52，下卷，頁 242。
[675] 同註 180。
[676] 同註 168。

告知著者（萱野），暗語謂武昌將起義，速購大量炸藥運往武昌。
著者（萱野）接電歡欣雀躍，擬即動身前往，但正值古島一雄競選
眾議院議員補選，在神田區正選戰最激烈中，此乃正是著者所慫慂
古島參選者，而主其事者在責任上若中途突然欲前往中國，必遭佐
佐木象山、田中舍身、伊東知也等人的責難。原來古島（一雄）、
田中、伊東等人皆對中山之革命，多年來直接間接素為同情，及知
黃興來電報稱武昌革命即將爆發內情，咸感欣喜。而選舉結果僅在
四五日內即可揭曉，著者乃與水野梅堯（原文為堯）、貴州同志尹
騫等相商，決定儘速購買黃興所要求之炸藥秘密運往。及古島當
選，乃同時舉行慶賀及餞別會後，隨即搭往下關之特快車而去。但
於臨出發前時，宮崎滔天宅有一怪僧謂龜井祥晃來訪，要求無論如
何要同行，經同意後彼遂自行回去整理行李。此龜井和尚與宮崎關
係及與中山、黃興、其他革命同志均有舊知之誼，對革命也十分了
解且很有興趣。然而彼嗜酒、好女色、及喜捕魚。尤對捕魚有特別
技術。曾經於北海堪察加（カムチヤツカ，按即 Kamchatka）乘船
盜漁時，被捕送交當局審問，發現他是僧籍曹洞宗，而惹起問題，
可謂是明治時代的「魯智深」。此僧能指證出泥穴中，有鰻魚是向
東或向西而眠，一見即知的天才。當抵達武昌時，將其行李打開，
令人驚異的竟是捕鰻魚的捕魚網。而其魁偉身軀，在漢陽前線英勇
善戰。可惜是彼在十年前（約 1930 年左右），於上海因飲涼酒過度
而客死異鄉。但於下關時著者下榻門司之川卯旅館，隨即電招金子
克己、布施茂、三原千尋、龜井祥晃、岩田愛之助、加納清藏、大
松源藏等相攜上船前往上海參加革命軍。」[677]

　　又：武昌起義前，黃興自香港往上海航行途中，急電日本同志
萱野長知，謂舉事再即，速將武器彈藥運來。當時萱野正為古島一

---

[677] 同註 126。

雄競選眾議院議員補選中，是此競選活動之參謀長，與佐佐木安五郎、伊東知也等選戰正進入最高潮，無法立即出發。而立刻與同志進行準備，於古島甫一當選之夜，金子克己、布施茂、三原千尋、大松源藏、加納清三（藏）、龜井祥晃等，一同由東京啟程前往上海。一行中最具特色的是龜井祥晃，當他聞知萱野出發不是出遊，而是去援助革命，要求結伴而行。經同意後立即攜行李前來，加入行列。龜井出身於新宿某寺院，其叔父是世襲家業的一寺院主持。要求龜井遵守殺生戒，去腥氣。而其生來喜好漁獵，對河漁海漁都是頗為知名的能手。對讀經之神妙，則與所願不同，不能留寺，而出門去堪察加盜漁，被捕接受審問結果，始知為本願寺派僧侶，遂革除僧籍。此後則無任何約束，任其消遙，成為援助革命的勇士，馳騁於鎗林彈雨之中。彼寧可選取適合自己本領的事。當一行人到達上海打開行李。彼行李中出現鰻魚鉤與捕鰻魚的捕魚網。使一行人萬分驚異。彼對鰻魚非常精通，一見泥穴即知鰻魚所在距離的男子漢。清朝推翻後，以其知名度，於揚子江大獲鰻魚，趣味良多。[678]

武漢革命時，黃興電招萱野長知，及日本志士金子克己、末永節、甲斐靖、三原千尋、嘉納清藏、岩田愛之助、大松源藏、布施茂、甲斐靖、金子新太郎、高橋正夫、吉川清、吉田親一、龜井龍雄、垣內喜代松、石間德次郎、齋藤慶次郎及小高、大谷、小柳、河村某等等，先後到達。同志等擁黃興進入漢陽，欲渡漢水向前方進攻，於琴斷口三水交流處架橋渡漢水，革命軍以逸待勞，步兵先於砲兵進攻，革命軍於大別山佈下砲陣，以作掩護躍進，使敵前進受阻。而官軍則以克復漢陽與否對北京清廷問鼎輕重之顏面有關。故盡全力應戰，陸續調來精兵，增加攻擊力。從而兩軍有一場苦戰。黃興與日本同志於泥濘中督戰，終於不支而退。先使軍隊退出漢

---

[678] 同註52，中卷，頁402-403。

陽,有無法決戰死守之精神準備。革命軍於漢水架橋撤退,且在地形上無任何掩蔽物,在耕地間行走,官軍以砲擊以及機關槍亂射,死傷慘狀可見;當官軍漢水渡江時,革命軍之槍砲亦還擊,故其亦蒙同樣之損害。官軍部隊迂迴至蔡田之線,革命軍從側面進擊,演成此處展開大難之戰,蓋目的在花園里前方高地,其為兩軍必爭之據點地,經過數日,官軍所過之處全部燒毀,以此氣勢進攻,終於此高地亦為官軍占領。日本同志與所募集之學生軍中之敢死隊,欲行夜襲,企圖奪回高地,岩田愛之助親自率領試圖夜襲摺鉢山(同志命名),岩田大腿部中敵彈而不屈,一度奪還,及天明前後,官軍經增援部隊逆襲,終又告失守。翌日,官軍人數不斷增加,攻擊銳利,革命軍終只能支持第二線。同志出入前線不後退,甲斐(靖)、金子(新太郎)收容陣地人員,乃成收容日本同志及革命軍幹部之處所。金子新太郎老大尉退卻下來後謂:敵軍有轉為急追之情勢,應及早撤退云,然兩人是為收容日本人而來。老大尉急於與本隊會合,又稱:潰敗的革命軍如假幹道後退,官軍會以此為槍砲功擊目標,是很危險的,如選別一道路後退,則無危險,請注意。其語未受接納。從幹道後退途中,遭到敵彈,落於道路旁之水田中。亂軍之際,金子因關心革命軍兵士一人而戰死。後來,金子新太郎老大尉首級被官兵斬下,鹽漬後送往北京,作為日本人參加革命之確實證據,並讓外國人士知曉此事。迨高地全部為官軍所占領,對革命軍甚不利,為求根本對抗,尚頑強地向官軍陣地前進,龜井熟鍊地架設鐵絲網,通上電流,防止官軍進攻,堅固防禦陣地。最後之日到來,最左翼金子克己、龜井龍雄(祥晃)兩名之陣地前面有一大沼澤。有租賃船運來逃難民眾甚夥,混入難民中之化裝官軍為觀察進攻而來,左翼需得安全。右翼甲斐靖等防守,此處相隔於漢水,浴於側面砲擊,同會受槍砲亂擊中央部份,也遭官軍主力部隊之突擊。於此戰鬥中,甲斐靖肩胛部受槍彈貫穿。武昌革命軍黎元洪送

來通知將有增援兵前來，必須稍待片刻，惡戰苦鬥於此地三四里之間及達十數日，黎之增援兵始到。總司令逃出漢陽，志氣甚為沮喪。但仍與部下共度艱難，為求部下生命安全計而忍耐之。金子（新太郎）空腹工作；城內野戰醫院收容病患，由甲斐（靖）、岩田（愛之助）兩人之情況知其只是一人醫院，祇有中國志願女護士。在面臨城池陷落危機下，食物缺乏，金子猶如餓鬼似貪食，河村前來報知：官軍已逼近城門，要求速通知黃（興），早一刻前往武昌。而求在野戰醫院之岩田、甲斐妥善的後送方法。娘子軍等已無時間與總部會合，黃以下之多數同志搭紅十字船前往武昌。當夜雨淅瀝不止，事已告急，龜井（龍雄）和河村守護甲斐（靖）於擔架上；金子則以劍作手仗肩負岩田。走向江岸之醫院，時已受傷之革命軍將士，悲痛聲不絕於耳，其慘狀令人斷腸。[679]

| J501 | **藤瀨政次郎** | 上海三井物產會社支店長 | 協助革命獲得軍費 |
| J502 | **森恪** | 上海三井物產會社職員、眾議院議員 | 協助革命獲得軍費 |

藤瀨政次郎生平不詳，從缺。

森恪，大阪市人，父森作太郎是生於幕臣之家。經過司法官為辯護士，於大阪司法界是有數人士。森恪是長男。少年遊學東京於商工中學校求學。明治 33 年錄取三井物產會社之中國留學生，渡航上海，在御幡雅文指導下研究中國語及中國事情。後為其社員，於上海、長沙、漢口、天津、北京等各支店工作。彼是富有俊敏氣質之奇才，得升為支店長，其才幹被山本條太郎、藤瀨政次郎等所賞識，次第於青年中嶄露頭角。在上海支店工作時，遭遇兩件大事：

---

[679] 同註 71。

日俄戰爭與第一次革命。日俄之役，與山本條太郎圖謀隨艦隊東航
之航向探索，抱有報效祖國之決心，赴新加坡方面偵察敵軍艦隊動
靜，達到目的，對帝國海軍貢獻很大。第一次革命時支店長藤瀨政
次郎以下，懷有一種志士氣質，彼與藤瀨共同對革命軍寄以善意，
斡旋三井與革命軍借款交涉等。後來中日實業公司創立，離開三
井，專心經營對華投資、資源開發等甚為活躍，往來於中國與日本
內地之間。任上海印刷會社社長、小田原電氣會社副社長、小田原
紡織會社董事等職。出入於實業界。大正 8 年（1919 年），當選神
奈川縣郡部眾議院議員，黨籍為政友會，進入政界，從而為該會目
為鬥士之一，後連續當選。關注內政與中國及滿蒙問題。罹病後於
昭和 7 年（1932 年）歿於鎌倉，享年五十。[680]

　　萱野長知云：「1912 年壬子，正月 1 日，中山將於南京舉行就
任大總統職。中山曾答新聞記者謂：『予未帶一分錢來，祇帶回來
革命精神。』當然空手到南京，而黃興也一無所有，登上空前新舞
臺。而新共和國之大總統就任，立即建設新國家總不能赤手空拳。
因而向上海三井洋行支店提議借款百萬元。而支店長藤瀨政次郎是
富有人情味的敦厚紳士，很願為此明朗裝飾的舞臺，民國之礎石效
力。惟當時百萬元金額龐大，支店無法支應。遂派其職員森恪商談。
森恪云百萬元以上，支店無權處理，必須向總店報告，接受指示外
別無方法，總店提交董事會，決定可否。但董事會多為老人，在此
寒冷季節，對此緊急會議不易到齊，在爭取時間上恐有困難。但如
叁拾萬元，支店則有權決定，因此著者（萱野）考慮到商談曠費時
日，於是決定先借三十萬元。後不久，森恪送來三十萬元放下，未
要收據即歸去，彼實為有氣質的好男子。」[681]

---

[680] 同註 45，下卷，頁 732-733。
[681] 萱野長知著：《中華民國革命秘笈》，頁 159。

　　除以上由萱野記述外，萱野又於所著之〈革命秘話〉一文中另又寫道：「1912 年（我大正元年）革命政府成立伊始，孫文所抱三民主義理想，一般民眾認為高遠有餘，猶難理解，至於若干革命黨員，亦以任務已達，以為現在是他們天下，得意忘形；事實上財政日艱，百廢待舉，已達無法維持境界。因而彼終於有放棄政權之決定。當此財政日蹙之際，孫文為突破一時困境，期能經由當時三井物產上海支店長藤瀨政次郎之手，向三井總公司借款二百萬元。三井對此金額相當大之政治貸款，稽延時日，未予同意。惟藤瀨以平素對孫文之志向深為同情，思所以援助之道。最後未得總公司同意，在支店自行籌措下取款三十萬元，親自攜往孫文處，並謂：『請先以此應急，其餘容再逐漸設法籌措』；孫文當即答以：『敬謝盛意，現已不需要，仍請攜歸……』而堅未收下。雖經藤瀨一再解說，孫文卒未同意。藤瀨甚為憤慨，往訪當時亦在上海之宮崎滔天處，說明經過情形，藤瀨謂：『余好不容易籌得若干款項，而孫文堅拒不受，實辜負他人好意。』宮崎傾聽之餘，當謂：『君之盛意誠屬可感，惟孫文拒不接受，實另有原因，因彼於最近數日內，已決定辭去職務，將政府交出，因此對君之好意，不敢接受。』藤瀨聞言大為吃驚，以為渠盡力不週，貸款稽延致累孫文交出政權。藤瀨感到自己有責任。遂再度前往南京訪孫文。謂：『余不知內情，實感愧疚，此區區之款，務請暫為使用。』孫文始終不予接受。藤瀨雖以向之取得收據，將來可向繼續負責之政府收款。而此款可供辭職後，為因應浪人、黨員眾多，以供所需。藤瀨如此懇切進勸，孫文毅然不為所動。答以：『盛意甚感，辭職後仍須要錢，但吾為首任大總統，此第一任大總統，再窮也不能借逃跑的路費，這是恥辱。而且開啟非常不好的惡例，因此祇能接受你的誠意，請將錢帶回。』所以不論藤瀨如何勸請，孫文態度始終如一，此為日後增加兩人交情更深一層親密。

此時孫文之舉動實可稱為政治家之典範，絕不可與唯利是圖者同日而語。」[682]

又：當「黃興的長子黃一歐也和岡本柳之助參加南京之役，三井物產的上海支店長藤瀨政次郎、森恪的建議，助革命軍一百五十萬元。……武昌革命發生後，：當時革命軍正需錢買武器，內田良平派北一輝和清藤幸太郎，向友人原口純太郎介紹大江卓向三井物產借三十萬元。」[683]

另：1911 年「12 月 31 日孫文在寓所接待宮崎寅藏、山田純三郎。據宮崎回憶：其時大家幾乎都到南京去了，只剩下孫一個人。總統明天就要到南京去了，但還身無分文。孫問我：能否借我五百萬元？我說：『你明天就要走，我又不是魔術師，一個晚上去那裏弄這麼多錢。』孫說：『明天身無分文也關係不大，但你如不保證在一週內給我弄到五百萬元，我當了總統也只好逃走。』隨後，宮崎提議要山田立即把三井物產會社上海支店長藤瀨政次郎請來商談。藤瀨馬上就來了。我說明了用意後，他回憶說，如果把漢冶萍做抵押便可借給五百萬元。但隨後，『第一次他只送來五十萬元，之後便是二十萬元、三十萬元、五十萬元地分次送來。一百五十萬元先後用了二個月。』」又：1912 年 1 月 26 日，「孫文接見奉三井物產顧問益田孝來寧商談借款之森恪，隨着南京臨時政府與日商三井簽訂借款續合同，略謂：『三井洋行代漢冶萍公司備款日金二百五十萬元，借與民國政府。』『以大冶鐵礦做抵』，『以一年為期，周年七釐生息』。此次借款，連前借款共成五百萬元。此外，還附

[682] 同前註，頁 375-379：〈革命秘話〉中之「對金錢淡薄的兩巨頭」節。並可參閱：陳鵬仁譯著：《孫中山先生與日本友人》，頁 85-88，有此中譯文。又見：陳鵬仁譯著：《宮崎滔天論孫中山與黃興》（臺北，正中書局印行，民國 75 年 8 月初版第三次印刷），頁 112-113，「八、廣州行」中，所述內容極少不盡相同。
[683] 洪桂己著：《清末民初日本在華諜報工作》，頁 450。

加了孫文、黃興與三井物產之間的三項秘密附加規定。其中第二項規定:『中華民國政府承諾,將來若外國人在中國經營礦山、鐵路、電氣戰事業時,如其他條件相同,首先允許三井物產株式會社經營。』關於簽訂此借款合同之經過,森恪於是日五日致東京三井物產顧問,最高幹部之一的益田孝有較詳細敘述,略稱,森恪於二日抵寧後,即與孫文、黃興會談,『交涉當前重要事項:漢冶萍公司日中共同經營之事,雖有若干不同見解,但結果仍承認我方所希望的共同經營合同。』同年「2月3日森恪、宮崎寅藏、山田純三郎到南京總統府拜訪孫文,並同孫文與代替患病的黃興出席的胡漢民,就『滿洲』問題進行協商。森恪於2月8日給三井物產顧問益田孝的信中,詳細報告此次會談內容。孫表示:難得桂公有此決心,我本人長期以來為中國苦心;為黃種人擔憂,考慮東洋的和平,認為滿洲必須保存在東洋人之手中。故當此次舉事之時,我等希望滿洲能完全交給日本作為代價,乞請日本援助我革命,而日本疏遠,不願與我接近。3日下午,即由孫文具名發出致益田孝電報,略曰:孫同意滿洲租借,如日本方面在漢冶萍公司五百萬元以外,又利即借一千萬元,則與袁世凱和議,為與日方簽訂滿洲秘密契約,孫文與黃興將赴日本。森恪於4日晚返上海,5日中午,孫文即電森恪,促速覆。森恪益田孝促做覆。益田孝六日電覆森恪,『對滿洲之事彼等非常滿意,彼等正通過可靠渠道,謀取最大的財政援助。當晚森恪致電孫文,轉告東京來電意見,望與袁和議事延期。孫文立即電覆:與袁世凱和議延至9日為止』,懇請東京方面於9日前答覆。」但此一交涉終於桂太郎、井上馨未能下決心提供一千萬日圓借款,却勸告孫文與袁世凱妥協而告夭折。[684]

---

[684] 段雲章編著:《孫文與日本史事編年》,頁226、261-264。

J503	齋藤慶次郎	工兵軍曹	參與武昌革命

　　武昌戰起，黃興時為大元帥，正與清軍作決戰。大原武慶為幕後者亦進入革命軍居所，漢口是寺西大佐任所。末永節對革命之其他援助第一是在軍中鼓舞革命軍，指導外交方面。……大原武慶既在現地，為革命軍作策畫工作。再者有軍隊生活經驗者齋藤某（按為齋藤慶次郎）、石川某到達。[685]

　　當武昌革命時，應黃興電招，萱野長知與日本同志一同趕往武漢者，前後人數不少。齊集武漢者有：萱野長知、末永節、金子克己、三原千尋、嘉納清藏、岩田愛之助、大松源藏、布施茂、甲斐靖、金子新太郎、高橋正夫、吉川清、吉田親一、龜井龍雄、垣內喜代松、石間德次郎、齋藤慶次郎及小高、大谷、小柳、河村某等等。[686]

　　1911 年 10 月 10 日武昌起義，黃興電請萱野長知運炸藥到武昌，上海的日本武官本庄繁協助陳其美，計畫攻上海及南京，萱野到了漢陽擔任黃興的軍事顧問……在武漢，大原武慶、齋藤（按為：齋藤慶次郎）、石川及西鄉二郎、垣內喜代松都已參加革命軍。[687]

　　於參加武漢下游之戰同志們都需要休養後再復出。其時黃興與萱野商議進行策畫，不妨使北方軍隊立即調至南方長江增援。並曬日本同志亦予協力事。萱野則本此意旨來實行。在上海之金子克己、三原千尋、布施茂、高橋正夫、谷村隆三等，原是派往北方。岩田愛之助在漢陽之戰負傷，正於上海入醫院治療中，乃決定對北行者及醫院打電話；對最早於岩田住醫院者亦不遲疑，通知彼等一

---

[685] 同註 70。
[686] 同註 168。
[687] 同註 174。

行立即啟程，並且對負傷仍未痊癒者亦不考慮，立即出院，準備彈藥後出發。在大連之齋藤慶三（次）郎一行亦加入。[688]

　　萱野長知謂：「漢陽之戰爆發，於橋口、兵工廠、美娘山三眼橋、梅子山、雨林山、龜山、黑山等地有利地展開，為執行由斷琴溝渡漢水之夜襲計畫。日本工兵齋藤某（按為：齋藤慶次郎）、急忙以空船架設船橋，以利黃興率大軍渡河。此夜天色黑暗，伸手不見五指，又降小雨，在道路泥濘之黑暗中，大軍摸索步行，漸漸接近敵前時，天色已明，夜襲成為日襲，敵人機關鎗隊射向勇往向前之革命軍，死傷無數，使跨越屍體努力奮鬥的黃興與所率領之湖南軍幾乎全軍覆沒，乃依地物掩護，以避危險，如徒損兵實為不利，撤退後以期後圖，經林一郎同向黃興進言，以射擊掩護，逐漸後退，敵人之砲彈追擊，命中而死傷者甚夥。部隊漸退至總部花園之陣地。」[689]

第二節　朝鮮人士

以下共有 8 人

編號	姓名	職業（身份）	與中國革命之關係及事蹟
K01	申圭植	軍官、同盟會員、國民黨員（中國）	參與武昌革命、協助倒袁工作
K02	曹成煥	同盟會員、國民黨員（中國）（？）	參與武昌革命、協助倒袁工作

　　申圭植，朝鮮忠清北道文義郡人，出身官宦之家。1910 年日本吞併朝鮮志士在痛定思痛之餘，探求亡國之因。正當志士憂國憂

---

[688] 同註 52，中卷，頁 484。
[689] 萱野長知著：《中華民國革命秘笈》，頁 156。

民之時，黑暗亞洲大陸之革命聖火，由中國國民黨志士點燃，志士
深知惟有中國革命成功始能帶給朝人重獲自由的希望。遂於 1911
年潛渡來華，易名檉，加入同盟會，追隨孫中山，亦參加該年之武
昌起義。此為韓國志士參加我國革命的第一人。時戴季陶等在滬所
辦《民權報》，志士曾以全部川資捐助。後陳英士被刺於上海後，
志士不畏環境險惡，直奔陳氏寓所，為前往弔唁之第一人。時陳氏
遺體尚未收殮，志士哭罷大呼：「快哉！好男兒為國死，生為英，
死為靈，黨舊人中，如英士者無幾！」民國 11 年陳炯明叛變消息
傳抵滬上，志士痛心疾首，嘆曰：「中國之不幸，抑何如之甚？中
山先生苦心經營之事業，全成泡影，此不僅中國之大不幸，亦韓國
之大不幸也！」不久憂鬱成疾後，並行絕食，絕食後之二十五天，
終於不幸去世！臨死尚頻呼「政府！政府！」不已。享年四十三歲，
葬於虹橋萬國公墓，送殯者達千餘人，中外同聲哀悼。[690]

　　又：早期韓國獨立運動領袖之一申圭植，即曾參加武昌起義的
工作。民國成立後，中山先生於南京就任臨時政府大總統，此時，
韓國在上海的獨立領袖們曹成煥等，也曾經因民黨關係，到南京向
孫大總統有所洽晤，訴說日本亡韓以後，韓人內心之苦痛及對中國
援助韓人之願望。然因中山先生旋即讓位與袁世凱關係，此事遂
寢。自民國 2 年至民國 10 年，中山先生等人之革命事業再度陷入
低潮時期，然而上海韓國之獨立團體與中國革命黨之間，依然維持
十分密切關係，此時泰多聚集於上海法租界之普慶里一帶，與國民
黨之中堅人物，如胡漢民、陳其美、朱執信、廖仲愷、葉楚傖、戴
季陶、呂志伊等人物相往來。民國 2 年以後，韓國的獨立領袖申圭
植與曹成煥等，曾經協助陳英士在上海和東北實行倒袁的工作。[691]

---

[690] 高岩著：〈韓國革命志士申圭植〉(《中央日報》，民國 44 年 4 月 25 日，第
六版)。
[691] 胡春惠著：〈中國革命與韓國獨立運動〉(載於：中華民國史料研究中心編

K03	金凡齋	?	參與革命工作
K04	朴贊翊（即濮精一）	同盟會員、國民黨員（中國）	同情革命
K05	閔石麟	同盟會員、國民黨員（中國）	同情革命
K06	趙素昂	同盟會員、國民黨員（中國）	同情革命

「韓人獨立領袖申圭植、趙素昂、朴贊翊（即濮精一）、閔石麟等曾先後加入中國同盟會與國民黨；根據鄒魯的記載，另一位叫金凡齋的韓國志士，遠在辛亥以前，即參加了中國革命陣營，協助鄒魯及陳英士從事推翻滿清的工作。」[692]

K07	金玉均	韓國獨立黨領袖	同情革命
K08	朴泳孝	?	同情革命

　　金玉均，字伯溫，號古筠；又一號五根頭陀。日本名：岩田周作。生於朝鮮兩班之家，幼即善讀書，才氣煥發，卓然具備先覺明識之士。十九歲前後受知於大院君，初任官職，累進至廿五六歲時，升至堂上戶曹判官。當朝鮮為中國之藩屬之事，每每掣肘干涉，發揮獨立國面目之能事。從而為使改革積年弊政之機會，以免國家覆亡之悲。糾合憂國憤世之士，與同志朴泳孝等，組織獨立黨，期以達成慨然反抗之志。明治 13 年（1880 年）因研究佛教，初渡日本，向福澤諭吉等謀求朝鮮改革方策之志，並且視察日本文物制度以歸。更於 15 年因京城事變後，為朝鮮之謝罪使來日時，一行使節同來，與日朝野有力人士會面，為日韓親善提示種種方案，為國政

　　印：《中國現代史專題研究報告》，第二輯，民國 61 年 8 月出版，頁 195。）
[692] 胡春惠著：《韓國獨立運動在中國》（中華民國史料研究中心印行，民國 65 年 3 月出版），頁 71，註 8。

改革所需經費向正金銀行借貸之約束等而歸。此是彼第二次來日，獲得日朝野間更多知己。後於 16 年為提出以朝鮮礦山作擔保完成三百萬圓借款來日。此前由福澤諭吉後由藤象二郎所介紹。同年至翌年金玉均為借款問題而奔走，同時為朝鮮國政改革依方略穩步而順利地進行。當時彼正值三十三四歲壯年，才略縱橫，慷慨悲憤，日本有志人士間甚為器重。斯明治 17 年（1884 年）清法戰爭清廷失敗，於朝鮮之事大黨（清國黨）勢力處於失墜狀態，此一良機，藤象二郎日益援助，透過獨立黨（親日黨）圖一舉收回政權因而蹶起。然不幸是日政府感到藤象二郎等計劃而加阻止。金玉均於 17 年 12 月 4 日乘京城郵政局公布開業舉行宴會時，突生變故，閔泳翊、閔臺鎬及其他有力人士屠殺清國黨，圖重新擁護國王，由日本黨組織內閣，正如預期，日公使館得以從旁積極支援。清國駐在官袁世凱率兵二千闖入王宮，國王移入中國軍營，及恢復大局。同志脫險後一同亡命日本。翌 18 年 3 月，朝鮮政府向日政府要求引渡金玉均等，而日韓間並無犯人引渡條約，據此日政府斷然拒絕。朝鮮政府翌 19 年派刺客池運湧進入日本圖暗殺金玉均，此時金之朝鮮友人電報告知，日本政府亦加保護，將其移居小笠原島，更於廿一年移居北海道，彼嘗盡亡命客痛苦之最。當十日民間深為同情彼之心事與境遇，於蟄居小笠原嘆似楚囚時，有來島恒喜、的野半介等以開拓南島之名，赴小笠原予以慰藉等，為之激勵，熱情關注。24 年許可公然歸來東京，設親鄰義塾教育朝鮮子弟，並與日在野有志人士往來，仍志於貫徹素志。25 年朝鮮政府密旨授李逸植赴日暗殺金玉均與朴泳孝，李托言商務逗留東京，與部下窺探金之動靜。後有刺客洪鐘宇攜朝鮮政府密令來到東京，彼之命運直如風前燈火，危在旦夕。興頭山滿、岡本柳之助及其他民間志士對彼曲加庇護，奸智之洪鐘宇設辭與彼接近，謂李鴻章之子李經芳計劃顛覆朝鮮政府，說動長久亡命，苦心焦慮的彼，雖有日之有志者一

再苦諫，無法挽回。27年（1894年）3月10日，稱往京阪地方旅行，自東京出發，與洪鐘宇同赴上海，投宿東和洋行，同月 28日遂於該洋行二樓，為洪鐘宇鎗殺而亡，時年四十四歲。此一暗殺事件日本對清韓兩政府之處置甚為激憤。此亦是使日清開戰之有力動因。[693]

又：金玉均（1851-1894），朝鮮李朝末期之親日政治家，開化派（獨立黨）的指導者，忠清南道台州（一說慶尚北道安東）人，號古筠，頗受福澤諭吉的文明開化思想之影響。1884 年曾聯合日本駐軍發動政變，攻佔宮廷，奪取政權，後為袁世凱所平定。史稱甲申之變。事敗後逃亡日本，日本、朝鮮要人均借此援助金玉均，以圖推行其向朝鮮擴張的政策。1894 年（明治 27 年）被閔妃派派來之刺客洪鐘宇刺死於上海。[694]

金氏對中國革命曾寄以同情，如《宮崎滔天年譜》載：1893年「？月，（滔天）為實現『中國』革命主義，勸彌藏與金玉均合作。」1894年「初春，（滔天）到宗京，訪問金玉均於芝浦見晴海水浴旅宿（日後的竹鶴館），懇求其援助資金。金玉均告以將到中國一個月左右，並要滔天等消息。（金玉均於 3 月 23 日，乘西京丸又神戶出發，27 日抵達上海）」。[695]又：據可兒長一回憶稱：「還有位朝鮮人，名金玉均，時常幫助孫文。」[696]

[693] 同註 52，下卷，頁 661-662。
[694] 宮崎滔天著，啟彥譯：《三十三年落花夢》，頁 106，註 1。
[695] 陳鵬仁譯：《宮崎滔天書信與年譜──辛亥革命之友的一生》；近藤秀樹編：《宮崎滔天年譜》，頁 70；並與同前註，頁 371，內容相同。
[696] 「日本友人追懷孫中山先生座談會記錄」，第四次座談會，於中華民國 19年、昭和 5 年（1930 年）3 月 7 日午後 4 時，假東京神田區北神保町十番地，中華留日基督教青年會召開。載見於：陳固亭著：《國父與日本友人》（幼獅書店印行，民國 54 年 9 月出版），頁 138。

第三節　菲律賓人士

以下共有 2 人

編號	姓名	職業（身份）	與中國革命之關係及事蹟
P01	阿圭納多 （E.Aquinaldo）	菲獨立黨領袖	資助中國革命贈軍械、軍費

　　阿圭納多（Emilio Aquinaldo, 1869-1964）呂宋島人，菲律賓獨立運動志士、革命家。1896 年領導獨立運動之武裝起義與西班牙殖民地政府戰爭，一度當選為革命政府之總統。1897 年 12 月與西班牙簽訂停戰協定，阿氏引退，亡命香港。1898 年 4 月，美西戰爭爆發，美國以承認菲律賓獨立為條件，要求阿氏合作，阿氏應之，在美國太平洋艦隊護送下歸國，組織菲律賓獨立軍，與美國聯合圍攻馬尼拉，取得勝利，宣佈成立革命政府，當選總統，頒佈憲法。但美國悔約，竟與西班牙私訂和約於巴黎，取得西班牙之統治地位，將檀島變為美國之殖民地並轉而鎮壓革命軍。阿圭納多領導革命軍退出馬尼拉繼續於各地展開遊擊戰，又在香港設立革命委員會，進行對外交涉，派彭西（M. Ponce）在日本請求武器援助。但因「布引丸」事件，武器運輸無法實現，獨立軍轉趨劣勢。1910 年 3 月，阿氏為美軍所捕，宣佈對美國效忠。其後一直隱居鄉間，第二次世界大戰中，曾一度與日本佔領軍合作，企圖再度領導菲律賓之獨立運動，卒為麥克阿瑟所捕。[697]

　　阿圭納多與中國革命之關係，如饋贈日金十萬圓，以示中菲合作誠意一事，見馮自由記述。於〈庚子協助菲律賓獨立及購械失敗始末〉一文中有：「戊戌年（1898）4 月，美人藉口西班牙治理古

---

[697] 宮崎滔天著，啟彥譯：《三十三年落花夢》，頁 122-123，註 4。

巴羣島不善,向之宣戰,古巴土人應之,西軍敗,美人許古巴獨立。美人復佔領西屬之菲律賓及夏威夷二島,菲律賓獨立黨首領阿坤鴉度(又譯阿圭納多或譯為亞基乃德)初與美人約,率其部下舉兵叛西。而美人則助菲人獨立,後竟悔約,據檀島為己有。阿坤鴉度大憤,轉以拒西之師拒美,因武器缺乏,竟為所屈。阿氏乃函電求於亞洲各國,並於己亥年(1899)夏秋間,密派代表彭西(M. Ponce)赴日本購械,圖再舉。彭西知我國革命黨孫總理與日民黨素有關係,遂由香港友人介見總理商議購械方法,且托以全權。總理時以絀於資金,對於國內軍事多不如意,聞之大喜,乃提議率黨員至檀島投獨立軍助其成功。事成後,由菲人協助中國革命,以為報酬,彭西以告其首領阿坤鴉度,阿聞中國革命缺乏餉糈,乃命彭西饋贈總理日金十萬圓,以表示中菲兩國合作誠意,總理欣然接受。是秋即派陳少白回香港開創《中國日報》,為宣傳革命之喉舌。次年復遣鄭士良、鄧蔭南、史堅如等策動惠州、廣州軍事,菲人助款大有力焉。事後保皇黨之《檀香山新中國報》及《香港商報》,嘗誣攻總理騙取菲律賓獨立黨巨款。其實阿、彭二氏首次致送總理十萬圓外,以後尚有所贈。此為中菲兩國革命黨互助攜手之義舉,殊非甘作滿清鷹犬之康、梁師徒所能了解耳。總理既受彭西重託,即派日同志宮崎寅藏以購械運輸事求助於日進步黨首領犬養毅,犬養素主中日親善政策,而與吾國民黨關係頗密,聞宮崎言,經沈思後,囑宮崎交中村彌六辦理,中村慨然允諾,犬養沈思後囑宮崎交中村彌六,宮崎歸報總理,總理以犬養特薦,亦信之不疑,於是購械及租船兩事皆委託中村負責辦理。總理與中村之間,則以宮崎及平山周二人為傳達機關。中村為現任進步黨幹事,兼眾議院議員,亦彼邦名士之一。……是年冬 12 月,中村自鎗砲商大倉會社購得軍械,復向三井會社僱一輪船,名布引丸。運械赴菲。由宮崎等介紹同志林及高野二人擔任押運,預定駛至馬尼剌附近一小島,由菲人接收

起陸。……一切計畫頗為周密,至庚子年(1900)正月,布引丸遂
啟碇開往檀島,不幸於航行在浙江海面時觸礁沈沒,押運員高野、
林二人及船員多名死焉。」[698]

P02	彭西 (Manano Ponoe)	菲獨立軍外務總 長、醫學者、報人	資助中國革命贈軍械

「彭西原名 Mariano(Naning)Poncey Collanntes,於 1863 年
3 月 22 日,在菲武六干省的巴利惠(Baliuag, Bulacan)市誕生。
彭西一生從事於菲國早期的民族覺醒宣傳運動及後期獨立革命運
動,在菲國史上與黎剎・戴璧萊(Del Rilar)」齊名。弱冠曾在西
班牙的巴塞隆納(Barcelona)市攻讀醫科,擔任宣傳民族自覺的《團
結報》(La Solidaridad)的財務,及馬德里首都西菲協會之秘書。
黎剎殉難以後,美菲戰爭期間,彭西鼓吹並獻身於菲國獨立革命運
動,經由法國抵達香港,在港與巴薩(Jose Maria Basa)及亞貢西
洛(felipe Agoncillo)組織菲國「革命軍事委員會」,嗣任菲國第一
任總統阿圭納多(Aquinaldo)的獨立政府駐國外代表。彭西於 1899
年冬,在日本東京拜識孫中山先生,並因同客橫濱交誼益深,與
興中會會員均稔。在美國佔領檀島初期,彭西得中山先生的協助,
於日本籌款購械接濟阿圭納多的反美獨立革命軍。後來菲國革命失
敗,彭西返國,為當時《理想報》(El Ideaal)及《希望報》(Ang
Mithi)創辦人之一,並於 1909 年任《復興報》(El Renacimiento)
的編輯,從事著作。《孫逸仙傳》是這一時期的作品,分載他所主
編的各報。彭西於 1918 年 5 月 23 日在香港逝世。」[699]

---

[698] 同註 469。
[699] 本文係來自:彭西原著:《孫逸仙傳》(中文版)中所增作之:「本書作者小

　　彭西（1863-1918）菲律賓獨立運動志士，革命家，呂宋島出身，曾在馬德里大學習醫學。反對西班牙殖民地政策，參加 1889 年發刊之《團結報》之編輯工作，抨擊西班牙政府。1896 當脫離西班牙獨立之獨立運動興起後，前赴香港，任阿圭納多所組織之革命團體海外委員會部書記長。美西戰爭開始後，奉阿圭納多之命到日本。1899 年與宮崎滔天結交。[700]

　　馮自由將彭西列為興中會前半期之革命同志謂：「彭西，菲律賓，學者，菲律賓獨立黨，己亥。菲律賓獨立黨領袖阿坤鴉度之註日代表，檀島獨立失敗後，曾以巨款協助總理進行中國革命，彭西之力也。」[701]

　　宮崎滔天於所著：《支那革命軍談》一書中，曾詳細敘述美國嘗與菲律賓獨立黨首領阿坤鴉度（アギナルド）協議，與西班牙殖民地政府作戰，西班牙政府失敗後，允菲獨立，及西政府戰敗，美

傳」，見該書頁 18。於此書「翻譯凡例」中有：「一、本譯《孫逸仙傳》，係菲國獨立運動駐外代表彭西先生（Mariano Ponce）所著，1912 年由馬尼拉市「前鋒出版公司」（La Vanguardua and Taliba Press, Gunaw 126, Quiapo, Manila ）所出版，原題為《中華民國締造人孫逸仙》一書的簡稱。……三、彭西先生原著是以西班牙寫成，全書經菲華各界慶祝中山先生百年誕辰紀念委員會，商請菲著名作家華謹先生（Nick Joaquin）譯成英文；原著載有卡勞先生（Teodoro M. Kalaw）的引言一篇，亦經委員會商請卡勞先生令媛，即菲國參議員賈蒂白（Maria Kalaw Kaltigbak）夫人譯成英文。本譯係以上二人之英文譯文為根據。」又於此書杭立武先生「序文」中有：「本書原為西班牙文，今請菲作家華謹君譯成英文；原著為菲學者卡勞君所撰，亦請作者之女公子賈蒂白參議員譯英。統由菲華各界慶祝中山先生百年誕辰紀念委員設計委員邢光祖轉譯漢文，而由主任姚適酷崑、副主任鮑事天及李約諸君主持之文化交流委員會負責規劃出版事宜。并以原著紀事，截止民國元年……」頁 19，及頁 8。本書乃係：「菲華各界慶祝中山先生百年誕辰紀念委員會編譯；Filipino Chinese Cultural Foundation , Inc. 發行，民國 54 年 11 月出版」。

[700] 同註 697，頁 122，註 3。

[701] 同註 134。

未信守承諾，阿氏遂將對西政府之戰火轉向美國政府。「惟最大之
彈藥問題，不能與美軍之彈藥供應豐富者作戰，絕難有勝利把握。
乃派一委員赴日本，仰求日本能同情供應彈藥，此一重大任務選託
於彭西（アリアノ・ホンセット）君。當彭西君到達橫濱，驚詫有
來自東京之日本記者訪問，談到菲律賓獨立一事，皆寄以無限情，
更進一步談及武器彈藥供應之事，除美國以外有誰能有法解決最適
宜。當彭西君一籌莫展時，突然憶起現在日本正稱讚之中國革命黨
領袖孫逸仙最適當。彭西固然與孫曾有一面之緣，彭西認為對多年
有志於中國革命者言，對我菲律賓之獨立當會寄以同情。且從其流
亡日本以來，當不會拒絕會晤的。以其人之能力，依賴其將武器彈
藥秘密運輸入檀島，必能成功。遂探知孫之所在，逐戶探尋，發現
同住在橫濱孫的流浪之寓所。立即前往拜訪，披瀝胸襟請求同情。
彭西君的衷情使孫文大為感動，然允與日本同志等商談，有結果當
盡力協助成功云。當即孫立即與現居於東京愛宕下之對陽館，尋到
平山周，談論此事。而當時吾等已因中國革命黨一人，引起政府甚
為注目，且每日有偵探佈置於我等門前探動靜，今就菲律賓獨立
題，雖寄以滿腔同情，奈如何勉強調度，是值得吾等思考是官方出
手。」平山以此事有待從長計議。平山建議聽取平岡浩太郎意見，
遂由平山、孫與宮崎滔天三人訪問平岡、說明原委細末，求其意見。
平岡聞後，決由同志之代議士中村彌六設法。中村抱病臨死前為
之，而即慨然允諾。中村以苦心只能供應彈藥二千五百萬發。交由
三井洋行所有之布引丸運往檀島，（按於 1900 年正月）該船自長崎
出發，不意在浙江海面因大風沉沒，同志林政文及高野義虎二人擔
任押運者遇難。[702]

---

[702] 同註 145，宮崎滔天著：《支那革命軍談》，頁 37-45。

　　馮自由又言:「總理及東京等聞船械俱失,異常懊喪,中村謂如有資金,可以二次購械,務求達到目的而後已。總理乃商諸彭西,仍託以重任。中村於是重向大倉會社洽商,購得村田式鎗及子彈如前數,方期僱船運輸,則以日本政府鑒於布引丸之沉沒,取締輪船出口,監視嚴密,無法輸運。蹉跎數月,而菲獨軍因缺械失援,連戰失利,卒為美軍屈伏。中村代購之械尚存貯大倉商店,竟無所用。總理時方委派鄭士良策動惠州軍事,乃商諸彭西,欲借該械供中國革命之需,彭西欣然贊許。」[703]

　　另:「1899 年 6 月 14 日(西曆 7 月 21 日),先是宮崎寅藏因其友宇佐穩來彥之介,得交菲律賓革命志士彭西(後為菲律賓獨立軍外務總長)。彭謂宮崎曰:『曩者美國與西班牙有隙,約我為內應,事平誓以自主,我信之,曾與西班牙戰。西班牙既敗走,吾人皆以為是自主獨立之民矣。而美食言而肥,卒為所欺,強為隸屬。嗚呼!吾等果何以受此乎?昔為自由而與西班牙戰,今獨不可為自由而與美國戰乎?彭西並以其領袖阿圭納多擬往日本求助,宮崎甚慫恿之,彭遂至日本。此為上年六月事也。本年春,平山周歸自兩湖,結識哥老會員,皆額手待義軍之起,時興中會員思動,屢乞先生舉事。先生告以準備未周,令毋輕舉。最後先生提議,以會員先助菲人獨立,速其成功,再轉兵回華,起革命軍於中原。議既定,菲代表彭西與先生相見,遂以購械全權相託。先生密商之宮崎,並轉商犬養毅。[704]而「以三十萬元交與孫文,託其購買武器。孫以情行不

---

[703] 馮自由著:《革命逸史》,第四集,頁 81-82;並見馮自由著:《中華民國開國前革命史》(一),頁 312。其內容相同。又見:《國父年譜》,增訂本,上冊,頁 112,有布引丸失事後,彭西返香港籌巨款,續購軍械一事。

[704] 《國父年譜》,增訂本,上冊,頁 107。彭西識中山先生及委託全權購械事,參見李雲漢著:〈中山先生與菲律賓獨立運動(1898-1900)〉,(《中國現代史論和史料》,臺灣商務印書館印行,民國 68 年 6 月初版,上冊,頁 51-54。)

熟，乃以此事轉託犬養，犬養亦以對此道毫無經驗，於是復由同志
福本日南（按即福本誠）之推薦，交由中村彌六辦理。」[705]

彭西於所著：《孫逸仙傳》一書中談到與中山先生初識於犬養
宴會及對中山先生之讚譽道：「1899年在東京的一個寒冷的冬夜，
我應邀參加一個日本政界要員犬養毅的宴會。犬養毅是御前議會的
一員，是日本武士的後裔，過去擔任過文相，現在市議會裏面民黨
（譯者按：應作『進步黨』）的領袖。我給介紹與過去沒有會過面
的其他客人相見，其中多數是日本政界與科學界的人物，裏面一位
客人就是孫逸仙，他的姓名使我追憶起在巴塞隆納城所讀到關於他
在倫敦被逮捕的事。從那天晚上起，我開始知道他的一切。我們兩
個人都住在橫濱，那天晚上，我們回家。因為住在同一個城市，我
們常常見面。我們兩個人所走的路雖然不同，但追求的目標是相同
的，那就是我們兩個國家的幸福，這樣使我們在彼此同情之下團結
在一起。」[706]而彭西對中山先生之崇敬溢於言表，如云：「孫逸仙
的名字，將列為全世界最偉大的救星之一，他獻身國家的事蹟，足
堪效法。他的建樹極大，他的大公無私，他對於時勢給他的名利，

---

[705] 宋越倫著：《總理在日本之革命活動》，頁59；但其由「福本日南（按即福
本誠）之推薦，交由中村彌六辦理。」者，似有可研議之處。如依據馮自由
著：《革命逸史》，第四集，頁 81，有：「總理既受彭西重託，即派日同志
宮崎寅藏以購械運輸事求助於日進步黨領袖犬養毅。犬養毅素主中日親善
政策，而與吾國民黨關渠近屢對余言檀島事，或有意於此，盡往說之。係
頗密，聞宮崎言，曰：凡私運機械者必須避免警吏之耳目。吾與汝非其才，
商人又貪利而忘義，宜擇友人中誠實而具商人之手腕者任之。沈思良久，
復曰：使中村彌六當之如何？宮崎從其言，中村慨然允諾。宮崎歸報 總
理，總理以犬養特薦，亦信之不疑，於是購械及租船兩事皆委託中村負責
辦理，而總理與中村之間，則以宮崎與平山周為傳達機關。」由此可知二
者之差異。

[706] 彭西原著：《孫逸仙傳》（中文版），頁22-23，「第一章」。

原是對他功勳的公平酬報，棄如敝履，絕不介懷，這提高他個人立身行己方面的謙恭、樸實和克己的態度與精神。」[707]

　　彭西曾於 1899 年 10 月 16 日致函中山先生談及購械事：「逸仙博士閣下……我們的事情如何？我們已購得的二百五十萬元，目下為數已足，購船之後，所有餘款，謹懇用以採辦彈筒相同的來福槍，為數不論百枝，或百枝左右，儘款能購，但勿因此而耽誤行程。現在我們的要務，是儘力避免一切稽延，惟閣下苟能多添來福槍若干枝，而無不便之處則更佳。……請代向中村與犬養諸先生以及我們所有友好致候。1899 年 10 月 16 日，彭西書。」[708]

---

[707] 同前註，頁 64，「第六章」。
[708] 同前註，頁 86，「附錄三：彭西致中山先生函件，第一封」。

第五章　美洲各國人士在中國革命所扮演角色

第一節　美國人士

以下共有 15 人

編號	姓名	職業（身份）	與中國革命之關係及事蹟
A01	芙蘭諦文 （Frank Damon）	基督教傳教士	資助中山先生旅費

　　馮自由云：「總理十三歲，為清光緒 4 年戊寅（1878 年），是歲夏 5 月，隨侍楊太夫人赴夏威夷島，就其長兄德彰以居。次年，德彰遣其入檀香山正埠英國基督教小學肄業，十七歲壬午（1882年），轉學美國教會高等學校，為美國綱紀聖會所設，校中教員及宣教師芙蘭諦文等均器重總理學行，莫不循循善誘。」[1]。又云：「癸未年（1883），總理以受耶穌教薰陶多載，漸篤信教義。毅然欲受洗禮。德彰聞之，恐總理日趨洋化，遂使回粵專攻國學，以補不足，且分授財產一部以策勵之。總理回粵後，與邑人陸浩東同致力國

---

[1]　馮自由著：《革命逸史》，第二集，頁 10，〈孫總理信奉耶穌教之經過〉。

學，日有進益；尤於鄉人迷信偶像事，攻擊不遺餘力。某日，鄉中北帝廟與天后廟之偶像先後被毀，鄉人指為總理及浩東所為，群向達成公責難，達成公乃遣總理至香港就學以避之。德彰得父書，遂召總理赴檀免禍，並令退還所給財產峻示懲戒，總理無異言。居久之，以屈處茄荷蕾（Kahului）小肆，其志不伸，遂自赴檀山正埠，擬取道歸國，德彰親往慰留，且不給旅費難之。總理乃求助於授業師美教士芙蘭諦文，芙教士慨然贈以美金三百，總理始獲成行，既而德彰深悔督責總理過嚴，即以鉅資寄達成公助總理向學。」[2]。

　　馮自由將芙蘭諦文列為中山先生在興中會初期之友好名單中，謂：「芙蘭諦文、將美國傳教士、基督教、總理在檀島小學肄業時，任小學教師，總理歸國時得其資助旅費。」[3]

　　芙蘭諦文係綱紀慎會之美籍牧師，亦是奧阿厚學院（Oahu College 按係高級中學，為檀島最高學府）教師。他對中山先生不僅於學科上之講授，而且對發動中國革命上亦有所幫助。[4]當 1894 年 10 月 27 日（西曆 11 月 24 日），於檀香山正式成立興中會，開始收取會員底銀及銀會股銀，月餘所得不多。於 1896 年春，中山先生並為使各會員同受軍事教育起見，特假其師芙蘭諦文牧師所設尋真書室校外操場，延一丹麥國人，曾到中國充當南洋練兵教習名柏（Victor Bache）者，教授各同志兵操，準備回國參加義軍。[5]

[2]　同前註，頁 2，〈孫眉公事略〉。
[3]　同前註，第三集，頁 15。
[4]　羅香林著：《國父與歐美之友好》（中央文物供應社發行，民國 40 年 11 月出版），頁 8。
[5]　馮自由著：《華僑革命開國史》（臺灣商務印書館印行，民國 64 年 8 月台一版），頁 27。及參閱：《國父年譜》，增訂本，上冊，頁 75-76。

A02	戴屈克 （James Deitrick）	？	協助革命、謀協助討袁

　　民國 3 年 8 月 14 日，中山先生在日本東京致函戴德律（按即戴屈克〔Deitrick〕），請贊助討袁，勸阻美銀行家借款袁氏並述討袁計畫書，因戴屈克於民國 3 年 7 月 10 日，致書中山先生，願在美贊助革命事業。故中山先生覆函戴氏，託其勸阻美國銀行家借款袁世凱，並痛陳匯豐銀行及外國資本家藉銀行及其他經濟勢力操縱中國內政之罪惡。為抵制此項外國銀行之操縱與外資傾銷，中山先生擬組織大規模之全國性的百貨商店網；且主張統制商貨及運輸。因請戴氏代請外國顧問贊助此計畫之進行。黃興訪美，亦請戴氏予以接待。[6]同年 12 月 12 日，戴屈克來函報告在美策動反對借款與袁世凱。以自芝加哥致函中山先生說明已抵芝城數日，與友人深討財政狀況，並擬赴華盛頓活動，以反對借款與袁氏。[7]其原函，黨史會藏。中山先生與戴屈克以後往返通信多次，至民國 5 年 11 月尚通信。推請戴氏在美籌款及運動資本家與中山先生合作經營實業事，戴終無事實表現。[8]

---

[6]　《國父年譜》，增訂本，上冊，頁 556-557。國父〈致美國戴德律請勸阻美銀行借款袁氏並述討袁計畫書〉（譯文），載於《國父全書》（全三冊）第二冊，頁玖-202-204。按：戴德律即戴屈克（《國父年譜》之譯文），譯文未統一也。
[7]　《國父年譜》，增訂本，上冊，頁 556-557。
[8]　同前註，頁 557，註 35。

A03	布司 （Charles B. Boothe）	退休紐約銀行家、 中國同盟會國外財 務代辦人、全權協 商貸款	協助革命、謀代籌借革命 資金

「布司年長國父十六歲，紐約銀行家、退休後移居加州，與荷馬李相識。荷馬李在 1908 年決心棄康梁之維新派，將容閎擬組織中美聯軍，推翻滿清計畫，說動布司合作。布司遂東行至紐約，訪晤其幼年好友艾倫請共同籌款，因艾倫與美國數大銀行有聯繫。最初擬籌五百萬元，俟革命成功後，即行償還本息，並轉讓在中國開發及建築鐵路之若干條件。嗣後布司籌款目標提高至九百萬元，於 1909 年 2 月向摩根公司（J. P. Morgan Company）正式提出，但被率直拒絕。布司於同年 9 月再度嘗試，拜訪當時之美國銀行業大王摩根，允許轉讓更大的中國商業利益，作為貸款之報償，但也未成功。此為『長堤計畫』以前之事。孫中山於是年 11 月 8 日從英國抵紐約，居留一個多月，大概由於容閎之介紹，與艾倫相見，本欲函約荷馬李同來紐約晤談，惟因荷馬李患病，未能成行。艾倫雖與孫中山對中國革命看法不同，但並未終止雙方合作關係，布司仍熱心贊助籌款，並在長堤計畫會議中，接受派任『中國同盟會國外財務代辦人』名義。事實上，此為彼三人在美合組之『中國革命公司。由孫中山綜其成，荷馬李掌管軍事，布司擔任財政及採購。孫中山嗣於 3 月 17 日致函容閎，告以曾向布司提出一千萬元之建議。加州史丹福大學胡佛研究所收藏的布司文件，從 1911 年 4 月，計共有一百零二件之多，其中孫中山於 1910 年 3 月 14 日至 3 月 6 日寫給布司之信，一年內亦有十一封，可見雙方通信之密。」[9]

---

[9] 項定榮著：《國父七訪美檀考述》（時報文化出版事業公司印行，民國 71 年 3 月 12 日出版），頁 173-175。

1910年2月4日（西曆3月14日），孫中山至洛杉磯與荷馬李及布司晤談後，以「中國同盟會總理」名義委布司為國外財務代辦人，並賦以全權，得以中國同盟會名義協商貸款事宜。時孫中山為籌革命軍餉，擬向美國銀行貸款一百五十萬至二百萬元，成立臨時政府，組織軍隊，編練海軍。迨孫中山抵洛杉磯，即在長堤荷馬李住所舉行秘密會議，決定大規模的起義計畫，並向國外進行貸款，以應起義之需。此一會議大要如下：「（一）中國革命黨暫行終止長江流域及華南地區準備未周的起義。改行厚蓄實力，充分準備，集中人力財力，發動大規模的起義策略。（二）由孫中山以中國同盟會總理名義委任布司為國外財務代辦人，向紐約財團洽商貸款，以應大規模起義之需。（三）運送在美訓練之軍官若干人，以充實革命陣營。（四）計畫所需經費預計為三百五十萬元，分四次支付。」[10]

但布司於自委任為國外財務代辦起（1910年3月14日起）至因其對籌款支援革命毫無成就，而請退還委任狀止（1911年3月6日）歷時將近一年。在此期間，孫中山曾一再致函布司，因革命急需，速匯款項，但無所獲。不知是布司籌借不易或是未著手進行，抑或其他原因，均未得布司答覆，不得其詳。孫中山先後致函布司共十一封。如：1910年（民前2年）3月14日，〈委布司為中國同盟會駐國外財務代辦狀〉（譯文），文曰：「茲經中國同盟會本部之同意與授權，特派任美國加利福尼亞洛杉磯市之查理斯·布司為中國同盟會駐國外唯一之財務代表。委請布司經本會總理認可授權

---

10 同註7，頁301-302。又：按參加長堤會議的，大概祇有孫中山及荷馬李三人。會議地點，據薇班尼恩在：《雙十——荷馬李將軍的故事》（薇班尼恩口述，葛禮著，胡百華譯，傳記文學出版社印行，民國59年9月1日初版）一書內的憶述，是在荷馬李於「北長堤」（NorthLong Beach）臨時所租的一幢小屋，以保持秘密。大概會商了幾天，結果決定一項「長堤計畫」，制定了中國革命行動及籌款的方針。見：同前註，頁170。

後，代表本會全權處理接洽貸款、收銀、與支付事宜；即在本會總理指導下，隨時進行任何性質之委辦事項。由本會財務代表查理斯·布司代表本會所締結之任何協議，與經本會總理或本部所簽署之協議，將對本會具相等之約束力。中國同盟會總理孫文，1910 年 3 月 14 日洛杉磯於加州洛杉磯。」[11]

此後，孫中山不時函告其行蹤。民前 2 年 3 月 21 日，致布司告知行蹤及通訊處函；同年 4 月 5 日，致布司告以與 DY 君晤談情形函；同年 5 月 24 日，致布司告以離檀赴日函；同年 6 月 22 日，致布司告抵日後之決定函；同年 7 月 10 日，致布司詢其在美活動情形並請介紹每前駐菲將軍函；同年 9 月 4 日，致布司需款進行起義函，對布司期望殷切，如：「……如閣下認為籌款事將必有成，而最終之解決僅為時間問題，即盼在閣下之帳戶內，先行匯寄五萬美元，以資助準備工作。因該筆款項可助余大部分準備工作；若延遲數月，十倍於此之金錢未必能達成相同之任務。如閣下認為此法可行，則籌款事成後，所墊之數，將可加倍收回，以補風險。在今年冬季之前，長江流域及華南將無革命事件發生，故在此一期間內，亦將無煩擾閣下之事。二、三月之內，余將赴檳榔嶼，故在此段時日無法往晤閣下，除非上開之五萬美元得先行匯達。……」[12]

孫中山並於 9 月 5 日致函荷馬李，因擬攻取廣州，緊急請求籌款五十萬元。同時告知布司之籌款計畫或將失敗云。曾謂：「……余恐布司先生之籌款計畫業經失敗或已展緩，余曾覆函央布司先生暫墊五萬美元——如認為募款事必可成功，一俟事成，將加倍償還，以補其所蒙之風險。……如布司先生在紐約之計劃失敗，則請

[11] 中國國民黨中委員會黨史委員會編訂：《國父全書》（全六冊），第三冊。（中國國民黨中委員會黨史委員會出版，民國 62 年 6 月出版），頁 107-108。

[12] 同前註，國父致布司之函，分別見頁 108、109、114、115、119、127-128。以上信函均為譯文。

將軍循其他途徑，賜撥五十萬美元，僅作廣州舉事之用，而將其他計劃擱置，俾達成吾黨之首要目標，未知將軍能否於最短期籌得此筆款項？如一時無法籌得，則請匯寄五萬美元，以利準備事宜。……」[13]

孫中山以革命起事在即，迫切需要經費情況下，於民國前 2 年（1910 年）11 月 8 日，在〈致布司詢籌款結果函〉：「布司先生：9 月 26 日大札奉悉，惟閣下所言之電報則未閱及，未知係拍往何處？現今 10 月已過，聯合會結果如何？迄今既無閣下之具體消息，余恐閣下雖大力助吾黨革命，然紐約籌款事可能全盤落空，有無他法為吾黨籌集經費。吾黨目前所需金錢，並不若當初在貴處研擬之鉅，因大部分準備工作自余抵此後，已告完成。余意以為僅需當初所擬者十分之一至五分之一，即足以執行整個任務而抵於成，亦即五十萬美元足供吾黨目前所需，數目較少之款項，必較鉅額更易更快籌得，如閣下能於今後三月內籌得五十萬元，則將可應吾等之需。三月之後，吾等將不再空待，而自行設法，假定在閣下撥來貸款之前，吾等能佔據一永久性之立足點，則情況必將完全改觀。如若吾黨束手無策或努力失敗，則情況依然如吾等在洛杉磯所安排者。……」布司之表現欠佳，然而孫中山對布司籌款一事，仍未輕言放棄，繼續請其再籌數十萬元相助。如同年 12 月 16 日函：「布司先生：10 月 21 日至 11 月 1 日大札，於余離檳榔嶼之前數日拜讀，閣下既未在來信之後拍電，故可推知吾等不能在此一方面成功。目下吾等正自行設法在未來數月中大張義舉，但吾等急需援助，不知閣下能否解囊相助？再匯數十萬元，即可助吾等成事。惟不論有無資助，余深信吾黨次一行動必可成功。余係於 12 月 6 日離檳榔嶼前往歐洲，明日將入紅海。余在歐洲事畢後，將

---

[13] 同前註，頁 129。為譯文。

前往美國，然後回中國。一俟抵達美國，當立刻與閣下聯繫。如能解囊相助，余將逕赴洛杉磯會晤閣下。孫中山 12 月 16 日於魯澤輪。」[14]

　　孫中山於布司籌款消息渺茫下，又鑒於前所委任全權駐國外財務代辦之責任重大，不得已遂致函請其退還委任狀，於翌年（民前 1 年、1911） 3 月 6 日之函：「……因閣下無法為吾等籌得及時所需之款項，故吾等勢須自行設法，展開革命。目前余正向華僑募款，且已募得所需半數以上之款，並盼在余東往途中，得已募足尾數。募款事既如此順利，故吾黨起義事將立即展開。閣下籌款之計劃如何？是否仍有希望獲得較原定略少之數？如屬有望，則請立刻賜援。如在余抵紐約之前，閣下仍努力不果，則請將吾黨同志所簽署之文件賜還，並請交上開地址，因余曾向同志保證，一旦籌款失敗，則將簽字書發還。孫逸仙 3 月 6 日於英屬哥倫比亞溫哥華城。」[15]吾人雖無法確知此項委託書是否退還，但布司對籌款事努力不足，所謂「長堤計畫」顯然遭到無可抗拒之阻力。

A04	**莪班尼恩** （Ansel E.O'Banion）	退役軍人	協助軍事訓練華僑、任中山先生侍衛

　　由於荷馬李醉心於中國之維新運動與革命運動，委託莪班尼恩秘密訓練數百華僑軍官。於洛杉磯經批准設立西部軍事中學（Western Military Academy）在保皇會歡宴時荷馬李將學校──即練兵中心，全部交給莪班尼恩上尉負責。當 1896 年孫中山第一次

---

[14] 同前註，前信見頁 134；後信見頁 142。以上信函均為譯文。

[15] 同前註，頁 148-149。為譯文。

訪美時，美國華僑願意支持並參加興中會，荷馬李亦加入。而荻班尼恩在檀香山會見孫中山後，邀請他參觀其練兵中心。從 1906 年開始，第一批戰士從西部軍事中學「畢業」。經過三年訓練後，每一戰士都已成為有訓練之人，並被任命為「中國維新軍」的軍官，戰士們從接受任官之日起，直接聽從荷馬李之命令。華人在美國接受訓練之部隊，在極盛時達二千一百人。並擬將二千一百人秘密運往中國，在清軍服役，以士兵身份等待起義之號令，以接收清軍之指揮權。而全部戰士也全部派往中國，在清軍中充任士兵。1910 年，孫中山公開地前來美國，洛杉磯華僑在保皇堂歡宴孫中山，地點在阿帕布拉薩街 409 號，一幢二層樓建築的樓上，稱為太陽大樓（The Sun Building）。此時，在美大多數華僑均擁護孫中山及其主張。宴會後偕同荷馬李，及擔任侍衛的荻班尼恩前往紐約。[16]

　　德國學者海法特（H. Herrfahrdt）謂：「孫中山至洛杉磯始與荷馬李相識（按為 1910 年 2 月），此人聞光緒之死，認為康有為之復辟計畫，已胎死腹中，轉而投孫中山，想做他的『辣斐德』（Lafayette, 此書譯者按：此人為法國軍人，因援助華盛頓革命出名，紐約自由神像，即紀念此人者）。荷馬李為孫中山於美國二十一個華僑城市組織軍事單位，以前美國陸軍軍曹班寧（按即荻班尼恩）為參謀長，此時尚係秘密組織，如遇美國巡警檢查時彼等詭稱係研究郎斐羅（Langfellow）詩集團體，由班寧偽裝改正音讀導師。」[17]

---

[16] 荻班尼恩口述，葛禮著，胡百華譯：《雙十——荷馬李將軍的故事》，頁 55-203。
[17] 海法特著，王家鴻譯：《孫中山傳》（臺灣商務印書館印行，民國 71 年 12 月三版），頁 26-27。

A05	**喜嘉理** （Charles R. Hagar）	基督教傳教師	同情革命

　　喜嘉理（1824-1917）牧師，賦性剛健，智勇過人，能知人善任，原籍瑞士，後入籍美國。幼年研究神學，抱獻身事主之真誠。1883 年承美國綱紀慎會之委託，與在美華僑請求，決意來華傳道，至廣東各地展開工作，因能與華人融為一體，通曉四邑之方言和客家話以及華文，故其甚得華人敬信。[18]

　　1883 年 11 月，孫中山因在家鄉以毀神像觸怒鄉人，被迫赴香港，初在拔萃書院肄業。「課餘恒從倫敦會長老區鳳墀補習國文，復結識美國宣教師喜嘉理博士，喜牧師來華傳教多年，足跡遍廣東各縣。識總理未久，知其服膺基督真理而未受洗，遂力勸其早日受禮奉教，以為眾倡。總理從之，數月後，總理偕好友陸浩東同受洗禮於綱紀慎會禮拜堂，總理署命日新，浩東署中桂，其施受洗禮者即為喜嘉理牧師。」[19]孫中山後三年肄業博濟醫院習醫，亦由喜嘉理介紹入學。後於民國元年，喜嘉理牧師追述孫中山信教一文中有：「先生既束身信道，即熱心為基督作證，未幾，其友二人，為其感動，亦虛心奉教。夫居今日宗教自由之世，而言皈依基督固不足奇，當日情勢，與今迥異，明認基督教者，殊不多見。蓋明認基督者，人咸恥與為伍，以故人人咸有戒心，然先生熱心毅力，竟然化導其友人，使不得不出於信仰之途；其魄力之宏，感人之深，可略見其端倪矣。彼僑居海外之七百萬華人，皆表同情於其排滿之主張，非無因也。及彼同教之信徒，雖受外界之牽掣，不能顯著其運

18　同註 4：羅香林著：《國父與歐美之友好》，頁 15-16。
19　馮自由著：《革命逸史》，第二集，頁 11、14。並見第三集，頁 2。

動，然而已心心相印矣。嗚呼！中國能自專制政體，一變為民主政體，非其感動力之偉大，庸有濟乎！」[20]

馮自由列喜嘉理為興中會初期之友好，如謂：「喜嘉理，美國傳教師，基督教，總理十八歲在香港美國綱紀慎教會，皈依基督教，即喜嘉理牧師為之洗禮，陸浩東亦同日受洗。」[21]

A06	荷馬李（Homer Lee）	軍事學家、興中會員	協助革命辦外交、軍事顧問

荷馬李將軍（General Homer Lee, 1876-1912）於1876年11月17日生於美國科羅拉多州。家庭貧苦，孩時多病，及長身軀弱小，且患痀瘻。[22]1912年出版之《美國名人錄》亦簡略記載：「荷馬李，作家，戰士，1876年11月17日生於丹佛市（Denver）……」。根據美國現存史料，他祖父為醫生，居田納西州，父親到科羅拉多州開礦，漸富裕，便搬到丹佛市居住，成家立業，生荷馬李與兩姊妹。1892年遷居加州南部之洛杉磯，時荷馬李十六歲，就讀當地公立中學校。兩年後畢業，進入「西方學院（Occidental College）」，專修歷史與西洋古典文學。翌年（1875）轉至史丹福大學，專讀法律，但其興趣始終是軍事。最崇拜兩位歷史人物：一為美國南北戰爭時之南軍總司令李將軍（General Robert E. Lee）；另一位為希臘古代大詩人荷馬（Homer），因此自己取名「荷馬李」，乃是其軍事冒險與文藝浪漫思想之結合表現。可惜他雖心雄萬丈，而身材矮小，高度祇五呎四吋，且天生缺陷，背脊微彎，自幼有「小駝子」綽號，故不能入軍中服役。

---

[20] 同前註。
[21] 同前註。
[22] 林子勛著：《國父學說與西方文化》（臺北，中華文化出版事業委員會印行，民國71年10月三版），頁139。

荷馬李於史丹福大學求學期間，熟讀兵書，包括凱撒、漢尼拔、亞歷山大及拿破崙的戰史。精研當代列強之戰略形勢，於宿舍內牆壁懸掛大幅地圖，以各色扣針標示著下次世界大戰之構想。常謂：「所有偉大的國家，都是仗劍而生。所有國家不論多大，如不自為之守，也將在劍下喪生！」。

荷馬李對中國發生興趣，據他自稱是導源於在洛杉磯讀中學時，認識一廣東廚師（可能名阿波〔Ah Po〕），告知他有關中國及其哲學和生活方式等，使其著迷而欲知更多之中國情形。後於史丹福大學認識兩位中國同學，即鍾艾倫與羅海，經常談論中國的問題，且常到舊金山華埠遊覽，及吃中國飯。荷馬李也學會幾句中國話，在他宿舍牆壁上，增掛了中國地圖。

鍾艾倫、羅海與華埠之秘密結社（大概是致公堂）有聯繫，未久即介紹荷馬李宣誓加入，成為此秘密團體之會員。從此荷馬李即一心效法美國詩人拜倫之援助希臘獨立戰爭，謂：「所有偉大的事業均由劍所刻出，我之事業不同，我要以劍刻出我之事業。」並慨然謂：「中國將是我之希臘！」[23]

荷馬李在結交孫中山之前，曾與保皇黨人有一段合作關係。他於 1900 年 6 月 23 日首次到達中國，行前在美國加入致公堂。在華南的活動，使他有機會見到拳亂時期之中國，以及清末維新與革命派的改造中國運動。次年返美後即與康、梁之保皇會取得聯繫。1903 年並且在美國建立維新軍，為保皇運動效力。是年梁啟超遊新大

---

[23] 同註 9，項定榮著：《國父七訪美檀考述》，頁 150-151。惟據羅香林記載：荷馬李之家世：他父系方面一位先人是美國南北戰爭時代之將軍，母系方面是從外邊移來拓殖的。父母都很窮苦，他又是常年抱病的孩子，出生第一年，就常薑頓床蓆。後來雖逐漸長大，然終以身軀細小，而且駝背，經常需人看護。見同註 4：羅香林著：《國父與歐美之友好》，頁 95。及羅香林著：《國父的高明光大》（文星書店印行，民國 54 年 11 月 12 日初版），頁 144。內容相同。

陸，10 月 17 日由舊金山到沙加緬度（Sacremento），22 日到洛杉磯，得到市長 Snyder 及荷馬李等中美人士之熱烈歡迎，梁啟超在數日停留中，公開演講，接受款宴等活動，為當地之一盛事。荷馬李與康有為、梁啟超往來密切，迨 1905 年夏，「福近卜（Falkenberg）事件」發生後，荷馬李與保皇派之關係便告疏遠。[24]

---

[24] 呂芳上著：〈荷馬李檔案簡述〉，（《研究中山先生的史料與史學》，頁 417-418）。所謂「福近卜事件」，係指荷馬李為保皇派訓練「維新軍」，交由副手莪班尼恩於洛杉磯秘密練軍，梁啟超委任荷馬李為「中國維新軍」之「總司令」。維新會之財源豐裕。以「干城學堂」名義作掩護，招募華僑青年，業餘從事軍事訓練。至 1905 年，全美已有二十所大埠，設二十二所「干城學堂」。同年康有為第二次訪美，6 月間偕其女同壁，在紐約等地校閱荷馬李等訓練的「維新軍」，而於同年 5 月 7 日，康有為以「中國維新會會長」名義，在洛杉磯發表一封對美國人民公開信，略以：聲明荷馬李將軍為本人所任命而承認之所有在美華人軍事學校之唯一將軍，並未任命有所謂「中華帝國維新軍」總司令或其他軍官，如有冒稱者概視為詐謊者云。原來該年春，舊金山有福肯柏將軍（General R. Falkenberg），自稱為「維新軍」司令官，持有梁啟超於 1903 年 10 月 5 日簽署之派令，蓋有清廷之「玉璽」，公然至舊金山之荷馬李秘密訓練地，企圖接收。而福肯柏係一正式軍人，略有名氣，先後在英、美軍中服務，據說加拿大 1884 年之「李爾之亂」，曾統率過加軍隊。經舊金山保皇黨負責人檢其派令並非偽造，係康、梁委派之「維新軍」新司令。後又往洛杉磯，宣稱要接收訓練中心，被莪班尼恩堅拒。因而使康有為尷尬。並且福肯柏一面向美國法院控告梁啟超違約背信；一面訪舊金山洪門致公堂之《大同日報》，向司理唐瓊昌求助。經該報刊登有關資料，香港興中會機關報《中國日報》，亦接福肯柏來函而轉刊。因此美國與香港之華僑社會，宣傳此齣「奪帥印」的趣劇。福肯柏終於失敗，重操其售賣汽油股票之舊業。使荷馬李對康、梁不免減少信心，雖仍續為「維新軍」服務，陪同康有為訪問美國各地。視察訓練維新軍。三年後（1908 年），光緒帝逝世，維新會失去「勤王」之有力號召，康、梁派斂財欺騙伎倆為華僑誠破。加以清政日非，革命聲勢大張，因此荷馬李轉而投入革命陣營，終於 1910 年 3 月，荷馬李、布司與孫中山在洛杉磯附近之長堤市荷馬李寓宅內，舉行會談，即所謂：「長堤計畫」。（詳見同註 9：項定榮著：《國父七訪美檀考述》，頁 156-169）。又：馮自由著：《革命逸史》，第四集，頁 186，〈美軍人爭取中國帥印之一幕〉；及：革命逸史，第一集，頁 221。均有簡述。並見馮自由：《中華民國開國前革命史》（一），頁 301-302。有更簡略敘述。按「福近卜」即「福肯柏」。

由於荷馬李醉心於中國之維新運動與革命運動，委託莪班尼恩秘密訓練數百華僑軍官。於洛杉磯經批准設立西部軍事中學（Western Military Academy）在保皇會歡宴時荷馬李將學校——即練兵中心，全部交給莪班尼恩上尉負責。當 1896 年孫中山第一次訪美時，美國華僑願意支持並參加興中會，荷馬李亦加入。[25]參閱：莪班尼恩事蹟。

一九〇九年荷馬李名著《無知之勇》（The Valor of Ignorance）出版，預斷太平洋戰爭一旦發生，日本將為美國國家帶來無比的災難。在當時美國一般社會對此書作者之評價，認為其為一天才卓越的人甚少，指為「狂人」的反居多數，鼓勵其寫此書者則是其女秘書，後為將軍夫人之包爾斯（Ethel Bryant Powers）小姐。迨 1941 年珍珠港事變發生後，始嘆服三十多年前之預言實現，引起普遍注意。

於 1912 年出版《撒克遜的時日》（The Day of Saxon）一書，與《無知之勇》一樣，同具有預言性質，亦同樣沉鬱。此書之主旨簡明而有力，他說：大英帝國有軍事上的弱點，使德國有機可乘。預測：最後英國在對德作戰的「勝利」中精疲力盡，其固有的帝國聲望將讓渡給日本和德國。[26]

孫中山先生與荷馬李相識，據黃季陸推斷，是 1904 年（甲辰）在美國。且直到 1910 年孫中山與荷馬李將軍的關係仍在極端保密階段。[27]但可能是 1910 年 3 月上旬，在美國加州長堤與荷馬李、布司舉行會談之日。[28]

---

[25] 同註 16。

[26] 黃季陸著：〈中國革命之友荷馬李將軍——其生平、著作及其與國父相識之經過〉（《傳記文學》，第 14 卷，第 4 期，民國 58 年 4 月號），頁 10-11。所述荷馬李生平，與項定榮著：《國父七訪美檀考述》，頁 150 相似。

[27] 同前註，前引書，頁 14。

[28] 同前註，後引書，頁 156。此書中之：「國父初晤荷馬李的日期地址」一節，

　　孫中山對荷馬李所著《無知之勇》一書，亦加研讀，如新見資
料謂：孫中山於 1910 年 8 月 11 日發於檳榔城，函致荷馬李，說明
廣東革命情勢，仍極具信心，而海豐、陸豐、潮州府、嘉應州、香
港、虎門等地，亦均有相當連絡，對於長江流域及雲南地區之起事
準備在款項未籌足前，已都先加以制止，而依照原定決議進行。
函中同時要求再寄贈《無知之勇》一、二冊。因原有的一冊，被
友人取去。[29]根據檔案：荷馬李還將其名著《無知之勇》之日譯
本版權，慷慨讓給孫中山作為革命經費。從孫中山與荷馬李交往
間來往信函，及荷馬李逝世後，孫中山致函荷馬李夫人可見一斑。
如孫中山致函荷馬李，自 1910 年 2 月 24 日至 1912 年 10 月 13 日，
共十三封；荷馬李致函孫中山，於 1911 年 11 月及 1912 年 7 月 27
日兩封。孫中山致荷馬李夫人函，自 1912 年 6 月 27 日至 1922 年
2 月 11 日，共十一封；荷馬李夫人致函孫中山，有：1910 年 5 月
1 日乙封。[30]

　　孫中山對荷馬李之軍事才華甚為讚許，如 1911 年（民前 1 年）
11 月 10 日，在上海答大陸記者問。「記者問：李哈麥君（按即荷
馬李）之名望如何？先生答：李君大抵可稱為天下最大之軍事專門
學家，歐美軍界均極尊重之。」[31]

　　荷馬李將軍對中國革命的重大貢獻和給予孫中山之幫助，首推
在英國協助孫中山辦理外交，使英國政府暫持中立之態度，並停止

列有八種不同說法，亦列出黃季陸先生之說在內，其結論是 1910 年 3 月上
旬，加州長堤舉行會議的那一天。

[29] 此函英文原文，刊於：《研究中山先生的史料與史學》，頁 442-444。亦即呂
芳上著：〈荷馬李檔案簡述〉之附錄 4。

[30] 同前註，頁 418、421-423。該信函，有部分已收入《國父全書》，有部分係
新見者。

[31] 《國父全書》（全三冊），第三冊，頁拾壹-5，〈民國政府成立與商務關係及
革命原定之起事計畫〉。

兩筆大借款，逼使當時的滿清政府陷於外援的絕望和財政的枯窘，因而不得不宣佈退位。這兩筆大借款：一是川漢鐵路大借款一萬萬元，業已募集存儲待付；一是幣制大借款一萬萬元，已簽約而正擬發行債券募集之中。假使這兩筆大借款為滿清政府所有，以作對付革命的戰費，那麼，辛亥革命的形勢便又將不同矣！

荷馬李協助孫中山在英辦理外交，乃係荷馬李於 1910 年因德皇威廉第二邀請赴德國校閱軍隊，被英國羅貝爾元帥（Marshal Lord Roberts）邀請赴英，為英國作些關於防衛上之設計。當時英國少數軍人，對德皇威廉二世方面之敵意感到憂慮。荷馬李將軍的歐洲行，對英國很有助益。因在此旅行中，荷馬李寫第二部著作《撒克遜的時日》。而其《無知之勇》，雖未曾見重於美國，卻使歐洲兩大巨人：德皇威廉第二及英國羅貝爾元帥為之傾倒。當其正為英國羅貝爾元帥貴賓時，我國適爆發辛亥革命。遂即電孫中山由美赴英進行外交活動。嗣又偕同孫中山由歐返國參加中國之革命。而一般記載常誤認荷馬李是隨孫中山自紐約赴英倫的同行者。實則荷馬李其時已在倫敦作客，孫中山與他相約在英倫見面。再由於羅貝爾元帥受李將軍《無知之勇》一書影響，遂見重於羅貝爾元帥，可謂既深且厚，其在英國具有影響力，亦可想見。因此，他之能有助於其時孫中山在英的外交活動是不無關係的。[32]

孫中山於《孫文學說》第八章〈有志竟成〉篇中，特加敘述當時辦理外交情形：「要而言之，列強之與中國最有關係者有六焉：美、法二國則當表同情革命者也；德、俄二國則當反對革命者也；日本則民間表同情，而政府反對者也。英國則民間同情，而政府未定者也。是故吾之外交關鍵，可以舉足輕重為我成敗存亡所係者，

---

[32] 黃季陸著：〈一段革命歷史的重溫──荷馬李將軍對中國革命的貢獻〉（《中央月刊》，第 1 卷，第 6 期，民國 58 年 4 月 1 日出版），頁 153-156。及參閱同註 26，前引書，頁 11。

厥為英國；倘英國右我，則日本不能為患矣。予於是乃起程赴紐約，
覓船渡英。……過芝加哥時，則帶同志朱卓文一同赴英。……到英
國時，由美人同志咸馬里（按即荷馬李）代約四國銀行團主任會談
蹉商，停止清廷借款之事。先清廷與四國銀行團結約，訂有川漢鐵
路借款一萬萬元，又幣制借款一萬萬元。此兩宗借款，一則已發行
債券，收款存儲待付者；一則已簽約而未發行債票者。予之意則欲
銀行團於已備之款停止交付，於未備之款停止發行債票。乃銀行主
幹答以對於中國借款之進止，悉由外務大臣（按為葛雷 E. Grey）
主持，此事本主幹當惟外務大臣之命是聽，不能自由作主也云云。
予於是乃委託維加砲廠總經理為予代表，往與外務大臣蹉商，向英
政府要求三事：一、止絕清廷一切借款；二、制止日本援助清廷；
三、取消各處英屬政府之放逐令，以便予取道回國。三事皆得英政
府允許，予乃再與銀行團主任開商革命政府借款之事。該主幹曰：
『我政府既允君之請而停止吾人借款清廷，則以後銀行團與中國，
只有與新政府交涉耳，然必君回中國成立正式政府之後乃能開議
也。本團今擬派某行長與君同行歸國，如正式政府成立之日，就近
與之蹉商可也。』時以予在英國個人所能盡之義務已盡於此矣。乃
取道法國而東歸。」[33]

　　1911 年 11 月 21 日，孫中山自倫敦抵巴黎，再往新加坡、香
港，於 12 月 25 日抵達上海，一路均有荷馬李隨行，朝夕不離左右。
孫中山於當選臨時大總統後，由上海乘火車赴南京就職。在舉行就
職典禮時，荷馬李為參加典禮之惟一外籍軍事顧問。此時期，當時
美國之對華政策自武昌起義，各省紛紛獨立，為應付滿清政府現存
關係，採取嚴守中立政策。在表面上是不許其公民參加別國的軍事
行動的。更有反對革命偏向滿清政府之各國在華人士，更因此指責

---

[33] 同註 31，第一冊，頁參-172。

荷馬李將軍參加革命政府之軍事行為，是有違美國所宣佈的中立態度。當時上海英文《大陸報》記者特為此事訪問美國駐滬一位官員，該官員之答覆態度甚嚴肅的謂：「自民軍起義後，美國的態度是嚴守中立的，嚴禁本國公民干預其事，在事前嚴加防止，以免事後惹起國際糾紛。並嚴正宣佈依照美國法律，荷馬李的行為，是法律所嚴禁止的，違者則罪在不赦。」荷馬李聞悉後，甚感憤怒，乃立即向《大陸報》發表義正辭嚴之宣言，略以：「我來中國參加中國革命是我個人之行動，與美國政府毫無關係。外間稱我為大將，不過因我曾為中國的康有為、梁啟超等改革派人物組織過保皇軍，並非美國的現役軍官，自無受美國軍律限制的必要。我參加中國革命政府的行為是以個人資格參加，是以實行人道主義為宗旨。今日中國數萬萬人民，正受虐於專制暴政之下，我豈能不救，袖手旁觀之理？……」由此可見荷馬李特立獨行之氣度，熱愛中國之情操，並不因當時美在華官員之態度而有所改變。我們一直稱為將軍的原因，並非是繼承保皇會封給他的頭銜，而是孫中山辛亥在南京就臨時大總統時所聘之軍事顧問，而稱為將軍，乃名正言順之中國革命政府的將軍。[34]

荷馬李將軍於民國元年任孫中山的軍事顧問，2 月 15 日伴隨孫中山祭明太祖陵後得病，因患中風，左邊半身不遂，而仍謂：「我常說我要埋身中國國土，可是我現在要暫時回美國家鄉養病了！」荷馬李與夫人搭日郵船「新月號」由上海出發，於是年（1912）抵美。曾對其親密助手奧白郎言：「好了，我的工作完了！」終於本年 12 月 11 日，逝於其故鄉洛杉磯。時僅三十六歲。[35]荷馬李夫人則於 1934 年在美去世。

---

[34] 同註 32，頁 157-158。
[35] 同前註，頁 160。

民國 58 年元月，黃季陸得悉荷馬李繼子包爾斯（Joshua B. Powers），經由美國史丹佛大學胡佛研究所，將一批有關中國革命之重要而珍貴史料贈與我國。並由包爾斯攜同荷馬李夫婦遺骸前來，將骨灰葬於中國國土，以償生前夙願。而荷馬李將軍生前所指中國國土，自係指中國大陸而言，當時臺灣尚割讓於日本，尚未光復。今大陸又淪陷。胡佛研究所之意，認金門乃係福建省之一部份，與李將軍遺志之中國國土仍相符合。但以葬於金門與葬在臺灣在意義上並無不同，當尚在遲疑未決時，忽奉總統府當時秘書長張岳軍一信，轉告先總統蔣公於得悉此消息後，曾於 1 月 23 日有一明智批示，謂：「荷馬李將軍為我建造民國總理所聘請外國的第一顧問，彼既願葬在中國國土之上，則我政府應當贊成，並可先為其在我國土臺灣基地予以優禮祭葬，待我光復大陸後准再遷移南京紫金山總理陵墓之附近安葬可也。」同年 4 月，包爾斯親護荷馬李將軍及其夫人靈骨前來臺北參加葬禮，胡佛研究所所長肯貝博士（Dr. W. Glenn Campell）、研究員鍾華德、胡佛圖書館東方搜集館主任馬大任三位先生代表該所來華參加。[36]

| A07 | 林樞
（George Lynch） | 新聞記者 | 同情革命、以文字宣揚 |

1900 年惠州起義新聞，海外報刊大多刊載。美國新聞記者林樞在廣州、香港各地訪查孫中山住所亟欲會晤，嗣聞已返日本。特自東京寫函橫濱要求約晤，旋得復同意。林樞如期前往，目睹孫中山室內書架滿置英文書籍雜誌，都是關於軍事作戰及政治經濟歷史的。其中如《現代戰爭及武器》、《近擊戰術》等都是最新出版，更

---

[36] 同註 26，前引書，頁 6-7。

顯而易見的是除幾本有關爆炸或發射的書以外，幾乎全是有關「波耳戰爭」（Boer War）的新著書籍報刊。孫中山且就地圖向林樞說明義軍四處發動情形，並強調此次失敗完全是缺乏軍火，但由此可見滿清軍隊竟然不堪一擊；一旦我軍武裝完備再舉義旗，一定可獲大勝。孫中山因此詳細說明革命目的與計畫。林樞根據此一訪問，特撰〈兩位西化的東方人〉，以日本大隈重信與孫中山相提並論，刊載於 1910 年 3 月 21 日美國《展望》（Outlook）雜誌，對孫中山讚揚備至。[37]

A08	嘉約翰 （John L. kerr）	醫生	協助革命、乙未廣州之役 庇護革命黨人

　　嘉約翰博士，或譯「戈爾」。生年不詳，1910 年歿於廣州。曾任廣州博濟醫院（Canton Hospital）院長，此醫院於 1835 年創立，乃中國和遠東最早設立之西醫醫院。他為提倡西醫，復於院內附設醫科學校。進而翻譯醫書，先後譯有《全體新論》、《內科全書》、《化學摘要》、《割症全書》、《眼科撮要》、《皮膚新論》、《醫學提要》等二十餘種。喜嘉理牧師與嘉約翰本即相善，乃介紹孫中山往該校肄業，且為減收學費，全年只收銀幣二十圓。孫中山住校，甚得嘉約翰博士之重視。[38]孫中山於〈倫敦被難記〉中亦述及嘉約翰（戈爾）：「當 1886 時，予學醫於廣州之英美傳道會，主政者為醫學博士戈爾（Dr. Kerr）。次年聞香港創立醫院科大學，遂決計赴香港肄業。閱五年而畢業，得醫學博士文憑。」[39]

---

[37] 吳相湘編撰：《孫逸仙先生傳》，上冊，頁 289。
[38] 羅香林著：《國父與歐美之友好》，頁 17-18。
[39] 同註 31，第二冊，頁柒-1。

馮自由列嘉約翰為興中會初期之友好，謂：「嘉約翰，美國醫生，基督教，博濟醫院院長，總理嘗從之遊一年。」[40]

嘉約翰於 1895 年乙未廣州之役，首次起義失敗時，庇護革命黨人區鳳墀、尹文楷得免於難。如區鳳墀為乙未廣州之役失敗，疑為黨人朱淇出賣所致一事，所書為朱淇辯白函有：「溯是年（1895）9 月初 10 日午刻（西曆 10 月 26 日），羊城內（即廣州）機關部黨人被拿數名之凶耗甫傳至河南，余驚聞之下，即離寓所，偕尹婿文楷僱艇渡河，奔投博濟醫局，藉為逋逃之藪，幸蒙嘉約翰先生念舊情殷，容余二人在局藏匿，終宵不能成寐，詰朝不敢步出局門。正在籌畫如何搬遷尹家眷口及二子一女前往香港避禍之際，忽見朱淇攜同一幼子踉蹌而來，備述昨日在城內機關部逃出情形。並謂於急遽中，僅將自撰討滿檄文底稿焚毀。其餘黨人名冊無暇顧及，想此時已入清官手中，則彼此均大不了等語。談次，知余有香港之行，甚為許可，匆匆別去。是晚余攜老少男女數口，經附夜輪離鄉。獨留尹婿未行耳。」[41]

A09	奇列 （英名不詳）	化學技師	協助革命、乙未廣州之役助製炸彈

馮自由云：「奇列為國父在檀香山所結識之化學技師。1895 年（乙未）秋天，以奇列洋行名於廣州河南之咀頭設置商行，實是製造炸彈之所，製得炸彈不少。因係洋人所開，故未為清吏所注意。惜該年廣州之役，以事洩失敗，未能發揮炸彈力量，而奇列為中國革命所作工作表現，當為世人所欽佩。」[42]

---

[40] 馮自由著：《革命逸史》，第三集，頁 2。
[41] 馮自由著：《中華民國開國前革命史》（一），頁 24。
[42] 同註 38，頁 11。

　　當乙未年，孫中山在廣州謀議起義時，陳少白云：「在當天晚上，再次聯席會議，出席的人中，還有一個英國人和一個美國人（係化學師），是孫先生由檀香山約來的。……」[43]此美國人即指奇列也。

A10	香汴文 （英名不詳）	基督教傳教師	協助革命、乙未廣州之役轉遞消息

　　馮自由列香汴文為興中會初期之友好及同志，謂：「香汴文，美國，傳教師，基督教。常出入聖教書樓禮拜堂，與黨人過往甚密，乙未之役黨人賴其轉遞消息，脫險者頗眾。其子香雅各，現任嶺南大學顧問。」[44]馮自由並又將香汴文列為興中會前半期（從甲午冬檀香山興中會成立至庚子秋惠州革命失敗為前半期。按即 1894 年 10 月至 1900 年 8 月）之「贊助革命之同志」名單之內。[45]

A11	無名氏	美國駐華領事	協助革命、乙未廣州之役謀營救革命黨人

　　1895 年（乙未）9 月 10 日（西曆 10 月 27 日）廣州之役失敗後，陸皓東於是日在廣州被捕，清吏李家焯嚴刑逼供同黨不屈。「旋有美國領事，親訪南海縣署，謂陸某乃電報翻譯生，絕非亂黨，伊可為之保證。李令以供詞示之。美領事無言而退。至 9 月 21 日，

---

[43] 陳少白口述，許師慎記：《興中會革命史要》（中華民國各界紀念國父百年誕辰籌備委員會學術論著編纂委員會主編，民國 54 年 11 月 12 日出版），頁 7。（總 1271）。

[44] 馮自由著：《革命逸史》，第三集，頁 21。

[45] 同前註，頁 33-34。

譚督遂令營務處籤提陸皓東、朱貴全、丘四三人至校場加害。」[46]
按此「美國領事」，因其姓名不詳，故以無名氏示之。

| A12 | 樂克希
（W. W. Rockhill） | 美駐北京大使 | 協助革命、丙午營救革命黨人 |
| A13 | 孟佐良
（英名不詳） | 聖公會會長 | 協助革命、丙午營救革命黨人 |

　　1906年（丙午）11月23日（西曆1月7日）「萍瀏起事，先生派胡瑛、朱元成（子龍）、梁鍾漢等來湖北，負責進行。抵鄂，而鄂督張之洞已懸賞通緝元成等矣。惟張之『賞格』中尚無黨人劉靜庵、余誠、胡瑛、梁鍾漢等名，而瑛等仍積極進行也。是月11日，靜庵召集日知會同志與瑛、元成、鍾漢等會議于漢陽之伯牙臺，皆以財政困難為憂。有郭堯階者，具言彼有辦法，云六合娣礦公司經理劉小霖願納十萬元幫助革命，同志信之。乃堯階告密於清吏，是日晚，誘捕元成於漢陽。次日，劉小霖宴胡瑛於漢口名利棧捕之，隨導捕梁鍾漢、季雨霖、李亞東……諸人。武昌日知會亦被封。初，張之洞接直隸總督袁世凱電，謂日本諜告，長江上下遊匪首為劉家運，爰懸賞萬兩黃金緝之。郭堯階即誣告，劉靜庵為劉家運，劉被捕審訊時清吏必欲渠自認為家運，迫供同黨。刑訊極酷。……堅未招供。獄成將斬，聖公會主教吳德施、牧師黃吉亭，及會長美人孟佐良不平，致電駐京美使樂克希（W. W. Rockhill）極力營救。而同志吳祿真、程家檉時在北京，亦屢向慶王、蕭王條陳，主張勿殺黨人，以免增加漢滿惡感。旋由北京外務部電鄂督貸其死，永遠監禁。在獄五年餘，瘐斃。距武昌首義前三月，年三十七。」[47]

---

[46] 同註41，頁20。
[47] 《國父年譜》，增訂本，上冊，頁226-227。

438

| A14 | 那文
（英名不詳） | 律師 | 協助革命、助中山先生及
黨人脫難 |

　　1904 年（甲辰）2 月 15 日（西曆 3 月 31 日），馮自由謂：「總理抵美國舊金山港，關員登輪查驗旅客護照，見有孫逸仙之名，即謂此人為中國亂黨，應暫留船上聽候詢問，不得登岸。……先是檀島保皇黨人探聞總理赴美有期，預知舊金山同黨使設法阻止總理入境，以為黨爭之報復。舊金山保皇黨員已告清領事何祐，何欲藉此向清廷邀功，乃關照美海關，謂有中國亂黨孫某將於某日搭某船抵美，請禁阻其入境，以全清美二國邦交等語。美關員感其言，因有阻止總理登陸之舉。及查總理所持護照為夏威夷土生證書，夏威夷為美屬土，依律不得阻止入境。關員以告何祐，何力言孫某係生長廣東香山縣，所持護照，必為偽造，仍請美海關盡力禁阻。當總理先被困船上一夜，次日被移送候審所，總理困居木屋數日，經移民局詢問候，竟判令出境，候原船發回檀島，因之焦灼異常，徬徨無計。忽睹被禁鄉人中所閱《中西日報》有總理伍盤照字樣，偶憶盤照為著名之基督教學者，素以說教及辦報蜚聲於時。乙未年（1895）亡命出國時，粵中教友左斗山、楊襄甫二人嘗作函為之介紹，此函尚存行篋未用，此時大可用之，乃草一函，求一賣報西童帶往沙加緬都街《中西日報》，……內稱『現有十萬火急要事待商，請即來木屋相見勿延』之語。盤照久聞總理盛名，即往移民局請准當局，得入木屋晉見總理，相見之下，握手甚歡。並出示左斗山、楊襄甫等署名之介紹函，盤照允當先設法營救。遂約同致公堂大佬（即主盟員）黃三德，《大同日報》經理唐瓊昌等即同訪致公堂常年顧問美律師那文，請其依法相助。遂由那文向移民局聲明即向華盛頓工商部上訴，並依五百元保證金之移民法例，當由致公堂以士波福街樓業向保單公司具保五百元，擔保總理在外聽候美京判決，同時致公

堂職員及基督教之有志者多赴碼頭歡迎脫難，藉表敬意，總理羈留
木屋多日，至是始獲恢復自由。自丙申年（1896）被困倫敦清使館以
來，此為第二次之蒙難。」[48] 三星期後，美工商部之判決文已到，承
認孫中山之合法居留權，於是清領事及保皇黨徒之中傷計畫失敗矣。

馮自由將那文列為：「興中會後半期之革命同志，即由庚子秋，
惠州革命軍失敗數至乙巳（民元前 12 年即 1900 年至民元前 7 年即
1905 年 6 月，東京同盟會成立時止）」。[49] 以「那文，美國律師，無
黨派。在舊金山業律師，癸卯（1903 年）孫總理抵美，被關員所
阻，那文受致公堂委託援律向美京抗爭，總理始獲安然登陸。那與
中國革命黨，發生關係自茲始。民國後任鐵道部顧問。」[50]

又：民國 11 年 6 月「16 日，陳炯明叛變，圍攻總統府。孫中
山脫險抵海珠海軍司令部。」「是役觀音山衛士以少敵眾，苦戰十餘
小時足寒敵膽。衛士傷亡約三分之一，而叛軍之陣亡者，數在三百
以上。姚觀順負傷後，由護隊負之，尋亦出險。陳喧等走東山總統
法律顧問那文宅，由那（文）氏用美國小電船，送至先生座艦。」[51]

A15	尹士嘉 （英名不詳）	澳門格致書院校長	協助革命、庚子謀營救革命黨人

1900 年庚子，閏 8 月 15 日（西曆 10 月 8 日），革命軍舉義於
惠州三洲田，屢挫清兵，然因日本政局變化，後方補給不繼，終失

---

[48] 馮自由著：《革命逸史》，第二集，頁 109-111，〈孫總理癸卯遊美補述〉之
「基督教友及致公堂之助力」。並參閱其第一集，頁 211-212，〈孫總理與致
公堂〉。及參見：同前註，頁 175-176。

[49] 同前註，第三集，頁 64。

[50] 同前註，頁 94。按此：「癸卯（1903 年）」，應為 1904 年甲辰。另可參見：
第一集，頁 210-212。

[51] 《國父年譜》，增訂本，下冊，頁 879-883。

敗。是役日人山田良政死難。9 月 6 日（西曆 10 月 28 日），史堅如謀炸清廣東巡撫兼兩廣總督德壽，不成被捕。雖以酷刑相加，亦不屈，始終怒目不言。傲睨自若，卒於 9 月 18 日（西曆 11 月 9 日）就義。時年二十二歲。[52]當史堅如被捕後，有美籍教師尹士嘉轉託美國領事往廣東營救未成。

　　馮自由將其列為興中會前半期之同志謂：「尹士嘉，美國教員，格致書院、庚子、澳門格致書院校長，甚愛史堅如英俊，堅如被逮後，由格致書院教員鍾榮光請尹士嘉轉託美領事赴粵營救，為清吏所拒。」[53]又謂：「時鍾榮光曾請美國牧師尹士嘉轉求美國領事營救，清吏以證供確鑿，拒之。就義之日，為 9 月 18 日。」[54]

第二節　加拿大人士

　　以下共有 1 人

編號	姓名	職業（身份）	與中國革命之關係及事蹟
C01	**馬坤**（Morris Cohen）	業商、興中會員、同盟會員、國民黨員	參與革命工作並為孫先生侍衛

　　孫中山在北美洲遇見的外國友人，值得一提的傳奇人物，還有一位加拿大的「雙槍將」馬坤（Morris Cohen，因其以雙手使用雙鎗、鎗法準確，為同志所稱道，遂有「雙槍將」綽號）。他跟隨孫中山較久，於 1911 年與孫中山唔識，即擔任侍衛為時約兩月。於

---

[52] 同前註，上冊，頁 128-135。及同註 48，第五集，頁 32，〈史堅如傳略〉。
[53] 同註 49，頁 59。
[54] 同前註，第五集，頁 32，〈史堅如傳略〉。

1919 年再度追從孫中山，直至 1925 年先生逝世為止，先後六年有餘，他對孫中山的忠誠，真可說是始終不渝。以後仍續為我國效力，其熱忱殊堪嘉許。

馬坤原籍波蘭之猶太裔英國人，十六歲（1905 年秋）離英家鄉，單獨移民加拿大之中西部，先住在撒司卡契旺（Saskatchewan）區之華板拉（Wapella），不久遷至曼尼托巴（Manitoba）州之溫尼伯（Winnipeg），替人畜牧或做零星雜工為生。常至華僑馬升（譯音）開設之餐館用膳，因見義勇為幫助馬升擊退搶匪而成為好友。馬坤為人豪爽，未受過教育，無大野心，但求能致富，而富有冒險精神。經馬升談及孫中山為中國第一位真正革命領袖，行蹤遍及全球，亦時來加拿大，因而馬坤早即有崇敬孫中山之心。未久，由馬升介紹加入阿爾柏達（Alberta）區、卡爾加利（Calgary）埠之興中會分部，成為其時中國革命黨之唯一加籍黨員，亦可能馬坤早經加入其地之致公堂組織。

馬坤嗣後遷居阿爾柏達區之艾德蒙頓（Edmonton）埠，營地產生意而致富。遂有力量資助革命，並訓練少數華僑軍隊，1911年 2 月，孫中山至加，於同盟會分部大集會中，馬坤被介紹與孫中山晤識。其事後寫述其印象：「生平從未曾見過真正的偉大人物，但這次立刻認識到孫博士確是一位偉人！」自此時起便決心獻身中國革命，追隨孫中山直至其病逝。後又參加北伐與抗戰諸役，甚而曾被日軍囚禁。

孫中山其時至加拿大之主要任務，係為廣州起義（黃花岡之役）募集經費，旅行加拿大與美國各要埠。而清廷早懸重賞緝購「逆賊孫文」的頭顱，駐外官吏監視嚴密，跟蹤伺機下手。為顧慮旅途安全，因此加拿大西部同志推薦馬坤為孫中山之臨時侍衛。馬坤慨然允諾，便與另二位中國侍衛（大概為馬湘及或為隨行之朱卓文，待考證）自加西岸出發，經中部各埠轉美國芝加哥等地。約自 1911

年 3 月 19 日至 5 月底止，為期兩個月左右，以聯絡當地同盟會分部及致公堂，向華僑演說，發動募集革命軍費，成績可觀。歷經各埠，並未發生任何事故。可謂馬坤等之侍衛任務成功。

1911 年 10 月 10 日武昌起義成功，中華民國成立，同盟會改組為國民黨。加拿大之同盟會各分部也一律改稱國民黨支部，而於溫哥華設立總支部，馬坤擔任總支部之外交秘書，為中華民國政府從事對加拿大之國民外交工作。同時繼續經營自己之企業，獲得相當成就。

此後，馬坤與孫中山闊別八年之久。等到第一次大戰結束，孫中山着手草訂《實業計劃》，冀圖運用國際的投資和技術，以大規模開發中國。這份計劃係以英文撰寫，原名《國際共同發展中國》，孫中山曾寄一冊給馬坤。馬坤閱讀後，不禁想到孫中山的為人，「常常生活在將來，多過於現在」。

迨孫中山之《實業計劃》有關全國鐵路網建築，要馬坤向加拿大鐵路公司試探接洽投資之可能性。經馬坤交涉結果，加拿大鐵路公司表示有興趣，孫中山便邀馬坤來華服務。其時，孫中山居上海，馬坤於三十歲時（1919 年），放棄在加事業，於 7 月 28 日乘「澳洲皇后號」客輪來華，8 月下旬抵滬。孫中山居滬兩年餘，至 1920 年 11 月，自滬返廣州，恢復軍政府，馬坤亦隨往，1922 年 6 月陳炯明叛變，馬坤更追隨孫中山登永豐艦共患難。事後在艦上拍全體照片，馬坤是站立後排的唯一外籍侍衛。孫中山旋於是年 9 月再度離粵赴滬，馬坤亦在隨從之列。馬坤任侍衛軍階升為上校。同時尚有二位侍衛，是馬湘與黃惠龍。馬坤於是時即居孫中山寓所，若家庭之一員。而對於加拿大鐵路公司，仍積極接洽，曾簽訂一份投資築路的合約，規定其可獲佣金一百萬美元。然因局勢不穩，此築路合約無法實施，佣金當亦未獲。1923 年 2 月 21 日，孫中山自滬返穗，續行大元帥職權，並且創辦黃埔軍校及設立航空局，策畫建立革命空軍，復派馬坤兩次購買外國軍火；一次赴加拿大，約 1923

年春，購得飛機引擎兩架，及飛機構造藍圖，並徵召一批飛行員，
後來在 1938 年對日抗戰時出過力。另一次為 1923 年冬，秘密赴北
京，住維多利亞旅館（Victoria Hotel）接洽購買德國軍火，結果未
成功。又於 1923 年底至 1924 年初，因截留關餘問題，引起極大外
交糾紛，美、英、法、日、葡五國軍艦十六艘，一度駛泊珠江口，
以武力威脅。孫中山立場堅定，不為所動。而馬坤對其美國友人——
—駐廣州副領事柏拉斯（Ernest Price）表示，孫中山願以和平方式
解決此事。當時各國駐華外交人員，僅柏拉斯較同情孫中山立場。
後因武力威脅無效，而不了了之。馬坤從旁確曾盡力不少。

　　1924 年 11 月 13 日，由於北方局勢發生劇變，中山先生離粵
北上，應邀前往北京，會商和平統一中國的大計。馬坤隨行至上海，
便與孫中山告別，受命第二度赴加拿大洽購露斯式步槍（Ross
Rifles），以供黃埔軍校應用。不料孫中山已病重，這是最後一次離
別。馬坤於翌年（1925 年）3 月中旬，在加之溫哥華旅館聞及孫中
山於 3 月 12 日病逝北京的噩耗，立即搭乘航輪返滬，轉往北京，
至靈前哭泣致哀！孫中山臨終前很關懷這位跟隨他多年而忠心耿
耿的老友，遺命升任馬坤為將軍，並留給他一筆少量的退休金。

　　馬坤此後對中國的服務仍未終止，依舊回到廣州，先後替孫科
及宋子文做事。北伐期間留在廣州，其後國民政府建都南京，1928
年 1 月 25 日，孫科、胡漢民、伍朝樞等奉派赴歐美諸國考察政治
經濟，馬坤隨孫科同行，經南非、巴黎、倫敦、紐約及溫哥華等地，
於 9 月間始返滬。迨 1931 年「九一八」東北事變時，馬坤至滬，
嗣即經日返粵，1937 年 3 月，吳鐵城任廣東省政府主席，馬坤一
直跟隨服役，同年 7 月 7 日對日全面抗戰爆發，10 月廣州淪陷，
吳鐵城調職，馬坤亦自香港飛至重慶。未久，又隨吳鐵城訪問慰勞
南洋一帶華僑，經歷馬尼拉、新加坡等地，於 1940 年 4 月 17 日返
重慶。馬坤居重慶僅幾個月，又奉派秘密飛香港，與英軍駐香港司

令格拉賽特將軍（Gen. Grasett）商談合作防衛香港問題，並與駐港特派員陳策將軍商組第五縱隊。1941 年耶誕節（12 月 25 日），日軍佔香港，陳策冒險逃出，馬坤則被日軍所俘，囚禁於史登萊集中營，直至 1945 年 9 月，日軍向盟軍投降，雙方換俘，馬坤始被釋放，於 9 月 22 日晚離港赴歐，轉抵紐約再返加拿大。此後在蒙特婁定居並結婚，經營服裝業。但馬坤夫人始終抱着個憂慮：「一旦中國有事，需要摩里斯（馬坤的名字）去服務。他會毫不遲疑的回到中國去的！」嗣後於 1954 年，曾訪問中華民國的基地臺灣，重新引起國內外人士對馬坤的注意。

　　關於「雙槍將」馬坤的生平，我們知道不多，有關孫中山傳記的書籍裏，提到他的也是很少。直到最近美國和加拿大的作者，對馬坤開始發生興趣。史本賽（Cornelia Spencer）撰著的《孫逸仙——中華民國的締造者》（Sun Yat- Sen: Founder of the Chinese Republic, 1967 年在紐約出版），曾簡略敘述到馬坤。屈拉琪（Charles Drage）於 1954 年在紐約 Funke & Wagnalls 書局出版的《雙槍將馬坤的一生和其時代》（The Life and Times of General Two-Gun Cohen），乃是有關馬坤的第一冊專書。該書同時也在英國發行，名稱改為《雙槍將馬坤》（Two-Gun Cohen），加拿大的學者德萊彭司基（Edward Trapunski），最近着手撰述一本馬坤的新傳記，曾在加拿大訪問馬坤的親屬，並到紐約等地搜集資料。[55]（按至今〔2008 年〕已歷二十五年以上，諒早已出版問世矣。）

　　按：臺灣現已有該書中文版：雙槍馬坤，賴維（Daniel S. Levy）著，杜默譯，臺灣大塊文化出版，2001（民 90）年出版。

---

[55] 項定榮著：《國父七訪美檀考述》，頁 217-225。

第六章 歐洲各國人士在中國革命 所扮演角色

第一節 英國人士

以下共有 24 人

編號	姓名	職業（身份）	與中國革命之關係及事蹟
E01	卜力 （Henry Arthurs Blake）	香港總督	協助革命、協謀兩廣獨立

　　馮自由謂：「庚子年（1900）5 月，北方義和團拳匪作亂，圍攻各國使署，清西后不獨朋比為奸，且下詔對各國宣戰，舉國鼎沸，大局岌岌可危。香港議事局議員何啟博士素與興中會關係密切，以時勢緊急，瓜分之禍瀕於眉睫，粵省如不亟謀自保，決不足以圖存。因向《中國日報》社長陳少白獻策，主張革命黨與粵督李鴻章合作救國，首先運動鴻章向滿清政府及各國宣告兩廣自主。而總理率興中會員佐之。其進行方法，則先由中國維新黨人聯名致書香港總督卜力（Blake），求其協助中國根本改造，以維世界和平。再由卜力根據書中理由，轉商鴻章。建議廣東自主方案，並介紹興中會首領孫某與之合作。鴻章如贊成此策，即由渠電邀總理回國同組新政府。事前已經何啟徵求卜督同意，始向少白言之。少白即拍電詳告

總理取進止。時總理方居橫濱，計畫惠州軍事，得電大喜，立復電少白贊成，遂由少白召集各會員研究進行策略，隨起草致港督函稿。復由何啟、楊衢雲等譯成英文。具名者為孫逸仙、楊衢雲、陳少白、謝纘泰、鄭士良、鄧蔭南、史堅如、李柏諸人。……書既上，復由何啟向港督代達一切，卜力極表同情，因向粵督李鴻章接洽數次。謂粵省如能毅然向北京政府宣佈自主，港督可相機協助，並聯合各國領事一致贊成。時清廷以大勢危急數電鴻章北上。鴻章以拳亂禍首，勢焰張甚，遲遲未行。嗣港督向之提議廣東自主計畫意頗為動。惟以清廷尚未陷於絕境，故仍遲疑觀望，未有正當表示。其幕僚有粵紳劉學詢，號問芻者，早年與總理為舊交，且名列農學會籍。1895 年（乙未），廣州重陽之役，亦嘗知情。總理以其具有帝王思想，故未予合作。及聞港督向李鴻章洽商廣東自主，遂向鴻章自告奮勇，謂渠與孫某認識有年，如傅相有意羅致，渠可設法使即來粵聽命等語。鴻章頷之。學詢遂即貽書總理，謂傅相因北方拳亂，欲以粵省獨立，思得足下為助，請速來粵協同進行。總理初得少白函電，稍知原委。嗣得學詢函，更悉港督所提議已生效力，遂偕楊衢雲、日人宮崎寅藏、平山周等，於 5 月中旬，乘法國郵船煙狄士（S. S. Indus）赴香港。21 日（按為西曆 1900 年 6 月 17 日）抵達，粵督已派幕僚曾廣銓率安瀾兵輪來迎，即邀總理及衢雲二人過船開會，時總理得少白等報告，知鴻章尚無決心。另有一報告，謂督府幕僚，且有設阱逮捕孫楊二人之計畫，故不必冒險赴粵，僅派宮崎乘兵輪晉省代表接洽一切，而己則乘原船赴越南西貢。宮崎至廣州，寓劉宅，與學詢密談一夜。學詢述李督意，謂各國未攻陷北京前，不便有所表示。並商定對于清帝后回京或西遷之二辦法，囑宮崎向總理轉達。宮崎以時機未至，遂返香港。」[1]

---

[1] 馮自由著：《革命逸史》，第四集，頁 92-96，〈孫總理庚子運動廣東獨立始

　　《宮崎寅藏年譜》中亦載有：1900 年「7 月 18 日孫中山來徵
香港總督布賴克極機密提案意見，內容是為樹立的獨立政權，今日
是否能與兩廣總督李鴻章密談。滔天表示贊成。（旁晚，為就任直
隸總督，李鴻章北上，密談未成。）」[2]

　　當庚子惠州事起，香港當地英文報紙刊載義師行動謹慎，各地
人民對革命軍都表示好感，自動供給飲食，義軍紀律嚴明，尤給
香港洋人極深刻印象。謂惠州起事確係順天應人之義師。香港總
督卜力因此採取對革命軍同情態度，並將其事實電報倫敦政府：
對革命軍表示友善，並反對廣東清吏在香港購買軍火。後惠州義
軍不幸功敗垂成，若干人撤離，經香港他往，港督亦未給予任何
刁難。[3]

E02	卜力夫人（Mrs. Henry Blake）	港督夫人	協助革命、營救革命同志脫險
E03	黎脫爾夫人（Mrs. Archbald Little）	香港天足會長	協助革命營救革命同志脫險

　　1900（庚子）年正月，上海電報局總辦經元善因與蔡元培等
1,231 人聯名通電，反對清太后廢止光緒，為清廷下令通緝。經逃
至澳門，復為清吏控以捲逃公帑之罪，下諸葡國監獄。謝纘泰與經

末〉。同上第一集，頁 113-114。馮自由著：《中華民國開國前革命史》（一），
　　頁 59-64。均有相似敘述。參見：《國父年譜》，增訂本上冊，頁 117-118、
　　122。羅香林著：《國父與歐美之友好》，頁 86-93，〈國父與卜力總督〉。
[2]　宮崎滔天著：近藤秀樹編，陳鵬仁譯：《宮崎滔天書信與年譜——辛亥革命
　　之友好的一生》（臺灣商務印書館印行，民國 71 年 5 月初版），頁 100。
[3]　吳相湘編撰：《孫逸仙先生傳》，上冊（臺灣遠東圖書公司印行，民國 71 年
　　11 月初版），頁 288。

素不相識，因聞其事於興中會員徐善亭，遂力托香港天足會長，英婦黎脫爾夫人設法營救。黎復請香港總督卜力夫人相助，澳門葡督得港督電，立將經釋放出獄。經得免引渡清吏者，謝斡旋之力也。[4]而二位夫人及卜力之功亦不可沒。

又據謝纘泰謂：「為營救經元善（原書譯為：經蓮山）：謝纘泰會見黎脫爾夫人。1900 年 2 月 26 日，我在香港華人俱樂部會見黎脫爾夫人，她在那裏演講，談論纏足之害。黎脫爾夫人指派我妻子為香港天足會秘書。黎脫爾夫人幫助我通過當權的香港總督卜力及其夫人，給澳門總督提出友好的建議，使維新黨人經元善從澳門監獄釋放。我的朋友史密斯（D. Warren Smith）和《香港日報》編輯克銀漢（Alfred Cunningham），以及《德臣西報》編輯黎德（Thomas H. Reid），都對此事也很關心，並在他們的報紙上刊載社論，強烈提出早日釋放囚犯。經元善是上海中國電訊管理局經理，由於清廷當局誣告他盜用電訊管理局資金，於澳門被葡萄牙當局逮捕。經元善曾從上海發電報力勸慈禧太后不要免除光緒皇帝職位。此電報是由經元善及其他 1,231 人簽署的。經元善被逮捕和監禁消息，是我老朋友徐善亭告知的，徐是維新與獨立之堅定支持者。以下是黎脫爾夫人與史密斯先生的信：「謝纘泰先生：歡迎所有願意來的纏足或不纏足的中國婦女，參加星期四的會議。卜力夫人和我特別希望看到尊夫人。關於你朋友的事情，我正要寫兩封信給澳門的高級官員。匆匆，請諒。雅麗士‧黎脫爾謹啟，1900 年 2 月 27 日於香港總督府。」另一封史密斯的信是：「謝纘泰先生：恐難見到任何報紙會發表文章，我雖有某些直接或間接影響，但他們會盡力而為。我幾乎不相信澳門政府會不顧歐洲人或中國人要求釋放經元善先生的輿論，我正努力欲派一採訪記者到澳門參加審判。在我編輯部

---

[4]　馮自由著：《中華民國開國前革命史》（一），頁 119-120。

裏無一合適的人，但我今天寫信到澳門看是否能找到有做此事的
人。史密斯謹啟，1900 年 3 月 3 日於香港日報社。」[5]

E04	康德黎 （James Cantile）	香港西醫書院教務長（後任）	協助革命，救助中山先生脫險
E05	康德黎夫人 （Mrs. James Cantile）	家庭主婦	同上
E06	孟生 （Partrick Manson）	香港西醫書院教務長（前任）	同上

「康德黎博士（Dr. J. Cantile, 1851-1926），受教育於甲巴甸大
學（Aberdeen University），初服務於查林十字醫院（Charing Cross
Hospital）。1877 年任助理外科醫生，1887 年 6 月自倫敦抵香港擬
創設醫校，適逢何啟博士因紀念亡妻雅麗氏（Alice），創辦雅麗紀
念醫院，乃與康氏商議於醫院內創辦西醫書院，以其造就醫科專
材。初由孟生博士擔任教務長。1889 年孟生離職，乃改由康德黎
博士繼任。1887 年冬國父轉學西醫書院，深受康氏之薰陶與賞識。
1892 年，國父畢業，獲得十一門榮譽成績，康氏親於畢業典禮中，
頒給國父以第一名畢業之文憑。1896 年 5 月康氏離港返英，仍執
醫業，歷任倫敦縣議會防疫專員，東北鐵路公司外科醫藥顧問。1921
年創辦醫藥衛生皇家學會；1921-1923 年任會長，並發行《熱帶醫
藥期刊》。孟生博士（Dr. P. Manson, 1844-1922），旅行中國達 22

---

[5] 謝纘泰著：《中華民國革命秘史》，江煦堂、馬頌明譯、陳謙校（孫中山與
辛亥革命史料專輯，中國人民協商會議廣東省委員會，文史資料研究委員
會編，廣東省人民書店出版發行，1931 年 8 月第一版第一次印刷），頁
306-308。但其中「經蓮山」應譯為「經元善」，參見：馮自由著：《中華民
國開國前革命史》（一），頁 119。

年，1883 年抵香港，曾為西醫書院發起人之一，對于中國民俗，極能瞭解，在西醫書院時，初任教務長，並講授臨床診斷，於 1889 年去職，遄返蘇格蘭，1890 年回香港。」[6]

康、孟兩位於 1896 年 9 月，中山先生於倫敦被清使館誘禁歷 12 日，幸經奔走交涉而獲釋。中山先生特撰英文〈倫敦被難記〉以述經過甚詳。並於《孫文學說》第八章中說明被難前幸能於檀島邂逅康氏，此係以後被難獲救之關鍵的會晤。倘若未能晤談得悉康氏返英，嗣後在倫敦得見。即或錯失以後康、孟二氏之努力奔走營救之機會矣。於 1896 年 4 月，中山先生謂：「予到檀島後，復集合同志以推廣興中會，然已有舊同志以失敗而灰心者，亦有新聞道而赴義者，惟卒以風氣未開，進行遲滯。以久留檀島，無大可為，遂決計赴美，以聯絡彼地華僑，蓋其眾比檀島多數倍也。行有日矣，一日散步市外，忽遇有馳車迎面而來者，乃吾師康德黎與夫人也。吾遂一躍登車，彼夫婦不勝詫異，幾疑為暴客。蓋吾已改裝易服，彼不認識也。吾乃曰：『我孫逸仙也。』遂相笑握手。問以『何為而至此？』曰：『回國道經此地，舟停而登岸流覽風光也。』予乃乘車同遊，為之指導。遊畢登舟，予乃告以予將作環繞地球之遊，不日將由此赴美，隨將到英，相見不遠也。遂歡握而別。……然當時予之遊美洲也，不過為初期之播種，實無大影響於革命前途也；然已大觸清廷之忌矣，故於甫抵倫敦之時，即遭使館之陷，幾致不測。幸得吾師康黎德竭力營救，始得脫險。此則檀島之邂逅，真有天幸存焉。否則吾尚無由知彼之歸國，彼亦實無由知吾之來倫敦也。」[7]

[6]　林子勛著：《國父學說與西方文化》（臺北，中華文化出版事業委員會印行，民國 54 年 10 月三版），頁 170-171。羅香林著：《國父與歐美之友好》，頁 32-65。與羅香林著：《國父的高明光大》（文星書店印行，民國 54 年 11 月 12 日初版），頁 85-113，〈國父與康德黎博士的關係〉，內容相同。又參閱羅香林著：《國父之大學時代》（臺灣商務印書館印行，民國 56 年 10 月增訂二版），頁 2-13。

[7]　《國父全集》（全三冊），第一冊，頁參-163-164，譯文。

中山先生又敘述被難前後謂：「1896 年 10 月 1 日，予始抵倫敦，投宿於斯屈朗（倫敦路名）赫胥旅館，翌日即至波德蘭（倫敦區名）覃文省街 46 號康德黎君之寓所相訪。康君夫婦招待甚殷，並為予覓相近之舍館曰葛蘭旅店使徙止焉。……一日，予飯於其家，康德黎君戲謂中國使館與伊家為鄰，盍往訪之。因相視而笑。……一夕，孟生醫學博士邀余往餐。孟生君亦予香港舊識，曾授予醫學者。君亦笑謂予曰：『慎勿行近中國使館，致墜陷阱。』予以是於中國使館之可畏，及其相距之不遠，歷經良友之告誡，非全無措意者，然予至倫敦，為日猶淺，途徑未熟，彼良友之告誡，於予初無所濟也。」[8]中山先生於 10 月 11 日（星期日）上午 10 時半，自葛蘭旅舍出而欲往康氏寓同赴禮拜堂祈禱之途中，被強騙至中國使館，繼而被強迫，將之幽禁使館樓上。後經工作於使館之英籍僕人柯爾，及管家婦霍維夫人傳書予康氏，康氏始知被難。康氏即奔走警署，無效。又訪孟生偕往中國使館交涉無結果。康、孟二博士再往英外交部求援均未果。孟生又獨赴中國使館探訪無成。「康、孟二君為予往來奔走營救，至是晚（即禮拜日）下午 7 點鐘時，始各分袂。然二君均以所謀無當，意殊鬱鬱。且恐中國使館，既知事為政府所聞，或即於是夜實行遞解，否則亦必將移禁他處。……康德黎君再三思維，終不能釋然於心；計惟有在中國使館之外，遣人密伺，藉以偵探其行動。」及：中山先生於〈倫敦被難記〉中寫道：「予之所惴惴以懼者，目前生命事小，將來之政體事大。萬一吾被遞解回國，清政府必宣示全國，吾之被逮回華，實由英政府移交，自此以後中國國事犯將永無在英存身之地。吾黨一聞此言，必且回想金田軍起義之後，政府實賴英人扶助之力，始奏凱旋。國人又見吾之被逮於英而被戮於華，亦必且以為近日革命事業

8　國父手著：〈倫敦被難記〉（譯文）同前註，第二冊，頁柒-5。

之失敗,仍出英國相助之功。自是而吾中華革命主義,永無成功之望矣。且予在旅館中行李之外,尚有文件若干,如為中國使館所得,則株連之禍,不知伊於胡底。幸康德黎夫人能為予預料及此,毅然赴旅館,盡收予書牘之類,捆載而歸,付之一炬。是其識力,誠大有造於吾黨也。」[9]經多方奔走始僱一偵探。復又馳赴太晤士報館,將中山先生事盡告記者。未蒙刊載。後經《地球報》揭露此可驚可愕之異聞。因而驚動英外部,民眾大譁。中國使館遂被迫釋放中山先生。

馮自由將康、孟二博士列為興中會初期之友好:「康德黎,英國醫生,基督教。雅麗士醫學院院長。總理於乙未(1895 年)失敗後亡命至倫敦,為清公使龔照瑗誘禁於使館,康得總理求援信,遂設法營救總理出險。毛生(按即孟生),英國醫生,基督教。雅麗士醫學院教師,總理丙申(1896 年)秋,在倫敦遇難時適返英京,因與康德黎同救總理脫險。」[10]

中山先生為感謝康德黎博士夫婦,特於 1919 年以英文所撰寫之〈實業計畫〉,在封面上題曰:「此書謹以至誠獻與曾一度營救本人的導師而兼摯友的康德黎先生及其夫人」。而康德黎於 1912 年撰《孫逸仙與新中國》(Sun Yat Sen and the Awakening of China),此係一華實兼美,而又足以溝通中西文化之名著。其非但說明中山先生偉大之革命人格,且將中山先生領導革命之目的與建新中國的要點與步驟,亦加敘述。使世人對中山先生與新中國之前途,有更真切了解及同情。(參閱:第七章,第一節,壹、鼎力營救中山先生脫險之康德黎夫婦與孟生。)

9 　同前註,第二冊,頁柒-14-15。康德黎夫人事,見:頁柒-12。
10 　馮自由著:《革命逸史》,第三集,頁 4。

E07	加爾根 （Archibald R. Colquhoun）	新聞記者	協助革命以文字宣揚革命方略

　　當 1911 年 10 月，武昌起義全國響應時，中山先生先自美赴歐，致力外交工作，結交不少新聞記者。至倫敦時，有英國名士加爾根者對中國實情，最為熟悉。經中山先生將所主張之革命方略劃分三階段加以解說後，衷心折服，尤對此主張於倫敦各報加以報導，東亞之各種西報，亦多轉載。此使歐亞人士盡多了解中國之革命意義，獲得國際上輿論之同情，減少建立中華民國之阻力。蓋此無形之成功，與武昌起義在軍事上勝利，可謂是相得益彰的。中山先生特於《孫文學說》第六章〈能知必能行〉篇中有：「予之於革命建設也，本世界進化之潮流，循各國已行之先例，鑒其利弊得失，思之稔熟，籌之有素，而後訂為革命方略，規定革命進行之時期為三：第一、軍政時期；第二、訓政時期；第三、憲政時期。……民國建元前一年，予過倫敦，有英國名士加爾根者，曾遍遊中土，深悉吾國風土人情，著書言中國事甚多，其《中國變化》一書，尤為中肯。彼聞予提倡改中國為共和，懷疑滿腹，以為萬不可能之事，特來旅館與予辯論者，數日不能釋焉。迨予示以革命方略之三時期，彼乃渙然冰釋，欣然折服，喟然而嘆曰：『有如此計畫，當然可免武人專制，政客搗亂於民權青黃不繼之際也。而今而後，吾當助子鼓吹。』故於武昌起義之後，東方之各西文報，皆盛傳吾於民國建設之計畫，滿盤籌備，成竹在胸，不日當可見之施行，凡同情於中國之良友，當拭目以觀其成云云。此皆加爾根氏在倫敦各報為吾游揚言論也。」[11]

---

[11]　同註 7，頁參-145、148。

　　「加爾根原係於印度服務之政府工程人員，嘗被派往緬甸公幹，又曾出任南非洲馬索那蘭（Mashonand）之行政長官，並為《泰晤士報》（Times）之遠東特別通訊專員。1883 年撰《華南邊地旅行》，一書，乃記述由廣州至緬甸曼德勒一帶之民情風土。1898 年復出版《中國變化》名著，對中國國情及自推行洋務以來之變化，有深切之敘述。1900 年出版《由陸路到中國》，這本對中國地理有精確觀察之佳著，獲得皇家地理學會之金質獎章。同時出版一小冊《中國的問題和英國的政策》，於義和團事變和中國之鐵路問題、門戶開放問題等，均有確切之論述。此外更撰有《俄國對印度之情形》和《歐洲的旋渦》二書，均有高超卓見。益以優美文字及引人入勝之資料，是其寫作成功之處。因之，他於西報上報導國父革命計畫、領導革命進行等，除由於革命之主義與方略能適合時代需求外；並由於加爾根在言論界既有之地位，故能獲得西方讀者之愛好與同情。」[12]

E08	高文 （Tom Cowen）	新聞記者	協助革命乙未廣州之役起草英文對外宣言

　　馮自由謂：「興中會之英文對外宣言，即推舉英人黎德及高文二人起草，而由何啟、謝纘泰修訂之。此乙未 9 月（按應為 8 月）21 日（西曆 1895 年 10 月 9 日）事也。」[13]9 月初 9 日原在廣州起事，事洩不果。又據謝纘泰謂：「1895 年 10 月 9 日，我們致列強的宣言是黎德與高文起草，由何啟博士和謝纘泰修正。」[14]

---

[12] 羅香林著：《國父與歐美之友好》，頁 83-84，〈國父與加爾根及西籍記者黎德鄧勤與克銀漢〉。

[13] 馮自由著：《中華民國開國前革命史》（一），頁 12。及《國父年譜》，增訂本上冊，頁 69。此「9 月」應為 8 月「21 日（10 月 9 日）」。由朱淇（菉蓀）撰討滿檄文，英人黎德及高文（Cowen）草英文對外宣言，由何啟及謝纘泰修訂之」。

[14] 同註 5，頁 295。

| E09 | 克銀漢
（Alfred
Cunningham） | 編輯、記者 | 參與革命廣州之役並營救黨人 |
| E10 | 格斯幹
（Gascoigne） | 英國武官 | 同情革命，允助起義 |

　　1900（庚子）年，李紀堂加入興中會後。「自其父逝世，分得遺產百萬，乃欲再圖大舉，一雪惠州失敗之恥。適洪全福、謝纘泰父子方有所謀，特向李徵求同意。李欣然贊成。遂於辛丑（1901年）8 月 14 日會商進行方法。洪提議籌餉五十萬元，召集省港洪門兄弟剋期大舉，謝提議推舉容閎老博士為臨時政府大總統。李於二項提案均無異議。且允以個人之力擔負軍餉全額。議既定，洪、謝、李諸人遂積極進行。剋期大舉。惟此次計畫，興中會幹部既未予聞。中山時在越南，僅由港友函告，略知大概。外人贊助此舉者，有西報記者黎德及克銀漢、馬禮遜博士（Dr. G. E. Morrion）諸人。皆謝纘泰之友也。謝嘗持所草英文革命宣言書，就正於馬博士，馬極稱許。復由克銀漢親自點石印刷，以守秘密。克銀漢嘗與英國武官格斯幹將軍及海軍司令接洽，請求相助。二氏口頭上均允盡力。及是役（按即壬寅、光緒 28 年、1902 年 12 月 30 日，西曆 1903 年 1 月 28 日，李紀堂、洪全福謀舉事於廣州）失敗，在港同志被英警逮捕者多人。賴克銀漢在西報提倡公道，並運動駐倫敦友人向殖民部設法。港督得殖民部保護國事犯之電，始將被拘黨人全數省釋。……謝纘泰與克銀漢同發刊英文《南華早報》，專在言論上鼓吹改革，不再預聞軍事。民 13 嘗追述其革命見聞，筆之於書，題曰：《中華民國革命秘史》，刊諸《南華早報》，近年來始有中文譯本。」[15]克銀

---

[15] 馮自由著：《中華民國開國前革命史》（一），頁 121-122、125，〈壬寅洪全福廣州之役〉之「外人之同情」。

漢時為：《孖喇西報》（Hongkong Daily Press, 按即《香港日報》）
主筆。[16]

　　馮自由將克銀漢列為興中會後半期之革命同志，即由庚子秋惠
州革命軍失敗至乙己（民元前 7 年即 1905）6 月，東京同盟會成立
時止也。如：「克寧漢（按即克銀漢），英國報界，無所屬組織，壬
寅。《香港西報》記者，與謝纘泰相善，壬寅洪全福之役所起草英
文革命宣言，乃由克親自秘密印刷，且代向駐港英海陸軍武官求
助，事敗後，營救黨人甚得力。」[17]

　　又據謝纘泰謂：「克銀漢為：《香港日報》、《南華早報》編輯、
《每日郵報》、紐約《太陽報》記者。[18]「1902 年 6 月 9 日，《香港
日報》編輯克銀漢協助我起草宣言和向（列強）呼籲書。」[19]「1902
年 4 月 19 日，我（謝）通知《德臣西報》編輯黎德，準備革命的
來臨，並通知《香港日報》編輯克銀漢。」[20]「1902 年 12 月 24 日，
《香港日報》編輯克銀漢多秘密印刷我的獨立宣言。為保密起見，
用石印石寫印。」「1903 年 1 月 9 日，克銀漢來訪，告知格斯幹將
軍和艦隊司令官都支持我們的獨立運動。」[21]

　　「1903 年 1 月 25 日，洪全福和我兄弟謝子修經澳門前往廣
州，領導攻奪廣州。他們離開不久，洪全福德忌笠（D'Agucear）
街 20 號本部，遭香港警察當局搜查，有一些人被捕。1903 年 1 月
26 日，我緊急通知在芳村柏林教會考萊凱（A. Kollecker）牧師，
要求他提醒在廣州和芳村的所有朋友與同情者注意。我和克銀漢、

---

[16]　《國父年譜》，增訂本上冊，頁 152。將克銀漢亦譯為「康銀罕」。另：格
　　斯幹或譯為「格斯科因」。
[17]　馮自由著：《革命逸史》，第三集，頁72。「克寧漢」即克銀漢。
[18]　同註 5，頁 289。
[19]　同註 5，頁 314。
[20]　同註 5，頁 315。
[21]　同註 5，頁 316。

黎德討論局勢。密切情況發展。我派一專使往澳門找尋洪全福與謝
子修，警告他們，我們的運動已洩密。」「1903 年 1 月 31 日，《香
港日報》發表一社論，勸告要保護全體維新者與同情者。克銀漢和
哈斯頓（J. Scott Harston）為他們出力，全部被監禁者獲得釋放，
此引起很大轟動。」[22]「1903 年 2 月 6 日，我和克銀漢討論創設《南
華早報》有限公司，以促進維新與獨立的事業。」[23]

E11	道生 （Trever Dawson）	英國維克兵工廠負 責人	協助革命擬向英國借款

　　1911 年 10 月，中山先生於美國丹佛城自報紙獲知武昌起義成
功消息。本欲兼程返國，繼之決定在國外從事外交工作，更以英國
對革命之態度至關重要，因而自紐約買棹赴英，於 10 月下旬抵倫
敦，迨至 11 月 20 日方行離去。在英期間，透過美人荷馬李（Homer
Lee，即咸馬里），與英國各界有廣泛接觸，欲促使銀行團停止對清
廷之借款，未能有完滿答覆，遂又委託英國維克馬克（Vickers
Maxmis, Montitors-Manufactor）兵工廠負責人道生（即中山先生所
稱之維加砲廠總經理），[24]為其代表，向英國外交部交涉。終於得
英國政府同意停止借款清廷等，並允俟中國政府成立後，洽辦借款
事。如中山先生於《孫文學說》第八章〈有志竟成〉篇中有：「要
而言之，列強之與中國最有關係者有六焉：……英國則民間同情，
而其政府未定者也。是故吾之外交關鍵，可以舉足輕重為我成敗存

[22] 同註 5，頁 317。
[23] 同註 5，頁 318。
[24] 同註 7，頁參-172。有關道生服務之維克馬克兵工廠之全名，見王曾才著：
〈歐洲列強對辛亥革命的反應〉（《文史哲學報》〔臺大〕，〔30〕，頁 61-89，
民國 70 年 12 月出版），頁 78。

亡所係者，厥為英國；倘英國右我，則日本不能為患矣。予於是乃起程赴紐約，覓船渡英。……到英國時，由美人同志咸馬里（按即荷馬李）代約四國銀行團主任會談蹉商，停止清廷借款之事。先清廷與四國銀行團結約，訂有川漢鐵路借款一萬萬元，又幣制借款一萬萬元。此兩宗借款，一則已發行債券，收款存儲待付者；一則已簽約而未發行債票者。予之意則欲銀行團於已備之款停止交付，於未備之款停止發生債票。乃銀行主幹答以對於中國借款之進止，悉由外務大臣（按為葛雷 E. Grey）主持，此事本主幹當惟外務大臣之命是聽，不能自由作主也云云。予於是乃委託維加砲廠總經理為予代表，往與外務大臣蹉商，向英政府要求三事：一、止絕清廷一切借款；二、制止日本援助清廷；三、取消各處英屬政府之放逐令，以便予取道回國。三事皆得英政府允許，予乃再與銀行團主任開商革命政府借款之事。該主幹曰：『我政府既允君之請而停止吾人借款清廷，則此後銀行團借款與中國，只有與新政府交涉耳，然必君回中國成立正式政府之後乃能開議也。本團今擬派某行長與君同行歸國，如正式政府成立之日，就近與之磋商可也。』時以予在英國個人所能盡之義務已盡於此矣。乃取道法國而東歸。」[25]

E12	戴維德 （Michael Davitt）	英國下議院議員	同情革命

　　「英國議會下議院，於 1898 年 4 月 5 日，在南美奧（South Mato）開會時，其議員墨藻・戴維德，即以 1896 年香港總督限令國父 5 年出境一事，向其理藩院大臣張伯倫（Mr. Chamberlain），一再提出質問，要求答覆。蓋其時英國上下，已多以國際公法應為遵守，

---

[25]　同前註。

而特同情國父之革命主張也。究之皆肇因於國父之肄業西醫書院焉。」[26]「1896 年 10 月至 1897 年 5 月，居留英倫期間，確曾贏得英國朝野人士如：軍事學家摩根（按為：Rowland J. Muekern）、國會議員高黎（Sir. Edward Gourley）、愛爾蘭愛國志士戴維特等人的同情與協助。」[27]

E13	鄧勤 （Chesney Duncan）	新聞記者	協助革命、乙未廣州之役起草英文對外宣言，並以文字協助宣傳
E14	黎德 （Thomas H. Reid）	新聞記者	（同前）

　　1895 年乙未，2 月 16 日（西曆 3 月 12 日），興中會總機關成立時，謝纘泰等常訪律師何啟，何允暗中予以助力。香港《德臣西報》（China Mail）主筆黎德及《士蔑西報》（Hongkong Telegraph）主筆鄧勤之助亦多，在報上作坦直公開之鼓吹革命。又：2 月 25 日，「國父及謝纘泰、黃泳商等，在士丹頓街 13 號與《士蔑西報》主筆鄧勤會商時局，鄧允相助。」[28]馮自由亦有類似記述：「興中會之革命計畫，大得香港律師何啟及《德臣西報》記者黎德、《士蔑西報》記者鄧勤二英人支助。兩報對於清朝政治之抨擊頗為盡力。鄧勤曾因鼓吹華人反對政府，為香港民政長官傳往告誡。」[29]

---

[26] 羅香林著：《國父之大學時代》，頁 89。惟其「註 79」所據《革命逸史》，第三集〈鄧蔭南事略〉中，並未查得此事。又舉《三民主義半月刊》第 4 卷第 6 期，鄧慕韓〈紀英議員質問政府關於港督將總理放逐事〉，亦未查獲。而《國父年譜》，增訂本上冊，頁 101-102，則述有此事。

[27] 李雲漢著：〈中山先生與菲律賓獨立運動（1898-1900）〉載於：《中國現代史論和史料》，上冊（臺灣商務印書館印行，民國 68 年 6 月初版），頁 37-38，及頁 71，註 8。

[28] 同註 16，頁 65-66，而鄧勤譯為鄧勤。如譯為鄧勤，其原文為：duncean；譯為鄧肯，則為：Duncan。

[29] 馮自由著：《中華民國開國前革命史》（一），頁 11-12。

「乙未興中會曾預印討滿檄文及英文對外宣言，準備於發難時頒布中外。檄文由朱淇起草，對外宣言則由英人鄧勤、黎德等任之。此項印刷品，於此役事洩時，已為黨人毀棄無餘。……鄧勤時任香港《士蔑英文報》記者，黎德則任《德臣英文報》記者，當日兩報均抨擊滿清政府，不遺餘力。興中會於外交事件頗得其助。」[30]

馮自由將鄧勤列為興中會初期之贊助會員：「鄧勤，英國報界，無所屬組織，香港《士蔑西報》記者，嘗著論反對清政府，為當局告誡。」並列於興中會前半期贊助革命之同志名單內。[31]

馮自由並同時將黎德列為興中會初期之贊助會員，如：「黎德，英國報界，無所屬組織，香港《德臣西報》記者，對於革命外交贊助頗力。」並亦列為興中會前半期贊助革命之同志名單內。[32]

另據謝纘泰謂：「鄧勤，香港《士蔑西報》（1895）、《海峽回聲報》（1905）、馬來亞《泰晤士報》（1907）、《中國共和報》（1913）、《馬來亞論壇報》（1915）等報編輯；《倫敦地球報》、《日本新聞報》、《上海天星報》、《中國泰晤士報》等報記者。黎德，香港《德臣西報》（1894-1905）；《海峽泰晤士報》、《倫敦泰晤士報》駐華南記者，《標準報》、《紐約先驅報》等記者。」[33]

「1895 年春，楊衢雲與我商量，就與孫逸仙博士及他的朋友聯合起，組織興中革命黨，在士丹頓街 13 號設立新總部，開會地方命名為「乾亨」俱樂部。我們常會見何啟大律師，他暗中答應支持。還取得《德臣西報》和《士蔑西報》兩報編輯的暗中支持。《德臣西報》編輯黎德、香港《士蔑西報》編輯鄧勤都是首先在彼報紙上公

---

[30] 馮自由著：《革命逸史》，第一集，頁 18。及第四集，頁 11 亦載「英文對外宣言由香港總部預請何啟博士及英人鄧勤等起草，以便到時通知各國，要求承認為民主國家交戰團體。」

[31] 馮自由著：《革命逸史》，第三集，頁 20、34。

[32] 同上註。

[33] 同註 5，謝纘泰著：《中華民國革命秘史》，頁 290。

開地和不懼地支持這偉大事業，而那時幾乎所有人都嘲笑此一運
動。有一次，鄧勤被殖民地大臣傳見，大臣譴責他發表等於煽動中
國人反對一個與英國有友好關係的政府的主張。雖有此警告，我能
將其誠實地記錄之，而深感驕傲。1895 年 3 月 16 日，楊衢雲、孫逸
仙博士和謝續泰討論試圖用三千精選的人攻佔廣州的計劃。……會
見《德臣西報》編輯黎德，他答應支持我們；1895 年 3 月 18 日，《德
臣西報》發表長文支持我們（按可能與黎德有關）；1895 年 3 月 21
日，楊衢雲、孫逸仙博士、黃詠商和謝續泰與《士蔑西報》編輯鄧
勤在士丹頓街 13 號會商，他保證支持我們。……1895 年 5 月 30 日，
謝續泰致滿清光緒帝的〈公開信〉在《德臣西報》、香港《士蔑西報》
以及星加坡和遠東其他報紙發表，並通過英國和其他外國報紙廣為
傳播，以測探海內外國人的意向；1895 年 8 月 29 日，楊衢雲、孫
逸仙博士、黃詠商、陳少白、何啟博士、黎德與謝續泰等，會於杏
花樓酒店。何啟博士擔任發言人。略述臨時政府的政策。黎德同意
盡力設法爭取英國政府和英人之同情與支持；1895 年 10 月 9 日，我
們致列強的宣言是黎德與高文起草，由何啟博士和謝續泰修正。」[34]

「1898 年 3 月 25 日，我會見黎德，《德臣西報》發表社論，
支持維新運動。」[35]……為營救經元善（原書譯為：經蓮山）：謝
續泰會見黎脫爾夫人。1900 年 2 月 26 日，我在香港華人俱樂部會
見黎脫爾夫人，她在那裏演講，談論纏足之害。黎脫爾夫人指派我
妻子為香港天足會秘書。黎脫爾夫人幫助我通過當權的香港總督卜
力及其夫人，給澳門總督提出友好的建議，使維新黨人經元善從澳
門監獄釋放。我的朋友史密斯和《香港日報》編輯克銀漢，以及《德
臣西報》編輯黎德，都對此事也很關心，並在他們的報紙上刊載社

---

[34] 同前註，頁 293-295。
[35] 同前註，頁 300。

論，強烈提出早日釋放囚犯。」[36]「1902 年 4 月 19 日，我（謝）通知《德臣西報》編輯黎德，準備革命的來臨，並通知《香港日報》編輯克銀漢。」[37]「1903 年 1 月 25 日，洪全福和我兄弟謝子修經澳門前往廣州，領導攻奪廣州。他們離開不久，洪全福德忌笠（D'Agucear）街 20 號本部，遭香港警察當局搜查，有一些人被捕。1903 年 1 月 26 日，我緊急通知在芳村柏林教會考萊凱牧師，要求他提醒在廣州和芳村的所有朋友與同情者注意。我和克銀漢、黎德討論局勢。密切情況發展。我派一專使往澳門找尋洪全福與謝子修，警告他們，我們的運動已洩密。」[38]

「1912 年 10 月 29 日，我收到老友和同事黎德的信：『謝纘泰先生……閱讀寄來之油印記錄鄧勤寫的傳記，很有趣。使我回憶當年在中國為實現改革而共同的奮鬥，感到自豪。因為我是首先在《德臣西報》上，公開支持這運動者，而當時中國和遠東其他英文報却嘲笑此一運動，嘲笑那有助於使運動有成功結果的人。自 1904 年離開香港後，一直利用各種機會宣傳中國維新事業。1905 年我曾在《時評》雜誌上發表文章，指出遠東和平，德國的威脅比日本更嚴重。在我擔任《海峽泰晤士報》編輯期間（1906-1908），當時我又復與孫逸仙交往，再次鼓吹中國維新的真理。去年底，當革命發生時，在倫敦《每日新聞》與別報發表文章，支持維新黨。祇要有孫逸仙與如像你似的人，推動維新運動，我對中國前途即仍有信心。希望見到你於今後若干年內更積極地參加大眾的工作。……你真摯的黎德，1912 年 10 月 9 日於倫敦東中郵區堪漱街（Conson St.）88 號。』[39]

---

[36] 同註 5。
[37] 同註 20。
[38] 同註 31。
[39] 同註 35，頁 333-334。

E15	哈斯頓 （J. Scott Harston）	律師	協助革命、營救革命黨人

　　謝纘泰謂：「1903 年 1 月 27 日，我兄弟謝子修從澳門回來，而在廣州和芳村的軍械、軍服等，被廣州當局搜獲，多人被捕。洪全福將鬍鬚剃除，化裝逃出。聘請伊文士‧哈斯頓（Ewens & Harston）律師樓的哈斯頓律師，密切注意被逮捕和監禁的維新者之案件；1903 年 1 月 31 日，《香港日報》發表一社論，勸告要保護全體維新者與同情者。克銀漢和哈斯頓為他們出力，全部被監禁者獲得釋放，此引起很大轟動。」[40]

E16	霍維夫人 （Mrs. Howe）	清使館管家婦	協助革命，救助中山先生脫險
E17	柯爾 （George Cole）	清使館僕役	協助革命，救助中山先生脫險

　　中山先生於倫敦蒙難被誘禁於中國使館，並以「瘋人」名義示知工作人員，中山先生為脫險而設法向外求救，於是向窗外投擲求救紙條被發現，窗被封閉。另一方法惟祇有向每日前來囚室工作片刻之英籍工作人員求助。時有霍維夫人與英僕柯爾似較有可能。初柯爾尚未所動，及見中山先生之言行，不似所言其為「瘋人」，而中山先生言行，使柯爾受其感動，決定為中山先生傳遞信息之原因有三：其一、改變對中山先生之誤解觀念：柯爾原誤信使館中中國之職工指中山先生為瘋子、「孫是壞人」，迨見中山先生之正常言行，始悟知彼等所言皆非事實，遂生協助之意願；其二、受霍維夫人的

---

[40] 同註 22。

鼓勵：清使館的管家婦霍維夫人力勸柯爾所致，蓋柯爾的工作，一切均聽命於她。所以對她甚敬重，而霍維夫人甚同情中山先生的遭遇。當柯爾將中山先生懇請並祈求他協助的事，告知霍維夫人時，霍維夫人特加勸導與鼓勵。乃促使柯爾付諸行動。霍維夫人並告訴他說，我已經送信給這可憐（孫）的朋友。要柯爾取孫的名片再前往說明一切。其三：中山先生以基督徒被異教人殺害之喻而使其受感動：是乃以土耳其蘇丹欲殺害阿美尼亞之基督徒故事為喻，謂中國皇帝亦欲捕殺中國之基督徒，言：『吾即中國基督徒之一，且曾盡力以謀政治之改革者。』如此「迎機利導」，「吾更進之曰：『吾之生命，實懸君手。君若能以此事聞於外，則吾命獲全。否則予惟有束手受縛，任其殺戮耳。』」此番意味深長語是增強柯爾決心的另一因素。[41]並且霍維夫人於 10 月 17 日夜間 11 時，投函至康德黎寓，未敢具名，說明中山先生被困於中國使館將被解送回國，請能盡力速救，此為「康德黎接獲未具名函，先生被禁消息始外洩。」[42]而中山先生尚誤記霍維夫人為柯爾之妻。如：「自星期五（即 10 月 16 日）後，英僕柯爾始為我效力奔走，力求脫我於難。柯爾之妻尤為盡力，彼於星期六（即 10 月 17 日）密告康德黎君之書，即柯爾之妻所寄。康德黎君接書，已在是日夜間 11 點鐘時。」[43]事實上二人並非夫妻。惟二人對營救工作之貢獻匪尠。若未先得告知，則康德黎與孟生則無從得悉詳情，即不能從事設法營救工作。清使館則得以順利將中山先生解送回國。當康德黎於 10 月 17 日夜 11 時接到霍維夫人密告信，翌日即開始謀求營救而東奔西走。首馳友人處無着，再赴警署，又晤蘇格蘭場偵探長，均不得要領。乃往訪孟生博士，才及門，遇

---

[41] 吳相湘編撰：《孫逸仙先生傳》，上冊，頁 162-164。《國父年譜》，增訂本上冊，頁 83-84。

[42] 《國父年譜》，增訂本上冊，頁 83-84。

[43] 同註 7，第二冊，頁柒-12。

柯爾於門外，柯因先往訪康黎德寓未遇，知已來訪孟生，致轉至於
此者，柯爾隨之入孟生之家，盡吐中國使館密史，乃出示中山先生
所書求救名片二紙，柯爾並述此係由馬凱尼（Halliday Macartney，
中國使館英籍二等參贊）主其謀，謂：「中國使館將詭稱孫氏為瘋漢，
擬於二日後即下禮拜二日，雇舟押解回國，……」柯爾既去，康、
孟二博士，復往蘇格蘭場警署，再請出面干涉，以維人道。……[44]（參
閱：第七章，第一節，壹、鼎力營救中山先生之康德黎夫婦與孟生）

E18	馬禮遜 （G. E. Morrison）	英國學者	協助革命、校正英文革命 宣言書

　　1902 年（壬寅）12 月 30 日（西曆 1903 年 1 月 28 日），洪全
福謀於廣州舉事，李紀堂、謝纘泰等贊助之。外人贊助此舉者，有
西報記者黎德及克銀漢、馬禮遜博士諸人，皆謝纘泰之友也。謝嘗
持所草英文革命宣言書，就正於馬博士，馬極稱許。復由克銀漢親
自點石印刷，以守秘密。[45]
　　馮自由將馬禮遜列為興中會後半期（即由庚子秋，惠州革命軍
失敗，至乙巳，即 1905，6 月，東京同盟會成立時止也。）之革命
同志：「馬禮遜，英國學者，無所屬組織，壬寅。英國有名之法學
博士。與謝纘泰友善，謝所草英文革命宣言，馬嘗參加意見，甚為
稱許。民元後曾任袁世凱顧問。」[46]後馬禮遜由海防乘好克斯號
（Hoikas）輪再度來港，纘泰密訪之於香港旅社，進行商談，並將
宣言多份交彼轉發。[47]

---

[44] 同註 7，第二冊，頁柒-14。
[45] 同註 15。
[46] 馮自由著：《革命逸史》，第三集，頁 73。
[47] 《國父年譜》，增訂本上冊，頁 152。

　　謝纘泰作以下説明謂：「1901 年 11 月 22 日，我在香港與馬禮遜博士會見，討論自由與獨立的運動。他保證給我親切的同情和支持，言道：我十分願意幫助你，盡我一切努力促進和支持這次運動，此乃意味着《泰晤士報》的支持，而《泰晤士報》的支持則意味着英國人的支持。我的主張即是《泰晤士報》的主張。馬禮遜博士強烈主張廢除慈禧太后。他告訴我的朋友培倫（G. O. P. Bland），及時地在吳淞援救出康有為。我對馬禮遜的描繪是：外表出眾，相貌非凡；身材高大無鬍鬚，有一對粗濃而威風凜凜的眉毛及一雙機靈大眼睛；眉直、鼻長、口正唇薄，頭髮光亮，誠為澳洲美男子。很有修養，和藹殷勤，而且是很有常識與果斷性的人。」[48]

　　謝纘泰又云：「1902 年 7 月 4 日，我收到馬禮遜博士於 1912 年 6 月 25 日寄自北京來信，詢問『消息』，道：除波斯和土耳其外，這個國家的政府是現有最腐敗的政府。……1902 年 10 月 9 日，我去信馬禮遜博士，提醒他準備革命到來：同時函告倫敦史密斯博士。」

　　「1902 年 12 月 26 日，馬禮遜博士從海防乘「河口」輪抵達香港，我們在香港飯店秘密會商。兩日後，28 日再次見面，我將獨立宣言若干份交給他。臨別前，他保證其堅決的支持，並答應收到我的電報，便立即回到中國來。」[49]謝纘泰又謂：「1911 年 12 月 29 日，南京軍事委員會（原註：「按：係十七省代表會議」），選舉孫逸仙為臨時大總統。1912 年 1 月 15 日，我會見友人《南華早報》編輯皮特里（Thomas Petril）及《香港日報》編輯海歐（Haer），力勸他們倡議英國早日承認中華民國；並寫信容閎博士、馬禮遜博士、《倫敦泰晤士報》記者）史密斯和馬克沁爵士（Sir H. S. Maxim）。」「1912 年 6 月 18 日，我去函馬禮遜，力勸早日承認中華民國。」[50]又：「1913 年 10 月 6 日，

[48]　同註 5：謝纘泰著：《中華民國革命秘史》，頁 312-313。
[49]　同前註，頁 314-316。
[50]　同前註，頁 322-323、331

通過臨時憲法，袁世凱被選為共和國大總統。……袁世凱當選後首先令將有關革命成員逐出國會，使國會變成癱瘓無權，袁世凱成為獨裁者。1915 年開始籌設「籌安會」，欲稱帝。……1915 年 9 月 29 日，我接到袁世凱大總統政治顧問馬禮遜博士來信云：「謝先生……我急切期待你對籌安會活動表示意見，我知道它要提出三項建議：一，總統將是皇帝；二，總統是世襲的總統；三，總統在他國前是世襲的總統，而在國內人民眼中將是君主。你忠誠的，G. E.馬禮遜，1915 年 9 月 20 日於中國北京。」關於「籌安會」活動，我於 1915 年 10 月 11 日回函馬禮遜博士如下：「關於中國局勢，我已無話可言，我曾告知你，我已不問政治。而擔心中國內戰即將發生，你知道是誰要對此負責。」「人民流血犧牲，其罪將在此人（袁世凱）身上。」「我已提醒你將要發生何事，實不願聽到有人說你（我聰明博學的朋友），『臨危苟安』。」1916 年 2 月 28 日，香港《循環日報》登載之電訊：馬禮遜博士研究各省情況後，建議延期即位。G. E.馬禮遜博士於 1918 年春，辭去政治顧問職務，離開北京到英國接受手術。1919 年 6 月動手術，1920 年 1 月再動一次，同年 5 月 31 日在西謀司（Siamuth）逝世。《泰晤士報》讚揚道：「他甚至在最後幾個月裏，仍然為中國在病房專心致力於所能及的工作。我能得到 G. E.馬禮遜博士的真摯友誼感到自豪。他是中國與人民之忠實朋友。被認為是當代中國問題權威。」[51]

E19	馬克沁 （Sir H. S. Maxim）	爵士	同情革命

　　謝纘泰謂：「1911 年 4 月 27 日，我收到馬克沁爵士於 1911年 5 月 13 日，寄自倫敦來函。他獻給中國一支新來福槍，並談到

飛機的重要，闡述做飛機的問題。馬克沁爵士在演說與寫作中，一貫支持中國人，深為同情中國人為爭取自由與獨立而奮鬥，甚而自願向國民政府提供寶貴的援助。於 1913 年 4 月 14 日，寄我信中道：『假如中國人給我機會，我能為中國做很多事；我被認為是世界上最偉大的槍砲專家；最近的巴黎展覽會上，獲得大砲的個人大獎狀；我雖已老，但仍能積極從事大量工作；長久以來，一直深為同情中國人，願意他們做些有益的事，以償畢生事業。』我直接通過 G. E.馬禮遜博士向袁世凱總統熱心推薦馬克沁爵士。但袁世凱並未任用馬克沁爵士的主動協助。1898 年我曾把我的飛船設計寄給馬克沁爵士，緣因我在 1894 年解決飛船的航空技術問題，但馬克沁爵士相信飛機而不相信飛船。」[52]

E20	**摩根** （Rowland J. Mulkern）	英國學者、興中會會員	參與革命工作

　　摩根係愛爾蘭恢復黨黨員，無時不在反對殖民地主義者，恢復愛爾蘭之獨立自由。中山先生在大英博物館結識摩根後，相談甚投意。後來，摩根曾到中國，奔走香港、廣州之間，協助中山先生之之革命運動。按「當時孫文落魄於倫敦，至友惟有愛爾蘭恢復黨員摩根。摩根為軍事學家，在倫敦與先生相遇時，聆先生革命抱負，大為同情，決定助先生革命。」[53]

　　1900 年西曆 6 月，宮崎寅藏、清藤幸七郎、赴新加坡擬晤康有為，為革命工作而合作事，因康誤以為李鴻章所派刺客而報警被

---

[52] 同前註，頁 320-321。

[53] 彭澤周著：〈中山先生的日本友人——南方熊楠〉，載於：《近代中日關係論文集》（藝文印書館印行，民國 67 年 10 月初版），頁 378。及見《國父年譜》，增訂本上冊，頁 91-92。

捕入獄。中山先生聞訊，偕摩根、福本誠、尾崎行昌等趕赴新加坡
救援釋放。如《宮崎滔天年譜》載：1900 年「7 月 12 日被釋放，
被押解到碼頭乘佐渡丸，孫中山、福本誠、尾崎行昌、中西重太郎、
英人摩根來迎接。出航時，松尾旅館主人夫婦、渥美高、御村來歡
送。在船上邂逅國木田牧二。」[54]於同年「6 月 21 日（西曆 7 月
17 日），先生離新加坡，與宮崎及英人摩根等乘佐渡丸（Sado Maru）
於是日抵港。擬率同志登岸集會，為港政府所拒。」[55]

馮自由謂：「有英人摩根者，素有志於東亞維新事業，丙申（1896
年），總理至倫敦識之。嘗約其來華相助，遂於己亥（1899 年）蒞
華訪總理。總理命陳少白、李紀堂招待之於香港。庚子（1900 年），
總理往來日本、香港、南洋之間，摩根常追隨左右，頗為得力。至
是少白命其到粵助鄧（蔭南）、史（堅如）諸人辦事。鄧等以花舫
為機關，來往人物品類不一，幸賴摩為護符，警吏不敢過問。吳義
如挈摩出入營伍及虎門、魚珠、車尾各砲台，輒以引導外賓參觀為
詞，守兵無阻攔者。」[56]

又：馮自由亦將摩根列為興中會前半期之同志之一。謂：「摩
根，英國學者，無所屬組織，己亥。總理于丙申（1896 年）秋到
倫敦時識之，庚子（1900 年）來中國謁總理，願為革命盡力。總
理往來日本、南洋，輒與之偕。是歲，鄧蔭南、史堅如在粵活動頗
得其助。歐美人入興中會祇此一人耳。」[57]

而「其後，摩以革命黨經濟漸困，供給不周，頗有去志。香港
保皇黨員聞之，陰助以旅費，摩遂與康徒發生關係。然未幾康徒供

---

[54] 同註 2。
[55] 《國父年譜》，增訂本上冊，頁 121，其內容相同。
[56] 馮自由著：《革命逸史》，第一集，頁 66-67。另見：《中華民國開國前革命
史》（一），頁 296，亦有此段較簡敘述。
[57] 馮自由著：《革命逸史》，第三集，頁 49-50。參見：《中華民國開國前革命
史》（一），頁 296。

給亦斷。摩於是悵然歸國。乙巳（即 1905 年，民前 7 年）春初，中山自美渡英，亦嘗寓於其家，其後遂無所聞。」[58]但中山先生對摩根曾熱心贊助中國革命，仍然懷念至篤。當 1909 年 5 月中旬，自新加坡赴歐洲，6 月 20 日，抵法國馬賽，轉往巴黎。6 月 24 日，於馬賽致書在英倫敦之吳敬恒先生，詢問留英各同志詳情，及故人摩根之消息。函云：「稚暉先生足下：來示讀悉，以旅次無著，故未即行奉復。別後事故，千頭萬緒，非筆墨所能罄，當俟遲日到倫敦面談一切。尊夫人等此時想已安抵英京矣。從馬賽港張兄曾託令郎帶上一函，當已達覽。便請將在留英各同志詳情相示為望。故人 Mulkern 君，亦數年未有通信，未知邇來先生有與會面否？彼仍在倫敦否？並近況如何？亦望示之。此致，即候大安不一。弟孫文謹啟，6 月 24 日。再弟現在秘密行動中，無論中西各友，如已知弟到歐者，務望轉致請為勿揭，至要。」[59]

E21	李提摩泰 （Timothy Richard）	基督教牧師	同情革命

　　1898 年 10 月 22 日（西曆 12 月 5 日），李提摩泰自上海致書謝纘泰，對中國時事有所論列，蓋以願盡力相助，以挽救中國，而滿清不欲外人相助，且加排斥。當應能以仁道為尚也。中山先生則借重友愛之外人相助，重視仁道精神。李氏略謂：「挽救中國之問題，余願盡力相助；惟滿人拒絕光明，不欲友愛之外人相助，且有中國聞人印

---

[58]　馮自由著：《中華民國開國前革命史》（一），頁 296-297。
[59]　《國父年譜》，增訂本上冊，頁 288。及《國父全集》（全三冊），第二冊，頁 9-59，〈抵歐時致吳敬恒函〉。並參閱：羅香林著：《國父與歐美之友好》，頁 143。及：羅香林著：《國父之大學時代》，頁 119，註 79。有 1909 年中山先生乘日輪赴歐，在馬賽登陸致書在英之吳稚暉先生曾詢摩根景況。

行文件，瀆辱西方之著名人物。彼等學習外人之海陸軍備，又開掘礦產，冀獲得資財，以便驅逐外人於中國境外。滿人高級官吏，皆以此等不友誼之行為，及極深惡痛絕外人之意見，實使上帝不能付與彼等權力。凡此種種，皆足以破壞中國。欲挽救中國推而至於救世界，端在乎友誼，而非在乎戰爭。余願中國及西方之好人行事，皆以和平良善為目標，庶幾來日有隆盛之望。蓋國家若祇以本國利益為前提，仁道反居其次，則無論其為中國或歐洲國家，皆不能持久者也。」[60]

謝纘泰稱：「1898 年 2 月 2 日，我在般漢道（Bonham Road）倫敦教會會見法學博士李提摩泰，我們討論中國的改造問題，他答應支持維新運動。1898 年 12 月 5 日，李提摩泰博士 1898 年三自上海來信，對 10 月 27 日詢問吾友康廣仁的情況作答覆稱：康廣仁遺體得到滿意處置，又談到拯救中國的問題，如：謝纘泰先生：收到本月 6 日的詢問貴友之來信。我通過北京一友人，能做到的都做了，後來我已直接寫信告訴你友說，他不幸的弟弟，目前一切已作了妥善處置。已將詳細情況告訴他。至於另一拯救中國的問題，我正在做力所能及的一切。但滿洲拒絕好意，不會邀請外國友人援助。……如果各民族首先只求其本民族利益，將正義視為次要目標，則不論其有多強大，其是中華民族抑或歐洲民族，其來日不能長久。祝你幸福，貴國興隆。李提摩泰謹啟。1898 年 12 月 15 日於上海。1902 年 1 月 18 日，我收到李提摩泰博士於 1902 年 1 月 13 日，從上海寄來的信，說『你們在自己國家裏致力於維新運動。祝一切努力獲巨大成功。』」[61]「1912 年 6 月 18 日，我收到李提摩泰博士 1912 年 6 月 13 日，從上海寄來的信，談到中國的政治局勢。寫道：『親愛的朋友：你 24 日來信收悉，十分感謝。我和你一樣高

---

[60] 同註 47，頁 104-105。
[61] 同前註，頁 300-302、312-313。

興，近百年來一直阻礙中國進步的人已被趕下台。但我覺得，破壞只做了一半，困難得多的任務卻是建設，……遺憾的是你健康欠佳。否則，能似如你者，今日會有無限的貢獻。我冒昧地簡述自己所致力之事，以使中國與世界任何國家並駕齊驅。願你早日康復，以便能再次參加工作，使中國有希望在各領域都不比任何人差。重建國家，普天之下盡享和平與繁榮之福，不再受今日動盪之苦。敬候平安。你真摯的李提摩泰，1902 年 6 月 13 日，於上海四川北路143 號中國基督教文學協會。』李提摩泰牧師為中國與中國人做了很多好事。當代人不能體會他的真正價值，但後代將會評價他的崇高無私的基督教精神之貢獻。」[62]

E22	司麥脫（Colin Mcd. Smart）	編輯、新聞記者	同情革命

　　謝纘泰稱：「在楊衢雲和孫逸仙博士到達香港時，廣州總督李鴻章陰謀綁架，邀請參加在廣州砲艦『安瀾』號上召開會議。幸有日本友人及時警告，使此次綁架未能得逞。1900 年 6 月 25 日，《德西臣報》編輯司麥脫來訪。他保證支持我，說將來繼承黎德的志願。」[63]

E23	史密斯（D. Warren Smith）	新聞記者	同情革命

　　謝纘泰謂：「為營救經元善（原書譯為：經蓮山）：謝纘泰會見黎脫爾夫人。1900 年 2 月 26 日，我在香港華人俱樂部會見黎脫爾

---

[62] 同前註，頁 331-332。
[63] 同前註，頁 309-310。

夫人，她在那裏演講，談論纏足之害。黎脫爾夫人指派我妻子為香港天足會秘書。黎脫爾夫人幫助我通過當權的香港總督卜力及其夫人，給澳門總督提出友好的建議，使維新黨人經元善從澳門監獄釋放。我的朋友史密斯和《香港日報》編輯克銀漢，以及《德臣西報》編輯黎德，都對此事也很關心，並在他們的報紙上刊載社論，強烈提出早日釋放囚犯。經元善是上海中國電訊管理局經理，由於清廷當局誣告他盜用電訊管理局資金，於澳門被葡萄牙當局逮捕。經元善曾從上海發電報力勸慈禧太后不要免除光緒皇帝職位。此電報是由經元善及其他 1,231 人簽署的。經元善被逮捕和監禁消息，是我老朋友徐善亭告知的，徐是維新與獨立之堅定支持者。以下是黎脫爾夫人與史密斯先生的信：『謝纘泰先生：歡迎所有願意來的纏足或不纏足的中國婦女，參加星期四的會議。卜力夫人和我特別希望看到尊夫人。關於你朋友的事情，我正要寫兩封信給澳門的高級官員。匆匆，請諒。雅麗士·黎脫爾謹啟，1900 年 2 月 27 日於香港總督府。』另一封史密斯的信是：『謝纘泰先生：恐難見到任何報紙會發表文章，我雖有某些直接或間接影響，但他們會盡力而為。我幾乎不相信澳門政府會不顧歐洲人或中國人要求釋放經元善的輿論，我正努力欲派一採訪記者到澳門參加審判。而在我編輯部無一適合的人，但我今天寫信到澳門看是否能有做此事的人。史密斯謹啟，1900 年 3 月 3 日於《香港日報》社。』」[64]

「1902 年 1 月 16 日，我收到史密斯於 1902 年 1 月 13 日從倫敦寄來的信，提及經元善的感謝信已收到。1902 年 8 月 11 日，我收到史密斯於 1902 年 7 月 7 日從香港日報寄來的信，他保證支持我們。寫道：『誠然，在政府系統中進行很徹底的維新運動，是很需要的，這可能要通過大革命纔能實現。但我想它將會逐漸發展

---

[64] 同註 5。

的。雖然總有一天要開始，但要愈快愈好。」1902 年 10 月 9 日，我去信馬禮遜博士，提醒他準備革命到來，同時函告倫敦史密斯博士。……1912 年 3 月 31 日，孫逸仙博士辭去大總統後，在南京召開國會會議，選舉袁世凱為中華民國第一任大總統，一切是預先安排的。孫逸仙博士是在袁世凱及其隨從之陰謀監督下，被迫離開大總統職位的。1912 年 3 月 15 日，我收到史密斯 2 月 23 日寄自倫敦一封值得注意的信。信中談到中國政局，並對袁世凱等人物的看法，內云：謝纘泰先生：……就我個人言，能出現可靠的穩定局面，並且有一堅強者擔任立憲君主。此僅是談見解而已。而也是此地『中國通』對此之一般看法。威所期望者，與其是建立一共和國，不如說是從滿清的腐敗中解救出來。昨日柏林消息謂，如國會通過憲法，選出大總統，德國即將承認中華民國。但我認為，這有待各主要大國一致贊同才會實現，我想欲速則不達。早或遲，實無區別。但我願意英國首先承認，如同首先承認日本者然。我未在此地報紙撰文，並無影響，即使有，也不會有何益。……你真摯的史密斯，1912 年 2 月 23 日於倫敦艦隊街 131 號，《香港日報》辦事處。」[65]

E24	威利士 （Alfred Willis）	教育家、基督教 主教	同情革命

「1862 年，英國聖公會（Anglican Church）繼美國基督教綱紀慎會（Congregational Missionaries）亦傳入檀香山。未久，威利士主教（Rt. Rev. Alfred Willis 或譯為韋禮士）於檀島首府火奴魯魯，設立奧蘭尼學校（Ioloni College Honolulu），各種規制，多取法英倫，顯現英國教學風氣。威主教人格高尚，教課與講經，均能娓娓

---

[65] 同註 47，頁 313-315、328-330。

動聽，學生深受其學養與道德之薰陶。國父於該校就讀三年（1879年9月至1882年7月），品學異常優異，深得威利士主教及夫人之特別關懷，且在同一餐廳用餐，威主教親授聖經，因而已對基督教產生信仰，惟其大哥不贊成，於當時並未受洗入教。僅全神專注於學業，對當地之民主潮流，雖受感動，而並未顯露於行動上。」[66]

馮自由列威利士為興中會初期之友好：「威利士，美教育家、基督教。卑涉書館校長，總理曾在是校畢業。生平篤信耶教，即受該校長薰陶之力。」[67]

第二節　法國人士

以下共有 24 人

編號	姓名	職業（身份）	與中國革命之關係及事蹟
F01	**凱可斯** （Rodert de Caix）	法國學者	協助革命、鼓吹中國革命

1911 年中國革命時，法國學者凱可斯曾發表演說，分析中國與法國之有利情勢，對革命加以介紹。其講稿於 1911 年出版，書名：《法國的關切（利益）與中國革命》（Les Intérets Français et la Révolution Chinoise）。[68]

---

[66] 羅香林著：《國父與歐美之友好》，頁 1-7。並見：《國父年譜》，增訂本上冊，頁二 3-27，意奧蘭尼書院，為英國聖公會史泰利（Bishop Staley）主教，於 1862 年 10 月所創設。1872 年復由韋禮士（威利士）主教接辦。初名阿魯賓書院（Alban's College），後由土王架咩霞咩霞（Kamehamehav）改易今名。

[67] 馮自由著：《革命逸史》，第三集，頁 15。

[68] 張馥蕊原著、何珍蕙摘譯：〈辛亥革命時的法國輿論〉（載於：吳相湘主編：《中國現代史叢刊》，第三冊，正中書局印行，民國 59 年 11 月臺二版），

F02	布加卑 （Boucabelle）	天津法駐軍少校 軍官（參謀長）	協助革命、調查革黨實力

　　馮自由謂：「丙午（為 1906 年）中山自南洋赴日本，舟泊吳淞，法國駐華武官布加卑預奉巴黎陸軍大臣命赴法輪求見，傳達法政府贊助中國革命之好意。叩中山以各省革命之實力及軍隊聯絡之成績。中山告以大略，並請其派員相助以辦調查聯絡之事。布氏乃於駐天津法國參謀部，派定武官七人歸中山調遣。中山於是命廖仲愷駐天津，助布氏調查中國革命實力及翻譯各報所載革命消息。黎勇錫（仲實）與某武官（按即克勞德 Claudel）調查兩廣。胡毅生與某武官調查川、滇。喬義生與某武官（按即歐極樂〔Oxil〕）調查長江沿岸各省。……時（即 1906 年 6 月）得中山電，令引導法武官歐極樂調查長江流域各省革命黨實力。及武官抵武昌，喬與劉家運等假高家巷聖公會之日知會閱書報社開會歡迎。武昌軍界中同志到者，座為之滿。法武官演說革命，非常激烈，喬為翻譯。……時鄂督張之洞因有所聞，特派海關洋員英人某，尾法武官歐極樂之行蹤，在津滬舟中與之納交。歐不之疑，所藏革命黨調查記事錄竟被某英人竊取以去。張之洞遂據以入奏清廷。……清廷得報，乃向駐北京法使大開交涉。法使於事前本無所知，乃請命於巴黎，謂何以處分布加卑等。法政府令勿過問。清廷無如之何。未幾法政府更迭。新內閣不贊成此種政策，乃取消參謀部，而召回布加卑等。此事始告終結。」[69]

　　中山先生於《孫文學說》第八章〈有志竟成〉篇中亦有同上之敘述：「當時外國政府之對於中國革命黨，亦多刮目相看。一日，

頁 50。
[69]　《國父年譜》，增訂本，上冊，頁 213-214。及：馮自由著：《中華民國開國前革命史》（一），頁 297-299。

余從南洋往日本，船泊吳淞，有法國駐華武官布加卑者，奉其陸軍
大臣之命來見，傳達法政府贊助中國革命之好意。叩予『革命之勢
力如何？』予略告以實情。又叩以『各省軍隊之聯絡如何？若已成
熟，則吾國政府立可相助。』予答以未有把握。遂請彼派員相助以
辦調查聯絡之事。彼乃於駐紮天津之參謀部，派定武官七人，歸予
調遣。予命廖仲愷駐天津設立機關，命黎仲實與某武官調查兩廣，
命胡毅生與某武官調查川、滇。命喬宜齋（即義生）與某武官往南
京、武漢。時南京、武昌兩處新軍皆大歡迎，在南京有趙伯先接洽，
約同營長以上各官相見，秘密會議，策畫進行。而武昌則有劉家運
接洽，約同同志之軍人，在教會之日知會開會，到會者甚眾。聞新
軍鎮統張彪亦改裝潛入，開會時各人演說，大倡革命，而法國武官
亦演說贊成。事遂不能秘密。湖廣總督張之洞乃派洋關員西人，尾
法武官之行蹤，途上與之訂交，亦偽為表同情於中國革命者也。法
官以彼亦西人。不之疑也，故內容多為彼探悉。張之洞遂奏報其事
於清廷，其中所言革命黨之計畫，或確或否。清廷得報，乃大與法
使交涉，法使本不知情也，乃請命於政府何以處分布加卑等，政府
飭彼勿問，清廷亦無如之何。未幾法國政府變更，而新內閣不贊成
是舉，遂將布加卑等撤退回國，後劉家運等則以關於此事被逮而犧
牲也。此革命運動之起國際交涉者也。」[70]

　　布加卑兩次謁見孫中山，亦如鄧慕韓云：「謹按布加卑在船上
見孫先生者。有二次：第一次在乙巳秋（按即 1905 年 9 月初 9 日，
西曆 10 月 7 日），係乘法郵輪由日本抵吳淞；第二次在丙午春（按
即 1906 年 3 月 23 日，西曆 4 月 16 日），係乘法郵輪由南洋抵香港。
二次慕韓均在座。當法政府派布加卑來華見孫先生時，囑安南總督
鄭重介紹，安南總督以布加卑與先生向不相識，如此重要任務，倘

---

[70] 《國父全集》（全三冊），第一冊，頁參-167。

有差錯，關係極大，乃約河內幫長本黨黨員楊壽彭到商，密告以此事，即將本人名刺，裂而為二：一交布加卑，一交楊轉寄孫先生。他日會晤時，彼此須將名刺交出，驗明符合，乃可談商，及布加卑到吳淞法郵輪見孫先生時，即照而行，布加卑去後，孫先生曾以民刺相示，並述其經過也。[71]（按此經過乃係第一次謁見也。）中山先生介紹布加卑，「乃以粵語謂毅生曰：『此為法國在天津駐屯軍之參謀長，奉政府命，與吾黨聯絡，彼欲派員赴各省調查吾黨實力，如確有實力，則法國將願助吾黨獨立國。』」[72]

F03	克勞德 （Claudel）	法國上尉武官	協助革命、調查兩廣革命黨實力

1905 年歲暮，「先生偕胡毅生、黎仲實抵西貢後，得東京及香港來函，知前往吳淞與布加卑相約之事，廖仲愷已先赴天津，布亦布置就緒。毅生及仲實遂離越赴滬，按址訪布所派之軍官，知分兩人調查，毅生赴長江及川、黔各省；仲實則偕武官克勞德上尉（Captain Claudel）赴兩廣」。[73]

又：「黎仲實偕武官（按即克勞德）入桂。在桂林晤黃克強、郭人漳、蔡鍔。在龍州晤鈕永建，互有接洽。」[74]。參閱布加卑事蹟。

---

[71] 許師慎編著：《國父革命緣起詳註》（正中書局印行，民國 43 年 10 月臺一版），頁 122-123，鄧慕韓，〈孫中山自述拾遺〉。並參見：《國父年譜》，增訂本，上冊，頁 203、213，布加卑兩次謁見中山先生之日期。

[72] 《國父年譜》，增訂本，上冊，頁 203-204，亦有布加卑謁見之事。

[73] 同前註，頁 209-210。

[74] 同註 48。

F04	**克里孟梭** （G. E. B. Clemenceau）	法國首相	同情革命

克里孟梭（George Eugene Benjamin Clemenceau, 1841-1929，或譯為：格利門梳），1871 年以後從事政治活動。歷任馬爾特爾市長，巴黎市議長。1876 年，被選為眾議員，並為激進派領袖。屢起推翻內閣，因有「內閣破壞家」和「老虎」之綽號。1893 年下野，歷時 10 年，1902 年，又當選入參議院。1906 年，任內政部長。同年 10 月，繼任首相。力主教會和國家的分離，並提倡社會改革，為熱烈的共和主義者。1909 年下野。1917 年 11 月任內閣總理。獨裁專制，排斥異己。巴黎和會中，擔任主席，弄權操縱，威震各國。1920 年競選總統失敗，乃退出政界，息影故園。綜計其一生，叱咤風雲，勛業顯赫，政務之餘，仍有著述。[75]而克氏對孫中山倡導革命運動是很贊成，在精神上曾為相當鼓勵與協助的。

孫中山於《孫文學說》第八章〈有志竟成〉篇中，以：當 1911年，由美赴英倫，辦理外交事務後，謂：「時以予在英國個人所能盡之義務已盡於此矣。乃取道法國而東歸。過巴黎，曾往見朝野之士，皆極表同情於我，而尤以現在首相格利門梳為最誠摯。」[76]

F05	**狄氏** （法名？）	法國退役砲兵上尉 男爵	參與丁未鎮南關之役

1907 年丁未 10 月 26 日（西曆 12 月 1 日）黃明堂奉孫中山命向廣西鎮南關進擊成功。「翌日（27 日），中山先生在河內得鎮南

---

[75] 林子勛著：《國父學說與西方文化》，頁 31-32，〈格利門梳〉；及：羅香林著：《國父與歐美之友好》，頁 117，〈國父與格利門梳總理〉。
[76] 《國父全集》（全三冊），第一冊，頁參-172。

關克復電，即親率黃興、胡漢民、胡毅生、盧仲琳、張翼樞及日人
池亨吉、法籍退役砲兵上尉男爵狄氏，乘越西鐵路，前赴戰地，在
同登站下車。關上派人來迎，即於夜間燃炬登山，抵明堂所守之鎮
北砲臺，大行犒賞。明堂等奏樂歡迎，全軍鼓舞。……黎明始登砲
臺。先生偕法國砲兵上尉狄氏，巡視砲兵陣地，發砲六、七響，轟
中敵軍。……黃明堂勸中山先生下山，籌餉接濟，漢民等亦以黃部
實力不能進取，乃議定由明堂堅守五日。先生則返河內籌款購械接
濟，圖取龍川。29 日薄暮，先生偕黃興、漢民、毅生、池亨吉、
狄氏等間道下山，衝過火線最密處，幸均無傷。」又：「是役從軍
者，有法國退閒武官狄氏，亦義士也。」[77]

馮自由亦謂：「法國退職砲兵上尉男爵狄氏是早（按為 29 日）
7 時，親自發砲，向距離四千密達之清軍營寨轟擊，第一彈命中，
清兵死傷六十餘人，呈混亂態，同時大小各砲陸續施放，遙見清營
著火，黑煙蓬蓬而起。」[78]

據萱野長知稱：「欽州廉州計畫不成後，更於 1907 年丁未 10 月，
中山偕黃興、胡漢民、法國退役軍官及安南之同志百數十人，襲擊
鎮南關，佔領三要塞，收容降軍，並企圖集合十萬大山友軍以攻擊
龍州，不期十萬大山友軍因道遠未及來會，不得已以僅有之百數十
人起事，奪取三砲台，樹起革命旗幟。……後與龍濟光、陸榮廷數千
之兵鏖戰七晝夜，遂敗退至安南，中山過諒山時為清廷偵探識破，清
廷向法國政府抗議，將予逐出安南，此是第七（應為六）次失敗」[79]

---

[77] 《國父年譜》，增訂本，上冊，頁 257-258。及：馮自由著：《革命逸史》，
　　第五集，頁 136-137。《中華民國開國前革命》史（一），頁 299（含法商資
　　助事）。且《中華民國開國前革命史》（二），頁 193-194，〈丁未鎮南關之役〉
　　均有相同記述。
[78] 同前註。
[79] 萱野長知著：《中華民國革命秘笈》，頁 111。及：同註 76，頁參-168，其
　　內容相同。

　　宮崎寅藏亦指陳：「鎮南關是中國邊境漢西省城，此時孫逸仙、
黃興連袂而行，時為明治 40 年 12 月間，孫逸仙、黃興、佛蘭西的
砲兵大尉デー（按即指狄氏）男爵及我們革命黨員五十餘人，前往
奪取鎮南關砲臺，……」。[80]

F06	韜美 （M. Paul Doumer）	政治家、安南總督	協助革命工作

　　法國政治家韜美（1857-1922），於 1857 年生於奧力雅克。1888 年
為國會議員；1895-1896 年間，任財政部長；1897-1902 年任法領印度
支那總督。歸國後再為國會議員，任預算委員長。1905-1906 年，任眾
議院議長；1912 年入參議院；1917 年以後擔任無任所大使；1921-1922
年，任財政部長。1924 年杜美爾（Gaston Doumergue）任大總統，繼
其後為參院議長。1931 年擊敗布里安（Aristide Briand）當選大總統。
6 月 13 日就職。1932 年 5 月 6 日，在巴黎被俄人狙擊，翌日去世。[81]
　　孫中山革命與各國當局時有接觸者，以法國為最。1912 年 11
月，「安南總督韜美氏前託東京法公使（按為何爾芒 Jules
Harmand），屢次招請先生往見。初以事未果行。因先生於惠州之
役失敗後，由臺灣回日本橫濱，努力宣傳主義，募集資金，以圖再
舉。至是藉參觀河內博覽會為由，由橫濱乘法郵輪抵港，港同志登
輪往見，旋續航西貢。……河內為安南之首府，開博覽會，會期三
月（自 1902 年 11 月至 1903 年 1 月），先生因往遊。抵達時，韜美
已離任回國，囑其秘書哈德安招待。」[82]

---

[80] 宮崎滔天著：《支那革命軍談》（日本法政大學出版局發行，1967 年 10 月第
　　一刷發行，東京都），頁 98-99，〈附錄：革命事情──孫黃等砲臺奪取事件〉。
[81] 林子勛著：《國父學說與西方文化》，頁 35，〈韜美〉。
[82] 《國父年譜》，增訂本，上冊，頁 150。惟據陳三井著：〈法文資料中所見

　　1905 年 9 月，孫中山由日本赴西貢籌款，「舟抵上海，泊吳淞口，有法國軍官布加卑少校者，登輪求見。先生之與法國當道發生關係，由來已久；是年春至巴黎時，韜美（前為安南總督），杜郎輩得握政權，往返頗密。及先生赴日，法政府派員接洽，電安南總督妥為辦理其事，向先生鄭重介紹。越督以布加卑與先生素不相識，如此重要任務洽商，非尋常可比，倘有差錯，關係極大。……抵西貢，法政府派一參贊里安尼（按即 N. Leoni）來接，先生隨之登陸，省卻一切入境苛例。」[83]

　　孫中山於《孫文學說》第八章〈有志竟成〉篇中，亦述及韜美對我革命有意協助，而於赴河內後未克面晤一事，如：「壬寅、癸卯之交（按為 1902-1903 年間），安南總督韜美氏託東京法公使屢次招予往見，以事未能成行。後以河內博覽會，因往一行。到安南時，適韜美已離任返國，囑其秘書哈德安招待甚殷。……河內博覽告終之後，予未再作環球漫遊，取道日本、檀島而赴美歐。」[84]

　　迨 1909 年 5 月（西曆 6 月），孫中山自新加坡赴歐，抵法國馬賽，轉往巴黎。居巴黎月餘，竭力運動一法國資本家，借款千萬事，經手人欲從中漁利，即予婉卻。託韜美協助運動該資本家，韜美竭力協助，將有成議；不意法政潮忽起，法閣改組未成。後自巴黎抵比京轉赴倫敦（西曆 8 月 7 日），於倫敦赴美前曾致函某同志說明其經過：「同志公鑒：弟自抵歐以來，竭力經營籌畫，以期符同志

的孫中山先生〉一文中有「在孫抵河內前，杜美已奉召返法，繼任的波（Paul Beau）總督命其私人機要秘書接見孫先生，以便獲取孫所希望達成以及成功可能性的一些觀念……」，又：「總之，中山先生與法國政府間的關係是撲朔迷離的。……」（中華民國史料研究中心發行，民國 64 年 11 月 12 日初版），頁 280-281。由此敘述，可知事實顯有出入的。

[83] 同註 48，頁 203-205。

[84] 《國父全集》（全三冊），第一冊，頁參-166。

之望。然所謀至今尚未就緒，因在南洋時所得前途所擬之條件（即在芙蓉呈覽之件），乃經手人欲從中漁利，非資本家之意也。弟察悉此情，即行婉卻經手人，而託政界上有勢力之韜美君（即前任安南總督），幫同運動資本家，將有成議矣；乃法國政府忽然更變新內閣，大臣比利安不贊成此事，而韜美君仍欲與外部大臣再商，欲由彼以動新內閣大臣，因法資本家非得政府之許可，斷不肯投鉅資也。即由前之經手人交涉結果，亦必如此。前經手人一見吾人河口之事實，則出條件以示吾人者，彼蓋忖前內閣『居利文梳』（按即格利門梳或是克里孟梭）必能許可，故投機而來也。而內閣之變更，實為意外之事。否則無論何人說合，皆可成事也。韜美君遊說外務之事，至數日前始有回實音云：『現在事不能求，請遲以待』等語。弟一得此信，即於西曆 10 月 30 號起程赴美，因該處亦頗有望，故一往以觀機局如何也。……此致，敬候大安。弟孫文謹啟，西 10 月 29 號（按為 1909 年）英京發。」[85]

馮自由將韜美列為興中會後半期之革命同志：「韜美，政治家、所屬組織不詳，壬寅，向任安南總督，與孫總理有舊，對於中國革命甚為同情。總理來往法國及越南常數訪之。」[86]

F07	都潤得（Maurice Durand）	新聞記者	同情革命

1911 年 4 月 11 日，清廷接受郵傳部大臣盛宣懷建議，發佈鐵路國有上諭。5 月 21 日，清廷頒佈川漢、粵漢幹路收回辦法。粵漢路

[85] 同前註，第二冊，頁玖-61-62，〈赴美前致歐洲某同志函〉。
[86] 馮自由著：《革命逸史》，第三集，頁 71-72。參閱：《中華民國開國前革命史》（一），頁 297，〈革命黨與法國志士〉。

每股先發還股民六成現金，餘發給國家無利股票。川路因籌股較多，清廷不願償付現款，規定悉數更換國家保利股票。消息傳出，乃激起川、鄂、湘、粵四省之保路運動。四川因受虧最鉅，反抗最烈。時成都耆老伍肇齡及諮議局長蒲殿俊、羅綸。川路股東會董事顧楷等請收回成命，均被申斥。於是川路招集股東大會群起力爭，各縣股東代表咸集成都，於是成立保路同志會，各州縣成立協會，以與政府抗爭。黨人朱之洪以重慶股東代表至省，與曹篤等及新軍中黨人密議，欲激揚民氣，導以革命。原由和平爭路時期轉為武裝爭路時期。5 月 21 日，四川保路會成立，各州縣均成立分會。7 月 1 日，成都開始罷工停課，各州縣繼之。9 日，川民拒納租稅；13 日，成都成立自保商榷書。其幕後多為革命黨人所操縱。四川總督趙爾豐，初採緩和手段，以清廷命端方自武昌率兵赴川彈壓，懼代其位，加以風潮日久，始用強硬態度。[87]「1911 年 4 月以後，關於鐵路風潮，從當時各報看來，並未引起法人之注意，各報僅登載極簡短之消息而不加以評論。遲至 1911 年 8 月，《時代報》（Le Temps）駐華特派員路茲（J. Rodes）及《宇宙報》（L'Univers）駐華特派員都潤得始作較詳之報導，而略加以分析，法人乃稍為注意。」[88]參閱：路茲事蹟。

F08	**都倫** （Dureng）	學者	同情革命、著書介紹中國革命

　　辛亥革命時，對法國輿論有極大影響的四本著作之一，為都倫所著：《中國近況》（La Chine Nouvelle），於 1912 年出版。[89]

---

[87] 中國近代史教學研討會編：《中國近代史》（幼獅書店印行，民國 57 年 9 月再版），頁 330-331；《國父年譜》，增訂本，上冊，頁 342。

[88] 同註 47，頁 51。

[89] 同註 47，頁 49。

F09	法郎士 （Anatole France）	大文豪	協助革命、鼓吹中國革命

　　對辛亥革命有關之演講會之一，由法國大文豪法郎士主講，題目為：〈中國之共和政體〉（"La Republique Chinoise"），講稿於 1912 年出版。[90]

F10	拉巴蒂 （Dejean de la Batie）	法駐上海總領事	同情革命

　　辛亥革命武昌起義後，當時外人在中國租界，除漢口首當其衝，於革命成敗有關係外，上海之租界亦極重要。蓋列強尤其英國在上海之利益特別優厚之故。上海道獲悉革命軍預備佔領上海，其自身財力、兵力兩缺，無法籌措抗拒之策，不得不請英駐滬總領事運動各領事，將租界四圍三至五十里之地，宣佈中立等。遂召集各國領事會議，約同向北京公使團建議上海中立化。結果所請未為公使團所接受。當時法駐上海總領事拉巴蒂並不以此建議為然，其意若公使團自認上海有中立化之必要，則可逕行宣佈，不必多此一舉。拉巴蒂自稱同情革命，對清廷並無好感，故對英領事表面中立，暗助清廷之舉，不願附驥。[91]

　　迨同年（1911）11 月 1 日（西曆 9 月 11 日），清廷授袁世凱為內閣總理後，英國對袁世凱表示歡迎，因袁擁有強大之北洋兵力，且與英使朱邇典（Sir. John Jordan）素敦交誼，英國遂倡南北

---

[90] 同註 68。
[91] 陳三井：〈法國與辛亥革命〉（《中央研究院近代史研究所集刊》，第 2 期，中央研究院近代史研究所印行，民國 60 年 6 月，臺北），頁 245。

和議。六國照會表面為敦促南北和議，實則另含支持袁世凱之深意。根據北京外交團規定，照會應由六國駐上海領事負責遞交和議代表，但法國駐上海總領事拉巴蒂獨持異議，其原因有二：（一）拉巴蒂素同情南方之革命軍，因而反對助袁；（二）拉巴蒂深恐因列強直接干預南北和議，再次引起中國人之排外運動。雖然照會仍遞出。但經拉巴蒂之異議，正反映法人受其革命傳統之影響，同情南方者，大有人在。[92]

F11	李安利 （Z. Leoni）	法國參贊	協助革命、於西貢代印製革命軍債券

　　1905 年 9 月，孫中山由日本赴西貢籌款，「舟抵上海，泊吳淞口，有法國軍官布加卑少校者，登輪求見。先生之與法國當道發生關係，由來已久；是年春至巴黎時，韜美（前為安南總督），杜郎輩得握政權，往返頗密。……翌日（即 9 月 9 日，西曆 10 月 7 日），啟航去西貢。抵西貢，法政府派一參贊李安利來接，先生隨之登陸，省卻一切入境苛例。」[93]參閱韜美事蹟。

　　「中山先生於乙巳（1905）、丙午（1906）兩年，先後印行革命軍債券二種：一、為 11 月發行之中華民務興利公司債券，向外募集公債二百萬圓，以充資本。自公司開辦之日始，每年清本利五分之一，限期五年內本利還清。此券係在日本橫濱印刷。擬向越南募集軍餉，因慮易招當地政府干涉，故以廣東募債總局及中華民務興利公司名義發行。但在西貢堤岸等處發出極少。二、為丙午正月發行之英、法文中國革命政府一百元之軍債券。內載中國革命政府許持券人於政府成立一年後，向廣東政府官庫，或駐

[92] 同前註，頁 247-249。
[93] 同註 83。

487

外代理收回一百元；1906 年 1 月 1 日，總統孫文字樣，下刊白日徽章，一面用英文，一面用法文語意相同。先是孫總理有法國友人李安利，寓西貢查納大街 90 號（90 Boulevard Churneer, Saigon），向即贊助中國革命。總理特以印刷此項革命軍債券之任務委託之。印成後，總理復加蓋藍色小章然後發出。是年秋，總理自南洋赴日本，途經香港，馮自由迎迓於法國郵輪，總理交付其軍債券三箱。馮攜該券藏諸中國報，其後數奉總理函囑從郵局分寄海外各埠。是年冬許雪秋以中華民國軍都督名義經營潮、梅兩處軍務，領去此項軍債券二百張。丁未（1907 年 1 月 7 日，許雪秋、薛金福、喬義生等諸人，謀在潮城、黃岡等各地分途起事，因佈置不及，臨時中止，鄉人來會者要求索遣散費，於是分給軍債券數十張。是年 4 月 11 日，陳宏生、余丑等人猝然起事於饒平縣之黃岡城，與清軍血戰七日而敗，許雪秋所領軍債券多用於此役。是年 10 月 27 日，革命軍佔領廣西之鎮南關，孫總理於期前已電令馮自由將香港所存軍債券盡運抵越南備用。但因故事先未與越南當局接洽就緒，故軍債券到步時，軍債券即被海防稅關扣留，而負責運軍債券同志田桐、譚人鳳等四人亦被阻截，交保候訊，後經總理與當局交涉多次，卒允全數納還，惟田桐等四人仍須遣歸香港。）[94]

---

[94] 馮自由著：《革命逸史》，第一集，頁 255-259，〈己丙兩年印行之革命軍債券〉；《中華民國開國前革命史》（一），頁 299，亦有：「又中山與 1906 年 1 月 1 日，曾印刷革命軍債券一萬枚。此項債券祇有百元一種。乃用英法二國文印製。丁未秋間中山在河內開法商允代銷售。……有法商擔任發行革命公債二千萬。惟約定第一期款須於佔領龍州時過付，迨革命軍失敗，此事遂成水泡。」

F12	**賴根第**（Legendre）	學者	協助革命、鼓吹中國革命

　　1911 年中國革命，對辛亥革命有關之演講會，賴根第博士（Dr. Legendre）主講：〈中國之革命〉（ "La Révolution Chinoise" ），賴氏曾至中國。講稿於 1912 年出版。[95]

F13	**梅朋**（Albert Maybon）	名政論家	協助革命、著書介紹逸仙思想並協助在法活動

　　中山先生之法國友人，名政論家梅朋，曾著有：《中國的政治》（La Politique Chinoise, 1889-1908）一書，係對法國輿論有極大影響之四本書之一。尤其當孫中山於 1911 年 10 月下旬，由美抵英倫再於 11 月 21 日抵法國巴黎，晤及首相克里孟梭及外交部長畢盛（S. Pichon），同月 24 日乘英船返國。各報均予登載，11 月 23 日曾由米漢（Albert Milhaud）及梅朋陪同赴眾議院與法議員麥斯（Alfred Masse）等談話甚久，據報載極為和洽。中山先生曾提出法國願否承認中華民國問題，各議員均答以自當竭力為之。各報對中山先生之思想及為人，於武昌起義後，即不斷介紹，惟其內容，似大半抄襲各書，梅朋之著作亦係其中之一。各書對革命黨之起源，三民主義之大意，以及孫中山與康、梁之比較，均有簡明之敘述，書內強調革命黨之絕不排外，滿清政府之無能，黃禍之不存在，康、梁之以夷制夷。並以孫中山聰明絕頂，學識淵博，且有卓越之領導才能，實為復興中國所必需之拿破崙，遠在康、梁之上，即與法國大革命時之偉人相比，亦毫無愧色，當時銷路最廣之報紙，以孫中山思想受孟德斯

---

[95] 同註 68。

鳩及盧梭之影響甚深，而以中國革命為法國革命之子，應予同情。
但亦有雜誌曾作反面之介紹，以孫為夢幻者等，其影響亦不小，因
武昌起義後，右派各報多抄襲之而更誇大其詞。[96]中山先生於民前 3
年（1909）赴美前致王子匡謂：「巴黎張君翼樞，號冀先，曾與 Maybon
（按即梅朋）君商量，欲刊華、法兩文，如此可銷於法人之留心東
方時事者，並可招來法商廣告，以補助報資。張君與 Maybon 君更
擬在巴黎設一機關以為聯略法國有心人，以助中國革命，……」。[97]

F14	米爾 （Pierre Mille）	文學家、名記者	協助革命、曾至中國參與革命活動

　　中山先生於巴黎時，米爾之友皮西愛（Charles Paix Seailles）
告知米爾曰：「孫逸仙現在巴黎，予特邀友設宴，彼僅擅英語，汝
為予翻譯可乎？」米爾允諾。席間孫中山和藹凝重，發言柔緩，反
覆陳說救國之計畫。米爾與皮西愛好辯難，孫中山曰：「外人之不
識中國，因中國較西方國家多四千餘年之歷史。」晤談四、五小時，
予米爾之印象極為深刻。孫中山贈以簽名相片一幀。並請米爾為紹
介於外交部長畢盛。米爾往見畢氏，代達先生之意，畢盛因與相見，
相談亦甚投契。[98]
　　宮崎寅藏於所著《支那革命軍談》一書中曾謂：「孫逸仙於菲
律賓獨立運動失敗後，而很成功的獲得五百萬彈藥。自此後，因而
著手進行中國革命的大運動。明治 33 年（1900）春，日本同志內
田良平、清藤幸七郎、法國米爾（メール按即為 Pierre Mille）和我
一起前往華南。島田經一、末永節等前往上海，會同該地居留之安

---

[96] 同註 68，頁 49、56-57。
[97] 同註 85。
[98] 《國父年譜》，增訂本，上冊，頁 393-394。

永藤之助、尾崎行昌、柴田麟次郎、平岡浩太郎等同志積極共謀，為舉事而準備，一俟電許後立即趕往參加。……」[99]

　　1911 年武昌起義後，孫中山先生自美赴英，於 11 月 21 日，自倫敦抵巴黎，晤其朝野之士，如外交部長畢盛、文學家及名記者米爾，均極表同情中國革命。[100]亦如孫中山於《孫文學說》第八章〈有志竟成〉篇中有：「時以予在英國個人所能盡之義務已盡於此矣。乃取道法國而東歸。過巴黎，曾往見朝野之士，皆極表同情於我，而尤以現在首相格利門梳為最誠摯。」[101]此「在野之士」當亦包含米爾在內。參閱：畢盛事蹟。

F15	德莫洪 （G. S. de Morant）	上海法租界官員	協助革命、庇護革命黨人

　　德莫洪（Georges Soulié de Morant）曾服務於上海法租界，頗同情孫中山革命，認其係法國大革命思想與 1789 年原則在中國之宣傳人。故曾於 1905 年以執行程序為藉口，拒絕接受上海道台之拘捕令，而另發簽證予孫中山前往河內。[102]其詳情為：當孫中山於 1905 年 5 月，在巴黎組織革命團體時，曾與法國殖民部官員韜美（前駐安南總督）及杜郎等，有所接洽。同年 10 月 7 日，孫中山為新成立之革命同盟會籌款，從日本橫濱乘法國郵輪，前往安南之西貢，偕胡毅生、鄧慕韓、黎仲實三位同行。同月 10 日，船抵上海吳淞口，停泊一天，由於法租界法國官員德莫洪暗中幫助，拒絕接受上海道

---

[99] 同註 58，宮崎滔天著：《支那革命軍談》，頁 53-54。
[100] 許師慎編著：《國父革命緣起詳註》，頁 185，〈致力於外交方面〉。
[101] 同註 76。
[102] 陳三井：〈法文資料中所見的孫中山先生〉，頁 279。

台之拘捕令,而另發進入安南之簽證給予孫中山和同行諸人。翌日,
有位法國軍官——天津駐屯軍之參謀長布加卑少校,登輪求見。[103]

F16	馬勒特 （Mallet）	軍人、上海法租界 工部局長	協助革命、庇護革命黨人

　　喬義生口述〈革命史實回憶〉中有:1906 年？月「次日,崑
返上海,下楊法國巡捕房,由歐君（極樂）介紹得識總巡捕馬勒特,
馬君乃一軍官,係法國特派駐上海專為庇護吾黨者,馬君警告黨人
及同志,勿住英租界,以便照料與保護。吾黨人受馬君之竭誠保護。
實在銘感。……」[104]又:喬義生云:與歐極樂自武昌經九江、南京,
「後由南京赴上海,有法租界工部局局長馬勒特招待。」[105]

F17	哈德安 （Charles Hardouin）	政治家、安南總督 署秘書	同情革命

　　1902 年（壬寅）11 月,前因安南總督韜美託東京法公使（按
為何爾芒）,屢次招請先生往見。初以事未果行。因先生於惠州
之役失敗後,由臺灣回日本橫濱,為募集資金,以圖再舉。藉參
觀河內博覽會為由,由橫濱乘法郵輪抵港,港同志登輪往見,旋
續航西貢。抵達河內時,韜美已離任回國,囑其秘書哈德安招待
甚殷[106]。

---

[103] 項定榮:《國父七訪美檀考述》（時報文化出版公司印行,民國 71 年 12 月
　　 初版）,頁 116-117。
[104] 〈喬義生哀思錄〉（1956 年）（黨史會編:《中國國民黨五十週年特刊》）,
　　 係轉自同前註,頁 120。
[105] 《中華民國開國前革命史》（一）,頁 299-301,喬義生之自述文。
[106] 同註 82、84。

　　馮自由將哈德安列為興中會後半期之革命同志:「哈德安,法國,政治家、所屬組織不詳,壬寅,越南總督署秘書長,壬寅冬,總理至河內參觀博覽會,總督韜美於事前請假歸國。預令哈代招待總理起居,嘗與總理同拍照紀念。」[107]

F18	何爾芒 (Jules Harmand)	法駐日公使	同情革命

　　「中山先生與法政府代表首度接觸,係在 1900 年,時當拳亂與八國聯軍遠征北京之際。據法國駐日公使何爾芒報告,中山先生在東京請求會見,並未拒絕,且傾聽中山先生述說計畫,因而對這位『博聞而聰慧』之中國人留有良好印象。中山向法國所尋求者非財政支援,而是武器或為訓練其同志之法國軍事顧問。何爾芒表示,法政府遂恒對鄰接安南之中國省分保持優勢,感到興趣。但不會鼓勵革命在其友好之國家內發生。亦強調法國之對華政策,主要在保持現狀。若革命成功,法將極願與孫政府建立友好關係。此次會晤結果,何爾芒同意致函西貢總督韜美,並向之建議,當中山先生訪問西貢時,予以見面機會。當中山先生抵達西貢時,韜美已到河內。二人未晤面,韜美仍委派一代表在總督官邸接見。在會議上所得者只是『含混之同情保證』。」[108]參閱:韜美及哈德安事蹟。

F19	歐極樂(Oxil)	法駐天津武官	協助革命、調查革命黨實力

　　「胡毅生與某武官調查川、滇。喬義生與某武官(按即歐極樂)調查長江沿岸各省。……時(即 1906 年 6 月)得中山電,令引導

---

[107] 同註 86。
[108] 同註 77,頁 279-280。

法武官歐極樂調查長江流域各省革命黨實力。及武官抵武昌，喬與
劉家運等假高家巷聖公會之日知會閱書報社開會歡迎。武昌軍界中
同志到者，座為之滿。法武官演說革命，非常激烈，喬為翻譯。……
時鄂督張之洞因有所聞，特派海關洋員英人某，尾法武官歐極樂之
行蹤，在津滬舟中與之納交。歐不之疑，所藏革命黨調查記事錄竟
被某英人竊取以去。張之洞遂據以入奏清廷。……清廷得報，乃向
駐北京法使大開交涉，法使於事前本無所知，乃請命於巴黎，謂何
以處分布加卑等。法政府令勿過問。清廷無如之何。未幾法政府更
迭。新內閣不贊成此種政策，乃取消參謀部，而召回布加卑等。此
事始告終結。」[109]

又：中山先生於《孫文學說》第八章〈有志竟成〉篇中亦有：「……
命黎仲實與某武官調查兩廣，命胡毅生與某武官調查川、滇。命喬
宜齋（即義生）與某武官往南京、武漢。時南京、武昌兩處新軍皆
大歡迎，在南京有趙伯先接洽，約同營長以上各官相見，秘密會議，
策畫進行。而武昌則有劉家運接洽，約同同志之軍人，在教會之日
知會開會，到會者甚眾。聞新軍鎮統張彪亦改裝潛入，開會時各人演
說，大倡革命，而法國武官亦演說贊成。事遂不能秘密。湖廣總督張
之洞乃派洋關員西人，尾法武官之行蹤，途上與之訂交，亦偽為表
同情於中國革命者也。法官以彼亦西人。不之疑也，故內容多為彼
探悉。張之洞遂奏報其事於清廷，其中所言革命黨之計畫，或確或
否。清廷得報，乃大與法使交涉，法使本不知情也，乃請命於政府
何以處分布加卑等，政府飭彼勿問，清廷亦無如之何。未幾法國政
府變更，而新內閣不贊成是舉，遂將布加卑等撤退回國，後劉家運
等則以關於此事被逮而犧牲也。此革命運動之起國際交涉者也。」[110]

---

[109] 同註 69。
[110] 同註 70。

　　《國父年譜》亦載：1906 年 5 月 8 日（西曆 6 月 29 日），法武官歐極樂抵鄂。前因「胡毅生與法武官於去年（按即 1905 年）冬，在兩湖聯絡時，尚無成就，故天津駐屯軍再促本部派人專任兩湖聯絡事。並派武官歐極樂來武漢，東京本部則命同志喬義生等招待。時義生充黎元洪之醫官，與同志吳昆等假武昌聖公會內之日知會宣傳革命。是日歐極樂抵武漢，同志假日知會開會歡迎，到軍人同志甚眾。歐氏倡言革命，會終攝影紀念。惟新軍統制張彪，巡警馮啟鈞之偵探，已混跡其間，事遂全洩。……」[111]參閱布加卑事蹟。

　　喬義生自述與歐極樂偕行遊歷各地經過甚詳：「1904 年冬，余在英京識孫先生，當時余正畢業醫科大學。因聞孫先生提倡中國革命，遂立志加入革命黨焉。三月後，余奉孫先生命歸國，就湖北武昌卅一標軍醫長（黎元洪為協統），在軍中代售《民報》、《猛回頭》、《警世鐘》等書，以其發揮革命大義於軍人中。又發起每星期二五演講會於各營中。復與劉貞一、季雨霖、蔡濟民等創辦日知會。附設於聖公會。……1906 年 6 月，余接孫先生一電云：有同志法國軍人歐極樂來武漢調查革命黨情形，請妥為招待等語，余乃偕吳崑、劉貞一、張佩紳諸同志在漢口極力招待。並在武昌聖公會內開歡迎大會（按為西曆 6 月 29 日）。歐君用英語演講革命為救國之良策，余為翻譯，聽講者有各界人士四百餘人，中有清吏在焉。未幾即將開會及演講各情報告於鄂督張之洞矣。次日，余偕歐君赴長沙。有同志周震麟多人招待，遂開會演講三日。旋赴沙市，有同志朱松平招待。半夜召集各同志在一廟內開演講及歡迎大會。數日後復回漢口，及再渡江至武昌，始知日知會被封。一切同志不知下落。兩日後，余偕歐君至南昌，有蔡公時同志等十餘人招待。由南昌到九江，則有馬、丁二同志招待。三日後赴南京，有警界中蔡同志等

---

[111] 同註 69。

數人招待，後由南京赴上海，有法租界公董局局長馬勒特招待，並有朱少屏同志介紹各同志。一星期後，余復偕歐君赴福州，有該地電報局張同志招待，開歡迎會并介紹各同志。及赴廈門，有《廈門日報》林同志招待。後余偕歐君乘船崲返上海。歐君回天津。余本擬再返武昌。及閱報乃知張之洞已下令將余通緝。⋯⋯於是余不得不避往日本。⋯⋯時余由東京致函天津法國同志歐君，述余不能返鄂之故。歐君復函，囑余速往天津，因廖仲愷東渡不來云云。余乃以赴津事告孫先生，孫先生極為贊成。余正準備動身，忽接歐君來電，令暫緩行。並云事已洩露，隨接歐君函云，伊自南返津時，北京政府因得張之洞之報告，即派英人偵探，每日不分晝夜，偵伺左右，後竟賄通隨歐君南下之廚役，某日，歐君離辦公室時，忘關鎖室門，次日發覺一切南方通信皆被人偷去等語。不久，北京政府忽致電法國政府嚴重交涉。大意謂貴國不應干涉我國內亂。而歐君即因此事被調往安南。迨歐戰發生，歐君慷慨從戎。卒捐軀報國。余每念及歐君對于吾國革命之熱誠，不勝欽佩之至。」[112]

F20	**畢盛** （Stephen Pichon）	外交部長	同情革命

　　1911 年武昌起義後，孫中山自美赴英，於 11 月 21 日，自倫敦抵巴黎，晤其朝野之士，如外交部長畢盛、文學家及名記者米爾，均極表同情中國革命。[113]按畢盛兩次任法外交部長，1911 年 11 月時，只任法參議院議員，但法人習俗喜稱官銜，且對其一生均如此稱呼。[114]如對克里孟梭於 1911 年已非法之首相，而孫中山仍稱之

---

[112] 同註 105，頁 299-301，〈喬義生之自述〉。
[113] 同註 76。
[114] 吳相湘編撰：《孫逸仙先生傳》，下冊，頁 989。

為首相，例如：「時以予在英國個人所能盡之義務已盡於此矣。乃取道法國而東歸。過巴黎，曾往見朝野之士，皆極表同情於我，而尤以現在首相格利門梳為最誠摯。」[115]

當孫中山在法時，除晤及米爾外，並請米爾為紹介於外交部長畢盛。米爾往見畢氏，代達先生之意。畢應曰：「予豈有不接見孫逸仙之理？中國現處如此狀況，無論何事，皆可猝發。孫氏計畫，汝疑其空泛？此實無關重要。要之彼已有一政黨，而此政黨即足以推翻滿清政府。」畢盛因與先生相晤，雙方對語，頗饒趣味，亦甚投契。畢氏曾任法駐北京公使，知中國事變甚詳，向先生提出各種問題，皆甚確切，先生所答亦極準確，絕無矯飾。[116]

F21	伯希和 （Paul Pelliot）	法國漢學大師	協助革命、鼓吹中國革命

1911 年中國革命時，法國漢學大師伯希和發表演講，亦係對辛亥革命有關之演講之一，其所講：〈中國與革命〉（ "La Chine et la Révolution" ），講稿於 1912 年出版。[117]

F22	羅氏 （Ulysse-Rap hael Reau）	法駐漢口領事	協助革命、仗義執言化解危機

羅氏（1872-1928），法學碩士；巴黎東方語言學校畢業。其經歷為：自 1894 至 1903 年歷任譯員、經理人等，後 1904 年 9 月至 1905 年任法駐海口（瓊州）副領事；又調河口副領事（1905）；及

---

[115] 同註 76。
[116] 同註 98。
[117] 同註 68。

蒙自法領事館經理人（1905-1910）；1910 年 10 月任代理漢口法領
事館館務；1911 年 2 月至 1916 年任漢口領事、再調駐香港領事；
1921-1923 年，任上海總領事館經理人及總領事；1923 年 10 月改
任駐日內瓦總領事；1927 年 8 月升二等公使任駐曼谷特命全權公
使；1928 年 3 月卒於曼谷任所，享年五十六歲。[118]

　　自 1911 年 3 月 29 日（西曆 4 月 27 日），黃興率黨人於廣州起
義，進攻兩廣總督衙門，死難者共 86 人，葬於黃花岡者七十二人。
此後革命運動蜂起；7 月 1 日（西曆 8 月 24 日）以後，四川成都
為爭路事引發起義行動，清廷派兵入川鎮壓；8 月 18 日（西曆 10
月 9 日），漢口革命黨機關破獲；19 日（西曆 10 月 10 日）武昌起
義。湖廣總督瑞澂逃至漢口，統制張彪亦隨即離去。漢口、漢陽新
軍起義，旋即光復，各地響應。25 日（西曆 10 月 16 日），革命軍
在閱馬廠誓師，舉黎元洪兼任總司令。惟前此，德國領事循瑞澂之
要求，以革命黨為「義和團復起」，一俟有變即請支援開砲轟擊以
平之。當瑞澂逃往漢口請德領事履諾，德領事與其海軍商妥，砲衣
卸下，將開砲。但以辛丑和約，一國不能自由行動。德領事主張開
領事團會議，欲得多數表決即行發砲以平之。各國領事對此均無成
見，惟法國領事羅氏，乃孫中山舊交，深悉革命內容，素表同情，
適劉公草一布告，署臨時大總統孫文之名，羅氏得報，心甚喜。會
議時，德領首先發言，主張開砲，曰：「義和團，毋使茲蔓，蔓難
圖也。」羅氏即席駁之曰：「此言不確，方得報告，武昌布告臨時
大總統為孫文。孫文我之好友也，其人所言，主張共和政體，甚有
規模，安可以義和團目之？」復力言「孫逸仙派之革命黨，乃以改
良政治為目的，決非無意識之暴動，不能與義和團一例看待，而橫

[118] 李書華：〈法國羅氏的姓名及其經歷〉（《傳記文學》，第 15 卷，第 1 期，民
　　國 58 年 7 月號），頁 16-17。

加干涉。」彼並引證孫中山昔日之言行。英、美、俄領事咸表贊成，日領事雖贊同德領主張，但未固執，眾遂決議嚴守中立，不加干涉。瑞澂無所恃，乃逃上海。同時領事團見民軍佔領武漢重鎮，舉動文明，秋毫無犯，對各國僑民生命財產之安全，保護備至，頗具好感。軍政府曾於 23 日派員交涉請贊助承認為交戰團，並要求限令清軍離開租界卅里外作戰，以免損害外人生命財產。又軍政府限令民軍武裝人員，禁止出入租界等，各國領事認為滿意。於 25 日晚議決，領事團承認革命軍為交戰團。是為武昌起義後時局之一大關鍵也。法領事羅氏反對干涉革命黨經過，孫中山於民國 5 年（1916）6 月，為羅氏請勳事，致書大總統黎元洪，函中述明羅氏當時仗義執言經過，並未求人知悉。乃以：「文自元年以來，久聞斯事，而於領事團當時急變態度之故，莫悉其詳，近日（羅氏）過滬，偶得來訪，始知根荄。念羅氏本負俠義之氣，雖有大功於中國，初不求人見知；惟我國報功酬德，宜又所先，發潛闡幽，責無旁貸，用敢敘本末，敬乞大總統鑒核從優給予法定外國人最高勳章，以彰殊勳，必能激勸流俗，俾益邦交。」[119]

田桐於〈革命閒話〉中云：「孫公甲辰（1904）遊歐，得前安南總督（按指韜美）之介紹，以羅氏為記室（即秘書），孫公所言革命方略，羅氏喜聞，曰：苟如此，中國之革命可免危難也。旋孫公東歸。羅氏亦來安南（按 1905 年 7 月 13 日任河口副領事）。防城之役（1907 年）復得羅氏之援助。次年河口之役，孫公用法國軍官甚多，不知中國內情，適羅氏又為河口領事，便告法國軍人，而佔領河口矣。事敗後，孫公暫不能立足於東方。直至辛亥，不通

---

[119] 《國父年譜》，增訂本，上冊，頁 334-369，〈致黎元洪請授辛亥法國駐漢領事書〉，全文見：《國父全集》（全六冊），第三冊，函電，頁 403-404。並參閱同註 85。（全文並參閱：第七章，第一節，叁、仗義執言、攸關革命成敗關鍵之羅氏之文中亦有。）。

音問。」[120]（參閱：第七章，第一節，叁、仗義執言、攸關革命成敗關鍵之羅氏）。

F23	羅伯 （法名不詳）	法國軍佐	參與革命、丁末鎮南關之役

　　孫中山從事革命過程中，嘗聘請法國退伍軍人參與工作，如於《孫文學說》第八章〈有志竟成〉篇中有：「時適（按為 1907 年丁末）欽廉兩府有抗捐之事發生。……於是一面派人往約欽、廉各屬紳士鄉團為一致行動；一面派萱野長知帶款回日本購械；並在安南招集同志，並聘請法國退伍軍官多人，擬器械一到，則佔據防城至東興一帶沿海之地，為組織軍隊之用。……欽廉計畫不成之後，予乃親率黃克強、胡漢民並法國軍官，與安南同志百數十人，襲取鎮南關，佔領三要塞；收其降卒，擬由此集合十萬大山之眾而會攻龍州。……」[121]及河口之役，亦聘法軍人多人，如前列出之退役砲兵大尉男爵狄氏即是。而羅伯者或係參與此役之法國退伍軍人之一。如據鄭彥棻著：〈國父與法國〉一文中，附刊羅伯半身玉照一幀，註曰：「民國前 5 年 12 月，國父命黃明堂攻佔鎮南關，此即革命第六次起義。圖為參與鎮南關之役的軍佐羅伯。」[122]

[120] 田桐著：〈革命閒話：民國奇緣之羅氏〉（《太平雜誌》，中國國民黨中央委員會黨史委員會印行，民國 65 年 12 月 25 日影印出版台初版），頁 88。（即《太平雜誌》，第 1 卷，第 3 號，頁 4。）

[121] 同註 57。

[122] 鄭彥棻著：〈國父與法國〉（《近代中國雙月刊》，第 44 期，民國 73 年 12 月 31 日出版，頁 37）。又見：私立中國文化大學印行：《美哉中華》畫報月刊，第 206 期，民國 74 年 12 月號，頁 4，亦刊有相同之玉照及註記。

F24	路茲 （J. Rodes）	新聞記者	協助革命、著書鼓吹中國革命

　　路茲著有：《中國近況》（La Chine Nouvelle）一書，對中國革命黨有扼要之介紹及批評，是對法國當時輿論有極大影響之四本書之一。於 1910 年出版，並作對辛亥革命有關之演講會，講題為〈中國在轉變〉（"La Transformation de la Chine"），講稿於 1910 年巴黎出版。

　　1911 年 4 月以後，發生鐵路事件引起四川之起義，關於鐵路風潮，從當時法國各報看來，並未引起法人之注意，各報僅登載極簡短之消息而不加以評論。遲至 1911 年 8 月，《時代報》駐華特派員路茲及《宇宙報》駐華特派員都潤得始作較詳之報導，而略加以分析，法人乃稍為注意。後來，1911 年 11 月 21 日，孫中山由英抵法，同月 24 日乘英船返華，法國各報均予登載，關於孫中山之思想及為人，在武昌起義後，法報即不斷介紹，惟其內容，似大半抄襲自梅朋之《中國的政治》與路茲之《中國近況》等各書，各書對革命之起源，三民主義之大意，以及與康、梁之比較，均有簡明之敘述。並強調革命黨之絕不排外，滿清政府之無能，黃禍之不存在，康、梁之以夷制夷。且以孫中山聰明絕頂，學識淵博，且有卓越之領導才能，實為復興中國所必需之拿破崙，遠在康、梁之上，即與法國大革命時之偉人相比，亦毫無愧色云。[123]（參閱：都潤得及梅朋事蹟）。

　　除以上各法人之外，尚有法商願意資助我革命事業者如：「法商底波洋行亦有：如得蒙自，則軍械、軍餉皆可接濟之言。要之，法人協助他國革命之義舉，誠為英、美人所不及。徵諸歷史，固斑斑可考也。」[124]

---

[123] 同註 47，頁 49、51、56-57。
[124] 同註 77。

第三節　德國人士

以下共有 2 人

編號	姓名	職業（身份）	與中國革命之關係及事蹟
G01	考萊凱 （A. Kollecker）	傳教士	同情革命

謝纘泰云：「1903 年 1 月 25 日，洪全福和我兄弟謝子修經澳門前往廣州，領導攻奪廣州。他們離開不久，洪全福德忌笠街 20 號本部，遭香港警察當局搜查，有一些人被捕。1903 年 1 月 26 日，我緊急通知在芳村柏林教會考萊凱牧師，要求他提醒在廣州和芳村的所有朋友與同情者注意。我和克銀漢、黎德討論局勢。密切情況發展。我派一專使往澳門找尋洪全福與謝子修，警告他們，我們的運動已洩密。」[125]

G02	沙美 （Schrameir）	駐青島總督、土地問題專家	協助革命工作

黃季陸謂：「使我想起了一位難以忘懷的德籍友人，那就是曾任德國駐青島總督，其後又擔任過孫先生的顧問的沙美博士（Dr. Schrameir）。沙美博士是一位卓越的土地問題專家，他在建設青島為一現代化都市過程中，曾經非常成功的實施了市政改革的計畫。他把他的經驗，寫成一冊標題為：《膠州土地行政》的書，內容非常有價值，……土地問題的解決，也是中國革命

---

[125] 同註 21。

最大課題之一，據我個人之研究，孫先生在他立志革命之初，即已注意到中國的農業與土地問題。1905 年他提出『平均地權』的主張；1912 年曾有過要作到『耕者有其田』的言論，1920 年代，他有意在廣州實施都市土地的改革。孫先生也是一位願意博採各方學理和經驗的人，他認為沙美博士在青島的成功的經驗，正好可以有助於廣州土地問題的解決，因此於 1924、25 年間，邀請沙美博士到廣州，擔任孫先生的顧問，負責廣州市地運用的規劃工作，沙美博士恐怕是中國國民黨及其政府最早聘請的德籍顧問。後來北伐成功之後，國民政府曾聘用數十位德籍軍事顧問，這也是大家所知道的事。」[126]黃氏續謂，1920 年間，當他於廣東大學任教，並擔任廣州市黨部常務委員兼宣傳部長時，沙美博士提出一篇改革廣州市地的計畫，孫先生要我與沙美共同討論，並由我將原計畫譯成中文。此時，中山先生應北方將領之邀，啟程北上，不幸於次年 3 月 12 日在北京逝世。而此譯文將成之際，又發生滇桂軍叛變，蔣中正（時任黃埔軍校校長兼東征軍總指揮）由東江回師討伐敉平。軍事期間，海軍在長堤砲轟叛軍，我被阻於廣州，無法離開前往對岸之大本營，遂往東山沙美博士家中暫避。後偽裝其隨從作掩護，隨同經過沙面，安全渡到河南之我軍防地。沙美博士對中山先生極為崇敬，曾表示將以餘年協助中山先生完成中國革命，惜亦於中山先生逝世之同年與世長辭。[127]

---

[126] 黃季陸著：〈孫中山先生與德國〉(《中華學報》，第 7 卷第 2 期，中華學報社發行，民國 69 年 7 月)，頁 60。

[127] 同前註。

第四節　俄國人士

以下共有 5 人

編號	姓名	職業（身份）	與中國革命之關係及事蹟
R01	**貝魯斯托斯基**（ビルストスキ）	俄革命黨人	同情革命

　　宋教仁於所著：《我之歷史》一書中，記述 1906 年農曆 3 月「10 日、晴。上午 8 時宮崎民藏來贈余以人類之大權一部，并言今日下午邀余同至芝區訪俄國革命志士貝魯斯托斯基（按其原書為日文譯名，下同），余頷之，下午功課畢，至民報社，遂至芝區芝橋，大光來時，宮崎氏已在，晤得萱野長知者日人而操華語，服滿洲裝，殆不辨其為日人焉。坐良久，俄國人貝魯斯托斯基乃至，四十許之虯髯者也。口操法語，余等皆不解，有某君，宮崎先請其來為代通譯者也。通姓名，並陳來訪之意，又告以民報之宗旨，皆某君代譯談最多，某君係日語，余亦不甚了了。大概言俄國革命黨派之多，主張不一，人民程度又不齊，革命成功不知何日可期云。又云己係波蘭人，此次係從西伯利亞來者，並有數同志擬在此間出版，以輸入祖國云。又云革命之事不可從一方面下手，專講政治的革命，必不能獲真自由；專講社會為革命亦必不能獲真自由。必二者俱到，然後自由之權利可得，而目的可達也。又云己向來極端主張民主主義的。然觀之於美國，民主國也。而其人民仍不自由也。法國亦民主國也。而其人民亦不自由也。日本、英、德諸國，其人民於政治之自由未嘗不獲多少也，然社會上之不自由乃益加甚矣。故余近年所主張者，較前稍變，實兼政治社會上方面，而並欲改良者也云云。未幾問我等攜有相片否？

宮崎氏言後日當另攝以與之，時萱野乃出日本酒食食之，至 12
時始散。」[128]

　　貝魯斯托斯基陪同蓋魯西約尼於某晚訪問中山先生談論俄國
與中國革命事。見蓋魯西約尼事蹟。[129]

R02	**蓋魯西約尼**（Grigoril Gershuni、ゲルシヨニ）	俄社會革命領袖	同情革命

　　蓋魯西約尼，[130]俄社會革命領袖，自西伯利亞逃亡經日本東京
赴歐。晤中山先生作徹夜暢談革命。如萱野長知記述：「明治 39
年（按即 1906 年）11 月 15 日夜。為一細雨霏霏之夜。我等與俄
國亡命客蓋魯西約尼共渡終宵，時於孫逸仙之東京牛込區築土八幡
町寓所，與之暢談至翌日拂曉。鐸可多爾，蓋魯西約尼，其名為：
格列格里、阿恩多列渥衣斯基。俄國社會革命黨中之錚錚人物，據
其自稱，他係因刺殺內務大臣夫列烏愛，被判處死刑之革命黨義士
沙索羅夫之同窗好友。彼曾赴德國學醫。主修黴菌學。……彼於阿

[128] 宋教仁著：《我之歷史》（吳相湘主編：《中國現代史料叢書》，第一輯，「建立民國」。文星書店印行，民國 51 年 6 月初版），頁 125-126。
[129] 見同註 133、134。
[130] 蓋魯西約尼有不同譯法，有譯：格列格里‧格爾雪尼（E. G. A. Gershuni），見：。宮崎龍介著：〈宮崎滔天與《三十三年之夢》〉。陳鵬仁譯：《孫中山先生與日本友人》（大林書店印行，民國 62 年 5 月出版），頁 184。或譯為：蓋肖尼，見：宋越倫著：《總理在日本之革命活動》（中央文物供應社發行，民國 42 年 12 月初版，頁 10）。或譯為：格爾雪尼，見陳鵬仁譯：《宮崎滔天書信與年譜──辛亥革命之友好的一生》，頁 253，附錄：〈國父旅日年表〉。又：萱野長知譯日文為：ゲルシヨニ，見所著：《中華民國革命秘笈》（日本、帝國地方行政學會發行，1940 年 7 月、東京），頁 51。現譯之：蓋魯西約尼，見：張玉法著：《外人與辛亥革命》，頁 438。

卡多衣（於西伯利亞）監獄脫逃，三週前前來東京，作一日居留，
自橫濱經美國往歐洲。這位死中得生之大革命黨員，和中國革命黨
領袖孫逸仙氏會見經過。各自說明其國家在政治上之意見，頗為傾
聽其嶄新見解。就現今為滿足共和政治，求取更新的發展企圖。兩
位領袖之意見全然一致，暫定為『新共和主義』。孫逸仙與蓋氏熱
心的問答：『中國於欲施行共和政治之立法、司法、行政三權之外，
制定考試權與監察權之五權分立之共和政治也。』」。蓋氏並詢問監
察權為國民所有，不由議會實行。中國為何特為另行設置？又考試
權不經由行政部門，而另行設置之理由何在？孫中山特為之解說。[131]

　　萱野又稱：「當時俄國革命黨領袖蓋魯西約尼，因日俄戰爭後，
其皇室為示好其人民，將其死刑減一級為無期徒刑，囚禁於西伯利
亞阿卡多衣監獄，成功地越獄，而亡命到日本。於訪問《革命評論》
社（按為 1906 年 11 月 15 日），當夜於牛込區築土八幡町，懸掛『高
野長雄』名牌之中山寓所會見孫氏。由上田將俄語譯為日語，再由
池亨吉譯為英語，交互談論革命。參與者有宮崎滔天、平山周、和
田三郎、清藤幸七郎、及作者（萱野長知）等，作通宵長談。最後
道別時云：『我們在中國與俄國之自由國土上再見。』當（11 月 16
日）蓋氏從橫濱搭船前往美國，更易姓名後，再度潛返俄國，為指
揮總罷工同盟革命而盡瘁，由於過度勞累，患罹肺疾，在芬蘭海岸
靜養，終於客死瑞西。而此次相會最重要而難忘的問答，當蓋氏最
後請求：『中國革命成功以後，助我國（俄國）革命，第一即是救
出囚禁於阿卡多衣監獄之同志，並加佔領。』中山當即斷然言：『吾
們與萬里長城以外之事無關！』，蓋氏聞言甚有失望之態。我等同
仁見中山之率直回答，相對而視。」[132]

---

[131] 萱野長知著：《中華民國革命秘笈》，頁 51-58。
[132] 同前註，頁 86-87；並見宋越倫著：《總理在日本之革命活動》，頁 10，有
　　相似敘述。

　　宮崎槌子亦曾回憶道:「於同盟會成立同時，孫先生則從橫濱搬到租在牛込區築土八幡町傍邊的房子，並把它命名為『高野寓』。爾後許許多多的人曾經出入於高野寓，其中最值得我們一提的賓客，就是俄國革命領袖格爾雪尼和比利斯茲基兩位先生（按即蓋魯西約尼與前揭之貝魯斯托斯基二人）。比利斯茲基先生是從西伯利亞的監獄逃出，並逃到長崎來的。而正在此時，格爾雪尼先生於 1904 年受了死刑的判決，並被送至西伯利亞。格爾雪尼是俄國革命時社會革命派的元老，據說他是使用奇計逃出監獄亡命日本的。比利斯茲基先生有天晚上陪同格爾雪尼先生訪問高野寓。其時，滔天與萱野長知、和田三郎等諸先生在辦《革命評論》，是時格爾雪尼先生帶比利斯茲基先生拜訪革命評論社，於是滔天和萱野便將兩位先生帶到孫先生處。而在高野寓聚首的東西方的先知先覺者，遂就俄國和中國的革命發表高論，交換意見。爾後格爾雪尼離開日本前往歐洲，擬再回到俄國時，在路上因病而與世長辭。」[133]

　　又有宮崎龍介著:〈宮崎滔天與《三十三年之夢》〉一文中，亦有類似前述事實:如「在《革命評論》尚未停刊前，當時在長崎的俄國亡命份子比利斯茲基，曾帶一位曾領導一支軍隊參與 1904 年俄國革命，後來被捕並判死刑，被解送至西伯利亞的名叫格列格里‧格爾雪尼（E.G. A. Gershuni）的人，訪問《革命評論》社。當然，格爾雪尼係破牢逃至日本的。由於家父等正在以為中國革命的成功，必須跟俄國革命配合，因此遂將格爾雪尼介紹給孫先生。孫先生與格爾雪尼開誠佈公，談至雞鳴，互約相助。以後格爾雪尼則前往美國，惟不幸，再回俄國途中竟病殁。這是孫先生跟俄國發生關係的開始。」[134]

---

[133] 宮崎槌子著:〈我對辛亥革命的回憶〉,（陳鵬仁譯:《孫中山先生與日本友人》,頁 53-54。）按宮崎槌子為宮崎寅藏（滔天）之妻。

[134] 宮崎龍介著:〈宮崎滔天與《三十三年之夢》〉。（陳鵬仁譯:《孫中山先生與

| R03 | 拉塞爾
（N. K. Russel） | 俄革命黨領袖、大
學教授 | 協助革命指導黨人製造
炸彈 |

　　1905 年 9 月 9 日（西曆 10 月 7 日），孫中山自日本赴西貢籌款，自橫濱乘法郵輪啟程，經長崎時，因金子克己（黑龍會會員）之安排，與俄國革命黨員尼古拉、拉塞爾會晤。此為中、俄革命黨人發生連繫之始。[135]

　　《宮崎滔天年譜》載：1907 年「3 月中旬，往訪拉塞爾（N. K. Russel，原書譯為『羅素』）於橫濱，黃興、築地宜雄（按為滔天之甥）同行，學習製造炸彈的方法。」[136]緣拉塞爾自西伯利亞逃出牢獄潛入日本後，居橫濱之貧民窟。當孫中山離日後，黃興與宮崎滔天往訪拉塞爾，係俄國大學之化學教授，經由黃興任譯員，請教製手擲炸彈法，詢問及解說甚詳細，並加圖解說明。後張繼也加入。經多日之會談結果，黃興據而研究製造。經試驗數月後遂成功。甚受黃興之感激。[137]後孫中山與拉塞爾通過幾次信。[138]

　　又：中國革命黨激進派主張採暗殺行為，期望易取得炸彈，而進行各種研究製造方法，其時，想向有數之科學家ラッセル（按即拉塞爾）博士學習，由金子懇請ラッセル同意，約定以原料來製造十數種方法傳授之。而教授必要有翻譯人員，遂由很有見識的《東洋日の出新聞》之福島雄次郎夫人千代子，堀姓，為長崎活水女子學校教師，

　　　日本友人》，頁 184。）按宮崎龍介為宮崎寅藏（滔天）之子。
[135] 《國父年譜》，增訂本，上冊，頁 203。又：陳鵬仁譯：《宮崎滔天書信與年譜
　　　──辛亥革命之友好的一生》，頁 253，附錄：〈國父旅日年表〉，亦有相同記載。
[136] 陳鵬仁譯：《宮崎滔天書信與年譜──辛亥革命之友好的一生》，頁 153。
　　　宮崎龍介，小野川秀美編：《宮崎滔天全集》（全五集）（日本，平凡社印行，
　　　昭和 52 年 2 月 1 日初版二刷）第 5 卷，頁 490-491。
[137] 同前註，後引書。
[138] 賈世杰（Don C. Price）著：〈俄國與辛亥革命之起源〉（《中國現代史專題研
　　　究報告》，第三輯，中華民國史料研究中心編印，民國 62 年 9 月出版，頁 72）。

是福岡女豪岡部咲子女史之姪女，岡部女史特委託千代子擔任，千代子亦不厭其煩地熱心研究。蓋ラッセル除東洋語外殆盡通曉之博言家。彼以各種藥劑、藥液盛於試驗管可變為各種炸藥！經稍加試驗，令千代子見之吃驚，博士以此情況無害以安慰之。謂此一秘法端視其各種原料不同，而有差異。金子與其兄福住東爾，及其友中田豬十郎談之，因中田在長崎開業藥材商，可以順利自由取得原料得以製造炸彈。其後汪兆銘於北京暗殺攝政王，裝置於石橋下炸彈即是此類。[139]

R04	坡多巴夫（Leontij Pav Pavlovich Podpakh）	俄革命黨人	同情革命

《宮崎滔天年譜》載：1906 年「11 月 15 日在孫中山住宅，與格爾雪尼、坡多巴夫（L. P. Podpakh）聯歡，與和田三郎、萱野長知、池亨吉、清藤幸七郎同道，得知莎斯利吉（V. I. Zasulich）的生存而大家歡喜若狂。」[140]

R05	瓦克赫夫斯基（Pelix Volkhovsk）	俄革命黨人	同情革命

孫中山並曾與俄革命黨人瓦克赫夫斯基（Pelix Volkhovsk）建立聯繫。於 1897 年 3 月 15 日曾有短函致瓦克赫夫斯基，原函存史坦福大學胡佛圖書館。[141]惟其詳細事蹟仍待考。

---

[139] 黑龍會編：《東亞先覺志士記傳》，中卷（原書房發行，1981.9.25 第四刷），頁 390-392。
[140] 宮崎滔天著：近藤秀樹編，陳鵬仁譯：《宮崎滔天書信與年譜——辛亥革命之友好的一生》，頁 132。
[141] 同註 27。

第五節　丹麥人士

以下共有 1 人

編號	姓名	職業（身份）	與中國革命之關係及事蹟
D01	柏氏 （Vicotor Bache）	軍事教習	協助革命義務訓練興中會員

　　當 1894 年，10 月 27 日（西曆 11 月 24 日），於檀香山正式成立興中會，開始收取會員底銀及銀會股銀，月餘所得不多。於 1896 年春，孫中山為使各會員同受軍事教育起見，特假其師芙蘭諦文牧師所設尋真書院校外操場，延一丹麥國人，曾到中國充當南洋練兵教習名柏（Victor Bache）者，教授各同志兵操，準備回國參加義軍。[142]

　　又據：1896 年春，孫中山居檀香山決定擴組「中西擴論會」及「練兵會」。並以《隆記報》為機關，招納同志，擴大組織，革命風氣為之復振。先生並為訓練革命幹部，以便將來回國參加革命，乃假 1160 Camplain Lane 芙蘭諦文之尋真書院操場，舉辦軍事訓練，聘一丹麥人曾任中國南洋教習隊長名柏者，義務任教，每週操練二次，操練時間定為早晨及晚間，以木棍代槍，操練極為認真。同志中參加者，有葉桂芳、鄭金、鄭照、許直臣……等數十人。[143]

---

[142] 馮自由著：《華僑革命開國史》（臺灣商務印書館印行，民國 64 年 8 月台一版），頁 27。

[143] 《國父年譜》，增訂本，上冊，頁 75-76。

第七章　國際人士襄助中山先生革命評析

第一節　協助締造中華民國之國際人士評析

　　中山先生以一介書生，一手創造革命團體，由興中會而同盟會，經國民黨而中華革命黨，最後改組為中國國民黨。首先，幸有先烈義士之成仁取義，赴湯蹈火、前仆後繼之犧牲奮鬥結果，乃得以推翻滿清王朝，結束中國數千年來的帝王專制統治，締造東亞第一個共和國。其次，除由華僑之供獻甚巨以外，而國際友人對中國革命襄助之功，亦是不容抹滅的事實。中山先生髫年，七歲（1872年）啟蒙於私塾，十歲正式讀四書五經，十三歲（1878 年）5 月隨母赴檀香山依兄維生，此時即與歐美世界開始接觸，接受西方教育。於十四歲起，在火奴魯魯入基督教監理會主辦的意奧蘭尼（Iolani School，係男校也）就讀；十七歲（1882 年）畢業。翌年春，入奧阿厚書院（Oahu College，係高中）就讀；6 月（農曆 7 月）自檀島返粵，後就讀香港拔萃書院（Diocesan Home，亦係中學）；越年（1884 年）轉入香港中央書院（Central School），1886年畢業。即進入廣州博濟醫院（Canton Hospital）附設南華醫學堂習醫。第二年（1887 年）初，轉入香港西醫書院（The College of Medicine for Chinese, Hong Kong），於 1892 年（時年二十七歲）7月以第一名畢業。於這一段學習過程，除造就了中山先生深厚之國

學基礎外,更培養精湛之外文學識。此一段期間得以結識諸多革命
同志,也結納不少國際友人使革命事業得以發軔;尤對將來之發展
與成功助益匪淺。其中國際友人對革命工作之推展助益甚大,尤其
對拯救中山先生於千鈞一髮之危難中,影響中華民國之締造,貢獻
重大,吾人不得不加以表揚與崇敬。

　　中山先生革命是廣集各方精英與中外人士,舉凡贊助革命者均
所歡迎之遠見與睿智,是極正確且肯定的。如於 1895 年(乙未、
光緒 21 年)正月 24 日發布〈香港興中會宣言〉中,第七條:「人
才宜集也,本會需才孔亟,會友散處四方,自當隨時隨地,物色賢
材。無論中外各國人士,倘有心益世,肯為中國盡力,皆得收入會
中,待將來用人,各會可修書薦至總會,以資臂助。故今日廣為搜
集,乃各會之職司也。」[1]由此可證矣。

壹、鼎力營救中山先生脫險之康德黎夫婦與孟生

　　民國前 17 年(1895 年)10 月 26 日(農曆 9 月初 7 日)中山
先生原定在廣州起義(第一次起義),後以香港接濟未至,事洩不
果,翌日陸皓東在廣州被捕,又有丘四、朱貴全等四十餘人被捕,
均被嚴鞠後死難。中山先生幸能自廣州脫難至香港偕陳少白、鄭士
良亡命日本。轉往美國,途經火奴魯魯時邂逅康德黎夫婦,康氏乃
返回英國,並相約於英倫再晤,此一關鍵性的巧遇,關係中山先生
安危及中華民國之誕生也。

　　孫中山在倫敦被難與脫險的經過,在其英文所著《倫敦被難記》
中有詳細交待,此處不再引述。在此所要強調的是康德黎夫婦與孟

---

[1]　《國父全集》(全三冊),第二冊,頁肆-3。

生博士不分晝夜，為中山先生被難而各地往來奔走，焦慮、籌思、設法等，終於解救中山先生脫險，無異是促成中國民主共和國誕生的關鍵性人物之一。誠如中山先生所忖，如當時不幸被清使館秘密運送回國，必將遭到不測，則反清之革命工作能否成功？何時、何人來領導始能成功？均難以逆料。假若革命力量因此消散後，不復有再接再厲之革命行動，則中華民國能否誕生，亦係未可知之事。故中山先生於《倫敦被難記》中有云：

> 予之所惴惴以懼者，目前之生命事小，將來之政體事大。萬一吾果被遞解回國，清政府必宣示全國，吾之被逮回華，實由英政府正式移交，自是以後，中國國事犯將永無在英存身之地。吾黨一聞此言，必且回想金田軍起義之後，政府實賴英人扶助之力，始奏凱旋。國人又見吾之被逮於英而被戮於華，亦必且以為近日革命事業之失敗，仍出英國相助之功。自是而吾中華革命主義，永無成功之望矣。且予在旅館中行李之外，尚有文件若干，如為中國使館所得，則株連之禍，不知伊於胡底。幸康德黎夫人能為予預料及此，毅然赴旅館，盡取予書牘之類，捆載而歸，付之一炬。是其識力，誠大有造於吾黨也。[2]

中山先生為感謝康德黎博士夫婦，特於 1919 年以英文所撰寫之《實業計畫》，在封面上題曰：「此書謹以至誠獻與曾一度營救本人的導師而兼摯友的康德黎先生及其夫人」。陳少白亦謂：「這一次如果沒有康黎德博士設法，孫先生一定是不能活了，當時公使館已經租了 Grand Line 公司的船，預備把孫先生活放在木箱內，運回中國，如果不是清政府要得到活供，孫先生

2　同註 1，第二冊，頁柒-12。

在倫敦恐怕早已不能活了。所以這一次所遇的危險，真是間不
容髮。」[3]

因之，吾人可謂：康黎德夫婦與孟生博士非僅是救出革命偉人
之生命，亦是促使亞洲第一個民主共和國得以早日誕生之人，應不
為過。

貳、首先引介日本志士襄助革命之菅原傳

中山先生從事革命活動，除因日本在地理上鄰近中國，較安
南、香港之處境為佳，可供革命基地外，日本人士較對中國革命有
熱誠（當然除別有用心者外），其貢獻亦較多而大，如有在中國革
命戰場上犧牲生命者。中山先生得與日本朝野人士相交，並獲得其
熱心奔走贊助之始，追溯其源，當應溯自日本友人菅原傳為肇端，
嗣後繼續延伸，進而結識更多日本人士。

中山先生早於 1894 年冬，在旅居檀島時，即結識日本牧師
菅原傳（日本基督教牧師）。在 1895 年廣州首次革命失敗，中山
先生於《孫文學說》第八章〈有志竟成〉篇云：「敗後三日，予
尚在廣州城內；十餘日後，乃得由間道脫險出至香港。隨與鄭士
良、陳少白同渡日本，略住橫濱。時予以返國無期，乃斷髮改裝，
重遊檀島。而士良則歸國收拾餘眾，布置一切，以謀捲土重來。
少白則獨留日本，以考察東邦國情，予乃介紹之於日友菅原傳，
此友為往日在檀所識者。後少白由彼介紹於曾根俊虎，由俊虎而

---

[3] 陳少白口述，許師慎記：〈興中會革命史要〉（《革命先烈先進詩文選集》，
第三冊。中華民國各界紀念國父百年誕辰籌備委員會學術論著編纂委員會
主編，民國 54 年 12 月 12 日出版），頁 12（總 1276）。

識宮崎彌藏，即宮崎寅藏之兄也。此為革命黨與日本人士相交之始也。」[4]

陳少白亦將其與菅原傳等人相識情形敘述甚詳：「上一年（甲午年），孫先生在檀島的時候結識一個日本人，姓菅原名傳（Tugawuara Den）。這一次，我們來到日本橫濱，孫先生就是找他，果然菅原傳已回到日本，家在東京。我們就到他家裡去，相見甚歡，殷勤款待，孫先生離開日本之後，他還請我到東京紅葉館，大排筵宴的食過一頓飯。又介紹給我一個日本人，姓曾根名俊虎（Sonei），這曾根俊虎原是一個日本海軍大尉，因事去職，曾在中國北方多年，很留心中國的時事。……我住在橫濱時有一個朋友介紹我認識一個牧師，這個牧師很和氣。有一天，他對我說：『這裡有一個老朋友名叫島津彌藏，他很留心中國事情。有事時，也很願意幫忙的。你願意，我可以介紹。』我自然是說好。當天我隨這個牧師，到那朋友的家裡。……島津彌藏那時候病勢已沈重不能多講話，惟有點頭會意，露出一片欣悅之色。又像很抱歉之意。……數月之後，……有一天，有一個日本人拿一封曾根俊虎的介紹信來見我，我把他請進來，再把信拆開一看，知道來的日本人是宮崎寅藏，談了半天，遂知道宮崎寅藏是島津彌藏的兄弟。島津彌藏本來叫宮崎彌藏，因為自幼出繼在外，所以用繼承人家的島津二字為姓。當島津彌藏見到我的時候，宮崎寅藏正在暹邏，有一天，接到哥哥的信，說有一個中國革命黨重要人物寓在日本橫濱，機不可失，你須趕快回來，宮崎得信，就從暹邏回來，到日本來見他哥哥。……向曾根俊虎要了介紹給，問明地址，也就即日找到我家裡來。宮崎見了我，如獲至寶，暢談了兩點鐘。」[5]上文中有

4　同註1，第一冊，頁叁-162-163，《孫文學說》第八章〈有志竟成〉篇。

5　同註3，頁13-14（總1277-1278）。

一牧師介紹陳少白與島津彌藏相識，此牧師即係：伊藤藤吉，為一致教會牧師。[6]

又：日本藤井昇三亦引用之言：「1894 年，孫文於夏威夷最初結識之日本人為自由黨菅原傳，介紹於橫濱推動革命運動的陳少白與菅原，因由菅原介紹會見原海軍少尉曾根俊虎。而由曾根介紹與宮崎寅藏相識。」[7]（此點有誤，見前文是：由曾根介紹給宮崎彌藏，由彌藏介紹寅藏與陳少白相識。）

至於中山先生與宮崎寅藏相識於 1897 年，中山先生倫敦蒙難後，離英，經美、加。8 月抵橫濱。9 月，宮崎與平山周得知中山先生將自美洲渡日，乃同返橫濱。宮崎赴少白寓，適少白已往臺灣。得晤及中山先生，少白已介紹寅藏為人，故知之甚稔。均甚欣喜，宮崎首述傾慕之意，並詢中國革命之宗旨及方法。中山先生條分縷析，剴切言之。更就中國歷史傳統，向宮崎說明共和政體適合中國。中山先生更表示歡迎各國志士豪傑之同情援助，如不能獲，則必獨立擔負之。如是滔滔數千言偉論，氣宇軒昂。宮崎得聆宏論，益為欽佩，遂歡洽如舊識。[8]於《宮崎滔天年譜》亦有：1897 年，「9 月初旬？（滔天）與平山周乘相模丸返抵橫濱。直往陳少白寓，初逢孫中山。？日（滔天）到東京，向犬養毅和外務次官小村壽太郎報告孫中山來日。？日（滔天）將孫中山介紹給犬養毅。」[9]

---

[6] 宮崎滔天著：近藤秀樹編，陳鵬仁譯：《宮崎滔天書信與年譜——辛亥革命之友好的一生》；頁 76，〈年譜〉：1895 年「11 月 23 日？伊藤藤吉將孫中山和陳少白介紹給彌藏。（孫中山與陳少白於 11 月 17 日來日）」。又：頁 75：同年，「11 月 7 日彌藏得病，經一致教會牧師伊藤藤吉介紹，搬到橫濱市不老町二丁目福音會宿舍療養，並繼續學習中國語和英語。」

[7] 藤井昇三著：《孫文の研究》（日本，勁草書房發行，1966 年 4 月 10 日，第一刷發行），頁 12。

[8] 宮崎滔天著，宋越倫譯：《三十三年落花夢》，頁 106-109；參閱：《國父年譜》，增訂本，上冊，頁 94-97；及同註 3，頁 14。

[9] 同註 6，《宮崎滔天年譜》，頁 84。

　　另：中山先生於倫敦時，因中國留學生甚少，華僑也很少，無法募得革命資金，九個月後，「1897 年 7 月 2 日，乘努米地蘭號輪到加拿大，並於 8 月 16 日，搭印度皇后號抵達橫濱。孫逸仙到橫濱以後沒多久，便於陳少白的住家認識日後跟他成為不二盟友的宮崎滔天，由宮崎滔天介紹爾後照顧他一輩子的犬養毅，由此孫逸仙獲得更多的朋友，並得到他們各方面的援助」。[10]

　　又：古島一雄亦謂：當外務省交付宮崎等赴華任務後，「可兒（長一）、平山、宮崎等三人決定赴華之際，宇治宮太郎少佐（後為大將）謂平山曰：『華南革命黨以孫逸仙為中心，抵滬後宜設法與之訂交。』於是平山先可兒、宮崎二人向上海出發，尋訪孫文消息，孫之同志不願將孫之所在告知，平山乃持載有『孫文即將自利物浦歸國』消息英文報紙見示，孫之同志始不再隱瞞，並謂：『中山先生雖急於歸國，唯實際在華居留恐甚困難，如日本能予協助庇護，則於中國革命前途，裨益甚多！』平山聞言立即應諾。此為日本志士與中國革命黨員關係之開始。宮崎與可兒渡華較遲，在渡華之前，因曾根俊虎之介，得識華南革命黨員陳少白於橫濱，兩人渡華後在上海與平山會晤，得悉孫即將渡日消息，乃相偕歸國。迨船抵橫濱，即往訪陳少白於其寓所，不料孫業已抵日，與陳合住一處。宮崎當告知平山已與孫之同志約定，希望孫先生即留住日本。孫以與宮崎初次會晤，顯不願貿然答允，謂渠之計劃欲去安南。及至翌日，孫文突親自至東京趜町有樂町冰果店二樓，訪問平山謂：『經昨夜縝密考慮，已決定居留日本，希望予以照料協助。』於是平山即帶同孫文至牛込馬場下犬養寓邸，介紹犬養與之相識。孫文在此以前，與日人毫無交往，後經木堂（犬養之號）之介，乃與大隈、

---

[10]　陳鵬仁著：《國父在日本》（臺灣商務印書館印行，民國 71 年 8 月初版），頁 52。

大石、尾崎等會見，其後更與副島種臣、頭山滿、平岡浩太郎等結
為知己。木堂曾就當時情景所作談話：『以調查中國革命運動前往
中國之宮崎，竟於一夕之間，變為中國革命運動之一員，返日未久，
即在橫濱與孫文相見，交談之下，復將其引至東京。宮崎於是至外
務省報告此行經過，謂：『此行無報告書，祇有實物標本一具！』
外務省中之大小官僚，為之啼笑皆非。當時余（古島）甚貧窮，每
至正月往往鹽鮭一尾，須供五十人食客饗用。孫文來後勢必非加以
照料不可，乃與頭山、古島、平山等相商張羅經費。』」[11]

由是宮崎寅藏遂決心效命中國革命，是中山先生日本友人始終
如一的同志之一。並同時介紹犬養毅與中山先生相交。是為結交日
本朝野豪賢之始。宮崎指稱：與中山先生懇談後赴東京，向犬養毅
告以孫之事，犬養毅甚願一見，由犬養毅、平岡浩太郎在東京租屋，
以聘平山周為語學教師名義，迎中山先生與陳少白居東京。由犬養
毅介紹日本政界，兼結識在野人士。[12]

又據馮自由記述稱：(1897年，8月）「未幾中山自倫敦至日本，
時宮崎、平山周、可兒長一三人，曾於丙申（1896）年，以犬養毅
之推薦，被派赴中國調查各省民黨情形，剛事畢歸國，遂訪中山於
橫濱，握手言歡，共商大計。旋約中山同居於東京麴町區，因其時
日本尚為租界制度，不許外人雜居內地。三人乃求助於犬養、平岡
（浩太郎）二氏，以聘用華語教習為名，得免警察干涉，後復遷至
早稻田。中山於是漸與彼邦人士相結納，如東亞同文會副會長副島
種臣、進步黨首領大隈重信、犬養毅、尾崎行雄、大石正己，及頭

---

[11] 宋越倫著：《總理在日本之革命活動》，頁46-48，即〈古島一雄革命談薈〉
節。又見：陳鵬仁譯著：《孫中山先生與日本友人》，頁25，即〈宮崎寅
藏與平山周〉，其內容相同。

[12] 宮崎滔天著，宋越倫譯：《三十三年落花夢》，頁110；參閱：宮崎滔天著，
啟彥譯：《三十三年落花夢》，頁118-120之敘述。

山滿、秋山定輔、內田良平、伊東正基、末永節、副島義一、寺尾亨、戶水寬人、福本誠、山田良政、山田純三郎、原口聞一、遠藤隆夫、山下稻、清藤幸七郎、島田經一、萱野長知、池亨吉、中野、鈴木、安川、犬塚、久原諸人。均先後訂交，直接間接頗得其助。[13]

　　中山先生特於《孫文學說》第八章〈有志竟成〉篇中明確指出與犬養相識等情形。1897 年（民前 15 年）8 月 2 日首次晤面，謂：「抵日本後其民黨領袖犬養毅遣宮崎寅藏、平山周二人來橫濱歡迎，乃引至東京相會。一見如舊識，抵掌談天下事，甚痛快也。時日本民黨初握政權，大隈為首相，犬養為之運籌，能左右之。後由犬養介紹，曾一見大隈、尾崎等，此為予與日本政界人物交際之始也。隨而識副島重臣、及其在野之志士，如頭山、平岡、秋山、中野、鈴木等，後又識安川、犬塚、久原等。各志士之對中國革命事業，先後多有資助，尤以久原、犬塚為最。其為革命奔走始終不懈者，則有山田兄弟、宮崎兄弟、菊池、萱野等。其為革命盡力者，則有副島、寺尾兩博士。此就其直接於予者而略記之，以誌不忘耳。其他間接為中國革命黨奔走盡力者尚多不能於此一一悉記，當俟之革命黨史也。」[14]

　　1900 年 9 月（西曆 10 月）初中山先生有鑒於當時革命軍事因軍械與軍事人才需求孔亟，惠州三洲田舉義（第二次起義）又失敗。「日本內閣山縣有朋既辭職，新內閣伊藤博文對華方針亦變，先生以臺灣為革命基地計劃亦成泡影。惟先生仍作最後之努力，致函日本友人菅原傳，促其新內閣伊藤（博文）繼續援助革命。菅原名傳，為先生舊友，甲午（1894）年，結識於檀香山，為贊助先生革命最早之日本人，彼與日本新內閣伊藤同屬政友會。先生特函菅原請代設法借助人械（即：〈致菅原傳請代設法借助人械函〉）。[15]

---

[13]　馮自由著：《中華民國開國前革命史》（一），頁 303-304，〈日志士與中山〉。
[14]　《國父全集》（全三冊）第一冊，頁參-164。
[15]　《國父年譜》，增訂本，上冊，頁 132-133；惟〈致菅原傳請代設法借助人

　　從而可知，中國革命事業獲得日本人士襄助，肇因於菅原傳之引介為始，而接續結識更多之日人士。茲試列出因菅原傳之引介而延伸結識之日人士脈略如后：

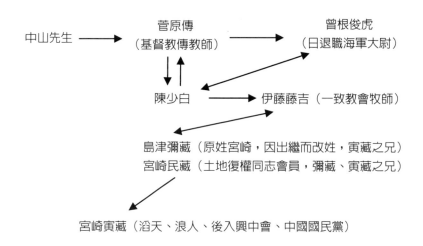

　　由：宮崎寅藏→平山周（學者、外務省職員）→犬養毅（進步黨領袖，介紹朝野各界）→平岡浩太郎（曾為玄洋社長）、大隈重信（進步黨領袖）、大石正己（進步黨領袖）、尾崎行雄（進步黨領袖、議員）、內田良平（學者、黑龍會員）、可兒長一（原為犬養毅僕從）、末永節（退役軍人）。

　　中山先生→副島重臣（東亞同文蕙副會長、內務大臣）→頭山滿（黑龍會員、玄洋社幹部）→秋山定輔（國會議員）、中野德次郎（實業界）、鈴木久五郎（股票經紀商、眾議員）、安川敬一郎（實

械函〉之日期於：《國父全集》（全三冊）第二冊，頁玖-32。為「民國紀元前 5 年（公元 1907 年）」；而依年月、內容推斷，其時間應為民國紀元前 12 年（公元 1900 年）為當。

業界）、久原房之助（實業界）、山田良政（退職軍人、同文書院教授）、萱野長知（退職軍人、後入同盟會、中國國民黨）、犬塚信太郎（實業界）、菊池良一（眾議員）[16]及寺尾亨（法學博士、日本帝大教授）、副島義一（早稻田大學教授）。

由：萱野長知→池亨吉（後入同盟會）。[17]

當然尚有更多日本人士，因彼此關係結識革命黨人，參與中國革命；或有同情者；或有文字宣揚等各種方式協助者；或有直接參與革命戰役，甚而陣亡捐軀者等等不一而足。凡此均對中國革命有所助益，也促使中華民國能早日建國。因之，吾人首先對引介日本友人的菅原傳，加以表揚。

叄、仗義執言、攸關革命成敗關鍵之羅氏

當 1911 年 3 月 29 日，廣州起義一役雖然失敗，而革命軍聲譽日隆，清廷益加防備革命黨。同年十月武昌已有革命黨人謀再起義計畫。湖廣總督瑞澂已迭接革命黨將在湖北起事報告，遂知照俄國領事敖康夫（Ostrover Khov），謂廣東革命軍即將到武漢騷擾活動。因其時敖康夫為領事團領袖領事，故有知照必要。迫於情勢日急，瑞澂除下令監視武漢水陸各要地，加緊戒備外，並向漢口五國領事

---

[16] 古屋奎二編著：《蔣總統秘錄——中日關係八十年之證言》，全譯本，第二冊，頁 126（總 356）。

[17] 宋越倫著：《總理在日本之革命活動》，頁 10。即：於俄國革命黨領袖蓋魯西約尼亡命到日本。1906 年 11 月 15 日，訪問《革命評論》社，當夜於牛込區築土八幡町，懸袿「高野長雄」名牌之中山寓所會見孫氏。由上田將俄語譯為日語，再由池亨吉譯為英語，交互談論革命。參與者有宮崎滔天、平山周、和田三郎、清藤幸七郎、及作者（萱野長知）等（見萱野長知著：《中華民國革命秘笈》，頁 86-87）。

請求,准予捕吏在租界逮捕革命黨之便利。然而駐武昌之清軍有不滿與不穩徵候,例如有:無紀律、逃亡,甚至有叛變發生等。[18]此種現象實有利於革命軍之成事。其時英、德領事眼見兵變將起,禍亂將臨,乃分別請其本國政府速派軍艦前來。當十月三日列強在武漢江面之船隻計有:日本兵輪二、快艇一;德國兵輪二;英國兵輪三;美國兵輪二。法國軍艦得西蝶號(La Decidée)自舟山群島趕來。日本另一艘巡洋艦對島號恰於此時駛至。[19]

武昌起義時,各國對華態度不一。一般而言,列強對辛亥革命所秉持態度可歸納為三類:

第一、鼓勵而不干涉革命,期中國長期混亂,則可以乘機漁利,如英國。

第二、支持清廷政權存在,以圖維護其在華的既得利益,如日本、德國、俄國。

第三、促使中國早日建立鞏固政府,以穩定在華之商務,如法國、美國。

這三種態度,僅係某些國家所一度採用,並非固定的政策。不論其為支持革命;或其為支持滿清;或其為同情革命。均胥以自身之利益為依歸。本此原則各國為求維持在華均勢,反而傾向於協調,求取「利益均霑」。[20]

當 10 月 10 日武昌首義時,原係事起倉促,事前民黨從未曾與外人有所聯絡,駐漢之外國使領館人士雖知革命軍起事,並無義和

---

18 陳三井著:〈法國羅氏與辛亥革命〉,載於:《傳記文學》,第 15 卷,第 4 期,民國 58 年 10 月號,頁 67-68。

19 同前註。

20 陳驥著:〈辛亥革命期間列強華對外交之研究〉,載於:張玉法主編:《中國現代史論集》,第三輯,「辛亥革命」,頁 393-413;及:王曾才著:〈歐洲列強對辛亥革命的反應〉,載於:《文史哲學報》(台大)〔30〕,61-89,民國 70 年 12 月出版,頁 70-89。

團排外性質，但仍顧慮到歷來會黨起事，總會騷擾不寧，因而心存疑懼。[21]而「因其時漢口革命機關業已破露，黨人名冊被搜獲，兵士之入黨者，均為查悉，悉數調往四川，僅有炮兵、工兵兩營，留駐武漢，其中同志尚多，有熊秉坤者，新軍中一排長耳，見事機已迫，正在大索黨人，以為若不我先發制人，終必為人所制，等死耳，置於死地而後生，不如速發難。因將此意，告諸同志，僉已無子彈對，後由熊秉坤向其友之已退伍者，借得兩盒子彈，分授同志，革命之武器所恃者，僅有此數。槍聲一起，炮兵首先響應，瑞澂、張彪相繼逃竄，武昌遂入黨人之手。」[22]瑞澂逃抵漢口後，即謂：義和團復起。除照會五國領事說明亂事經過，並請求各國派艦在武漢江面巡行，阻止革命軍渡江攻擊漢口。[23]瑞澂「請某領事如約開砲攻擊。」[24]漢口英國領事葛福（Herbert Goffe，又譯戈飛，為英署理漢口總領事）接受瑞澂要求，欲助清軍。但因辛丑和約規定，一國對中國將採取軍事行動，必須事先知會其他列強，乃於 10 月 13 日召開領事團會議。當時英國領事葛福、俄國領事敖康夫、法國領事羅氏、德國領事某（不詳）、日本總領事松村真雄。[25]若得多數

21　李廉方著：《辛亥武昌首義記》（中國國民黨中央委員會黨史委員會，民國 50 年 10 月影印初版），頁 127。

22　同註 1，第二冊，頁捌-131，〈軍人精神教育〉演講；及參閱：第一冊，頁叁-170，《孫文學說》第八章〈有志竟成〉篇。

23　同註 18。

24　同註 1，第一冊，頁叁-170，《孫文學說》第八章〈有志竟成〉篇。並且，「當革命風聲傳播之時，瑞澂且商諸某國領事，謂若湖北有事，請其撥軍艦相助。」見同上，第二冊，頁捌-132。此「某國領事」者，或指英國駐漢口領事，見：《居覺生先生全集》（臺北，民國 43 年），頁 509。或指德國領事，見：朱文原著：《辛亥革命與列強態度》（正中書局，民國 70 年 2 月台初版），頁 24。此二者說法不同。

25　洪桂己著：〈清末民初日本在華諜報工作〉（《中華民國初期歷史研討會論文集》，1921-1927，上冊（中央研究院近代史研究所編，民國 73 年 4 月，臺北），頁 444，「漢口總領事為松村真雄和來栖副領事」。

贊同，即開砲攻擊革命軍。[26]各國領事對此事原無成見，此時幸法
國領事羅氏即席仗義執言，加以反對，致使俄國領事採同一致態
度，各國則多贊成，而化解各國可能採取干涉，開砲攻擊革命軍之
危機。若以當時僅由少部份清廷新軍中之革命黨人，猝然起事，革
命軍缺乏真正高階領導人在現場統一指揮情況下，更值革命軍軍力
不足，何能與外國砲艦相抗衡？此則極易因外人干涉而使革命行動
受阻，甚而可能使革命流產而致失敗。其間經過，中山先生於〈有
志竟成〉篇中云：「而炮兵與工兵等營兵士已投入革命黨者，聞彼
等名冊，已被搜獲，明日則必拿人等語。於是迫不及待，為自存計，
熊秉坤首先開槍發難，而蔡濟民等率眾進攻，開砲轟擊督署，瑞澂
聞砲，立逃漢口，請某領事如約開砲攻擊。以庚子條約，一國不能
自由行動，乃開領事團會議，初意欲得多數表決即行開砲攻擊以平
之，各國領事對於此事，皆無成見，惟法國領事羅氏乃予舊交，深
悉革命內容，時武昌之起事第一日，則揭櫫吾名，稱予命令而發難
者。法領事於會議席上，乃力言：『孫逸仙派之革命黨，乃以改革
政治為目的，決非無意識之暴舉，不能以義和團一例看待而加干涉
也。』時領袖領事為俄國，俄領事與法領事同取一致之態度，於是
各國多贊成之，乃決定不加干涉，而並出宣佈中立之布告。瑞澂見
領事團失約，無所倚恃，乃逃往上海。總督一逃，而張彪亦走，清
朝方面已失其統馭之權，秩序大亂矣。然革命黨方面，孫武以造炸
藥誤傷未癒，劉公謙讓未遑，上海人員又不能到，於是同盟會會員
蔡濟民、張振武等乃迫黎元洪出而擔任湖北都督，然後秩序漸復。
厥後黃克強等乃到；此時湘鄂之見已萌，而號令已不能統一矣。按
武昌之成功，乃成於意外，其主因則在瑞澂一逃，倘瑞澂不逃，則

---

26 《中華民國史事紀要》（初稿）（中華民國史事紀要編輯委員會編，中華民
國史料研究中心印行，民國 62 年 3 月出版），頁 666。

張彪斷不走，而彼之統馭必不失，秩序必不亂也。以當時武昌之新軍，其贊成革命者之大部分，已由端方調往四川，其尚留武昌者，只炮兵與工程營之小部分耳，其他留武昌之新軍，尚屬毫成見者也。乃此小部分以機關破壞而自危，決冒險以圖功，成敗在所不計，初不意一擊而中也，此殆天心助漢而亡胡者歟。」[27]

揆諸武昌起義之成功，乃成於意外，「其主因則在瑞澂一逃」，而瑞澂一逃之原因，在於「瑞澂見某領事失約，無所倚恃」。亦即外國領事採取中立，不干涉革命，再追溯其源頭，是在領事團會議上，法國領事羅氏的一席話所促成。因之可肯定者，各國領事團所召集會議，確為革命能否成功之關鍵會議，也可謂羅氏之建議主張是攸關中華民國能否成為亞洲第一個共和國之癥結所在。因之，在國際會議中能有他國代表仗義執言，提出對另一國有利之主張，使與會各國代表在彼此無法協調、利害衝突等因素下，是有相當功效的。

羅氏於漢口領事團會議上能決然仗義執言之原因，可分析為四點如後：

（一）羅氏與中山先生係舊識，敬佩其革命主張與方略

中山先生自 1904 年（甲辰年）後，由美赴歐，於德、比、法等國，約集當地留學生加盟中國革命同盟會。得前越南總督（按指韜美）之介紹，特聘請羅氏為記室（即秘書）。羅氏聽悉中山先生所言革命主張與方略甚為敬佩。謂：真能如此做，中國之革命可避免如別國革命時所遭遇之危難。不久，中山先生東歸，羅氏亦來安南（按 1905 年 7 月 12 日任河口副領事）。1907 年王和順等於安南

---

[27] 同註 1，第一冊，頁叁-170-171，《孫文學說》第八章〈有志竟成〉篇。

交界地廣東防城，發動革命義軍，也頗得羅氏協助。次年，黃明堂
等，於越南邊境雲南河口之役，攬用甚多法國退役軍官，因不知中
國內情，適羅氏又為河口領事，告知法國軍人，遂協助而佔領河口。
事敗後中山先生漸不能立足東方，與羅氏直至辛亥年前，尚不通
音問。[28]

（二）羅氏由景仰中國文化而關切中國前途

　　羅氏非但對於中山先生非常景仰，即對中國學術文化亦有相當
了解。在武昌起義當年，一日，羅氏行經駐武昌之新軍第 29 標第
2 營，見其時任教練官之陳家鼎正在練拳，運氣轉手，異常巧妙，
即以中國拳道，實高於一般體操。因約請陳氏，常至其家教拳，並
教其十餘歲之女賽蘭騎馬術。羅氏漸悉陳氏係革命黨於武漢之負責
人。又一日，陳氏見法國領事羅氏正閱讀中國古書，因詢所讀何書，
羅氏乃將所讀《鳳洲綱鑑》〈姜尚授武王丹書〉一節讀之：「敬勝怠
者吉，怠勝敬者滅，義勝慾者從，慾勝義者凶。凡事不強則狂，不
正則不敬；狂者滅，敬者萬世。」並請陳氏解釋丹書之深意。陳氏
乃略將周武王師事姜尚故事，及丹書文句解釋之。羅氏聞後更重視
此書。謂：中國史書，實包含政略、兵略與做人道理，不僅事實豐
富，文章美妙而已！由是可知羅氏對中國學問相當深入，且對中國
問題由深切瞭解而關切中國。亦因此，當時革命志士如陳家鼎、李
亞東等之國民外交工作，亦增不少便利。[29]

[28] 田桐著：〈革命閒話：民國奇緣之羅氏〉，（中國國民黨中委員會黨史委員會
　　印行，《太平雜誌》，第 1 卷，第 3 號，民國 65 年 12 月 25 日影印初版），
　　頁 88。（即《太平雜誌》，第 1 卷，第 3 號，頁 4）。
[29] 羅香林著：《國父與歐美之友好》，頁 123；乃轉錄自民國 36 年 7 月 24 日，
　　南京《中央日報》，特載〈彭永齡函，及據陳壽元（家鼎）先生講述〉。

（三）革命軍外交政策正確而迅速，使羅氏發言有所依憑

　　中山先生倡導革命之主要目的，在解除不平等條約的束縛，與團結各宗族以建立強大之國家。以當時所處之國際環境特殊而複雜，尤以庚子事變之後，革命行動稍有不慎，即可能被列強誤為義和團事件之重演而遭干預，甚而發生瓜分中國之危險！因此，革命黨特早於 1906 年（光緒 32 年）冬，中國同盟會即訂頒：〈中國同盟會革命方略〉，方略共分十五項。其中「第十一項：對外宣言」，特揭櫫外交之基本政策，迺如：「中華國民軍奉命驅逐異族專制政府，建立民國；同時對於友邦各國益敦睦誼，以維持世界之和平，增進人民之福祉。所有國民軍對外之行動宣言如下：（一）所有中國前此各國締結之條約皆繼續有效。（二）償款外債照舊擔認，仍由各省洋關如數攤還。（三）所有外國人之既得權利，一體保護。（四）保護外國居留軍政府占領之域內人民財產。（五）所有清政府與各國所立條約，所許各國權利，即與各國所借國債，其事件成立於此宣言之後者，軍政府概不承認。（六）外人如有接濟清政府已可為戰爭用之物品者，一概搜獲沒收。」[30]

　　當 1911 年 10 月 12 日，湖北軍政府即依據此一方略對外展開活動。曾派外交司長胡瑛與夏維松，以湖北軍政府都督黎元洪名義，前往漢口照會駐漢口各國領事，宣示革命軍之對外政策。照會即如前七條，並且強調：「以上七條，特行通告友邦，傳知師以義動，並無絲毫之排外性質參雜其間也。」[31]

---

[30] 同註 14，第一冊，頁參-16-17。

[31] 此照會全文可見：曹亞伯著：《武昌革命真史》（上海中華書局，民國 16 年出版），頁 67-68；張難先著：《湖北革命知之錄》（重慶，商務印書館，民國 34 年 11 月初版），頁 271-272；或見：《中華民國開國五十年文獻》第二編，第一冊，《武昌首義》（中華民國開國五十年文獻編纂委員會，臺北，民國 50 年 10 月 10 日初印本），頁 377-378。此照會之英譯本見〔The Britissh〕

　　並且，適當各國對革命軍起事意見紛歧，或將採干預行動時，羅氏心知並無把握，適有黨人劉公（仲文）草一佈告，署臨時大總統孫文之名。羅氏得報，心甚喜，蓋有所依憑可為革命黨進一言矣。及進入領事團會議會場，德國領事首先發言，主張開砲，謂革命黨係義和團，不可使滋蔓，否則難已收拾。羅氏力言：此言不確，方得報告，武昌佈告臨時大總統為孫文。孫文我之老友也。其人所言，主張共和政體，甚有規模，安可以義和團目之！[32]因此鏗鏘之具體說明，遂平息各國領事之意見紛歧，轉而贊成羅氏，眾遂決議嚴守中立，確是武昌起義成功的大關鍵之一。

　　羅氏對中國革命之貢獻，中山先生在民國5年（1916）6月，於〈致黎元洪請授勳辛亥法國駐漢領事書〉一文中予以肯定，此函全文為：

> 寅維民國肇造，實基武漢，撥文奮武，全賴大總統碩謨潛運，諸將士踴躍響義，故能搘持半壁，震撼全國，然當時在漢口領事團於起義後第□日即行宣布中立，亦實為成功之一大原因。查各國對於他國國中起革命時宣布中立，實為國際上所罕聞；況以列強聯同宣布，則尤非常之事，徵之雲南此次起義，各國尚未有中立之宣言，於彼靳之半年，而於此得之三日，此中關鍵，實有至重要者存。蓋當辛亥之秋，前清鄂督瑞澂早聞革命黨起事之說，曾與某國領事約言，若有亂事發生，當由某國駐漢軍艦發砲助勦，中外所知。暨大總統扶義興師，瑞澂逃

Foreign Office Confidential Print, Vol. 10032, No. 264, "Sir John Joordon to Sir Edward Grey", 23 Oct. 1911, Enclosure 2.（七項宣布的順序，中英文文件，略有不同）。

[32] 同註28，及：《國父年譜》，增訂本，上冊，頁368。

匿某兵船，即遣人晤某國領事，謂此為義和團流派，請其踐約發砲。顧自庚子以還，各國曾有協定，無論何國，以後對於中國有所舉動，當先通知其餘，取一致行動。故於起事之後，領事團即開會議，各國駐漢領事於中國革命之運動，本無所知，幾為所動；當時張彪猶在收合餘眾，外借強力，以摧革軍。使其計得逞，則民黨恐難持久，而干涉之例一開，中國亦幾於不國，豈有今日之盛。方是時也，譬諸千鈞懸於一髮，而惟法國領事□□素於中國民間新派情形有所研究，又與文為多年故交，以是深明革命黨之宗旨，極有同情。當會議時，主持公道，表白革命軍改良政治之目的，破彼義和團流派之說，力言干涉之非。其時各領事本無成見，遂得開悟，而干涉開砲之議以消。各國既取消開砲之議，欲表明其態度，故從速為中立之布告。是時瑞澂滿意某國能為己用，不意各國不特不助，且為中立之宣告，謀伐氣奪，倉卒出奔。武漢基址，以茲永固；各省義師，以茲奮起；清廷用兵，以茲遲回；北方將士，以茲覺悟；實此中立之一宣告開支。況革命干涉之說，當時已植根甚深，得此一事，遂使全國人心渙然冰釋，無杞憂狼顧之病，此其在民國之建立，功固尤高，而開不干涉之先例，使中國國權藉之更加鞏固，又為不可忘之殊績也。文自元年以來，久聞斯事，而於領事團當時急變態度之故，莫悉其詳，近日過滬，偶得來訪，始知根荄。念□□本俠義之氣，雖有大功於中國，初不求人見知；惟此國報功酬德，宜有所先，發潛闡幽，責無旁貸，用敢敘其本末，敬乞大總統鑒核，從優給予法定外國人最高勳章，以彰殊勳，必能激勸流俗，俾益邦交。」「據黨史會原稿（049/397）原件

未註明時間，法國駐漢口領事羅氏在民國 5 年 6 月調香港領事，應在此時間過滬與國父晤面。原空白當指羅氏，下同。[33]

（四）為法國政府未遑涉及中國事務，僅圖為維護其遠東權益，而予羅氏有果斷仗義之良機

　　法國政府當局對當時中國革命態度，乃深恐外力干涉，足以招致中國人民之排外行動而威脅外僑之生命財產，使拳亂再演，引起國際局勢複雜化，終將使法國捲入代價多、利益少之遠東戰爭中。遂採不干涉態度，並且法國以僑民在華安全作優先考慮。[34]

　　故當武昌首義時，正值歐洲多事之秋，法人注意力正集中於因摩洛哥事件所引起之德法談判、義土戰爭，及帝俄與波斯之衝突。而對遙遠之中國革命自然忽視，因之始終採取中立政策，此無異為兩全之計，在東方既可保護其越南殖民地之利益，在西方更可全力抵抗德國。法政府認為如果在華僑民之生命財產不受損害，法國自可不主張干涉中國革命，若列強須加干涉時，自亦應採取一致行動，抑且巴黎與與北京相隔太遠，消息欠靈通，法國先後主持外交者，對中國事務不盡瞭解，故對外交問題之處理，常予駐中國使館以較大自由，法國外交部除原則性之指示外，大半處於被動地位。即如駐漢口領事之力主不干涉中國革命，上海總領事拉巴蒂之反對

---

[33]　《國父全集》（全六冊），第三冊，函電，頁 403-404。
[34]　張馥蕊原著、何珍蕙摘譯：〈辛亥革命時的法國輿論〉，載於：吳相湘主編：《中國現代史叢刊》，第三冊（正中書局印行，民國 59 年 11 月臺二版），頁 53、70-71。

上海中立化，北京公使馬士理之討好袁世凱等，均為明顯實例。[35]
而且，羅氏在領事會議席上力主不干涉中國革命之態度，於其正式
外交報告中並未提及。蓋此純係羅氏個人作法，決非法國外交當局
所授意者。[36]

　　羅氏一向同情中山先生之革命，在起事後曾有如此敘述：「這
是孫逸仙第一次戰勝一直不利於他的機會，而他似乎正在實現組織
中國民主政府的計畫，正如 1905 年在巴黎聊天時，他向我解釋的
計畫一般。」[37]由此可知羅氏非但係中山先生之舊識，且亦是可以深
談的國際友人之一。

　　中華民國之誕生，其成功固然乃由我革命先烈、志士，及海外
華僑，在中山先生冒險犯難，奔走海內外之領導下，犧牲奮鬥所致。
但也不能忽視不少國際友人在刻意的努力安排與襄助之功績。吾人
本於不忘舊德之民族傳統精神，是值得提出與表彰的。

　　國際友人對中國革命的奉獻事蹟不勝，茲所特加闡述者乃就
其犖犖大者而言。試若中山先生未能於檀島邂逅康德黎夫婦，知
其正返國途中，期約在英倫相晤，以後於英蒙難，有康德黎、孟
生等全力營救得以脫險，否則中山先生必遭不幸。此種「或然」
（Probability）是可預期的。相同之事實，倘若法國駐漢口領事羅
氏並非中山先生舊識，深知中國革命實情，及嚮往中國固有文化
等，未能於領事團會議席上仗義執言，力主中立，促使各國一致
行動，則可能「或然」有武力干涉，清廷瑞澂則不會「一逃」了
之，則武昌首義又或將如前十次起義之失敗矣。中華民國又何能
順利而迅速地誕生？再者，中國革命得力於日本人士為最多，所

---

[35] 陳三井著：〈法國與辛亥革命〉，載於：《中央研究院近代史研究所集刊》，
　　第 2 期，民國 60 年 6 月，頁 255-256。
[36] 同前註，頁 241-242。
[37] 同註 18。

以有更多的日本友人參與中國革命行動，出錢、出力，甚至犧牲
性命。探溯其能得到如此眾多日本友人相助之根源，乃是由菅原
傳為始，因其引介而延伸結識日本人士，在輾轉相介或影響之下，
遂成為一般「外援」之力量。因之，菅原傳之功亦是不宜忽視者。
並且中山先生對中國的近鄰日本是相當重視的。蓋日本除有日本
志士外，尚有更多之華僑與中國留學生在焉，如中山先生於〈有
志竟成〉篇中有云：「然吾生平所志，以革命為唯一之天職，故不
願久處歐洲，曠廢革命十日，遂往日本，以其地與中國相近，消
息易通，便於籌劃也。」[38]即便於革命工作之進行，亦便於日本
志士之參與也。

第二節　各國人士參與中國革命之歸類與剖析

　　依據前述第四、五、六各章，亞洲、美洲、歐洲各國人士在
中國革命中所扮演之角色，將之歸類為四大類：壹、直接參與
中國革命者（含因參戰陣亡或病故等）；貳、協助中國革命工作
者；叁、資助中國革命者；肆、同情中國革命者等，分別歸類
如次：

壹、直接參與中國革命者（含因參戰陣亡或病故等）

　　所謂直接參與中國革命者，係指實際從事革命工作，親臨中國
革命起義之戰役，甚至因而負傷、陣亡或病故等而言。

---

[38] 同註 1，第一冊，頁叄-164，《孫文學說》第八章〈有志竟成〉篇。

（一）亞洲各國人士

1、日本人士（共兩百九十六人，含因參戰陣亡或病故者等）

編號	姓名	職業（身份）	與中國革命之關係及事蹟
J03	一色忠慈郎	藥商、雜誌發行人	參與革命軍戰爭
J04	一瀨斧太郎	備役陸軍大尉	參與革命、並協助訓練黨人
J160	八田某（清太郎？）	軍人	參與革命山東討袁之役
J167	入交佐之助	軍法人員（軍法局）	參與革命山東討袁之役
J346	三宅某	醫官	參與武昌革命、從事醫療工作
J12	三原千尋	軍人	參與丁未汕尾之役及武昌革命
J173	三村鎮八	軍醫（衛生隊）	參與革命山東討袁之役
J174	三島真吉	軍人（高密部隊）	參與革命山東討袁之役
J13	前田九二四郎	軍人	參與丁未汕尾之役、協運軍械
J14	山下稻	退職軍人	參與庚子惠州之役
J19	山田良政	退職軍人、教授	參與庚子惠州之役，陣亡
J20	山田純三郎	教授、上海三井洋行店員、報社社長	參與革命為革命籌款任會計
J22	山田勝治	教師、報社主筆、東亞同文會理事	參與辛亥革命
J23	山本安夫	浪人	參與革命、討袁南京之役
J170	山田哲三	軍人（濰縣本部）	參與革命山東討袁之役
J171	山本重太郎	軍人（諸城部隊）	參與革命山東討袁之役
J343	山科多久馬	醫官	參與武昌革命、從事醫療工作
J50	大元某	（退職）陸軍大佐	參與武昌革命

J139	大谷	軍人？	參與武昌革命
J53	大松源藏 （源三）	新聞助理	參與武昌及東北營口之役
J54	大原武慶	備役中佐、武備學堂教官	參與武昌革命
J58	大原義剛	軍人？、玄洋社員	參與革命工作
J15	大崎某	軍人？	參與庚子惠州之役
J162	大橋伊工門	軍人	參與革命山東討袁之役
J251	大賀某軍人	城外中國軍營攻擊隊	參與革命山東討袁之役
J79	小室敬二郎	陸軍中尉	參與革命工作
J85	小幡虎太郎	軍人？	參與革命討袁、山東天津之役
J105	小出錠 （定）雄	店員	參與丁未汕尾之役、運送軍械
J138	小高	軍人？	參與武昌革命
J140	小柳	軍人？	參與武昌革命
J258	小野正胤	軍人、瓦斯隊	參與革命山東討袁之役
J474	小鷹某	軍人？	參與武昌革命
J161	久米川	軍人	參與革命山東討袁之役
J175	久米甚六	軍人（濟南駐在）	參與革命山東討袁之役
J168	下山末吉	軍人（青島總本部）	參與革命山東討袁之役
J172	上杉庄吉	軍醫（衛生隊）	參與革命山東討袁之役
J414	山中峰太郎	預備役軍人	與革命、任江西軍參謀長
J176	久保田直作 （臣）	軍人（電信隊）	參與革命山東討袁之役
J87	工藤鐵三郎	軍人？	參與革命山東討袁之役、協助募兵
J340	川村某	軍人？	參與武昌革命、協辦外交
J257	川北盛登三	軍人、瓦斯隊隊副	參與革命山東討袁之役
J169	丸山畩次郎	軍人（戰鬥部隊）	參與革命山東討袁之役

J91	中田豬十郎	特種藥材商	參與革命工作、供應研製用炸藥
J93	中田群次	砲兵特務曹長	參與革命討袁南京之役
J96	中西正樹	東亞同文會員、翻譯	參與革命山東討袁之役、於中國活動
J178	中田良道	軍人（濰縣本部）	參與革命山東討袁之役
J179	中村兵善	軍人（諸城部隊）	參與革命山東討袁之役
J104	中野金次郎	軍人？	參與丁未汕尾之役、運送軍械
J180	中野香橘	軍人（臨淄方面）	參與革命山東討袁之役
J260	中島義一	軍人、瓦斯隊	參與革命山東討袁之役
J109	太田信三	軍人？黑龍會會員	參與革命工作、運送武器
J113	今泉三八郎	退役軍人	協助製造水雷謀炸軍艦、參與南京之役、殉難
J261	今井孫兵衛	軍人、瓦斯隊	參與革命山東討袁之役
J187	今井成平	軍人（臨淄方面）	參與革命山東討袁之役、病亡
J124	內田良平	退職軍人、學者、黑龍會、有鄰會會員	參與並資助革命工作
J181	內田晴三	軍人（戰鬥部隊）	參與革命山東討袁之役
J240	內田某	軍人、濰縣攻擊隊第三支隊	參與革命山東討袁之役
J90	井上雅二	東亞同文會會員	參與武漢革命起義
J182	井上四郎（日召）	軍人（臨淄方面）	參與革命山東討袁之役
J259	井上四郎	軍人、瓦斯隊隊長	參與革命山東討袁之役
J183	井上唯市	軍人（臨淄方面）	參與革命山東討袁之役
J184	井手龜吉	軍人（寫真班）	參與革命山東討袁之役
J239	木阪某	軍醫、衛生隊	參與革命山東討袁之役
J241	水田彌八	軍人（濰縣攻擊隊第三支隊）	參與革命山東討袁之役
J55	石川某	軍人？	參與武昌革命

J125	日下某	?	參與丁未汕尾之役運送軍械
J137	石間德次郎（二郎）	軍人？	參與武昌革命、戰死於漢水
J145	石丸鶴吉	軍人？	參與武昌革命
J163	月成狂介	軍人	參與革命山東討袁之役
J185	月額善橘	軍人（昌樂部隊）	參與革命山東討袁之役
J188	白井勘助	軍人（青島總本部）、代議士	參與革命山東討袁之役
J186	丹野謙八	軍人（諸城部隊）	參與革命山東討袁之役
J308	木阪真	軍人	參與革命山東討袁之役
J344	牛丸友佐	醫官	參與武昌革命、從事醫療工作
J136	甲斐靖	陸軍步兵中尉、教員	參與武昌革命負傷、山東討袁濰縣之役
J189	田中豐太郎	軍人（瓦斯隊）	參與革命山東討袁之役
J135	田野橘次（治）	新聞記者、日本同文滬報社長	參與革命漢口舉事
J245	田崎某	軍人、東關攻擊隊	參與革命山東討袁之役
J264	田中光太郎	軍人、瓦斯隊	參與革命山東討袁之役
J265	田中孝二	軍人、瓦斯隊	參與革命山東討袁之役
J266	田中春次	軍人、瓦斯隊	參與革命山東討袁之役
J267	田中豐次	軍人、瓦斯隊	參與革命山東討袁之役
J269	田島勘右衛門	軍人、瓦斯隊	參與革命山東討袁之役、戰中負傷
J479	田中一英	軍人？	參與武昌革命
J143	加納清藏	軍人？	參與武昌革命
J480	加藤仡夫	軍人？	參與武昌革命
J146	平山周	外務省兼任職員、學者、同盟會員	參與及協助策畫革命
J147	平岡浩太郎	礦業家、玄洋社社長、進步黨員、眾議員	參與與資助革命

J148	北一輝（次郎、二郎、輝次郎）	國家社會主義者、同盟會員	參與革命工作
J157	辻鐵舟	軍人？	參與南京之役、受傷
J159	末永節	退職軍人、船員、隨軍記者	參與武昌革命協辦外交
J188	白井勘助	軍人（青島總本部）、代議士	參與革命山東討袁之役
J242	古賀某	軍醫、衛生隊	參與革命山東討袁之役
J263	古川慶二郎	軍人、瓦斯隊	參與革命山東討袁之役
J329	古川清	？	參與革命工作、聯絡馬賊、武漢革命
J268	古澤盛吉	軍人、瓦斯隊	參與革命山東討袁之役
J345	古賀五郎	醫官	參與武昌革命、從事醫療工作
J205	中谷朝太郎	軍人（戰鬥部隊）	參與革命山東討袁之役
J262	玉野梅吉	軍人、瓦斯隊	參與革命山東討袁之役
J334	玉水常吉（常次、常喜、常治）	自由黨員	參與庚子惠州之役
J190	市原敏郎	軍法人員（軍法局）	參與革命山東討袁之役
J191	矢荻鐵三（藏）	軍人（濰縣本部）	參與革命山東討袁之役
J375	立花了觀（良介）	飛行員、教師	參與革命山東討袁之役
J16	伊藤某（知也）	軍人？	參與庚子惠州之役
J56	西鄉二郎	軍人？	參與武昌革命
J270	西田又吉	軍人、瓦斯隊	參與革命山東討袁之役
J89	安達隆成	軍人？	參與革命山東討袁之役協助募兵、殉難
J271	吉田好太郎	軍人、瓦斯隊	參與革命山東討袁之役

J272	吉田勇次	軍人、瓦斯隊	參與革命山東討袁之役
J111	吉田藤太	軍人？	參與革命工作、運送武器
J193	吉田正吉（庄作）	軍人（諸城部隊）	參與革命山東討袁之役
J194	吉浦源二郎	軍人（馬匹班）	參與革命山東討袁之役
J309	吉浦源三郎	軍人	參與革命山東討袁之役
J310	吉浦源太郎	軍人	參與革命山東討袁之役
J338	吉田正平	軍人？	參與丁未汕尾之役、運送軍械
J339	吉田清一（親一）	軍人？	參與武昌革命、協辦外交
J342	吉住慶二郎	醫官	參與武昌革命、從事醫療工作
J273	多田寬三	軍人、瓦斯隊	參與革命山東討袁之役
J192	江里秀市	軍人（諸城部隊）	參與革命山東討袁之役
J354	池亨吉	學者？中國同盟會會員	參與丁未黃岡、鎮南關之役
J299	竹內（末松？）	軍人、瓦斯隊隊副	參與革命山東討袁之役
J404	布施茂	軍人	參與武昌革命、辛亥天津之役
J337	伊東知也（正基）	退職軍人、「有鄰會」員、中國有志會發起人、眾議員	參與庚子惠州之役及武昌革命
J116	志村光治	退役軍人？	參與革命南京討袁之役
J144	杉浦和介	軍人？	參與武昌革命
J252	杉山信二	軍人、城外中國軍營攻擊隊	參與革命山東討袁之役
J294	杉山彥行	軍人、瓦斯隊檢護隊	參與革命山東討袁之役
J253	阿万某	某軍人、城外中國軍營攻擊隊	參與革命山東討袁之役
J196	佐佐木源市	軍人（諸城部隊）	參與革命山東討袁之役

J197	佐治庄八	軍醫（衛生隊）	參與革命山東討袁之役
J198	佐藤忠次	軍人（寫真班）	參與革命山東討袁之役
J199	佐藤留作	軍醫（衛生隊）	參與革命山東討袁之役
J200	佐藤柳三郎	軍人（戰鬥部隊）	參與革命山東討袁之役，被捕殉難
J369	佐藤嘉次郎	陸軍少佐	參與革命工作
J481	佐籐佐吉	軍人？	參與武昌革命
J380	谷口忠藏	軍人（飛行隊）	參與革命山東討袁之役
J367	谷村幸平太	軍人？	參與辛亥天津之役、殉難
J371	尾崎行昌	商船公司職員、有鄰會會員	參與丁未汕尾、庚子惠州之役
J95	長江清介	軍人？	參與革命革命南京之役
J412	長江清介	新聞記者	參與革命、親歷奉天之役
J246	長渡邊保孝	軍人、東關攻擊隊	參與革命山東討袁之役
J247	長肥後勇	軍人、城內東門攻擊隊	參與革命山東討袁之役
J254	長內田晴三	軍人、城外中國軍營攻擊隊	參與革命山東討袁之役
J256	長八田晴太郎	軍人、預備隊	參與革命山東討袁之役
J293	長某	軍人、瓦斯隊檢護隊	參與革命山東討袁之役
J202	良平（富田清秋）	軍人（毒瓦斯隊）	參與革命山東討袁之役
J314	金原某	軍人	參與革命山東討袁之役
J316	金原松藏	軍人、僱員	參與革命山東討袁之役
J348	金源富子	護理人員	參與武昌革命、從事醫療工作
J349	某村子（姊）	護理人員	參與武昌革命、從事醫療工作
J350	某村子（妹）	護理人員	參與武昌革命、從事醫療工作
J400	和田三郎	新聞記者、日本社會黨員、同盟會會	參與革命工作、任同盟會財務委員

		員、對中國有志會發起人	
J295	松下某	軍人、瓦斯隊檢護隊	參與革命山東討袁之役
J315	松山信二	軍人	參與革命山東討袁之役
J86	松本菊熊	浪人	參與革命討袁山東天津之役
J94	松本藏次	軍人？	參與革命討袁南京之役
J396	松木（本）壽彥	軍人	參與丁未汕尾之役、運送軍械
J17	岩崎某	軍人？	參與庚子惠州之役
J204	岩目千代馬	軍法人員（軍法局）	參與革命山東討袁之役
J378	岩名正次郎	飛機職工	參與革命山東討袁之役
J206	岩崎英精	軍人（戰鬥部隊）	參與革命山東討袁之役
J403	岩田愛之助	軍人	參與武昌革命、負傷、參與辛亥天津之役
J115	秋葉某	備役上等兵、警界	參與革命南京之役、殉難
J141	河村某	軍人？	參與武昌革命
J203	阿万民一郎	軍法人員（軍法局）	參與革命山東討袁之役
J317	阿部安太郎	軍事工程人員	參與革命山東討袁之役
J318	阿萬一郎	輔佐軍法官	參與革命山東討袁之役
J381	妻島一義	飛機職工	參與革命山東討袁之役
J399	定平吾（伍）一	退職陸軍大尉	參與革命討袁山東、天津之役、運械等
J401	金子克己	黑龍會會員、東洋日之出新聞社長	參與丁未汕尾之役、參與武昌革命、辛亥天津之役、山東討袁之役
J402	金子新太郎	陸軍步兵大尉	參與武昌革命、陣亡
J410	泊宗一	退職軍人、前滿鐵工作者	參與革命、圖炸擊清軍艦
J389	近藤五郎（原槙）	陸軍大尉（退職後復職）	參與庚子惠州之役

J114	建部某	退役軍人	參與革命南京之役、殉難
J57	原二吉	軍人	參與武昌革命
J211	原嘉吉	軍人（瓦斯隊）	參與革命山東討袁之役
J442	原口聞一	學者、「東亞同文會」會員	參與庚子惠州之役
J202	良平（富田清秋）	軍人（瓦斯隊）	參與革命山東討袁之役
J210	泉半二	軍人（諸城部隊）	參與革命山東討袁之役
J382	青本弘	飛機職工	參與革命山東討袁之役
J413	青柳勝敏	備役陸軍大尉	參與革命、並教育革命志士
J243	兒島（哲太郎）	軍人、濰縣攻擊隊	參與革命山東討袁之役
J311	兒島某	軍人	參與革命山東討袁之役
J312	兒島禎藏	軍人	參與革命山東討袁之役
J274	芝部期一	軍人、瓦斯隊	參與革命山東討袁之役
J300	芝部勘巾	軍人、瓦斯隊隊長	參與革命山東討袁之役
J275	岡川實	軍人、瓦斯隊	參與革命山東討袁之役
J384	岡本柳之助	退役陸軍少佐、大陸浪人	參與革命南京討袁之役
J209	岡津泰正	軍人（毒瓦斯隊）	參與革命山東討袁之役
J301	岡田某	軍人、通訊官	參與革命山東討袁之役
J302	岡本某	軍人	參與革命山東討袁之役
J399	定平吾（伍）一	退職陸軍大尉	參與革命討袁山東、天津之役、運械等
J374	阪本壽一（憲司）	飛行員、教師	參與革命山東討袁之役
J287	橋本金次郎	軍人、瓦斯隊	參與革命山東討袁之役
J288	橋本龜二郎	軍人、瓦斯隊	參與革命山東討袁之役
J208	肥後勇	軍人（戰鬥部隊）	參與革命山東討袁之役
J313	武内某	軍人	參與革命山東討袁之役
J433	垣内喜代松	醫師	參與武昌革命、醫療傷患

J431	津久居平吉	陸軍少佐、浪人	參與第一次革命
J276	神山代次郎	軍人、瓦斯隊	參與革命山東討袁之役
J277	神谷柳平	軍人、瓦斯隊	參與革命山東討袁之役
J320	柴田重枝	軍醫士	參與革命山東討袁之役
J445	柴田麟次郎	軍人、黑龍會會員	參與革命山東討袁之役並協助革命
J244	柴田驪心田	軍人、預備隊	參與革命山東討袁之役
J278	前田虎雄	軍人、瓦斯隊	參與革命山東討袁之役
J322	後田三郎	軍人	參與革命山東討袁之役
J376	星野米藏	飛行員、教師	參與革命山東討袁之役
J201	中村松太郎	軍人（戰鬥部隊）	參與革命山東討袁之役
J212	浦上淑雄	軍人（高密部隊）	參與革命山東討袁之役
J279	栗林彥次	軍人、瓦斯隊	參與革命山東討袁之役
J213	島內元治	軍人（濰縣本部）	參與革命山東討袁之役
J454	島田經一	退職軍人、「玄洋社」社員	參與庚子惠州之役及武昌革命
J214	野中右一	軍人（濰縣本部）	參與革命山東討袁之役
J473	野中保教	步兵大尉	參與武昌革命
J319	野中某	大尉	參與革命山東討袁之役
J335	野田兵太郎	？	參與庚子惠州之役
J215	柴田義忠	軍人（濰縣本部）	參與革命山東討袁之役
J216	扇右一郎	軍法人員（軍法局）	參與革命山東討袁之役
J97	倉谷箕藏	軍人？	參與革命山東討袁之役
J217	高橋嘉吉	軍法人員（軍法局）	參與革命山東討袁之役
J280	高橋正一	軍人、瓦斯隊	參與革命山東討袁之役
J341	高橋正夫	軍人？	參與武昌革命
J255	高橋某	軍人、城外中國軍營攻擊隊	參與革命山東討袁之役
J448	高野義虎	軍人？	參與革命、運送軍械，船沈殉難
J218	根本章吾	軍人（諸城部隊）	參與革命山東討袁之役
J219	淺野兆民	軍人（戰鬥部隊）	參與革命山東討袁之役

J381	妻島一義	軍人（飛行隊）	參與革命山東討袁之役
J207	馬海龍	軍人（戰鬥部隊）	參與革命山東討袁之役
J452	宮崎寅藏（滔天）	有鄰會會員、對中國有志會發起人、日外務省兼職員、東亞同文會會員、興中會會員、同盟會會員、國民黨黨員	參與革命多次戰役、協助革命工作
J470	清藤幸七郎	退職軍人、同文會、黑龍會會員	參與庚子惠州之役及武昌革命
J472	勝木恒喜	陸軍翻譯員、教師	參與第一、第二革命
J478	須藤理助	日本醫師	參與武昌革命
J307	湯原洗三次	軍人	參與革命山東討袁之役
J281	隈元盛志	軍人、瓦斯隊	參與革命山東討袁之役
J220	栗林彥次	軍人	參與革命山東討袁之役
J321	森六雄	軍人、電信	參與革命山東討袁之役
J221	植田清正	軍人（電信隊）	參與革命山東討袁之役
J222	鈴木長次郎	軍人（濟南駐在）	參與革命山東討袁之役
J98	清水好寬	軍人？	參與革命山東討袁之役
J303	扇某	軍人	參與革命山東討袁之役
J110	福田玄德	軍人？	參與革命工作、修繕武器
J117	福田某	退役軍人	參與革命南京討袁之役
J164	福田雅太郎	軍人	參與革命山東討袁之役
J227	福丸義太郎	軍法人員（軍法局）	參與革命山東討袁之役
J228	福田安積	軍人（戰鬥部隊）	參與革命山東討袁之役
J249	福丸某	軍人、城內東攻門擊隊	參與革命山東討袁之役
J411	福地善二	經商、從事電氣事業	參與革命、圖炸擊清軍艦
J283	福田松一	軍人、瓦斯隊	參與革命山東討袁之役
J284	福永音吉	軍人、瓦斯隊	參與革命山東討袁之役
J489	福本誠	學者、九州日報社	參與庚子惠州之役

	（日南）	長、國會議員	
J397	望月三郎	軍人	參與丁未汕尾之役、運送軍械
J482	新田德兵衛	軍人？	參與武昌革命
J484	鈴木力（天眼）	東洋日出新聞社長、眾議院議員	參與庚子惠州之役
J488	萱野長知	退役軍人、對中國有志會發起人、興中會員、同盟會員、國民黨員	參與革命多次戰役、籌款購軍械等工作
J229	稻葉貢	軍人（臨淄方面）	參與革命山東討袁之役，陣亡
J165	橋爪某	軍人	參與革命山東討袁之役
J248	橋本某	軍人、城內東門攻擊隊	參與革命山東討袁之役
J287	橋本金次郎	軍人、瓦斯隊	參與革命山東討袁之役
J325	橋本寅古	軍人	參與革命山東討袁之役
J288	橋本龜二郎	軍人、瓦斯隊	參與革命山東討袁之役
J223	渡邊信孝	軍法人員（軍法局）	參與革命山東討袁之役
J224	渡邊德三郎	軍人（濰縣本部）	參與革命山東討袁之役
J282	渡邊憲	軍人、瓦斯隊	參與革命山東討袁之役
J225	遠山大八郎	軍人（濰縣本部）	參與革命山東討袁之役
J226	遠藤五八	軍人（戰鬥部隊）	參與革命山東討袁之役
J230	廣川市之助	軍人（馬匹班）	參與革命山東討袁之役
J379	廣瀨太三郎	軍人（飛行隊）	參與革命山東討袁之役
J232	廣瀨藤吉	軍人（臨淄方面）	參與革命山東討袁之役
J233	橫井春生	軍人（昌樂部隊）	參與革命山東討袁之役
J234	濱田富太郎	軍醫（衛生隊）	參與革命山東討袁之役
J235	篠原泰衛	軍人（濰縣本部）	參與革命山東討袁之役
J304	篠原某	軍人	參與革命山東討袁之役
J238	鶴田文策	軍人（戰鬥部隊）	參與革命山東討袁之役，被捕殉難

J166	藤波某	法學士	參與革命山東討袁之役
J236	藤井為七郎	軍人（濰縣本部）	參與革命山東討袁之役
J250	藤井某	軍人、城內東門攻擊隊	參與革命山東討袁之役
J292	藤井太郎	軍人、瓦斯隊	參與革命山東討袁之役
J285	登利屋喜代治	軍人、瓦斯隊	參與革命山東討袁之役
J286	熊谷直吉	軍人、瓦斯隊	參與革命山東討袁之役
J377	熊本（木？）九兵衛	飛機職工	參與革命山東討袁之役
J297	為井某	軍人、瓦斯隊檢護隊	參與革命山東討袁之役
J298	湯淺某	軍人、瓦斯隊檢護隊	參與革命山東討袁之役
J307	湯原喜三郎	軍人	參與革命山東討袁之役、戰中負傷
J323	澁川三郎	軍人	參與革命山東討袁之役、陣亡
J493	遠藤隆夫	退職軍人	參與庚子惠州之役、協購軍械
J305	濱田某	軍人	參與革命山東討袁之役
J306	濱崎某	軍人	參與革命山東討袁之役
J347	濱野讓	藥劑師	參與武昌革命、從事醫療工作
J379	廣瀨太三郎	飛機職工	參與革命山東討袁之役
J289	磯部光輝	軍人、瓦斯隊	參與革命山東討袁之役
J290	磯部純一	軍人、瓦斯隊	參與革命山東討袁之役
J291	磯部充祥	軍人、瓦斯隊	參與革命山東討袁之役
J499	櫛引武四郎	退職軍人	參與庚子惠州之役、南京之役、陣亡
J237	鹽谷慶一郎	軍人（濰縣本部）	參與革命山東討袁之役
J500	龜井祥晃（龍雄）	漁業、除籍僧侶	參與武昌革命
J503	齋藤慶次郎	工兵軍曹	參與武昌革命

2、朝鮮人士（共三人）

K01	申圭植	軍官、同盟會員、國民黨員（中國）	參與武昌革命、協助倒袁工作
K02	曹成煥	同盟會員、國民黨員（中國）（？）	參與武昌革命、協助倒袁工作
K03	金凡齋	？	參與革命工作

（二）美洲各國人士

1、加拿大人士：（共一人）

| C01 | 馬坤
（Morris Cohen） | 業商、興中會員、同盟會員、國民黨員 | 參與革命工作並孫先生侍衛 |

（三）歐洲各國人士

1、英國人士：（共兩人）

編號	姓名	職業（身份）	與中國革命之關係及事蹟
E01	卜力 （Sir Henry Blake）	香港總督	協助革命、協謀兩廣獨立
E09	克銀漢 （Alfred Cunningham）	編輯、記者	參與革命廣州之役並營救黨人
E20	摩根 （Rowland J. Mulkern）	英國學者、興中會會員	參與革命工作

2、法國人士：（共兩人）

F05	狄氏 （英名不詳）	法國退役砲兵上 尉、男爵	參與丁未鎮南關之役
F23	羅伯 （法名不詳）	法國軍佐	參與革命、丁未鎮南關 之役

貳、協助中國革命工作者

（一）亞洲各國人士

1、日本人士（共一百一十八人）

編號	姓名	職業（身份）	與中國革命之關係及事蹟
J01	一之瀨勝三郎	警察界	協助革命曾助中山先生
J02	一木齋太郎	政界名人	協助革命、解決購買武器 困擾
J46	入江種矩	現役工兵中尉	協助革命、任軍事教官訓 練黨人
J07	三上豐夷	實業家、同盟會會員	協助購買及運送武器彈藥
J18	山田良平	退職軍人、學者、 興中會會員	協助革命工作
J21	山田純三郎夫 人	家庭主婦	協助革命工作
J24	山科多久馬	醫師	協助革命為革命黨人義 診、戰地治療
J31	山崎瞻	警官、翻譯、新聞 記者	協助革命策畫工作
J45	上原勇作	日本參謀總長	協助革命工作

J48	下田歌子	「東洋婦人會」理事	協助革命有條件籌募軍費
J49	下鳥繁藏	？	協助革命、擬調借資金
J61	大塚太郎	美國日僑、業商	協助革命、參與機密
J75	小山雄太郎	實業家、報社主筆、國會議員	協助革命工作
J76	小杉辰三	退職海軍軍人	協助革命、製造水雷謀炸軍艦
J78	小長谷	政治輪船船員	協助革命工作
J80	小島七郎	「有鄰會」會員	協助革命供應武器
J84	小室健次郎	退職陸軍少佐	協助辦青山軍校、教授製炸彈
J415	中村又雄	備役步兵大尉	協助革命、協助訓練黨人
J99	中島久萬吉	三菱公司上海支店長	協助革命有條件借貸軍費
J103	中野虎郎	日本水上署翻譯員	協助革命、為黨人翻譯連絡
J106	中野熊五郎	軍人、玄洋社社員	協助革命工作參與策畫
J101	太田信藏	浪人	協助革命解決問題
J112	木下宇三郎	日本臺灣軍參謀長	協助革命工作
J119	犬養毅	首相、日本政黨領袖、政友會總裁	協助革命、辛亥至中國活動
J126	日野強	陸軍大佐	協助革命、助革命黨人脫難
J127	日野熊藏	現役步兵大尉	協助革命、研製炸彈、協辦青山軍事學校
J128	北爪正吉	陸軍特務曹長	協助革命工作
J129	田中昂	田中印刷工廠主人	協助革命、代印製中央銀行鈔票
J82	田忠義一	軍務局長	協助革命供應武器
J131	田中隆	實業家（航運界）	協助革命、運送軍械
J132	日高進	上海三井支店職員	協助革命、運送軍械
J28	牛丸友佐	藥劑師	協助革命為革命黨人戰地治療

J25	吉住慶二郎	醫師	協助革命為革命黨人戰地治療
J461	吉福奧太郎	翻譯官	協助革命、聲援武昌革命
J27	古賀五郎	醫師	協助革命為革命黨人戰地治療
J156	石浦謙次郎	陸軍大佐聯隊長	協助革命工作
J330	古河某	日本軍曹、滿洲馬賊頭目	協助革命工作、聯絡馬賊
J331	古島一雄	「萬朝報」記者、主筆、眾議院議員	協助革命工作
J332	古賀廉造	警保局長、同盟會會員	協助革命、民報社址租屋保證人
J150	石本鑛太郎	大連市長、議員、實業家	協助革命工作
J151	石本息鑛一	？	協助革命工作
J149	可兒長一	幕客、憲正本黨員	協助革命提供武器、孫先生在日侍衛
J418	可兒五三郎	備役炮兵特務曹長	協助革命、協助訓練黨人
J392	市瀨某	備役陸軍大尉	協助革命、圖杭州起事未成
J142	本庄繁	日本駐滬武官	協助革命工作
J370	佐藤寬次郎	郵船會社社員、郵船公司副店長	協助革命工作
J419	江口良三郎	備役軍人	協助革命、協助訓練黨人
J421	西川德三郎	備役軍人	協助革命、協助訓練黨人
J336	西村八重吉	黑龍會會員	協助革命工作未成
J456	永江正直	私立明德學堂博物教員	協助革命工作
J353	寺尾亨	法學博士、帝大教授	協助革命工作任法制顧問
J130	村山某	大藏省之圖案技師	協助革命、代設計中央銀行鈔票圖案
J388	村山崎太郎	實業家	協助革命工作

J359	角田宏顯	新聞記者	協助革命工作
J387	的野半介	米穀商、眾議員、九州日報社長、玄洋社	協助革命工作
J356	安永東（藤）之助	記者、翻譯官、玄洋社社員	協助革命工作
J358	多賀宗之	陸軍少將駐華武官	協助革命工作
J395	松方幸次郎	實業家（川崎造船所所長）	協助革命工作
J398	松本康平	早稻田大學教授	協助革命、任革命政府秘書工作
J405	兒玉源太郎	伯爵、陸軍大將、臺灣總督謀	協助庚子惠州之役
J406	兒玉篁南（右二）	？	協助革命工作
J407	阿部貞次郎	陸軍中將、日天津駐屯軍司令官	協助革命工作
J390	林清勝	備役陸軍大尉	協助革命、圖杭州起事未成
J416	杉山良哉	備役中尉	協助革命、協助訓練黨人
J417	門馬福之	進備役輕重兵特務曹長	協助革命、協助訓練黨人
J81	岡保三郎	「有鄰會」會員	協助革命供應武器
J462	岡幸七郎	漢口日報（記者）	協助革命、聲援武昌革命
J385	岡田時太郎	退休礦主	協助革命、運送彈藥
J386	俣野義郎	？	協助革命工作
J420	海原宏文	備役軍人	協助革命、協助訓練黨人
J423	青柳敏雄	雜誌發行兼印刷者	協助革命、鼓吹革命事業
J425	河野久太郎	陸軍翻譯官、公司職員	協助革命、代籌借經費
J463	茅野房次郎	漢口日報（記者）	協助革命、聲援武昌革命
J83	近藤廉平	郵船公司	協助革命供應武器
J152	依田丑之助	？	協助革命工作

J47	野口某	陸軍備役中尉	協助革命、任軍事教官訓練黨人
J154	野中右一	？	協助革命工作
J422	野口忠雄	備役陸軍工兵中尉	協助革命、協助訓練黨人、負傷
J92	堀千代子	女子學校教師	協助革命、任翻譯工作
J155	遠山大八郎	？	協助革命工作
J333	前田綱民	《民報》社工作人員	協助革命、民報社編輯部管理事務
J365	福田保太郎	？	協助革命工作
J372	尾崎行雄	進步黨領袖、衆議員、外務省敕命參事官	協助革命工作
J391	豬股久雄	備役陸軍大尉	協助革命、圖杭州起事未成
J408	渡邊某	陸軍少佐參謀	協助革命工作
J428	後藤新平	伯爵、外相、臺灣民政長官	協助革命謀助庚子惠州之役
J432	香川悅次	新聞記者、作家	協助革命工作
J434	前田行藏	？（宮崎寅藏妻弟）	協助革命、助運武器
J437	益田三郎	退役軍人、日清貿易研究所幹事	協助革命未成
J438	倉地鈴吉	業商	協助革命、助運武器
J439	郡司成忠	退役海軍上尉	協助革命、助運武器
J440	倉谷箕藏	海軍兵學校退學生	協助革命工作
J441	郡寬四郎	日商輪伊豫丸船長	協助革命工作
J443	神田政雄	大阪朝日駐北京特派員	協助革命工作
J444	益田孝三井	商行職員	協助革命解決軍費問題
J450	宮川五三郎	？	協助革命工作
J77	淺倉某	退職軍人	協助革命、製造水雷謀炸軍艦

J455	掘井覺太郎	私立明德學堂理化教員	協助革命為華興會製造炸藥
J457	堀清某	湯淺洋行支店長	協助革命、聲援武昌革命
J458	堀清某夫人	家庭主婦	協助革命、聲援武昌革命
J459	高橋某	大佐、漢口駐屯軍司令官	協助革命、聲援武昌革命
J460	東鄉某	少佐參謀	協助革命、聲援武昌革命
J467	飯野吉三郎	「精神團」主持人	協助革命、購買武器
J468	副島義一	早稻田大學教授、對中國有志會發起人	協助革命、任法制顧問
J471	清藤秋子	「東洋婦人會」理事	協助革命、籌募革命資金
J475	菅原傳	眾議院議員、基督教傳教士、自由黨黨員	協助革命工作
J502	森恪	上海三井物產會社職員、眾議院議員	協助革命獲得軍費
J477	菊池（地）良一	眾議院議員	協助革命工作
J487	新田德兵衛	退役軍人、業商	協助革命工作
J490	福住東彌	藥材商人	協助革命提供炸藥材料
J491	樋口滿	陸軍翻譯、大連滿鐵工作	協助革命工作
J492	澁澤榮一	實業家、財政界元老	協助革命工作
J494	頭山滿	大亞細亞主義者、黑龍會首領	協助革命工作、曾至中國活動
J495	濱田盛之助	新聞記者	協助革命、促使中俄革命者晤面
J26	濱野讓	醫師	協助革命為革命黨人戰地治療
J498	譯田實	三井物產會社社員	協助革命工作
J424	藤澤外吉	雜誌社社長	協助革命、鼓吹革命事業
J501	藤瀨政次郎	上海三井物產會社支店長	協助革命獲得軍費

2、朝鮮人士：（共三人）

K04	朴贊翊 （即濮精一）	同盟會員、國民黨員（中國）	協助革命工作
K05	閔石麟	同盟會員、國民黨員（中國）	協助革命工作
K06	趙素昂	同盟會員、國民黨員（中國）	協助革命工作

（二）美洲各國人士

1、美國人士（共十二人）

A03	布司 （Charles B. Boothe）	退休紐約銀行家、中國同盟會國外財務代辦人	全權協商貸款、協助革命、謀代籌借革命資金
A04	莪班尼恩 （Ansel E. O'Banion）	退役軍人	協助軍事訓練華僑、擔任中山先生侍衛
A02	戴屈克 （James Deitrick）	？	協助革命、謀協助討袁
A06	荷馬李 （Homer Lee）	軍事學家、興中會員	協助革命辦外交、軍事顧問
A08	嘉約翰 （John L. Kerr）	醫生	協助革命、乙未廣州之役庇護革命黨人
A09	奇列 （英名不詳）	化學技師	協助革命、乙未廣州之役助製炸彈
A10	香汴文 （英名不詳）	基督教傳教師	協助革命、乙未廣州之役轉遞消息
A11	無名氏	美國駐華領事	協助革命、乙未廣州之役謀營救革命

A12	樂克希 （W. W. Rockhill）	美駐北京大使	協助革命、丙午營救革命黨人
A13	孟佐良 （英名不詳）	聖公會會長	協助革命、丙午營救革命黨人
A14	那文 （英名不詳）	律師	協助革命、助中山先生及黨人脫難
A15	尹士嘉 （英名不詳）	澳門格致書院校長	協助革命、庚子謀營救革命黨人

（三）歐洲各國人士：

1、英國人士：（共十五人）

E01	卜力 （Henry Arthurs Blake）	香港總督	協助革命、協謀兩廣獨立
E02	卜力夫人 （Mrs. Henry Blake）	港督夫人	協助革命、營救革命同志脫險
E04	康德黎 （James Cantile）	香港西醫書院教務長（後任）	協助革命、救助中山先生脫險
E05	康德黎夫人 （Mrs. James Cantile）	家庭主婦	（同前）
E07	加爾根 （Archibald R. Colquhoun）	新聞記者	協助革命以文字宣揚革命方略
E17	柯爾 （George Cole）	清使館僕役	協助革命，救助中山先生脫險
E08	高文 （Tom Cowen）	新聞記者	協助革命乙未廣州之役起草英文對外宣言

E11	道生（Trever Dawson）	英國維克兵工廠負責人	協助革命擬向英國借款
E13	鄧勤（Chesney Duncean）	新聞記者	協助革命、乙未廣州之役起草英文對外宣言並以文字協助宣傳
E15	哈斯頓（J. Scott Harston）	律師	協助革命、營救革命黨人
E16	霍維夫人（Mrs. Howe）	清使館管家婦	協助革命、救助中山先生脫險
E03	黎脫爾夫人（Mrs. Archbald Little）	香港天足會長	協助革命營救革命同志脫險
E14	黎德（Thomas H. Reid）	新聞記者	（同前）
E06	孟生（Partrick Manson）	香港西醫書院教務長（前任）	（同前）
E18	馬禮遜（G. E. Morrison）	英國學者	協助革命、校正英文革命宣言書

2、法國人士：（共十五人）

F01	凱可斯（Rodert de Caix）	法國學者	協助革命、鼓吹中國革命
E02	布加卑（Boucabelle）	天津法駐軍少校軍官（參謀長）	協助革命調查革黨實力
F03	克勞德（Claude）	法國上尉武官	協助革命、調查兩廣革命黨實力

F06	韜美 （M. Paul Doumer）	政治家、安南總督	協助革命工作
F09	法郎士 （Anatole France）	大文豪	協助革命、鼓吹中國革命
F11	李安利 （Z. Leoni）	法國參贊	協助革命、於西貢代印製 革命軍債券
F12	賴根第 （Legendre）	學者	協助革命、鼓吹中國革命
F13	梅朋 （Albert Maybon）	名政論家	協助革命、著書介紹逸仙 思想並協助在法活動
F14	米爾 （Pierre Mille）	文學家、名記者	協助革命、曾至中國參與 革命活動
F15	德莫洪 （G. S. de Morant）	法駐滬法租界官員	協助革命、庇護革命黨人
F16	馬勒特 （Mallet）	軍人、法駐滬法租 界公董局長	協助革命、庇護革命黨人
F19	歐極樂 （Oxil）	法駐天津武官	協助革命、調查革命黨實力
F21	伯希和 （Paul Pelliot）	法國漢學大師	協助革命、鼓吹中國革命
F22	羅氏 （Ulysse-Rap hael Reau）	法駐漢口領事	協助革命、仗義執言化解 危機
F24	路茲 （J. Rodes）	新聞記者	協助革命、著書鼓吹中國 革命

3、德國人士：（共一人）

G02	沙美 （Schrameir）	駐青島總督、土地 問題專家	協助革命工作

4、俄國人士：（共一人）

R03	拉塞爾 （N. K. Russel）	俄革命黨領袖、大 學教授	協助革命指導黨人製造 炸彈

5、丹麥人士：（共一人）

D01	柏氏（Vicotor Bache）	軍事教習	協助革命義務訓練興中 會員

叁、資助中國革命者

（一）亞洲各國人士

1、日本人士（共二十三人）

編號	姓名	職業（身份）	與中國革命之關係及事蹟
J05	入江熊次郎	藥材商	資助革命、參與機密
J06	久原房之助	實業家、政治家	資助革命
J29	山座圓次郎	外務省政務局 長、公使	資助並協助革命工作
J30	小池長藏 （張造）	外務省政務局長	資助並協助革命工作
J361	小林德一郎	議員	資助革命工作
J100	中島勝次郎	實業家	資助革命黨人費用
J107	中野德次郎	實業家、眾議院 議員	資助革命費用

J108	兒島哲太郎	實業家	資助革命費用
J120	犬塚信太郎	實業家、滿鐵理事	資助並參與革命庇護革命黨要員
J355	安川敬一郎	礦業家、貴族院議員	資助革命
J360	佐久間秀吉	玄洋社員、電氣機械業、煤礦業	參與、資助革命工作
J362	吉田磯吉	議員	資助革命工作
J363	松本豐次郎	議員	資助革命工作
J364	高木祥次郎	議員	資助革命工作
J373	坂本金彌	子爵、眾議院議員	資助並協助革命
J430	秋山定輔	眾議院議員	資助並協助革命
J446	神鞭知常	大藏省會計課長、主稅局次長、眾議員、法制局長官	資助革命、並協助革命工作
J451	宮崎民藏	「土地復權同志會」創辦人、「對中國有志會」發起人	資助革命、並任革命黨軍需
J464	梅屋庄吉	業商（米業、貿易及影片公司）、有鄰會發起人	資助並協助革命
J466	陸實（羯南）	社長兼主筆、記者、東亞同文會會員	資助並協助革命工作
J483	渡邊元	礦業家	資助革命
J485	鈴木久五郎	股票商、同盟會會員、眾議院議員	資助革命
J486	鈴木久兵衛	中國同盟會會員	資助革命

2、菲律賓人士：（共兩人）

P01	阿圭納多 （Emilio Aquinaldo）	菲獨立黨領袖	資助中國革命贈軍械、軍費
P02	彭西 （Mariano Ponce）	菲獨立軍外務總長、醫學者、報人	資助中國革命贈軍械

（二）美洲各國人士

1、美國人士：（共一人）

A01	芙蘭諦文 （Frank Damon）	基督教傳教士	資助中山先生旅費

肆、同情中國革命者

（一）亞洲各國人士

1、日本人士：（共六十六人）

編號	姓名	職業（身份）	與中國革命之關係及事蹟
J08	三和作次郎	「有鄰會」會員	同情革命、曾至中國活動
J32	上島長久	新聞記者、「支那問題同志會」發起人	同情革命

J33	工藤日東	新聞記者「支那問題同志會」幹事	同情革命
J51	大石正己	日政黨領袖、公使、眾院議員	同情革命
J52	大竹貫一	「太平洋會」會員	同情革命
J59	大原信	同文書院教授、教習	同情革命
J60	大隈重	信侯、首相、總理大臣、立憲改進黨等黨領袖	同情革命
J62	小川平吉	「有鄰會」發起人、「善鄰同志會」會員、議員	同情革命
J70	小川運平	「有鄰會」會員、陸、海軍翻譯	同情革命、曾至中國活動
J71	小山田劍南	大阪每日新聞社特派員	同情革命、以文字宣傳
J64	小島七郎	「有鄰會」工作人員	同情革命
J09	中野正剛	「有鄰會」會員	同情革命、曾至中國活動
J102	中野二郎	太平洋會會員、教員、記者，報社社長	同情革命
J72	中久喜信周	日本駐華記者	同情革命、以文字宣傳
J118	水野梅曉（梅堯）	西本願寺中國布道僧、「對中國有志會發起人」	同情革命、濟助黨員子弟
J34	平松市藏	法學家、「支那問題同志會」發起人	同情革命
J67	本城安太郎	「有鄰會」工作人員	同情革命
J65	白河鯉洋	「有鄰會」工作人員	同情革命

J326	白岩龍平	「善鄰同志會」會員	同情革命
J66	田中弘之	「有鄰會」工作人員	同情革命
J497	田島擔縣	縣議會會長	同情革命
J122	田邊安之助	「對支同志會」會員	同情革命
J133	田中舍身	對中國有志會發起人	同情革命
J123	戶水寬人	？	同情革命
J134	弓削田精一	對中國有志會發起人	同情革命
J35	石山彌平太	「支那問題同志會」發起人	同情革命
J121	五百木良三	「太平洋會」、「對支同志會」會員	同情革命
J158	末永純一郎	「日本新聞」記者、（末永節胞兄）	同情革命
J36	加瀨禧逸	法學家、「支那問題同志會」發起人	同情革命
J327	杉田定一	「善鄰同志會」會員	同情革命
J328	河野廣平	「善鄰同志會」會員	同情革命
J351	吉野作造	政治學家、教授	同情革命
J352	寺西某	日本陸軍駐漢口武官	同情革命
J357	伊藤藤吉	一致教會牧師	同情革命
J37	松山忠次郎	新聞記者、「支那問題同志會」發起人	同情革命
J38	岩佐溪電	新聞記者、「支那問題同志會」幹事	同情革命

J366	佐佐木象山	？	同情革命
J368	佐藤正	？	同情革命
J383	板垣退助	伯爵、內務大臣、憲政黨、中國同盟會員	同情革命
J10	浦上正孝	「有鄰會」會員	同情革命、曾至中國活動
J11	福田和五郎	「二六新聞」記者、「有鄰會」會員	同情革命
J63	福田和五郎	「有鄰會」會員、工作人員	同情革命
J39	斯波貞吉	新聞記者、「支那問題同志會」及「對中國有志會」發起人	同情革命
J40	相島勘次郎	新聞記者、「支那問題同志會」發起人	同情革命
J41	淺田工村	新聞記者、「支那問題同志會」會員	同情革命
J42	浮田和民	「支那問題同志會」發起人	同情革命
J43	鵜崎鷺城	新聞記者、「支那問題同志會」幹事	同情革命
J44	鹽田恆太郎	法學家、「支那問題同志會」會員	同情革命
J68	森胥美樹	「有鄰會」工作人員	同情革命
J69	橋本實朗	「有鄰會」工作人員	同情革命
J73	神尾茂	日本駐華記者	同情革命、以文字宣傳
J74	澤村幸夫	日本駐華記者	同情革命、以文字宣傳

J394	武田四郎	？	同情革命
J409	服部	某報社總編輯	同情革命
J426	幸德秋水	學者、日本社會黨領袖	同情革命
J427	柏原文太郎	「東亞同文會」幹事、眾議員	同情革命
J429	南方熊楠	生物學家、民俗學家	同情革命
J435	美和作次郎	「對中國有志會」會員	同情革命
J436	浦上淑雄	？	同情革命、曾至中國活動
J447	根津一	東亞同文書院院長、善鄰同志會員、陸軍大尉	同情革命
J449	高橋謙	學者、「東亞同文會」會員	同情革命
J453	宮崎彌藏	無業(寅藏之二兄)	同情革命
J465	陸奧宗光	外相、「東亞同文會」會員	同情革命
J469	副島種臣	伯爵、外務卿、特命全權大使	同情革命
J476	曾根俊虎	退役海軍大尉、浪人	同情革命、曾至中國活動
J496	鎌田榮吉	教育家、政治家、藩士、文部大臣	同情革命

2、朝鮮人士：(共兩人)

K07	金玉均	韓國獨立黨領袖	同情革命
K08	朴泳孝	？	同情革命

（二）美洲各國人士

1、美國人士：（共兩人）

A05	喜嘉理（Charles R. Hagar）	基督教傳教師	同情革命
A07	林樞（George Lynch）	新聞記者	同情革命、以文字宣揚

（三）歐洲各國人士

1、英國人士：（共七人）

E10	格斯幹（Gascoigne）	英國武官	同情革命，允助起義
E12	戴維德（Michael Davitt）	英國下議院議員	同情革命
E19	馬克沁（Sir H. S. Maxim）	爵士	同情革命
E21	李提摩泰（Timothy Richard）	基督教牧師	同情革命
E22	司麥脫（Colin Mcd. Smart）	編輯、新聞記者	同情革命

E23	史密斯 （D. Warren Smith）	新聞記者	同情革命
E24	威利士 （Alfred Willis）	教育家、基督教 主教	同情革命

2、法國人士：（共七人）

F04	克里孟梭 （G. E. B. Clemenceau）	法國首相	同情革命
F07	都潤得 （Maurice Durand）	新聞記者	同情革命
F08	都倫 （Dureng）	學者	同情革命、著書介紹中國 革命
F10	拉巴蒂 （Dejean De la Batie）	法駐上海總領事	同情革命
F17	哈德安 （Charles Hardouin）	政治家、安南總督 署秘書	同情革命
F18	何爾芒 （Jules Harmand）	法駐日公使	同情革命
F20	畢盛 （Stephen Pichon）	外交部長	同情革命

3、德國人士：（共一人）

G01	考萊凱 （A. Kollecker）	傳教士	同情革命

4、俄國人士：（共四人）

R01	貝魯斯托斯基 （ビルスト スキ）	俄革命黨人	同情革命
R02	蓋魯西約尼 （Grigoril Gershuni、ゲ ルシヨニ）	俄社會革命領袖	同情革命
R04	坡多巴夫 （Leontij PavPavlovich Podpakh）	俄革命黨人	同情革命
R05	瓦克赫夫斯基 （Pelix Volkhovsk）	俄革命黨人	同情革命

　　茲將以上國際人士襄助中國革命所做貢獻，依其類別予以統計列表於後，如表一；並將各國人士之職業（身份）、與中國革命之關係等，亦予統計列表，如表二。及各國人士襄助中國革命所作貢獻統計圖，俾供參考。

表一：國際人士襄助中國革命所作貢獻人數統計表

單位：人

	亞洲各國人士				美洲各國人士			歐洲各國人士						總計	百分比
	日本	朝鮮	菲國	合計	美國	加國	合計	英國	法國	德國	俄國	丹麥	合計		
直接參與	296	3		299		1	1	2	2				4	304	51.97
協助革命	118	3		121	12		12	15	15	1	1	1	33	166	28.38
資助革命	23		2	25	1		1							26	4.44
同情革命	66	2		68	2		2	7	7		4		19	89	15.21
合計	503	8	2	513	15	1	16	24	24	2	5	1	56	585	
百分比	85.98	1.37	0.34	87.69	2.56	0.17	2.74	4.11	4.11	0.34	0.85	0.17	9.57		100

註：（一）上表所列人數，為實際人數，其中有少數對中國革命有兩種以上
　　貢獻者，但仍以一項列計。（二）日本人士直接參與革命欄之人數中，含
　　有陣亡（殉難）者十二人、病故者一人、負傷者六人。

　　　（其陣亡〔殉難〕者為：J19 山田良政、J113 今泉三八郎、J114 建部
　　某、J115 秋葉某、J137 石間德次郎（二郎）、J200 佐藤柳三郎、J229 稻
　　葉貢、J238 鶴田文策、J323 澁川三郎、J393 林傳作、J402 金子新太郎、
　　J499 櫛引武四郎等。）

表二：國際人士襄助中國革命職業（身份）人數統計表

單位：人

	亞洲各國人士				美洲各國人士			歐洲各國人士						總計	百分比
	日本	朝鮮	菲國	合計	美國	加國	合計	英國	法國	德國	俄國	丹麥	合計		
政界	32			32	1		1	3	10	1		1	15	48	8.21
軍警	326			326	2		2	1	6				7	335	57.26
工商礦界	37			37	1		1	1					1	39	6.67
學界教育	17			17	3		3	6	6				12	32	5.47
新聞界	30			30	1		1	7	2				9	40	6.84
醫界	7			7	1		1							8	1.37
宗教界	1			1	5		5	1		1			2	8	1.37
本國社團成員	29	1	2	32					2		5		7	39	6.67
加入中國黨團	1	7		8		1	1							9	1.54
家庭主婦	2			2					1				1	3	0.51
無業浪人	1			1					2				2	3	0.51
不詳	20			20	1		1							21	3.59
合計	503	8	2	513	15	1	16	24	24	2	5	1	56	585	
百分比				87.69			2.74						9.57	100	

　　上表之職業（身份）統計，對所有人士，凡有兩種以上者，均以其一種列計，附統計圖：係將前統計表另製統計圖四幅，以供參考。

亞洲人士與中國革命共 513 人

■直接參與299人
■協助革命121人
■資助革命25人
■同情革命68人

日本人士與中國革命共 503 人

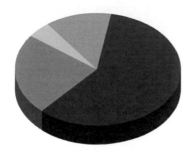

■直接參與，296人
■協助革命，118人
■資助革命，23人
■同情革命，66人

美洲人士與中國革命共 16 人

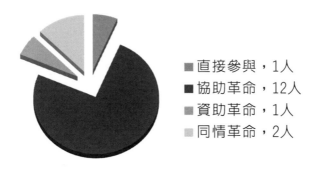

■ 直接參與，1人
■ 協助革命，12人
■ 資助革命，1人
■ 同情革命，2人

歐洲人士與中國革命共 56 人

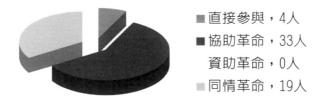

■ 直接參與，4人
■ 協助革命，33人
　資助革命，0人
■ 同情革命，19人

　　由以上可知，以前因為關心日本人士襄助中國革命究竟有多少人，及其他之事，正如李雲漢教授曾指出：「尚有兩個值得鑽研以期能夠澄清的問題：一是究竟有多少日本人真正的贊助過中國革命；一是日本人所強調的幾件中山先生與日本人間的可疑文件，其可靠性如何？關於第一個問題，日本人與中國人都已開始調查了，

但還沒有令人滿意的結果。日本人方面，杉山龍丸於 1945 年編成了一份〈與中國革命有關之日本人名簿〉，以名表方式，列出了兩百六十三個（按應為兩百八十三個）與中國人革命有關之日本人的姓名，死亡年月、住址及一部分遺族姓名。這份名簿於 1957 年 9 月出版，1959 年 3 月再版，是藏於日本京都大學人文科學研究所的研究資料，彭澤周教授發表〈宮崎滔天與中國革命〉一文時列為附錄，似乎已為作研究工作的人所重視。不過，這份名簿並未舉出這兩百六十三（兩百八十三）個人贊助中國革命的具體事實來，而且，幾個侵略中國的禍首戰犯如田中義一、本庄繁、廣田弘毅等也赫然在內，無論如何也不能使中國人接受，中國方面的革命文獻中那有這些侵略者「與中國革命有關」的紀錄！中國人方面，張玉法在其〈外人與辛亥革命〉一文中[39]也列出了一百四十六個辛亥革命以前與中國革命有關之日本人來，於姓名、籍貫之外，增加了出身、與革命關係、資料來源三欄，這比杉山龍丸的〈名簿〉要可靠得多了。但這個表還是太過簡略，不能滿足研究的需要。因此，筆者覺得，我們亟需做一番徹底的調查——從中、日雙方文獻及有關人物著述中搜羅、對證、評判，然後編成一份正確的、完整的與中國革命有關的日本人名表，並把他們與中國革命有關的事實簡明具體的列出來，為兩國的研究者提供有力的佐證。……」[40]

---

[39] 張玉法著：〈外人與辛亥革命〉（張玉法主編：《中國現代史論集》，第三輯，「辛亥革命」，頁 432-438。）按經查其原文雖然為一百四十七人；但其中「和田一郎」與「和田三郎」者（見頁 436），應為同一人，此係所引用來源書：宋越倫著：《總理在日本之革命活動》，頁 11。其印刷錯誤所致，復經查考上書係摘略譯自萱野長知著：中華民國革命秘笈，頁 87。原文雖只寫「和田」而未名，但寫「為中國同盟會之財務委員」可證為：「和田三郎」。更從原文上一頁，即頁 86 之文內，祇有「和田三郎」，迄今尚無有所謂「和田一郎」其人與中國革命有關之「為中國同盟會之財務委員」，而且此二人之事蹟相同也。

[40] 李雲漢著：〈由陳著：《孫中山先生與日本友人》談起〉（陳鵬仁譯著：《宮

　　因之，關於日本人士贊助中國革命者，究竟有多少日本人真正的贊助過中國革命？本書之說明或可稍得彌補一二，本書依據已有具體事蹟臚列出日本人共有五百零三人，其中直接參與反清革命，投入戰場或輔佐策劃等達兩百九十六人，佔總數（五百零三人）之58.85%。且含有陣亡（殉難）者為：十二人，因戰中病傷者亦有七人。至於協助革命者有一百一十八人，佔總數23.48%。此不可謂日本人士未真正的贊助過中國革命。但據萱野長知著：《中華民國革命秘笈》中指出約近三百人。該書中，其所述除依中山先生所列日本志士人名及簡略事蹟外（按即迻譯《孫文學說》第八章〈有志竟成〉篇中所述），並謂：「中山客逝於北平時，依照老同志們及余之記憶，將訃音打電報給中山之日本知己數十人，而多人已過世，且其遺族之住址也不明，故電報無法送達者極多。早年胡漢民曾作調查中山之日本知己姓名一事，因而本書再作調查，約近三百人。」[41]而本書所列日本人士人數實已超出近一倍矣。

　　又：從杉山龍丸所編〈與中國革命有關之日本人名簿〉之兩百八十三人。[42]逐一核對，祇有一百二十二人已有事蹟可循，其餘一百六十一人因無所據，容待考證，或已無從查證矣。再查〈國父旅

崎滔天論孫中山與黃興》，正中書局印行，民國66年10月臺初版，頁222-223。該文原載於1974年6月1日，臺北《新知雜誌》。

[41] 萱野長知著：《中華民國革命秘笈》，頁59。

[42] 彭澤周著：《宮崎滔天與中國革命》之附錄（臺北藝文印書館印行，民國67年10月初版，頁287-306）。然而，此名簿中，有多人之姓名或有誤，需要查證者：如「伊藤知也」是否即為「伊東知也」？「林傳助」是否即為「林傳作」？「松方壽彥」即為「松木壽彥」或為「松本壽彥」？「龜井祥光」或即是「龜井祥晃」？「安永東之助」是否即為「安永藤之助」？「嘉納清藏」是否即為「加納清藏」？再者此「名簿」中，顯然將姓名印錯者，此或係手民所誤植，如「岡木柳之助」，應為「岡本柳之助」；「寺尾享」，應為「寺尾亨」；「紫田麟次郎」，應為「柴田麟次郎」等。凡此錯誤是應加校勘者，否則一字之差，為人改姓換名，有欠妥適。

日年表〉中之「交往之日本」欄內日人名，本書泰半均已列入。而與該名簿核對仍有甚多不同。再即有關侵略中國之禍首戰犯問題，容後再列述之。

　　依前開表一所示，實際襄助中國革命之國際人士總共計五百八十五人；而日本人士為最多，計五百零三人，佔總數 85.98%；次為英、法兩國，均為二十四人，各佔總數 4.11%；美國為十五人佔總數 2.56%；再依次為朝鮮人，有八人；俄國有五人；菲律賓與德國各為兩人；加拿大與丹麥亦有志士襄助，為中國革命效力，亦屬可貴。

　　國際人士襄助中國革命，為促使革命早日成功，茲就其性質，如前所歸納者，其分為四項：實際直接參與中國革命各次起義戰役或參與輔佐策劃者；以專知技術協助革命者；捐獻資財以經濟幫助者；及贊助聲援同情者。茲再分別述之於后：

（一）實際直接參與革命者

　　實際直接參與中國革命行動，投入軍事反抗行列，上戰場或參贊輔佐策劃等，如表一統計表所列實際人數，總計 304 人，日本人士為最多，計 296 人，佔總數 97.36%（其中包含有陣亡（殉難）者 12 人為：J19 山田良政、J113 今泉三八郎、J114 建部某、J115 秋葉某、J137 石間德次郎（二郎）、J200 佐藤柳三郎、J229 稻葉貢、J238 鶴田文策、J323 澁川三郎、J393 林傳作、J402 金子新太郎、J499 櫛引武四郎等。病故者一人為：J187 今井成平。負傷者六人：J136 甲斐靖、J157 辻鐵舟、J269 田島勘右衛門、J307 湯原喜三郎、J403 岩田愛之助、J422 野口忠雄）；雖然負傷者當然不止此數，惜已無可考證矣。於陣亡中尤以山田良政之參與 1900 年庚子惠州之役中遇難事。中山先生至為悼念不已。曾特於《孫文學說》第八章〈有志竟成〉篇中謂：「1900 年之庚子惠州之役時……山田後以失

路，為清軍所擒被害，惜哉！此為外國義士為中國共和犧牲者之第
一人也。」後於民國 2 年 2 月，中山先生重蒞日本，曾在帝國飯店
宴請山田父母及良政之妻，慰問有加，並題贈「若吾父」橫額。民
國 6 年又親題山田先生八十壽聯。為追懷烈士，並在東京谷中全生
庵，建立「山田良政先生墓碑」。民國 7 年又親撰〈山田良政建碑
紀念辭〉，詳敘良政死事始末。[43]

　　西方友人贊助革命工作最早者，為英國新聞從業人員黎德、鄧
勤、高文等人，除為中國革命鼓吹，抨擊清廷政治外，並為乙未廣
州之役，興中會起草英文對外宣言等。又有英國編輯、記者克銀漢
參與廣州之役並營救黨人；法國狄氏，男爵及羅伯，軍佐，參與丁
未鎮南關之役。彼等國際友人為異國革命而犧牲奉獻之精神，彌足
珍貴與感人。

（二）以專知技術協助革命者

　　當革命伊始，極缺軍事知識與軍事專業人才，故竭盡所能以網
羅此一方面志士，且進而訓練革命黨人，並求取武器供應，力求在
協助上以達成此一目標。如 1895 年，鄭士良、陸皓東捐贈家產作
為在香港購買軍火之用，並雇用兩英籍下級軍官為教官，武器密藏
於「農學會」，利用該會作訓練所。再者，聘丹麥籍柏氏，在美國
義務訓練興中會員。又於日本青山地方由日人日野熊藏、小室健次
郎任教官，訓練有志入東京士官學校之革命黨人。「1907 年後，當

---

[43] 陳固亭著：《國父與日本友人》（幼獅書店印行，民國 54 年 9 月出版），頁
51-52）。《國父年譜》，增訂本上冊，頁 131-132；《國父全集》第一冊《孫
文學說》第八章〈有志竟成〉篇，頁參-164-165。至於〈山田良政先生墓碑
文〉全文載於：《國父全集》第三冊，頁壹貳-13；又：〈山田良政建碑紀念
辭〉，全文載於：同上書，頁壹貳-16-17。而良政事蹟亦見：萱野長知著：
《中華民國革命秘笈》，頁 62-68。

時有法國軍官協助訓練，兵源一半就地取材，一半由華南越境進入河內，當時所練新兵，稱為『敢死隊』，以後中國革命軍中，普遍採用此種番號。」[44]至於提供專業製造炸彈技術方面，如日人小室健次郎、掘井覺太郎、及拉塞爾等，教授黨人製造炸彈，凡此授製軍火技術，正係革命軍所迫切需要而缺乏者。而此協助對革命工作者，從事革命運動有甚大之裨益，其人數共計為一百六十六人，佔總數（五百八十五人）28.38%，其中亦以日本人士為最多，計一百一十八人，佔 71.08%（其餘四十八人，分為：朝鮮三人；美國十二人；英、法國各十五人；德、俄、丹麥各一人）。

（三）捐獻資財幫助革命者

革命所需經費既多且急，每因財務支絀，無法購得武器與及時支應戰役之需，常使戰役功虧一簣，殊深惋惜。而革命資金來源當以國人、華僑之捐贈最巨。惟每當屆於燃眉之際，外國友人能適時濟助，其金額雖不龐大，然仍可藉助一臂之力，似亦有如久旱逢甘霖之感。外國友人捐獻資助最多者亦以日人為最夥。在總數 26 人中，日人佔 23 人，為 88.46%，其為：入江熊次郎、久原房之助、犬塚信太郎、安川敬一郎……等等。中山先生於《孫文學說》第八章〈有志竟成〉篇中亦曾指出：「……各志士之對於中國事業，先後多有資助，尤以久原（房之助）、犬塚（信太郎）為最。」其中更有除資助外，尚有參與革命工作，或參與機密、或協助革命者，如：山座圓次郎、小池長藏（張造）、坂本金彌、秋山定輔、神鞭知常、宮崎民藏、梅屋庄吉、及陸實（羯南）等人。（彼等對中國

---

[44] 海法特（H. Herrfahrdt）著，王家鴻譯：《孫中山傳》（中山學術文化基金董事會編譯，臺灣商務印書館印行，民國 71 年 12 月三版），頁 24。

革命雖有多項貢獻，但仍僅以一項「資助」列計），次為菲律賓之
阿圭納多與彭西，則以巨額資助中國革命並贈與軍械，實為難能可
貴。美國芙蘭諦文則以資助中山先生旅費而計入，惟以上資助之金
額總共多少？實已難能查證確實數字。另亦有不知名之日人捐助五
千元。[45]此外，清藤幸七郎之姊清藤秋子與下田歌子，以「東洋婦
人會」四處活動，為中國革命籌集基金，下田並曾晉謁西太后，募
得款項轉贈中國革命，其實際金額多少，亦無法得知。且是否為真，
存疑也。抑且彼之協助革命據云是有條件之籌募軍費。後亦舉出此
實非事實，請參見本節：「戊、居心叵測，為圖謀中國而參與相助
者」之「（一）、下田歌子」之剖析。

（四）贊助同情聲援革命者

甚多國際人士，就其所能致力於裨益中國革命者，但或因其工
作、處境所限，或因其他原因，而未能直接參與革命工作，但亦能
盡其所力逮，以贊助同情而聲援之。其人數共計為八十九人，（佔
總計〔五百八十五人〕15.21%）。亦以日本人士最多，計六十六人。
為共計八十九人之 74.16%（其餘二十三人，分為：朝鮮、美國各
兩人；英、法國各七人；德國一人；俄國四人）。

論其職業（身份），上自國家首相、外相、現職駐外武官、議
員，乃至於其較多之本國社團成員、新聞從業人、學者等皆有。其
或以遊說其政府當局，予革命黨人以便利，得使革命工作不受阻
礙，是乃間接協助；或以文字著書、宣傳、演說等各種方式以聲援
同情中國革命，促進與壯大革命聲勢，造成革命風潮等，此一匯集

---

45 同註 1，第二冊，頁玖-63，〈在倫敦將去美國時致吳敬恒函〉，民國紀元前
   3 年（公元 1909 年）中有：「及一日本義俠出五千元。」並敘述國人捐獻革
   命資金之概況。

涓滴而成巨流之累積力量，對當時革命境遇惡劣，革命工作遲滯難進之際，亦能藉助其力，洵不無有助於革命大業也。然於同情人士中，亦有曾濟助黨員子弟，如水野梅曉（梅堯）；亦有曾至中國大陸各省地區遊走活動，澈底瞭解山川、人文等各方面情形，如三和作次郎、中野正剛、浦上正孝、小川運平、浦上淑雄（以上均為「有鄰會」會員）、曾根俊虎（退役海軍大尉、浪人）且多獲得日政府獎勵，而彼等之目的，則頗值得懷疑。

　　茲再從統計表二：職業（身份）與個別觀察兩方面，分別分析如次：

　　其一、由統計表二觀之，其各國人士之職業（身份）之統計總人數五百八十五人，各國人士以軍（警）界為最多，共三百三十五人，佔總計（五百八十五人）57.26%。依次為：政界共四十八人，佔總計8.21%。再次為：新聞界四十人，佔總計6.84%。工商礦業界與本國社團各為三十九人，各佔總計6.67%（本國社團成員，即如：「有鄰會」會員、「支那問題同志會」發起人、「對中國有志會」發起人、「太平洋會」會員、「善鄰同志會」會員、「對中國有志會」會員等）；學（教育）界，三十二人，佔總計5.47%；職業不詳（身份）含浪人者亦有二十一人，佔總計3.59%；再即是已參加中國革命社團，如：興中會、中國同盟會、及國民黨者九人，佔總計1.54%；醫界與宗教界（如基督教傳教師、僧侶等）各為八人，各佔總計1.37%；家庭主婦為三人，佔總計0.51%。以上人士亦均贊助同情中國革命事業。

　　另自國別言，亦以日本人士為最多，共計五百零三人。其中軍（警）界，達三百二十六人，佔合計（五百零三人）64.81%；次為工商礦業界三十七人，佔合計7.36%；政界為三十二人，佔合計6.36%；新聞界三十人，佔合計5.96%；本國社團成員二十九人，佔合計5.77%；職業（身份）不詳者有二十人，佔合計3.98%；學（教育）界十七人，佔合計3.38%；醫界七人，佔合計百分之1.4%；

家庭主婦兩人，佔合計 0.4%；再其次為已參加中國革命社團一人、
宗教界一人、無業（浪人）一人，各佔合計 0.2%（即共 0.6%）。
其他國家依次為：英、法各二十四人；美十五人；俄五人；德兩人；
加拿大、丹麥各一人。由此可知歐美人士人數顯然較日本為少。

　　其二、以上係就統計之職業（身份）所得加以分析。以下則為
自個別觀察，加以剖析。亦正若張玉法教授所論：「在清季革命運
動中，革命領袖大部份活動於海外，或托庇於租界，其與外國人接
觸是很自然的。外國人與中國革命發生關係，或基於革命領導人的
友誼，或基於其個人的興趣與抱負，有些則是奉其政府之命與革命
黨人聯絡的。外人與革命黨人接觸，初以孫逸仙為主要對象；陳少
白、謝讚泰、黃興等，也與外人有往來。外人以其特殊身份，幫助
革命黨人解決了不少難題。然外人援助革命，每有其官方的或私人
的企圖，使中國革命蒙其利，亦受其害。」[46]據此可再分為五類：
甲、為敬仰中山先生人格、革命理想而奉獻者；乙、為情誼而奔走
營救與仗義執言，及時化解危機者；丙、為獲取所得或生活費用，
因而相助者；丁、為逞其官方所命，或基於私人企圖而相助者；戊、
居心叵測，為圖謀中國而參與相助者。茲分別闡述如後：

（甲）為敬仰中山先生人格、革命理想而奉獻者

1、　宮崎寅藏（滔天）：因崇敬中山先生之偉大人格與革命
　　　理想而赤忱為中國革命盡力

　　寅藏因而成為唯一始終如一同志，宮崎對中山先生極為崇仰，
故曾撰文稱譽中山先生「其仁如天，其智如地」，其謂：「孫逸仙先

---

[46] 同註 39。

生是一代大人物。很慚愧，在今日日本還沒有能夠跟他相比的人物。無論在學問、見識、抱負、膽力、忠誠和操守，他都比今日的任何日本人高超一等。惟有數十年如一日地貫徹其清廉這一點，犬養毅始能跟他比肩。日後的歷史家，如果要用成語來評估孫先生的話，我堅信他們將說：其仁如天，其智如地。世上雖也有在懷疑孫先生的勇氣的人，但他的勇敢，亦非普通人所能及。」[47]

　　宮崎非但為中國革命而奔走，亦為中國革命而呼號，亟力推介革命於人，期盼共為革命而盡力。並且推崇中山先生。此即如 1905年，寅藏即曾向宋教仁、程潤生說明仰慕之忱與推介等。此據宋教仁著：《我之歷史》一書中即謂：1905 年農曆 7 月「19 日，晴。己初至程潤生寓，與程潤生同赴宮崎滔天之約，……潤生則為余表來意訖，復坐。滔天君乃言孫逸仙不日將來日本，來時余當為介紹君等云云。又言君等生於支那，有好的機會，有好的舞臺，君等須好自為之。余日本不敢望其肩背。余深恨余之為日本人也。又言孫逸仙所以遲遲未敢起事者，以聲名太大。凡一舉足皆為世界所注目，不敢輕於一試。君等將來作事總以秘密實行為主，毋使虛聲外揚也。言次復呼取酒來，遂圍坐而飲之。滔天又言：孫逸仙之為人，志氣清潔，心地光明，現今東西洋殆無其人焉。又言現今各國無不垂涎於支那，即日本亦野心勃勃。日本政黨中始終為支那者，惟犬養毅氏一人而已。余前往支那一切革命之事，皆犬養氏支助之。現今大隈重信之政策，皆其所主張者也。孫逸仙亦深得其助動力。蓋純然支那主義者也。君等既有做事之志，不可不一見犬養毅氏，余當為介紹，改日偕余去可也。」[48]

---

[47] 宮崎滔天著：〈孫逸仙其仁如天〉，載於：陳鵬仁譯著：《宮崎滔天論孫中山與黃興》，頁 27。

[48] 宋教仁著：《我之歷史》（吳相湘主編：《中國現代史料叢書》，第一輯「建立民國」，臺北文星書店印行，民國 51 年 6 月初版），頁 65-66。

　　寅藏曾由犬養毅薦舉為日外務省兼任職員,派往中國調查秘密結社情形,及至仰慕中山先生後,一變而為中國革命效力,成為中山先生知己之一。如(1903年、昭和5年)7月21日,犬養毅於東京《朝日新聞》上發表一篇〈孫文的回憶〉,內云:「滔天實在是一個微妙而有趣的男子漢,外務省本來是派他去調查中國革命的秘密結社的。他卻變成中國革命的同路人,忘記了自己的本來的任務,而與孫文意氣相投,結為一夥。」犬養對滔天此種批評甚為正確。於當時日本大陸浪人中,思想與見解與中山先生最接近者莫過於滔天。[49]

　　1900年後,寅藏之生活困頓,後以唱浪曲「落花之歌」維生。於其五十二年生涯中,恒渡其浪人生活,但與一般浪人不同,不為權勢功利所惑,為支持中山先生之革命事業而盡其全力。[50]

　　寅藏對中山先生之崇拜,亦可於其所著之《三十三年之夢》中見之,謂其初識中山先生後,於傾聽中山先生講說中國革命宗旨以及方法手段後云:「他的談話言簡而意賅,並且句句貫義理,語語挾風霜,其中又似洋溢着熱情。他的談吐雖不巧妙,然絕不矯柔造作,滔滔不絕地抒發其天真之情,實似自然之樂章,革命的旋律,使人在不知不覺間為之感動首肯。當話畢以後,其情宛如稚子之天真,如村姑般之純樸,胸中已無一事之凝滯。至此我不禁感到無比地羞愧不安,暗自懺悔。我雖是二十世紀思想,但內心仍未脫東洋之舊套,徒以外貌取人,而妄加判斷,豈不自誤誤人甚多。孫逸仙實在已接近真純之境地。他的思想何其高尚!他的見識何其卓越!他的抱負何其遠大!他的意念何其切實!在我國人士中,能如彼者果有幾人?他誠為東亞之珍寶。從此時起,我已將希望全部寄託在他身上了。」[51]

---

[49] 彭澤周著:《宮崎滔天與中國革命》(吳相湘主編:中國現代史叢刊,第五冊,臺北文星書店印行,民國53年12月初版),頁31。

[50] 同前註,頁33。

[51] 宮崎滔天著,啟彥譯:《三十三年之夢》,頁118。參閱:宋越倫譯:《三十

　　寅藏宛若中國江湖俠客之言行，彼之誠懇樸實態度，俠義仁愛性格，嘗為中山先生所賞識。中山先生於民國紀元前 10 年 8 月（1902年 9 月），為寅藏所著《三十三年落花夢》一書作序，在文中稱許為日本之虯髯公。序文曰：「世傳隋時有東海俠客虯髯公者，嘗遊中華，遍訪豪傑，遇李靖于靈石，識世民於太原，相與談天下事。許世民為天人之資，勸靖助之，以建大業。後世民起義師，除隋亂，果興唐室，稱為太宗。說者謂初多俠客之功，有以成其志云。宮崎寅藏君者，今之俠客也。識見高遠，抱負不凡，具懷仁慕義之心，發拯危扶傾之志。日憂黃種陵夷，憫支那削弱，數遊漢土，以訪英賢，欲共建不世之奇勳，襄成興亞之大業。聞吾人有再造支那之謀，創興共和之舉，不遠千里，相來訂交期許甚深，勖勵極摯，方之虯髯，誠有過之。惟愧吾人無太宗之資，乏衛公之略，馳驅數載，一事無成，實多負君之厚望也。君近以倦遊歸國，將其所歷，筆之於書，以為關心亞局興衰、籌保黃種生存者有索取資焉，吾喜其用意之良，為心之苦，特序此已表揚之。壬寅 8 月，支那，孫文逸仙拜序。」[52] 由此可知中山先生對寅藏之垂愛。而寅藏對中國革命之貢獻亦良多。田桐且譽宮崎寅藏為民國之恩人之一。（另一為法國羅氏。）[53]

　　又：吉野作造對宮崎滔天之〈《三十三年之夢》解說〉一文中亦謂：「現在我要說的是，作者滔天不僅是中國革命運動的援助者，而且是真正的援助者。所謂真正的援助者，乃是指他自始至終，毫無私心，而做忠實不移的中國朋友的意思。因為，在自稱革命運動的朋友中，曾經有過各種各樣的人。是則他們之所以願意援助中國革命援助，其動機並不都是一樣的。這在開始

　　三年落花夢》，頁 109-120，〈興中會領袖孫逸仙〉。

[52]　《國父全集》，第三冊，頁拾貳-2-3。

[53]　同註 28。

時，還不顯著，但到第一次革命以後，這個問題就漸漸明顯
了。……可是，宮崎滔天卻始終是中國革命熱烈的和真正的贊助
者，我之所以能夠開誠佈公與滔天相見和討論。實在是基於這種
原因。」[54]

2、 犬養毅之豪放熱忱，對中山先生之景仰，意氣相投而 傾力相助

中山先生於倫敦蒙難後，1897 年 7 月（西曆 8 月）東來抵日
本橫濱。8 月（西曆 9 月），犬養毅遣宮崎寅藏、可兒長一等請中
山先生往東京晤面，相見甚歡。中山先生特於《孫文學說》第八章
〈有志竟成〉篇中明確指出與犬養相識等情形。同年 8 月 2 日兩人
首次晤面，謂：「抵日本後其民黨領袖犬養毅遣宮崎寅藏、平山周
二人來橫濱歡迎，乃引至東京相會。一見如舊識，抵掌談天下事，
甚痛快也。時日本民黨初握政權，大隈為首相，犬養為之運籌，能
左右之。後由犬養介紹，曾一見大隈、尾崎等，此為予與日本政界
人物交際之始也。隨而識副島重臣及其他在野之志士，如頭山、平
岡、秋山、中野、鈴木等，後又識安川、犬塚、久原等。各志士之
對中國革命事業，先後多有資助，尤以久原、犬塚為最。」[55]犬養
對中國態度，正如宮崎寅藏所謂日本政黨中始終為中國者，惟有犬
養毅一人而已。不若當時各國及日本當局，無不對中國虎視耽耽，
野心勃勃。故寅藏對犬養亦甚為景從也。當時犬養與大隈重信同為
進步黨領袖，犬養與一批日本大陸浪人交往甚深，故向大隈推薦宮
崎、平山周、可兒長一為外務省之囑託員（兼任職員），負責調查

---

[54] 吉野作造著：〈宮崎滔天著《三十三年之夢》解說〉，載於：陳鵬仁譯著：
 《宮崎滔天論孫中山與黃興》，頁 166-167。
[55] 同註 14。

中國革命黨之內情。未久，寅藏受大隈外相之命，與平山、可兒等至中國南方各地活動。犬養為一政治家，明治末期以推翻藩閥政府，樹立民主政府為大志，於當時日本之官僚及政黨領袖中，係理解中國革命事業較深者，故能與中山先生交往甚深。犬養與中山先生交往日久，理解益深，更加敬佩，其對中山先生之評論在《木堂政論集》中書曰：「孫逸仙能為中國革命黨領袖之原因有以下幾個特點：（一）他是一位誠實不說謊，言行一致的人物；（二）他篤信自己的學說，提倡共和主義，樹立平等的旗幟，這是誰也不能動搖他的，也是億萬黃金不能買他的。他的這種人格，可能是由宗教信仰上而得來的，以這種偉大的人格，有籠罩無數人心的威力；（三）清廉節儉、不愛金錢。」[56]

犬養毅對中山先生在日本之生活起居曾予照顧，亦曾捐獻革命所需之武器——刀劍，並解決日本政府禁止中山先生於日本之居留問題，以及政治上之困擾等。犬養之豪放熱忱，傾力多方面協助，令人感動。

3、萱野長知獻身中國革命，運籌帷幄，奔走不懈

萱野長知乃係一退役軍人，其軍事才識對中國革命甚有助益也。1895 年中山先生自香港抵日本橫濱籌設興中會時，始與萱野晤面訂交。萱野受中山先生思想、人格感召，決心投身中國革命乃向其學友富永安英借貸旅費，赴九州轉往上海，遍遊中國。1898 年中山先生旅居日本，過往更密。[57]

萱野長知經特准加入同盟會及國民黨，1905 年 7 月 20 日（西曆 8 月 20 日），中國同盟會在東京正式成立，假阪本金彌宅舉行成

---

[56] 同註 49，頁 30-32。

[57] 陳固亭著：《國父與日本友人》，頁 64，〈國父與萱野長知〉。

立大會，加盟者三百餘人，日本同志中，宮崎寅藏、平山周、萱野長知三人特准加入同盟會。[58]又：「1912 年 8 月 25 日中國革命同盟會改組為國民黨，滔天和萱野長知似獲准入黨。」[59]

中山先生曾借重萱野之軍事背景專才，聘為東軍顧問，迺於民前 5 年（1907 年）2 月 19 日，以許雪秋為東軍都督，謀舉事於廣州、潮州。特書〈致萱野長知請任東軍顧問並延攬同志相助函〉。[60]

後於丁末（1907 年）4 月（西曆 5 月），萱野奉中山命赴日購軍械接濟欽廉義師，因清軍艦戒備嚴密，載械之輪船幸運丸中途折返日本後，為日方沒收而損失不貲。[61]

1911 年武昌首義，萱野於日本聞訊，即偕金子克己等多人馳赴武昌參與，訪晤黃興，時戰況緊急，革命軍堅守武昌孤城，萱野朝夕相從，運籌帷幄，俠義可感。

1916（大正 5）年，萱野參與山東濰縣東北軍討袁戰役，並為此役之日本參與者之主要負責人。

萱野因對中山先生之之景仰而矢志為中國革命效力，可於其所著之〈我對於孫中山先生的回憶〉一文中之具體敘述得知：「中國

---

[58] 陳鵬仁譯：《宮崎滔天書信與年譜──辛亥革命之友的一生》，附錄：〈國父旅日年表〉，頁 248-251。而會議地點等，於馮自由著：《中華民國開國前革命史》（一），頁 196、308-309，有：〈日志士與同盟會〉：「乙巳（即 1905年）秋，中山從歐洲東返，宮崎出迎於橫濱。旋組織同盟會於東京，宮崎、內田同為第一日之發起人。第一次會場之赤阪區黑龍會及第二次會場之子爵阪本金彌邸。皆宮崎假自日人者也。其後平山、萱野及社會黨員和田（三郎）、北輝（次郎即北一輝）等次第入會。」

[59] 近藤秀樹編：《宮崎滔天年譜》，載於：陳鵬仁譯：《宮崎滔天書信與年譜──辛亥革命之友的一生》，頁 121、170。

[60] 《國父全集》第二冊，頁玖-33。且此函有照片刊載於：萱野長知著《中華民國革命秘笈》之扉頁，但並無頁次。

[61] 馮自由著：《中華民國開國前革命史》（一），頁 310，〈日志士與汕尾之役〉。

革命之父孫中山先生已經逝世了。我對孫先生的關係已有三十年。我最初跟孫先生見面，是在東京設立同盟會之前的事。我們素有中國革命的理想，所以聽見中國革命的領導者孫中山先生來到東京，要去拜訪他。當時他給我底印象是：他是一個何等富於熱情的人！我以為贊助中國革命的日本人，大都是為他底熱情所感動而然的，在言談中我覺得祇要這個人肯，而且敢奮鬥下去，中國革命定能成功，所以便決心跟他同甘苦共生死。……以後孫先生前往越南、南洋方面組織支部時，我亦偕行，此外還有胡漢民、汪精衛等人。……廣州之役失敗後，孫先生亡命至歐美；而黃克強先生又在廣東打了一戰，但又失敗。我始終跟他們都有連繫，當黃先生打進武昌時，打電報來要我帶上所有的東西趕快去。……我便帶上黃先生所要的東西到漢陽去，這就是所謂第一次革命。在此我跟黃先生並肩奮鬥廿天。…但漢陽終於失守，所以我們便下長江到上海去。…在上海，我跟陳英士等合流進攻南京。此役很順利地成功，因此佔領南京。」[62]

　　萱野於 1940 年 7 月出版其所著：《中華民國革命秘笈》一書，縷述中國革命經緯，及參與各次戰役情形。尤其所附「黨員誓約書」影印本 633 份，以及文件、中國革命先賢墨寶、照片等，尤其彌足珍貴。

　　4、頭山滿欽敬中山先生，贊助中國革命，俠義可風

　　頭山滿為日本浪人之首領，作風以輕生死，重然諾。在智是主義、經論；在仁是犧牲精神；在勇是氣魄膽識。此為浪人多年傳授下之道德與信仰。中山先生於 1897 年 6 月離美，經歷美洲、加拿

---

[62] 萱野長知著〈我對於孫中山先生的回憶〉，載於：陳鵬仁譯著：《孫中山先生與日本友人》（大林書店印行，民國 62 年 5 月初版），頁 168-169。

大；7月5日赴日時，經犬養毅介紹，結識頭山等人，而一見如舊，抵掌談興亞大計，至為快慰。[63]

古島一雄謂：「昭和44年12月杪（1911），有名之辛亥革命發生於武漢之間，犬養毅於是急行渡華，余未幾亦隨頭山前往上海，寓「豐陽館」旅舍。此時南京已成立臨時政府，孫為大總統，黃興為大元帥。頭山之所以親自渡華，其主要原因實由於當時支那浪人在華者為數甚多，多數且為名利之徒，如偶一不慎，往往可以污辱日本體面。對於此等浪人之管束監視，除頭山外，實無他人。因此之故，頭山被推舉渡華，在政治方面，則由其指導。」[64]

民國2年（1913年）秋（8月），討袁第二次革命失敗，中山先生再度赴日本，當時日首相是山本權兵衛，外相牧野伸顯，因對北京政府不敢得罪，乃下令拒絕中山先生入境，神戶憲警奉命制止中山先生登陸。犬養得悉，非常憤怒，即與古島一雄面商，決勸告當局改變態度。此時頭山怒容滿面，匆促入室，見犬養即高聲曰：「余覓死所不得，今始得之！」犬養詢以何故遽作此言？頭山答以：「余正欲前往神戶，與警察作殊死戰！」犬養婉勸不可妄動，且謂：「即令玄洋社正氣動人，然人數究不及警察之多，縱令戰勝，孫先生能否上岸，亦未可知，一切聽余辦理，不可操之太急。」頭山對中山先生的敬仰和義俠風度於此可見。當時古島一雄奉犬養之命前往神戶，迎接中山先生，頭山在旁，對古島言：「必須捨命為之，後事余可全部負責。」頭山之意，蓋欲古島，萬一失敗，應與中山先生相抱投海，以示日人氣節。犬養告古島：「應慎重行事，千萬勿操之太急，余決訪當局，自信必可說服。」古島抵達神戶，

---

[63] 陳固亭著：《國父與日本友人》，頁31，〈國父與頭山滿〉。
[64] 古島一雄著：〈革命談薈〉，載於：宋越倫：《總理在日本之革命活動》，頁52。此文陳鵬仁譯為：〈辛亥革命與我〉載於：陳鵬仁譯著《孫中山先生與日本友人》，頁33，〈辛亥革命與犬養和頭山〉。

果接犬養急電，文云：「山本業已諒解，希轉告孫文。」當時古島與萱野上船，秘密迎接中山先生先住神戶松方別墅（即諏訪山腹），後潛往東京，暫住頭山寓邸。此後中山先生與頭山友誼更篤，為中日及東亞前途，共同努力。[65]

5、　加拿大籍馬坤，崇敬中山先生，決心獻身中國革命，始終如一

馬坤於 1911 年於加國晤識中山先生後，他跟隨中山先生較久，一開始即擔任中山先生的侍衛約兩月。1919 年再度追從中山先生，直至 1925 年中山先生逝世，先後六年有餘，他對中山先生的忠誠，真可說是始終不渝。1911 年 2 月，中山先生到了加拿大，馬坤晤見了他心儀已久的中國革命領袖。在一次同盟會分部的大集會裏，他被介紹與中山先生晤識，他的心情是何等的激動，他於事後寫述那次印象說：「生平從未曾見過真正的偉大人物，但是這次立刻認識到孫博士確是一位偉人」。他從那時開始，便決心獻身中國革命，效忠於這位中國領袖。從跟隨中山先生，直到中山先生病故以後，他還繼續參加北伐和抗戰軍役，甚至被日本軍隊所囚禁。[66]

（乙）為情誼奔走營救與仗義執言，及時化解危機者

1、英籍康德黎夫婦、孟生之機智，奔波營救，得免於難

康德黎與孟生二位博士，係中山先生於香港西醫書院之業師，亦摯友也。當 1896 年 9 月於倫敦被難時，幸得彼等四處奔走設法，

[65] 同註 63，頁 30-32，〈國父與頭山滿〉。
[66] 項定榮著：《國父七訪美檀考述》，頁 217、219。

終於幸獲脫險，並且康德黎夫人機智地及時將中山先生置於旅社之重要文件取回，付之一炬，以杜後患。否則其後果當所預見。其前因後果如中山先生於《孫文學說》第八章中說明被難前幸能於檀島邂逅康氏，此係以後被難獲救之關鍵的會晤。倘若未能晤談，得悉康氏返英，嗣後在倫敦得見，即或錯失以後康、孟二氏之努力奔走營救之機矣。馮自由謂：「康氏之仗義，雖純然出於師生之誼，然於中國革命亦恩人之一。」[67]（參閱：第七章，第一節，壹、鼎力營救中山先生脫險之康德黎夫婦與孟生。）

2、法籍羅氏仗義執言、攸關革命成敗關鍵

羅氏係中山先生之舊識也，協助中國革命，不遺餘力，尤當1911 年武昌首義之際，於各國領事會議中，幸羅氏於會中仗義執言，一語得以解除對革命黨或有之干涉，得使中華民國順利誕生，否則其後果亦當可想見。（參閱：第七章，第一節，叁、仗義執言、攸關革命成敗關鍵之羅氏。）

（丙）為獲取所得或生活費用，因而相助者

英籍學者、軍事學家摩根，亦係興中會會員，曾參與革命工作。因其「素有志於東亞維新事業，丙申（1896 年），總理至倫敦識之。嘗約其來華相助，遂於己亥（1899 年）涖華訪總理。總理命陳少白、李紀堂招待之於香港。庚子（1900 年），總理往來日本、香港、南洋之間，摩根常追隨左右，頗為得力。歐美人入興中會祇此一人耳。」[68]「其後，摩以革命黨經濟漸困，供給不周，頗有去志。香

---

[67] 馮自由著：《中華民國開國前革命史》（一），頁 296。
[68] 馮自由著：《革命逸史》，第三集，頁 49-50。參見：《中華民國開國前革命史》（一），頁 296。

港保皇黨員聞之，陰助以旅費，摩遂與康徒發生關係。然未幾康徒供給亦斷。摩於是悵然歸國。乙巳（按即 1905 年，民前 7 年）春初，中山自美渡英，亦嘗寓於其家，其後遂無所聞。」[69]但中山先生對摩根曾熱心贊助中國革命，仍然懷念至殷，曾於 1909 年 6 月 24 日，於馬賽致書在英倫之吳敬恒，詢問留英各同志詳情，及故人摩根之消息。由此可知中山先生之偉大情懷。

（丁）為逞其官方所命，或基於私人企圖而相助者

1、　經其本國官方授意，協助中國革命冀以調查中國秘密結社活動情形

其一，於法國方面：有布加卑者：於 1905 年 9 月 9 日（西曆 10 月 7 日）中山先生自日本赴西貢籌款，「舟抵上海，泊吳淞口，有法國軍官布加卑少校者，登輪求見，……布加卑首言係奉陸軍大臣之命來見，傳達法政府贊助中國革命之意。叩問『革命之勢力如何？』先生略告以實情，又詢『各省軍隊之聯絡如何？若已成熟，法國政府立可相助。』先生答以未有把握，遂請彼派員調查聯絡之事。國父復以粵語謂胡毅生曰：『此為法國在天津駐屯軍之參謀長，奉政府命令，與吾黨聯絡，彼欲派員赴各省調查吾黨實力，如確有實力，則法國將願助吾黨獨立建國。……』」[70]其後「布氏乃於駐天津參謀部派定武官七人歸中山調遣。中山於是命廖仲愷駐天津助布氏調查中國革命實力及翻譯各報所載革命消息。黎勇錫（仲實）與某武官（按即克勞德）調查兩廣。胡毅生與某武官調查川、滇。

---

[69]　同註 67，頁 296-297。
[70]　吳相湘編撰：《孫逸仙先生傳》，上冊，頁 203-204。

喬義生與某武官（按即歐極樂）調查長江沿岸各省。……清廷得報，
乃向駐北京法使大開交涉，法使於事前本無所知，乃請命於巴黎，
謂何以處分布加卑等。法政府令勿過問。清廷無如之何。未幾法政
府更迭。新內閣不贊成此種政策，乃取消參謀部，而召回布加卑
等。此事始告終結。」[71]而布加卑等調查中國革命黨各省軍事之
情報，亦必然會將之報告法國當局也。孫中山與法國當道發生關
係，由來已久，是年（1905 年）春至巴黎，韜美（前安南總督）、
杜郎輩得握政權，往返頗密，及中山赴日，法政府派員接洽，電
安南總督為辦理此事，向中山鄭重介紹布加卑求見一事。[72]故布
氏之事當非突然也。再者，法國政府對中國革命一事，亦亟待知
悉者。如吳相湘教授云：1907 年春，日本政府通知孫中山離日，
「國父離開日本，原是久有此意向。嗣後與法國駐華武官及安南
總督等同意，允許孫往安南居留——這不是法國人崇尚自由民
主，而是利用這機會與國父接近，以獲得中國革命黨及秘密結社
活動情形。國父既久有意以安南作革命起義基地，故將計就計，
也可以說互相利用。因此，即於 1907 年前往安南河內設立機關，
統籌一切大計。」[73]

其二；日本方面：日本外相大隈重信任宮崎寅藏、平山周、可兒
長一為外務省之囑託員（兼任職員），負責調查中國革命黨之內情。
未久，寅藏受大隈外相之命，與平山、可兒等至中國南方各地活動，
以獲取必要之情報。另有：於各地調查山川、水文、民情風俗等等返
國受到日政府獎勵。如：小川運平、中西正樹、三和作次郎、中野正
剛、浦上正孝、曾根俊虎等。其目的亦是日政府欲了解中國之一切。

---

[71] 同註 67，頁 297-299。及參閱同前註，頁 209-211。
[72] 同註 70。
[73] 吳相湘著：〈國父與日本關係〉」（臺北，《中國時報》，民國 71 年 11 月 12
日，第 14 版，〈池亨吉親歷鎮南關之役〉）

2、基於私人企圖，或懷有某種目的而藉機協助中國革命

日人其有欲使革命黨內部分裂，造成不能團結。如馮自由稱：「丁未（1900年）1月20日，日政府徇清公使楊樞之求，令中山出境，同時餽中山以贐儀數（五）千元。……中山遂赴南洋籌畫惠潮軍事，瀕行留給民報維持費二千元，同盟會會員章太炎、張繼、宋教仁、譚人鳳、白逾桓、日人平山周等，對於中山受日人贐金事，大起非議，及惠潮軍事失利，反對者日眾，章等復有革除中山總理之提案。獨庶務幹事劉揆一力排眾議，嘗因此事與張繼互相毆打。其後劉光漢復提議改組本部案，日本社會黨員北輝次郎、和田三郎等主張尤力。故光漢等曾極力援引北輝、和田二人充任同盟會幹事，亦以劉揆一反對而止。」[74]

日本代議士中村彌六，即為藉協助革命黨購軍械武器而詐騙中飽者。據馮自由云：前於1900年，「惠州革命軍起。中山自臺灣電宮崎，令將菲島獨立軍所購軍械，火速設法運至戰地。宮崎乃派遠藤（隆夫）向中村（彌六）交涉軍械事。中村托故他適，而使遠藤自赴大倉商店取械。大倉告以此物盡是廢鐵，祇可售給外國以求利，絕不能施諸實用。遠藤至是始覺察中村之詐，遂以告犬養、宮崎，於是購械之黑幕頓然暴露。眾皆詈矢於中村焉。中山自臺灣返日，始知此事，乃要求大倉退還械值六萬五千元，以期寧人息事。大倉祇允出價一萬二千五百元取回原物。犬養、宮崎、遠藤諸人皆以中村見利忘義，攻擊益力。旋又發現中村偽造函件、印章（偽做中山私印、冒簽）等，尤動公憤。事為《萬朝報》所聞，遂將中村欺詐行為盡情披露，舉國為之騷然。犬養以此事於進步黨名譽有

---

[74] 同註67，頁201-202，〈中山離日之黨潮〉。

關，派人諷中村自行脫黨，中村不允，犬養遂以總務委員之權力，強將中村開除黨籍。」[75]

（戊）居心叵測，為圖謀中國而參與相助者

日本政府本其既定政策，欲圖染指中國領土至亟。故而於襄助中國革命之名單中不乏其假藉革命而圖謀於我者，則如杉山龍丸於1945年編成之《與中國革命有關之日本人名簿》，所列有關幾個侵略中國的禍首戰犯，除田中義一、本庄繁、廣田弘毅等外，尚有其他人在焉。本庄繁雖尚有甚少之協助革命事蹟，但當辛亥革命時，其尚是基層幹部──少佐。亦尚無具體陰為謀我之事實。至於田中、廣田二人則尚未查出其當時對中國革命有所助益或不利之事實。其他日人襄助革命，但存有別具企圖者，茲列述之如左：

1、下田歌子

下田歌子，「東洋婦人會」理事，「在日俄戰中出現女報諜員，相當傑出，日本學習院女子部長下田歌子不但訪問國父孫中山先生，也到北京訪西太后。另外送宋河原操子到蒙古王宮擔任家庭教師，協助日本偵察隊長井戶川辰三大尉。……又下田歌子鼓勵邊見勇彥以『江崙波』之名，學中國語後到上海，日俄戰爭中組滿洲義軍指揮馬隊，與化名『張宗援』之伊達順之助都進入滿洲，與匪徒擾亂俄軍後方。」[76]

---

[75] 馮自由著：《中華民國開國前革命史》（一），頁 312-321，〈中村彌六之騙案〉；及：馮自由著：《革命逸史》，第四集，頁 83-86。至於中村彌六之布引丸事件，中村被開除進步黨經過等，參見：宋越倫著：《總理在日本之革命活動》，頁 59-63。

[76] 洪桂己著：〈清末民初日本在華諜報工作〉，頁 440。

至於其「以『東洋婦人會』名義向清廷募取資金，以提供革命黨，而代價是革命成功時要割讓滿洲與日本之約定云。在此說動下田歌子與孫文有接近之事實。」一節，則係意圖侵略中國之日人，以流言捏造，圖割讓滿洲與日本。

2、大原武慶、原二吉

1911 年武昌革命，「日本駐清公使伊集院彥決定以保護漢陽鐵廠被革命軍佔領之後，波及大冶為由，要求日本政府派船保護，日本海軍派軍艦至長江。當時日本已有武備學堂教官大原武慶少佐在武漢，變裝改名『武進』，與有留重利、原二吉、次田博，石田德太郎、……混入黎元洪的革命軍作幕僚。漢口總領事為松村真雄和來栖副領事，還有派駐漢口的陸戰隊川島司令官。但鑒於事態嚴重，參謀本部又派本庄繁……前往武漢。」[77]

近藤秀樹於所著〈辛亥革命與滔天〉一文中又云：「12 月 25 日孫文返上海，外務大臣內田康哉極機密電報中指示，乘此混入裏面，寬和革命軍意見，以繼續協商建立立憲君主制為佳，另日將派一、二個與政府無關之人，勸告革命軍之有力者，結成善鄰同志會的東亞同文會事根津一。由外務省利用東亞同文會員名義進行報諜活動，報諜員中有武昌革命起義以來不離開黃興的大原武慶，可能從事想不到的反革命陰謀。」[78]

3、平山周、可兒長一

受日政府指派，負有秘密調查任務，「明治 29 年（1896 年）9 月，松隈內閣成立後，當時尚是沒沒無名之三青年平山周、可兒

---

[77] 同註 25。
[78] 同註 76，頁 444。

長一、宮崎寅藏接受外務省秘密意旨，前往中國，調查中國民間黨
實況，秘密結社之內情等。彼等均勇於接受此使命。宮崎因病而
延期出發，平山及可兒二人同往華南。平山行前求見陸軍省宇都
宮太郎少佐（後升為大將），宇都指示注意『將孫逸仙其人之一切
言行等報告』。平山始知孫逸仙之名。而對孫之中國籍貫、經歷一
概不知。然於前往上海之船中，讀到《倫敦被難記》，不圖 Sun
Yat-Sen 文字出現在平山眼中，瞬間腦中反射『此即宇都宮少佐所
謂之孫逸仙』。……知道孫因英國政府之抗議，中國公使館釋放後
東歸之事，由此消息為求會面機會，平山與可兒長一由上海向香
港出發。」[79]

4、 內田良平、北輝次郎（按即北一輝）、清藤幸七郎、池 亨吉

武昌革命發生後，日本的大陸浪人頭山滿、內田良平、小川平
吉、古島一雄組織有鄰會（1911年），根津一、河野廣平、衫田義
一也組織善鄰同志會，黑龍會的北輝次郎也到漢口看望宋教仁、譚
人鳳。當時革命軍正需錢買武器，內田良平派北輝次郎和清藤幸七
郎向友人原口統太郎介紹大江卓向三井物產借三十萬元，犬養毅率
浪人十人，於（1911年）12月27日抵上海，頭山滿和犬養毅都反
對宋教仁使日，但是後來發現內田良平自日韓合併後，接受山縣有
朋及桂太郎的指示，已和北輝次郎、清藤幸七郎以及結成親中義會
的池亨吉及海軍大佐太田三次郎、陸軍大尉內藤政良、赤坂警察局
長本堂平四郎，成為日本的諜報人員，派在同盟會監視大陸浪人和
革命黨人來往的人。從外務省外交史料館的紀錄證明，清藤向外務
省政務局長倉知鐵吉每月領一百元，提出情報，10月22日香港總

---

[79] 黑龍會編：《東亞先覺志士記傳》，上卷，頁612-614。

領事船津辰一郎，也向外務省報告：「親中義會由政府得到相當的
援助，會員有陸海軍人，以及有專門知識的人，此次會員到上海已
支出二萬元，但今後為革命黨奔走也得到方便，由此證明本堂赤坂
署長也是監視孫、黃密會提出報告。太田大佐跟隨池亨吉透過孫先
生聘為書記，打探消息。」日本外務省 1912 年 1 月 6 日〈由渡清
親中義會某來自上海的書信第五報〉有一段：「池得孫之信任參與
樞機，中國歷史數易君主，強者興，弱者亡，為三千年來之君主國，
因此止於孫倒清朝」；又「美國人荷馬李自稱是孫之參謀長，帝國
正煽動池讓親中義會的太田大佐接近孫遠李，……」，近藤秀樹所
著：〈辛亥革命與滔天〉一文指出：「上述通報是很明顯地反革命陰
謀，日本浪人都怕向本國通報的人物，就是赤坂署長本堂平四
郎。……正月一日，宮崎滔天給夫人的信中有：「池君因未徵得同
意擅自向商人借款」，「後來在大阪的演說中指出武昌起義，孫文並
未命令一詞，為孫大總統解除秘書之職」。宮崎滔天也發現浪人中混
入諜報人員，只好和山田純三郎同住，而與池、北輝、清藤分開，……
北輝次郎指責孫先生委託山田純三郎以漢冶萍公司合作，向日本提
出貸款或活動，犬養毅推薦岑春煊，又指責革命派不聽犬養、頭山
反對南北妥協，被袁世凱奪取革命功勞，可能都是陰謀中傷。[80]

5、　宗方小太郎、高橋謙、田鍋安之助、中西正樹、白井
　　　新太郎、荒尾精

　　宗方小太郎（1864-1923）為大陸浪人的指導者之一，肥後人。
少從草野石瀨習漢學，其後又受熊本濟濟黌的主持人佐佐友房的薰
陶，有志於中朝的冒險事業。1884 年隨佐佐友房赴中國，於上海
學習華語。其後受荒尾精之招，留在北京主持樂善堂的北京支部，

---

[80] 同註 76，頁 450-451。

又協助日清貿易研究所的設立。甲午戰爭之際，受命往芝罘、威海衛、旅順等地收集情報。其後在漢口經營《漢報》（漢字報），又與井手三郎等在福州設《閩報》，策應臺灣總督府在福建的擴張活動。從 1904 年起（明治 37-40 年間），又任上海東亞同文館的監督。他學識深，長於文，巧於詩，連討厭支那浪人的著名學者內藤虎次郎，也相當尊敬他。[81]

日清貿易研究所所長為荒尾精，1890 年 11 月荒尾返國，所務一直由根津一代理。宗方小太郎任幹事並為學生監督。顧問為中西正樹、山內嵒、高橋謙、田鍋安之助。[82]

1886 年（光緒 12 年，明治 19 年），參謀本部又派荒尾精中尉調查中國四百餘州，並由上海樂善堂的岸田吟香指示機宜，在漢口設立樂善堂，招募日本浪人成立諜報機構。參加的有井深彥三郎、高橋謙、宗方小太郎、山內嵒、石川伍一、井手三郎、田鍋安之助、中西正樹、白井新太郎、……等十七人。荒尾坐鎮漢口樂善堂，北京支部由宗方小太郎、湖南支部由高橋謙、四川支部由山內嵒負責查探官員活動。參加調查之前先行穿中國衣服，操中國話，表面上作雜貨買賣，暗中作探險調查，……至於其他各人，如四川支部者則深入西藏、雲南、貴州、湖南、廣西、福建走遍十八省。另一部份人到南北兩京、兩江、湖廣、陝甘、蒙古、東北各地，調查山川形勢、關塞，要害、風土、氣候、人情風俗、農工商、水陸物資、金融、運輸等。荒尾化了三年的時間，返國後向參謀本部提出綜合報告覆命書，……。[83]

---

[81] 宮崎滔天著，啟彥譯：《三十三年之夢》，頁 49-50，註 1。

[82] 黃福慶著：〈甲午戰前日本在華的諜報機構──論漢口樂善堂與上海日清貿易研究所〉（《中央研究院近代史研究所集刊》，第 13 期，民國 43 年 6 月，臺北，頁 326。）

[83] 同註 76，頁 429。

6、兒玉源太郎、後藤新平

　　1898 年後，日本政府對革命與維新兩派的逋客同予庇護，並謀求他們之間的合作。當時日本憲政黨人大隈重信和犬養毅傾向維新派，而許多激進之士則同情孫逸仙。然所謂傾向或同情，不全在協助中國新興勢力的發展，半含有利用之味道。1898 年 11 月，大隈重信和坂垣退助憲政內閣倒臺，繼起者山縣有朋內閣，傾向於軍事冒險。1900 年中國發生拳亂，列強乘機在中國北方角逐，臺灣總督兒玉源太郎認為有機可乘，建議政府在福建發展。兒玉之建議獲海軍大臣山本權兵衛之支持，日本遂作佔領廈門準備，當時孫逸仙正擬在惠州起事，因自香港謀求英國協助不成，轉而與兒玉接觸。兒玉不僅允許臺灣為策動革命基地，並準備助以軍事物資與顧問人員。兒玉策動佔領廈門之陰謀，後為伊藤博文得悉，伊藤極力反對。伊藤係文治派領袖，時正掌理樞密院，認為日本如佔領廈門，列強將會採取干涉行動，因促使外務大臣青木周藏反對此事。兒玉原奉命於 8 月 29 日採取行動，卻在此前一日奉命停止。1900 年 9 月 26 日，山縣有朋內閣辭職，伊藤出面組閣。一週以後，惠州之役爆發、又二週，兒玉奉命取消孫逸仙在臺灣之指揮部，並驅逐孫逸仙及平山周等離臺，軍事物資與顧問人員之援助自然亦歸泡影。兒玉援孫之目的，在派配合其佔領廈門之計畫，今計畫既然中止，惠州戰役又陷於彈盡援絕，其自無須再作不必要冒險。[84]

　　中山先生亦曾於《孫文學說》第八章〈有志竟成〉篇中亦有云：1900 年（庚子）對惠州之役起事經過及日本內閣更替，致使兒玉

---

[84] 同註 39，頁 419-420。惟兒玉源太郎欲進攻福建計畫及未能實施等，於王華中編著：《國父革命與日本友人》，頁 141-145，〈臺灣總督之困惑〉一節中，有詳盡敘述（臺北黔人雜誌社出版，民國 73 年 7 月臺北初版）。

源太郎原預謀助之事而未成，敘述甚詳。[85]當然不可能洞悉兒玉欲佔領廈門之陰謀。

　　後藤新平，臺灣總督府民政長官，對中山先生與隨員渡臺即予監視行動，如日本外務省外交文書：後藤民政長官致小松原總務長官之機密電報，文曰：「孫逸仙偕清國人六人與本地人三人，本日抵此。孫此次係由廣東渡臺，彼等行動已在監視中，詳情書告。9月28日下午1時發（明治33年、1900年）。」後藤又致小松原電：「孫逸仙來臺，同人等對其有無陰謀，妨害我政府，已在注意防範中。」而小松原致後藤回電：「孫逸仙之陰謀應加防止。至對特殊之本地人，形跡可疑者着予檢查，免引起外交上困擾，必要必要！此回電經內務省、外務省協議決定發出，政務局，明治33年9月20？日」再即青木外務大臣致廈門、福州領事電報：「此際華南舉事之嫌疑人，清國亡命者孫逸仙，已於9月28日抵臺灣據報其同謀者有認識日本人不尠，其最重要者有石川縣人吉倉汪聖、福岡人內田甲等，孫逸仙一行若自臺灣渡清國，於所到達之駐在地領事，應即電報告知，有無拘捕與此陰謀關係者所認識之日本人，在此地登陸即嚴加取締，以防範陰謀。明治33年9月30日。」[86]。從而可知彼等之態度。

　　據秋山定輔自述稱：「後藤新平當時並不贊同中國革命，亦不願將武器自澎湖運往中國大陸支援革命。」如秋山稱：「自從明治38、9年（1905-1906年）間，我與孫文相識，已經六、七年之久

---

[85] 《國父全集》第一冊，頁叁-165。並參閱：馮自由著：《中華民國開國前革命史》（一），頁95，〈運械計劃頓挫〉；及其《革命逸史》，第五集，頁21-22，〈運械計劃頓挫〉。

[86] 以上四則文件為日本外務省外交文書原稿，均為影印本。係於民國73年9月，由日本明治學院大學橫山宏章教授，因研究〈惠州起義和兒玉源太郎的『支援』〉一文時，來臺灣蒐集有關資料，特假國立臺灣師範大學三民主義研究所，舉行座談會中所提供之資料，其時著者恰能忝陪末座。

了。孫文氏剛到廣東策劃起義，武器要從日本送去。要把武器輸送到廣東是不可能的，只好送到廈門，並且要先運到臺灣的澎湖島，再由澎湖秘密運到廈門，這是孫文氏的主張。

當時的臺灣總督是兒玉源太郎上將，民政長官是後藤新平。後藤尚未受封爵位，我和他素來很熟，我認為他一定能夠通融。總之，國家元老伊藤氏既然已經諒解，後藤必然答應由澎湖運送武器。我的預期卻完全得到相反的效果。當我向後藤氏說明原委之後，不料他卻置之不理。談到中國革命，他認為這是流氓的工作。我因為事實要他幫忙，屢次訪問後藤氏，他的回答是：『我們對於中國的研究絕不落於人後。何況我是當臺灣人民的官，兒玉伯爵更不用談。中國乍見之下似乎弱不禁風，事實上是佇立不動，這就是中國的特點，不管孫氏如何偉大，他的理想如何崇高，一個空手的志士要實行中國的革命，這是不可能的。要從澎湖運送武器更是妄想。你對於孫文氏如此信服，可能孫文氏有他的長處，但是中國的問題是不值得一談的，你還是及早清醒吧。』聰明如後藤氏，竟也不能預料事實的演進，不過這也是難怪的。經過七、八年後，中國革命成功，孫文氏在世界關心之下訪問日本，會見桂太郎公爵，前後達三次。後藤氏當時已經是內閣大臣之一，他以貴賓之禮招待孫文氏，舉行盛大的晚餐會款待他。可能後藤氏遺忘不了從前的事，在晚餐會上並未教我敬陪末座，後來我遇見後藤氏時，曾經當面表示遺憾，他的態度非常尷尬。」[87]

另一事實說明後藤新平是一別有用心者之一，如：1900 年 8 月：「根據有關資料，日本對福建早有企圖。去年 12 月 19 日，日政府批准臺灣總督與廈門領事館可直接通訊；22 日，日皇召見臺灣總督府民政長官後藤新平，翌日，臺灣總督府增設臨時對

---

[87] 陳固亭著：《國父與日本友人》，頁 40-41，〈國父與秋山定輔〉。

岸事務股。去年春，2月1日，後藤赴中國南方考察，26日返臺。
4月3日，兒玉源太郎赴東京作詳細報告，6月中，彼即派艦赴
廈門，後藤駐「和泉」軍艦指揮。「和泉」艦長為齊藤大佐。7
月29日，兒玉源太郎趁機廈門之計劃，獲日政府批准。次日，
即藉本願寺事件為由派日兵登岸；初2日，再派兵上岸；4日，
由土屋少將司令率步兵混成旅兩支隊，乘「高雄」及「大島」二
艦，自高雄出發。次日晚入廈門港。當日軍欲完成佔據廈門時，
臺北轉到東京陸相電令，停止進兵，後藤新平及土屋遂率隊返航
澎湖。」[88]

　　7、根津一、岸田吟香

　　根津一在華期間，亦為在華諜報機構負責訓練諜報員之首腦之
一。如1890年，參謀次長井上操六與陸軍次官桂太郎，補助經費
在上海開辦日清貿易研究所，委託樂善堂之荒尾精為所長。第一屆
選拔日本學生一百五十人。日本政府由農商務部賣山林補助，此一
諜報訓練所在9月開學，參謀本部派根津一大尉輔助荒尾訓練，聘
中日英教授。至1893年6月，有八十九名學生畢業。甲午戰爭後，
派畢業生七十六人擔任翻譯及諜報工作。[89]

　　以岸田吟香所開設之眼藥舖分店為中心，先在上海設立樂
善堂，繼在漢口亦設分店，日本參謀本部利用之為情報蒐集機
關，其後由根津一大尉等協助，在上海設立日清貿易研究所，
訓練對華侵略人才，甲午戰爭中之日方翻譯諜報人員，即由該
所養成。[90]

---

[88] 同註76，頁430-431。
[89] 羅剛編著：《中華民國國父實錄》，第壹冊，頁549-550。又見：段雲章編著：
　　《孫文與日本史事編年》，頁89，引用自上書。
[90] 宮崎滔天著，宋越倫譯：《三十三年落花夢》，頁226。

　　國際人士襄助中國革命，既以日本人士為最多，而其身份亦極為複雜，泰半均屬所組之社團成員，該社團因宗旨不同，企圖各殊。惟日本內閣之高級官員鑑於中山先生是中國革命家，避諱滿清政府，不敢公然交往，（或係因推翻帝制，與日本之政治體制有關，故也有所顧忌。）故周旋於中山先生者咸為日本大陸浪人及在野之士。彼輩可概分為三個群體：

　　其一、極權主義者（以皇室為中心，對內主張絕對主義政體，對外主張擴大侵略勢力）：如玄洋社之頭山滿，黑龍會之內田良平等。其背景為日本軍閥。日本軍閥之始祖山縣有朋於 1891 年以首相地位發表施政方針謂：維持日本之獨立，擴張國家勢力，定要保全「主權線」——指日本國境，及「利益線」——即與「主權線」有密切關係之地區。後日本軍部之大陸政策即基於「利益線」主張而導出的。頭山、內田等在日本軍閥指引下與中山先生結交，其目的在利用中國革命黨人以實現領土侵略政策。例如 1913 年內田良平在〈支那觀〉中明顯表明佔領滿蒙，瓜分中國之主張。[91]

　　黑龍會首領內田良平（1874-1937）為陰謀冒險份子之後進，福岡人，青年時期加入玄洋社，好研究中國問題，一生多在中韓兩地從事陰謀活動。在日本國內政治方面，內田幾與每一項問題均有

---

[91] 彭澤周著：〈宮崎滔天與中國革命〉，頁 24。惟內田良平在〈支那觀〉中明顯表明佔領滿蒙，瓜分中國之主張。於曾村保信著，李永熾譯：〈辛亥革命與日本輿論〉一文中所載：其對華政策之諸原則中曾予提示，略以：（一）日本主動指導列國，贊助中國建設共和，尚須預阻瓜分中國；（二）日本為和平，對滿洲應善意助言，將政權奉還中國；（三）日本應調停革命黨與滿洲，使迅速結束戰局，並確保滿洲皇帝安康及社稷……；（四）（省略）（按原文即省略）。註為內田良平《支那改造論》第五章，〈日本之三大急務〉，大正元年 11 月黑龍會本部發行云。（載於：《大陸雜誌》，第 35 卷，第 1 期，民國 56 年 7 月 15 日出版，頁 26。）

正面接觸。1905 年領導反對朴茨茅斯條約，1925 年因涉嫌謀害加藤首相而被捕。於二十世紀三十年代，世界經濟不景氣期間，生產黨亦為重要之法西斯社團，煽動軍人統治，內田即為該黨之領導人物。另一玄洋社首領平岡浩太郎（1851-1906）亦為福岡人，富有相當軍事經驗，曾參加還政天皇之戰爭，並在西鄉麾下為薩摩藩效命，因而其後曾身陷囹圄。他在獄中結識一短時期因涉嫌丸山未竟事功之征韓陰謀而下獄者，並一同研究中國經典。彼等獲釋後，平岡有一短時期從事自由主義運動之活動，旋與親華之同胞計劃襲擊韓國。按照計劃，係請平岡及一些福岡人前往，並由西鄉從道負責護送。但此計劃未及完成，在彼等着手行動之前，1882 年之日韓協定業已簽字，使引起對韓戰端任何希望均成泡影。其後平岡轉入實業界，因家庭富有，立刻成為礦業巨子，故能支持各種議會民主政黨及其本人領導之玄洋社。

　　1894 年以後，彼任國會議員，在政治路線方面，大體係加入大隈集團，鼓吹對俄決戰之積極大陸政策。平岡曾因大量捐助 1898年大隈與板垣合組之憲政黨，幾致破產。頭山即支配此二人，再由此二人擔任實際領導，後人對頭山其人很難作一正確刻劃，因為有關之傳說與事實紛然雜陳，分辨不易，惟有以日本之道德與價值作主體，而為擬制之說明。頭山從未正式擔任職務，但具有偉大之影響力。彼深居簡出，沉靜費解，而威望昭著，令其信徒產生言行親切，意志堅定，與忠貞無邪之感。世人每以頭山與日本政界要人相提並論。舉例以明之，1913 年時，三宅雪嶺博士在大隈早稻田大學曾作一次講話，將大隈、犬養、及頭山作過比較評價。照三宅之言，大隈品位最高，犬養列第三等，頭山無品。但以常人目之，該項等次應予倒置。因大隈之官位由妥協而來，但頭山則不知什麼是妥協。大隈在國會擁有二百多議席，犬養亦有廿七席，而頭山無有。但如大隈金錢與權力易勢，即無人聞問，而頭山之信徒則赴

湯蹈火，亦樂效驅馳。大隈親西方，不能閱讀中國經典。犬養微
傾西方，尚讀翻譯經典。頭山則淡於治學，但深體人事，在三者
之中，最為通達。大隈虛浮自誇而傲慢，犬養尚能自檢，而頭山
自律甚嚴。大隈不知書法，犬養為練達書家，頭山則詩書並茂。
總而言之，按三宅之言論，三人之等次為：頭山、犬養，而大隈
居末。[92]

其二、民權主義右翼份子：有平岡浩太郎（如前其一所述）、
大石正己等，背景為日本新興之產業資本家，其一面要掃除藩閥政
府之獨裁政治，樹立會議制度；一面以國家主義獨立運動先進者地
位，對中國革命寄予同情，希望援助中國獨立自主，再以功索賞，
使日本產業資本家能於中國獲取一部份經濟特權。[93]例如，中日合
組中國興業株式會社，其目的在能實施三井銀行員尾崎敬義於昭和
44 年（1911 年）〈對支放資論〉中所謂：「向目前之中國投資，在
利益上，非如儲蓄般單純。貸款之手段，其重要目的在於利權之獲
得。」換言之，援助革命黨，為的是獲得利權。同時，並有著名之
滿洲收買計畫，即利用中國二次革命資金困窮時，給予武器及二千
萬現金，已換取滿洲之計畫，後未成功。[94]

其三、民權主義左翼份子：如宮崎寅藏、萱野長知等，背景單
純立於人類自由、平等立場，對列強侵略中國及清廷獨裁無能而感
痛恨。在大亞細亞友好主義下，願誠摯熱情與中山先生合作，援助
革命黨，使中國能早日建立民主共和之獨立國。如此非但可間接鞏
固日本獨立安全，且以中日兩國之獨立友好合作，更可解放亞洲其
他受壓迫之弱小民族國家。[95]

---

[92] 王華中編著：《國父革命與日本友人》，頁 47-49。
[93] 同註 49，頁 25。
[94] 《大陸雜誌》，第 35 卷，第 1 期，頁 27-28。
[95] 同註 91，頁 25-26。

　　以上三種群體，第一、二兩群體援助中山先生革命咸抱某種企圖。於有利於彼之條件下，即支持中山先生，若不利於彼之條件下，則對中山先生革命即行破壞。例如，中日戰爭時，東京之中國留學生基於同文同種立場，均一致支持日本政府，則日本政府亦對之力予示好。故 1905 年中國同盟會能順利於東京成立，難謂與此無關。迨日俄戰爭結束後，日本已鞏固在遠東之國際地位，遂即頒佈取締中國留學生法規，封鎖《民報》，驅逐中山先生出境，分化同盟會等。由此非友好政策均可反應當時國權主義者對中國革命黨之態度。而惟有第三群體，尤其是宮崎寅藏即始終友好中山先生，為中國革命而盡瘁。中山先生於當時並非不能明辨真妄，但因國內已歷經多次起義挫折，為期推翻滿清，姑不計其背景為何，派系為何，凡願援助中國革命者咸表歡迎。不論與任何派系結合，皆可摧毀愛新覺羅王朝。因之，中山先生對結交日本朝野人士殊慎重視。《民報》之六大宗旨中的第五項：「主張中國、日本兩國之國民之聯合」，此即意味在革命尚未成功階段，是需要友邦人士援助的，質言之，是革命期中之一必要的外交手段。[96]

　　總之，除少數人外，「日本人純粹出於利己之動機，後日的經過已加說明。」[97]

第三節　日本人士所組社團之研究分析

　　日本鄰近中國，地狹又乏天然資源，故對比鄰之中國，地大物博，相形之下，難怪其虎視耽耽。自明治為新以還，即漸萌侵略之野心，而日本民間人士對中國大陸情勢，亦頗表關切，乃採組織社

---

[96]　同註 82，頁 308-313。
[97]　同註 7 之：藤井昇三著：《孫文の研究》，頁 67。

團，研究中國問題，促進中日人士之感情交流，疏通意見為目的。但亦有利用社團組織，陰行滲透顛覆，執行政府所交付之任務者。茲依據各社團分：社團組織與教育團體，依其成立時間先後，計單位，分別略述於後：

第一類 社團組織（計十一單位）

（一）樂善堂

岸田吟香曾辦報及任記者，也經營過航運事業，皆半途而廢，唯一能成功而成巨富，聲明大振者，則為樂善堂，1864 年協助美國傳教士赫本編纂《漢英對譯辭典》」，赫本為酬勞岸田，乃傳授製造眼藥的秘方給他，岸田稱為「精錡水」。他一面根據此秘方製造與販賣，一面因他當時擔任《東京日日新聞》總主筆之便，在報紙上刊登廣告，因此銷路極佳。他於 1877 年（明治 10 年），辭《東京日日新聞》職務，在東京銀座二丁目開設樂善堂，專事於賣藥行業。樂善堂以製造與販賣「精錡水」為主，附帶也販賣雜貨及書籍等，因生意興隆，不出一年，變成巨富，乃把目標轉向中國大陸，於 1878 年（明治 11 年），在上海英租界，開設樂善堂上海分店。爾後三十年，岸田不僅以上海樂善堂作為在華活動的根據地，當時在滬或赴滬的日本人士，幾乎都受到上海樂善堂的照顧。該店目的不是純粹為了商業上的利益。似以藉此促進中日間之經濟提攜及中國開發，然當時歐美的經濟勢力確已打入中國，其一廂情願之構想，無非是想遏阻歐美經濟勢力東漸。而岸田始終不願進入仕途。岸田雖因樂善堂而致富，然其大部分財富用於資助在華蒐集情報之日本人士。尤其是漢口樂善堂那些人在華調查活動的費用，幾乎全

由岸田支應。因此使樂善堂財政構成很大負擔。尤其甲午戰爭及帝俄勢力南侵後，訪客增加，雜務亦增，更以岸田年歲漸大，不能常來滬督導業務，致財務日漸衰竭。岸田死後，清理財務，不但無盈餘，反有赤字。岸田歿於 1905 年（明治 38 年）6 月 7 日，享年七十三。

　　荒尾精（1858 年、安正 5 年）生於名古屋，祖父原姓福田，父福田十郎因過繼給名古屋藩士荒尾家，乃改名荒尾美濟，食祿百石。荒尾精原名一太郎，後稱義行，旋又改稱精，號東方齋。後舉家遷東京經營雜貨生意失利，生計困難。為鄰人收養。後棄文就武，1878 年進入陸軍，因關注中國問題，決辭軍職赴華。1896 年 8 月，荒尾由上海經琉球前來臺灣，倡議成立「紳商協會」，目的在籠絡臺灣人士，緩和臺灣人士反日情緒。不料 10 月 31 日，因罹患鼠疫病死於臺灣，享年三十八歲。

　　1886（明治 19 年）春天，荒尾奉參謀本部命赴華，達成其多年願望。抵滬後即往樂善堂拜訪岸田吟香，向岸田表明志向，岸田極為贊成，得到資助，另設樂善堂於漢口，貨品由岸田供應，經漢口樂善堂變賣充當調查經費。荒尾精在華三年，於 1889 年 4 月返國復命，向參謀本部提出綜合報告覆命書。[98]

　　漢口樂善堂支部表面為販賣藥材、書籍、雜貨之一般商店，實際為教授軍事知識學校，更重要者為從事諜報活動之大本營。荒尾選漢口作為活動的基地是因為漢口位於中國中樞之地，近則與湘、贛、豫等省相連，進可到川、陝、甘、滇、黔、新疆等內陸地區，交通方便，自古即為九省之會。荒尾在赴華之前即選定漢口為「興亞」的策源地。他認為只要取得湘、鄂、川、陝等省，以其財富與

---

[98] 同註 82，頁 308-312。荒尾精之生平簡介，見宮崎滔天著，啟彥譯：《三十三年之夢》，頁 51，註 3。

人口可以號令天下。該堂訂有「堂規」以約束堂內所有人員。必須慎言行養實力。設有堂長，以下分內員（堂內辦事人員）與外員（在外從事調查人員）。內外員皆受堂長節制指揮。外員是實際負責調查活動者，其旅費來源完全仰賴上海樂善堂供給的藥材、書籍、雜貨等沿途販賣所得充當。為掩蔽中國軍警耳目，調查人員皆喬裝成中國商人，他們都具有說華語能力，常於旅途中遭遇搶劫等事，則憑其機智，化險為夷。中國幅員廣大，為使有歇腳之地，並使貨物有中繼站，樂善堂在各地設有支部，其主要者有：長沙支部：設於1887年，初由高橋謙負責，後派山內崑主持，湖南地靈人傑，人才輩出，極有調查價值。重慶支部：設於1888年，主持者高橋謙（由長沙支部調來）設置目的為巴蜀形勢險峻，有天然屏障，為一理想的舉事之地。北京支部：主持者宗方小太郎，因北京為京師之地，顯紳大官、英雄豪傑皆集中於此，亦掌清廷的政治動態。各支部設置理由雖異，但最終目的則均為蒐集各種情報，並樹立其謀略據點。換言之，各支部都是漢口樂善堂推動諜報行動而設置的秘密結社的分支機關。據其「外員探查須知」中規定，探查之人物包括君子、豪傑、長者等，將其姓名、住址、年齡、行蹤等詳加記載。以備將來舉動時，得到裏應外合的方便。至於調查事物則舉凡各地山川土地之形狀、人口之疏密；風俗之良否、民生之貧富、被服糧秣等不論鉅細皆在調查之列。其他如哥老會、九龍會、白蓮教等擁有潛在勢力之秘密結社當亦所重視。對調查地區着重在西北與西南，因此地區外人較少前往，較能掩蔽中國官憲耳目，而且情報價值較大。所蒐集之資料很豐富，並繪有詳細圖說，為日本在華的謀略活動上極有價值之資料。[99]

---

[99] 《對支回顧錄》上卷，頁674-675（編輯兼發行人，東亞同文會內對支功勞者傳記編纂會，代表者中島真雄，昭和11年4月3日印，4月18日發行，6月20日訂正再版，7月10日三版發行）；參閱：黃福慶著：《近代日本在

（二）興亞會（振亞社、後改稱亞細亞協會）

振亞社成立於 1878 年，首倡者為大久保利通。大久保為當時日本政壇上主要之「諳內主義者」之一，由於 1874 年日本侵臺事件發生，大久保以全權大臣身份前往北京交涉，深感中國問題不能忽視，乃立志組織團體，以研究中國問題，並溝通兩國人士感情。倡議之初，似曾謀商於中國首任駐日公使何如璋及副使張斯桂等人。其目的在兩國留學生之交換，謀求兩國善鄰和睦，少數有志者倡設振亞社。該社成立不久，大久保在「紀尾竟坂之變」中，遭島田一郎等暗殺，該社因大久保之亡而告解散。而其時為以振亞社為母體，創立興亞會，於明治 13 年（1880 年）3 月 9 日，假於神田錦町之學習院舉行第一次成立大會，會上駐日公使何如璋致祝賀辭。且深悼大久保侯之遭難，並嘉許大久保利通之子，大久保利和繼承父志參加創立會。當日選舉長岡護美子爵為會長、渡邊洪基為副會長。贊成創立主要者有：鍋島直夫、長岡護美、大久保利和、渡邊洪基、柳原前光、鄭永寧、何如璋、張滋防、曾根俊虎等共二十三人。該會附屬事業，在芝愛宕下天德寺設立中國語學校，教授中國語，一度招收學生一百餘人（按：培養一批精通中國事務的駐清外交官員，如小田切萬之助、宮島大八等人）。明治 15 年（1882年）合併於文部省直轄之外國語學校，興亞會之中國語學校學生轉入。因興亞會名稱曾受旅日中國人之批評，以動輒倡言興亞，未免狂妄自大，後年遂有改名稱為「亞細亞協會」之議。明治 33 年（1900年）合併於東亞同文會，首唱繼承東亞同文會精神。[100]

華文化及社會事業之研究》（中央研究所院近代史研究所專刊 45，中央研究所院近代史研究所編印，民國 71 年 11 月初版），頁 1-3；並見：宮崎滔天著，啟彥譯：《三十三年之夢》，頁 189，註 5。

[100] 同前註。

（三）玄洋社

西鄉隆盛領導之薩摩藩武士叛亂，為最後一次反抗政府之運動。其後之擴張主義團體多導源於此，西鄉亦成為近代日本之民族英雄。西鄉死後，福岡武士為發揮其理論，組成討論會一類之小團體。1881 年，幾個小討論會合併，組成玄洋社，此係以九州與亞洲大陸間之玄洋灘命名。該社以尊敬天皇、敬愛國家，與保護人民權利為宗旨。此與各自由主義黨派所宣佈之目的並無不同，但照玄洋社領袖之解釋，該社有維護國家威望之使命，不容任何外來之輕侮。雖然一般自由主義領袖們亦對外侮有同等認識，但自玄洋社立場言，辱國乃滅國之機，故敬重天皇，以保邦國家，不可怠忽，是為社員權利，亦為全民天職。觀之史實，日本領導人物中，多受該社之直接間接影響。卓越人物頭山滿，乃近代日本非常突出之一位民族主義份子。由此可知，該社的確相當重要。

玄洋社歷史性之主要貢獻，在於曾孵育許多愛國團體，其中以1901 年之黑龍會最為重要。玄洋社與黑龍會均受頭山滿所領導福岡一民族主義團體之節制。玄洋社之主要任務，係透過侵略之外交政策，以保衛日本之理想與價值。[101]

玄洋社首領平岡浩太郎亦為福岡人，富有相當軍事經驗，曾參加還政天皇之戰爭，並在西鄉麾下為薩摩藩效命，因而其後曾身陷囹圄。他在獄中結識一短時期因涉嫌丸山未竟事功之征韓陰謀而下獄者，並一同研究中國經典。彼等獲釋後，平岡有一短時期從事自由主義運動之活動。旋與親華之同胞計劃襲擊韓國。按照計劃，係請平岡及一些福岡人前往，並由西鄉從道負責護送。但此計劃未及完成，在彼等着手行動之前，1882 年之日韓協定業已簽字，使引

---

[101] 同註 92，頁 28、46。

起對韓戰端之任何希望均成泡影。其後平岡轉入實業界，因家庭富有，立刻成為礦業巨子，故能支持各種議會民主政黨及其本人領導之玄洋社。1894 年以後，彼任國會議員，在政治路線方面，大體係加入大隈集團，鼓吹對俄決戰之積極大陸政策。平岡曾因大量捐助 1898 年大隈與板垣合組之憲政黨，幾致破產。[102]

　　玄洋社的領導者有平岡浩太郎，於惠州之役時，曾予協助革命黨。如「當時支持中山舉事的民間團體是玄洋社、東亞東文會。由於各團體之間以及各團體內部的意見並不一致，再加上中山的革命派與康梁的維新派之間的離齟，這些都給惠州舉事計劃帶來了不良的影響。……門司會談的中心人物是平岡浩太郎。他是右翼組織玄洋社的首領，於軍部的關係很密切。又因當時他是國會議員，與明治政府的要員、臺灣兒玉總督、後藤民政長官都有直接間接的關係，不用說，對伊藤、山縣的對華政策也是瞭如指掌的。他見到中山既然要決意赴臺，就提出兒玉與中山之間相互協助的建議。中山對此表示同意，故中山赴臺後得到兒玉與後藤的庇護，並得到他們支援惠州舉事的默契。[103]

　　後有進籐喜平太任玄洋社社長，如於 1900 年（明治 33 年）「8月 26 日玄洋社社長進籐喜平太認為有必要到福岡與內田等謀議，該社社員中野熊五郎、大原義剛、市川鐵也、三角茂喜、宮川五郎三郎等先積極與內田、平山等人接觸，後又多方設法渡清。據三角茂喜和進籐喜平太稱，其目的：係在上海與梁啟超、孫逸仙等會合，先挽救康有為派的危急，然後密議協力在清國起事[104]

---

[102] 同註 92，頁 47-48。

[103] 彭澤周著：《近代中國之革命與日本》（臺灣商務印書館印行，民國 78 年 10 月初版），頁 60-61。

[104] 段雲章編著：《孫文與日本史事編年》（廣東人民出版社出版發行，1996 年 10 月第一次印刷），頁 92。

（四）東邦協會

　　東邦協會於 1890 年（明治 23 年），由小澤豁郎、白井新太郎、福本誠等三人發起創設之組織，為日本早期推行大亞洲主義的重要團體。如：對今之鄰近諸國近況之觀察，見到西洋各國實務、機械工業之進步，使無數勞動者失去生機。其頻頻搜索殖民地，與發展貿易。西南各地幾盡，而漸及於東洋，日本、中國首當其衝。今之多事之秋，我國士君子應為政治法律及技藝學術上努力。對東南亞之研究，以補所缺。此為我「東邦協會」之所期望而設立之宗旨。會員逐漸增加，由三百餘人，增至九百七十七人。包括朝野政界人士，主要者如：副島種臣、近衛篤麿、後藤象二郎、大隈重信、伊藤博文、小村壽太郎、犬養毅、大石正己、板垣退助、陸實、荒尾精、大井憲太郎、李經方、頭山滿等；後又有：末廣重恭、尾崎行雄、神鞭知常、林有造、牧野常民等人加入。1892 年（明治 25 年）1 月，設俄語學校開學，共有學生七十八人。二年後畢業七十人。[105]

　　東邦協會遂以專門講求學術之民間團體自居，但與純粹之學術團體在實質上似有差異之處。該會何時解散或消失，因無資料可稽。惟可考之《東邦協會會報》，發行至 1914 年 7 月，而該會歷經甲午戰爭、義和團事變、英日同盟、日俄戰爭等國際事件，因擁有不少政界人士，對上列事件，或有推波助瀾作用。[106]

（五）東亞同文會（東亞會、同文會）

　　中日甲午之戰後，民間熱中於中國問體研究，可謂是劃為興盛時代。特別是帝國大學、早稻田專門學校等學生間埋頭研究者不尠。而早稻田專門學校之有志者與有同好之學生共同設立時局研究會。參謀本部之田村怡與造等舉辦中國時事演講。遂有成立一團體之議，於是與神田駿河臺之政教社合作，研究中國問體。乃有香川悅次、井上雅二為幹事，處理會務。平岡浩太郎聞知提議「佐賀之江藤新作亦加入如何？」，二者意見一致。1897 年（明治 30 年）春，在日本橋偕樂園，陸實、三宅雄二郎、犬養毅、池邊吉太郎、平岡浩太郎、江藤新作、安藤俊明、香川悅次、井上雅二等九人開會決議有：1、發行機關雜誌由江藤新作負責；2、將研究時事問體之所見，即時發表；3、於居留之清國人中篤志家辦入會；4、輔佐光緒帝變法自強之康有為、梁啟超等允許入會。其後以個人參加的有小幡西吉、原口聞一等。而此集會命名為：東亞會。另一方面，同文會於 1897 年（明治 30 年），井手三郎與在中國有志者代表會見近衛篤麿，以作為啟發匡救東亞時局之機關。煩由近衛勸說其首領。此首倡者為岸田吟香、宗方小太郎、高橋謙、田鍋安之助、中西正樹、中島真雄、井手三郎、白岩龍平、中野二郎、山內嵒等。與近衛關係親密之陸實、池邊吉太郎、大內暢三、五百木良三、柏原文太郎等參加。更有犬養毅、谷干城、長岡護美等亦加入。

　　1898 年（明治 31 年）10 月，東亞會、同文會一致協議通過合併條件。決定改稱東亞同文會。並於十一月假芝公園紅葉館舉行成立會，決定綱領及注意書。其綱領：1、保全支那；2、促進支那與朝鮮之改善；3、支那與朝鮮時事之研討，以期實行；4、喚起國人，造成輿論。注意書概略為：日清韓三國交往已久，文化、風教相同，脣齒相依，自古即玉帛往來不絕。今列國朝昏互寇，競相攘奪，不

圖前年兄弟鬩牆，而列國乘虛而入。時局日艱，宜棄舊嫌，共禦外侮，乃當務之急。此時三國政府應益加禮尚往來，鞏固邦交，商民共信，和平共處，增進鄰誼。三國士大夫為中流砥柱，必須相誠以交，講明大道理，今特設東亞同文會，請三國士大夫共同志為亞洲之生存而予贊同，為此會而戮力。明治31年，11月，東亞同文會。

　　當日協定近衛篤麿為會長、長岡子為副會長，陸實為幹事長，幹事有中西正樹、井手三郎、柏原文太郎等及田鍋安之助、小川平吉、大內暢三、山內嵓等。1900年（明治33年）1月，與亞細亞協會合併。[107]

　　而東亞同文會之真實面貌乃另有企圖如：「東亞同文會。1898年（明治31年）10月，東亞會、同文會合併而成，為日本培養對華從事情報調查及實行大陸政策人才的機關，前者之主要成員有陸羯南（陸實）、三宅雪嶺、福本日南（福本誠）、志賀重昂、犬養毅、平岡浩太郎、井上雅二、小幡西吉，和宮崎滔天等人。後者主要成員有近衛篤麿、井手三郎、大內暢三、柏原文太郎、荒尾精、岸田吟香、長岡護美、谷干城等人。兩個團體雖為民間組織，但接受日本政府之資金援助。1900年（明治33年）又與亞細亞協會結合（共同主張有四點已如前段『綱領』所述，此略），遍設東亞同文會書院於上海、南京、廣州等地。其後於1901年，日清貿易研究所亦為東亞同文會所吸收。1902年（明治35年）更於東京成立東亞同文書院。1911年（明治44年）起發行機關雜誌《支那》（半月刊），為第二次大戰前日本養成侵華中堅幹部的重要機關之一，1936年解散。」[108]

　　東亞會於1897年成立時，含較多之政治色彩，康梁改革派人士曾請求其聲援。而東亞會對之亦深表同情，故曾允許康梁等一派人士入會。惟同文會則認為如要取信於清國官民，而允被清廷視為

[107] 《對支回顧錄》上卷，頁679-693。
[108] 宮崎滔天著，啟彥譯：《三十三年之夢》，頁165，註13。

叛逆之徒入會，是不利的。且同文會主張以發展文化事業為原則，
時加警惕不得偏向任何政黨或政派。兩者合併之際，曾為康梁入會
事發生爭執，終以折衷方式，承認康梁等為會友，風波始平。又從
兩會之主要成員，亦可略知二者互異處。東亞會成員大概有三集
團，即由陸羯南（陸實）、池邊吉太郎、三宅雄二郎組成之言論集
團，其次為犬養毅、平岡浩太郎、江藤新作等組成之政治集團，以
及由井上雅二、安東俊明等組成之學生集團。其中如陸實、三宅常
於其發刊之《日本》及《日本人》雜誌上撰文主張對外強硬，是為
民間報紙中主張對外強硬之代表。如政界集團之犬養毅乃極力主張
打倒藩閥之進步黨之年輕議員，曾與平岡浩太郎為促成「隈板內閣」
（大隈重信任首相兼外相、板垣退助任內相）之成立而作馮婦，亦
曾協助孫中山與金玉均逃亡日本，其欲藉此行動，參與中國及朝鮮
問題。平岡浩太郎是「玄洋社」之第一任社長，1884 年曾於上海
興建「東洋學館」，並開皮鞋公司，致力於栽培大陸浪人，在甲午
戰前即極力主張對中國開戰。江藤新作是「佐賀之亂」之禍首江藤
新平之胞弟，當選進步黨議員後，為犬養毅之得力助手。以上政界
集團人士，對中國問題具豐富經驗。又如學生集團之井上雅二，於
東京專門學校（早稻田大學前身）曾受教於荒尾精（學習經書及中
國語文），在校期間組「同人會」，討論外交問題，與康梁等亦有交
往。安東俊明為東京帝大學生。由此可知「東亞會」之成員是以對
外主張強硬的民間人士與進步黨議員為主，且多屬少壯派，知識比
較新穎，思想激進，尤其特別關切中國及朝鮮問題。

　　同文會成員中，如岸田吟香、荒尾精、宗方小太郎、中西正樹、
白岩龍平、島真樹等，均為有名之大陸浪人，彼等於甲午戰爭前，
即餐風露宿，足跡遍及於中國大陸各地，在荒尾精推動下陶醉於改
造中國的美夢，並為日本軍部從事諜報工作，可謂均屬於浪漫派與
從事諜報之人士。同文會主要成員，雖多屬於大陸浪人，但對中國

問題具多年實際經驗與擁有一定基地。故東亞會較激進，而同文會則基於實際經驗，主張較保守。再者，兩會成立旨趣雖同為「挽救時局」，但方法則迥異。前者以「研究中國問題」為前提，而後者則以組織一個「啟發中國人」之團體為目的。惟兩者合併後之東亞同文會，是以同文會之原則為準繩，致力於文化事業。[109]

　　另有：原口聞一「於進入東京帝國大學法科，年少時與玄洋社之志士等交往。夙即有志神馳於東亞問題。當大學在學中，與井上雅二等共同組織東亞會，與前輩之士研究議論時事。彼在自傳中有：『明治31年帝大三年級時，與親友安東俊明、田野橘次、井上雅二、……等，共同訪問福本誠，議論中國問題。一致決議設立東亞會。福本氏糾合當時同志犬養毅、池邊吉太郎、平岡浩太郎等，時常集合於神田萬世俱樂部，談論研究時事。』更且，彼對同文會之合併及其後之有關活動亦予敘述，乃將當時以近衛為後援之同文會，與東亞會因二會之目的相同，採自然合併之決議，會名為東亞同文會，發行《東亞時論》為機關雜誌。32年（1899年）在北京、南京、漢口、福州、廣東設立東亞同文會支部，設立學校，發行新聞。著手中國問題之實行運動。推舉已是中國通之支部長；副支部長則以青年擔任。在廣東任命高橋謙、原口聞一，限即日赴任。當時原口聞一因大學畢業期近之所拘，遂決然退學，赴廣東就任。其後同文書院留學生等歡迎來廣東，為之監督，從事華南之研究。明治34年（1901年）廣東同文會支部關閉，原口聞一依然留在廣東，參劃孫文等之革命準備工作。」[110]

　　東亞同文會設立廣東同文會支部一事，於《宮崎滔天年譜》中亦有記載：1899年「？（按其日期不詳，但於8月21日以後）（滔天）與高橋謙、原口聞一創立同文會廣東支部（支部長高橋）。」[111]

[109] 黃福慶著：《近代日本在華文化及社會事業之研究》，頁7-10。
[110] 黑龍會編：《東亞先覺志士記傳》，下卷，頁63-64。
[111] 同註6，〈年譜〉，頁94。

（六）天佑俠

天佑俠，日本右翼侵略主義的結社，目標是向朝鮮和中國擴張。1894 年（明治 27 年），以金玉均的暗殺事件為契機，玄洋社的的野半介、鈴木力（天眼）等為謀向朝鮮侵略，與內田良平等渡朝鮮，在同地與田中侍郎、武田范之等結成天佑俠。表面為援助指導東學黨農民暴亂的全琫準，實際為刺探內情，挑撥中日兩國間的衝突。中日開戰以後，有與當時大陸浪人結託，協助日軍從事間諜活動。[112]

的野半介（1858-1917），福岡人，少遊學於佐賀及長崎，入玄洋社，曾一度為民權論者，甲申事變以後，與亡命日本的金玉均過從甚密，極積參與侵略朝鮮的獻策，1894 年（明治 27 年），向外相陸奧宗光獻扶朝滅清之計，未被採納。其後得參謀次長川上操六默許，與鈴木天眼、內田良平等人組織天佑俠，計畫協助東學黨全琫准的亂軍。後因協助妻舅平岡浩太郎選舉，渡朝之舉成。然東學黨之亂却如預期地擴大，成為甲午之戰的直接導火線。其後他三度由福岡縣當選眾議員，主張強硬外交。日俄戰後周遊中國的東北，參加日本移民協會與太平洋協會的設立工作。又任《九州日報》、《福臨新報》社長。[113]

（七）黑龍會

黑龍會，該會是 1901 年（明治 34 年）2 月，由內田量平、葛生能久、佃信夫、可兒長一、平山周、尾崎行昌、田野橘次等人發

[112] 宮崎滔天著，啟彥譯：《三十三年之夢》，頁 57，註 6。
[113] 同前註，頁 64，註 5，及：宮崎滔天著，宋越倫譯：《三十三年落花夢》，頁 242。

起組織之右翼團體，以對日本國民展開宣傳仇俄情緒，及煽動對滿洲、蒙古等地開拓。擴張之野心作為該會主要宗旨。並出版《黑龍》、《東亞月報》、《亞細亞時論》等雜誌。1931 年（昭和 6 年）6 月，由部份人集結其他右翼團體，組成大日本生產黨，此為一極端的法西斯主義政黨。[114]

　　玄洋社歷史性之主要貢獻，在於曾孵育許多愛國團體，其中以 1901 年之黑龍會最為重要。玄洋社與黑龍會均受頭山滿所領導福岡一民族主義團體之節制。玄洋社之主要任務，係透過侵略之外交政策，以保衛日本之理想與價值。黑龍會之目的，則更具體，即抑止蘇俄併吞滿洲，主張日本以黑龍江為國界，是即認定一相當地區為日本之擴張範圍。黑龍會所述有關文化、政府、外交政策、國防、及教育之五點計劃摘要如下：在文化方面，該會贊助在保持東方文化價值前提下，實行東西文化之調和。是則在復興亞洲各民族之大業上，日本具有領導地位。其次，依其政綱所示，應解除民權之限制，及領導之障礙，俾政府力量增強，俾能舉國上下，協力同心，促進帝國大業。復次，其政策要指引社會改革之需要，以資增進國內之福利，並解決社會勞工之諸問題，俾外交政策能更積極，以發展日本之海外利益。在國防方面，國家應有軍事化之精神，俾日本成為有武裝之國家。最後，黑龍會堅決反對政府之教育政策，認為在此國家百年大計上，應少模仿西方，而應注意國體上之基本教訓，俾發揚大和民族之優越性。黑龍會之活動原少保密之意，如設置語言學校，進行探險研究調查，舉行各種影響外交政策之緊急大集會，及適時援助外國革命人士等工作計劃，該會之正式歷史均按年詳記。日本在明治時期，過去之封建傳統未減。在此等傳統之下，重要人物之品格及個人之領導比載於史書之工作計劃等，更為重

---

[114] 同前註，前引書，頁 204，註 2。

要，所以，要研究各民族主義團體之性質與成就，最好是考察這些
英雄們之背景與品格。[115]

　　黑龍會首領內田良平為陰謀冒險份子之後進，福岡人，青年時
期加入玄洋社，好研究中國問題，一生多在中韓兩地從事陰謀活
動。在日本國內政治方面，內田幾與每一項問題均有正面接觸。1905
年領導反對朴茨茅斯條約，1925 年因涉嫌謀害加藤首相而被捕。
二十世紀三十年代，當世界經濟不景氣期間，生產黨亦為重要之法
西斯社團，煽動軍人統治，內田即為該黨之領導人物。另一玄洋社
首領平岡浩太郎亦為福岡人，富有相當軍事經驗。頭山即支配此二
人，再由此二人擔任實際領導。[116]

　　頭山滿，福岡縣人，自由民權運動時代參加過愛國社的開設國
會運動，並參與成立向陽社，1881 年成立玄洋社，離開自由民權
運動，搞國家主義運動，鼓吹大亞細亞主義，並協助內田良平成立
黑龍會。在甲午戰爭和日俄戰爭中積極主張對中國、朝鮮進行侵
略。辛亥革命時，他一面派大批大陸浪人參與中國革命活動，一方
面親自到上海，阻止孫中山北上。[117]

（八）有鄰會

　　有鄰會於 1911 年（明治 44 年）2 月，由小川平吉與內田良平
發起組織。主要會員有：三和作次郎、宮崎寅藏、福田和五郎、古
島一雄等。實際活動：首推尾崎行昌，次派宮崎寅藏、平山周、伊
東知也等赴中國各地，以與革命黨取得聯絡。中國革命黨方面，則

---

[115] 同註 92，頁 46-47。
[116] 同註 92。
[117] 俞辛焞、王振瑣編譯：《日本外務省檔案：孫中山在日本活動密錄（1913
　　年 8 月－1916 年 4 月）》，頁 5，註 5。

派何天烱為特使赴東京，通過有鄰會，與日本各界有力人士取得聯絡。該會再度派遣頭山滿、三和作次郎、浦上正孝、中野正剛、小川運平等到中國。由玄洋社所在地福岡之「在鄉同志與媒礦界富豪」出資金。於是，有鄰會遂成為玄洋社之附屬機構，但其領袖如內田良平、三和作次郎之間，經常發生內訌。[118]

《宮崎滔天年譜》亦載有：「1911 年 11 月。上旬（宮崎）參加有鄰會的創立（於江戶川清風亭），由小川平吉與內田良平發起，於三和作次郎、福田和五郎等協議並決定宗旨：1、設事務所，開始統一運動；2、派遣同志到中國與革命黨聯絡；3、疏通政府當局及民間有力人士。後來把事務所設於丸之內內幸町旭館。」[119]

但「有鄰會尚是支持中國革命黨的，如「當中國革命黨於武漢高舉烽火際，日本頭山滿、內田良平、小川平吉、古島一雄、美（三？）和作次郎、福田和五郎及其他與中國問題有關係之同志，發起組織有鄰會團體，開始援助革命黨活動，此不止於中國革命改變鄰邦，重視對東亞大局勢在性質上的一大變化之大事件。當時對日本朝野有各種不同意見，而對中國國情之瞭解，且能預先與革命黨志士接觸，理解中國改造之偉大精神者，即是以上之同志。此一機會乃以祛除老大鄰國清朝多年積弊，賦予新生命之絕佳時機。」[120]

辛亥革命時，日本外相內田康哉在元老山縣有朋之影響下，準備干涉革命，支持清廷，這是眾所周知的事實。明治 44 年 11 月 18 日，內田外相給日本駐英公使之訓令，已說明他的基本見解：「依清國國情，根本難以實施共和制度。」而期望中國能實施改良主義的君主立憲制。在民間——包括實業界與新聞界——為攻擊政府，

[118] 曾村保信著，李永熾譯：〈辛亥革命與日本輿論〉，頁 24-25。
[119] 陳鵬仁譯：《宮崎滔天書信與年譜——辛亥革命之友的一生》，〈宮崎滔天年譜〉，頁 165。
[120] 同註 79，中卷，頁 463。

支援革命黨之聲風起雲湧。為了達到這個目的，而創立許多政治
組織。[121]

（九）支那問題同志會

　　1911 年（明治 44 年），以日本言論界及法學界為中心組織而
成的「支那問題同志會」。該會在言論界，動員了斯波貞吉（《萬潮
報》）、淺田工村（《太陽》）、工藤日東（《日本新聞》）、鵜崎鷺城（《日
日新聞》）、上島長久（《報知新聞》）、古島一雄（《萬朝報》）、福田
和五郎（《二六新聞》）、岩佐溪電（《萬潮報》）。在法學界則糾合了
鹽谷恆太郎、加瀨禧逸、平松市藏等，並以浮田和民、松山忠次郎
（《東京朝日》）、上島長久、相島勘次郎（《東京日日》）、斯波貞吉、
加瀨禧逸、平松市藏、石山彌平太等為發起人。該會於明治 44 年
（民前 1 年、1911 年）12 月 26 日，在日比谷松本樓召開第一次會
議時，決議下列宣言：本會以帝國應行之對清政策大綱，決議左列
二大方針，期以誠告朝野而貫徹之：1、帝國為世界和平計，應保
障清國領土之完整；2、帝國敬重鄰邦民意，不應隨便干涉鄰邦政
權。此外，還有《東京每日新聞》、《大阪每日新聞》」，及《日本及
日本人》……等雜誌代表人。「支那問題同志會」比有鄰會少直接
的活動。他們一方面和何天烱取得聯絡，一方面由平松市藏、工藤
日東、鵜崎鷺城、岩佐溪電等幹事歷訪首相、外相，以排擊政府的
干涉方針，表示對革命軍的同情。[122]

　　據《宮崎滔天年譜》載：1914 年「10 月 6 日，參加：對中國
有志會發起人會（於木挽町萬安樓，參加者還有：萱野長知、副島

---

[121] 同註 118。
[122] 同註 118。

義一、的野半介、斯波貞吉、宮崎民藏、美和作次郎、古島一雄、弓削田精一、伊東知也、小川平吉、小川運平、和田三郎、內田良平、水野梅曉等四十人，主席田中舍身）。」[123]

（十）善鄰同志會

善鄰同志會亦係於 1911 年 12 月中旬，清廷與革命軍在上海和談時，日本政府欲以武力干涉的謠言到處流傳，因此，以根津一為中心的東亞同文會和小川平吉或白岩龍平提攜合作，展開激烈的運動，並與國民黨（按係日本政黨）及太平洋會等取得連絡，重新組織了一個團體，於是，由根津一、河野廣平、杉田定一、頭山滿等主導的善鄰同志會，於 12 月 27 日在築地靜養軒成立了。《太陽》雜誌指稱其性質說：「這純然是根津一軍支援團，也是民間有志之士組織起來的團體，為了支援中國革命軍，即使得罪政府當局，亦在所不惜，但望能得其實效，足矣。」[124]

又：尚是第一次革命之際，根津一及頭山滿、河野廣平、杉田定一等組織善鄰同志會團體一言而定。當時依根津一等的意見，中國革命由來已久遠，今滿洲朝廷命運已盡，漢人取得天下，人心思變，諸多革新，期望中國將會興盛。因此，根津一等同志組成善鄰同志會。擴大喚起輿論努力聲援南方革命派。遂於東京、大阪舉辦大型演講會，亟力說明協助中國之革命。當南北妥協成功之際，根津親自執筆寫致南北兩方面領袖意見書。謂此時要袪利己心。特勸告要專心努力為國家社會及政治其他之革新。改革之要綱，在革新之際，列舉可使用之除去弊害的方法，誠懇論述其利弊得失，提出

---

[123] 同註 119，《宮崎滔天年譜》，頁 182。
[124] 同註 118。

忠告。根津列舉革新之際之弊害為：政黨之禍害；書生之猖狂；女
性之跋扈；軍人之橫暴；散兵之橫行；新聞之弊害等六端。革命後
之中國果如有根津一所指出之弊害，則益使天下更呈混亂。更決議
是：「吾人為顧及善鄰之誼，依照我利國福民，熱誠祈禱革命軍儘
速貫徹其目的。而且列國善鑑時局之情勢，期望勿作出干涉政體的
荒謬舉動。」後年根津見到中國內政紛亂依舊。以「中國於第一革
命時，未乘勢遂行政治革新，對中國之所為，空留遺憾。」而不勝
嗟嘆。[125]

（十一）太平洋會

　　太平洋會很久以前即以一種大陸政策推進團體而存在。革命軍
興之時，即議定了「保全中國並支援革命軍」的方針。以大竹貫一、
五百木良三、中野二郎為中心人物，時與軍方或官僚們來往。但其
行動頗不明確，其表面行動僅於革命軍佔領上海後，遣法學博士寺
尾亨為法律顧問而已。[126]

　　當辛亥革命期間，日本民間組成之團體由表面觀之，似較多同
情中國革命者。其原因何在？正如曾村保信所透視之批評，甚為允
當，其謂：支援中國革命黨的民間團體，何以如此興盛？關於這一
點，首需考慮的，就是當時日本人民對革命黨俱予無限同情，而且
對掌握清廷軍事實力的袁世凱表示不信任。本來清末的中國革命活
動，主要是受日本之刺激所引起，以日本為主要根據地而發展的。
因此使日本人對革命軍抱有某種程度的親切感，並且認為他們是易
於駕御的對手。更進一步地說，透過支援革命黨以支配中國——尤

---

[125] 同註 110，中卷，頁 481-483。
[126] 同註 118。

其是南方——的念頭，自早即縈迴在日人的腦中。我們只需看看1900 年惠州之役，臺灣總督兒玉源太郎的支援孫文計劃，即可想見其一般概況了。其他此類動機之事例甚多。另一方面，袁世凱自中日甲午戰爭以來，對日即取慎重政策，雖然在日俄戰爭之際，曾對日本表示好感，但他本以策士出名，故不得日人喜歡，一般日人對其掌管政權，均表畏懼。第二個應該考慮的理由是：當時日本知識份子對南方中國特別表示關心。自從日本在中日甲午戰爭取得臺灣以來，即作瓜分中國的打算，以臺灣對岸福建為中心，逐次蠶食英國勢力範圍——長江流域。這個方案在傳統上，可用「南方經營」這一名稱稱呼它。明治 40 年（1907 年），伊東知也在《黑龍》雜誌上寫了一篇論文：〈南清經之急務〉，文中有云：「我國朝野，自日俄戰爭迄今，均貫注全神於滿洲，很少有人注意到南清。偶有二三志士鑑於國家百年之計，從事南方經營之業，政府亦恐發生外交糾紛，不僅不予援助，且加以諸多束縛。民間富豪以北方企業為先，然因不解其情勢，致危及投資⋯⋯一旦見歐美列強之用意行動，則有驚目駭心之感，此係：南清利源遠優北方，交通運輸之便亦不可同日而語；況且南清土人富於風氣之開放進取，其理解事理亦冠於四百餘州，且為革命黨之根據地，因此風雲一致，必有不可測者。⋯⋯」這些想法，在革命軍起事，佔領長江一帶時，更為表面化，乃有革命派援助論的出現。內田良平在辛亥革命稍後說過：「如果日本併吞滿洲，對日本究有多少利益？滿洲山間荒蕪之地甚多，缺乏天然富源，人民殆皆忘恩負義之徒，朝裝良民，夕為馬賊，得如此之民，與如此之地，猶依統治之力，欲以矜跨世界，非付甚大財力，難得其償，究其厲害，亦非有益之事⋯⋯中國遼闊，吾人實無需固着於滿洲局部，倘放眼南方，則可見其無限天富與事業。」由上可知，援助革命黨與南方經營論實有密不可分之關係。第三、日本對華政策的對立與當時日本國內的政爭也有相當密切的關

聯。例如有關革命政權的承認問題，政友會對於承認革命黨的政
權，似有難色。以上是辛亥革命時，日本民間支持革命黨的輿論概
要。上述可謂純出於日本人的利己動機。[127]

此外，在《對支回顧錄》一書中，尚另有：「東洋協會」，由原
來之「臺灣協會」改稱，成立於明治40年2月，主要是對臺灣之
經營；「同仁會」，是針對中日兩國在醫學、藥學上之研發與在中國
各地之醫院設立；「日華實業協會」，主要從事對中國工商業之協議
合作，以期消弭當時中國全國因大正8年（1919年），關於山東
歸還問題而猛烈排斥日貨運動而來；「日華學會」，乃為解決中國
留日學生之住宿問題而設立於大正7年（1918年）。以上於此僅
作簡介。[128]

第二類：教育團體（計五單位）

（一）東洋學館

東洋學館成立於1884年（明治17年），設於上海崑山路，是
以研究東洋問題為目的之青年志士的養成機關，為末廣重恭、中江
篤介、杉田定一、平岡浩太郎等所倡設。但開校未及一年，因財政
陷於困難，校長宇都宮將其衣物、書籍變賣作為經營費用。終因財
政支絀而關校。[129]

---

[127] 同註118，頁25-26。
[128] 《對支回顧錄》，上卷，頁685-698。
[129] 同前註，上卷，頁698-699。

（二）日清貿易研究所

　　日清貿易研究所係由荒尾精所創立者。緣荒尾精在華三年返國，對中國之事態深有研究。其體驗為求東亞大局安全磐石，第一手段是要中日兩國經濟合作，以對抗歐美列強，結論是必需蓄備實力為急務。為期達成此目的，以從事對中日貿易實務人才的培養為先決事項。遂有在上海設立日清貿易研究所之腹案。明治 22 年（1889 年）4 月，由漢口返國。隨即至全國遊說創立日清貿易研究所計劃。當時首相黑田清隆等贊許其壯圖。後於東京招選入學志願者百五十名來華，由參謀次長川上操六、陸軍次官桂太郎等向政府幹旋補助金四萬圓。於明治 23 年（1890 年）9 月 3 日，率生由橫濱出發。22 日抵上海英租界大馬路泥城橋畔，舉行開所典禮。所長荒尾精、代理所長根津一。而於同年 11 月校務委由根津代理，自己返國向設立商會方面極力活動。該所經營陷入困境。後荒尾急歸上海熱心解決。明治 26 年（1893 年）6 月，有 89 名畢業生，後日清甲午戰役，全部擔任軍事翻譯，步上戰場，或負密命潛入敵方效命。後該所中止。再因向日海軍借用軍地未成，未能再復所。明治 34 年（1901 年）改為東亞同文會下之東亞同文書院，院長為根津一。[130]荒尾精設立日清貿易研究所的目的在於培養振興中日貿易上必需的人才，使之通曉中國國情，在課程安排上作為訓練經濟人才，顯為貧乏，而根津代理所長又兼上海與漢口樂善堂事務，研究所的主要幹部及教師，是以漢口樂善堂的同仁為主要班底。如果研究所的創辦宗旨是為商務調查與研究，則其研究活動是離不開漢口樂善堂的範疇。[131]故亦是調查中國之各種情報的機構。

---

[130] 同前註，上卷，頁 699-703。
[131] 同註 82，頁 326-327。

（三）福州東文學社

本學社是東亞同文會之福州支部，係於明治 31 年（1898 年）創設之附屬事業，是在中國最初試辦之教育事業。社長是著名的陳寶琛，幹事長王孝繩。而日本最初教務長是岡田兼次郎、聘教授桑田豐藏。後任教務長中西重太郎。學科為日本語及普通學。經費由臺灣總督府補助。其後改稱：全閩師範學堂而續存在。[132]

（四）南京同文書院

東亞同文會為達成人才培育目的，即有欲於南京設立東亞同文書院計畫，在為實現而研究之時，適於明治 32 年（1899 年）10 月 25 日，東亞同文會會長近衛篤麿自歐洲視察旅行歸途，經南京訪問兩江總督劉坤一。謂在南京開始設教育機構時，請加強保護與協助之。返國後即進行設立東亞同文書院計畫一事，特派山口正一郎、山田良政、中村兼善等前往南京。先協議預定在南京工作二年之陸軍二等軍醫佐佐木四方志。書院已準備開始，於明治 33 年（1900 年）1 月，同文會派遣日留學生四名前來。並得上海總領事小田切萬壽之助，外相青木周藏之認可。同年 3 月計畫決定。5 月 1 日在南京城內鼓樓附近，借妙相庵為校舍，舉行開學典禮。其書院地址之前身是已關閉八年之日清貿易研究所。此對清之教育機構之設置，意義最深。當時院長為佐藤正、委員有佐佐木四方志、山田良政。教務長山口正一郎；學生有：山田純三郎、安永東之助、柴田麟次郎、大原信、櫛引武四郎等十九名。佐藤正院長到任後即辭職，由陸軍少佐根津一於同年代理，其為

---

[132] 同註 128，上卷，頁 706。

擴大書院事返日時，北方義和團之亂發生；又有南方孫文等革命派之策動起義。書院之職員、學生受此刺激，傾向投入其中。同年8月東亞同文會特派幹事田鍋安之助至南京監視。然義和團之擾亂日漸波及南方，為思防南京危險，田鍋率學生於9月1日前往上海，而對有學生欲投效革命黨者，經與上海總領事小田切協議，處以禁足一個月以上。翌34年（1901年）3月，依根津院長意見遷往上海，改名東亞同文書院，原南京書院學生中七名轉入新書院。[133]

（五）東亞同文書院

東亞同文書院之經過已如前述，明治33年（1900年）4月，遷往上海，陣容一新。校舍於上海郊外高昌廟桂野里之舊東文學堂地址。在開院之初，東京本部於日本全國募集學生，程度頗良好。分公費與私費兩種，私費生由本部測驗錄取；公費生則完全委任各府縣知事辦理。私費生合格者18名；公費生選拔51名。4月下旬召集於東京舉行入學典禮。5月1日在根津一院長率領下自東京出發，8日抵達上海，此時等待副會長長岡護美子來滬，5月26日舉行開學典禮。當日主要來賓有：英國高等裁判所長、盛宣懷、袁上海道臺、兩廣總督張之洞代表、兩江總督劉坤一代表、浙江巡撫余聯沅代表、安徽巡撫王枝春代表、上海總領事小田切萬壽之助及日艦長等日外貴賓數百人以上。

大正2年（1913年）7月，中國二次革命時，南北兩軍戰於江南機器廠時，書院毀於戰火，同月29日因火災使全部校舍化為烏有。同年8月暫時將校舍移至日本長崎縣大村町，11月移回上海

---

[133] 同前註，上卷，頁706-708。

赫司克而路之新建臨時校舍。而書院是於大正 7 年（1921 年）7
月，日本敕令依法公佈為專門學校。

　　前於明治 37 年（1904 年）4 月，第一次舉行畢業典禮時，適
值日俄之戰際，畢業生大多從軍，恰與往年之日清貿易研究所畢業
生有相同之事跡，實為奇事。嗣後，舉行畢業典禮三十一次，畢業
生共 2,500 人，大都從事與中國有關之各方面活動，而根津一擔任
院長自創立以來，由明治 33 年（1900 年）至大正 12 年（1923 年）
間，毅然獨任此職而有建樹，其功績是他人所難有的。[134]吾人可由
其畢業生之就業方向，即可窺知其工作性質，乃以調查中國各地情
況蒐集情報。俾供其政府採用。

　　此外，尚有：於義和團事變後，明治 34 年（1901 年）創立於
北京的「北京東文學社」，最初為日本經營之學校，設立主旨是中
等學校程度，主要教育中國青年學習日本語，得到李鴻章及袁世凱
的補助。後於明治 37 年（1904 年）日俄戰爭發生時，其中有 10
名教員因前往擔任特別任務而影響校務，遂關閉。另有「中日學
院」，是東亞同文會事業之一，為對中國人實施中等及高等教育，
是以日本語人才之培育為目的。由中日兩國官民合作，校舍設於天
津海光寺。大正 10 年（1921 年）12 月，新校舍竣工落成開學，後
稱天津同文書院。以後因排日、直奉之戰等，使學院屢感威脅。大
正 15 年（1926 年）4 月，遂將天津同文書院改名為「中日學院」，
東亞同文會在經費上每年負擔一定預算。再有「江漢中學校」，亦
是東亞同文會之事業。大正 9 年（1920 年）建校於漢口日本租界
鐵路外古德寺，大正 11 年於漢口同文書院開學。又因國民革命軍
出入漢口以及排外外交等，遭到不少之威脅。[135]

---

[134] 同前註，上卷，頁 708-709。
[135] 同前註，上卷，頁 710-712。

　　綜合以上所述，日本人所組之社團等，約自 1870 年代至 1920 年代歷時 50 年左右，有經其政府當局指使協助而積極圖謀中國者；亦有為私利或某種企圖而有表示同情中國者。揆其共同特點，厥為依據其傳統，對中國及朝鮮之擴張主義作祟。正如日人藤井昇三所著：《孫文の研究》（孫文之研究）一書中所稱：「日本對華之根本理由為發展膨脹主義之南方政策。」[136]而教育單位對日本人而言，是為其政府訓練情報人才之搖籃。

第四節　日本軍人、大陸浪人與中國革命

壹、日本軍人方面

　　日本有志之士襄助中國革命之數量最多，而且以直接參與者尤多。依前節之：「表一：國際人士襄助中國革命所作貢獻人數統計表」中，日本共五百零三人，其中直接參與者有兩百九十六人，佔總數五百零三人之 58.95%（其餘：協助革命者一百一十八人，為 23.46%；資助革命者二十三人，為 4.59%；同情革命者六十六人，為 13.12%）。但在直接參與者兩百九十六中，如依職業分，軍人（退職〔役〕，含少數醫護人員）有兩百七十七人，佔合計數兩百九十六人之 93.58%（其餘：新聞界六人，為 2.03%；其他為十三人，占 4.39%）。由此可知，日本軍人之退職（役）者，應全係非現役軍人。（或言也「有不少是現役軍人，他們勇敢戰鬥。」）[137]彼等對

---

[136] 同註 7，頁 67。
[137] 古屋奎二編著：《蔣總統秘錄，中日關係八十年之證言》，全譯本，第三冊，頁 90（586）。

中國革命之影響與貢獻是不容忽視的。雖然我革命陣營中固不乏軍事人才，而較少能如日本軍人受過正規嚴格軍事教育，迨其退職（役）後（疑或有現役者，或以退職之名為之），因已在正規部隊中磨練多年，富有實戰經驗。茲能借用楚才，當可收到速效，樂而用之。況且中國革命本即標榜徵求與凝結各方力量，共同努力。故較結合我國會黨人士則更具成效。

　　所謂直接參與革命工作，乃以參與策劃、參謀外，亦更有直接投入戰場戰鬥，而屢見傷亡者。辛亥革命前後亦不過零星三、五人，或稍多。不若於二次革命（日人稱為第三次革命）討袁革命時，在山東參加濰縣之中華革命軍東北軍人數之多，其在居正總司令統帥下，尚有諸城、坊子、昌樂、高密等各部隊。日本同志，依萱野長知所記錄，多為原來之老革命黨同志參加。進攻山東也有原在山東周莊之當地軍人。日本軍人由萱野長知所率領共九十一人，儼然即是一支正規部隊，有完整的編組，協同戰鬥共 4 月又 4 日後解散（日程見：「《金子克己舊藏の中華革命軍陣中日誌：一九一六（大正五），山東における》」（自 5 月 4 日至 9 月 8 日）。其中亦有戰死或受傷者，可謂直接參與人數最多的一次。更且除陸軍外，尚有飛機（今之謂空軍）參戰。在當時年代，飛機於東方亞洲尚是先進之科技產物，即使在日本也是要購票參觀之怪物。故當時由飛行隊坂本壽一（憲司）駕駛之飛機，駕臨不高之天空，使眾人仰望稱奇，使敵人見之喪膽，人仰馬翻，未戰即落荒而逃。炸彈則因陋就簡，用空鐵罐裝炸藥，以手向地面投擲。傷亡雖不大，震撼卻非凡。此乃由梅屋庄吉所引介坂本者，先於日本設基地訓練革命黨人，後因需要將一切及後勤遷移至山東。除作戰外，也訓練革命黨人。此亦為中山先生所贊賞，也是為後來中國空軍奠基。（參見：阪本壽一事蹟）。

　　討袁革命中華革命軍東北軍之所以選在北方山東，殆因山東省鄰近北京，袁世凱曾在此任巡撫，北洋陸軍精銳第五師駐地。故革命軍由南方進入北方，以此威脅袁世凱稱帝也。

　　揆諸日本軍人既已是退（職）者（如是現役軍人，其或已隱匿真實身份），有者是為再謀發展理想；或追求所謂「經營亞洲」；或別有用心，負有任務者，而來到中國；等而下之者，是在日本本土生活無以為繼，在謀取生活以求生存下，來到正逢戰亂之中國，欲攫取利益，而且製造困擾，此類正符合所謂「大陸浪人」之涵義。本書對少部分之日本人士之職業（身份）因無資料可循，故以「？」代之。但對凡直接參與中國革命、其既能投入戰場，參加戰鬥，當非未曾受過軍事訓練之一般人士。故皆賦予「軍人？」代之。另有協助中國革命者等，則視其事蹟，亦比照代之。此類人士當係退職（役）之無業者，故應符合「浪人」之涵義也。

　　日本軍人（亦含其他人士）之動機與背景各有不同，亦正如古屋奎二所述：「（1911 年）12 月 25 日，孫先生自歐洲歸來抵達上海時，犬養毅、寺尾亨、古島一雄、副島義一、尾崎行雄等日本人，也齊集碼頭歡迎。不過，在這裏必須明確交待的是，所有自日本趕來的協力者，並不一定都是真心支持革命黨的人。他們的動機和背景相當微妙──有的人是日本軍部的情報員，有的人是奉有日本外務省的秘密命令，有的人在利用革命黨人圖謀利益，有的人在策劃製造革命黨內部的分裂。他們的思想和目的既不一致，彼此之間也沒有橫的聯繫。同盟會的幹部們頗多和這些日本人，在個人方面具有深厚的友誼，譬如說，黃興和萱野長知、宋教仁和北一輝的關係，都是顯著的例子。由於日本人之間意見不一致，於是也就影響到中國幹部們發生意見相左的現象，頗為不少；宋教仁在革命之後，和孫先生有些不同的主張，其原因也就在此。

　　據說，在漢陽戰爭的時候，黃興統率的軍隊和黎元洪的部屬之間，就曾有過互不協調的現象，而其重要原因，也是由於黃興周圍的日本人，極其專橫，造成雙方面的不滿。率直地說，其中大部分日本人，當時的確是誠心誠意地在支持革命黨；可是，從歷史觀點看來，其絕大多數都不能說是對中國有利。」[138]故日本軍人對中國革命有利亦有弊，但其利似多於弊。例如萱野長知等對軍事上之助益是有相當貢獻的。亦曾受到中山先生之倚重。

貳、大陸浪人方面

　　（一）大陸浪人之定義：何謂大陸浪人？依日本解釋為：「浪人：也寫『牢人』，是指離開本籍而流浪的農民；『牢人』是指失去主人俸祿之失業武士。後者為室町時代常用，至江戶後期將浪人與牢人二者混用。……」[139]此一定義亦如：「這裏所謂浪人，係大陸浪人之簡稱。它有時候寫成『牢人』或『窂人』。原意是沒有固定主人、工作和住所的人的意思。這是封建社會的產物。江戶幕府創立初期，因為德川採取取消德川幕府尚未成立之前反德川勢力的諸侯的政策，竟致使無主可奉的浪人激增至育四十萬人。」[140]

　　另有一較接近現代之定義是：「浪人，1、幕府時代，沒有主子，到處流浪的武士；2、無業遊民，流浪者；3、（畢業後考不取上級學校的）失學學生。」[141]

---

[138] 同前註，頁 94-95（590-591）。

[139] 旺文社編，《學藝百科事典 18》（赤尾好夫發行，日本東京都新宿，1975. 11.5，初版，1979，第 9 刷發行），頁ろ，339。

[140] 陳鵬仁譯著：《孫中山先生與日本友人》（大林書店編輯、發行，民國 62 年 5 月出版），頁 64，「譯註 3」。

[141] 《綜合日華大辭典》（臺北，大新書局編輯、印行，民國 59 年 12 月再版），

「所謂浪人，多是窮困窘迫之士。其真正對流亡者（按當時指中山先生等）持善意相迎者甚少，而是熱衷於私囊，孫對此也緘口不談。」[142]從而可知，中山先生是洞悉浪人本質，只是不表明態度而已。

浪人亦有其正面之意義，其本質則可以頭山滿為例，如：「頭山滿為日本浪人之首領，作風以輕生死、重然諾。在智是主義、經論；在仁是犧牲精神；在勇是氣魄膽識。此為浪人多年傳授下之道德與信仰。」[143]亦宛若當時中國之會黨精神。如浪人之一的宮崎滔天、萱野長知等即是。

（二）大陸浪人團體：大陸浪人組成團體，其背後隱藏着侵略主義思想。但如宮崎滔天雖亦是浪人之一，惟與一般浪人迥異，彼始終熱衷於中國革命。滔天亦參加浪人團體，於 1911 年，「10 月 17 日，（滔天）參加浪人會（於日比谷公園，參加者頭山滿、三浦梧樓、鈴木天眼、佐佐木安五郎、田中舍身等二百人）對中國革命的態度決議：『絕不一去一來，令我國絕對中立，做為大局的砥柱，以不誤內外支持的機宜。』」[144]由到會人數可知浪人甚多。

「大陸浪人又稱支那浪人，他們創立了一些『民間組織』或政治團體。這些組織或團體的主張有：自由主義、國權主義、國粹主義、大亞細亞主義、擴張主義、侵略主義、軍國主義、和法西斯主義等。因此他們大多數屬於右翼團體。浪人是沒有領主或沒有職業的破落武士或軍人出身，他們為外務省或軍部所派遣，或接受財閥、政客的資助，來到大陸進行調查和偵察，獲取各種經濟和軍事情報，有些人平時在商店、大公司從事貿易活動，戰時則參加侵略

頁 2185。

[142] 同註 117，頁 83-84，「1914 年，乙秘第 41 號，1 月 12 日。附記，一、」。

[143] 同註 63。

[144] 陳鵬仁譯：《宮崎滔天書信與年譜──辛亥革命之友的一生》，〈宮崎滔天年譜〉，頁 164。

軍或擔任翻譯工作,為日本向中國和朝鮮等國的擴張政策服務。但
也有少數浪人本人就是資本家或躋身政界的。如頭山滿、平岡浩太
郎二人都是煤礦資本家,平岡還擔任過眾議院議員;頭山本人雖然
未在政界擔任過職務,但他卻能在幕後干涉和操縱某些政治活
動。有時日本政府不便出面,如扶植一些亞洲國家的改革家、反政
府革命黨人等,在他們取得政權之前,由浪人或浪人團體出面更為
方便。浪人在日本國內被某些人稱為『國士』,即『愛國志士』。他
們在國內並不是以地痞、霸頭等封建幫會的面貌出現,而是自詡為
自由主義者。他們繼承了武士道精神,以擁護天皇為號召,提出自
由民權的口號,以及發展資本主義的要求。到甲午戰爭前後,逐漸
變成國權主義,把目光轉向亞洲大陸,首先是朝鮮和中國。他們充
當日本推行侵略擴張的急先鋒,為財閥尋找國外市場和原料,為
吞併朝鮮和掠奪中國,使中國淪為日本的殖民地而努力。」「日本
大陸浪人與中國革命黨人的往來頻繁,有的個人關係非常友好,這
裏存在兩種情況:一種是極少數真正同情並熱忱支持中國革命黨,
如宮崎滔天、山田良政、萱野長知、梅屋庄吉等人;另一種是大多
數人雖然在金錢和生活上熱情援助和接待過留學或流亡到日本去
的中國革命黨人,如孫中山、黃興、宋教仁等。但他們懷有以此為
手段來獲得中國利權的長遠目標。」[145]然而,著者認為應予補充者,
試以前節所列之資助革命工作者(23 人)中,有實業家、議員、
公務人員、商人等,似並非完全是為圖「獲得中國利權的長遠目標」
而為。況且亦尚無資料顯示彼等有為其所圖謀之示意。不若日本三
井物產公司高層,及財閥對貸款給中國革命黨前即提出非分之條件
可比。

---

[145] 趙金銓著:《日本浪人與辛亥革命》,〈序〉(四川人民出版社出版,四川新
華書店發行,1988 年 4 月第一版),頁 1-3。

　　誠如古屋奎二所強調：「以所謂『大陸浪人』為代表的日本民間右翼勢力，其意圖和作法，雖說是有着程度上的差異，但利用革命混亂時機，藉援助名義，實際企圖培植在中國國內的勢力；而且，這個企圖和日本政府一向所抱持的侵略政策同趨於一個方向，確是事實。從受到日本政府秘密指示而反對共和政體的犬養毅，到策劃『滿蒙獨立』的川島浪速等人的態度看來，這種情況，非常明顯。」[146]

　　（三）日本浪人的活動及日政府之陰謀：「革命黨內的重要幹部，多有被日本浪人所包圍的現象。這些浪人，頗多是受日本軍閥、財閥所指使操縱的份子，直接間接地來影響黃興、宋教仁，甚至孫大總統。[147]

　　日本政府為亟圖控制中國，「在日本政府的立場，希望儘可能不出面，而由三井物產公司為替身，和革命政府發生關係。」「當時，漢冶萍公司和橫濱正金銀行之間，曾有一千二百萬日圓借款的洽商；但由於盛宣懷因應付四川所發生的保路運動，極度繁忙，以致拖延未決，而武昌革命發生，該公司落入革命黨的控制之下，盛宣懷本人也被清廷解除其郵傳部大臣官職，逃亡日本。在日本來說，為繼續維持利權，則有必要謀求中日合營，並加強對該公司的控制。1911 年 12 月 25 日，孫先生自海外歸來，剛到上海，三井物產公司的上海支店長藤瀨政次郎便來拜訪，提出合營漢冶萍公司計畫。」[148]

　　「在以大陸浪人為代表的所謂『支那通』、『民間志士』之中，大致可分為兩派：一派是贊成中國用革命手段推翻滿清政府之黑龍會的代表分子以頭山滿、內田良平等為其主腦，立憲國民黨的犬養毅也有關係。他們是判斷革命可以成功，而以此為前提來衡量對

---

[146] 同註 137，頁 95（591）。
[147] 同前註，頁 175（672）。
[148] 同前註，頁 177-178（673-674）。

策；他們企圖當革命成功之際，在和新政府協商後，使東北和蒙古納入日本勢力範圍。在辛亥革命的 1911 年，黑龍會設立了一個援助革命的機關——「有鄰會」，然而其設立旨趣，卻明白表示對於革命的援助，並非基於單純的正義感，而是趁此機會同時解決『滿蒙問題』。他們儘管表現出讓人看來是在支援革命的行動，但歸根結底也還是遵行着日本的『大陸政策』——首先奪取東北、蒙古作根據地，進而向全中國推進侵略行動。另外一派。是意圖以援助清廷為手段，藉示惠以謀掠奪東北、蒙古的『志士』們。所謂『第一次滿蒙獨立運動』，就是由後面這一派所策劃，扮演主角的人士『志士』川島浪速；而日本陸軍參謀本部則站在川島背後，全力支持。在日本軍部方面的打算，是希望趁辛亥革命混亂之際，一舉『解決滿蒙懸案』；這裏所謂『解決』，含義無他，就是在於『領土的解決』」。[149]

關於援助革命成功後，革命政府將割讓滿洲與日本一事，古屋奎二痛予戳穿此一謊言謂：「關於東三省的問題，當時在日本『志士』之間，傳播有各種謠言。其中之一，是說國父孫先生在辛亥革命以前，就已經和日本有了約定——日本對革命給予援助，其交換條件是將東三省出讓給日本。這個流言，是在 1907 年，孫先生被日本政府遣送出境前後，以及孫先生在辛亥革命後的 1913 年訪問日本前後——兩度傳播出來。實則，這些流言，完全是憑空捏造的無稽之談，得在這裏作一個明白交待。在黑龍會所彙輯的《東亞先覺志士記傳》中，記述有孫先生曾經在 1907 年前後，到處向日本『志士』們說：『中國革命的目的是滅滿興漢，只要能在長城以南建國，就很不錯；至於東三省和蒙古等方面，可以任憑日本拿去。』這種記述，是意圖侵略中國的日本人，為了要使自己的侵略行為正

當化，而捏造出來的『事實』。現在只要舉出一點證據來就足以證明其為捏造；這個證據，就是在孫先生的革命藍圖中——不用說東北，就是臺灣都是列在中國的版圖之內；臺灣是在 1895 年因馬關條約割讓給日本，在 1907 年的時候說來，已經被日本繼續統治了 12 年，但是孫先生連對於這樣情形之下的臺灣，都還是主張屬於中國，何況對於中國的主權仍然存續的東三省，怎樣會說出讓給日本？孫先生的目的在謀求『全中國統一』，非常明確，是絲毫不容混淆的事實。像黑龍會這樣的團體，只要印證它後來的歷史，就可以明白了解它是專事擔任日本侵略中國政策的前鋒任務，也是為了便於其侵略行動的謀略之一，像那些『志士』們有目的地傳播出來的流言，實在是不值得識者一笑。

　　還有一個流言，牽涉到孫先生和桂太郎在日本的會談。據說是在 1913 年，孫先生訪問日本，和桂太郎協商決定：如果日本援助革命黨討伐袁世凱，則可以割讓東北——這個流言，自從由宮崎龍介（宮崎寅藏之子）在日本雜誌發表以來，傳播得相當廣泛。然而，宮崎龍介並非參與過這席秘密談話的當事者，而且不能忽略他也是和黑龍會有關係的人。被指為作這個約定的時期，不用說是正在 1915 年日本對華提出二十一條要求之前，假定當時確有這個約定存在，那麼，當日本在所提二十一條中包括有使東三省南部全面殖民地化的意圖之際，孫先生便不可能對之提出抗議；即使提出抗議，則該會被日本指出違反了他自己的約定而受到反駁。然則實際上，孫先生卻嚴正地提出抗議，日本方面也竟未能有一與反擊。」[150]實為振聾發瞶之語！

　　由上可知，下田歌子之記載，應是子虛烏有，係有心人所憑空捏造者。

---

[150] 同前註，頁 205-208（701-704）。

　　（四）大陸浪人之人數：大陸浪人人數眾多，但無確實數字可考。因其眾多，自會良莠不齊，故有在中國藉故滋事，製造事端者。因之，於武昌起義「當時上海及武漢方面有許多浪人們湧至。其中藉援助革命之名，膽敢趁火打劫者甚多。如此實有傷日本名聲，使純粹為援助革命而盡瘁之日本志士們感到迷惑。其時頭山滿帶領一些志願參加者前來，這些不良分子之氣燄瞬間被壓制。其橫暴的一羣，聞頭山之名而立即銷聲匿跡。由此可以窺知頭山來到上海之最大影響之一端。」[151]

　　關於大陸浪人究竟有多少？或有謂是：「1,018 人除去二十個朝鮮人，餘為九百九十八人。」此項統計數字，主要是依據：《東亞先覺志士記傳》，下卷「傳記」部分；《對支回顧錄》下卷，及《續對支回顧錄》下卷等而來。但此數字似仍有待商榷。[152]

---

[151] 同註 110，中卷，頁 467。

[152] 趙軍譯：《辛亥革命與大陸浪人》（中國大百科全書出版社出版發行，1991年 4 月第 1 版），頁 1-5。此書將大陸浪人，是以：「1,018 人除去二十個朝鮮人，餘為九百九十八人。」列之。其係將《東亞先覺志士記傳》，下卷，「傳記」部分以「傳主的絕大部分可以算作大陸浪人。」（頁 4）! 此宜容待考慮者。（一）、該書既已寫出：「『浪人』，是日本歷史上的一個產物，指失去了主人，官職和俸祿的武士，多產生於封建社會的中期，……」（見原書頁 1）。既然如此，所謂：所謂浪人者，即係指已失業人士也。亦即本編著書中所謂，大陸浪人者，是指：「『牢人』或『牢人』。原意是沒有固定主人、工作和住所的人的意思。……」；質言之，大陸浪人即是無固定工作，失業之人士。是應合邏輯的。而該書卻以《東亞先覺志士記傳》，下卷，「傳記」部分中之「傳主」，「階層」（按應係指其職業身份）分有 8 類：如以「政府官員、貴族、國會議員等」、「現役軍人（不包括已退役者或與軍隊有關係者）……」等（見原書頁 5），所有分類似與其所舉「大陸浪人」之涵義，完全相反。大陸浪人既是失業者，焉有仍尚在職者？並且（二）、該書頁 5之統計表，似亦容待研究：如該統計表在「人數」欄中，將其所列各數相加則為：「1,048 人」（該書中統計表並未寫此合計數），但在「占總人數的百分比」欄中，其所依據計算的根據總數，則是依：「998 人。」來算。如此，合計人數「1,048 人」與「占總數的百分比」之各百分比數字二項，則顯然不相符，況且從「占總人數的百分比」欄各百分比數相加後為：104.9%。

　　本書對大陸浪人之人數予以確定為合計三百七十七人。此乃係依直接參與者共兩百九十六人中，扣除其他職業（身份）者十七人後，只有退職（役）軍人（警界）為兩百七十九人。再加協助革命者中，僅退職（役）軍人九十八人（亦即協助革命者，共一百一十八人減其中非現職軍人二十人而來。）。

　　復查《東亞先覺志士記傳》，下卷，「傳記」部分，共 1,022 人，再加其「補遺」篇之五十三人，合計總數為 1,075 人（非前文所指之：「1,018 人」）。茲僅擷取其中凡是與中國革命有關者，共七十六人列入本書。蓋依本書前已列名者，分別增補列入。但對其他資料，祇有姓氏而無事蹟者，概予保留，以求真實。

　　但若以所謂：「《東亞先覺志士記傳》，下卷，『傳記』部分『傳主的絕大部分可以算作大陸浪人。』是：大陸浪人。」，則非恰當。因其中有當時尚為現職軍人、各級官員（武官）等，如：多賀宗之、兒玉源太郎、石本鑽太郎……等等。惟對曾為中國革命始終竭力效命，並為中山先生所器重之萱野長知，在該「傳記」中卻並未列入，令人費解。

　　總之，日本軍人與大陸浪人，對中國革命大業的發展，是利多於弊的，利弊相權，還是有相當助益的。

　　多出「4.9」，此不宜也，此數應為 100%。今如另以其合計數：「998 人」計算其百分比，此百分比數則為：100.01%，則為正確的。故此二項數字，宜有待重予核計修正也。此諒係一時疏忽，未於統計表下端寫入合計數：「990人」，再依此計算所誤。

第八章　結論

　　中國於清廷朝政式微末期，瀕臨羣狼環伺，擇肥而噬，列強競欲瓜分之危殆情勢下，苟延殘喘。光緒帝雖一度興起振作革新，以挽狂瀾之念，終因慈禧及一般老臣之昏庸、無知以及眈於既得權勢而亟力排斥。致使「戊戌政變」之「百日維新」曇花乍現。中山先生鑒於國內外危局交迫，亦曾上書李鴻章，力陳救國大計竟未成，遂邀集有識之士，為拯救中國危亡，起而倡導革命。或謂：「辛亥革命以前西方對中國的衝擊，大概分為具有特色的五個時期。即：（一）從鴉片戰爭到北京條約；（二）從北京條約以後到 1870 年的天津條約；（三）1871 年到中日甲午戰爭；（四）從中日甲午戰爭到日俄戰爭；（五）日俄戰爭以後。」[1]中山先生有鑒於此，以革命於國內倡導因有清室之專制控制，甚難推展，遂奔赴海外各地覓求志同道合者，共同努力。當開展伊始亦備極困難。中山先生環行全球各國，謀取協助，主要向華僑、留學生作革命宣傳，以造成風氣，並謀求捐獻革命經費及人力支援，並進而求取支援之「國際化」。在謀求人力支援方面，試如 1895 年元月，所發佈〈香港興中會宣言〉中，在「人才宜集也」項下，即揭櫫「無論中外各國人士，倘有心益世，肯為中國盡力，皆得收入會中。」以共襄盛舉，即係具體證明。如吳相湘教授亦謂：「可以說，這是孫先生研讀法國大革

---

[1] 波多野善大著，李永熾譯：〈從西方的衝擊看辛亥革命的動因〉（《大陸雜誌》，第 36 卷，第 10 期，民國 57 年 5 月 31 日出版，頁 340。已收於：李永熾譯：《歷史與思想》，臺北水牛出版印行，民國 58 年 5 月 25 日出版）。

命、美國獨立戰爭史，以及太平天國興亡史的心得，深切了解國際援助與支持，對某一國家革命的成敗具有非常密切的關鍵。故這一『人才宜集也』之指陳，自始即表明中國革命的國際意義。倫敦蒙難脫險後，英國、日本、俄國友人的同情關切，更使孫先生進一步親自體驗國際援助與支援的重要性。1897 年 10 月，孫先生終於接受日本友人的接待居留東京，可以說這是一因素。」[2]

　　國際力量對中國革命的關係，或謂中山先生在聯絡西方或日本支援方面，並不成功。如史扶鄰（Harold Z. Schiffrin）所著：《孫逸仙與中國革命的起源》一書，張朋園教授評介謂：「聯絡外人：先生一生革命，隨時借助外人力量，一因自身在國內發展受到限制，再因所受西方洗禮較深（著者特別強調基督信仰），實為自然的趨勢。先生非不知帝國主義者對中國的威脅有增無已，但認為外人一定會接受他的籲請，幫助他達成救中國、強中國的願望（頁 2）。1897 年著文刊 Fortnightly Review，呼籲英人善意中立，是先生正式請求西方人士援助的開始（頁 130）。接着又進說英國人，冀得香港為革命基地（頁 132）。1900 年通過何啟的關係，擬由港督卜力為中間人聯絡李鴻章。從卜力氏給英國外務部的函件，證明其對先生頗為同情（頁 207-213）。到了 1904 年，先生在美發表〈中國問題之真解決〉一文，籲請西方人士支持中國革命運動，尤寄望於美國人（頁 337）。日本人亦在聯絡之列。1895 年廣州起義失敗之後，先生亡走日本，正巧碰上犬養毅、宮崎寅藏等一批大亞細亞主義者，與談革命，獲得同情，因此有聯絡之意（頁 6-154）。這批大亞細亞主義者曾經設法拉好先生與康、梁的關係（頁 157-160），惠州之役曾有日本冒險家親身參加起義（頁 231、247）。同盟會之組成，日本人也有促成之力（頁 358）。總而言之，無論是聯西方

---

[2]　吳相湘編撰：《孫逸仙先生傳》，上冊，頁 218。

或日本，都不算是成功。英國人所重視的是自身的商業利益，寧願
維持與他們有條約關係的清廷，反對影響秩序的革命運動，當然不
可能提供香港作革命基地（頁 132-133。日本人雖然同情革命，但
並不全心全意支持，而且別有目的。甲午之後日本人染上了帝國主
義的習氣，明眼人一看就知（頁 141）。」[3]

前述「無論是聯西方或日本，都不算是成功。」此當係指聯絡
西方政府當局，或日本政府當局而言，因彼等所重視的是本身利
益，而中國革命時，亦確尚無任何一國政府真能予以明確之協助
者，而僅係欲瞭解中國革命之性質，「秘密結社」之底蘊，如法、
日等國。抑且，任何一國亦更不願甘冒協助一或有革命成功希望但
「影響秩序的革命運動」團體，而與「有條約關係之清廷」相背之
大不韙。更要者，當時列強各國正欲瓜分中國，為使利益均霑，而
攘臂攫取之際，何嘗不希望清廷更加腐敗無能，藉此可任加宰割，
以各逞所欲。基此，列強各國豈有伸手援助另一革命團體，以振興
中華，袪除腐敗無能，改造中國為一強國之理？而使行將獲得之厚
利平白喪失！因此，中山先生在聯絡西方或日本政府當局之支援，
並不算成功之道理在此。然而，在聯絡各國有志之士的個人，則並
非「都不算是成功」。因國際人士已各憑其能力所及，對中國革命
作出相當的貢獻。

不論國際人士於襄助中國革命過程中，貢獻之大小，或方式之
差異，而其所扮演之角色，亦僅配角而已。然而，在一齣精彩之戲
劇中，配角亦有其相當重要地位，誠亦不可忽視的。牡丹仍須綠葉
扶持，相得益彰，此之謂也。

3　張朋園著：〈評介史扶鄰著《孫逸仙與中國革命的起源》〉（張玉法主編：《中
　國現代史論集》，第三輯，「辛亥革命」，聯經出版事業公司印行，民國 71
　年 7 月第二次印行），頁 126。

綜上所述，可得以下幾點觀察：

（一）國際人士襄助中國革命，彼等為異國爭共和，除以物質、精神支援外，甚至捐軀殉難，犧牲奉獻。一般而言，並無條件交換，或另有所求，此種難能可貴之情操和精神，實深值得吾人尊敬和欽佩！

（二）襄助中國革命者，有少部分縱或別有用心，或有私利心，或供其政府在策略上之應用，而對中國有所圖謀，對革命工作容稍有阻滯，但尚未達到置中國革命於完全失敗之境地。於是在不違背革命成功大前提下，但求襄助中國革命之外籍人士能盡力而為，似亦不宜過分苛求也。

（三）中山先生倡導革命成功之關鍵，主要仍在中國國境內之革命工作。除於國內亟力吸收革命精英，聯絡地方會黨，甚至對清室所培育，但富有民族意識之新軍之活動外，而中山先生本身亦難在清廷巨額「花紅」懸賞緝捕之首要「亂黨」分子情況下，從容置身國內，以親詣從事革命工作。因之，遂為「逋客」而亡命走天涯。中山先生奔走海外，對國際友人能為中國革命效力者，都在聯絡之列。何況國際友人於襄助中國革命過程中，頗不乏其有為真理、正義、自由、民主之理想，而真誠效力之士。

吾人當知，在革命進行中，凡對革命不加排斥反對者，即可能使革命有多一分成功之希望。不反對且願助力者，革命力量當可大增，成功希望亦增。反之，凡亟力反對革命者，即可能使革命力量遞減，其反對而又亟欲阻止或消除革命者，則革命工作困難倍增，成功希望自亦愈難。因之，革命工作者應以化阻力為助力為尚。凡對能為革命所用之力量善加利用。否則，任何大力量自亦或將消逝。中山先生即是能善用為革命所用之力量，廣納百川為巨流，終而一舉推翻清室。

中國革命成功之源頭，其最要者為來自革命經費之謀取與人力之匯集。人力之匯集，來自多方面，如革命黨員、知識分子（留學

生）、華僑、會黨、新軍以及國際人士等。中山先生總匯其成，促使革命成功，使中華民國誕生成為亞洲第一個共和國。今並試以圖表說明中山先生總匯各方面人才，得使中國革命早日成功之主要結構，請見如下圖：

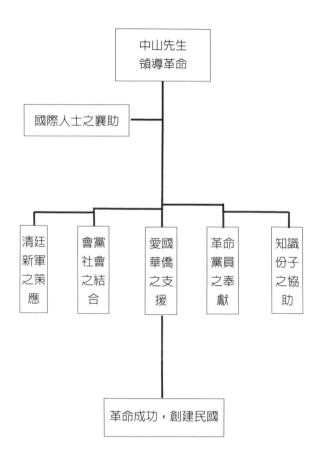

總之，由於中山先生之偉大及明智領導，奠定中華民國，已獲得世界各國人士之崇敬，而成為世界偉人之一。正如美國林百樂博

士云：「現在的孫博士已不是一個中國人，至少，他不應被看做一個中國人。」「他已經是一位世界的偉人，他對人類的重要性，並不亞於對中國。」[4]迺被譽為世界的公民。

---

[4]　同註 2，上冊，「自敘」，頁 2-3；美國林百樂博士，於 1965 年在臺北演講：〈孫文主義的世界性〉時所講。

徵引及參考書目

壹、中文

（一）專書部份

1. 《中華民國史事紀要》（初稿）（中華民國史事紀要編輯委員會編。中華民國史料研究中心印行）。

2. 《中華民國開國五十年文獻》第二編，第一冊，《武昌首義》，編纂及出版者：中華民國開國五十年文獻編纂委員會，臺北，民國 50 年 10 月 10 日初印本。

3. 《革命文獻》，第四十六輯，《討袁史料》（一）（中國國民黨黨史史料編纂委員會編輯，民國 58 年 5 月出版）。

4. 《國父全集》（全三集），（中國國民黨中央黨史委員會編，民國 69 年 8 月三版）。

5. 《國父全集》（全六集），（中國國民黨中委會，黨史委員會編訂，民國 62 年 6 月出版）。

6. 中國近代史教學研討會編著：《中國近代史》，（幼獅文化事業公司印行，民國 57 年 9 月再版）。

7. 中華民國各界紀念國父百年誕辰籌備委員會學術論著編纂委員會主編，《革命先烈先進詩文選集》，第三集，民國 54 年 11 月 12 日出版。

8.　王華中編著：《國父革命與日本友人》（黔人雜誌社出版，民國 73 年 7 月臺北初版）

9.　古屋奎二編著：蔣總統秘錄《中日關係八十年之證言》（日本產經新聞，中央日報社印行，民國 64 年 10 月 31 日初版）。

10.　左舜生著：《黃興評傳》（傳記文學出版社印行，民國 57 年 3 月 1 日初版）。

11.　池亨吉著：《中國革命實地見聞錄》（上海三民書局印行，民國 16 年 10 月初版，17 年 8 月初再版，黨史會藏本發行，57 年 9 月 1 日影印初版）。

12.　吳相湘編著：《孫逸仙先生傳》，上、下冊（臺灣遠東圖書公司印行，民國 71 年 11 月初版）。

13.　宋教仁著：《我之歷史》（吳相湘主編：《中國現代史料叢書》，第一輯，「建立民國」，文星書店印行，民國 51 年 6 月初版。

14.　李廉方著：《辛亥武昌首義記》（中國國民黨中央委員會黨史委員會，民國 50 年 10 月影印初版）。．

15.　李劍農著：《中國近百年政治史》（臺灣商務印書館印行，民國 51 年 10 月台三版）。

16.　林子勛著：《國父學說與西方文化》（臺北，中華文化出版事業委員會印行，民國 54 年 10 月三版）。

17.　俞辛焞、王振鎖編譯：《日本外務省檔案：孫中山在日本活動密錄（1913 年 8 月-1916 年 4 月）》（天津，南開大學出版社出版，1990 年 12 月第一版）。

18.　俞辛焞、熊沛彪著：《孫中山宋慶齡與梅屋庄吉夫婦》（北京新華書局出版，1993 年 7 月，北京第一次印刷）。

19.　段雲章編著：《孫文與日本史事編年》（孫中山基金會叢書專書，廣東人民出版社出版發行，1996 年 10 月第一次印刷）。

20.　宮崎滔天著，宋越倫譯：《三十三年落花夢》（臺灣中華書局印行，民國 66 年 9 月初版）。

21. 宮崎滔天著，近藤秀樹編，陳鵬仁譯：《宮崎滔天書信與年譜》（臺灣商務印書館印行，民國 71 年 5 月初版）。

22. 宮崎滔天著，啟彥譯：《三十三年落花夢》（臺北，帕米爾書店印行，民國 73 年元月第一版）。

23. 宮崎滔天著：《支那革命軍談》（東京法政大學出版局發行，1967 年 9 月 10 日第一刷發行）。

24. 海法特（H. Herrfahrdt）著，王家鴻譯：《孫中山傳：孫中山的生平》，（臺灣商務印書館印行，民國 71 年 12 月三版）。

25. 張玉法主編：《中國現代史論集》，第三輯《辛亥革命》（聯經出版公司印行，民國 71 年 7 月第二次印行）。

26. 張國淦編：《辛亥革命史料》，近代中國史料叢刊續編第廿六輯，第二五二冊（沈雲龍主編，文海出版社印行，民國 63 年出版）。

27. 張難先著：《湖北革命知之錄》（重慶，商務印書館，民國 34 年 11 月初版）。

28. 曹亞伯著：《武昌革命真史》（上海中華書局，民國 16 年出版）。

29. 許師慎編著：《國父革命緣起詳註》（正中書局印行，民國 43 年 10 月台一版）。

30. 陳少白口述、許師慎筆記：《興中會革命史要》（中央文物供應社印行，民國 24 年 1 月出版；民國 45 年 6 月台版）。

31. 陳固亭著：《國父與日本友人》（幼獅書店印行，民國 54 年 9 月出版）。

32. 陳鵬仁著：《國父在日本》（臺灣商務印書館印行，民國 71 年 8 月初版）。

33. 陳鵬仁譯：《宮崎滔天書信與年譜——辛亥革命之友的一生》（臺灣商務印書館印行，民國 71 年 5 月初版，岫廬文庫 081）。

34. 陳鵬仁譯著：《孫中山先生與日本友人》（大林書店印行，民國 62 年 5 月出版，臺北）。

35. 陳鵬仁譯著：《宮崎滔天論孫中山與黃興》（臺北，正中書局印行，民國 75 年 8 月初版第三次印刷）。

36. 陳鵬仁譯著：《論中國革命與先烈》（黎明文化事業公司，民國 68 年 8 月初版）。

37. 傅啟學編著：《中國外交史》（作者印行，民國 49 年 8 月再版）。

38. 彭西（Mariano Ponce）原著：《孫逸仙傳》（中文版）所著，1912 年由馬尼拉「前鋒出版公司」（La Vanguardua and Taliba Press, Gunaw 126, Quiapo, Manila）所出版，原題為《中華民國締造人孫逸仙》〈菲華各界慶祝中山先生百年誕辰紀念委員編譯；Filipino ChineseCultural Foundation, Inc.發行，民國 54 年 11 月出版〉。

39. 彭澤周著：《近代中國之革命與日本》（臺灣商務印書館印行，民國 78 年 10 月初版）。

40. 項定榮著：《國父七訪美檀考述》（時報文化出版公司印行，民國 71 年 12 月初版）。

41. 馮自由著：《中華民國開國前革命史》（一）（世界書局印行，民國 73 年 8 月三版）。

42. 馮自由著：《革命逸史》（臺灣商務印書館印行，民國 65 年 11 月台三版）。

43. 馮自由著：《華僑革命開國史》（臺灣商務印書館印行，民國 64 年 8 月台一版）。

44. 黃福慶著：《近代日本在華文化及社會事業之研究》（中央研究所院近代史研究所專刊 45，中央研究所院近代史研究所編印，民國 71 年 11 月初版）。

45. 鄒魯主編：《中國國民黨史稿》，第三編，革命（甲）（臺灣商務印書館印行，民國 54 年 10 月版）。

46. 臺灣中華書局編輯，《辭海》，下冊，附錄：中外歷代大事年表（臺灣中華書局印行，民國 61 年 12 月大字修訂本台六版）。

47. 趙金銓著：《日本浪人與辛亥革命》（四川人民出版社出版，四川新華書店發行，1988 年 4 月第一版）。

48. 趙軍譯：《辛亥革命與大陸浪人》（中國大百科全書出版社出版發行，1991 年 4 月第 1 版，1991 年 4 月第 1 次印刷）。

49. 繆鳳林著：《中國通史要略》（臺灣商務印書館印行，民國37年8月四版）。

50. 謝纘泰著：《中華民國革命秘史》，江煦堂、馬頌明譯、陳謙校（孫中山與辛亥革命史料專輯，中國人民協商會議廣東省委員會，文史資料研究委員會編，廣東省人民書店出版發行，1931年8月第一版第一次印刷）。

51. 羅香林著：《國父之大學時代》（臺灣商務印書館印行，民國56年10月增訂臺灣二版）。

52. 羅香林著：《國父的高明光大》（文星書店印行，民國54年11月12日初版）。

53. 羅香林著：《國父與歐美之友好》（中央文物供應社印行，民國40年11月出版）。

54. 羅剛編著：《中華民國國父實錄》（每部六冊，發行人：羅范博理，民國77年7月初版，臺北）。

55. 羅家倫主編，杜元載增訂：《黃克強先生全集》（中國國民黨黨史委員會編輯，民國62年10月增訂）。

（二）論文部份

1. 〈日本友人追懷孫中山先生座談會記錄〉，第一至四次座談會，於中華民國19年、昭和5年（1930年）3月7日午後4時，假東京神田區北神保町十番地，中華留日基督教青年會召開。載於：陳固亭著：《國父與日本友人》（幼獅書店印行，民國54年9月出版）。

2. 〈喬義生之自述〉（載於：林子勛著：《國父學說與西方文化》）。

3. 〈喬義生哀思錄〉（1956年）（黨史會編：《中國國民黨五十週年特刊》）。

4. 山田純三郎著：〈辛亥革命與孫中山先生的中日聯盟〉（陳鵬仁譯著：《論中國革命與先烈》，黎明文化事業公司，民國68年8月初版）。

5. 太田宇之助著：〈現在猶存的孫中山先生〉（紀念孫先生百年誕辰。原載 1971 年 9 月號，臺北《中華新誌》）。現收於：陳鵬仁譯著：《孫中山先生與日本友人》（大林書店印行，民國 62 年 5 月出版）。

6. 王曾才著：〈歐洲列強對辛亥革命的反應〉，（載於：《文史哲學報》（台大）〔30〕期，頁 61-89，民國 70 年 12 月出版）。

7. 田桐著：〈革命閒話民國奇緣之羅氏〉（中國國民黨中央委員會黨史委員會印行，民國 65 年 12 月 25 日影印台初版，即《太平雜誌》，第 1 卷，第 3 號）。

8. 田桐著：〈惠役之日人〉（《太平雜誌》第 1 卷，第 1 號，民國 18 年 10 月 1 日出版，黨史會影印）。

9. 吳相湘著：〈國父與日本關係〉（臺北，中國時報，民國 71 年 11 月 12 日，第 15 版，國父誕辰紀念特刊）。

10. 李書華著：〈法國羅氏的姓名及其經歷〉（《傳記文學》，第 15 卷，第 1 期，民國 58 年 7 月號）。

11. 李雲漢著：〈中山先生與菲律賓獨立運動（1898-1900）〉，載於：《中國現代史論和史料》，上冊（臺灣商務印書館印行，民國 68 年 6 月初版）。

12. 李廉方著：〈辛亥武昌首義記〉（中國國民黨中央委員會黨史委員會，民國 50 年 10 月影印初版）。

13. 沈雲龍著：〈五四愛國運動的歷史回顧與價值評估〉（《民國史事與人物論叢》，傳記文學出版，民國 70 年 9 月 1 日初版）。

14. 洪桂己著：〈清末民初日本在華諜報工作〉（《中華民國初期歷史研討會論文集，1912-1917》，上冊，中央研究院近代史研究所編，民國 73 年 4 月出版，臺北）。

15. 胡春惠著：〈中國革命與韓國獨立運動〉（載於：中華民國史料研究中心編印：《中國現代史專題研究報告》，第二輯，民國 61 年 8 月出版）。

16. 宮崎槌子著：〈我對於辛亥革命的回憶〉（載於：陳鵬仁譯著：《孫中山先生與日本友人》，大林書店印行，民國 62 年 5 月出版，臺北）。

17. 宮崎龍介著：〈宮崎滔天與《三十三年之夢》〉（陳鵬仁譯：《孫中山先生與日本友人》，大林書店印行，民國 62 年 5 月初版）。

18. 馬場毅（日本愛知大學教授）著：〈孫中山與山田兄弟〉（《第七屆孫中山與現代中國學術研討會論文集》，國父紀念館出版，民國 93 年 9 月 30 日出版）。

19. 高岩著：〈韓國革命志士申圭植〉（《中央日報》，民國 44 年 4 月 25 日，第六版）。

20. 張朋園著：〈孫逸仙與中國革命的起源〉（載於：張玉法主編：《中國現代史論集》，第三輯，《辛亥革命》，聯經出版公司，民國 71 年 7 月第二次印行）。

21. 張馥蕊原著、何珍蕙摘譯：〈辛亥革命時的法國輿論〉，（載於：吳相湘主編：《中國現代史叢刊》，第三冊，正中書局印行，民國 59 年 11 月臺二版）。

22. 梁敬錞著：〈一九一一年的中國革命〉（張玉法主編：《中國現代史論集》，第三輯，《辛亥革命》，聯經出版事業公司印行，民國 71 年 7 月第二次印行）。

23. 陳三井著：〈法文資料中所見的孫中山先生〉（《研究中山先生的史料與史學》，中華民國史料研究中心編印，民國 64 年 11 月 12 日出版）。

24. 陳三井著：〈法國與辛亥革命〉（《中央研究院近代史研究所集刊》，第 2 期，中央研究院近代史研究所印行，民國 60 年 6 月，臺北）。

25. 陳三井著：〈法國羅氏與辛亥革命〉（載於《傳記文學》，第 15 卷，第 4 期，民國 58 年 10 月號）。

26. 陳芳茵、汪小蕾著：〈黃興與明德師生的活動〉（林增平、楊慎之主編：《黃興研究》，湖南師範大學出版部出版，1990 年 10 月第一次印刷）。

27. 陳鵬仁著：〈《國父全集》所沒有的幾封信〉，（陳鵬仁譯著：《論中國革命與先烈》，黎明文化事業公司，民國 68 年 8 月初版）。

28. 陳驥著：〈辛亥革命期間列強華對外交之研究〉（載於：張玉法主編：《中國現代史論集》，第三輯，《辛亥革命》）。

29. 彭澤周著：〈中山先生的日本友人——南方熊楠〉（《近代中日關係論文集》，藝文印書館印行，民國 67 年 10 月初版）。

30. 彭澤周著：〈辛亥革命與日本西園寺內閣〉（吳相湘主編：《中國現代史叢刊》，第六冊，文星書店印行，民國 53 年 11 月 12 日初版）。

31. 彭澤周著：〈宮崎滔天與中國革命〉（吳相湘主編：《中國現代史叢刊》，第五冊，文星書店印行，民國 53 年 11 月 12 日初版）。

32. 彭澤周著：〈關於中山先生的筆話殘稿〉（載於：《近代中日關係研究論集》，藝文印書館印行，民國 67 年 10 月初版）。

33. 曾村保信著，李永熾譯：〈辛亥革命與日本輿論〉（《大陸雜誌》，第 35 卷，第 1 期，民國 56 年 7 月 15 日出版）。

34. 黃季陸著：〈一段革命歷史的重溫——荷馬李將軍對中國革命的貢獻〉（《中央月刊》，第 1 卷，第 6 期，民國 58 年 4 月 1 日出版）。

35. 黃季陸著：〈中國革命之友荷馬李將軍——其生平、著作及其與國父相識之經過〉（《傳記文學》，第 14 卷，第 4 期，民國 58 年 4 月號）。

36. 黃季陸著：〈孫中山先生與德國〉（《中華學報》，第 7 卷第 2 期，中華學報社發行，民國 69 年 7 月）。

37. 黃季陸著：〈國父軍事顧問——荷馬李將軍〉（初稿）（民國 58 年 3 月 31 日，在中國歷史學會論文。黃文所用文件，係據胡佛研究所贈送黨史會荷馬李資料）。

38. 黃福慶著：〈甲午戰前日本在華的諜報機構——論漢口樂善堂與上海日清貿易研究所〉（《中央研究所院近代史研究所集刊》，第 13 期，民國 73 年 6 月，臺北）。

39. 萱野長知著：〈我對於孫中山先生的回憶〉（載於：陳鵬仁譯著：《孫中山先生與日本友人》，大林書店印行，民國 62 年 5 月初版）。

40. 賈士杰（Don C. Price）著：〈俄國與辛亥革命之起源〉（中華民史料研究中心第二十三次學術討論會記錄，中華民國史料研究中心編印：《中國現代史專題研究報告》，第三輯，民國 62 年 9 月出版）。

41. 劉碧蓉著：〈梅屋庄吉與孫中山先生的革命事業〉（《國父一百二十五歲誕辰紀念：中山學術論文集》，國立國父紀念館發行，民國 79 年 11 月 12 日）。

42. 蔣永敬著：〈辛亥革命前十次起義經費之研究〉（載於：張玉法主編：《中國現代史論集》，第三輯《辛亥革命》，聯經出版公司印行，民國 71 年 7 月第二次印行）。

43. 鄭彥棻著：〈國父與法國〉（《近代中國雙月刊》，第 44 期，民國 73 年 12 月 31 日出版）。

44. 鄭憲著：〈中國同盟會革命經費之研究〉（載於：張玉法主編：《中國現代史論集》，第三輯《辛亥革命》，聯經出版公司印行，民國 71 年 7 月第二次印行）。

45. 蘇得用著：〈三田純三郎與中國革命〉（《三民主義半月刊》，第 28 期，中國新聞出版公司發行，民國 43 年 6 月 15 日出版）。

貳、日文

1. 《對支回顧錄》（編輯兼發行人：東亞同文會內對支功勞者傳記編纂會，代表者中島真雄，昭和 11 年 4 月 3 日印，4 月 18 日發行，6 月 20 日訂正再版，7 月 10 日三版發行）。

2. 《綜合日華大辭典》（臺北，大新書局編輯、印行，民國 59 年 12 月再版），頁 2185。

3. 《學藝百科事典》18（旺文社編，赤尾好夫發行，日本東京都新宿，1975.11.5，初版，1979，第 9 刷發行）。

4. 下中邦彥編集兼發行：《大人名事典》，第三、四、六卷（平凡社發行，昭和 33 年 2 月 15 日第一刷發行，昭和 37 年 4 月 1 日第二刷發行）。

5. 古島之：〈一老政治家の回想」〉，載於 1951 年 2 月《中央公論》。

6. 松田江畔編：《水野梅曉追懷錄》，（昭和 49 年 11 月 21 日發行，非賣品，清水市庵原町編行，松田江畔）。

7. 金子克己舊藏之《中華革命軍陣中日誌》（1916 [大正 5]年），山東
    における），（附載於：萱野長知著：《中華民國革命秘笈》，平成
    16（2004）年 11 月 20 日，東京，重刊發行之附件之一）。

8. 宮崎龍介，小野川秀美編：《宮崎滔天全集》（全五卷）（日本，平凡
    社印行，昭和 52 年 2 月 1 日初版二刷）。

9. 國史大辭典編集委員會編集：《國史大辭典》，第 3 卷，「か」（平成 8
    年 9 月 20 日，第一版第一刷印刷）。

10. 國史大辭典編集委員會編集：《國史大辭典》，第二卷（吉川弘文館發
    行，昭和 55 年 7 月 1 日，第二刷）。

11. 黑龍會編：《東亞先覺志士記傳》，上、中、下卷（原書房發行，
    1966.6.20 一刷、1981.9.25 第四刷）。

12. 萱野長知著：《中華民國革命秘笈》（日本帝國地方行政學會發行。
    1940 年 7 月東京印行。重刊本：發行者：崛切幸治，發行日：平成
    16（2004）年 11 月 20 日，東京）。

13. 藤井昇三著：《孫文の研究》（日本，勁草書房發行，1966 年 4 月 10
    日，第一刷發行）。

14. 宮崎滔天著：《支那革命軍》（西田勝編，法政大學出版局發行，1967 年
    9 月 10 日第一刷發行）。

■ ■ ■
中山先生與國際人士

史地傳記類　PC0755　讀歷史 79

中山先生與國際人士

作　　者 / 張家鳳
主　　編 / 蔡登山
責任編輯 / 黃姣潔、杜國維
圖文排版 / 陳宛鈴、莊皓云
封面設計 / 陳佩蓉、王嵩賀

發 行 人 / 宋政坤
法律顧問 / 毛國樑　律師
出版發行 / 秀威資訊科技股份有限公司
　　　　　114 台北市內湖區瑞光路 76 巷 65 號 1 樓
　　　　　電話：+886-2-2796-3638　傳真：+886-2-2796-1377
　　　　　http://www.showwe.com.tw
劃撥帳號 / 19563868　戶名：秀威資訊科技股份有限公司
　　　　　讀者服務信箱：service@showwe.com.tw
展售門市 / 國家書店（松江門市）
　　　　　104 台北市中山區松江路 209 號 1 樓
　　　　　電話：+886-2-2518-0207　傳真：+886-2-2518-0778
網路訂購 / 秀威網路書店：https://store.showwe.tw
　　　　　國家網路書店：https://www.govbooks.com.tw

2018 年 8 月　BOD 二版
定價：820 元
版權所有　翻印必究
本書如有缺頁、破損或裝訂錯誤，請寄回更換

國家圖書館出版品預行編目

中山先生與國際人士 / 張家鳳著. -- 二版. -- 臺
北市：秀威資訊科技, 2018.08
　　面；　公分. -- (史地傳記類；PC0755)(讀
歷史；79)
　BOD 版
　ISBN 978-986-326-585-6(平裝)

　1.孫文　2.晚清史　3.革命

628.19　　　　　　　　　　　107012277

讀者回函卡

感謝您購買本書，為提升服務品質，請填妥以下資料，將讀者回函卡直接寄回或傳真本公司，收到您的寶貴意見後，我們會收藏記錄及檢討，謝謝！如您需要了解本公司最新出版書目、購書優惠或企劃活動，歡迎您上網查詢或下載相關資料：http:// www.showwe.com.tw

您購買的書名：＿＿＿＿＿＿＿＿＿＿＿＿＿＿＿＿＿＿＿＿＿＿＿＿＿＿

出生日期：＿＿＿＿＿年＿＿＿＿＿月＿＿＿＿＿日

學歷：□高中 (含) 以下　　□大專　　□研究所 (含) 以上

職業：□製造業　□金融業　□資訊業　□軍警　□傳播業　□自由業
　　　□服務業　□公務員　□教職　　□學生　□家管　　□其它＿＿＿＿

購書地點：□網路書店　□實體書店　□書展　□郵購　□贈閱　□其他

您從何得知本書的消息？

　　□網路書店　□實體書店　□網路搜尋　□電子報　□書訊　□雜誌

　　□傳播媒體　□親友推薦　□網站推薦　□部落格　□其他＿＿＿＿＿＿

您對本書的評價：（請填代號　1.非常滿意　2.滿意　3.尚可　4.再改進）

　　封面設計＿＿＿　版面編排＿＿＿　內容＿＿＿　文／譯筆＿＿＿　價格＿＿＿

讀完書後您覺得：

　　□很有收穫　□有收穫　□收穫不多　□沒收穫

對我們的建議：＿＿＿＿＿＿＿＿＿＿＿＿＿＿＿＿＿＿＿＿＿＿＿＿＿

＿＿＿＿＿＿＿＿＿＿＿＿＿＿＿＿＿＿＿＿＿＿＿＿＿＿＿＿＿＿＿＿＿

＿＿＿＿＿＿＿＿＿＿＿＿＿＿＿＿＿＿＿＿＿＿＿＿＿＿＿＿＿＿＿＿＿

＿＿＿＿＿＿＿＿＿＿＿＿＿＿＿＿＿＿＿＿＿＿＿＿＿＿＿＿＿＿＿＿＿

11466
台北市內湖區瑞光路 76 巷 65 號 1 樓

秀威資訊科技股份有限公司　　　收

BOD 數位出版事業部

···

（請沿線對折寄回，謝謝！）

姓　　名：＿＿＿＿＿＿＿＿　年齡：＿＿＿＿　性別：□女　□男

郵遞區號：□□□□□

地　　址：＿＿＿＿＿＿＿＿＿＿＿＿＿＿＿＿＿＿＿＿＿＿

聯絡電話：(日) ＿＿＿＿＿＿＿＿＿＿＿ (夜) ＿＿＿＿＿＿＿＿＿＿

E-mail：＿＿＿＿＿＿＿＿＿＿＿＿＿＿＿＿＿＿＿＿＿＿